# VOLKSSTAAT STATT WELTHERRSCHAFT

JÜRGEN SCHWAB

# VOLKS-STAAT statt Weltherrschaft

*Das Volk – Maß aller Dinge*

H

HOHENRAIN – TÜBINGEN

Schutzumschlagmotiv: Alfred Kubin, »Der Große Kopf«, 1879

Die Deutsche Bibliothek - CIP-Einheitsaufnahme

**Schwab, Jürgen:**
Volksstaat statt Weltherrschaft :
das Volk - Maß aller Dinge / Jürgen Schwab.-
Tübingen ; Zürich ; Paris :
Hohenrain-Verl., 2002
ISBN 3-89180-067-3

ISBN 3-89180-067-3



Gedruckt in Deutschland

# Inhaltsverzeichnis

# Vorwort

Im Zeitalter der Globalisierung ist es allemal opportun, Abgesänge auf den Staat zu leisten. Strenggenommen geht es hierbei um den Nationalstaat, dessen Abwicklung ausgemachte Sache zu sein scheint. Alles andere an politischer Organisationsform mag vielleicht staatsähnliche Funktionen erfüllen – von der Zustellung der Steuererklärung bis hin zur Verwarnung des Verkehrssünders durch die Polizei –, doch im philosophischen Sinne können wir nur den Nationalstaat als eigentlichen ›Staat‹ begreifen, weil nur in ihm das Allgemeine Interesse (G. W. F. HEGEL) eines homogenen Volkes (Carl SCHMITT) idealtypisch verwirklicht werden soll. Der Staat ist die politische Einheit eines Volkes.

Wenn nun die Frage nach der Zukunftsfähigkeit des Staates gestellt wird, die – aus der Momentaufnahme heraus – durchaus legitim erscheint, so sollten die Fragesteller bitteschön auch die untrennbar damit verbundene Frage nach der Zukunftsfähigkeit des Volkes stellen und auch beantworten. Denn eine Zukunft homogener und eigenständiger Völker wird es ohne den Staat als politische Einheit eines Volkes nicht geben können. Denn was sollte denn an die Stelle des Staates treten, mit dem die Völker zu erhalten und weiterzuentwickeln wären? Wer der Globalisierung Ewigkeitsgarantie zubilligt, müßte auf einen Weltstaat setzen. Jedoch der Begriff wäre somit bereits *ad absurdum* geführt, da die Geistesgeschichte von der europäischen Neuzeit an immer den Staat sowohl als politische Einheit eines Volkes als auch in seiner Vielfalt, dem Pluralismus der Staatenwelt, gedacht hat. Eine Weltregierung hätte sich von diesem Begriff endgültig gelöst. Die tote Worthülse wäre geblieben, doch der Inhalt vertauscht.

Die geistige Welt teilt sich heute nicht so einfach in Globalisierungsbefürworter und Globalisierungsgegner. Die Spreu vom Weizen wird sich im vermeintlichen Lager der Globalisierungsgegner an der Frage: »Wie stehst Du zum Staat?« trennen lassen, weil nur er die Alternative zur Globalisierung und der Garant für die Zukunft der Völker sein kann. Ob sich die Staaten wie bei den Deutschen vergrößern lassen (BRD, DDR, Österreich) oder wie bei den Franzosen, Spaniern und ›Belgiern‹ verkleinern könnten (Bretonen, Basken, Katalanen, Korsen, Elsässer, Flamen und Wallonen usw.) ändert an diesem Grundsatz nichts. Hier wird lediglich mit der begrifflichen Nebelkerze des ›Regionalismus‹ über legitimen Nationalismus hinweggetäuscht. Wenn die Flamen und Korsen eigene Staaten wollen, so verstehen sie sich wohl als Nationen und wollen sich im Nationalstaat selbstbestimmen.

Die Globalisierungsgegner werden sich vor allem daran scheiden lassen, ob sie die Globalisierung, die in Wirklichkeit eine »globale Amerikanisierung« (Peter SCHOLL-LATOUR) darstellt, als das »Ende der Geschichte« (Francis FUKUJAMA) betrachten, und den Menschen den Vorschlag machen, es sich nur möglichst bequem in derselben einzurichten – mit Lokal- und Regionalpatriotismus versteht sich –, oder ob man in Fundamentalopposition zum amerikanischen Universalismus geht und darüber nachdenkt, was nach dem Scheitern der Globalisierung möglich sein könnte. Darüber müßte man sich jedoch schon heute Gedanken machen. Das vorliegende Buch, für das der Tübinger Hohenrain-Verlag das Forum bietet, soll hierzu ein wesentlicher Beitrag sein.

Während heute die Neue Linke das Heil der Menschheit in einer besseren, nämlich ›gerechteren‹ Globalisierung zu erblicken glaubt – wobei dieser Vorstellung ein globales Verteilungsmodell zugunsten der Völker in der Dritten Welt zugrunde liegt, ohne zu erklären, wer denn dafür Entscheidungsträger und zugleich Interessent sein sollte –, versucht sich die Neue Rechte, vor allem die *Nouvelle Droite* in Frankreich, an dem in die Irre führenden Versuch, konzeptionell den Nationalstaat durch reine Basisdemokratie auf Gemeindeebene und Regionalismus ersetzen zu wollen. Hier wird also der Protest gegen die Über- und Entfremdungstendenzen der modernen Gesellschaft – auf staatlicher wie auf überstaatlicher Ebene – aufgefangen und die Gemeinschaftstypen gegeneinander auszuspielen versucht, so, als ob Familie, Dorf, Stadt, Stammesregion, Volk, Völkerfamilie und Raumgemeinschaft nicht auf jeden Fall zusammengehörten. Wer diese Identitätskette preisgeben oder aufspalten möchte und den Menschen sagt, sie könnten ihre lokale und regionale Identität ohne Nation und Staat (mit allen seinen Institutionen) retten, der schickt sie in die geistige Irre.

»Wer von den Völkern nicht reden will, soll über die Menschen schweigen«, schleuderte einmal der linksnationale Soziologe Henning EICHBERG den linken Internationalisten zu. »Wer vom Politischen nicht reden will, soll von den Völkern schweigen«, konterte daraufhin der Philosoph Winfried KNÖRZER in der Debatte. Weshalb feststeht: Das eine hängt mit dem anderen zusammen, das andere mit dem einen. Ein menschenwürdiges Leben ist ohne Volk, ein völkisches Leben ist ohne Staat und eine starke europäische Raumgemeinschaft ohne starke Nationalstaaten nicht möglich. Wer dem Staat keine Zukunft mehr einräumt, hat in Wirklichkeit sein eigenes Volk aufgegeben, hat die Zukunft eigenständiger Völker überhaupt abgeschrieben.

Dies gilt im besonderen für den Vordenker der französischen *Nouvelle Droite*, Alain DE BENOIST, der 2001 in seinem im Tübinger Hohenrain-Verlag erschienenen Buch *Schöne vernetzte Welt – Eine Antwort auf die Globalisierung* sich einen Abgesang auf den Staat und im besonderen auf den Nationalstaat geleistet hat. In dem Buch tritt DE BENOIST *für* Demokratie, also *für* Volksherrschaft ein – aber *ohne* Volksstaat! Hier wird also der Inhalt *ohne* die Organisationsform gefordert. BENOIST plädiert in Anlehnung an den deutschen Föderalismustheoretiker Johannes ALTHUSIUS (1557–1638) für eine Vorstellung von ›pluralistischer‹ Souveränität. Das ordnungspolitische Vorbild DE BENOISTS ist das deutsche Mittelalter sowie das durch politische Inkompetenz und Entscheidungsunfähigkeit geprägte Heilige Römische Reich Deutscher Nation, das einen hohen Anspruch auf das *imperium* erhob, jedoch am *regnum*, der nationalen Herrschaftsausübung, scheiterte.

Das Frage nach dem *regnum*, der Königsherrschaft, wurde dann in der frühen Neuzeit außerhalb der Herrschaftsgewalt des *imperiums* schlüssig beantwortet, und zwar maßgeblich von DE BENOISTS Landsmann Jean BODIN (1529–1596). Jedoch genau dessen geistiges Vermächtnis wird heute vom Philosophen der *Nouvelle Droite* verworfen, wobei es doch gerade BODIN war, der dabei behilflich war, den gesamten mittelalterlichen ständischen Pluralismusschwindel durch seine Souveränitätslehre geistig zu überwinden. Aber geistige Rückfälle in die Unordnung sollen ja immer möglich sein. Das liegt auch voll im Trend der Zeit. Nur sollte dies nicht mit dem ›Reich‹ verwechselt werden, da zu diesem immer – was heute gern vergessen wird – beides gehört: *regnum* und *imperium*! Das soll heißen: Ohne starke Nationalstaaten, vor allem ohne einen starken deutschen Nationalstaat in Mitteleuropa, wird es kein starkes Europa geben können, welches das Interventionsverbot für raumfremde Mächte (Carl SCHMITT) auch durchsetzen könnte.

Natürlich kann man, wie dies BENOIST vorschwebt, politische Entscheidungskompetenzen in einer Verfassung auf mehrere Institutionen verteilen und vor allem dem Subsidiaritätsprinzip Geltung verschaffen, aber – nach wie vor gilt – »souverän ist, wer über den Ausnahmezustand entscheidet« (Carl SCHMITT). Spätestens im Bürgerkrieg und im Kriegszustand wird sich zeigen müssen, welche vermeintliche Teilsouveränität sich gegenüber den anderen durchzusetzen weiß.

Die Neue Rechte – so hat es den Anschein – hat sich ebenso wie die Neue Linke auf ihre Weise mit der globalen Macht des Faktischen abgefunden. Vielleicht dürfen die Franzosen nach dieser düsteren Perspektive dann noch in einzelnen Stadtteilen von Paris und Marseille in einer Art Basisdemokratie über ihr kulturelles Leben entscheiden, wie die autochthonen Deutschen dann vielleicht noch in einzelnen Stadtteilen Berlins und Hamburgs das Sagen haben. Hoffentlich werden dann die Stadtteilfeste von der ›pluralistisch‹ gestimmten Polizei geschützt.

Darüber hinaus würde dann eine von keinem homogenen Volk legitimierte EU-Bürokratie dafür sorgen, daß die Ruhe des Bürgers vornehmste Pflicht ist. Ist das dann der ›Ethnopluralismus‹ der Neuen Rechten oder die ›Multikulturelle Gesellschaft‹ der ›Neuen Linken‹, mit der die europäischen Völker ruhiggestellt werden sollen, so lange, bis ihr Siechtum abgeschlossen sein wird? Nein, es geht hier um alles oder nichts. Die Globalisierung, auf ewig angelegt, wird die Völker in den Abgrund reißen, oder sie wird scheitern, und auf dem globalen Scherbenhaufen werden sich ihnen neue Perspektiven eröffnen: für Volksgemeinschaft und Nationalstaat, für Großraum und Interventionsverbot für raumfremde Mächte. Dazwischen wird es keine Kompromisse geben können.

Seit dem 11. September 2001 ist der globale Partisanenkampf gegen die USA und ihre Vasallen eröffnet. Das Netz des ›internationalen Terrorismus‹ ist die zwangsläufige Antwort auf das politische, ökonomische und militärische Netz der amerikanischen ›Weltinnenpolitik‹ und ihr Sargnagel zugleich. Doch diese Netze sind nicht für die Ewigkeit ausgerichtet. Wie der Untergang des Römischen Weltreiches die germanischen Völker in Bewegung setzte, so wird das Verschwinden der *pax americana* im Orkus der Geschichte eine Renaissance der Völker und Staaten nach sich ziehen. Unterdessen muß selbst der amerikanische Geostratege Zbigniew BRZEZINSKI in seinem Buch *Die einzige Weltmacht – Amerikas Strategie der Vorherrschaft* einräumen, daß die Nationalstaaten »auch weiterhin die Bausteine der Weltordnung« sein werden. Recht wird er behalten, nur wird die ›Weltordnung‹ keine ›neue‹ (*New World Order*), und sie wird auch keine amerikanische, sondern eine in Großräume und souveräne Staaten gegliederte sein.

JÜRGEN SCHWAB im Juni 2002

# Einführung

Niccolò MACHIAVELLI legte das Bekenntnis ab: »Ich muß vom Staat reden oder das Gelübde tun zu schweigen.«[1] Mit dem vorliegenden Buch soll ein wesentlicher Beitrag zum Durchbrechen dieses Schweigens über den Staat geleistet werden, damit das Gespräch über die Zukunftsfähigkeit, insbesondere des deutschen Staates, wiederbelebt wird.

Nach Carl SCHMITT zu urteilen, müßte es um dieses Unterfangen schlecht bestellt sein. Denn er stellte bereits 1963 fest: »Der europäische Teil der Menschheit lebte bis vor kurzem in einer Epoche, deren juristische Begriffe ganz vom Staat her geprägt waren und den Staat als Modell der politischen Einheit voraussetzen. Die Epoche der Staatlichkeit geht jetzt zu Ende. Darüber ist kein Wort mehr zu verlieren. Mit ihr geht der ganze Überbau staatsbezogener Begriffe zu Ende, den eine europazentrische Staats- und Völkerrechtswissenschaft in vierhundertjähriger Gedankenarbeit errichtet hat. Der Staat als das Modell der politischen Einheit, der Staat als der Träger des erstaunlichsten aller Monopole, nämlich des Monopols der politischen Entscheidung, dieses Glanzstück europäischer Form und occidentalen Rationalismus, wird entthront.«[2]

Der Pessimismus SCHMITTS muß zu diesem Thema nicht das letzte Urteil bleiben. Fest steht zwar, daß sich die Staatlichkeit weltweit in Auflösung befindet, weil die Verantwortungslosen an den Schalthebeln von Politik, Medien und Wirtschaft einer zunehmenden Europäisierung und Globalisierung das Wort reden und dementsprechend unheilvoll handeln. Doch da der Verfasser vom bevorstehenden Scheitern der »kapitalistischen Weltrevolution« (Karl MARX) ausgeht, kann die Zukunft der Völker und Nationen nach diesem Scheitern nur in den kleineren, dezentralen politischen und wirtschaftlichen Einheiten liegen. Dem Staat, der nach der hier vertretenen Auffassung in idealer Weise nur als Nationalstaat denkbar ist, kommt dabei eine wichtige, wenn nicht sogar die entscheidende Aufgabe zu, die in der Neuordnung der von den Internationalisten angerichteten Unordnung liegt.

Deshalb müssen sich bereits heute nonkonforme Denker des Begriffs des Staates vergewissern, um diesen für die Zeit, wenn er wieder gebraucht wird, zur Rekonstruktion des Staates anwenden zu können. »Der Staat ist nach heutigem Sprachgebrauch der politische

Status eines in territorialer Geschlossenheit organisierten Volkes«, beschrieb Carl SCHMITT das Ordnungsgebilde.[3]

Während heute die große von den gleichgeschalteten Medien irregeführte Hammelherde der linken Globalisierungsgegner ihre Scheinalternative zum Global-Kapitalismus ausgerechnet in einem diffusen, ›gesteuerten‹, besseren Globalismus sieht, der die Macht der Banken und Konzerne begrenzt und den Armen in der Dritten Welt helfen soll, scheinen manche linke Intellektuelle die einzig wahre Alternative zum Global-Kapitalismus zu ahnen. Der Franzose BOURDIEU zum Beispiel sieht sich in der Auseinandersetzung gezwungen, »Einrichtungen zu verteidigen, die man eigentlich verändern will: Nationalstaat ebenso wie Gewerkschaften oder auch das öffentliche Schulwesen, Institutionen, die es allesamt zu retten und gleichzeitig schonungslos zu kritisieren gilt«.[4]

Und ein Autorenkollektiv des Hamburger Wochenmagazins *Der Spiegel* lamentiert in Anbetracht der globalistischen Auswucherungen: »Die Nation wurde den Nationalisten überlassen, doch nichts Greifbares rückte an ihre Stelle.«[5] Und weil tatsächlich Nation und Staat, also der Nationalstaat, als Ordnungsfaktoren für ein Volk unersetzbar bleiben, sind nationale Denker nach wie vor in der Pflicht, diese immer wieder neu zu durchdenken und mittels Wortergreifungsstrategien in die öffentliche Debatte zu werfen.

Was der Staat ist und welche Aufgaben er hat, war in der Geschichte unter den verschiedenen Denkern immer wieder Streitpunkt. Nichts an ihrer Aktualität eingebüßt hat die von MACHIAVELLI in seinem *Discorsi*[6] dargelegte Erkenntnis, wonach sich eine jede Generation ihre Ordnungsvorstellung durch Erinnerung an den Ursprung europäischer Staatsphilosophie neu bilden müsse. Da jedoch das Denken in den Kategorien von ›Volk‹ und ›Staat‹ hierzulande weitestgehend verlorengegangen ist, bedarf es, um dieser Ordnungsaufgabe überhaupt gerecht werden zu können, zunächst der Heranbildung einer Gegenelite zur herrschenden politischen Klasse in unserem Lande, welche bereit ist, zum vorherrschenden Liberalkapitalismus ein schlüssiges staatspolitisches Gegenkonzept zu entwickeln.

Diese Grunderkenntnis erfordert, daß man sich heute schon Gedanken über die Neuordnung des Staates macht, was auch das neue Durchdenken seiner Grundkonstanten, wie Familie, Sippe, Dorfgemeinschaft, Stadt, Stamm und Region, ohne deren Beiträge ein gedeihliches Staatswesen undenkbar ist, miteinschließt. Und natürlich muß immer auch eine europäische Raumgemeinschaft in Tradition der Reichsidee mitgedacht werden.

Insgesamt betrachtet, kann die Zukunft insbesondere der europäischen Völker nur in der Rekonstruktion dessen bestehen, was die Globalisierer derzeit abzuwickeln trachten: in der Volksherrschaft und der Volkswirtschaft eines jeden Volkes. Deren Verwirklichung ist jedoch ohne das Ordnungsprinzip Staat undenkbar. Der Naturwissenschaftler und Publizist Rolf KOSIEK bringt dieses erforderliche Programm bereits in seinem Buchtitel *Völker statt One World*[7] treffend auf einen politischen Nenner.

Volksstaat und Volkswirtschaft stellen zweifellos den Gegenentwurf zur heute herrschenden Politik dar. Deshalb ist insbesondere die nationale Opposition in Deutschland aufgerufen, sich das hierzu erforderliche Wissen wieder anzueignen und an die junge Generation weiterzugeben.

Hierzu bedarf es jedoch einer gründlichen Aufarbeitung der Geschichte der europäischen Staatsphilosophie, weil das Denken in Volk und Staat nicht erst seit 1945, aber seit dieser Zäsur verstärkt, abgerissen ist. So sind die Geschehnisse des 20. Jahrhunderts als Epoche des europäischen und Weltbürgerkrieges (Ernst NOLTE) für diese verhängnisvolle Entwicklung verantwortlich zu machen: Auf den Weltbürgerkrieg der europäischen (und nordamerikanischen) Staaten (1914–1918), der drei Monarchien in den historischen Abgrund riß (Deutsches Kaiserreich, Doppelmonarchie Österreich-Ungarn und russisches Zarenreich), folgte als sozusagen zweite Auflage ein kriegerischer Wettstreit dreier ideologischer Blöcke – des Liberalismus und Kommunismus gegen den Nationalsozialismus/Faschismus –, was sich nach der Niederlage des Nationalsozialismus/Faschismus im Jahre 1945 rasch als ›Kalter Krieg‹ in einer bipolaren Welt zwischen den einst zweckverbündeten Siegern und nun atomar gegenseitig bedrohenden Feinden von NATO- und Warschauer-Pakt-Staaten gestaltete.

Nach dem politischen Untergang der Sowjetunion und ihrer Satellitenstaaten vesucht nun die »letzte Weltmacht« (Zbigniew BRZEZINSKI[8]), die USA, unter Mitwirkung ihrer zahlreichen Vasallen die Eine Welt (One Word) zu schaffen – mit Einheits-›Kultur‹, Einheitsmensch, Einheitsmarkt, Einheitswährung, einer einheitlichen Regierungspolitik sowie einheitlichem militärischen Oberkommando. Diese Strategie läßt sich mit dem Begriff ›Weltinnenpolitik‹ auf einen Nenner bringen, in der es nur noch das Hausrecht einer NATO-Polizeitruppe und nicht mehr nationale Souveränitäten, wie bisher gewohnt, geben soll. Die Begriffe ›Krieg‹ und ›Frieden‹ und das staatliche Monopol in der Außenpolitik könnten somit aus dem Vokabular der internationalen Politik gestrichen werden. Und menschenrechtlich sanktioniert wird das Ganze durch die sogenannten Vereinten Nationen (UNO).

Man kann das genaue Ende dieses krebsartigen bösen Geschwüres nicht voraussehen, doch sollte einen dieses Ende - von dem hier ausgegangen wird - nicht unvorbereitet überraschen. Um das Gebot zu erfüllen, eine möglichst wirksame geistige Gegenelite zu schaffen, bedarf es heute schon eines breiten ordnungspolitischen Diskurses um die besten Ideen und Konzepte zur Neuordnung Deutschlands, die möglichst unmittelbar nach Beendigung der »Höllenfahrt« (Hans-Dietrich SANDER) einsetzen müßte. Hierzu jedoch bedarf es Persönlichkeiten, die im Zeitalter der politischen Korrektheit bewußt die vom international geprägten Gutmenschentum ausgegebenen Tabus mißachten und dafür auch bereit sind, die entsprechenden gesellschaftlichen Nachteile, in Form von Stigmatisierung, zu erdulden.

Was die Leser dieses Buches auf den folgenden Seiten geboten bekommen, ist zunächst eine Situationsbeschreibung der vorherrschenden Zustände, um die noch verbliebene deutsche Staatlichkeit aufzuspüren, die zusehends in Richtung einer ominösen ›Europäischen Vereinigung‹ abgewickelt wird. Diese gilt es dann einer politischen Bewertung zu unterziehen. Erst nach dieser Lageanalyse ist es möglich, aus den offengelegten Fehlerquellen Ordnungsalternativen zu entwickeln. In diesem Sinne wäre zu klären, welche Ziele sich die deutschen Staatsmänner der Zukunft zu eigen machen müßten, um den Bestand von Volk und Staat zu retten, zu bewahren und die Grundlagen für ihre Weiterentwicklung zu legen.

Natürlich werden die Bewertungen und Ideen des Verfassers manch einen Leser zur Kritik herausfordern. Aber genau das ist ja Sinn und Zweck der Übung. Denn es muß das Hauptanliegen aller Bemühungen sein, das Denken um die ordnungspolitischen Zusammenhänge von Volk und Staat wieder voranzutreiben, um den Herrschenden in unserem Land ihre weitverbreitete Hybris streitig zu machen, zu ihrem politischen System des Liberalkapitalismus gäbe es keine denkbare Alternative. Es bleibt einer künftigen deutschen Gegenelite vorbehalten, diesen Mythos ein für allemal in den Orkus der Geschichte zu stoßen.

Dabei muß die Ausgangsfrage lauten: »Parteienstaat - ohne Alternative?« Wobei in dem ersten Begriff - nämlich dem ›Parteienstaat‹ - ein Widerspruch an sich zu stecken scheint, da ja durch diesen Begriff die Parteien im Plural, als bloße Summe von Teilen, zum Ganzen, nämlich zum Staat erklärt würden - und in der Bundesrepublik Deutschland im Sinne von Gerhard LEIBHOLZ[9] tatsächlich auch hierzu erklärt werden. Dieses der europäischen Philosophie widersprechende zersetzende Denken wurde in Deutschland vor allem nach 1945 von den Apologeten der Frankfurter Schule[10] von den philosophischen und soziologischen Lehrstühlen herab gepredigt. Man denke nur an Theodor W. ADORNO (1903–1969), der sich zu der Behauptung verstieg: »Das Ganze ist das Unwahre.«[11]

Natürlich ist entgegen diesem Unsinn das Ganze das eigentliche Wahre, und das Ganze ist mehr als die Summe seiner Teile. An dieser Wahrheit, die ARISTOTELES[12] vor unserer Zeitrechnung entdeckte, hat sich bis in unsere moderne Zeiten nichts geändert. Heute müßte diese Aussage noch ergänzt werden durch: Das Ganze ist etwas völlig anderes als die Summe seiner Teile. Aber ebenso dürfte auch feststehen, daß die Teile der Gesellschaft einfach vorhanden sind, daher auch Berücksichtigung finden müssen, indem sie auf das Ganze zu beziehen sind und letztendlich diesem Ganzen im Sinne des Gemeinwohls untergeordnet werden müssen.

Das bedingt aber, daß bei der Konzeption des deutschen Volksstaates dieses ›Gemeinwohl‹ näher bestimmt wird. Weil der Verfasser hierbei nicht das sprichwörtliche Rad neu erfinden will, wird er bewußt auf den Inhalt seines Buches *Deutsche Bausteine – Grundlagen nationaler Politik*[13] zurückgreifen, indem er bereits dieses Gemeinwohl des deutschen Volkes im Rahmen von »drei Bausteinen« nationaler Politik definiert hat.

Beim Verhältnis von den Teilen und dem Ganzen verhält es sich wie in der Literaturwissenschaft, wo beim hermeneutischen Erkenntnisvorgang sich der Rezipient sowohl einen ersten Eindruck vom Textganzen verschaffen muß, als auch die einzelnen Textphänomene zu analysieren hat. Dies nennt man den »philologischen Zirkel«, bei dem der Erkennende so lange zwischen Text-Teilen und Text-Ganzem hin- und herpendelt, bis er glaubt, den Text insgesamt erkannt zu haben. Dem Erkenntnisprozeß liegt dabei zugrunde, daß das »Ganze [...] Grund und Maßstab dafür (ist), daß einzelne Momente überhaupt eine Bedeutung haben. Andererseits ergibt sich aber auch das Ganze erst aus dem Zusammenspiel der einzelnen Merkmale, beide setzen sich also wechselseitig voraus. Denn erst die Erkenntnis der Einzelheiten vermittelt das Verstehen des Ganzen, doch haben die Einzelzüge ihrerseits überhaupt nur eine Bedeutung nach Maßgabe des Sinnganzen. Das macht die zirkulare Struktur dieses Verstehens aus: Das eine bedingt das andere, das andere das eine«.[14] Und so verhält es sich auch mit den Teilen der Gesellschaft und dem Ganzen in den Kategorien von ›Volk‹ und ›Staat‹.

Um dieses notwendige ordnungspolitische Denken voranzutreiben, bedarf es der Wiederbelebung des Faches der Staatslehre in

Deutschland. Es ist für aufmerksame Beobachter schon bemerkenswert, daß diese an heutigen bundesrepublikanischen Universitäten wie vom Erdboden verschluckt ist. Das Fach ist vielmehr in der Politikwissenschaft und in das Staatsrecht beziehungsweise in der Verfassungslehre verschwunden.

Während die bundesrepublikanische Politikwissenschaft an amerikanischen Vorbildern ausgerichtet ist[15], die dem Programm amerikanischer Umerziehungsstrategie entsprungen ist[16], scheint sich die politische Philosophie, die es als Alibi in der Politikwissenschaft als Teilgebiet noch gibt, in Luft aufgelöst zu haben. Auf das, was es bei der politischen Philosophie eigentlich ankommt, ist an gegenwärtigen politikwissenschaftlichen Lehrstühlen kaum noch etwas zu spüren, nämlich, wie dies Bernard WILLMS in einem Satz präzise auszudrücken wußte: »Die Politische Philosophie beginnt beim Einzelnen und endet beim Staat.«[17]

Diese Grunderkenntnis bedingt ein ganzheitliches Denken. Das bedeutet: Ohne Einzel- und Sonderinteressen würde dem Staat der Unterbau beziehungsweise das Eigenleben fehlen, das seine Vitalität ausmacht; jedoch kann eine nur aus Einzelnen bestehende Gesellschaft weder das notwendige Staatsethos entwickeln noch auf die Dauer für den Einzelnen einen Sinn des Lebens aufzeigen. Da eine solche Gesellschaft nur auf den jeweiligen Einzel- und Sonderinteressen beruht, ist die einzige Grundlage einer solchen ›pluralistischen Gesellschaft‹ schlichter Egoismus und damit als Folge der Materialismus.[18] Daß ein solcher Zustand schon bald in den Kampf aller gegen alle münden wird, wie dies bereits Thomas HOBBES in seinem *Leviathan* erkannt hat[19], bedarf keiner großen Erkenntnis.

Darüber hinaus stellt die vom Verfasser beabsichtigte Wiederbelebung der Staatslehre keinen theoretischen Selbstzweck im Sinne einer reinen Erkenntnistheorie dar, sondern soll einer von mehreren erforderlichen Beiträgen sein, den Neuen Nationalismus[20] in Deutschland geistig wie praktisch in die Lage zu versetzen, eine fundierte Kritik am politischen System und eine ebenso fundierte Systemalternative vom Grundansatz her entwerfen zu können. Eine solche Systemkritik muß dann in die konkreten Wortergreifungsaktionen münden, um breitere Schichten des deutschen Volkes in den zivilen Widerstand gegen die herrschenden Zustände einbeziehen zu können, als dies bisher gelungen ist.

Bei diesem Anliegen geht es also schlichtweg um die Politikfähigkeit der nationalen Opposition in Deutschland.

# I.
# Öffentlich und Privat

*»Im Fernsehen gibt es eigentlich keine Information,*
*es gibt nur Fernsehen.«*
Jacques ELLUL

Abbildung:
*Verona Feldbusch und Stefan Raab –
Ulk-Blödel der deutschen Spaßgesellschaft
und Produkte des herrschenden Zeitgeistes.
Bei Raabs ›TV-Total‹ spielt sich
einiges unter der Gürtellinie.
Wo bleibt der Ehrenschutz?
(Foto: Breul-Bild)*

Der Altliberalismus des 19. Jahrhunderts hatte gegenüber dem historischen Konservativismus größten Wert auf die Trennung von Staat und Gesellschaft gelegt, um dem bürgerlichen Individualismus einen Freiheitsraum zu öffnen. Wohingegen Staat und Gesellschaft eins sind, kann sich niemand der Einheit von Privatem und Öffentlichem und damit von Legalität und Moralität entziehen. Unmoral wird dann strafbar. Im mittelalterlichen christlich-universalistischen Feudalismus hatte das zur Folge, daß jeder Verstoß gegen die christlichen Dogmen selbst dann auf dem Scheiterhaufen enden konnte, wenn der Ketzer im übrigen gesetzestreu war.

Ketzer, wußte 1646 Nicolas DE VERNULS, darf man im Staate auch dann nicht dulden, wenn sie friedlich seien, denn Menschen wie Ketzer könnten gar nicht friedlich sein.[21] Später setzte sich die alleinige Staatsräson mit ihrer Trennung von der privaten Moral durch und erlaubte ein ungekanntes Maß an Geistesfreiheit.

»In unserem Jahrhundert hat die Gesellschaft den Staat zurückerobert«, meint Klaus KUNZE in seinem Buch *Der totale Parteienstaat*[22]. Gewechselt haben gegenüber dem Mittelalter nur die Ideologeme. Jetzt gab es wieder das ›Gedankenverbrechen‹, ein von George ORWELL angesichts des Totalitarismus geprägter Begriff.

Die aktuelle Eroberung des Staates durch die liberale Gesellschaft bedeutet die höchste Alarmstufe für den bürgerlichen Individualismus, seine Gedanken- und schließlich seine Handlungsfreiheit: In der heutigen Bundesrepublik kann wieder mit dem staatlichen Gesetz in Konflikt kommen, wer gegen die Moral des vergesellschafteten Staates seine eigene Moral behauptet oder nur die Zumutung abwehrt, die volkspädagogisch aufgestellten Tabu- und Genickschußzonen zu achten.

Der zunehmend zum totalitären Gesinnungsdruck übergehende Liberalismus beurteilt den Menschen nicht mehr danach, was er tut, sondern danach, was er denkt, sagt oder schreibt.[23] Während die Gesetzesordnung so weitmaschig und liberal gehandhabt wird, daß kein Verhalten mehr verboten werden kann, muß der Liberalismus sich als Ersatzlösung der Gesinnung seiner Bürger versichern und fordert ihnen die Bereitschaft zur Identifikation ab. Das Verhalten ist nur noch der formale Anknüpfungspunkt, um ›verfassungsfreundliche‹ oder ›verfassungsfeindliche‹ Gesinnung herauszufinden, auf die es ihm entscheidend ankommt.[24]

Es ist kein Zufall, daß gegen die Trennung von Staat und Gesellschaft gleichlautend alle diejenigen polemisieren, die das Individuum ihrer Herrschaftsideologie als Staatsmoral unterwerfen wollen: Die konservativen Feudalgrundherren des 19. Jahrhunderts, die ihre mittelalterlichen Rechte von Gottes Gnaden über ihre Bauern gern wieder gehabt hätten; Karl MARX, der in seiner Schrift *Deutsche Ideologie* das einheitliche, von der Spaltung in eine gesellschaftliche und eine staatliche Sphäre »freie« Subjekt forderte; und unsere liberalen Moralvorbeter, die ihre Anmaßung, Betroffenheit zu erzeugen, aus einer für den vergesellschafteten Staat einheitlichen Humanitätsideologie ableiten, deren berufene Interpreten und Inquisitoren sie selbst sind.[25]

Unabhängig von Epochen und Moden dürfte feststehen: Was öffentlich und was privat sein soll, darüber befindet im Zweifelsfall der gute Geschmack. Der gute Geschmack wiederum ist nicht selten geprägt vom Zeitgeist. Soll man aber nun seine sexuellen Vorlieben in der Öffentlichkeit zur Diskussion stellen, seine Gewichtsprobleme und Depressionen im Fernsehen debattieren lassen?

Die öffentliche Erörterung solcher Fragen gehört heute scheinbar in Deutschland zum guten Ton. Was aber nicht daran liegt, daß es wirklich gut wäre, solche Themen öffentlich zur Schau zu stellen. Das Problem liegt vielmehr darin, daß in den zurückliegenden Jahrzehnten eine Umkehrung aller sittlichen Werte in Deutschland stattgefunden hat, daß es einen erschaudern mag, wie all die vielen kleinen Wichte unter der Woche nachmittags im Fernsehen ihre Privatheiten und gar Intimitäten der Öffentlichkeit preisgeben – womit überdeutlich wird, daß die Bundesrepublik zur Republik der Exhibitionisten verkommen ist.

Die Werte sind verlorengegangen; Werte, die wohlweislich weit zurückreichen. ARISTOTELES (384–322 v. Chr.) zum Beispiel wußte noch genau in den acht Büchern seiner *Politika* deutlich die Forderung zu erheben, daß öffentliches und privates Leben strikt voneinander zu trennen seien. Das war für den griechischen Philosophen zwar nur eine Voraussetzung für die geistige Verfassung eines funktionstüchtigen Staates, jedoch eine wichtige.

Die alten Griechen sprachen viel von den Tugenden, die zum Gedeihen des Gemeinwohls vom Staat durchzusetzen seien. Georg Wilhelm Friedrich HEGEL (1770–1831) schrieb rund 2000 Jahre später in seinen *Grundlinien der Philosophie des Rechts* vom Staat als der Verwirklichung der sittlichen Idee. All davon ist heute, 2300 Jahre nach ARISTOTELES und 170 Jahre nach HEGEL, keine Rede mehr. Tugend und Sittlichkeit im Sinne der griechischen Antike und des Deutschen Idealismus stellen heute nicht mehr die Richtschnur des staatlichen und gesellschaftlichen Lebens in Deutschland dar – an ihre Stelle sind Gewinnsucht, Geltungssucht, Ellenbogenmentalität und Egoismus, Verkommenheit, Verschlagenheit und Hinterhältigkeit getreten. In anderen Ländern des ›freien Westens‹ ist es nicht besser bestellt. Doch das kann für uns Deutsche kein Trost sein.

Spätestens, als Bundeskanzler Gerhard SCHRÖDER im Herbst 2000 die bundesrepublikanischen Gutmenschen zum »Aufstand der Anständigen« aufrief, um ein paar Wochen später einer vermeintlichen Gutmenschin im sächsischen Sebnitz gegen Rassismus beizustehen, um mittels solcher symbolischen Handlungen dem »Terror von Rechts« durch die von ihm höchstpersönlich angeführte Zivilcourage der »Gemeinschaft der Demokraten« entgegenzutreten, haben die Mächtigen in der Bonner, neuerdings Berliner Republik, in ihrem Herrschaftsbereich die Umwertung aller Werte offenbart.

Die politische Klasse der Bundesrepublik, die an moralischer Verkommenheit kaum noch überbietbar sein dürfte, dünkt sich der Moral, des Gewissens der Anständigen. Dabei gelingt es ihr unter Instrumentalisierung der Faschismus- und Auschwitzkeule eine jegliche Kritik an ihrer Pseudomoral zunichte zu machen. So kann jedes vernünftige nationalpolitische Argument mit »Nie wieder Faschismus!« und »Nie wieder Auschwitz!« abgeschmettert werden. Schon deshalb erscheinen die zugespitzten Thesen des Hamburger Sozialwissenschaftlers Reinhold OBERLERCHER, die BRD sei das »Wachkoma des Dritten Reiches«, und die des Mannheimer Rechtsanwaltes Thor VON WALDSTEIN, »Bonn ist Auschwitz«, nicht völlig abwegig. Denn anscheinend kommt die herrschende politische Klasse ohne eine Bezugnahme zum Dritten Reich nicht mehr aus.

Man gewinnt sogar den seltsamen Eindruck, daß das Dritte Reich medial immer näher rückt, je länger die zwölf Jahre NS-Diktatur zurückliegen. Adolf HITLER mutiert in der öffentlichen Moral der herrschenden Klasse zu einer Art mumifizierter Popanz, den man – je nach Abschreckungsbedarf und Einschüchterung des spätgeborenen Publikums – hervorholen kann, wann es dem bundesrepublikanischen Kollaborateur beliebt.

Noch beklemmender wird dieser Eindruck beim täglichen Rezipieren der Programme der öffentlich-rechtlichen wie privaten Fernsehanstalten. Da mutieren die beiden obersten Vertreter dieses Staates, Johannes RAU und Wolfgang THIERSE, zu den Hohepriestern einer neuen Ersatzreligion aller BRD-Gutmenschen, welche das im Niedergang befindliche Christentum hierzulande beerbt zu haben scheint: der Holocaust-Kult, der sich nicht allein in den Programmen der Fernsehanstalten häufig widerspiegelt, sondern mittlerweile auch seine Kultstätten, nicht nur in Berlins Mitte, gefunden hat.

Wie es beim Versuch einer Religionsneuschöpfung nachvollziehbar erscheint, entzieht sich der Kernbestand des Glaubensgutes eines jeglichen rationalen Zugriffs. Weil das ›Unbegreifliche‹ unbegreiflich bleiben soll, weil offenbar beim Prozeß des Begreifen-Wollens das Volk die neue Religion als reine politische Herrschaftssicherung entlarven könnte, muß alles getan werden, um die scheinbare Unbegreiflichkeit dem rationalen Erkenntnisprozeß zu entziehen.

Ist die politische Klasse sonst darauf bedacht, politische Entscheidungsprozesse auf der Grundlage eines ›demokratischen Diskurses‹ herbeizuführen, so wird plötzlich bei dieser für die Nation so wichtigen Frage nach der ›Einzigartigkeit deutscher Verbrechen‹ die Grundlage eines offenen Diskurses entzogen.

Die neuen Kultstätten werden deshalb als ›befriedete Zonen‹ dem Demonstrationsrecht entzogen, einer wissenschaftlichen Debatte wird unter Androhung verschiedener Maßnahmen der Zensur, auf die noch einzugehen ist, präventiv der Boden entzogen.

Wenn dann doch einmal eine offene Diskussion über die jüngere deutsche Vergangenheit stattfinden soll, zum Beispiel zu Wahlkampfzwecken in der SPD-Zentrale am 8. Mai 2002, dem ›Tag der Befreiung‹, und lädt Bundeskanzler Gerhard SCHRÖDER hierzu Martin WALSER ein, so wird ihm in aller Öffentlichkeit nahegelegt, den für die Verfechter der politischen Korrektheit unbequemen Schriftsteller wieder auszuladen. In vorderster Front der Betroffenheitsapostel: Paul SPIEGEL und Michel FRIEDMAN vom Zentralrat der Juden in Deutschland. Weil jedoch der Kanzler auch die patriotischen Stimmen bei der Bundestagswahl gut drei Monate später brauchte, hielt er an der Einladung WALSERS fest. Ein paar ›Antifas‹ durften derweil vor dem Willy-Brandt-Haus ihre Gesinnung (»Nie wieder Deutschland!«) kundtun.

Weil nun Martin WALSER ein wirklicher Intellektueller ist, der darüber sinnt, wie das scheinbar Unbegreifliche, nämlich Auschwitz, möglich werden konnte, breitete er seine tiefgründigen, jedoch den Gutmenschen unerwünschten Gedanken in der Diskussion mit SCHRÖDER aus. Das Versailler Diktat von 1919 habe Adolf HITLERS Machtergreifung von 1933 ermöglicht. Dafür ist nun der Hofhistoriker der Berliner Republik, Hans MOMMSEN, zuständig: Das alles, was WALSER da gesagt habe, sei Unsinn und sei schon von der nationalen Rechten der Weimarer Republik behauptet worden. Indem man das Argument in die schlimme politische Ecke stellt, scheint die Glaubwürdigkeit des Arguments (Versailler Diktat) und des Argumentierenden (Martin WALSER) zerstört zu sein, mag sich MOMMSEN gedacht haben. Dem WALSER gehe es sowieso nur um ein »altväterliches Nationalgefühl«, das von der Hoffnung getragen sei, »jenseits der Epoche des Nationalsozialismus eine heile nationale Welt für die Deutschen bewahren zu können«.[26] Und das darf natürlich auf keinen Fall sein. Denn wo kämen wir denn hin, wenn im Zeitalter der Globalisierung, des Prozesses der Abwicklung von Nation und Staat, ausgerechnet *die* Nation mit der »einzigartigen Schuld« an ihrem Nationalgefühl festhalten wolle? Hat doch Martin WALSER »über ein Geschichtsgefühl« im Rahmen des Veranstaltungsthemas »Nation, Patriotismus und demokratische Kultur« gesprochen. Da gilt es, den Anfängen zu wehren. Trotzig richtete WALSER in seiner Rede an seine Widersacher: »Jeder kann, wenn er will, auf die Nation verzichten. Ich kann das nicht.«[27]

Und in der Folge fragten sich weiterhin viele wichtige Zeitgenossen der bundesrepublikanischen Gesellschaft, ob man mit so jemandem, wie mit dem WALSER, überhaupt reden sollte.

Die geistige Stigmatisierung, die Kriminalisierung des politischen Standpunkts geht bekanntlich dem Genickschuß voraus. Den hat Martin WALSER zwar noch nicht ereilt, obwohl seine Autorenlesungen quer durch die Republik von ›Antifas‹ gestört werden. Jedoch das Schicksal des niederländischen ›Rechtspopulisten‹ Pim FORTUYN hat uns allen gezeigt, daß der politische ›Genickschuß‹ längst zum Arsenal der Gutmenschen zählt. Plötzlich stehen im Mai 2002 alle Biedermänner und Frauen in den Niederlanden da, vor der Fernsehkamera natürlich, wo denn sonst, und zeigen sich betroffen in einem Meer von Blumen für den Märtyrer. Wie konnte das geschehen, wie konnte es so weit kommen, daß wirklich Blut fließt, in der von Konsens geprägten holländischen ›Demokratie‹? Der Konsens, so ist einzuwenden, gilt nicht für die Verfemten, die aus dem Spektrum der ›gesellschaftlich relevanten Kräfte‹ ausgeschlossenen. Pim FORTUYN war populär, aufgrund seines homosexuellen und dandyhaften Lebensstils ein ›bunter Vogel‹. Seiner Person war das Mitleid selbst der Etablierten gewiß, doch seinen politischen Aussagen galt der Haß. Dieser kam von denen, die das Volk belügen, es mit dem parlamentarischen Theater an der Nase herumführen. Der niederländische Schriftsteller Clees NOOTEBOOM brachte die Angst der herrschenden Klasse auf den Punkt: »Er hatte Dinge diskutabel gemacht, die sie unter dem Schleier politischer Korrektheit hatten bedeckt halten wollen, er hatte sich der stillschweigenden Vereinbarung verweigert, das Thema Zuwanderung aus dem Wahlkampf auszuklammern, und das Volk, das in der Praxis solcher Vereinbarungen leben muß, war ihm dankbar gewesen.«[28]

Unterdessen pilgern in Deutschland die Schreibtischtäter solcher Ereignisse nach Erfurt, um dort nach dem ›unfaßbaren Ereignis‹ des Massenmordes in einer Schule ihr ganz besonderes *Event* zu begehen. Doch erinnern wir uns: Im August 2000 rief Gerhard SCHRÖDER in unanständiger Weise zum »Aufstand der Anständigen« auf. Im Berliner Wahlkampf im Herbst 2000 wurde daraufhin einem ›rechten‹ Wahlkämpfer am Infostand von einem ›Antifaschisten‹ ein Ohr abgebissen. Im Vergleich zu den Kopfschüssen gegen Pim FORTUYN ließ sich das Ohr wieder ›zusammenflicken‹. Vor ein paar Jahren hatte ein anderer ›rechter‹ Aktivist, Gerhard KAINDL, weniger Glück. Er wurde in Berlin von ›Antifaschisten‹ kaltblütig abgestochen. Doch die Mörder, auch die an den Schreibtischen, befinden sich immer noch unter uns.

Von der Pervertierung im Kampf gegen politisch Andersdenkende einmal abgesehen, so sticht immer mehr ins Auge des politischen Betrachters, daß die Umwertung aller Werte in Deutschland vor allem dazu geführt hat, daß das öffentliche Bewußtsein für die Sittlichkeit als sozialer Maßstab einer Gemeinschaft auf den Kopf gestellt wurde. Das läßt sich recht gut an den zentralen Begriffen ›öffentlich‹ und ›privat‹ feststellen und anhand vieler Beispiele, die uns tagtäglich in den Medien präsentiert werden, belegen.

Beispiel: Die Todesangst der Frau WALLERT aus Göttingen wird im Jahre 2000 veröffentlicht, um Einschaltquoten zu erhaschen. Nach der Geiselnahme auf den Philippinen dürfen dann die WALLERTs gemeinsam in verschiedenen Talk-Shows auftreten, um ihre Todesangst nachträglich zu vermarkten. Frau WALLERT, die zuvor den Eindruck vermittelte, alles an Schmerz- und Nervensimulation zu tun, um der Geiselhaft persönlich entkommen zu können, darf dann vor laufender Kamera die um ihren Ehemann und ihren Sohn besorgte Ehefrau und Mutter spielen.

Daß die westlichen Medien die Geiselnehmer mit dicken Geldbündeln versehen, damit sie *life* dabei sind, wenn möglicherweise eine Geisel hingerichtet wird, oder zumindest wenn Frau WALLERT schmerzverzerrt das Gesicht verreißt, wenn im Hintergrund ein Schuß fällt, gibt der Angelegenheit noch eine besondere Note von der Sensationsgier liberalistischer Mediengesellschaften, denen nichts heilig und intim genug erscheint, um es nicht vor laufender Kamera zu barer Münze zu machen.

Ein vorläufiger Gipfel der Geschmacklosigkeit und Pseudomoral begegnete uns im Herbst 2000 in der ständigen Sensationsberichterstattung über das Unglück im salzburgischen Kaprun, wo 155 Wintersporturlauber in einer Seilbahn, die in einem Tunnel zum Halten kam, auf schreckliche Weise verbrannten. Weil der BRD-Gutmensch, vor allem der in den Redaktionsstuben der Medien, seine Pseudomoral mit ›Mitgefühl‹ verwechselt, wurden die Brandopfer regelrecht medial ausgeweidet – wie Hirsche und Wildschweine nach einer Jagd den Schaulustigen als Beute präsentiert werden, indem sie in Reih und Glied vor den Gaffern positioniert werden.

Was nicht fehlen darf, ist, die Angehörigen der Toten in einer kleinen Stadt in der bayerischen Oberpfalz aufzusuchen und diese beim Besuch von Gedenkgottesdienst und Friedhof mit Kameras aufzulauern. Das Beispiel zeigt, daß sich Gewalt, und sei sie nur durch Technik und Natur bedingt, in der BRD als Einschaltquote gut eignet. Die Moral »gegen Gewalt« kommt scheinbar nur dann voll zur Geltung, wenn diese nicht der politisch erwünschten Stoßrichtung dient.

Die ›öffentliche Meinung‹ interessierte sich im Jahre 2000 auch für so wichtige Fragen wie die nach dem unehelichen Kind des Fußballkaisers Franz BECKENBAUER. Dabei wurden in ebenso schamloser Weise nicht nur der ›Kaiser‹ und sein Kind unfreiwillig in die Öffentlichkeit gezogen, sondern auch die Mutter selbst, eine Sekretärin des FC Bayern München, und die düpierte Ehefrau des Franz BECKENBAUER, die ihm, dem ›Kaiser‹, laut Medienberichten den Seitensprung »verziehen« haben soll.

Nicht verziehen hat die Fernsehmoderatorin Sabine CHRISTIANSEN ihrem Ex-Mann Theo BALTZ dessen Seitensprünge. Dieser hatte sich endgültig und in aller Öffentlichkeit für das Verhältnis mit der Fernsehmoderatorin Ulla KOCK AM BRINK entschieden. Frau CHRISTIANSEN warf daraufhin ihrer Kollegin vor, ihr den Theo »ausgespannt« zu haben. KOCK AM BRINK antwortete lapidar und natürlich auch gegenüber der Presse: »Gegen seine Gefühle kann man einfach nichts tun.«[29]

Gefühlt wird also öffentlich. Das staunende Publikum, dem die zerrüttete Ehe der CHRISTIANSEN zur Unterhaltung feilgeboten wird, sieht sich dann mit der Frage konfrontiert, wie und ob die seelisch schwer angeschlagene CHRISTIANSEN ihre *Talk-Show* am Sonntagabend in der *ARD* überhaupt durchhalten kann. Hat sie in der letzten Zeit geweint, nimmt sie Beruhigungsmittel, gar Drogen? Das muß scheinbar alles öffentlich erörtert werden.

Daß sich die von dem konservativen Schriftsteller Edgar Julius JUNG angekündigte »Herrschaft der Minderwertigen« längst in der bundesrepublikanischen Wirklichkeit realisiert hat, läßt sich vor allem nach Einschalten des Fernsehgerätes unter der Woche nachmittags gut feststellen. Da läßt beispielsweise Arabella KIESBAUER unter den Augen von ihren zum Teil Minderjährigen über die sexuellen Vorlieben ihrer in der Regel geistig minderbemittelten Studiogäste diskutieren, Hans MEISER faselte bis noch kurzem mit seinen Gästen über das Älterwerden oder das Übergewicht, das er in sympathischer Weise an sich selbst thematisierte, und Bärbel SCHÄFER moralisiert über die Intoleranz vieler Deutscher über multikulturelle Paare, wobei ihre Betroffenheit zumindest zum Teil privater Natur sein dürfte, da die Regenbogenpresse längst ihr intimes ›Geheimnis‹, die Beziehung der Blondine mit Michel FRIEDMAN, gelüftet hat.

Apropos ›gemischte Paare‹: Mit einer gewissen Schadenfreude nahm der Verfasser dieser Zeilen das doch plötzliche und von den Gutmenschen zutiefst bedauerte Scheitern der multikulturellen Vorzeigeehe von Boris und Barbara BECKER zur Kenntnis. Vielleicht ist dieses Scheitern im Einzelfall ja symbolisch für das endgültige Scheitern der analogen Gesellschaftsform zu deuten. Das bleibt freilich abzuwarten.

Aber die scheinbare Toleranz des BRD-Establishments betrifft nicht nur ›gemischte Paare‹: Gemeinsam tritt der SPD-Generalsekretär Franz MÜNTEFERING im Fernsehen mit seiner Tochter Miriam auf, um zu bekennen, daß er nichts dabei finde, daß Miriam lesbisch veranlagt ist und seit Jahren eine glückliche Beziehung führt. Dabei ist das Niveau der MÜNTEFERINGS nicht einmal die unterste Schublade in der Berliner Republik. Nein, auch wenn man nichts kann, noch nie etwas geleistet hat im Leben, außer mit dem Hintern und den Titten zu wackeln, kann man in der Glotze immerhin noch die Rolle des blonden Dummchens spielen.

So war Jenny ELVERS immerhin die Lebensgefährtin des bekannten Schauspielers Heiner LAUTERBACH und danach die eines an sich unbedeutenden Big Brother-Stars, der in Köln zwei Kneipen sein eigen nennt. Die kesse ELVERS vermarktet auch noch die Geburt ihres Kindes. Gerade die Serie Big Brother macht die moralische Verkommenheit und kulturelle Primitivität der herrschenden Zustände in Deutschland deutlich. Was für den Kulturmenschen privat zu sein hätte, das Sexualleben, die Probleme des privaten Lebens und zwischenmenschlicher Streit, wird für das gaffende Publikum öffentlich aufbereitet. Heraus kommt dabei die Entmenschlichung des Menschen, zumindest derjenigen, die sich im Irrglauben der Anständigkeit befinden und im Zeichen der Umwertung aller Werte ihre Unanständigkeit medial als ›Anständigkeit‹ verstanden haben wissen wollen. Zlatko, der Prototyp des ghettoisierten Einwanderers in der dritten Generation, der SHAKESPEARE für eine neue Pizzasorte hält, und die ›Franken-Barbie‹, die sich in der zweiten Big Brother-Serie von einem afrikanisch stämmigen ›Mitbürger‹ hernehmen läßt, wobei wenigstens der Phantasie durch die zwischen Spanner und Akteuren liegende Bettdecke noch Raum gelassen wird, bilden dabei nur zwei markante Beispiele.

Das Thema ›Sex‹ kann stellvertretend für die Pseudomoral der herrschenden Klasse dieser Politik gelten. Viele Beispiele ließen sich da anführen; sie zeigen, daß sich die bundesrepublikanische Pseudomoral beim Lieblingsthema und Einschaltquotenargument vor allem der privaten Fernsehanbieter irgendwo zwischen Exhibitionismus und Denunziantentum bewegt – mit dem der Natur des Menschen naheliegenden Eros hat das allerdings wenig zu tun.

Die Pseudomoral des Gutmenschen kam wieder einmal zum Vorschein, als sich die Fernsehanstalten am 18. Dezember 2000 über ›Sex-Vorwürfe‹ gegen Bundeswehrsoldaten im Kosovo erhitzten.[30] So sollen Bundeswehrsoldaten in der militärisch abgespalteten Region von Jugoslawien Prostituierte besucht haben. Aufgrund von Denunziation oder Sensationsgier der Medien, die sich am liebsten in den Peinlichkeiten der eigenen Landsleute, vor allem in denen von Polizei und Soldaten, suhlen, reisten deutsche Journalisten in den Kosovo und besorgten sich Informationen über diesen ›unglaublichen Vorgang‹. Mit dabei waren auch RTL und SAT 1, die gern die Werbeeinnahmen von Telefonsex-Firmen einstecken.

Auch die Regierungspolitik übte sich in pseudomoralischer Rhetorik: So mimte die verteidigungspolitische Sprecherin der Grünen, Angelika BEER, die Monaten zuvor noch dem NATO-Angriffskrieg der NATO gegen Jugoslawien das Wort redete, für eine Aufklärung und Konsequenzen im Hinblick auf die ›Sex-Vorwürfe‹ gegen Soldaten der Bundeswehr. Wo allerdings das ›Verbrechen‹ bei den behaupteten Vorwürfen liegt, konnte niemand in den BRD-Medien, auch nicht Frau BEER, sagen. Gilt doch die Prostitution als mittlerweile gesellschaftsfähig. Warum dann aber das Denunziantentum gegen Bundeswehrsoldaten?

Warum dann eigentlich die Prüderie, wo doch bekannt sein dürfte, daß personelle Teile von Besatzungstruppen immer schon den ›Dienst‹ von Prostituierten in Anspruch genommen haben. Nebenbei sei noch der Hinweis gestattet, daß Angelika BEER von den Grünen genau der Partei angehört, deren Vertreter sich in ihrer kurzen Parteigeschichte immer wieder für ›sexuelle Toleranz‹ – bis hin zu Sex mit Minderjährigen – ausgesprochen haben.

Aber nicht nur der Sex muß öffentlich ausgetragen werden, auch der Tod, und vor allem wenn er in Dutzendware daherkommt, muß im realexistierenden Kapitalismus verwertet werden. Schlimm genug, könnte man meinen, daß ein Schüler über einen Schützenverein in den Besitz einer Pumpgun gerät und er damit im Klassenzimmer Lehrern, Mitschülern und Polizisten das Lebenslicht wegpustet. Doch die Krönung leistete sich wieder einmal die politische Klasse, die im April und Mai 2002 das schlimme Ereignis zum Wahlkampf mißbrauchte. So reihten sich in die Kondolenzschlange in Erfurt

Oben: *Die in den USA vielbeliebte Show von Jerry* Springer, *der erst jubelt, wenn seine Gäste einander prügeln. Deutsche Sender nehmen sich an amerikanischen Auswüchsen zunehmend ein Vorbild. Viele Talkshows sind inzwischen auf Krawall angelegt: Interessengruppen werden aufeinander gehetzt: Hundeliebhaber und Tierhasser, Frauen und ihre untreuen Freunde usw.*
Unten: *Szene aus der gewaltreichen Fernsehsendung ›Jackass‹ (bei MTV). Ein vierzehnjähriger Deutscher ließ sich daraufhin mit Spiritus übergießen und zündete sich an.*

Edmund Stoiber aus dem fernen Bayern ebenso ein wie Angela Merkel, Gerhard Schröder, Joschka Fischer und auch der Vorsitzende der Spaßpartei (FDP), Guido Westerwelle. Hätte sich einer von denen in Erfurt blicken lassen, wenn dort keine Fernsehkameras und Mikrofone aufgebaut gewesen wären? Wohl kaum. Denn Gefühle ergeben im Liberalismus nur einen Sinn, wenn sie öffentlichkeitswirksam geäußert werden, wenn sie also wahltaktisch und wirtschaftlich verwertbar sind. Denn nichts ist so erfolgreich wie der Erfolg – und den gilt es um jeden Preis zu erlangen.

Der Erfolg wird vor allem durch Jugendkult verkörpert. So verkündete Guido Westerwelle auf dem FDP-Bundesparteitag im Mai

2002, er wolle als 41jähriger Politik nicht so machen wie 60jährige, gemeint waren seine Konkurrenten als Kanzlerkandidaten Gerhard SCHRÖDER und Edmund STOIBER. Deshalb tingelt dann WESTERWELLE mit dem ›Guidomobil‹ durchs Land, um Wählerstimmen zu werben. Derweil kündigt der FDP-Chef von Nordrhein-Westfalen, Jürgen W. MÖLLEMANN, weitere Fallschirmsprünge in Touristengebieten kurz vor der Bundestagswahl im September 2002 an. Vielleicht hat ihn sein dynamisches und spaßiges Image vor dem Fallbeil der politischen Korrektheit bewahrt, als Paul SPIEGEL und Michel FRIEDMAN sich aufgrund von israelkritischen Äußerungen MÖLLEMANNS die FDP des ›Antisemitismus‹ verdächtigten.

Unterdessen hatten Gerhard SCHRÖDER und Edmund STOIBER in der Vorwahlkampfphase um ihr jugendliches beziehungsweise von Dynamik geprägtes Image zu kämpfen: Der eine (SCHRÖDER) ließ Medienvertreter gerichtlich untersagen, nicht mehr die Behauptung aufzustellen, er lasse beim Friseur seine Haare färben, der andere (STOIBER) aufgrund seiner Stotterer in der *Talkshow* von Sabine CHRISTIANSEN.

Die allgemeine gesellschaftliche Verwahrlosung ist vor allem auf die Programme der Medien zurückzuführen. Das Hamburger Wochenmagazin *Der Spiegel* hatte sich einmal die Mühe gemacht, an einem x-beliebigen Dienstag (den 7. Mai 2002) das deutsche Fernsehprogramm nach Schmuddelinhalten und Gewalt zu durchforsten, um anhand dieser empirischen Stichprobe einmal die sittliche Verfaßtheit der Nation zu erkunden. So lief auf 3sat eine Satire *Muttertag* mit den Bildern eines Totschlags und das öffentliche Pinkeln gegen eine Hauswand mit dem Graffito *Tod den Architekten*. RTL II sendete *Conan – der Barbar*. Der Film, der Arnold Schwarzenegger 1981 zum Durchbruch verhalf, ist reinstes Gewalt-Kino, in dem alles serviert wird, was bange macht, zum Beispiel eine grüne Menschen-Bouillon, in der Hände oder ein Kopf herumschwimmen. Auf dem selben Sender hütet in *X-Factor* eine junge Frau eine einsame Villa, doch das Haus erweist sich als Geistergeheimstätte. Erst spielt der Fernseher verrückt, dann hört die junge Frau gruselige Klopfgeräusche. Sie scheinen aus dem Keller zu kommen. Mit einem Messer in der Hand schleicht die Frau die Treppen hinab, die Klinge wirft einen langen Schatten auf die Wand. Die Kopfgeräusche werden lauter. Mit Entsetzen im Gesicht öffnet die Frau eine Klappe in der Mauer. Großaufnahme eines verdreckten blutigen Gesichts. Es ist die Frau des Villenbesitzers – ihr Mann hatte sie eingemauert.

Auf Kabel 1 ist *Superman* mit einer ermordeten Frau in Bluse und rosa Küchenschürze zu sehen. Die Untote ist aus einer Zwischenwelt in die echte zurückgekehrt, um ihren Killer zu finden. ProSieben lädt zur *Blutspur in die Karibik* ein. Schreiend liegt ein junger Mann im Krankenhaus, das Gesicht ist blutig, sein Hals wird von einer Plastikmanschette gestützt. Nach dem Motorradunfall ist seine Freundin Lissy verschollen. Dann schießt ein Scharfschütze aus dem Hubschrauber auf einen Mann in einem Schnellboot. Dem Opfer läuft Blut aus dem Mund, die Bootswände sind blutverschmiert. Phoenix präsentiert Bilder vom Attentat auf den niederländischen Politiker Pim FORTUYN, das sich tags zuvor ereignet hat. Aus der Nähe ist zu sehen, daß FORTUYNS Augen seltsam starr aufgerissen sind. Dann zeigt eine Großaufnahme seinen bleichen Brustkorb. Ärzte versuchen eine Herzmassage. Auf Vox ist in der ›Soap‹ *Unter uns* der Bombenalarm in einer Schule mitzuerleben. Ein schwarzer Maskierter hält eine Fernzündung in der Hand. Er wird von einem jungen Mann überrascht, der mit einer Pistole auf ihn zielt.

Helmut THOMA, Ex-Boss von RTL, erklärte kurz vor dieser Bestandaufnahme in einer Talkshow, daß aus ökonomischen Gründen die Fernsehanstalten gezwungen seien, gewaltgeneigte US-Ware aus alten Beständen auf quotenschwachen Sendeplätzen – zu denen der Vormittag gehört – zu versenden. Kommentar des *Spiegels*: »Erst kommt das Geld, dann die Moral.« Weniger gewaltbereit, aber dafür ordinärer geht es am Nachmittag zu, wenn die Schüler zu Hause vor der Glotze versammelt sind. Da gilt es Einschaltquoten zu haschen. Bei den ›Diskussionen‹, die da geboten werden, ist die Achtung des anderen so unwichtig wie die Einhaltung von Minimalregeln der Höflichkeit. So stellt ›Franklin‹ (SAT.1) zur Diskussion: Ich bin gern asozial, na und? Die junge Mutter Ronja – sie lebt von der Sozialhilfe – will sich ausschließlich um ihr Kind kümmern. Sie findet keine Gnade. Was habe das Kind davon, wenn sich die Mutter ›verloddern‹ lasse, wird sie öffentlich angeklagt. Schnell ist Ronja platt. Bei Oliver GEISSEN (RTL) kriegen die Sozialverweigerer noch härter aufs Dach. 500 Euro bekommt Meike, 17, von ihren Eltern und gibt sie fröhlich aus, ohne sich selbst um Arbeit zu bemühen. Eine Vertreterin der Moral mit thüringischem Akzent würzt ihre Anklage durch einen verächtlichen Blick auf das rundliche Glückskind: »Wurstpelle krieg ich beim Fleischer billiger.« Zwei andere Sozialverweigerer müssen sich als »faule Sau« und hirnlose Schönlinge beschimpfen lassen.

Und was unternehmen die Experten dieser bundesrepublikanischen Gesellschaft? Der Münsteraner Medienwissenschaftler Friedrich KROTZ fordert ein »institutionalisiertes Gespräch über Medienqualität«, und der Vorsitzende der Landesmedienanstalten, Norbert SCHNEIDER, beruhigt das Publikum mit der Aussage, in den letzten 35

Jahren habe sich bei der Gewalt im Fernsehen »nichts Erhebliches geändert«. 70 Morde pro Tag und stündlich fünf Gewaltszenen haben schon die Weizsäcker-Kommission 1994 beschäftigt. Grund zur Beunruhigung bestehe demzufolge nicht.[31]

Während vieles von den Wortführern einer wildgewordenen Gesellschaft veröffentlicht wird, was unter den Kriterien der Sittlichkeit eindeutig privaten und intimen Charakter besitzt, werden in spiegelverkehrter Weise heute Sachverhalte privatisiert, mehr noch: tabuisiert, die in einem gesunden Gemeinwesen eindeutig öffentlichen Charakter haben sollten. So wird in den Einheitsmedien zwanglos dafür plädiert, daß doch gefälligst solche für die Existenz eines Volkes wichtigen Fragen wie die Einwanderung von Fremden, die Abschaffung der nationalen Währung oder die Kritik an jüdischen Berufsfunktionären - weil politisch nicht korrekt - unterbleiben sollen.

Trotz aller politisch korrekten Tabus gilt immer noch: Das Lebenselixier des Liberalismus ist die Diskussion, weswegen die nordamerikanische Politikwissenschaft, deren analytischen Scharfsinn man bei den Gutmensch-Wissenschaftlern an den deutschen politologischen Lehrstühlen heute vergebens sucht, folgerichtig von einem sogenannten »government by discussion« spricht. Dabei gehört es zum Wesen politischer Debatten in der liberalistischen Kompromißkultur, daß ihnen keine Taten folgen (dürfen).

Die liberale Diskussion, *in extenso* breitgetreten in den Talk-Shows der Republik, ist *das* entscheidende Lähmungsgift, mit dem alles und jedes zerredet wird. Das ist genau das Gegenteil eines fruchtbaren und zu Ergebnissen führenden Gesprächs zwischen denkenden Menschen. Botho STRAUSS hat dies in seinem legendären *Anschwellenden Bocksgesang* aus dem Jahre 1993 mit der nötigen Radikalität beschrieben:

»Ich sehe zwischen einem Schau-Gespräch und einem Schau-Prozeß nur graduelle Unterschiede in der Vorführung von Denunzierten. Wer sich bei einer privaten Unterhaltung von Millionen Unbeteiligter begaffen läßt, verletzt die Würde und das Wunder des Zwiegesprächs, der Rede von Angesicht zu Angesicht und sollte mit einem lebenslangen Entzug der Intimsphäre bestraft werden. Das Regime der telegratischen Öffentlichkeit ist die unblutigste Gewaltherrschaft und zugleich der umfassendste Totalitarismus der Geschichte. Es braucht keine Köpfe rollen zu lassen, es macht sie überflüssig. Es kennt keine Untertanen und keine Feinde, es kennt nur Mitwirkende, Systemkonforme. Folglich merkt niemand mehr, daß die Macht des Einverständnisses ihn mißbraucht, ausbeutet, bis zur Menschenunkenntlichkeit verstümmelt.«[32]

Wer von dem gnadenlosen Mattscheiben-Politinfotainment unserer Tage und dem unendlichen Geschwätz, das in diesen Talk-Shows hinterbracht wird, angewidert ist, der wird an die scharfsichtige Beobachtung des spanischen Schriftstellers Juan Donoso CORTÉS erinnert, wonach die Diskussion der Name sei, unter dem der Tod reitet, wenn er inkognito zu wahren wünscht.[33]

Es kann daher nicht verwundern, wenn ein Auftritt in einer der zahllosen TV-Thingstätten, etwa bei der blasierten Frau CHRISTIANSEN, für das Politpersonal des uns beherrschenden liberalistischen Elends viel wichtiger ist als eine Kabinettsitzung oder gar die Knochenarbeit am ministeriellen Schreibtisch. Anstatt politische Macht auf dem verfassungsgemäß vorgegebenen Wege durchzusetzen, simuliert man in diesen Shows das, was man schon lange nicht mehr hat: politische Gestaltungskraft.

Der Verkehrsminister zelebriert irgendwelche Verkehrskonzepte, um den falschen Eindruck zu erwecken, er sei mehr als der Butler der Autokonzerne. Die Gesundheitsministerin kredenzt ihre Reformvorschläge, obwohl jeder weiß, daß die diesbezüglichen Entscheidungen irgendwo zwischen Pharmakonzernen und Ärztelobby, jedenfalls nicht von einer dafür vorgesehenen und demokratisch legitimierten staatlichen Instanz, gefällt werden.[34]

So entpuppt sich immer mehr der Bundestag als die ›Schwatzbude des Bundes‹, die nur noch dazu geeignet erscheinen soll, die wahren Machtverhältnisse und Entscheidungsabläufe in der »Republik der Unanständigen« zu verschleiern. Carl SCHMITT entlarvte bereits in den zwanziger Jahren das Parlament als »schlechte Fassade vor der Herrschaft von Parteien und wirtschaftlichen Interessen«. Die eigentliche Tätigkeit, die in politische Entscheidungen münde, spiele sich »nicht in den öffentlichen Verhandlungen des Plenums, sondern in Ausschüssen und nicht einmal notwendig in parlamentarischen Ausschüssen« ab. Die wesentlichen Entscheidungen, so SCHMITT, fielen in »geheimen Sitzungen der Fraktionsführer oder gar in außerparlamentarischen Komitees«.[35]

So erscheint heute die offiziöse bundesrepublikanische Politik nur noch als großes Tamtam, das die bloßen Vermittlungen des Kompromisses einflußreicher Gruppen und Lobbyisten zur Aufgabe hat. Der naive Bundesbürger freilich erhält durch die Medienberichterstattung den falschen Eindruck, daß beispielsweise der Bundeskanzler einen großen politischen Entscheidungsspielraum hat, nur weil es ein sonst mittelmäßiger Bundeskanzler Gerhard SCHRÖDER meisterhaft versteht, seine Kompetenzlosigkeit durch Fernsehauftritte zu kaschieren.

Natürlich ist im Grundgesetz (Artikel 65) von der »Richtlinienkompetenz« des Bundeskanzlers die Rede. Doch auch diese Passage hat mit der Verfassungswirklichkeit nur noch in etwa so viel zu tun, wie die Herrschenden die viel beschworenen Grundrechte wirklich politisch Andersdenkenden nicht zugestehen wollen (»Keine Freiheit für die Feinde der Freiheit«).

Im Gegenzug zur Tabuisierung öffentlicher Anliegen wird dann die eigentlich ganz private und persönliche Moral eines jeden Staatsbürgers zur veröffentlichten Sache gemacht. Das soll heißen: Wer zur befohlenen Lichterkettenzeit gegen ›rechte Gewalt‹ nicht mitmarschiert, der macht sich verdächtig, das Thema zu verharmlosen oder gar schlimmer: ein Sympathisant der ›Rechtsextremisten‹ zu sein. Dies entspricht offensichtlich dem pseudomoralischen Ungeist des »Aufstandes der Anständigen«, von dem Bundeskanzler Gerhard SCHRÖDER im Jahre 2000 sprach, wobei es sich bei dieser Gesellschaft mittlerweile eher um die ›Republik der Unanständigen‹ handeln dürfte.

Denn in einer Republik der Anständigen müßten Moral und Gesinnung nicht öffentlich gemacht werden. Moral ist immer Privatsache, wie Freundschaft und Kameradschaft. Über diese spricht man nicht – vor allem nicht in den Medien, um anderen zu imponieren –, sondern man handelt in Bescheidenheit nach seinen moralischen Grundsätzen und akzeptiert die Gesinnung eines anderen, sofern sie ehrlich vorgetragen wird.

In einem wirklich anständig geführten Gemeinwesen muß Gesinnung nicht abgefragt werden, wie dies in Deutschland heute leider der Fall ist. Im viel gescholtenen Dritten Reich wurde manch einer verfolgt, der sich in politisch anderer Weise, als es den damaligen Machthabern genehm war, engagierte, aber niemand kam von 1933 bis 1945 ins KZ, weil er anders dachte und seine Gesinnung für sich behielt. Die Gedanken waren wenigstens frei.

In der Bundesrepublik ist das heute völlig anders: Da wird die politisch korrekte Gesinnung abgefragt – zum Beispiel im Fußballstadion, wo beim letzten Heimspiel des 1. FC Nürnberg vor der Winterpause im Jahre 2000 alle Stadionbesucher eine ›Rote Karte‹ in die Hand gedrückt bekamen, um dann auf das Kommando des Stadionsprechers »Wir sind gegen rechte Gewalt und Ausländerfeindlichkeit« diese politisch korrekte Karte gutmenschlich zu heben. Wer es nicht tat, wie einige wenige, setzte sich der Gefahr aus, für ›rechte Gewalt und Ausländerfeindlichkeit‹ einzutreten.

Das verhält sich so ähnlich wie die Hetzjagd der Medien auf die ›ortsbekannten Nazis‹. So zerrte das Politmagazin *Zeitspiegel* des

Bayerischen Rundfunks (BR) im November 2000 eine »Staatsbürgerliche Runde Nürnberg« ans Licht der Öffentlichkeit, weil diese sich zuvor beharrlich geweigert hatte, dem Sender ein Interview zu gestatten, weil die nationalpolitischen Seminare dieses Kreises nichtöffentlichen Charakter trügen. Das wollten jedoch die Denunzianten des BR nicht gelten lassen, da es sich um »rechtsextremistische Akademiker« handele, und veröffentlichten gleich in ihrer *Zeitspiegel*-Sendung und in den ARD-*Tagesthemen* zwei Gaststätten in der Region.

Den denunzierten Gastwirten wurde unterstellt, mit den ›Rechtsextremisten‹ zu paktieren. Ihre Erklärung, sie würden auf die Umgangsformen und Zahlungsmoral ihrer Gäste und nicht auf deren Gesinnung achten, half ihnen nicht weiter. Sie wurden wider Willen in die Öffentlichkeit gezerrt – an den modernen Pranger. Veröffentlichter Gesinnungsterror lautet die Devise.

Anekdote am Rande: Knapp ein Jahr später wurde *Tagesthemen*-Moderator Ulrich WICKERT selbst Opfer der politischen Korrektheit, nachdem er mit seiner Redaktion die Teilnehmer der Staatsbürgerlichen Runde Nürnberg an den medialen Pranger stellte. Nach dem 11. September 2001 gab WICKERT in seiner Sendung zum besten, daß der amerikanische Präsident George W. BUSH in seinem totalitären Denken durchaus mit Osama BIN LADEN vergleichbar sei. Es hagelte mediale Proteste, mit dem Ergebnis, daß WICKERT zu Kreuze kriechen mußte und sich von seinen Aussagen distanzierte.

Auf diese Weise entsteht im sogenannten »freiesten Rechtsstaat«, den es jemals in der deutschen Geschichte gegeben haben soll, ein Klima, in dem Anpassertum, Opportunismus, Denunziantentum und Spießertum gedeihen. Mit dem Freiheitsverständnis eines Georg Wilhelm Friedrich HEGELS hat das allerdings nichts mehr zu tun. In der BRD wird dem feigen Anpasser ›Zivilcourage‹ zugeschrieben, wenn er beispielsweise an einer Universität »Mein Freund ist Ausländer«-Aufkleber verteilt; umgekehrt gilt derjenige als mit allen Mitteln bekämpfenswert, der auf die Gefahren einer ›multikulturellen Gesellschaft‹ hinweist. Die Umkehrung aller Werte ist in Deutschland wie kaum sonstwo perfekt gelungen.

Die Umkehrung aller Werte trifft auch in vollem Maße auf die sogenannte Medienwelt zu: In ihr wird dem bundesrepublikanischen Spießer mit viel Klamauk Meinungsvielfalt vorgegaukelt, wo es keine gibt. Das beste Beispiel hierfür stellen die Medien dar, deren ›Pluralismus‹ sich so vielfältig einfältig darstellt, wo sich die vermeintliche ›Vielfalt‹ nur innerhalb des vorgefaßten Meinungsspektrums der BRD-Lizenzparteien und der ›relevanten gesellschaftlichen‹ Gruppen abspielt, wobei eine exklusive Glaubensgemeinschaft mit 80 000 Mitgliedern in den Rundfunkräten der öffentlich-rechtlichen Sendeanstalten durchweg repräsentiert ist, die rund 30 000 Mitglieder nationaler Parteien und ihre Hunderttausende Wähler nicht.

Über diese und ihre schlimmen politischen Neigungen wird dann in den verschiedenen Talk-Shows und Magazin-Sendungen zumeist nur einseitig unwahres Zeug verbreitet, jedoch kommt selten einer ihrer Vertreter mal selber zu Wort. Wenn es dann doch einmal der Fall ist, wie im Sommer 2000 der Bundesvorsitzende der Jungen Nationaldemokraten (JN), Sascha ROSSMÜLLER, bei Hans MEISER, dann stehen gegen diesen als ›Rechtsextremisten‹ stigmatisierten insgesamt fünf ›antifaschistisch‹ motivierte Gegner zu Haßtiraden bereit.

Dem wirklich Oppositionellen, der in der BRD nur Nationalist sein kann, soll entweder gar ›kein Forum‹ geboten, oder er soll schlichtweg medial vorgeführt werden. Ein wirklicher Meinungswettstreit, bei dem sich der Zuschauer seine eigene Meinung über die Verfemten bilden könnte, ist scheinbar gar nicht erwünscht. Das sind die Vorzeichen des Bürgerkrieges in Deutschland, bei dem der Oppositionelle sozial dermaßen verächtlich gemacht wird, um dann die gegen ihn verübte ›antifaschistische‹ Gewalt oder soziale Diskriminierungen zum Beispiel am Arbeitsplatz als Notwendigkeiten im Sinne einer ›wehrhaften Demokratie‹ entweder gar nicht medial zur Kenntnis zu nehmen oder gar zu rechtfertigen.

Der ›antifaschistisch‹ motivierte politische Mord an dem niederländischen ›Rechtspopulisten‹ Pim FORTUYN sollte diesen gutmenschlichen Heuchlern eigentlich ein mahnendes Beispiel sein.

Während im Zeichen der politischen Korrektheit Moral und Gesinnung veröffentlicht, besser: exhibitioniert werden, gehört heute zur Privatisierung des Öffentlichen vor allem das Verschachern des letzten Tafelsilbers des bundesrepublikanischen ›Staates‹, dem diese Bezeichnung nicht mehr zusteht. So wurde im Herbst 2000 in den Medien bekannt, daß die Bundesregierung nach Bundespost und Bundesbahn nun auch die Bundesdruckerei der Privatisierung preisgab. Die ehemalige bundeseigene Druckerei, die vor allem für die Herstellung von behördlichen Dokumenten, wie dem Personalausweis und dem Reisepaß der Bundesbürger, sowie für die Bundesdrucksachen zuständig ist, befindet sich nun – ganz im Zeichen der neuen Freizügigkeit der EU – in britischem Privatbesitz.

Somit ist der deutsche Staat oder, was von ihm übriggeblieben ist, endgültig zur »Serviceagentur der Gesellschaft« (Günter MASCHKE) pervertiert, die einer von vielen gesellschaftlichen Gruppen gleichkommt. Und der Wert dieser Agentur bemißt sich offenbar nach dem, was der Agenturchef, Gerhard SCHRÖDER, höchst persönlich zum besten zu geben hat und was Comedy-Star Stefan RAAB millionenfach vervielfältigt in bare Münze umzusetzen weiß: »Hol mer mal 'ne Flasche Bier!«

Doch auch Gerhard SCHRÖDER stellte zumindest einmal unter Beweis, daß die Spaßgesellschaft auf ihre Grenzen stößt: nämlich dort, wo man sich selbst der Lächerlichkeit preisgibt. So ließ er Journalisten gerichtlich untersagen zu behaupten, er würde seine Haare färben lassen. Es sollte also nicht alles öffentlich erörtert werden, was privaten und nicht selten intimen Charakter besitzt. Doch diese Grunderkenntnis menschlichen Anstands ist dem Liberalismus und seiner Vorstellung von Gesellschaft nicht zu vermitteln, weshalb es auch aus diesem Grunde eines Systemwechsels bedarf, um die Unanständigen in ihre Schranken zu weisen.

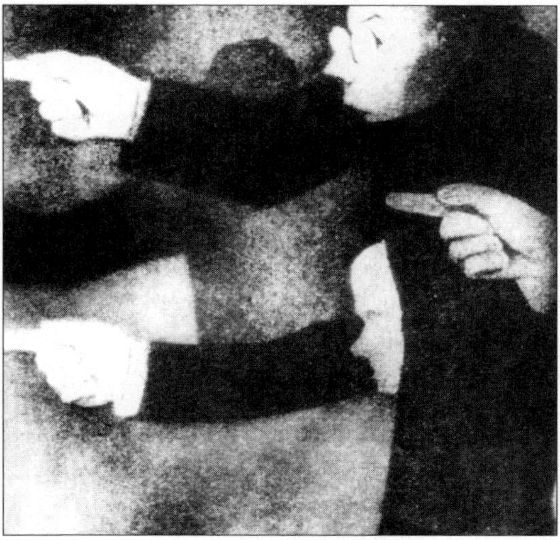

# II.
# Freiheit und Zensur

*»Jedes Volk hat die Regierung, die es verdient.«*
Joseph Marie de MAISTRE[36]

*Die Neue Inquisition*
*des Einheitsdenkens*
*zwingt moralisch*
*jeden Einzelnen zum*
*Denunzieren, Verurteilen,*
*Anprangern, Ausschließen.*

Abbildung:

*A. Alexieff,*
*Illustration*
*für das Buch*
Die Gebrüder Karamazov.

Die (Schein-) ›Moral‹ der herrschenden politischen Klasse in der Berliner Republik gründet sich auf die ›Einzigartigkeit deutscher Verbrechen‹ und vor allem auf den Massenmord an den europäischen Juden in der Zeit des Dritten Reiches, wofür bei den deutschen Nachgeborenen die Begriffe ›Auschwitz‹ und ›Holocaust‹ stehen. Für die nationale Opposition in Deutschland nach dem Zweiten Weltkrieg ist dies von besonderer Bedeutung, weil alles, was seit 1945 in deutschen Landen unter nationalem politischen Anspruch daherkommt, mit dieser jüngeren deutschen Vergangenheit konfrontiert wird.

So nutzt es dem Verfasser dieses Buches wenig, auf seine »Gnade der späten Geburt« (Altbundeskanzler Helmut KOHL) zu verweisen, denn im gleichen Moment seiner abwehrenden Äußerung würde ihm der jüdisch-amerikanische Politologe Daniel GOLDHAGEN entgegenhalten, daß gerade ihm, dem Verfasser dieses Buches, doch das Genmaterial zu eigen sei, das jederzeit aus einem ›normalen‹ Deutschen, auch wenn er dem Jahrgang 1967 angehört, einen Verbrecher machen könne.

»Das hatten wir schon einmal«, lautet der inquisitorische Vorwurf, um ein Gespräch über die besseren Argumente für eine bessere deutsche Zukunft gleich im voraus kaputtzumachen. Da spielt es auch kaum eine Rolle, welchen Themenbereich ein nationaler Bürger anspricht, ob es sich um die Ausländerfrage handelt, um die Aufgabe des Nationalstaates zugunsten einer EU-Diktatur, ob es sich um die Kunst oder sonst ein Thema handelt – nicht alles, aber vieles wird von den Gutmenschen der bundesrepublikanischen Gesellschaft mit ›Auschwitz‹ oder dem ›Holocaust‹ begründet. Es ist deshalb unabdingbar, den historischen Revisionismus auf die Tagesordnung zu stellen: nicht durch eine Partei, die sich und ihre Mitglieder somit nur der Repression der Strafrechtszensur aussetzt; auch nicht durch Laien, sondern durch ausgebildete Historiker.

Nun ist es sicher verfehlt zu glauben, die freie Zeitgeschichtsforschung könne irgendwelche gesellschaftlichen oder politischen Probleme lösen. Es ist aber ein leichtes zu zeigen, daß wir keines der heutigen großen Probleme lösen können, weil es dieses zeitgeschichtliche Tabu gibt. Nur ein paar Beispiele: Bei der gegenwärtigen Bevölkerungsentwicklung wird das deutsche Volk im Jahre 2100 im wesentlichen ausgestorben sein, und mit anderen europäischen Völkern sieht es nicht viel anders aus. Eine an die Wurzel des Problems gehende Politik ist aber ganz einfach mit folgendem Spruch zu verhindern: »Schenk dem Führer ein Kind«, oder noch radikaler: »Mädchen, mach' die Beine breit, der Führer braucht Soldaten.« Wohlgemerkt, das ist das Niveau unserer heutigen offiziellen Geschichtsschreibung und Mediendarstellung. Oder zum Problem der Masseneinwanderung aus der Dritten Welt und den Schwellenländern: »Wollt Ihr mit den Türken das machen, was HITLER mit den Juden gemacht hat?« Dies fragte ein Berliner Journalist anno 1989 einen ›Republikaner‹.

Oder mit dem Problem der Abflachung des Bildungsniveaus: »Die These, die Menschen hätten genetisch bedingt unterschiedliche Talente und Veranlagungen, ist genau jener Sozialdarwinismus, der uns in die Gaskammern von Auschwitz geführt hat.« Dies sagte ein Landtagsmitglied der Grünen im Hessischen Landtag.

Das soll reichen. Über kein wirklich wichtiges Problem läßt sich heute sachlich diskutieren, weil der ›Holocaust‹ eine schier unüberwindliche Tabu-Wand aufbaut. Die ›Auschwitz‹- oder ›Faschismus‹-Keule ist eine Wunderwaffe, mit der alles vernichtet wird, was der herrschenden politischen Klasse und gewissen Minderheiten nicht ins Konzept paßt.

Die Erfahrung der letzten fünfzig Jahre zeigt: Jeder Versuch zur Stärkung des Selbstbestimmungsrechtes der Völker im allgemeinen wird mit der ›Auschwitz-Keule‹ erschlagen. Wenn man diesen Mechanismus erkannt und zudem begriffen hat, daß in der Geschichtsschreibung einiges im argen liegt, dann gibt es nur einen moralischen Imperativ, und der heißt: freie Zeitgeschichtsforschung. Daß auch die Gegenseite dies begriffen hat, wird schon dadurch deutlich, daß niemand härter und rücksichtsloser verfolgt wird als die freien Zeitgeschichtsforscher. Beide Seiten wissen nämlich, was auf dem Spiel steht: »Das moralische Fundament.«[37]

## *Die Deutschen als ›Tätervolk‹*

Infolge der militärischen Niederlage und der politischen Niederhaltung des Deutschen Reiches ab dem 8. Mai 1945 gelten die Deutschen als ein ›Tätervolk‹. Von Altbundeskanzler Helmut SCHMIDT ist die Aussage überliefert, es sei in der Nachkriegszeit gelungen, die deutsche Geschichte so darzustellen, als ob es sich bei ihr um ein einziges »Verbrecheralbum« handeln würde. Den Vertretern der These vom ›Tätervolk‹ scheint dabei nicht bewußt zu sein, daß ihre Argumentation zwar eine antivölkische Stoßrichtung hat, jedoch durch und durch von völkischem Denken inspiriert ist – unter negativen Vorzeichen, versteht sich.

Dies hat auch der Berliner Historiker Arnulf BARING erkannt, der in der »Phrase vom ›Volk der Täter‹ eine »immanente Totalität« erblickt, »insofern sie eine völkische Abstempelung vollzieht«. BARING weiter: »Statt rationaler Differenzierung betreibt sie eine summarische Fixierung, deren Bestreitung dann sofort, mit wiederum totalitärer Schablone, als Schlußstrich-Mentalität, Verdrängungstendenz und anderes Böse abgestempelt wird.«[38]

Wenn es um die deutsche Schuld geht, argumentieren die Antivölkischen also durch und durch ›völkisch-kollektivistisch‹. Vordergründig erklären sie, man dürfe nicht ›pauschalieren‹. Es gebe nicht ›die Türken‹, ›die Russen‹, ›die Franzosen‹ und dergleichen. Doch natürlich gebe es statt dessen ›die Deutschen‹, wenn es um ein einig Volk von Tätern gehe. Im Jahre 1999 hörte man in den gleichgeschalteten Medien der Bundesrepublik auch wieder von ›den Serben‹, die allein auf dem Balkan für Krieg und Vertreibung verantwortlich seien.

Verfolgt man die einschlägigen Medienberichte, dann erhält man den Eindruck, daß die Nachwelt ohne HITLER nicht auskommt. Auch rund sechzig Jahre nach seinem Tod ist Freund und Feind von ihm fasziniert wie von keinem zweiten. So ließ 1999 das amerikanische Magazin *Time* den »Mann des Jahrhunderts« wählen. Stimmberechtigt waren alle Menschen weltweit, die über Briefmarken und Computer ihren Wahlvorschlag an die Redaktion einsenden konnten. Mit dem tatsächlichen Wahlergebnis war dann aber wohl die *Time*-Redaktion nicht so glücklich. Denn, wie eine Überschrift im Aschaffenburger *Main Echo*[39] lautete: »HITLER bei der Wahl zum ›Mann des Jahrhunderts‹ ganz vorne«. Der Skandal war perfekt. Es hagelte wütende Proteste gegen das »demokratisch« zustande gekommene Ergebnis, vor allem von jüdischen Organisationen. Daraufhin wurde HITLER auf den zweiten Platz verwiesen. Vor ihm liegt nun auf Platz 1 – wen wundert's? – der frühere israelische Staatspräsident Itzchak RABIN.

Vor allem bei der nationalen Rechten dreht sich vieles um das Dritte Reich und Adolf HITLER. Das Übel der Auseinandersetzung besteht dann zumeist darin, daß nicht differenziert wird. Entweder man ist für ihn, oder man ist gegen ihn und sieht sich dazu genötigt, seine Person und sein Handeln ausschließlich zu rechtfertigen oder – das andere Extrem – zu verdammen. Beides führt natürlich in die Sackgasse, da in beiden Fällen die deutsche Geschichte auf ganze zwölf Jahre verkürzt wird. Zum anderen wird dadurch freilich, sowohl durch die Verherrlichung als auch durch die Verdammnis, im Sinne des BRD-Systems das verhindert, was eigentlich im nationalen deutschen Interesse läge: die Historisierung des Dritten Reiches durch Fachhistoriker und historisch interessierte Laien. Das Dritte Reich sollte eines Tages für Deutsche einen Stellenwert haben, wie NAPOLEON BONAPARTE einen wichtigen, aber nicht alles entscheidenden Stellenwert für die heutigen Franzosen hat.

Letztendlich bleibt festzuhalten, daß es beim berechtigten Anliegen des historischen Revisionismus nicht darum geht, die einseitige Verleumdung der deutschen Geschichte – durch die inneren und äußeren Feinde des deutschen Volkes – in sein Gegenteil, in die Rechtfertigung von allem, was im Dritten Reich gemacht wurde, zu verkehren – wodurch der falsche Eindruck entsteht, das nationale Deutschland sei sozusagen der Rechtsanwalt des Dritten Reiches, der alles zu rechtfertigen habe, was zwischen 1933 und 1945 in Deutschland politisch zu verantworten war. Nein, es geht ausschließlich um die historische Wahrheit – um nicht mehr, aber auch nicht um weniger. Ob diese historische Wahrheit die Deutschen, die zwischen 1933 und 1945 gewirkt haben, insgesamt oder in Teilen von Verleumdungen und Vorwürfen freispricht oder auch nicht, ist zweitrangig. Es geht ganz einfach für einen ehrenhaften Deutschen um die Wahrheit, in diesem Falle um die historische Wahrheit.

Bis es so weit ist, müssen diejenigen mit allen zur Verfügung stehenden legalen Mitteln bekämpft werden, die wie Günter GRASS meinen, wegen Auschwitz hätten wir keine Wiedervereinigung haben dürfen.[40] Oder wenn die Grünen-Politikerin Christine SCHEEL erklärt: »Maastricht ist die Antwort auf den Holocaust.«[41] Und wenn der Grünen-Politiker und jetzige Bundesaußenminister Joschka FISCHER in der *FAZ* schrieb: »Weil es Auschwitz gab und weil dieses Faktum von härtester politischer Realität für das vereinigte Deutschland bleibt, kommen wir daran nicht vorbei. Dazu gehört auch die besondere Beziehung und die ganz besondere Verantwortung gegenüber Israel.«[42] Es ist doch so, wie George ORWELL einmal schrieb: »Wer die Vergangenheit kontrolliert, kontrolliert die Zukunft«.[43] Deshalb sollen wir Deutschen scheinbar keine eigene Zukunft mehr haben dürfen. Diesem Ansinnen einer nationsvergessenen politischen Klasse muß jedoch ein jeder selbstbewußter Deutscher seinen politischen Widerstand entgegensetzen.

Die Deutschen dürfen es nicht zulassen, daß ihre gesamte Geschichte kriminalisiert wird, denn es geht ja längst nicht mehr darum, nur die zwölf Jahre Nationalsozialismus einseitig zu verunglimpfen, sondern von 1933–1945 aus auch Rückschlüsse auf den ›perversen‹ Nationalcharakter der Deutschen zu ziehen. Denn wenn diese 1933–1945 in der Lage gewesen sein sollen, ›einzigartig‹ schlimme Verbrechen zu begehen, dann müssen die Deutschen ja auch – in Anlehnung an den jüdisch-amerikanischen Politologen Daniel GOLDHAGEN – diese ihre vermeintliche Fähigkeit zu ›einzigartigen‹ Verbrechen in ihren Genen haben.

Die Frage nach Verbrechen und Schuld der Deutschen stellt sich zudem auch nicht monokausal. Denn die Formel von der ›bedingungslosen Kapitulation‹, die im Jahre 1942 nur auf den Begriff brachte, was schon lange vorher angelsächsische Kriegspolitik war, ließ den Deutschen - ob sie nun für oder gegen HITLER waren - keine andere Wahl, als den von ihnen - im Unterschied zur öffentlichen Meinung in England - nicht bejubelten Krieg zu unterstützen, weil diese Formel eine völlige Rechtlosigkeit für Deutsche in Aussicht stellte, im Extremfall das ›progressive‹ Konzept einer Befreiung der Menschheit von den Deutschen mittels Sterilisationsmesser eingeschlossen. Das unterwürfige Befreiungsgerede verkennt diese tragische Situation der Deutschen und verunglimpft das Gedenken der deutschen Soldaten.

Hätten nämlich die Angelsachsen - wie ihnen heute ideologisch entgegen den erklärten Absichten zugute gehalten wird - lediglich die Befreiung der Deutschen vom NS-Regime gewollt, dann wäre wesentliche Voraussetzung gewesen, daß diese entsprechend dem klassischen Völkerrecht das grundlegende Recht des besetzten Deutschland respektiert hätten. Wäre es den Alliierten wirklich um Demokratie gegangen, hätten sie nur den deutschen Stellen beistehen müssen, dem 1945 nach wie vor gültigen deutschen Verfassungsrecht wieder die volle Wirksamkeit zu verschaffen. Dieses Recht bestand in der Verfassung des Deutschen Reiches vom 11. August 1919, der sogenannten Weimarer Reichsverfassung, die bekanntlich nie aufgehoben, sondern in wesentlichen Teilen durch das sogenannte Ermächtigungsgesetz vom 24. März 1933 vorübergehend suspendiert worden war.[44]

Bei dem gesamten Vergangenheitsbewältigungsrummel unserer Tage geht es ja streng genommen auch nicht vordergründig um die Vergangenheit, schon gar nicht um eine auf Wahrhaftigkeit beruhende Ausarbeitung derselben, sondern um die Verhinderung einer deutschen Gegenwart und Zukunft. Die Deutschen sollen vielmehr in ihrem anhaltenden nationalen Minderwertigkeitskomplex als ›Tätervolk‹ verharren, davon abgehalten werden, ihre deutsche Zukunft selbst in die Hand zu nehmen, anstatt die deutsche und europäische Zukunft amerikanisch gestalten zu lassen und hierzu ihren Vasallen-›Beitrag‹ zu leisten.

Eine geistige Neuorientierung der Deutschen würde auch zu der Frage hinführen, welchen Staat und welche politische Verfassung sich dieses Volk denn überhaupt wünscht, wobei es beim Thema der ›politischen Verfassung‹ nicht ausschließlich um die Frage eines kodierten Verfassungstextes, sondern ganz allgemein um eine den Deutschen angemessene politische Ordnung geht. Darüber wurde nämlich das gesamte deutsche Volk nach 1945 nie gefragt. Und genau um diese Fragestellung soll es in den weiteren Ausführungen des Buches gehen – nämlich um die Frage der staatlichen Zukunft des deutschen Volkes.

Dabei ist folgendes vorauszusetzen: Unsere innenpolitische Lage ist ebensowie unsere außenpolitische Situation durch die militärische Niederlage des Deutsches Reiches im Jahre 1945 und seine seitdem bestehende politische Handlungsunfähigkeit geprägt. So ist die Bundesrepublik Deutschland ein Kind der westalliierten Siegermächte, die 1945 genau dieses Deutsche Reich militärisch zerschlugen und seine politische Handlungsunfähigkeit herbeiführten. In der Folge installierten sie in ihren westlichen Besatzungszonen, ebenso wie die Sowjets in Mitteldeutschland auf ihre Weise, eine völlige geistige Umerziehung sowie ein Lizenzparteien- und Mediensystem, das dafür Sorge trug, daß die ›Demokratie‹-Vorstellungen dieser ›Westlichen Wertegemeinschaft‹ in Westdeutschland nicht nur anfangs von den Westalliierten durchgesetzt, sondern im weiteren Verlauf von einer umerzogenen und geistig korrumpierten politischen Klasse – im vorauseilenden Gehorsam – weitestgehend selbständig betrieben wurde.

Ansätze, ein neues deutsches Nationalbewußtsein zu stiften, wurden immer wieder im Verlaufe der Jahrzehnte zunichte gemacht. Dreh- und Angelpunkt dieser Strategie, ein neues deutsches Selbstbewußtsein sowie eine nationale Selbstfindung der Deutschen zu verhindern, stellt das historische Ereignis dar, das die Juden ›Holocaust‹ nennen. Dieser wurde und wird im Laufe der Jahrzehnte ständig und zu allen Anlässen thematisiert, um den Minderwertigkeitskomplex der Deutschen aufrechtzuerhalten, der darin bestehen soll, daß deren Großväter und Väter ein insgesamt ›einzigartiges Verbrechen‹ begangen haben sollen. Der ›Holocaust‹ wurde sozusagen zur Ersatzreligion der Deutschen nach dem Krieg. Es gibt keinen Bereich des öffentlichen Lebens, der nicht irgendwie mit ihm in Berührung gekommen wäre. Völlig zu Recht meinte 1993 der jüdisch-amerikanische Publizist Henryk M. BRODER:

»Das Dritte Reich erweist sich als ein unerschöpflicher Steinbruch, aus dem große Quader rausgehauen, fachmännisch in kleine Stücke zerlegt und dann über den Einzelhandel zum Kauf angeboten werden. Die Branche ist so weit gefächert wie die Produkte, die von ihr vermarktet werden. Sie beschäftigt Forscher und Historiker, Verleger und Journalisten, Maler und Filmemacher, Dokumentaristen und Essayisten, Gedenkstättenplaner und Gedenkstättenleiter, Politologen und Pädagogen, Didaktiker und Dialektiker. Zu jeder dieser Subsparten gehört ein Troß von Kritikern, die den jeweils Produktiven bzw. Reproduktiven sagen, was diese alles falsch machen und wie sie es besser machen könnten. Es handelt sich garantiert um überkonfessionelle und interdisziplinäre Projekte, die bei Auschwitz anfangen und im Unendlichen aufhören. [...] Nachdem es kaum noch etwas zu dokumentieren gibt, weil auch die letzte Kinderzeichnung ausgestellt, die allerletzten unbekannten Fotos entdeckt und alle Gedichte, die in den Ghettos entstanden sind, veröffentlicht wurden, kann die Beschäftigung mit dem Holocaust in eine neue Stufe eintreten: Der Historisierung folgt die Akademisierung und Ritualisierung.«[45]

BRODER hat das Wesentliche des Holocaustkultes in Deutschland erkannt: Dessen Betreibern geht es nicht nur um eine nahezu religiös verbrämte ›Legitimation‹ ihrer germanophoben Herrschaftsausübung, sondern der Kult garantiert zudem einer breiten Schicht der deutschen Bourgeoisie beträchtliche wirtschaftliche Einnahmequellen, für die der Holocaust sozusagen das ›Werbedesign‹ abgibt. Wer nun aber die Grundlagen dieser auf der Niederlage und Niederhaltung des Deutschen Reiches gegründeten deutschen Nachkriegsordnung in Frage stellt, sie auch noch politisch bekämpft, indem er sich mit Gleichgesinnten organisatorisch außerhalb des Lizenzparteien- und Verbändesystems zusammenschließt, und versucht, eine Gegenöffentlichkeit herzustellen, der wird hierzulande von den um ihre Macht fürchtenden Herrschenden mit nahezu allen legalen wie illegalen Methoden bekämpft. Deshalb ist die innenpolitische Situation in Deutschland durch die politische Unterdrückung und Verfolgung der nationalen Opposition geprägt wie in keinem anderen gegenwärtigen Staat auf dieser Erde.

## *Die Verfolgung der nationalen Opposition*

Diese allgemeine politische Unterdrückung drückt sich auf sehr vielfältige Weise aus. Das reicht von der Benachteiligung nationaler Parteien in der etablierten Medienberichterstattung, der Einschränkung von Werbemöglichkeiten, der medialen Hetze gegen Nationalisten in den Medien, über Berufsverbot, Zerstörung des sozialen Umfeldes, Antifa-Terror, bis hin zu Geld- und Haftstrafen. So schrieb der Kolumnist ›Pankraz‹ (Günter ZEHM) 1998 in der *Jungen Freiheit:*

»Neueste Nachrichten aus den Katakomben der BRD: Letztes Jahr wurden hier sage und schreibe 7949 Strafverfahren wegen ›Volksverhetzung‹ abgewickelt (Verfahren wegen politisch motivierter Straftaten: 781). Tausende von Jahren Gefängnis wurden verhängt, Tausende bürgerliche Existenzen vernichtet. Zur Zeit sitzen wegen sogenannter ›Propagandadelikte‹ in Deutschland mehr Menschen hinter Gittern als jemals in den letzten Jahren der DDR. Erkundigt man sich, was denn die vielen verurteilten Menschen ausgefressen haben, so erfährt man: Sie haben irgendwas ›geleugnet‹, irgendwas ›verharmlost‹, irgendwelche Zahlen ›öffentlich nicht geglaubt‹, irgendwelche Vorgänge ›nicht als historische Hauptsache, sondern nur als historisches Detail‹ bezeichnet, irgendwelche ›verbotenen Lieder‹ gesungen, irgendwelche Symbole ›vorgezeigt‹. Und noch ist kein Ende abzusehen. Hunderte von Beobachtungsinstanzen sind installiert, um immer neue ›Volksverhetzer‹ aufzuspüren und den Behörden zu melden. Hochbezahlte Universitätsprofessoren geben dicke Sammelbände mit ellenlangen Proskriptionslisten heraus, in denen andere ›verdächtige‹ Professoren namentlich aufgeführt werden, damit sie gegebenenfalls sofort einer justiziellen Sonderbehandlung zugeführt werden können.«[46]

Die These, daß die politische Verfolgung in der derzeitigen Bundesrepublik schlimmer als in der DDR sei, wird auch vom Informationsdienst *PHI* bestätigt:

»Eine Untersuchung der Berliner Gauck-Behörde hat ergeben, daß rechte Gesinnungs- und Propagandadelikte in der ehemaligen DDR zwar strafrechtlich bzw. arbeitsrechtlich verfolgt wurden, daß die Konsequenzen für die ›Übeltäter‹ aber in der Regel wesentlich milder waren als in der heutigen BRD. Auch die Verunglimpfung des Staates und seiner Symbole konnte in der DDR mit maximal zwei Jahren Freiheitsstrafe bestraft werden, in der BRD jedoch gibt es dafür bis zu fünf Jahre Haft. Dies mußte ein ehemaliger DDR-Dissident erfahren, der wegen des gleichen Delikts nun in der BRD vor Gericht stand.«[47]

Diese Energie zur politischen Verfolgung erklärt sich aus der Tatsache, daß Nationalisten politisch etwas völlig anderes vertreten als die herrschende Klasse und nur sie allein eine wirkliche Opposition hierzulande darstellen – nämlich eine Fundamentalopposition. Das ergibt sich schon aus dem gegenläufigen geistesgeschichtlichen Ansatz, den die nationale Opposition im Gegensatz zum herrschenden System vertritt: Vertreten die Nationalen das Recht auf Verschiedenheit der Menschen, die sich in verschiedene Rassen, Völker und Kulturen gliedern, und gestehen die Nationalen lediglich eine Rechts- und Chancen-Gleichheit innerhalb der Angehörigen einer Volksgemeinschaft zu, so vertritt die herrschende Klasse die Gleichmacherei unter den Menschen schlechthin. Ihr Ziel ist deshalb konsequenterweise die Auflösung der völkischen Strukturen weltweit, die Schaffung eines einzigen großen Marktes weltweit, was die Vernichtung der Volkswirtschaften voraussetzt, sowie die Schaffung einer politischen ›One World‹, einer globalen Regierung, die über die Geschicke aller Völker dieser Welt entscheidet. Und hierzu müssen alle Bestrebungen, die dieser Globalisierung und Welt-Diktatur zuwiderlaufen, bekämpft werden: kulturell, wirtschaftlich, politisch und militärisch. So ist die westliche Diskriminierung von ›Schurkenstaaten‹, wie dem Irak, dem Iran und Jugoslawien bis MILOSEVIC, dem israelischen Terror gegen die Palästinenser in den besetzten Gebieten und der Unterdrückung der nationalen Opposition in Deutschland und Österreich im globalen Zusammenhang zu sehen.

Entgegen den Darstellungen in den etablierten Medien werden die demokratischen Grundrechte in der Bundesrepublik nicht von Nationalisten gefährdet, die gern als ›Rechtsextremisten‹, ›Ausländerfeinde‹ und ähnliches mehr bezeichnet werden, sondern von den politisch Herrschenden selbst. Die überwiegende Anzahl der Vertreter der Lizenzparteien, Lizenzmedien und etablierten Verbändevertreter sind es, die sich dafür aussprechen, politisch Andersdenkenden – vor allem, wenn sie sich national positionieren – die Grundrechte streitig zu machen. Dieses Vorhaben, von etablierter Seite die Meinungs-, Presse-, Versammlungs- und Wissenschaftsfreiheit in Deutschland für nationale Oppositionelle abzuschaffen, läßt sich treffend auf einen Begriff zuspitzen: die ›Zensur‹. Das ist es auch, worum es den vielen ›Berichterstattern‹ und ›Kommentatoren‹ wirklich geht, die vor einem imaginären ›Rechtsterrorismus‹ warnen.

Der herrschenden politischen Klasse geht es jedoch nicht um die Beseitigung eines imaginären ›Rechtsterrorismus‹, sondern vielmehr um die Liquidierung von Grundrechten für nationale Oppositionelle und die Einführung von verfassungswidrigen Sondergesetzen wie dem Strafrechtsparagraphen 130 StGB. Weitere Sondergesetze sollen nun vom Bundestag und Bundesrat verabschiedet werden. So wollte Berlins ehemaliger Innensenator Eckart WERTHEBACH (CDU) die Versammlungsfreiheit (Artikel 8 des Grundgesetzes) für nationale Bürger wesentlich einschränken.

In der Bundesrepublik Deutschland findet nun alltäglich Zensur statt, die pseudomoralisch als »Nie wieder Faschismus«, »Wehrhafte Demokratie«, »Keine Freiheit für die Feinde der Freiheit«, »Wehret den Anfängen« und dergleichen mehr bemäntelt wird. Diese Tatsache stellt keine Neuigkeit dar. Woche für Woche erfährt man von Hausdurchsuchungen, bei denen – von einer offenbar politisch motivierten Polizei – nach ›volksverhetzenden‹ Schriften und Tonträgern gefahndet wird; Vortragsredner dürfen über gewisse Themen der Politik und Zeitgeschichte, wenn überhaupt, nur in eingeschränkter Weise reden, kritische Bürger, vor allem, wenn sie nationale Standpunkte vertreten, machen Bekanntschaft mit Staatsanwalt und Richter, und nicht selten sogar mit Justizvollzugsbeamten.

Dies alles geschieht, obwohl uns allen die Meinungs- und Pressefreiheit im Grundgesetz verbrieft ist. In Artikel 5 des Grundgesetzes heißt es: »Jeder hat das Recht, seine Meinung in Wort, Schrift und Bild frei zu äußern und zu verbreiten und sich aus allgemein zugänglichen Quellen ungehindert zu unterrichten. Die Pressefreiheit und die Freiheit der Berichterstattung durch Rundfunk und Film werden gewährleistet. Eine Zensur findet nicht statt.«[48]

Zumeist wird von nationalen und konservativen Publizisten und Vortragsrednern vergessen, daß Artikel 5 des Grundgesetzes nicht nur aus dem soeben zitierten 1. Absatz besteht, sondern daß gerade auch die Behandlung des 2. Absatzes dieses Artikels zur Erhellung der Gesamtproblematik der Meinungs- und Pressefreiheit unverzichtbar ist. In diesem 2. Absatz von Artikel 5 des Grundgesetzes werden nämlich die Schrankenregelungen aufgeführt. Die Meinungs- und Pressefreiheit stößt demzufolge – wie andere Freiheiten auch – an ihre Grenzen: dort nämlich, wo diese die allgemeinen Gesetze, den Jugendschutz sowie das Recht auf persönliche Ehre berühren. Die Meinungs- und Pressefreiheit hat also ihre Grenzen.

Mit den allgemeinen Gesetzen meint das Verfassungsrecht solche Gesetze, die »allgemein« für alle Bürger, unabhängig ihrer politischen Ausrichtung, Gültigkeit besitzen. Das Gegenteil wäre ein Sondergesetz, das sich ausdrücklich in seiner Formulierung gegen bestimmte Meinungen und bestimmte Meinungsspektren richten würde. Spätestens seit der Neuformulierung und Verabschiedung des Paragraphen 130 StGB (»Volksverhetzung«) im Jahre 1994 begingen Bundestag und Bundesrat einen offenen Verfassungsbruch, als sie das bis dahin allgemeine Gesetz zu einem Sondergesetz umformulierten, um mit diesem Zensurinstrument des Strafrechts ›Rechtsextremisten‹ besser kriminalisieren zu können. Seit 1994 wuchsen daraufhin die Zahlen der Ermittlungsverfahren und die der Verurteilungen sprunghaft an.

Auch der Jugendschutz kann Artikel 5 des Grundgesetzes einschränken. Doch auch hier tut sich Mißbrauch auf, da auf dem Index für jugendgefährdende Schriften der Bundeszentrale in Bonn regelmäßig auch nationale Buchtitel und Tonträger, wie die von Udo WALENDY und Frank RENNICKE, aufgeführt werden. Mit der Nennung solcher Bücher und Tonträger auf dem Index sind Möglichkeiten der Werbung für derartige Medien erheblich eingeschränkt.

Und auch das Recht auf persönliche Ehre kann die Meinungsfreiheit einschränken. Aber auch hierbei ist interessant, wer denn nun wen unter Umständen beleidigt und in seiner persönlichen Ehre herabsetzt. Als Franz SCHÖNHUBER vor Jahren meinte, Ignatz BUBIS, der damalige Präsident des Zentralrats der Juden in Deutschland, würde durch seine Äußerungen den Antisemitismus in Deutschland schüren, wurde gegen SCHÖNHUBER von der Staatsanwaltschaft ermittelt; als jedoch BUBIS die Republikaner als »geistige Brandstifter« verunglimpfte, fand sich kein Staatsanwalt, der gegen BUBIS ermitteln wollte. Man sieht also, daß in der Berliner Republik der persönliche Ehrenschutz ein sehr zweischneidiges Schwert sein kann. Dieser hängt eben vom öffentlichen Ansehen der jeweiligen Person ab.

Diese Beispiele zur Problematik um den Artikel 5 des Grundgesetzes sollen an dieser Stelle genügen, um aufzeigen, daß es mit dem Beharren auf die Freiheitsrechte allein nicht getan ist. Freiheiten werden immer eingeschränkt, über die Einschränkungen und ihre Auslegung entscheidet die Justiz, die parteipolitisch gefärbt sein kann. Außerdem ist gedrucktes Papier, auch solches von Gesetzen, geduldig, wenn sich kein Staatsanwalt, Richter oder Kläger findet, der dem Recht zum Durchbruch verhilft.

## *Zensur als Herrschaftssicherung*

Wer sich mit dem Phänomen der Zensur in Geschichte und Gegenwart befaßt, muß feststellen, daß es bei ihrer Anwendung immer um Herrschaftssicherung geht. Das war zu allen Zeiten so, als zum Beispiel im Jahre 1806 der Nürnberger Verleger Johann Philipp PALM auf Befehl NAPOLEONS erschossen wurde, weil er das Büchlein *Deutschland in seiner tiefsten Erniedrigung* verlegt hatte. Und das ist vom Prinzip her heute auch nicht anders, wenn der Historiker Udo WALENDY für etwas bestraft wird, was er nicht geschrieben hat, während man die Thesen, die er seit Jahrzehnten vertritt, bisher von offizieller Seite in keinem einzigen Satz hat widerlegen können.

Oder wenn der bekannte nationale Liedermacher Frank RENNICKE in einem seiner Lieder etwas zum Ausdruck bringt, was ganz einfach der Wahrheit entspricht, nämlich daß in der Bundesrepublik Deutschland von Anfang an eine von langer Hand geplante »Umvolkung« stattfindet; ein Begriff übrigens, den der Kulturreferent des Landes Kärnten, Andreas MÖLZER von der FPÖ, bereits vor Jahren prägte. Bei dem soeben erwähnten Frank RENNICKE geht es wohl darum, ihn für eine bloße Tatsachenfeststellung in einen weiteren Strafprozeß zu verwickeln, um seiner kritischen künstlerischen Laufbahn mittels der Zensur ein jähes Ende zu bereiten.

Denn wenn die Deutschen schon ›umgevolkt‹ werden sollen –

wovon sich jeder, vor allem in westdeutschen Städten, selber überzeugen kann, der Augen hat, um die fremden Gestalten zu sehen, und der Ohren hat, um die fremden Stimmen zu hören –, dann soll wenigstens die ›Umvolkung‹ gegenüber dem deutschen Volk nicht ›Umvolkung‹ genannt werden dürfen.

Es grenzt deshalb schon an Realitätsblindheit, wenn man von seiten der hierzulande Herrschenden die unangenehme Wahrheit der Überfremdung Deutschlands dadurch ungeschehen machen will, indem man die künstlerischen Überbringer der Nachricht von der Überfremdung Deutschlands, wie Frank RENNICKE, sozial vernichten will.

Es zeugt ebenso von Realitätsverlust und Verdrängung von Tatsachen, wenn im *Verfassungsschutzbericht* des Bundes für das Berichtsjahr 1998 geschrieben steht, daß der nationale Publizist Jürgen SCHWAB, der dem »Rechtsextremismus« zugeordnet wird, die BRD in einem seiner Bücher als »Meinungsdiktatur«[49] verunglimpfe und der politischen Klasse der BRD eine »angebliche Zensur« unterstelle, die es doch gar nicht gebe. Womit wir zu Hauptpunkt dieses Kapitels angekommen sind.

Hat der *Verfassungsschutzbericht von 1998* wirklich recht? Schreibt der Verfasser dieser Zeilen nur über die Zensur, die es statt dessen in der Bundesrepublik gar nicht gebe, die er nur erfinde, um der »rechtsextremistischen« Publizistik eine »Opferrolle« zuzuschreiben? – wie dies im besagten Bericht behauptet wird?

Natürlich ist dies nicht der Fall: Viele nationale Bürger wissen sehr wohl aus eigenen Erfahrungen, daß es so etwas wie eine Zensur, also eine Unterdrückung von Meinungsfreiheit, hier und heute gibt. Aber dennoch muß darauf hingewiesen werden, daß im Thema »Zensur in der Demokratie – wie ist das möglich?«[50] ein Widerspruch zu stekken scheint. Der oberflächlichen Betrachtung nach müßten sich nämlich ›Demokratie‹ und ›Zensur‹ gegenseitig ausschließen. Denn während doch die ›Demokratie‹ für Menschenrechte, Grundrechte wie Meinungsfreiheit, Pressefreiheit, Versammlungsfreiheit und für die ›Freiheit‹ überhaupt zu stehen scheint, stehen scheinbar nur ›Diktaturen‹ für Unfreiheiten wie die Verfolgung Andersdenkender und die Unterdrückung von Meinungsfreiheit, sprich ›Zensur‹.

Dieses soeben vorgestellte zu einfache und irreführende Gedankenmuster entspringt der Ideologie der hierzulande politisch Herrschenden, die in den etablierten Medien und an den politikwissenschaftlichen Lehrstühlen der Bundesrepublik Deutschland nämlich tatsächlich die Dichotomie, das plumpe Gegensatzpaar ›Demokratie‹ und ›Diktatur‹ immer wieder hervorheben. Das eine, die ›Demokratie‹, soll demnach also für die ›Freiheit‹, die ›Diktatur‹ im Umkehrschluß für

*Der neue Totalitarismus des PoliticalCorrectness entfaltet sich am besten gegen diejenigen, die es wagen, »sich den Plänen einer Weltregierung, der Verwestlichung und der weltweiten Globalisierung nur ein klein wenig zu widersetzen«. (Alexander* SINOWJEW*) »Es gibt eine Tyrannei ganzer Massen«, schrieb schon* GOETHE *(in Geschichte der Farbenlehre), »die höchst gewaltsam und unwiderstehlich ist.« Collage von John* CRAIG.

die ›Unfreiheit‹ stehen. Die Musterdemokratie, so heißt es, ist das gegenwärtige politische System, mit dem Kürzel ›BRD‹, das für sich in Anspruch nimmt, den »freiheitlichsten Rechtsstaat« darzustellen, »den es jemals auf deutschem Boden« gegeben haben soll. Für das Gegenstück, die »Diktaturen auf deutschem Boden«, müssen dann immer wieder mustergültig das Dritte Reich und die DDR herhalten. ›Gut und Böse‹, ›Schwarz und Weiß‹ nennt man solches Argumentationsmuster. Mit Wissenschaft hat das allerdings wenig zu tun.

Dem kritischen Zeitgenossen dürfte hingegen nicht entgangen sein, daß sich hier unter dem Mantel von Politikwissenschaft blanke Propaganda verbirgt. Denn wie bereits der deutsche Staatsrechtler Carl SCHMITT in den zwanziger Jahren erkannte, stellen nämlich ›Demokratie‹ und ›Diktatur‹ eben kein Gegensatzpaar dar, sondern können vielmehr Übergangsformen bilden, wie wir es ja derzeit in der realexistierenden Bundesrepublik Deutschland mustergültig erleben.

Wenn ›Demokratie‹ und ›Diktatur‹ nicht in jedem Falle unterscheidbar sind, ist auch die Vorstellung unsinnig, nur in einer ›Diktatur‹ wie im Dritten Reich oder in der DDR könne es Zensur geben, während hinsichtlich eines demokratischen Systems, wie die BRD es vorgibt zu sein, Zensur und politische Repressionsmaßnahmen im allgemeinen unvorstellbar seien.

Um die Eingangsfrage: »Zensur in der Demokratie – wie ist das möglich?« gleich vorweg zu beantworten, sei gesagt: Zensur ist ebenso in einer Diktatur möglich wie in einer Demokratie. Denn natürlich ist ebenso ein Diktator denkbar und möglich, der ein gewisses Meinungsspektrum zuläßt, wie auch eine durch Stimmenmehrheit zustande gekommene demokratische Regierung, die Minderheitenmeinungen oder gar die Meinung der schweigenden Mehrheit unterdrückt, die in der Schweigespirale[51] gefangen ist. Beides ist möglich.

Während man sich in offenen Diktaturen wenigstens – der Anständigkeit halber – dazu bekennt, Zensur auszuüben und diese auch zu rechtfertigen weiß, versuchen die Zensoren der parlamentarischen Demokratie, durch reine Begriffsfälschung die Zensur aus der Wirklichkeit verschwinden zu lassen.

Das heißt: In der Wirklichkeit gibt es selbstverständlich die Zensur auch in der Demokratie, doch sogenannte ›Demokraten‹ versuchen mittels ihrer Realität, der Medienrealität – auch ›veröffentlichte Meinung‹ genannt –, durch Euphemismen das Publikum irrezuführen und über die Existenz von Zensur hinwegzutäuschen. Das bedeutet, in der Bundesrepublik heißt die Zensur nicht Zensur, sondern zum Beispiel: »Nie wieder Deutschland« und »Wehret den Anfängen« – wenn es zum Beispiel darum geht, politisch Andersdenkende an ihren Grundrechten auf Versammlungs- und Demonstrationsfreiheit und dergleichen zu hindern, die in Artikel 8 des Grundgesetzes verbrieft sind. Eine andere Losung, mit der Zensur hierzulande gerechtfertigt wird, lautet: »Keine Freiheit für die Feinde der Freiheit«.

Das soll heißen, daß der nationale Publizist und Verleger als angeblicher »Feind der Freiheit« daran gehindert werden soll und auch daran gehindert wird, seine wissenschaftlichen Erkenntnisse und persönlichen Standpunkte zu Fragen der Zeitgeschichte und Politik veröffentlichen zu dürfen, ohne Gefahr zu laufen, wegen Volksverhetzung verurteilt oder vom Arbeitgeber entlassen zu werden – weil er als ›Rechtsextremist‹ für die Tugendwächter der politischen Korrektheit zu gelten hat.

Diese Begriffsfälschungen, mit denen – mittels gutmenschlichen Rollenspiels – über die realexistierende Zensur in unserem Land hinweggetäuscht werden soll, erinnert an ein Parallelbeispiel für eine andere Begriffsmanipulation. So behauptete Bundeskanzler Gerhard SCHRÖDER 1999: »Wir führen keinen Krieg gegen Jugoslawien.«

Natürlich beteiligten sich SCHRÖDER, SCHARPING und FISCHER 1999 an einem völkerrechts- und grundgesetzwidrigen Angriffskrieg gegen die Bundesrepublik Jugoslawien, weshalb sie eines Tages auch zur Rechenschaft gezogen werden; doch allein durch die Verdrängung des Begriffes ›Krieg‹ sollte beim Medienrezipienten der Eindruck entstehen, und das ist wohl bei einem Großteil der Bundesbürger geschehen, daß ein Krieg nicht stattgefunden hat. Statt dessen wurde der Vorgang, um den es hier ging, »friedensstiftende Maßnahmen« genannt. Und wo es keinen ›Krieg‹ gibt, gibt es auch keine Kriegsverbrechen der NATO, wie die Bombardierung von Personenzügen, Wohngebieten und Flüchtlingstrecks welche darstellen.

Und – um auf das eigentliche Thema zurückzukommen – so gibt es in der Bundesrepublik mittels sprachlicher Zensur eben auch keine Strafrechtszensur, wenn diese nur gutmenschlich bemäntelt wird. So meinte der ehemalige CDU-Vorsitzende Wolfgang SCHÄUBLE einmal über die Neufassung des Paragraphen 130 StGB:

»Man könnte, wenn man in einem abstrakten Raum wäre, natürlich trefflich darüber streiten, daß es unter juristischen Gesichtspunkten eigentlich Unfug ist, Meinungsäußerungen zu verbieten. Trotzdem ist es richtig, weil wir ja nicht in einem abstrakten Raum sind, sondern konkrete geschichtliche Erfahrungen hinter uns haben. Ich glaube zwar auch nicht, daß das Strafvorschriften für die Ewigkeit sind. Aber für hier und heute ist es richtig, selbst mit Gesetzen, die man unter rein juristischen Gesichtspunkten als problematisch empfinden kann.«[52]

Was SCHÄUBLE hier zwar als juristisch bedenklich, jedoch als politisch zweckmäßig bezeichnet, wirkt sich für nationale Verleger, Publizisten und Politiker in Deutschland heute verheerend aus. Auch SCHÄUBLE will die Zensur nicht ›Zensur‹ nennen, will das Unrecht nicht ›Unrecht‹ und den Verfassungsbruch des Bundestages nicht ›Verfassungsbruch‹ nennen, da 1994 von diesem der bislang allgemeine Paragraph 130 StGB zu einem Sonderparagraphen umformuliert wurde, mit dem jetzt Jagd auf ›Rechtsextremisten‹ veranstaltet wird. Doch indem die Zensur und das Unrecht von den politisch Herrschenden nicht beim Namen genannt und begrifflich verschleiert werden, verschwindet die Zensur, zumindest als Begriff, aus der Öffentlichkeit.

Man braucht nur auf irgendeinem Marktplatz die Bürger zu fragen, ob sie glauben, daß es in der Bundesrepublik so etwas wie eine Zensur gibt. Aller Voraussicht nach wird dieses Thema die meisten nicht interessieren, weil sie selbst von der Patriotenverfolgung nicht betroffen sind.

So geschieht es aber auch in allen Diktaturen: Man zieht sich in die Nischen zurück und hält sich aus allem Unangenehmen heraus. »Nur nicht auffallen«, lautet die Devise. Das war in der DDR so, als sich nur diejenigen für ›Bautzen‹ interessierten, deren Freunde und Verwandte dort saßen; das war auch im Dritten Reich so, als das Thema ›Konzentrationslager‹ nur diejenigen interessierte, deren Freunde und Verwandte dort saßen. Und so ist es auch heute, wenn es nur die betroffenen Freunde und Verwandten interessiert, wenn Udo WALENDY im Gefängnis sitzen und Germar RUDOLF ins Exil flüchten mußte.

## *Wie funktioniert die moderne Zensur?*

Die Zensur in der Bundesrepublik – die nur formal eine Demokratie ist, weil sie ein allgemeines und gleiches Wahlrecht kennt, ihre Gesellschaft jedoch bereits in eine offene Meinungsdiktatur abgeglitten ist – funktioniert wie überall sonst auch. Im Buch des Verfassers *Die Meinungsdiktatur*[53], in dem erstmals systematisch die Zensur in der Bundesrepublik dargestellt wurde, ist die moderne Zensur anhand eines Vier-Stufen-Modells moderner Kommunikationskontrolle gegliedert worden:

- Die ökonomische Kontrolle

Erstens findet die Zensur mittels einer ökonomischen Kontrolle statt, das heißt, die Herrschenden müssen dafür Sorge tragen, daß die Fundamentalopposition über keine ausreichenden Produktionsmittel im Medienbereich verfügt. Im heutigen Deutschland ist dies zweifellos der Fall, da bereits durch den alliierten Lizenzzwang von 1945 und danach nationale Verleger von dem Zugang zu medialen Produktionsmitteln ausgeschlossen wurden.

Die wirkliche Opposition hierzulande, die in den Lebensfragen des deutschen Volkes etwas wesentlich anderes zu sagen hat als die herrschenden Liberalisten, ist vom Zugang zu den wirkungsvollen Massenmedien ausgeschlossen. Der nationalen Opposition fehlen die großen Verlage, die großen Zeitungen, die Hörfunk- und Fernsehsender, um eine große Öffentlichkeit mit ihren nationalen Inhalten erreichen zu können.

Weil das so ist, ist die nationale Opposition bis heute im ›rechten Ghetto‹ gefangen; sie erreicht in der Regel nur diejenigen, die ohnehin schon über nationale Politikinhalte Bescheid wissen. Natürlich gibt es auch Versuche, das nationale Ghetto zu verlassen. Man denke an Zeitungs- und Zeitschriftentitel wie *Junge Freiheit, Ostpreußenblatt, Nationalzeitung, Deutsche Stimme* und *Opposition*, die zum Beispiel auch am Bahnhofskiosk erhältlich sind, doch das sind bisher die berühmten Tropfen auf den heißen Stein.

Ebenso zu erwähnen seien die Versuche, nationale Sendungen im Hörfunk und Fernsehen zu etablieren, wie das massiv zensierte Radio Germania in Berlin oder das von der NPD jüngst installierte Internet-Fernsehen. Nach wie vor besitzt jedoch das Zitat von Oswald

SPENGLER volle Gültigkeit: »Aber in Wirklichkeit gehört zur Freiheit der öffentlichen Meinung die Bearbeitung dieser Meinung, die Geld kostet, zur Pressefreiheit der Besitz der Presse, der eine Geldfrage ist. [...] Und was die moderne Presse betrifft, so mag der Schwärmer zufrieden sein, wenn sie verfassungsmäßig ›frei‹ ist, der Kenner fragt nur danach, wem sie zur Verfügung steht.«[54]

## • Die soziale Kontrolle

Nun kann die nationale Opposition – mangels Massenmedien – keine große Öffentlichkeit herstellen. Dennoch gibt es ›Unbelehrbare‹, die auch ohne große Öffentlichkeit Tabuthemen im kleinen Kreis ansprechen. Wer dies tut, der wird dann unweigerlich mit den sozialen Kontrollmechanismen, die den Gutmenschen zur Verfügung stehen, Bekanntschaft machen. Er verliert seinen Arbeitsplatz, er erhält als Beamter Berufsverbot, er verliert mit seiner Familie die Wohnung und macht Bekanntschaft mit Verfassungsschutz und Antifa. Und wer erst einmal seinen sozialen Rückhalt verloren hat, der wird unter Umständen vorsichtiger sein, wenn er heikle Themen ansprechen will, wie das Ausländerthema, die Kriegsschuldfrage oder die ›Einzigartigkeit deutscher Verbrechen‹ bezweifeln möchte.

Seit Anfang der neunziger Jahre wird die soziale Zensurvariante auch gern als ›Political Correctness‹ bezeichnet. Damit verbinden wir, daß Ausländer jetzt ›ausländische Mitbürger‹ heißen sollen, Mitteldeutschland wird als ›Ostdeutschland‹ bezeichnet, um das wirkliche Ostdeutschland, nämlich Ostpreußen, Schlesien und so weiter, also das Land östlich von Oder und Neiße, aus dem kollektiven Gedächtnis der Deutschen zu löschen und den Völkermord an den deutschen Heimatvertriebenen zu verdrängen.

Wie weit aber die politische Korrektheit mittlerweile wirklich vorangeschritten ist, verdeutlicht ein Artikel im *Straubinger Tagblatt*, in welchem über die Bevorzugung ausländischen Marmors bei deutschen Bauvorhaben berichtet wird. Das Beispiel macht deutlich, daß in der deutschen -Öffentlichkeit mittlerweile auch Steine politisch nicht korrekt sein können: »Beim Umbau des Berliner Reichstages kam der Jura-Marmor aus Bayern nicht zum Zug. Begründung: Der Stein sei wegen seiner Verwendung im Dritten Reich ›faschistoid‹ und ›ideologisch‹ belastet.«[55]

Jedoch sind die Apologeten der politischen Korrektheit nicht allmächtig. Dies beweisen immer wieder Verstöße namhafter Zeitgenossen, die mitten aus der Gesellschaft kommen. Man denke nur an die mittlerweile legendäre Paulskirchenrede von Martin WALSER im Jahre 1998.[56]

• Die Nachzensur

Wenn die beiden zuvor genannten Zensurstufen für den Kontrollbedarf nicht ausreichen – also vom Zensor trotz ökonomisch einseitiger Verteilung der medialen Produktionsmittel und trotz sozialer Repression die Andersdenkenden nicht zum Schweigen gebracht werden können –, so müssen sich die Herrschenden weitere Schritte überlegen. In diesem Falle wird zumeist der Ruf nach schärferen und neuen Gesetzen laut – der Ruf nach der Nachzensur, also der Zensur, die *nach* der Veröffentlichung einsetzt und für die dann der Staatsanwalt und der Richter zuständig sind.

In dieser Phase befinden wir uns seit 1994, als Bundestag und Bundesrat einstimmig das bisherige allgemeine Gesetz, den Paragraphen 130 StGB, zu einem Sondergesetz umformulierten, mit dem jetzt völlig einseitig ein gewisses Meinungsspektrum der Strafverfolgung zugeführt wird. Dieses nun um so mehr verfolgte Meinungsspektrum kreist um die Themen historischen Revisionismus, Kritik an jüdischen Berufsfunktionären und Kritik an Israel – was mit dem Begriff des ›Antisemitismus‹ stigmatisiert wird – sowie um das Thema Ausländer und Einwanderung. So ist die Forderung »Ausländer raus!« nach Auffassung des Oberlandesgerichts Hamm bereits strafbar, weil »volksverhetzend«.

Gern wird in den Medien die Behauptung aufgestellt, die Sicherheitsorgane der Bundesrepublik würden den ›Rechtsextremismus‹ nicht ausreichend genug bekämpfen, vor allem nicht die angeblich so große ›rechte‹ Gewalt. Dieser Eindruck ist widerlegbar. In Deutschland werden heute nicht nur ›rechte‹ Gewalttaten strafrechtlich geahndet, sondern auch sogenannte ›Kommunikationsdelikte‹, also reine Meinungsäußerungen, mit Strafe belegt.

Dabei betätigt sich die hierzulande herrschende politische Klasse gern als Mahnerin und Wächterin der Grund- und Menschenrechte in aller Welt und bemängelt bei anderen Staaten oftmals die Mißachtung dieser Rechte, zum Beispiel bei der Behandlung von Minderheiten. Man könnte daher meinen – und die meisten Bürger glauben dies wohl auch –, bei uns gebe es keine politische Justiz und keine Einschränkung von Grundrechten.

Tatsache ist aber, daß im Jahre 1999 in der BRD 6719 Strafverfahren wegen der Paragraphen 86, 86a Strafgesetzbuch (StGB), Verbreitens beziehungsweise Verwendens verfassungswidriger Propagandamittel beziehungsweise Kennzeichen, und 1979 Verfahren wegen Paragraph 130 StGB (»Volksverhetzung«) durchgeführt worden sind. Zusammen sind dies 8698 Verfahren gegen nationale Deutsche, die ihre Meinung kundgetan und sich gewaltfrei verhalten haben.

Diese Zahl belegt, daß die seit 1992 andauernde Welle der Strafverfolgung gegen Rechts unvermindert anhält. In seiner Broschüre *Verfassungswirklichkeit 1999,* die auch im Ausland verbreitet wird, dokumentiert das Deutsche Rechtsbüro die für 1999 bekannt gewordenen zahlreichen Einschränkungen der Grundrechte nationaler Deutscher, belegt sie mit genauen Quellenangaben und veranschaulicht die Entwicklung mit Statistiken.

In dem Heft werden folgende politische Unterdrückungsmaßnahmen dokumentiert: Gewalt gegen nationale Deutsche, Körperzellen-Entnahme, Hetzkampagnen, Hausdurchsuchungen, Überwachung des Telefons, Berufsverbote, Strafverfahren wegen der Paragraphen 86, 86a und 130 StGB, Indizierungen, Versammlungsverbote, Vereinsverbote und Verstöße gegen das Gleichheitsgebot.

Die vom Rechtsbüro vorgenommene, kleine Auswahl der Grundrechtseinschränkungen zeigt ein erschreckendes Bild über die tatsächliche Lage der Grundrechte für nationale Deutsche in einem Staat, der sich für einen Wächter dieser Rechte hält.[57]

## • Die Vorzensur

Wenn die zuvor genannten drei Zensurstufen – ökonomische und soziale Kontrolle sowie Nachzensur – nicht mehr für den Kontrollbedarf ausreichen und das politische System dauerhaft in Legitimationsschwierigkeit kommt, dann wird unweigerlich der Ruf nach der Vorzensur laut. Im Mittelpunkt der Vorzensur, also der Zensur, die bereits *vor* der Veröffentlichung einsetzt, steht die behördliche Vorlagepflicht, die im Mittelalter und im Absolutismus prägend war.

Restbestände der Vorzensur gibt es auch heute noch, wenn zum Beispiel nationale Parteien Demonstrationen anmelden wollen und diese dann ihre Rednerliste, ihre Flugblattexte und die Themen, die auf der Demonstration angesprochen werden sollen, auf dem Ordnungsamt offen legen müssen. Dort werden diese Redner und Themen dann ›vorgeprüft‹, was unter Umständen ein Verbot der Veranstaltung bewirken kann. Die Damen und Herren ›Vorprüfer‹ gehören in der Bundesrepublik in der Regel den etablierten Parteien an, oder sind von deren Weisungen abhängig.

Die Vorzensur ist im modernen Staat dort interessant, wo sich die Fundamentalopposition direkt an den Bürger wenden will – wenn sich also ein Redner einer nationalen Partei auf dem Marktplatz oder eine nationale Organisation im Internet direkt an den Bürger richtet. Nationale Bücher hingegen müssen nicht vorzensiert werden, da diese in der Regel ohnehin nur diejenigen erreichen, die dem nationalen Lager angehören. So ist es nur folgerichtig, daß im Jahre 2000 der CDU-Politiker und Berliner Innensenator Eckart WERTHEBACH ein Versammlungsverbot für die nationale Opposition im Zentrum von Berlin forderte und gesetzlich durchsetzen wollte, mit der Begründung, hier sei besonders das »Ansehen der Bundesrepublik Deutschland« durch nationale Demonstrationen gefährdet.

Konsequent war diese Forderung WERTHEBACHS nach Vorzensur – also nach Zensur, bevor eine Meinung (am Brandenburger Tor in Berlin) überhaupt geäußert werden kann – deshalb, weil hier die nationale Opposition direkt ihre Meinung ans Volk richten kann und durch die Vielzahl inländischer und ausländischer Medienvertreter eine von der etablierten Politik beabsichtigte Totschweigetaktik, nicht greift.

## • Wer ist Opfer und wer ist Täter der Zensur?

Aufschlußreich für die gegenwärtige Entwicklung hin zu mehr Zensur, Meinungskontrolle und staatlicher Repression gegen Nonkonformisten ist es, daß gerade diejenigen, die noch in den sechziger und siebziger Jahren ihr ›linkes‹ Klagelied über die Gefährdung der grundgesetzlichen Meinungsfreiheit sangen, in den zurückliegenden Jahren nicht selten zu den ›gutwilligen‹ geistigen Wegbereitern der Zensur gegen politisch Andersdenkende mutiert sind. Auf dieses Wechselspiel hat bereits Johann Wolfgang VON GOETHE hingewiesen, als er feststellte: »Zensur und Preßfreiheit werden immerfort miteinander kämpfen, Zensur fordert und übt der Mächtige, Preßfreiheit verlangt der Mindere. Jener will weder in seinem Planen noch seiner Tätigkeit durch vorlautes widersprechendes Wesen gehindert, sondern gehorcht sein; jene wollen ihre Gründe aussprechen, den Ungehorsam zu legitimieren. Dieses wird man überall finden.«[58]

Was will uns GOETHE damit sagen? Alle Bürger sind potentiell immer Opfer und Täter von Zensur. Es soll keiner so scheinheilig tun und sagen, in seinem Staat könne die Opposition wirklich alles sagen und verbreiten. Man kann noch so tolerant sein. Spätestens dann, wenn die Opposition die Meinung kundtun möchte, die Regierung sei gewaltsam zu beseitigen, müßte die Zensur spätestens einschreiten.

Daß auch Angehörige der politischen Rechten, wenn sie an die Macht gelangt sind, von Opfern der Zensur zu den Tätern der Zensur mutieren können, zeigte im Frühjahr 2000 die Freiheitliche Partei Österreichs, die FPÖ, die sich von Wien aus von einer nationalen Pro-Österreich-Demonstration durch das Brandenburger Tor distanzierte. Pikant an dem Vorfall war, daß die Staatssekretärin für Tourismus, die FPÖ-Politikerin Mares ROSSMANN, gegenüber der internationalen Presse betonte, daß Demonstrationen in der Form, wie sie in Berlin durchs Brandenburger Tor stattgefunden haben, nämlich mit schwarz-weiß-roten Fahnen und so weiter, in Österreich undenkbar wären, da man dort – zum Glück! – über die geeigneten Wiederbetätigungs- und NS-Verbotsgesetze verfüge – Gummiparagraphen wohlgemerkt, mit denen in den zurückliegenden Jahren zig nationale Biographien zerstört wurden.

Der Verabschiedung des NS-Verbotsgesetzes (Paragraphen 3 h und 3 g des österreichischen Strafgesetzbuches) haben im übrigen im Jahre 1992 einstimmig alle FPÖ-Nationalräte und Bundesräte zugestimmt. Mit diesen Zensurbestimmungen werden jetzt Autoren nationalfreiheitlicher Zeitschriften gemaßregelt.

Dieses Beispiel soll deutlich machen, daß beim Phänomen der modernen Zensur es zu einfach wäre, zwischen ›guten rechten‹ Zensuropfern und ›bösen linken‹ Zensurtätern zu unterscheiden. Viele ›rechte‹ Zensuropfer, wie derzeitige FPÖ-Politiker, begehen dann eben, um ihre Loyalität gegenüber dem ›Westen‹ zu unterstreichen, Zensur gegen ›Rechte‹, die noch weiter ›rechts‹ stehen. Daß sich ausgerechnet die FPÖ, als die parteiliche Vertreterin des nationalfreiheitlichen Dritten Lagers in Österreichs, nun zur Gralshüterin des NS-Verbotsgesetzes aufschwingen will, das ja geschaffen wurde, um nationale Publizisten dieses Dritten Lagers zu kriminalisieren und vor allem den Österreichern zu untersagen, sich als Deutsche zu bekennen, ist schon ein Treppenwitz der Geschichte – der aber deutlich macht, daß GOETHE recht hatte, als er bemerkte, daß die Opfer- und Täterrollen beim Zensurhandwerk wechseln können.

Für die Frau ROSSMANN von der FPÖ gilt die Weisheit: Es gibt Heilige und Scheinheilige. Eine Partei wie die FPÖ mit nationaler Tradition muß sich nach ihrer weltanschaulichen Legitimation fragen lassen, wenn diese – in der Regierung angelangt – die Patriotenverfolgung weiterbetreiben will – vor allem, wenn Jörg HAIDERS Rechtsanwalt, Dieter BÖHMDORFER, inzwischen zum Justizminister aufgestiegen ist.

Als Fazit kann an dieser Stelle gezogen werden: Nationale Publizisten und Politiker müssen sich ihr Recht auf Meinungs-, Presse- und Versammlungsfreiheit jeden Tag erkämpfen – und dies gegen rechte wie linke Zensurmeister. Schließlich gelangt aber jede Zensur eines Tages einmal an ihr wohlverdientes Ende. Dies erkannte Jakob GRIMM bereits im Jahre 1838: »Des Verbots, der Zensur blödsichtiges Auge vermag doch bloß in unmittelbarer Nähe und Gegenwart zu sichern, die drohenden Übel der Zukunft gewahrt es nicht.«[59]

## *Zur Gewalt in der Bundesrepublik*

Veröffentlichte Gewalt und öffentlich zur Schau getragene Moral gehören in der Bundesrepublik zusammen wie siamesische Zwillinge. Die Pseudomoral in bezug auf die ›Gewalt von Rechts‹ dient den Herrschenden hierzulande ganz einfach zur Herrschaftssicherung, indem Opposition in den Augen der Medienrezipienten moralisch diskreditiert und kriminalisiert wird.

Voreilig werden vermeintlich ›fremdenfeindliche‹ Straftaten politisiert und dem organisierten ›Rechtsextremismus‹ zugeschrieben. Bezeichnend sind dann die Rückzugsgefechte, wenn die Lüge von der ›rechten Gewalt‹ nicht mehr haltbar ist und sich vielleicht herausstellt, daß eine Rollstuhlfahrerin in Halle an der Saale sich ihr Hakenkreuz selbst in die Wange geritzt hatte oder der kleine Joseph im Schwimmbad von Sebnitz – ohne ›rechtsextreme‹ Einwirkung – ertrunken ist.

Das hindert aber die Gutmenschen nicht, die sich zuvor moraltriefend an einer Lichterkette oder ähnlichen Betroffenheitskundgebungen beteiligten, um angesichts dieser verwerflichen Taten gegen Angehörige von Minderheiten den »Anfängen zu wehren«, die Schande ihres Fehlurteils einzugestehen und Reue zu üben, wie es wirklich Anständigen gebührt. Auch wenn das betreffende Unglück nun doch nicht von ›Neonazis‹ verursacht wurde, so hätte es doch immerhin sein können.

So entsteht »das deutsche Wunschbild« (*FAZ*), das sein Bedauern darüber ausdrückt, daß das multikulturelle Kind im sächsischen Sebnitz nicht von ›Neonazis‹ im Schwimmbad ertränkt wurde, sondern möglicherweise aufgrund eines Unfalls zu Tode kam. Das bewegt aber Bundeskanzler Gerhard SCHRÖDER nicht dazu, sich bei den Bürgern der Kleinstadt dafür zu entschuldigen, daß er der Mutter des toten Kindes einen politisch korrekten Besuch abstattete und damit ihre Version, ihr Kind sei durch »Nazi-Hand« ermordet worden, förderte, obwohl die Ermittlungen zum Zeitpunkt des SCHRÖDERschen Betroffenheitstourismus noch gar nicht abgeschlossen waren.

Ebenso peinlich für das BRD-Gutmenschentum dürfte im Jahre 2000 die polizeiliche Aufklärung des Brandanschlages auf die Düsseldorfer Synagoge gewesen sein, als sich herausstellte, daß dieser von zwei antijudaistisch motivierten Arabern verübt worden war, die damit ein Zeichen gegen die Unterdrückung ihrer Volksangehörigen in Palästina setzen wollten.

Wochen zuvor hatte sich eine Woge der Empörung und Betroffenheit gegen den ›rechten Terror‹ nicht nur durch die Rheinmetropole, sondern durch die ganze Republik ergossen. In der genannten

*FAZ*-Ausgabe meint Berthold KOHLER, daß die Rituale in die Irre geführt hätten, »aber zweifeln wir deshalb schon an ihnen?«

Kaum, daß bekannt wurde, der Brandanschlag auf die Düsseldorfer Synagoge sei nicht jenes unzweideutige Zeichen einer unaufhaltsam anschwellenden braunen Gefahr in Deutschland, als das es ohne Zögern gewertet worden war, trat der Ersatzreflex auf: Das ändere doch gar nichts. Ob wohl jemand wagt, davor zu warnen, auch aus verabscheuungswürdigen Taten nicht voreilige Schlüsse auf die dahinterstehenden Motive zu ziehen? Er geriete leicht in die Gefahr, als Verharmloser beschuldigt zu werden. Denn im selbstgefälligen Alarmzustand, in dem sich die Gesellschaft von Staats wegen versetzen ließ, darf ein Anständiger nicht mehr unaufgeregt sein; den Aufruf zum Aufstand kann ein Bundeskanzler schließlich nicht mehr zurücknehmen, nur weil er sich mit vielen anderen Politikern und Journalisten in der Frage der Täterschaft sehr früh festgelegt und geirrt hat.

Die vielen Gerechten in Deutschland fragen – die Fälle Sebnitz und Düsseldorf zeigen es – nicht länger danach, ob etwas tatsächlich so war, wie es in einer kollektiven Furcht erscheint. Es reicht vielmehr die Bejahung der Frage, ob es so hätte sein können. Daß viele sich vorstellen können, daß ein Junge unter den Augen einer Stadt von einer Horde Rechtsextremer ertränkt wird, wird dann als unwiderlegbarer Beweis dafür genommen, welch ungeheuerliches Ausmaß rechtsextremistische Ausländerfeindlichkeit in Deutschland schon angenommen hat. Daß solche Bewußtseinslagen nicht bis ins letzte der Wirklichkeit entsprechen müssen, bringt nur wenige zum Zögern. »Auf einen schon mit Volldampf rollenden Zug springt man viel leichter auf, als daß man ihn zum Stehen bringt.«[60]

»Einen Tag nach dem Bombenanschlag von Düsseldorf haben die Ermittler einen rechtsradikalen Hintergrund nicht ausgeschlossen. Unterdessen war eines der Opfer erneut in Lebensgefahr, nachdem sich sein Gesundheitszustand verschlechterte. Sechs Opfer des hinterhältigen Sprengstoffattentats sind jüdischen Glaubens, alle neun kommen aus Staaten der ehemaligen Sowjetunion. [...] Der stellvertretende nordrheinwestfälische Ministerpräsident Michael VESPER (Grüne) forderte ein breites gesellschaftliches Bündnis gegen Rechtsextremismus.«

Spätestens nach dieser dpa-Meldung[61] dürfte deutlich geworden sein, daß die Vertreter der etablierten Medien und herrschenden Parteien offenbar keine Gelegenheit auslassen, um im Zusammenhang mit irgendwelchen Straftaten – auch wenn der oder die Täter und ihre tatsächlichen Motive für die Tat noch nicht feststehen – die nationale Opposition zu kriminalisieren.

## Republik der Hysteriker

Es wäre nun mühselig, sämtliche öffentlichen Äußerungen von Vertretern der etablierten Politik, der Gesellschaft und Medien in diesem Zusammenhang aufzuführen, die allesamt bei kriminellen Handlungen, sei es gegen Juden, Ausländer, Aussiedler, Behinderte oder andere Bevölkerungsminderheiten, sofort über die politischen ›Hintermänner‹ solcher Straftaten Bescheid wissen wollen. Es geht diesen Herrschaften auch offenbar nicht um die Ermittlung der ›Hintermänner‹, sondern um die politische Instrumentalisierung solcher Straftaten, die sich hervorragend zur Kriminalisierung der nationalen Opposition mißbrauchen lassen.

Die Hysterie gipfelte schließlich im August 2000 in der Forderung etablierter Politiker nach einem Parteiverbot der Nationaldemokratischen Partei Deutschlands (NPD). Hauptprotagonist war diesmal wieder der bayerische Innenminister Günther BECKSTEIN (CSU), der zum x-ten Male ein Parteiverbot der NPD – mit den immer wiederkehrenden Halbwahrheiten und Lügen – öffentlich forderte.[62]

Aber nicht genug: Bundesumweltminister Jürgen TRITTIN (Bündnis 90/Die Grünen) verstieg sich in der Hysterie gegen Rechts sogar zu der Aussage: »Die NPD ist der legale Tarnmantel des rechten Terrors«[63], obwohl die Partei seit ihrer Gründung im Jahre 1964 keinen Zweifel an der Gewaltlosigkeit ihrer politischen Arbeit offengelassen hat. Wenn dennoch in den Medien ein Zusammenhang zwischen vereinzelter tatsächlicher oder vermeintlicher ›rechter Gewalt‹ und der NPD hergestellt wurde, so entspringt das allein dem Wunschdenken der Herrschenden, eine unliebsame Oppositionspartei kriminalisieren zu wollen.

Freilich mußte BECKSTEIN in derselben Pressekonferenz, in der er die Forderung nach einem NPD-Verbot erhob, einräumen, daß im Jahre 2000 »die Zahl rechtsextremistischer Gewalttaten sowohl bundes- als auch bayernweit zurückgegangen«[64] sei, nämlich um 27 Prozent im Vergleich zum Vorjahr[65]; aber dennoch sei die NPD zu verbieten, da diese doch tatsächlich den nationalen Protest auf die Straße trage und dabei wesentlich Unterstützung von der ›Skinhead‹-Subkultur erfahre. Was das jedoch mit der von BECKSTEIN heraufbeschworenen »rechten Gewalt« zu tun hat – diese Antwort blieb der bayerische Innenminister allerdings schuldig.

Die Antwort auf diesen Unsinn gab Klaus VON BEYME, Professor für Politische Wissenschaft an der Universität Heidelberg: »Lange galt die Faustregel, daß die Skinheads in Springerstiefeln die alten rechtsextremistischen Parteien für kaum weniger verkalkt hielten als die Parteien des Systems. Plötzlich wird der Ruf nach einem Verbot der NPD laut, nur weil sie sich verstärkt um die unabhängig agierende rechte Szene bemüht.«[66]

Die Antwort auf BECKSTEINS Entgleisungen gab auch der Leiter des nordrheinwestfälischen Verfassungsschutzes, Hartwig MÖLLER, der betonte, daß die (rechte) Gewalt in der Regel von »Nichtorganisierten« ausgehe und nicht von Parteien und Organisationen wie der NPD. »Bis auf einen Fall in Wuppertal seien in Nordrhein-Westfalen bislang keine Gewalttaten von Funktionären von rechtsextremen Parteien bekannt«, wird MÖLLER in der FAZ zitiert.[67]

Bei dem einen Fall handelt es sich um den NPD-Stadtrat von Schwelm, Thorsten CRÄMER, der sich, laut Polizeiangaben, an einer gewalttätigen Vergeltungsaktion gegen sogenannte ›Antifaschisten‹ beteiligt haben soll. Der NPD-Parteivorstand verurteilte diesen Übergriff und kündigte für den Fall, daß die Vorwürfe bestätigt werden, weitere innerparteiliche Ordnungsmaßnahmen gegen Thorsten CRÄMER an.

Außerdem ließ BECKSTEIN in der berüchtigten Pressekonferenz wohl bewußt die Information beiseite, daß NPD-Demonstrationen ausnahmslos gesetzestreu und gewaltfrei verlaufen, während viele gesetzeswidrig handelnde Behörden-Vertreter von den Verwaltungsgerichten zurechtgewiesen werden, weil diese – ohne Rechtsgrundlage – NPD-Demonstrationen verbieten wollen.

So mußte BECKSTEIN selbst im Juli 2000 eine für ihn wohl juristisch herbe Niederlage wegen Rechtsbruch einstecken, weil unter seiner Anleitung 1993 ein ordentlicher Bundesparteitag der NPD im bayerischen Pocking verboten wurde. Der Verwaltungsgerichtshof München verkündete, daß das Verbot rechtswidrig war, da die Richter den vom damaligen bayerischen Innenstaatssekretär Günther BECKSTEIN vorgeschobenen »polizeilichen Notstand« für nicht gegeben erachteten.

BECKSTEIN hatte die Auffassung vertreten, daß die Bevölkerung nach dem Solinger Brandanschlag[68] kein Verständnis dafür habe, wenn die Polizei den Parteitag einer ›rechtsextremen‹ Partei schützen müsse.[69] Der NPD-Parteivorstand vertrat daraufhin den Standpunkt, BECKSTEIN selbst habe sich durch diese »Willküraktion« als Feind demokratischer Grundrechte erwiesen, da er einer demokratisch legitimierten Partei verwehren wolle, ihrer demokratischen Pflicht, Parteitage abzuhalten, Genüge zu tun.

Bei den politischen Blockadeversuchen gegen Parteitage und Versammlungen nationaler Parteien geht es darum, in der Öffentlichkeit friedfertige nationale Versammlungsteilnehmer als ›Gewalttäter‹ abzustempeln, während die oftmals gewalttätigen Gegner solcher nationalen Versammlungen als »Bürger mit Zivilcourage« dargestellt werden. Trotz dieser medialen Verdrehungen steht fest: Die politische Gewalt, sofern diese überhaupt stattfindet, geht stets von sogenannten »antifaschistischen« Kräften aus, die sich gegen die Polizei und friedlich demonstrierende nationale Bürger richtet, die nur von ihren verfassungsmäßig verbrieften Grundrechten wie von den Artikeln 5 und 8 des Grundgesetzes (Meinungs- und Versammlungsfreiheit) Gebrauch machen wollen.

Deshalb bleibt festzuhalten: Die nationale Opposition ist das Opfer der politischen Gewalt ihrer »Gegner«, die sich in ihren kriminellen Handlungen auf die Hysterie »gegen rechts« in den Systemmedien berufen. So wurde am 13. Mai 2000 in Höhenberg (Rheinland) ein Informationsstand der NPD von Vermummten gestürmt. Der Info-Tisch wurde zerstört, und zwei NPD-Aktivisten wurden verletzt. Eine bundesweite Medienhysterie? – Fehlanzeige!

Am 30. Juni 2000 wurde der NPD-Bundespressesprecher Klaus BEIER Opfer eines feigen Anschlages von antifaschistischen Gewalttätern, als sich der Nationaldemokrat auf dem Heimweg von einer NPD-Veranstaltung in Berlin-Nord befand und dabei in einen Hinterhalt von fünf bewaffneten und ›antifaschistisch‹ motivierten Schlägern geriet. Eine Gehirnerschütterung, zwei gebrochene Finger und Blutergüsse waren die Folge, die ambulant behandelt werden mußten. Eine bundesweite Medienhysterie? – Fehlanzeige!

Am 19. August 2000 wurde die Pressesprecherin des NPD-Kreisverbandes Straubing, Gisela BÖHMER, während eines Aufenthaltes an einem Badesee überfallen und körperlich mißhandelt. Auch ihr Kind erlitt Verletzungen. Die Täter waren diesmal nicht privat motivierte ›Antifaschisten‹, sondern Polizeibeamte, die den Überfall durchführten. Das ›Verbrechen‹ der Frau BÖHMER soll laut Polizeiangaben darin bestanden haben, daß ihr am Badesee ein NPD-Sonnenschirm Schatten spendete. Die Polizei habe daraufhin eine ›Veranstaltung‹ gewalttätig auflösen müssen. Eine bundesweite Medienhysterie? – Fehlanzeige!

Am 13. August 2000 wurde dem badenwürttembergischen Landesgeschäftsführer der NPD, Janus NOWAK, von ›Antifaschisten‹ aufgelauert und brutal zusammengeschlagen. Neben den Verletzungen entstand an seinem PKW ein Sachschaden in Höhe von 8500 Mark. Eine bundesweite Medienhysterie? – Fehlanzeige!

Bei nicht wenigen organisierten Nationalisten, die in den letzten Jahren Opfer von ›linker‹ Gewalt wurden, blieb es nicht bei Verletzungen. Die kriminelle Energie der politischen ›Gegner‹ der nationalen Opposition reicht nämlich bis zum Mord. Der Berliner Gerhard KAINDL, der der ›Deutschen Liga für Volk und Heimat‹ angehörte, ist nur einer derjenigen, die für ihre nationale Gesinnung mit dem Leben bezahlen mußten.

## *Der Liberalismus als Keimzelle von Gewalt*

Natürlich findet in Deutschland heute Gewalt statt, nicht nur gegen Ausländer und andere Bevölkerungsminderheiten. Die Gewalt findet heute in Deutschland in nahezu allen Bereichen des privaten wie öffentlichen Lebens statt; ob in der Wirtschaft, der Gesellschaft, der Politik, ob eine ältere Dame im Park ihr Leben lassen muß wegen 20 Euro in der Handtasche, ob es sich um die zahlreichen Drogenabhängigen handelt, für deren Schutz vor Rauschgifthändlern sich die in der Bundesrepublik Herrschenden offenbar nicht zuständig fühlen; ob nun die Gewalt stattfindet im ›kleinen Stile‹ in den Schulen, wo Jackenklauen und Geldabpressen von Mitschülern zunehmen, ob am Arbeitsplatz, wo Mobbing stattfindet, oder in der Familie unter Ausschluß der Öffentlichkeit, oder ob sich 1999 die rot-grüne Bundesregierung unter Gerhard SCHRÖDER an einem verfassungs- wie völkerrechtswidrigen Angriffskrieg gegen die Bundesrepublik Jugoslawien beteiligte, der von der Bundesregierung nicht ›Krieg‹, sondern ›friedensstiftende Maßnahmen‹ genannt wurde.

Gewalt gehört also in der gegenwärtigen Bundesrepublik offenbar zum ›guten Ton‹ – wenn sie nur gutmenschlich genug gerechtfertigt wird. Finden hingegen vereinzelte Gewalttaten statt, die man aufgrund der subkulturellen Prägung der Täter (›Skinheads‹) glaubt der nationalen Opposition zuordnen zu können, so findet regelmäßig eine scheinheilige Debatte um die scheinbar plötzliche Zunahme von Gewalt in der Republik statt – so, als ob für den Liberalismus ›Gewalt‹ bisher ein Fremdwort gewesen wäre.

Die politisch motivierte Gewalt, ob sie von links oder von rechts, beziehungsweise von Deutschen oder von Ausländern kommt, liegt laut den Statistiken der Kriminalämter bei nur rund einem Prozent der gesamten Kriminalitätsfälle in unserem Land. Das sind die Tatsachen, über die die Medienhysterie nicht hinwegtäuschen kann, deren Initiatoren es nur um das Konstruieren eines ›rechten Terror‹-Gespensts geht. Und selbst unter den politisch motivierten Gewalttaten dominieren die von ›links‹, die von ›autonomen‹ Bekennern mit ›Antifaschismus‹ begründet und von einem Teil der etablierten Medien toleriert und verharmlost wird. Selbst mitten in der Verbotshysterie im August 2000 gab die CDU-geführte thüringische Landesregierung bekannt, daß »die Bedrohung durch Linksextremisten immer noch als höher ein (zuschätzen sei) als die durch Rechtsextremisten«.[70]

Die Statistiken der Kriminalämter belegen es: Wir leben in der BRD in einem Klima der Gewalt. Deshalb verstärkt sich für unvoreingenommene Beobachter auch immer mehr der Eindruck, daß gerade die in unserem Land vorherrschende Ideologie des Liberalismus und Kapitalismus, die an Rücksichtslosigkeit im Denken und Handeln nichts zu wünschen übrig läßt, die eigentliche geistige Ursache der ausufernden Gewalt und Kriminalität ist. Ähnliche Tendenzen lassen sich auch empirisch in anderen Staaten der ›westlichen Wertegemeinschaft‹ nachweisen, wo auch der Liberalkapitalismus vorherrschend ist, wie in den USA, Großbritannien, Frankreich und anderen westlichen Staaten. Nur wird dort die Gewalt unter den ethnischen Gruppen, also zwischen Einheimischen und Einwanderern, als unschöne und scheinbar notwendige Randerscheinung abgetan, während allein bei der Gewalt unter verschiedenen Ethnien in der Berliner Republik aufgrund der ›Nazi-Vergangenheit‹ der Deutschen die ›Faschismuskeule‹ in der Öffentlichkeit geschwungen wird.

Dabei ist die Ursache nicht die ›Nazi-Vergangenheit‹ und das spezifische Wesen der Deutschen, in denen die Ursache für die Gewalt zu suchen ist, sondern der Liberalismus einerseits und die Immigrationsgesellschaft andererseits, die für das Ausufern der Gewalt verantwortlich sind. Denn sämtliche liberalistischen Gesellschaften und Einwanderungsgesellschaften dieser Welt leiden an der Gewaltproblematik, nicht nur Deutschland, wo man den Sündenbock ausgerechnet in denjenigen Deutschen sucht, die noch Deutsche sein wollen, dies auch zum Ausdruck bringen und dafür von den etablierten und lizenzierten Medien als ›Rechtsextremisten‹ und dergleichen tituliert werden.

## *Die Suche nach dem Sündenbock*

Weil jedoch die Herrschenden in der BRD nicht mehr Herr der Lage sind, die sie selbst durch ihre Politik verschuldet haben, suchen sie also – ein altbewährtes psychologisches Verhaltensmuster – nach politischen Sündenböcken. Nämlich nach solchen, die sich a) mangels Medienmacht in der Öffentlichkeit gegen Verleumdungen nicht zur Wehr setzen können und die b) zu den herrschenden Verhältnissen, die zur umfassenden Kriminalität und Gewalt, und nicht zu vergessen zur Korruption in Politik, Wirtschaft und Gesellschaft führen, fundamental kritisch Stellung nehmen. Wäre es da für die Herrschenden nicht naheliegend, den geeigneten Sündenbock in der nationalen Opposition zu suchen?

Bei der gesamten ›Berichterstattung‹ in den gleichgeschalteten Medien geht es vor allem darum, die tatsächlichen Opfer- und Täter-Rollen – im Hinblick auf die Gewaltspirale – zu vertauschen. So entsteht dann – kommunikationswissenschaftlich betrachtet – die ›Medienrealität‹, die jedoch mit den tatsächlichen Gegebenheiten in Deutschland nichts, aber auch wirklich nichts mehr zu tun hat.

Die Gewalt, so diese ›Medienrealität‹, gehe stets von Deutschen, von nationalen Deutschen versteht sich, gegen Ausländer aus. Daß die um vieles höhere Gewalt von Ausländern gegen Deutsche und die hohe Kriminalitätsrate unter Ausländern in Deutschland zwar den Tatsachen entspricht, worüber ebenfalls die Statistiken der Kriminalämter regelmäßig Auskunft geben, geht dann in dieser sogenannten ›Medienrealität‹ unter. Schließlich geht es der veröffentlichten Meinung nicht um die eigentlichen Fakten und Ursachen, sondern um die Verleumdung der nationalen Opposition.

Während jede einzelne Straftat eines deutschen Kriminellen gegen Ausländer zur ›rechten Terrorwelle‹ hochgespielt wird, werden die viel häufigeren Straftaten von den in Deutschland lebenden Ausländern gegen Deutsche zum großen Teil totgeschwiegen und verharmlost. So wurde zeitgleich zur Verbotshysterie gegen die NPD am 5. 8. 2000 im sächsischen Riesa eine 18 Jahre junge deutsche Frau von zwei Ausländern brutal vergewaltigt, ohne daß deshalb die etablierten Medien, bis auf die Lokalpresse, davon Notiz genommen und eine Kampagne entfacht hätten.[71]

Während einzelne ›rechte‹ Gewalttaten fälschlicherweise dem sogenannten organisierten ›Rechtsterrorismus‹ zugeschrieben werden – der freilich eine Fiktion darstellt –, werden die vielen Straftaten von hier lebenden Ausländern in umgekehrter Weise als ›einzelne‹ Straftaten bagatellisiert, und kein Vertreter der etablierten Medien spricht von ›den Ausländern‹, die Straftaten begehen, aber natürlich von ›den Rechtsextremisten‹, die zur Gewalt neigen.

Natürlich gibt es auch Gewalt von Deutschen gegen Ausländer, die immer wieder von nationalen Politikern verurteilt wird (worüber allerdings die Medien hierzulande nur selten berichten!). Für die immer wieder kehrenden Behauptungen, mit der ›rechten Gewalt‹ stünden organisierte Nationalisten in Zusammenhang (›geistige Drahtzieher‹) wurde bisher kein einziger Beweis erbracht. Das ist auch gar nicht nötig, da es den Verleumdern ja nicht um Fakten und Argumente, sondern um das Anfachen von Hysterie ›gegen Rechts‹ geht. Und dennoch soll nicht unerwähnt bleiben, daß den etablierten Medien hin und wieder auch besonnene Stimmen zu entnehmen sind. So meint Friedrich Karl FROMME in einem Kommentar in der *Welt am Sonntag*: »Daß die rechtsextremen Gewalttäter vorzugsweise der NPD zuzuordnen wären, ist eine Vermutung der Behörden.«[72]

Und Ulrich K. PREUSS, der an der Freien Universität Berlin Öffentliches Recht und Politik lehrt, schreibt: »Ein Blick in die täglichen Meldungen der Zeitungen zeigt, daß Beleidigungen, Haßausfälle und Tätlichkeiten insbesondere gegenüber Ausländern, die Verbreitung rassistischer Parolen und das Zeigen nationalsozialistischer Symbole allem Anschein nach überwiegend unkoordiniert, dezentral, spontan und ›selbstorganisiert‹ stattfinden, jedenfalls in den wenigsten Fällen durch eine Partei organisiert werden müssen.«[73]

Die Gewaltbereitschaft, die in Deutschland von deutschen Einzeltätern gegen Ausländer ausgeht, soll an dieser Stelle aber nicht verschwiegen werden. Abgesehen von der Tatsache, daß manch eine vermeintlich ›rechte Gewalt« auch skrupellos von den Ämtern des Verfassungsschutzes provoziert wird, wie beim Solinger Brandanschlag von 1993, um Nationalisten generell in der Öffentlichkeit zu kriminalisieren, gibt es natürlich auch Einzeltäter, die fälschlicherweise in den gleichgeschalteten Medien als ›rechte Massenbewegung‹ vorgeführt werden, welche glauben, Gewalt gegen Ausländer, Ausländerwohnheime und ähnliche Einrichtungen mehr ausüben zu müssen, und sich dabei irrtümlicherweise auf die politischen Ziele des organisierten Nationalismus in Deutschland berufen.

## *Friedlicher nationaler Protest*

Verantwortungsbewußte nationale Politiker haben jedoch immer klargestellt, daß es zwischen ihren politischen Zielen und ihrer Mitgliedschaft einerseits und krimineller und menschenverachtender Energie andererseits, die für sich irrtümlicherweise ›nationale Zielsetzungen‹ beansprucht, keine Gemeinsamkeiten gibt und auch nicht geben kann. Dieser Grundsatz hat nichts, wie in den etablierten Medien behauptet wird, mit rein taktischen Erwägungen etwas zu tun, »um legal zu erscheinen«, sondern dies ergibt sich ganz einfach aus dem »lebensrichtigen Menschenbild«[74] des Nationalismus.

Dieses Menschenbild geht nämlich von einem idealistischen positiven Deutschtum aus, das sich zum Beispiel mit feigen und hinterhältigen Brandanschlägen überhaupt nicht in Einklang bringen läßt – gleich, wer die tatsächlichen Urheber solcher Taten sind und auf welche falschen ›Ideale‹ die Täter sich irrtümlicherweise berufen mögen. Das Ausländerproblem in Deutschland ist nach nationaler Auffassung nicht mit kriminellen Einzelaktionen zu lösen, sondern durch eine grundlegende Änderung in der Regierungspolitik, die Scheinasylanten und ›Gastarbeiter‹ wieder in ihre Heimatländer zurückführt. Das Ausländerproblem ist also für den organisierten Nationalismus nur auf rechtsstaatlichem Wege über die Regierungspolitik zu lösen.

Das schließt aber nicht aus, daß sich nationalrevolutionäre Politik nicht schon heute, da sie noch nicht in der Regierungsverantwortung angelangt ist, in der Öffentlichkeit dem Bürger als Systemalternative, auch und gerade in der Bevölkerungspolitik, präsentieren muß – und dies auf ausschließlich legalem Wege: in Zeitungen, in Büchern, in Vorträgen und Demonstrationen. Diese Protestformen finden alle im rechtsstaatlichen Rahmen statt. Denn auch nationale Bürger dürfen für sich die Artikel 5 und 8 des Grundgesetzes (Meinungs- und Versammlungsfreiheit) beanspruchen, die nicht für die etablierten Parteien allein vorbehalten sind.

Demokratie, über die in unseren Tagen so viel geredet, aber nicht danach gehandelt wird, lebt von der Opposition, vom Widerspruch, von der Vielfalt der politischen Meinungen. Könnte man ein internationalistisches Herrschaftssystem wie die BRD als ›Demokratie‹ bezeichnen, wenn sich die nationale Opposition in ihrer Öffentlichkeit nicht mehr zu Wort melden könnte? Wohl kaum.

## *Ursache und Wirkung der Gewalt*

Es muß auch darauf hingewiesen werden, daß bei der gesamten ›Anti-Gewalt-Hysterie‹ die Frage nach der eigentlichen Ursache der Gewalt nicht gestellt, geschweige denn beantwortet wird. Dieses Thema auf die Tagesordnung der Politik zu stellen, ist ein Hauptanliegen nationaler Politik und Publizistik. Natürlich ist es unpopulär, die wahren Ursachen der Gewalt im Zusammenhang mit der Ausländerpolitik zu thematisieren, weil dies bedeutet, gesellschaftliche Tabus der herrschenden politischen Klasse bewußt in Frage zu stellen.

Eines dieser Tabus ist die Gegenüberstellung und die Wechselwirkung von Einwanderung Fremder und der Zunahme von Gewaltdelikten und organisierter Kriminalität. Die Statistiken der Kriminalämter geben dabei unmißverständlich Auskunft: So besaßen im Jahre 1999 von 2,3 Millionen von der Polizei als Straftäter ermittelten Personen 601 221 nicht die deutsche Staatsbürgerschaft. Der Anteil der Ausländer an der Kriminalität belief sich auf 26,6 Prozent, ein Mehrfaches ihres Anteils von 9,0 Prozent an der Bevölkerung. Der Ausländeranteil betrug bei Schleuserbanden 73,5 Prozent, beim Glücksspiel 74,5 Prozent, beim Drogenhandel 59,1 Prozent, bei

Urkundenfälschung 53,5 Prozent, bei Geldwäsche 45,0 Prozent, bei Falschgeldherstellung 36,5 Prozent, bei Vergewaltigung und sexueller Nötigung 32,5 Prozent, bei Mord und Totschlag 31,4 Prozent, bei Raub und räuberischer Erpressung 31,1 Prozent. Besonders hoch ist der Ausländeranteil mit 38,5 Prozent bei den Jungerwachsenen zwischen 21 und 25 Jahren.[75]

An dieser Stelle soll ins Bewußtsein gerückt werden, daß Immigrationsgesellschaften geradezu die Gewalt und den inneren Unfrieden hervorbringen. Dies ist nicht eine bloße Behauptung von Nationalisten, sondern seit vielen Jahren wissenschaftliche Erkenntnis, auch wenn die herrschende Politik glaubt, sich beispielsweise an den Erkenntnissen der modernen Verhaltensforschung nicht orientieren zu müssen. So hat der Pionier der Human-Ethologie, Irenäus EIBL-EIBESFELDT, immer wieder publiziert, daß die Fremdenfurcht (Xenophobie) dem Menschen ganz einfach angeboren ist. Dies trifft insbesondere dann zu, wenn die Zahl und die besondere Differenz des Fremden bei der in einem bestimmten Territorium angestammten Ethnie den Eindruck einer Überfremdung vermittelt. Dies ist, so EIBL-EIBESFELDT, überall auf der Welt, in Geschichte, Gegenwart und wohl auch in der Zukunft, der Fall. So meint der Ethologe: »Fremdenhaß ist ein Produkt der Erziehung. Die Bereitschaft zur Fremdenablehnung ist vorhanden, und sie wächst, wenn eine Gruppe ihre Identität durch eine andere gefährdet glaubt.«[76]

Es ist also nicht das Spezifische des Nationalismus, sich gegen Überfremdung zu wehren, sondern ein humanes Anliegen überhaupt – und zwar weltweit. Zieht man die lebensrichtigen politischen Schlußfolgerungen aus den wissenschaftlichen Erkenntnissen der Verhaltensforschung, so stellt sich die Frage, ob man die dem Menschen naturgegebene Furcht vor dem Fremden akzeptiert und zum Maßstab seines politischen Handelns machen will – wie dies die Nationalisten befürworten – oder ob man durch lebensfremdes Handeln, durch das Installieren einer sogenannten ›Immigrationsgesellschaft‹, den Haß gegen alles Fremde erst provoziert, wie das die herrschende politische Klasse hierzulande tut.

Für den sich in krimineller Energie entladenden Haß auf alles Fremde, wie er derzeit in Deutschland durchaus vereinzelt anzutreffen ist, der jedoch in den etablierten Medien zur ›Massenbewegung‹ hochgespielt wird, ist also die herrschende politische Klasse der BRD selbst verantwortlich, weil sie das naturgegebene Recht des deutschen Volkes, in seinem Territorium in einer Volksgemeinschaft leben zu wollen, bewußt ignoriert und statt dessen aus liberalistischer ideologischer Verblendung eine ›Immigrationsgesellschaft‹

schaffen will und somit auch den vereinzelt anzutreffenden Haß gegen alles Fremde erst hervorbringt – anstatt die naturgegebene Fremdenfurcht politisch zu berücksichtigen und somit erst ein gedeihliches nachbarschaftliches Nebeneinander der Völker und Kulturen zu ermöglichen.

Die Nationalisten sagen: Die Deutschen, vor allem die der jüngeren Generation, haben ein Recht auf ›Aggression‹ gegen die Überfremdung, die in unserem Land stattfindet. Diese ›Aggression‹ ist jedoch in vernünftige, friedfertige politische Bahnen zu lenken und darf sich nicht in Gewalt gegen *den* einzelnen Fremden entladen. Die Deutschen haben ein Recht darauf, ihren Protest gegen die Überfremdung politisch auszudrücken und eine Politik zu fordern, welche die Überfremdung in Deutschland auf ein vernünftiges Maß zurückführt. Horst MAHLER hat recht, wenn er auf seiner Seite im Weltnetz sagt: »Das Fremde ist das Salz in der Suppe, aber wer möchte schon eine versalzene Suppe.«[77]

Dem Verfasser geht es darum, aufzuzeigen, wer denn nun wirklich beabsichtigt, entgegen der offiziell dargestellten ›Medienrealität‹, Rechtsstaat und Demokratie, sofern sie in Deutschland noch existent sind, zu beseitigen. Das ist nämlich nicht der organisierte Nationalismus, wie immer wieder behauptet, sondern die politisch Herrschenden selbst sind bestrebt, die Grundrechte für politisch Andersdenkende abzuschaffen und politische Opposition überhaupt unmöglich zu machen, die in einem internationalistischen System nur national sein kann.

## *Die Rolle des Verfassungsschutzes*

Um die Unterdrückung der nationalen Opposition hierzulande gutmenschlich rechtfertigen zu können, muß diese in der Öffentlichkeit gesellschaftlich stigmatisiert und kriminalisiert werden. Das fängt damit an, daß ihr politische Ziele unterstellt werden, die nationale Politiker nie geäußert haben, wie die Rechtfertigung oder der Aufruf zur Gewalt; oder vermeintlich ›rechte‹ Straftaten werden, weil nicht in ausreichender Zahl existent, von der herrschenden politischen Klasse selbst provoziert.

Eine äußerst üble Rolle spielen dabei die sogenannten ›Verfassungsschutzämter‹, die immer wieder als *agents provocateurs* auftreten. Die zahlreichen kriminellen Fälle, in die Verfassungsschutzämter bisher verwickelt waren, alle auflisten zu müssen, würde ein eigenes Buchprojekt nach sich ziehen. An dieser Stelle deshalb nur ein markanter Fall der jüngsten Vergangenheit: Das Thüringer Landesamt für

Verfassungsschutz führte recht lange auf seiner Soldliste einen gewissen Thomas DIENEL, der zumindest unter Mitwisserschaft – möglicherweise unter Anleitung – des Thüringer Verfassungsschutzes zahlreiche Straftaten begehen durfte, die dann in der Öffentlichkeit dem organisierten Nationalismus in die Schuhe geschoben wurden.

Selbst die Tat DIENELS, Schweinsköpfe in eine Synagoge zu werfen, störte die ›Verfassungsschützer‹ offenbar nicht. Sie ließen ihren Mitarbeiter DIENEL auch nach dieser verabscheuungswürdigen Straftat weiter seinen ›braunen Popanz‹ betreiben. Dafür erhielt dann der Herr DIENEL auch insgesamt 25 000 Mark für seine treuen »verfassungsschützerischen« Dienste.[78]

Und auch der brandenburgische Verfassungsschutz führte einen wegen Mordversuchs verurteilten Skinhead namens Carsten SZCZEPANSKI auf seiner Soldliste[79], was nur beweist, daß es sich dabei um keine ›Ausrutscher‹ der Verfassungsschutzämter zu handeln scheint. Interessant wurden die kriminellen Taten des Carsten SZCZEPANSKI, als das Verbotsverfahren gegen die NPD im Jahre 2001 in Gang geriet und bereits für den Monat September die ersten Verhandlungstage vor dem Bundesverfassungsgericht in Karlsruhe angesetzt waren. Die Verhandlung mußte vom Bundesverfassungsgericht abgesetzt werden, als über die Medien bekannt wurde, daß in den Verbotsanträgen der Antragstellerinnen (Bundesregierung, Bundestag und Bundesrat) von den rund 100 mit Zitaten ›belasteten‹ Personen insgesamt zehn im Dienste der Verfassungsschutzämter des Bundes und der Länder standen oder zu dem Zeitpunkt immer noch geheimdienstlich tätig waren. Einer davon war der bereits erwähnte Carsten SZCZEPANSKI, dessen kriminelle Taten als Beispiele für die ›gewalttätige‹ NPD herhalten sollten. Nun kam heraus, daß dieser im Sold des Verfassungsschutzes stand und möglicherweise seine Straftaten in dessen Auftrag ausführte. Enttarnt wurden außerdem das frühere Bundesvorstandsmitglied der NPD, Wolfgang FRENZ, dessen mutmaßliche Auftragsarbeit *Der Verlust der Väterlichkeit* für den vermeintlich schlimmen Antisemitismus der Nationaldemokraten herhalten mußte, sowie der zu der Zeit noch aktuelle stellvertretende Parteivorsitzende Udo HOLTMANN, der ebenfalls in den Verbotsanträgen ›antisemitisch‹ zitiert wurde. Es muß davon ausgegangen werden, daß ein Großteil vor allem strafbarer Handlungen, welcher der Partei in den Medien zugeordnet wurde, im Auftrag des sogenannten Verfassungsschutzes erfolgte.

Daß sich der sogenannte Verfassungsschutz nicht selten krimineller Methoden bedient, dokumentiert Claus NORDBRUCH in seinem Buch *Der Verfassungsschutz*[80].

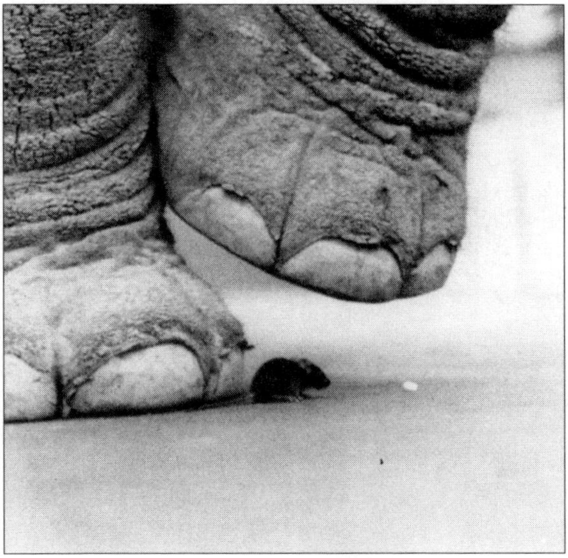

# III.
# Parteien und Interessen

*»Der liberale Staat ist nicht die Antithese des totalitären Staates, sondern dessen symmetrischer Irrtum.«*
Nicólas Gómez DAVILA[81]

Abbildung:
*In der liberalkapitalistischen Gesellschaft sind die Sonderinteressen der Parteien und der Lobbies übermächtig.*

Für Carl SCHMITT besteht der Begriff des Politischen in der Unterscheidung von Freund und Feind.[82] Der Verfasser stimmt dieser Begriffsdefinition nicht uneingeschränkt zu, da für ihn das Politische um Macht und Herrschaft, als legitimierte Form von Macht, kreist. Allerdings stimmt er mit SCHMITTS Definition insofern überein, als er die Bestimmung des Feindes als Notwendigkeit des politischen Handels und auch der politischen Theorie erachtet, wenn auch die Feinddefinition nicht im Zentrum des Begriffes des Politischen zu finden ist.

Auch ein politisches Buch wie das vorliegende ergreift Partei für bestimmte politische Ideen und bekämpft diesen entgegengesetzte. Deshalb erscheint bei der Beschreibung eines künftigen deutschen Volksstaates die *Feindbestimmung* unausweichbar.

Bei diesem Feind kann es sich nur um den Liberalismus im weitläufigen Sinne handeln. Dieser besitzt – wie eine Münze – zwei Seiten: Die eine ist die politische und die andere die wirtschaftliche. Den wirtschaftlichen Liberalismus nennt man weitläufig ›Kapitalismus‹, den politischen ›Parteienstaat‹ beziehungsweise ›Parlamentarismus‹. Der Hamburger Sozialwissenschaftler Reinhold OBERLERCHER bezeichnet den politischen Liberalismus auch als »politischen Kapitalismus«, womit deutlich wird, daß beide die beiden Seiten der einen Medaille darstellen.

Beide Seiten des Liberalismus, die politische wie die wirtschaftliche, beruhen auf demselben Prinzip – nämlich dem des freien Marktes, auf dem Angebot und Nachfrage ohne übergeordnete Instanz die Regel ist. Während im Kapitalismus Angebot und Nachfrage den Preis und somit den Wettbewerb unter den Konkurrenten bestimmt, mündet in der Sphäre des Politischen die Parteienkonkurrenz letztendlich in politische Entscheidungen. Ob es sich dabei allerdings immer um wirkliche Entscheidungen, und nicht um untaugliche Kompromisse handelt, sei einmal dahingestellt.

Beidem, dem politischen wie dem wirtschaftlichen Liberalismus, entspricht die Umkehrung der Lehre von ARISTOTELES: »Das Ganze ist mehr als die Summe seiner Teile«. Im Liberalismus gilt nämlich tatsächlich die Losung: »Das Ganze ist die Summe seiner Teile«. Demzufolge müßte jedoch das Gemeinwohl von Volk und Staat, das von Liberalisten nicht selten als vorhandene politische Größe geleugnet wird, in der Summe der Interessen von sozialen Gruppen und politischen Parteien liegen. Ein großer Irrtum – aber so funktioniert eben der Liberalismus.

Daß aus dieser ›Logik‹ folgt, daß der Staat in einem solchen System an und für sich keinen Platz hat, allenfalls eine gesellschaftliche

Organisation unter anderen darstellt, dürfte auf der Hand liegen. So besitzt im Herrschaftsbereich des Liberalismus der Staat kein eigenes, nämlich das Allgemeine Interesse des gesamten Staatsvolkes, sondern er hat lediglich die Hauptaufgabe, die tatsächliche politische Entscheidungsgewalt und ihre Träger zu verschleiern. Durch Wahlen, die schon längst verboten wären, wenn sie etwas ändern könnten, wird dem Konsumbürger vorgegaukelt, er habe bei der Gestaltung des äußeren Rahmens seiner individuellen Existenz irgend etwas mitzureden. Tatsächlich wird seit Jahrzehnten auf zentralen politischen Feldern, etwa dem der Ausländerpolitik oder der Währungspolitik (Einführung des Euro), offen ein klarer gegenteiliger Wille des Volkes mißachtet und das, was die Mehrheit nicht will, mit demokratischem Anspruch in die jeweiligen staatsrechtlichen Formen gegossen.

In dieser Hinsicht muß es als besonderer Treppenwitz erachtet werden, wenn die rotgrünen Koalitionäre in Nordrhein-Westfalen bei ihren Verhandlungen im Juni 2000 davon gesprochen haben, der bisherige »Vater Staat« solle zum »Partner Staat« werden. Tatsächlich ist dieser Staat weder Vater noch Partner, sondern Gefangener der liberalistisch-pluralistischen Herrschaftsstrukturen. Das traditionell gewachsene Ansehen des Staates und seine überlieferte Begriffswelt werden dazu mißbraucht, den gänzlich undemokratischen Machtanspruch des Geldadels durchzusetzen.[83]

Der Staat repräsentiert heute in der Bundesrepublik nicht mehr in seiner ursprünglichen Bedeutung das Allgemeine Interesse (›Gemeinwohl‹), sondern er ist nur noch eine pluralistische Gruppe auf gleicher hierarchischer Ebene neben den vielen anderen gesellschaftlichen Gruppen. »Ein Staat, der ein Betrieb neben anderen Betrieben ist, kann nicht erwarten, daß sich Betriebsfremde, also der große Rest des Volkes, für ihn sonderlich engagieren«, konstatiert folgerichtig Hans-Dietrich SANDER.[84] Aus dieser Lage entsteht die sogenannte ›schweigende Mehrheit‹ in Deutschland, nach MARXscher Definition der »Privat-Pöbel«, der sich nirgends mehr gemeinschaftsfördernd einbringt. Für diesen Privat-Pöbel ist der Staat nur noch eine »Dienstleistungsagentur«[85].

Währenddessen sehen einflußreiche gesellschaftliche und wirtschaftliche Gruppen den Staat als Dienstleistungsfaktor zum Ausbau der eigenen Machtstellung und zur Erhöhung des eigenen Profits. Und noch jede Bundesregierung hat den Beweis erbracht, daß sie sich vom großen Geld kaufen läßt – da können die Jugendideale der Joschkas und Konsorten noch so fundamental gegen das politische System gerichtet gewesen sein. Oder was soll man etwa davon halten, wenn bei dem Thema Atomkraft eine demokratisch gewählte Regierung im Jahre 2000 eine Entscheidung trifft, die erst im Jahre 2032 vollständig umgesetzt sein soll? Ist das Volksherrschaft? Hat etwa ein älterer Herr des Jahrgangs 1932 im Jahre 1998 grün gewählt, damit die Atomkraftwerke erst zu seinem 100. Geburtstag abgeschaltet werden?

Ein weiteres Beispiel ist das sogenannte, von der OECD initiierte »Multilaterale Abkommen über Investitionen« (MAI), in dem die multinationalen Großkonzerne ihre Investitionen in bestimmten Ländern auf Jahrzehnte dergestalt absichern wollen, daß wesentliche politische Rahmenbedingungen für den gesamten Abschreibungszeitraum dieser Investitionen unabänderlich von den jeweiligen Staaten garantiert werden, so daß nachfolgende demokratische Willensänderungen des Volkes ins Leere laufen.[86]

Es bleibt hier die Frage aufzuwerfen, welche geistige Haltung dieser Vorstellung des internationalen Vorrangs der Wirtschaft vor der Politik zugrunde liegt? Arthur MOELLER VAN DEN BRUCK hat die klassische Definition geprägt: »Der Liberalismus ist die Freiheit, keine Gesinnung zu haben, und gleichwohl zu behaupten, daß eben dies Gesinnung ist.«[87]

In diesem Sinne faßt der Liberalismus seine ›Ordnungs‹-Idee des Laisser-faire und laisser-aller (Gewährenlassens) als Garant für den Fortbestand seiner verdeckten Herrschaftsstrukturen auf. Der äußere politische Rahmen ist demnach für den Bürger vorgegeben und nicht veränderbar, schon gar nicht durch Wahlen. Um diese Frustration zu vergessen, diese politische Ohnmacht zu verdrängen, flüchtet das Individuum in das einzige ihm gebliebene Refugium, das Konsumreich. In diesem großen ›KadeWe‹ kann man, von morgens bis abends und dank Internet jetzt auch nachts, mit äußerem Tand seine innere Wüste betäuben.

Bar jeder Einbindung in eine gewachsene Ordnung wird der Einzelne von den Wellen eines ortlosen Liberalismus fortgespült und dem freien Spiel der Konsumkräfte überlassen. Diese Machtlosigkeit des Einzelnen ist der Stoff, aus dem sich die Macht des Liberalismus speist. Der inneren Leere des Einzelnen und dem Gefühl für die eigene Ohnmacht entspringt die äußere Macht der liberalistischen Herrschaftsstrukturen. Nicht zuletzt deswegen hat man den Liberalismus als einen »Leichnam bei guter Gesundheit« bezeichnet.

Wenn es jedoch nach den Vorstellungen des Liberalismus nur noch Individuen, Konsumenten und Menschen geben soll, dann liegt es auf der Hand, daß alle weiteren Differenzierungen wie die in Inländer (Eingeborene) und Ausländer (Fremde) als störend empfunden werden. So bemerkt Mark SIEMONS in der *FAZ*, daß es in der Bundesrepublik nicht nur die Vertreter der etablierten Parteien, sondern in erster Linie die Wirtschaftsführer seien, welche der »Zuwanderung« das Wort redeten. Dabei handele es sich um »die Herren HENKEL, HUNDT (Arbeitgeber), ROGOWSKI (Industrie), BRAUN (Industrie- und Handelskammer) und PHILIPP (Handwerk), kurz: die Vertreter der Wirtschaft«.[88] Diesen Herrschaften gehe es vor allem darum, künftig bei potentiellen Arbeitskräften nicht mehr zwischen Inländern und Ausländern unterscheiden zu müssen, weshalb auch der erwähnte *FAZ*-Artikel mit der vielsagenden Überschrift versehen ist: »Leitkultur überlistet – Die Wirtschaft drängt auf Abschaffung des Ausländers.«

Den Herrschenden in unserem Land geht es also nicht um ein Volk als Ausgangspunkt für politisches Handeln, weshalb auch so etwas wie ein Nationalstaat für diese kein Ordnungsmodell für die Zukunft mehr darstellen kann. Rüdiger ALTMANN hatte in den sechziger Jahren den modernen Staat beziehungsweise das, was im befreiten Westdeutschland von ihm übriggeblieben war, mit einem kastrierten Kater verglichen: Dieser nehme an Umfang immer mehr zu, allein was fehle, sei die Potenz. Thor VON WALDSTEIN stellt gar fest, daß mittlerweile dieser »großwestdeutsche Kater«, der schon vor dreißig Jahren nicht(s) mehr zeugen konnte, aufgrund seines weiter gewucherten Fettgewebes noch nicht einmal mehr gehen könne; selbst schon seit langem handlungsunfähig und handlungsunwillig figuriert der Staat heute nur noch als Fassade, hinter der die pluralistisch geformten Gruppen des Liberalismus um die politische Macht kämpfen.[89]

Der Staat von heute ist ein virtueller Staat, ein Staat, den es nicht (mehr) gibt, ein politisches Gebilde, dessen Gehalt nicht von Wahlen, Parlament oder Kabinett bestimmt wird, sondern das nur noch die jeweiligen Waffenstillstandslinien zwischen den einzelnen liberalistischen *pressure groups* widerspiegelt.

## 1. Die Profiteure des Parteienstaates

*»Es gibt zwei Arten, aus der Politik einen Beruf zu machen. Entweder: man lebt ›für‹ die Politik – oder aber: ›von‹ der Politik.«*
Max WEBER[90]

In einem gedeihlichen Gemeinwesen gibt es viele Interessen: Ein einzelner Bürger verfolgt seine Interessen, gesellschaftliche Gruppen haben Interessen, aber auch das Volk und der Staat verfolgen gemeinschaftliche Interessen. Auf diese Weise entsteht in der Staatslehre die Interessenabfolge: Einzelinteressen (der Bürger), besondere Interessen (gesellschaftlicher Gruppen) und das Allgemeine Interesse (von Volk und Staat). Damit der Staat das Allgemeine Interesse überhaupt vertreten kann, muß dieser als Institution dem Zugriff der Einzelnen und Besonderen relativ entzogen bleiben.[91] Er benötigt seinen eigenen, von der Gesellschaft unabhängigen Handlungsspielraum.

Demgegenüber sind die Parteien die Vertreterinnen der besonderen Interessen in der Gesellschaft. Daneben existieren noch besondere Interessenverbände, wie Gewerkschaften, Arbeitgeberverbände, aber auch Konfessionen, Berufsgruppen wie die Landwirtschaftsverbände und besondere gewerbliche und industrielle Verbände. Allen diesen Gruppen ist gemein, daß sie an die Politik, also den Staat, bestimmte Erwartungshaltungen haben. Die Staatsführung soll mittels verbaler und auch materieller Argumente möglichst so gestimmt werden, um ihre politischen Entscheidungen, zum Beispiel in der Gesetzgebung oder der Gewährung von Subventionen, so zu fällen, daß das jeweilige Sonderinteresse davon profitiert. Dieses Prinzip der Interessenvertretung gilt natürlich ebenso für einflußreiche Privatpersonen, welche ihre Einzelinteressen möglicherweise durch gute Kontakte zu Politikern durchsetzen möchten.

Diese ›Argumente‹, von denen hier die Rede ist, können dabei in verschiedener Weise in Erscheinung treten: durch einfach gute Argumente in verbaler oder schriftlicher Form, aus denen hervorgeht, weshalb es für die Gesamtheit gut sei, wenn dieses oder jenes Einzel- oder Sonderinteresse von der Politik besonders gepflegt würde. Zum Beispiel könnten sich staatliche Aufträge für die Waffenindustrie gut auf die Verteidigungsfähigkeit des Staates und somit gut für den militärischen Schutz des Volkes auswirken. Möglicherweise können aber bestimmte Waffenlieferungen ins Ausland zu Unruhen, auch im eigenen Land, führen, wie der Konflikt zwischen dem türkischen Staat und den Kurden in der jüngsten Vergangenheit ausgiebig gezeigt hat.

Daß sich aus dem Bereich der Gesellschaft einzelne und besondere Interessen artikulieren wollen, ist für ein gesundes Gemeinwesen ein normaler Vorgang. Ein Problem besteht nur dann, wenn ein politisches System bewirkt, daß die Gesellschaft insgesamt oder einzelne gesellschaftliche Gruppen den Staat zur Durchsetzung eigener Interessen vereinnahmen und somit das Gemeinwohl von Volk und Staat auf der Strecke bleibt. So ist es möglich, daß unter rein formalen Kriterien der Demokratie, vor allem des allgemeinen und gleichen Wahlrechts, eine Oligarchie entsteht. Und genau zu diesem Ergebnis führt in der Tat der Parlamentarismus, der in der Bundesrepublik mustergültig verwirklicht ist.

Entgegen mancher Irrlehren liegt die Ursache dabei nicht bloß in der ›Verfassungswirklichkeit‹, sondern in erster Linie in der politischen Verfaßtheit des (west-)deutschen Nachkriegsstaates an sich. So schreibt Helmut STELLRECHT: »Der ›Nichtstaat‹ der Nachkriegszeit ließ das Vorgeschaffene verderben, weil es nicht um Volk und Staat, sondern um Parteiherrschaft ging.«[92]

Diese Parteiherrschaft fand und findet ihre Verwirklichung im politischen System der sogenannten ›parlamentarischen Demokratie‹, zu deren Kernbestand die parlamentarische Regierungsbildung gehört, also die konstitutionelle Bestimmung, daß die jeweilige Parlamentsmehrheit den Regierungschef wählt, wodurch nicht zuletzt dem MONTESQIEUschen Gebot der Gewaltenteilung widersprochen wird.

Die Staatsrechtslehre und Politikwissenschaft benützt hierfür die Begriffe ›Gewaltenverschränkung‹ und ›Parlamentssouveränität‹. Das Ergebnis besteht in einem Kanzler (und seiner Regierung), der vom Vertrauen – und somit von den besonderen Interessen – des Parlaments abhängig ist und der somit schon rein theoretisch nicht fähig sein kann, das Gemeinwohl von Volk und Staat in seinen politischen Entscheidungen durchzusetzen.

Anschauliche Beispiele für diese These sind die jahrzehntelangen ›Reform‹bemühungen der bundesrepublikanischen Politik, beispielsweise bei der Gesundheitsreform und der Rentenreform, bei denen sich die verschiedenen Positionen gesellschaftlicher Lobbyisten dermaßen in die Quere kommen, auf die der jeweilige Kanzler im Interesse seiner Wiederwahl möglichst umfassend Rücksicht nehmen möchte und weshalb entweder über Jahre keine Reform zustande kommt und nur diskutiert wird, oder eine ›Reform‹ verabschiedet wird, die keinem weh tun will und schon deshalb diese Bezeichnung nicht verdient hat. Schließlich geht es bei Reformen immer auch um Einschnitte in besondere Vorrechte einzelner sozialer Gruppen.

Für das besondere gesellschaftliche Interesse ist es auch egal, wer zur Mehrung des Nutzens dieses besonderen Interesses beiträgt – ob beispielsweise der Profit aus der Arbeitskraft von Inländern oder Ausländern herrührt. Das formierte Gemeinwohl würde eine solche irrsinnige Frage gleich im voraus zugunsten des inländischen Allgemeinen Interesses beantworten. So ist es nach Auffassung von Horst MAHLER ein Armutszeugnis für das bundesrepublikanische Bildungssystem, daß dessen Vertreter die Defizite im Bereich der Computerfachleute mittels der Einwanderung fremder Experten glauben lösen zu können, anstatt verstärkt auf die Heranbildung des eigenen Fachnachwuchses zu bauen. Außerdem meint der Berliner Rechtsanwalt:

»Überhaupt benimmt sich die Regierung wie ein Handelsvertreter. Sie vertritt die Interessen des ›Wirtschaftsstandortes Deutschland‹. Was ist das? Wo bleiben die Menschen, die hier ihre angestammte Heimat haben? Es geht um die Heimat der Deutschen. Das deutsche Volk in seiner Eigenart auf deutschem Boden zu erhalten, ist oberstes Ziel der deutschen Politik. Wenn unser Volk schrumpft, darf das nicht heißen, daß wir unsere Heimat anderen Völkern anzubieten haben. Auch 50 oder 40 Millionen Deutsche – statt bisher 80 Millionen – wollen in unserem wunderschönen Land in deutscher Umgebung unter sich sein. Wenn unser Bildungssystem nicht mehr die Fachleute hervorbringt, die wir benötigen, dann muß sich etwas am Bildungssystem ändern. Das geht aber nur, wenn sich das Regierungssystem ändert.«[93]

Jedoch innerhalb des Regierungssystems des Liberalismus wird sich nichts zugunsten des Gemeinwohls des deutschen Volkes ändern. So viel steht fest. Denn nicht das Allgemeine Interesse von Volk und Staat läßt sich in diesem durchsetzen, weil hierzu die institutionellen (und nicht nur personellen) Voraussetzungen fehlen: So aber profitieren von der Bindungslosigkeit des Menschen und der Strukturlosigkeit des Staates an erster Stelle das vagabundierende Kapital, das seine »Industrie- und Computernomaden« (Reinhold OBERLERCHER) an die Stelle des Globus absendet, wo die besten Geschäfte winken, und das sind regelmäßig die Stellen, wo das Volk am wenigsten zu sagen hat. Ganz vorn auf der Nutznießerskala steht natürlich die politische Klasse, die zu herrschen vorgibt, einschließlich ihres gesamten parapolitischen Umfeldes, von der Konrad-Adenauer-Stiftung bis zur EKD.[94]

Der politische Erfolg des Liberalismus basiert wesentlich auf dem ökonomischen Erfolg des Kapitalismus. Die Herrschaft des Geldes und der Appell an jeden Einzelnen, sein wirtschaftliches Glück vom Tellerwäscher aufwärts zu versuchen, sind die Grundfesten des Liberalismus. Hinzu kommt eine verhängnisvolle Seelenverwandtschaft zwischen den in jedem Menschen angelegten niederen Instinkten und der Freizügigkeit und Hemmungslosigkeit, die der Liberalismus auf seine unsichtbaren Fahnen geschrieben hat. Dieses Amalgam aus zwei Individualismen, dem ›Bereichert Euch!‹ und dem ›Habt Spaß!‹ ist die dünne Legierung über dem brodelnden Kessel der politischen Gegensätze, die der Liberalismus nicht aufzulösen, geschweige denn zu versöhnen imstande ist, die er vielmehr im Wohlstand zu ertränken sucht.

Damit ist sogleich die Achillesferse des Liberalismus gekennzeichnet: Er ist zu wirtschaftlichem Prosperität und hemmungslosem Wachstum verurteilt. Genauso wichtig ist die pausenlose Unterhaltung und Berieselung der ›event-Gesellschaft‹, damit die Bürger so selten wie irgend möglich darüber nachdenken, in welch trostloser Lage sie sich eigentlich befinden. Der Budenzauber, der auf allen Kanälen von morgens bis abends veranstaltet wird, erinnert in fataler Weise an die Anordnung des Kapitäns der ›Titanic‹ an die Musikkapelle, diese möge bis zum bitteren Ende weiterspielen nach dem Motto »Die Lage ist hoffnungslos, aber lustig.« Eine andere Rechtfertigung als dieses *panem et circenses* (Brot und Spiele) wird von den Verkündern der bundesrepublikanischen Glückseligkeit noch nicht einmal mehr versucht.

Die Fugenmasse Geld und das Grundrecht auf Spaß halten den klappernden politischen Laden des Liberalismus zusammen. Die Zweidrittel-Gesellschaft, in der ein Millionenheer arbeitsloser, verwahrloster, vereinzelter und seelisch unterernährter Menschen, bar jeder Familien-, Dorf- oder Volksgemeinschaft, durch ›Staatsknete‹ und RTL-Glückseligkeit (›Tittytainment‹), durch Sozialhilfe und Pseudo-TV-›Ereignisse‹ wie etwa die Fußball-WM ruhiggestellt wird, offenbart die grausame Schattenseite eines Schönwetterpolitsystems, das mit seinem Credo »Du bist alles, Dein Volk ist nichts« individualistisch verortet ist und das gerade deswegen die Gemeinschaftsaufgaben zu lösen weder imstande noch willens ist.[95]

Der Liberalismus appelliert aber nicht nur an das individuelle Interesse des einzelnen Bürgers, an seinen Drang zur Selbstverwirklichung und Maximierung von Hedonismus, im Parteienstaat findet auch die Perfektionierung dessen statt, was bereits ARISTOTELES in seiner Staatsformenlehre als »Oligarchie« beschrieben hat, nämlich die Beherrschung des Staates durch einflußreiche gesellschaftliche Minderheiten. Zu dieser Oligarchie tragen in der BRD vor allem die Parteien und Interessenverbände bei, wobei die Parteien nicht nur die besonderen Interessen anderer bedienen; sondern ihre Berufspolitiker führen auch ein parasitäres Eigenleben im Rahmen des Parlamentarismus. Sie vertreten nämlich ihre eigenen einzelnen und besonderen materiellen Interessen.

Diese verheerende Einschätzung des Verfassers teilen mittlerweile auch Angehörige des Establishments, die sich – obwohl selbst jahrelang an den Futtertrögen des Parteienstaates gesessen – immer mehr angewidert von ihm abwenden. Vor allem dann, wenn die Pension fest in der Tasche sitzt und Kritik an der herrschenden Klasse, zu der man selbst einmal gehörte, zu keinen materiellen Konsequenzen mehr führt. So erklärte Dagobert LINDLAU, früherer Fernsehjournalist (*Weltspiegel, Report*) und jetziger Buch- und Theaterautor in *Die Welt:* »Mich stört das Herunterwirtschaften der Demokratie durch Parteien und Interessengruppen, Parteienfinanzierung sei hier als Stichwort genannt. Das Aushebeln der Gewaltenteilung, das Kaufen von Stimmen ganzer Berufsgruppen, beispielsweise durch Subventionen. Das Besetzen von wichtigen Positionen in den Massenmedien durch Parteischranzen. Das alles ist verheerend. Wir haben die Demokratie zu einer Staatsreligion gemacht, die man nicht kritisieren darf. Der Aberglaube, daß niemals etwas Besseres nachkommen kann als diese Form der Demokratie, ist eine furchtbare enge Sicht. [...] Das macht mich zornig.«[96]

Das oligarchische Selbstbereicherungssystem in der BRD, das fälschlicherweise als ›Demokratie‹ firmiert und das LINDLAU hier treffend beschreibt, wird bereits deutlich an der Oligarchisierung des Beamtenapparates und anderer öffentlicher und halböffentlicher Institutionen, auf die die Parteien Zugriff haben. Dabei wird deutlich, daß die Parteipolitik und die gesellschaftlichen Lobbyisten im Rahmen gegenseitiger ›Gefälligkeiten‹ eine enge Symbiose eingehen, die bis zu Bestechung und umfassender Korruption reicht.

Dieser Lobbyismus, der maßgeblich die wirtschaftlichen und gesellschaftlichen Kräfteverhältnisse in Deutschland bestimmt, findet zumeist im Verborgenen statt, während die Rededuelle der Abgeordneten im Parlament die Fassade sind, hinter welcher der eigentliche Kampf herrscht: Mit allen Mitteln versucht die Lobby, Entscheidungen in ihrem Sinne herbeizuführen. Nach deren Prinzip ist gut für den Bürger, was gut für die Lobby ist.

Dabei kommen auf jeden Abgeordneten des Bundestages drei Vertreter der Lobby, die ihn zu beeinflussen versuchen. Ein Netz von Beziehungen, Abhängigkeiten und Korruption hat sich über das Parlament gelegt. Friedhelm SCHWARZ, selbst jahrelang in der Politikberatung tätig, zeigt in seinem Buch *Das gekaufte Parlament*[97] die Tricks, mit denen Gesetze im Sinne der Industrie wirkungslos ge-

*CDU-Plakat zur Bundestagswahl 1998 (in einem Grünkohlfeld bei Winsen/Luhe). Das ›System Kohl‹ hat das Ausmaß an Einflußnahme von ›außen‹ veranschaulicht. Die SPD mit ihrer Müll-Affäre nach dem Motto »Cash in de Täsch«* (Spiegel) *steht der CDU allerdings in nichts nach. (Foto: P. Kähler)*

macht werden können. Er erklärt, wie eine »Vorteilsnahme« diskret und reibungslos abgewickelt wird, und beschreibt den Kampf der Konzerne und Verbände um den besten Platz am Trog. Dabei ist, so meint Schwarz, (fast) jeder Schachzug erlaubt.

Die Methoden der Lobby erinnern in ihrer ausgefeilten PR-Technik und ihrer umfassenden Logistik an moderne Feldzüge. Die Abgeordneten, die sich diesem Druck entziehen wollen, haben keine Chance - sonst riskieren sie ihre Wiederwahl. Es regiert in diesem System nicht, wen der Wähler bestimmt hat, sondern die Lobby.

Der Begriff ›Lobby‹ an sich hilft bei der Erkenntnis des Phänomens der Organisation von Interessen kaum weiter. Der Ursprung liegt in der Wandelhalle in englischen und amerikanischen Parlamentsgebäuden, wo sich die Abgeordneten und die Interessenvertreter begegneten, um Informationen zu beschaffen oder Einfluß zu nehmen. Wer sich dort aufhielt und kein Abgeordneter war, gehörte zur Lobby. Das ist an und für sich nichts Anrüchiges, meint Friedhelm Schwarz.[98]

Die Interessenvertretungen der Unternehmerschaft unterscheidet sich in die politische Lobby und die sogenannte Beschaffungslobby. Die politische Lobby zielt auf die Beeinflussung der politischen Willensbildung und versucht, auf politische Entscheidungen einzuwirken. Hierbei wird wieder zwischen der ›internen‹ oder ›parlamentarischen‹ Lobby, nämlich den ausgewiesenen Interessenvertretern innerhalb des Bundestages, und der ›externen‹ Lobby unterschieden.

Die Einflußnahme ›von innen‹ ist dadurch gekennzeichnet, daß Verbandsvertreter selbst in die Parteien, Parlamente, Regierungen und Behörden und damit direkt an die Schalthebel der politischen Macht gelangen. Ein Beispiel ist die Besetzung von Bundestagsausschüssen mit Interessenvertretern. So sind die Bundestagsausschüsse, die wirtschaftliche und soziale Fragen behandeln, weitgehend in der Hand von Vertretern der ›zuständigen‹ Verbände: Im Ausschuß für Arbeit und Soziales dominieren Gewerkschaftsfunktionäre, im Innenausschuß Beamte und Beamtenvertreter, im Landwirtschaftsausschuß Landwirte und Bauernverbandsfunktionäre.[99]

Die externe politische Lobby der Unternehmen wird im überwiegenden Maße von Verbänden und Vereinen repräsentiert, die auch unter Begriffen wie Arbeitsgemeinschaften und dergleichen firmieren, sowie durch freie Beratungsbüros, die sowohl als Unternehmensberatungen oder als Public Relations-Agenturen organisiert sind, als auch von Einzelberatern und – im geringen Maße – von Großkonzernen und ihren Verbindungsbüros.

Bei der Beschaffungslobby unterscheidet man eine kaufmännisch-technische Lobby, der es hauptsächlich um Staatsaufträge geht, und einer Subventionsbeschaffungslobby. Diese Gruppe wird auf 300 bis 400 Firmenvertreter und Industrieberater geschätzt. Während sich die kaufmännisch-technische Lobby intensiv darum bemüht, mit den verschiedenen Ministerien und Bundesbehörden, insbesondere mit der Bundeswehr, ins Geschäft zu kommen, haben sich die Subventionsbeschaffer darauf spezialisiert, als sogenannte ›Innovations- und Technologieberater‹ Fördermittel für Unternehmen, aber auch für Institute und andere Einrichtungen zu identifizieren und zugänglich zu machen. Das Anliegen dieser beiden Bereiche ist es, gesetzliche Vorgaben für die Verteilung von Subventionen zu beeinflussen oder gar zu formulieren, während Subventionsbeschaffer in längst bestehende Töpfe greifen wollen.[100]

Beispiele für Einflußnahmen von ›außen‹ sind ganze Spendenfeldzüge, die etwa die Pharmaindustrie und die Versicherungswirtschaft unternommen haben. Bekanntgeworden sind auch umfangreiche Barzahlungen, welche die FLICK-Unternehmen an Politiker »zur Pflege der politischen Landschaft« geleistet haben. Derartiges ist in der Bundesrepublik nach wie vor zulässig, und zwar nicht nur dann, wenn die Zahlungen an die politischen Parteien, sondern auch, wenn sie direkt an Parlamentsabgeordnete geleistet werden.

Nach dem Parteienfinanzierungsurteil des Bundesverfassungsgerichts aus dem Jahre 1962 sind derartige Zahlungen zwar beim Geber nur noch begrenzt einkommenssteuerlich absetzbar und müssen ab 20 000 Mark veröffentlicht werden; sie bleiben aber – anders als etwa in den USA – in unbegrenzter Höhe zulässig. Ursprünglich war klar, daß eine staatliche Finanzierung der Parteien nur eingeführt werden dürfte, um die Unabhängigkeit der Parteien zu stärken, und deshalb notwendigerweise mit einem Verbot von privaten Großspenden verbunden werden müßte. Gleichwohl haben die den Gesetzgeber beherrschenden Parteien ein solches Verbot in eigener Sache zu verhindern gewußt.

Noch prekärer ist es, wenn Abgeordnete von potenten Finanziers abhängig gemacht werden. Um sie vor solchen Abhängigkeiten zu schützen, wäre an sich dreierlei erforderlich: ein Verbot von Spenden, von Zahlungen aus Pseudoberaterverträgen und die Einführung eines wirksamen Straftatbestandes der Abgeordnetenkorruption. Das Parlament konnte sich bisher aber nicht dazu aufraffen, hier die nötigen Barrieren zu errichten. Die Bundesrepublik ist eines der wenigen Länder, in denen die Abgeordneten den finanziellen Verlockungen von Interessenverbänden fast ungeschützt ausgesetzt sind.[101]

Zur Lobby zählen maßgeblich die sogenannten Interessenverbände, zu denen wiederum an erster Stelle die Organisationen der Arbeitnehmer, die Gewerkschaften, und die Arbeitgeberverbände stehen. Daneben stehen die Unternehmensverbände, die formal von den Arbeitgeberverbänden getrennt sind, wegen ihrer parallelen Interessen aber weitestgehend mit diesen zusammenarbeiten. Ein wichtiger Dachverband ist beispielsweise der Bundesverband der Deutschen Industrie (BDI). Daneben spielen zahlreiche andere Verbände eine wesentliche Rolle, wie etwa die Bauern- und Kriegsopferverbände, die Ärzte- und Beamtenverbände.[102]

Während die Lobbyisten bestrebt sind, die Parteien von ihren ›technologischen Erfordernissen‹ zu überzeugen, passen sich die Politiker dann auch deren ›Argumenten‹ an und versuchen wiederum die eigene Macht zu optimieren. Dabei entsteht eine Symbiose zwischen Lobby und Parteien, wobei die Macht beider Sphären auf gegenseitiger Übereinkunft beruht. Politiker und politische Parteien reagieren auf den Druck von Verbänden, weil sie deren Unterstützung brauchen, um an die Macht zu gelangen oder an der Macht zu bleiben. Zu diesem Zweck, so Hans Herbert von Arnim, wird dreierlei benötigt: Geld, Sachverstand und letztlich vor allem Wahlstimmen.

Die Interessenverbände können den Parteien diese ›politischen Ressourcen‹ in ziemlich hohem Maße liefern, weil sie im allgemeinen über eine stärkere Organisation und über sehr viel mehr Mitglieder verfügen als die Parteien. So haben die Wirtschaftsverbände nach einschlägigen Schätzungen achtmal mehr Mitglieder als die politischen Parteien.[103]

Bei der notwendigen Kritik des Einflusses von Lobbyismus auf die Politik der Parteien und somit auf den Staat darf freilich nicht außer acht gelassen werden, daß diese sicherlich unerfreuliche Erscheinung mit der Entwicklung der modernen Industriegesellschaft zusammenhängt. Die Industrialisierung und die Bevölkerungszunahme führten zu sozialen Spannungen, welche auf rein gesellschaftlicher Grundlage, wie noch im Feudalismus des Mittelalters, nicht mehr in den Griff zu bekommen waren. Der Staat war nun angehalten, im Sinne einer politischen Ökonomie in die Wirtschaft lenkend einzugreifen, um soziale Verwerfungen abzumildern.

In dem Ausmaß jedoch, in dem der Staat Wohlfahrts- und Interventionsfunktionen übernommen hatte, wurde er selbst zum Adressaten von Forderungen gesellschaftlicher Gruppen. So wird heute staatliches Handeln in kapitalistischen Systemen bestimmt durch ein vielschichtiges, pluralistisches System organisierter Interessenvermittlung.[104]

Der Lobbyismus ist also nicht vom Himmel gefallen, sondern hat seine bestimmte historische Ursache: die Industrialisierung, aufgrund welcher der Staat reglementierend in die Wirtschaft eingreift und somit selbst die Begehrlichkeiten der wirtschaftlichen und sozialen Gruppen weckt. Andererseits benötigt die Staatsführung im Zuge der Technisierung, die im Zuge der Entwicklung zum Informationszeitalter noch intensiviert wurde, ein Größtmaß an technologischer Sachkompetenz, die er sich nur in wirtschaftlichen Kreisen besorgen kann. Die Experten aus der Wirtschaft wiederum haben dieses Problem der staatlichen Seite erkannt und stellen ihre Kompetenz – natürlich nicht uneigennützig – zur Verfügung.

Auf diese Weise entsteht im Zuge der Industrie- und Informationsgesellschaft ein undurchdringliches Geflecht von vergesellschaftetem Staat. Zu lösen ist diese Misere freilich nur durch eine institutionelle und konstitutionelle Trennung und Neuformierung der beiden Sphären und durch eine klare Zuweisung des Vorrangs der Politik (des Staates) vor der Ökonomie (der Gesellschaft) – wovon noch die Rede sein wird.

Der Lobbyismus wirkt sich im Parteienstaat auch auf den Charakter der Parteien aus. Weil nun diese im Sinne ihrer Wiederwahl flexibel gegenüber den vielfältigsten gesellschaftlichen Interessen sein müssen und jedem alles zu versprechen versucht sind, scheinen sich die Parteien zusehends vom Typ der stark weltanschaulich geprägten demokratischen Mitgliedervereinigung weg zu denen der weitgehend hierarchisch geführten Quasi-Staatsinstitutionen hin zu entwickeln, die, ganz ähnlich wie der moderne Staat überhaupt, Züge sowohl einer Dienstleistungsorganisation, die verschiedene Konsumentenwünsche zu befriedigen sucht, als auch einer Herrschaftsinstitution trägt.

Waren die Parteien in der Frühphase noch gesellschaftliche Vereinigungen von Gesinnungsverwandten, so haben sie sich heute zu staatstragenden, durch Staatsfinanzierung privilegierten Organisationen entwickelt, die das Bundesverfassungsgericht sogar als ›Verfassungsorgane‹ bezeichnet hat.[105]

Gefragt ist heute nicht mehr die Massen- oder Integrationspartei, sondern die Allerwelts- oder Plattformpartei, die auf eine umfassende gesellschaftspolitische Gesamtkonzeption verzichtet. Sie besitzt, wenn überhaupt, nichtssagende oder wenig verpflichtende Parteiprogramme, bemüht sich aber intensiv um die Gunst der Wähler. Solche Parteien, die wir heute nur zu gut kennen, werben um Massen und verhalten sich der gegebenen Gesellschaftsordnung gegenüber notwendigerweise konservativ. Sie werben, ohne daß sie die wirklichen Massen ansprechen, das heißt, sie an der internen Willensbildung beteiligt sehen wollen.

Das Risiko der Allerweltspartei ist offenkundig. Wenn die Partei weder Schutz für eine gesellschaftliche Position bietet noch als ein Ankerplatz für intellektuelle Anliegen gilt und kein Konzept für die Gestaltung der Zukunft besitzt, wenn sie statt dessen eine Maschinerie für kurzfristige, nur von Fall zu Fall auftauchende politische Alternativen wird, dann setzt sie sich den Risiken aus, denen sich alle Hersteller von Verbrauchsgütern gegenübersehen: Die Konkurrenz bringt fast den gleichen Artikel in noch besserer Verpackung heraus.[106]

In einer scheinbar stabilen Gesellschaft opfern die Allerweltsparteien die tiefere ideologische Durchdringung der Gesellschaft. Sie müssen rasche Wahlerfolge suchen und erringen, weil nur dies den Charakter der Volkspartei bestätigt. Wer gewinnt, erhält die Macht und kann handeln. Nicht Programmatik, sondern Organisation steht im Mittelpunkt, und nicht die Repräsentation von Wählerinteressen ist interessant, sondern die Ausübung von Herrschaft. Für die Oppositionspartei bedeutet das, sie hat langfristig gesehen nur dann eine sinnvolle und legitime Funktion, wenn sie die Interessen der vom System Benachteiligten gegen das System selbst zu organisieren vermag, das heißt, den Benachteiligten entgegen den propagandistisch ideologischen Bemühungen der Regierenden und Herrschenden ihre Lage ins Bewußtsein bringen und sich zu deren Fürsprecher machen kann.[107]

Das sieht dann konkret so aus, daß beispielsweise die SPD in der Opposition den Gewerkschaften und der in ihr organisierten Arbeiterschaft nach dem Mund redet, in der Regierung angekommen sich dann aber zu den Interessen einer ›Neuen Mitte‹ der Besserverdienenden und neuen Dienstleistungselite bekennt. Oder wenn die CDU in der Opposition den Bauern Versprechungen macht, in der Regierung angekommen diese aber gar nicht erfüllen kann, weil die Abwickelung der deutschen Landwirtschaft im Rahmen der EU-Agrarpolitik längst beschlossene Sache ist.

Während sich also die Schaltzentralen der Macht in der BRD im Schnittmengenbereich von Parteien und Interessenverbänden liegen, geht die Verfassungslehre eigentlich davon aus, daß alle Staatsgewalt dem Wohl des Volkes zu dienen habe. Das gehört nämlich zu den Grundvoraussetzungen der Demokratie. Der Staat ist demnach kein Selbstzweck, und schon gar nicht darf er von den Regierenden für ihre Zwecke instrumentalisiert werden. Hans Herbert VON ARNIM betont: »Wenn Parteien und politische Klasse in selbstherrlicher Weise immer öfter so auftreten, als seien sie der Staat wie weiland LUDWIG XIV., stellt dies eine Verkehrung dar, die dem Grundgesetz und den berechtigten Erwartungen der Bürger diametral zuwiderläuft«.[108]

Weiter betont der Speyerer Staatsrechtler, daß das Grundgesetz alle Amtsträger auf den uneigennützigen Dienst am Ganzen festlegt, vor allem durch den Amtseid des Bundespräsidenten und der Regierungsmitglieder. Dem ist entgegenzuhalten, daß die Verfassungswirklichkeit wohl deshalb anders aussieht, weil eben das gleiche Grundgesetz einem Parteienstaat Tür und Tor öffnet. Der Parlamentarismus, der zwangsläufig zum Gruppenegoismus von Parteien führt, ist nämlich im Grundgesetz enthalten. So wird der Bundeskanzler von der Mehrheit des Bundestages gewählt (Artikel 63 des Grundgesetzes). Der Bundespräsident wird hingegen von einer ominösen, von den Parteien nominierten Bundesversammlung gewählt (Artikel 54 des Grundgesetzes). Kann man von zwei Parteipolitikern, die ihre Karriere den Parteien zu verdanken haben, etwas anderes als Parteipolitik erwarten? Sie wollen doch schließlich wiedergewählt werden. Und so entsteht folgerichtig das, was Erwin K. und Ute SCHEUCH »Mehrparteiendiktatur« nennen und was Hans Herbert VON ARNIM als »Parteienabsolutismus« bezeichnet.[109]

Das in der Bundesrepublik herrschende Parteienkartell denkt jedoch nicht daran, diesem miserablen Zustand durch konkrete Reformmaßnahmen in bezug auf Verfassung, politische Ordnung und vor allem Gesinnungswandel zu begegnen. Der immer mehr um sich greifenden Politikerverdrossenheit und der Abneigung gegen Parteipolitik im Wahlvolk versuchen die Verantwortlichen statt dessen materiell zu begegnen. So überboten sich im März 2001 die etablierten Parteien mit ›Rabatt-Angeboten‹ an zu werbende Parteimitglieder. So berichtete die *Bild am Sonntag*, daß die SPD mit einer »roten Karte« Neumitglieder locken und dem Mitgliederschwund ein Ende bereiten wolle. Das SPD-Angebot sehe für Mitglieder Rabatte auf Kfz-Policen, Musicalbesuche, Autovermietungen und Zeitungsproben vor.

Die FDP vermeldete, ihre Mitglieder könnten nun ihre ›Blue Card‹ auch als Visa-Kreditkarte benutzen. Zudem ködern die Liberalen mit Rabatten in Hotels und bei einem Reifenservice. Die CSU wirbt mit Sondertarifen ihrer Mitglieder bei Versicherungen und Telefonanbietern, die CDU mit einem ›Handy-Rabatt‹. Den Parteienforscher Jürgen FALTER (Universität Mainz) animiert dies zu der für den Parteienstaat niederschmetternden Kritik: »Es ist ein Armutszeugnis für die Parteien, wenn sie sich demokratisches Engagement mit Miles & More erkaufen wollen.«[110]

## *Oligarchisches Wahlsystem*

Aber nicht nur das Grundgesetz selbst führt zwangsläufig zum alles dominierenden Parteienstaat, auch das Wahlrecht in der Bundesrepublik bedarf einer kritischen Betrachtung. Das fängt bereits mit der Fünf-Prozent-Klausel an, mit der das etablierte Parteienkartell vor unliebsamer Konkurrenz geschützt werden soll. Ernst FORSTHOFF meinte zur Fünf-Prozent-Klausel, daß man ihre Sperrwirkung nicht richtig einschätze, wenn man lediglich die Proportion der Zahlen in Rechnung stelle. Die Parteien existierten davon, daß sie sich den Wählern überzeugend darbieten. Ein wichtiges Mittel dazu ist die Werbung. Diese Werbung findet auf dem politischen Markt in der Öffentlichkeit statt. Hier gelten im wesentlichen die gleichen Bedingungen wie für die Wirtschaftswerbung. »Nun ist hinreichend bekannt, in welchem Grade die Gesetze des Marktes den Arrivierten begünstigen und den newcomer benachteiligen. Dieser Situation sehen sich die Parteien gegenüber«,[111] schlußfolgert FORSTHOFF.

So führt das Prinzip des Marktes dazu, daß ein politisches Angebot, das nicht jeden Tag dem Kunden präsent ist, nicht wahrgenommen und dann auch kaum nachgefragt wird. Dies trifft in erster Linie auf Parteien zu, die im Parlament noch nicht vertreten sind und dessen potentielle Wähler, die ihre politischen Ziele teilen mögen, befürchten, daß eine Stimme für diese Partei wegen der Fünf-Prozent-Klausel umsonst vergeben sein könnte. Dann wählt man eben doch eher eine Partei, die im Anliegen, auf das man großen Wert legt, weniger konsequent ist. Und somit ist die erste Voraussetzung erfüllt, um vor allem die unliebsame nationale Opposition aus dem Parlament fernzuhalten. Daß die Uneinigkeit und Unfähigkeit der ›rechten‹ Parteien in Deutschland ihr übriges tun, soll hier nicht in Abrede gestellt werden.

Das Wahlsystem der Bundesrepublik ist auch die maßgebliche Ursache für das herangewachsene parteipolitische Postenverteilungs- und Karrieredurchsetzungsunternehmen. Die Kölner Soziologen Erwin K. und Ute SCHEUCH haben im Rahmen einer empirischen Studie herausgefunden, daß hierzulande das Auswahlverfahren bei den Berufspolitikern und ihre Karriere die entscheidende Schwachstelle im politischen System bilden. So werde in der Regel beim Wahlverfahren in Deutschland die Personalwahl durch das Instrument der Wahlliste bestimmt, wobei Einflußcliquen und Seilschaften dominieren.

SCHEUCH nennt für den Erfolg des Berufspolitikers drei maßgebliche Gründe: Zunächst und vor allem ist die Unterstützung einer Seilschaft nötig, um die Wiedernominierung als Kandidat zu erreichen. Ein Verfehlen der Kandidatur ist meist gleichbedeutend mit Existenzvernichtung. An zweiter Stelle ist das über die Medien vermittelte Ansehen wichtig. An dritter Stelle ist ein Kapital von Gefälligkeiten wichtig, vor allem erwiesen den politischen Gegnern und einflußreichen Bürgern. Nicht so wichtig ist, jedenfalls für die großen Parteien, das Abschneiden der eigenen Partei bei einer Wahl; denn so viele Stimmen für ihre Parteien, wie es für die Ämter und sonstigen Vorteilsnahmen der Berufspolitiker in CDU und SPD nötig ist, wird es in deren Augen allemal geben.[112]

Weil für den Berufspolitiker der Kampf um seine Wiederaufstellung zur persönlichen Existenzfrage wird, muß er von ihm gnadenlos geführt werden. Hat der Abgeordnete seinen Listenplatz in der Tasche, ist die Wiederwahl meist nur noch eine Formsache. Was das Volk von ihm hält, kann ihm gleichgültig sein. Das Risiko des Mandatsverlusts hängt weniger vom Wahlvolk ab als von der Wiederaufstellung der Parteimitglieder zur nächsten Wahl.

Bei genauerer Betrachtung erweist sich das Wahlsystem der Bundesrepublik als eine Kombination von Verhältniswahl und Mehrheitswahl; man kommt also nicht daran vorbei, neben dem kaum bekannten Kandidaten (Mehrheitswahl) auch eine Partei (Verhältniswahl) zu wählen. Die Parteien aber bestimmen die Kandidaten, die man wählen soll. Auf diese Kandidaten hat der Wähler keinen Einfluß. Die Direktkandidaten sollen nach dem Bundeswahlgesetz durch die Parteimitglieder oder deren Delegierte aufgestellt werden – also nicht durch den Wähler. So können einige Hundert Stimmen von Parteifunktionären darüber entscheiden, welcher Kandidat als Abgeordneter in den Bundestag einziehen wird, welchem Vorschlag die zur Wahl vielleicht notwendigen 60 000 Stimmen zu folgen haben.

Gewählt wird mit anderen Worten keine Volksvertretung, sondern eine Parteivertretung oder – schärfer ausgedrückt – die Vertretung einer Gruppe von Parteifunktionären. Diese bestimmt das Geschick der also entmündigten Wähler. Dabei ist von Bedeutung, daß nur vier Prozent der deutschen Wähler Mitglied einer Partei sind. Aber nicht einmal die Parteimitglieder, sondern nur ein verschwindender Bruchteil der Funktionäre bestimmt, wer gewählt werden darf.[113]

Die Eigenabsicherung auf einem sicheren Listenplatz wird nach zwei Richtungen durchgeführt. Nach innen richtet der Berufspolitiker seine Loyalität auf seine Seilschaft, allenfalls auf seine Partei aus: Ganze Personalpakete werden im kleinen Kreis informell abgesprochen und die Cliquenmitglieder darauf festgelegt, sich gegenseitig zu wählen. Nach außen wird die Wahl jedes Dritten verhindert. So berichtet SCHEUCH von schriftlichen Verträgen einzelner Seilschaften innerhalb der Kölner CDU-Ratsfraktion mit konkurrierenden Seilschaften über die Aufteilung aller erreichbaren Mandate. Konkurrenten werden ausgebootet oder nach Absprache mit lukrativen Posten versorgt, um sie ruhigzustellen.

Die Aufstellung von Alternativkandidaten wird möglichst durch Satzungstricks verhindert, wie beim Urteil des Hanseatischen Staatsgerichtshofs vom 4. 5. 1993 für Unrecht erkannt, als eine Hamburger Bürgerschaftswahl wegen undemokratischer Methoden bei der Kandidatenaufstellung der CDU für ungültig erklärt wurde.[114]

Auf Bundesebene und in einer Anzahl größerer Städte haben sich solche Seilschaften bereits zu voll ausgebildeten Feudalsystemen fortentwickelt. Grundlegend für jedes Feudalsystem ist der Tausch von Treue gegen Privilegien. Wer auch nur einmal ausschert, wird verstoßen. Wer aber mitspielt und sich der Cliquenräson beugt, darf mit seiner Wiederaufstellung rechnen, denn die Clique benötigt ihn als Baustein ihrer Einflußzone ebenso, wie er auf sie zu seiner persönlichen Existenzabsicherung angewiesen ist.

Die Kleinstrukturen der Cliquen und Seilschaften setzen sich in größerem Zusammenhang auf Bundes-, Landes- und Kommunalebene fort. Die Parteien haben Quasi-Kartelle gebildet und die Versorgungsposten des staatlichen und halbstaatlichen Bereichs wie eine Beutemasse unter sich aufgeteilt. Sie greifen direkt über sogenannte Wahlkampfkostenerstattungen und andere unmittelbare Zuwendungen in Höhe von mehr als einer Milliarde Mark jährlich in den gefüllten Steuertopf und erzielen damit 60 Prozent ihrer Einkünfte. Die Gesetze, die ihnen das erlauben, haben sie im Bundestag selbst beschlossen. Und sie reproduzieren den sie umhüllenden Nährspeck ständig selbst wie eine Spinnenraupe ihren Kokon. Rechnet man zu ihrer Beutemasse noch die staatliche Finanzierung ihrer Parteistiftungen mit jährlich 500 Millionen Mark, die Fraktionszuschüsse mit 100 Millionen Mark und sämtliche Dienstbezüge der unter Verstoß gegen das Leistungsprinzip (Artikel 33 GG) Protegierten hinzu, steigt sie ins Unermeßliche.[115]

*Zwei engagierte Parteienkritiker: Erwin* SCHEUCH *und Hans Herbert* VON ARMIN. *Es gilt, das Kartell der Parteien aufzubrechen.*

Diese Dienstbezüge sind der wichtigste Gegenstand persönlicher Vorteilnahme. Durch Zugriff auf die Besetzung lukrativer Posten haben die Parteien sich die Ressource ›Privilegien‹ unbeschränkt verfügbar gemacht, um sich der Treue ihrer Günstlinge zu versichern. Im kommunalen Bereich führen die meisten Gemeinden ihre Dienstleistungsunternehmen privatrechtlich, bleiben aber im Besitz der Kapitalmehrheiten und behalten damit den maßgeblichen Einfluß bei der Besetzung der Aufsichtsräte und anderer Posten.

Die Parteien versorgen mit diesen lukrativen Positionen ihre Stadtverordnete, die mit den gezahlten Spitzenverdiensten ihr Einkommen ergänzen. Noch wichtiger sind die Aufsichtsratsposten nach Aufgabe eines politischen Amtes zur ›Endlagerung‹ abgehalfteter Politrentner. So wechselte der Vorstandsposten bei den Kölner Verkehrsbetrieben, dotiert mit 250 000 Mark bis 350 000 Mark jährlich, zwischen SPD- und CDU-Fraktionsvorsitzenden ebenso, wie die Großaufträge zum Anstreichen der Kölner Rheinbrücken und die anwaltlichen Mandate für die Rechtsvertretung der Stadt, die im Wechsel CDU- und SPD-

Ratsherren zugute kommen.[116] Ein weiteres ›Endlager‹ für ausgediente Parteifunktionäre fand *Der Spiegel*[117] in der Bundeszentrale für Politische Bildung.

Die Parteien haben den Zugriff auf die öffentlichen Ämter in kaum vorstellbarem Maße monopolisiert. Sie erweitern den zu ihrer Beutemasse gehörenden Kreis systematisch. Selbst Behörden werden wie Tendenzbetriebe behandelt. Durch unverhohlene Ämterpatronage und Parteibuchwirtschaft fest in ihrer Hand sind der Rundfunk, die kommunale Selbstverwaltung, Schulen, Universitäten, Bahn, Post und Sparkassen. Ferner ist auch der vorpolitische Raum mit Wohlfahrts-, Bauern- und Vertriebenenverbänden parteipolitischer Unterwanderung ausgesetzt. Ihr Einfluß hat sich nahezu fettfleckartig über alle staatlichen Institutionen ausgebreitet. Dies animiert Klaus KUNZE zu der Bezeichnung »totaler Parteienstaat«.[118]

Die Angehörigen der politischen Klasse sichern sich gegenseitig ab; es entsteht so eine die politische Positionen innehabende Funktionärsschicht. Diese Schicht besitzt den Staat und erhält sich dort auf Kosten des Staates. Sie ist keineswegs bereit, um dem Staat zu dienen, auch in eine Opposition zu gehen, in ein härteres Dasein, abseits des Futters, das die Staatskrippe abgibt.

Neben der Möglichkeit einer ›großen Koalition‹ hat sich in Deutschland durchgesetzt, daß von zwei großen Parteien im Bundestag im Kampf um die Macht immer wieder die eine die andere ablöst – wobei in der Regel jeweils ein kleiner Koalitionspartner erforderlich ist. Wenn es dann üblich wird, daß die an die Macht gelangte Partei alle wesentlichen Posten des öffentlichen Lebens mit ihren Parteigängern besetzt, so bleibt der anderen großen Partei, wenn die Macht wechselt, nichts anderes übrig, als diese Parteigänger wieder abzulösen und durch eigene Leute zu ersetzen. Denn man kann im realexistierenden Parteienstaat nicht regieren, wenn die Opposition den Apparat in den Händen hält. Man muß dort seine eigenen zuverlässigen Leute haben, die weder opponieren noch gar sabotieren.

Die Abgelösten aber müssen entschädigt werden, wenn sie »wohlerworbene Rechte« besitzen.[119] Auf diese Weise wird – systemimmanent – im Parlamentarismus eine hohe Beamtenschaft verhindert, die dem Staat dienen möchte, sondern ihre Daseinsberechtigung der jeweiligen Partei zu verdanken hat. Das besondere Interesse durchdringt somit auch die Verwaltung, dem Gemeinwohl von Volk und Staat wird dadurch konsequent der Boden entzogen.

Die Totalität dieses Parteiensystems drückt sich auch dadurch aus, daß dessen Vertreter fundierter Kritik nicht nur mit viel Polemik begegnen, sondern darüber hinaus bestrebt sind, Kritik an ihrem parasitären Treiben zu verhindern. So wurden Erwin K. und Ute SCHEUCH zwar von der Wirtschaftsvereinigung der CDU Nordrhein-Westfalen beauftragt, die Rekrutierung von Führungspersonal im Parteiensystem zu untersuchen. Als jedoch das niederschmetternde empirische Ergebnis in Form eines Berichts vorlag, wurde die weitere Verbreitung des SCHEUCH-Berichts von der CDU-Landesleitung gestoppt. Die beiden Soziologen hatten nämlich die Personalauswahl für Wahlämter und ein System von Vorteilsnahme als entscheidende Schwachstelle des politischen Systems der BRD diagnostiziert und auch – was noch schlimmer wiegen mußte – dokumentiert.

Nach dem vorläufigen Verbreitungsstopp des SCHEUCH-Berichts kam es zu einem Eklat. Statt sich der in der Studie artikulierten Kritik zu stellen, versuchten die Politiker, die Schrift klammheimlich zu unterdrücken. Als dies – tölpelhaft – mißlang, kam es zu den gröbsten Anfeindungen einerseits und zu einer Welle der Zustimmung andererseits.

Die SCHEUCHs erreichte eine Flut von Manuskripten, Zuschriften und Anrufen über Zustände in anderen Kommunen, Ländern, über ähnliche Phänomene auf Bundesebene – und auch über Köln, das in der Studie als Beispiel diente.[120]

Die Affäre um den SCHEUCH-Bericht löste eine große Debatte um den realexistierenden Parteienstaat aus, in deren Folge Gunter HOFMANN in der *Zeit* meinte: »Ein bißchen Köln ist überall«.[121] Viele weitere Beispiele für Zersetzung des politischen Systems mit Vorteilsnahme und Korruption ließen sich anführen. Das Ausmaß der Verwerfungen im Parteienstaat wurde besonders 1999 während der Korruptionsaffäre um die ›Schwarzen Konten‹ der CDU deutlich. Dabei stellte sich einmal mehr heraus, daß der BRD-Parteienstaat moralisch am Ende ist und sich die Parteienkrise zur System- und Staatskrise ausgeweitet hatte.

Auf den Punkt brachte die nun einsetzende depressive Stimmung der politischen Klasse Altbundespräsident Richard von WEIZSÄCKER: »Unsere Demokratie ist existenziell auf Parteien angewiesen. Krisen im Verhalten der Parteien sind Krisen unserer Demokratie.«[122] Und in einer Talkshow behauptete der ehemalige Bundesarbeitsminister Norbert BLÜM, daß Demokratie ohne Parteien nicht möglich sei. Es lohnt sich deshalb, über die Zukunft des Parteienstaates und über die Zukunft der Demokratie in Deutschland nachzudenken.

Diese Entwicklung von einer Parteienkrise zu einer Staatskrise ist nur folgerichtig für ein politisches System, das – nach seinem ›Staats‹verständnis – die Summe der (Teil-) Interessen von Parteien und Interessenverbänden mit der Einheit des Staates (des Ganzen) gleichsetzt, womit nur dokumentiert wird, daß die herrschende politische Klasse die Lehre von ARISTOTELES: »Das Ganze ist mehr als die Summe seiner Teile« nicht kennt oder nicht verstanden hat.

Symptomatisch für diesen Zustand ist der Rechtfertigungsversuch von Helmut KOHL, mit den ›Schwarzen Konten‹ habe er sich ja nicht selbst bereichert, sondern dies alles habe er nur zum Wohle der Partei getan. Unwissentlich legt jedoch KOHL somit offen, daß nicht nur für ihn die »Schlagfähigkeit« der CDU in Wahlkämpfen (CDU-Politiker Manfred KANTHER) über das Gemeinwohl geht, für das der Staat eigentlich stehen sollte. »Die Partei, die Partei, die hat immer recht«, hieß eine bekannte Losung in der mittlerweile verblichenen DDR. Führende bundesrepublikanische Politiker erwecken den Eindruck, als ob sie sich auf dem gleichen geistigen Pfad wie die DDR-Bonzen befinden. Wenn die Partei aber für KOHL und Konsorten um jeden Preis recht hat, auch um Preis des Verstoßes gegen das Parteiengesetz, dann steht im BRD-System wohl die jeweilige Parteiräson über der Staatsräson.

In diesem geistigen Klima ist es dann auch nicht mehr verwunderlich, wenn Regierungsentscheidungen in Folge entsprechender »politischer Landschaftspflege« fallen (Waffenhändler Karlheinz SCHREIBER). Das wirtschaftliche Interesse ›pflegt‹ das Parteiinteresse und umgekehrt. Die einen erledigen das mit Geldkoffern, die anderen mit politischen Entscheidungen. So entsteht eine Symbiose, bei der sich Regierungsentscheidungen als ein Kompromiß einer Summe von gesellschaftlichem Lobbyismus darstellt: ein bißchen Waffen-, Automobil-, Chemie-, Pharmaindustrie, Banken und Versicherungsgesellschaften, Reiseunternehmen, Bauernverband, Bergbau, Gewerkschaft und dergleichen mehr – dies alles unter der irrtümlichen Behauptung, die Summe der gesellschaftlichen Teilinteressen würde das allgemeine Interesse von Volk und Staat ergeben. Durchgreifende Reformen, die Volk und Staat wieder zu ihrem Recht verhelfen würden, sind unter solchen Voraussetzungen natürlich nicht möglich.

Wie könnten auch diejenigen, die parasitär vom bundesrepublikanischen Beutesystem profitieren, an Reformen interessiert sein? Weil jedoch die Reformen aufgrund der opportunistischen Interessen der Selbstbereicherung der politischen Klasse ausbleiben und sich die Parteispenden- und Korruptionsskandale über die Jahre hinweg immer mehr häufen, entsteht der Eindruck, daß die Korruption nicht die Ausnahme im politischen System der Bundesrepublik, sondern die Regel darstellt. Der Staatsrechtler Hans Herbert VON ARNIM kommt nach all seinen empirischen Untersuchungen sogar zu dem Ergebnis, daß die Korruption »die Seele des Systems« sei.[123]

Von daher durfte es kritische Analysten nicht verwundern, daß der Bundesrepublik im März 2002 erneut ein großer Korruptionsskandal ins Haus stand. Diesmal war die SPD die Schuldige. Im bereits seit langem krisengeschüttelten Köln ging es im Vorfeld des Skandals um den Bau einer aus Umweltschutzgründen umstrittenen Müllverbrennungsanlage. Bürger hatten mit einem Volksbegehren dagegen Front gemacht, waren jedoch aufgrund von Formfehlern damit gescheitert. Die politischen Entscheidungsträger, vor allem die der SPD, sind dann mit ›handfesten‹ Argumenten zur Zustimmung für die geplante Müllverbrennungsanlage im Kölner Stadtrat bewegt worden. So mußte der frühere SPD-Fraktionschef im Kölner Stadtrat, Norbert Rüther, einräumen, 424 000 Euro über schwarze Kassen seitens der Lobby von Anlagebauern von Müllverbrennungswerken erhalten zu haben. Weil nach dem Parteiengesetz Spenden über 20 000 Mark in den Rechenschaftsberichten ausgewiesen werden müssen, so haben die Genossen mit viel krimineller Energie die große Spendensumme, die zuvor auf einem Schweizer Konto eingegangen war, in viele kleine Teilbeträge gestückelt und für diese dann – fälschlicherweise – Spendenquittungen an Parteifreunde und ihre Familienangehörigen, darunter auch Parteifunktionäre, ausgestellt, die diese dann auch noch beim Finanzamt von ihrer Steuererklärung abgesetzt hatten.

Weil die Bestechungsgelder an Politiker natürlich eine Investition der Anlagebauer darstellt, muß diese im Gesamtpreis der Müllverbrennungsanlage berücksichtigt werden. Während günstigere Anbieter bei der öffentlichen Ausschreibung dann von der Kommunalpolitik nicht den Zuschlag erhalten, weil deren Firmen möglicherweise keine Schmiergelder an die Kommunalpolitiker bezahlt haben, muß die Kommune aufgrund ihrer schlechten Finanzlage die Kosten für die überteuerte Rechnungssumme bei den Bürgern zurückholen. Nur so ist es zu erklären, daß die Bürger der Stadt Köln in den zurückliegenden Jahren darüber zu klagen hatten, daß ihre Müllentsorgungsgebühren von der Stadtverwaltung verdreifacht wurden. Während sich also die öffentlichen Leistungen für die Bürger verteuern, fließt das knappe Geld in wirtschaftlich-mafiöse und parteipolitische Kreisläufe.

Während die SPD tief im rheinischen Sumpf steckte, konstatierte das Hamburger Wochenmagazin *Der Spiegel*: »Palermo am Rhein: Beim Kampf um eine lukrative Müllverbrennungsanlage haben Unternehmer die Kölner SPD über Jahre hinweg mit Geld von Schweizer Schwarzgeldkonten versorgt. Landeschef Harald SCHARTAU und SPD-General Franz MÜNTEFERING versuchen, den Schaden zu begrenzen; doch bundesweit untersuchen Fahnder dubiose Geschäfte der Müll-Mafia.«[124]

Kaum stürzten sich die Medien auf den Kölner Korruptionssumpf, da gerieten auch schon die Städte Wuppertal und Recklinghausen ins Visier der Öffentlichkeit. Deshalb durfte spätestens ab diesem Zeitpunkt feststehen: Ob in Wuppertal, Recklinghausen, Hamburg, München oder Leipzig – ein bißchen Köln ist überall. Nicht nur die Kölner Soziologen Erwin K. und Ute SCHEUCH haben das auf empirischer Grundlage erkannt, was in ihrer eigenen Stadt im argen liegt und daß dies für die gesamte Republik ›Vorbild‹-Charakter besitzt: Auch im fernen München leitartikelte Hans LEYENDECKER in der *Süddeutschen Zeitung* über den rheinischen Korruptionssumpf unter der Überschrift »In Köln und anderswo«:

»Auch im Souterrain des real existierenden Parlamentarismus heißt es: zugreifen, ehe es zu spät ist, einsteigen, bevor der Zug abgefahren ist. Da winkt gutes Geld von Anlagenbauern, dort hilft der Bauunternehmer freundlicherweise aus, und auch der Abbruchunternehmer läßt sich nicht lumpen. Die großzügigen Landschaftspfleger machen keine Unterschiede bei den Parteien. Alle sind ihnen gleich lieb, wenn sie nur behilflich sind. [...] Die Demokratie entartet zur Lobbykratie. Wirtschaftliche Macht ohne Mandat verwandelt sich in politischen Einfluß. Der Beamte schließt den Dienstweg kurz, der Unternehmer findet eine Lücke. Mehr und mehr schrumpft der Staat zur bloßen administrativen Dienstleistungsagentur, und von seinen Dienern werden zunehmend Improvisation und Flexibilität verlangt. Es ist eine Staats-Schande: Hessische Baufirmen stellen Mitarbeiter ab, die vom Unternehmen bezahlt, für die personalschwache Stadtverwaltung arbeiten. Im Gegenzug werden den Firmen Aufträge zugeschanzt. *Economica sommersa*, Schattenwirtschaft, heißt das in Italien. Daß beim großen Monopoly-Spiel Gesetze und Ausschreibungsvorschriften mißachtet werden, daß der Straßenbau, die Verkabelung, die Müllbeseitigung nach den Regeln der Großunternehmen und nicht nach den Interessen der Bevölkerung abgewickelt werden, spielt längst keine Rolle mehr. Die richtige Anlage ist das halbe Leben, wer zahlt, schafft an. In Köln und anderswo.«[125]

Zu ergänzen wäre, daß die von LEYENDECKER erwähnte »Lobbykratie« genau dem entspricht, was in der europäischen Staatsphilosophie als ›Oligarchie‹ gilt – die Herrschaft der wenigen Reichen, die sich mit ihrem großen Geld politische Entscheidungen kaufen können. Die Politik gerät somit bei der Vorrangstellung der Ökonomie zur Prostituierten des Kapitals. Auf globale Dimension übertragen, wäre diese ›Oligarchie‹, die heute in der Bundesrepublik idealtypisch verkörpert ist, das System des internationalen Finanzkapitals – mit seinen Außenstellen in »Köln und anderswo«. Und das Lebensprinzip dieses Systems heißt: Wer zahlt, schafft an – und das zu seinem eigenen Interesse. Von Gemeinwohl keine Spur.

Das Phänomen von Korruption, Bestechung und Vorteilsannahme, das hier angesprochen wird, ist wohl ein Problem, das schon so lange existiert, solange es überhaupt Menschen gibt, die ihr Zusammenleben organisieren. Bereits vor über 500 Jahren schrieb ERASMUS VON ROTTERDAM: »Stiehlt einer ein Geldstück, dann hängt man ihn. Wer öffentliche Gelder unterschlägt, wer durch Monopole, Wucher und tausenderlei Machenschaften und Betrügereien noch so zusammenstiehlt, wird unter die vornehmen Leute gerechnet.«[126]

In diesem Zusammenhang ist es auch nicht verwunderlich, daß in etwa zur gleichen Zeit, als der Kölner Spendenskandal in den Medien behandelt wurde, selbst die grüne Verbraucherministerin Renate KÜNAST vor der Industrielobby in die Knie ging. So hat das Bundeskabinett, begleitet von heftiger Kritik der meisten Verbraucherschutz- und Umweltverbände, letztendlich im Mai 2002 ein neues Verbraucherinformationsgesetz (VerbIG) beschlossen. Dabei wurde die im ursprünglichen Entwurf vorgesehene Informationspflicht für Unternehmen über gesundheitsgefährdende Bestandteile und Herstellungsweisen ihrer Produkte nach Interventionen von Bundeskanzler Gerhard SCHRÖDER (SPD) und Wirtschaftsminister Werner MÜLLER (parteilos) gestrichen und durch eine unverbindliche »Selbstverpflichtung« ersetzt. Und die Verbraucherministerin KÜNAST, die ja verantwortlich für das Gemeinwohl aller Verbraucher wäre, hat sich dem Druck der Lobbyisten ebenfalls gebeugt. Der Druck der Lobby geht in Deutschland zumeist einher mit der entsprechenden ›Landschaftspflege‹ – das heißt mit der Bestechung von Parteipolitikern.

Schon bald nach Kriegsende bezeichnete Karl JASPERS das Staats- und Gesellschaftssystem der BRD nicht als Demokratie, sondern als »Oligarchie« und wurde dafür von Konrad ADENAUER beschimpft.[127] In dieser dominiert eine Minderheit einflußreicher Interessenvertreter zu ihrem Eigennutz über das Allgemeine Interesse, das Gemeinwohl, das dem gesamten Staatsvolk dient und vom Staat zu vertreten wäre.

Im Falle der Bundesrepublik ist die oligarchische Herrschaftsform vor allem die »Herrschaft des großen Geldes« (Horst MAHLER), die ihre Ursache nicht nur in der innenpolitischen Entwicklung hat, sondern natürlich zuallererst in der Außenpolitik. Mit letzterer ist die Einsetzung des BRD-Systems durch die westalliierten Siegermächte des Zweiten Weltkrieges gemeint, die für die Schaffung von liberalem Parlamentarismus und liberaler Marktwirtschaft verantwortlich sind, wobei beide aus derselben geistigen Wurzel, dem sogenannten ›Pluralismus‹, hervorgegangen sind.

Offenbar ist die Variante einer von außen in fremdem Interesse eingesetzten Herrschaft einer Minderheit über die Mehrheit nicht ursprünglich eine Erfindung der neuesten Zeit. Denn bereits Niccolò MACHIAVELLI hatte 1513 in seinem *Il Principe* (*Der Fürst*) die fremdbestimmte Form der Oligarchie genau beschrieben, die der gegenwärtigen Bundesrepublik sehr ähnelt:

»Wenn ein Staat, den man [...] erobert hat, gewohnt ist, nach eigenen Gesetzen und in Freiheit zu leben, so gibt es drei Möglichkeiten, seinen Besitz zu behaupten: entweder 1. ihn zu zerschlagen oder 2. dort seine Residenz einrichten oder 3. ihm die eigenen Gesetze lassen, ihn aber tributpflichtig machen und eine Regierung von wenigen Bürgern einsetzen, die für eine freundliche Haltung der anderen garantieren. Da diese vom Eroberer eingesetzte Regierung weiß, daß sie ohne dessen Wohlwollen und Macht nicht bestehen kann, muß sie alles aufbieten, um diesen zu halten. Es ist leichter, eine freigewohnte Stadt mit Hilfe ihrer eigenen Bürger zu behaupten als auf irgendeine andere Weise, falls man sie nicht zerstören will.«[128]

Was die Medien 1999 verschwiegen haben, ist die Tatsache, daß nicht nur das (Sub-) ›System KOHL‹ gescheitert war, sondern das Parteiensystem und die parlamentarische Demokratie in der BRD insgesamt, deren politische Klasse von sich behauptet, die allein mögliche Form von Demokratie auf dem Markt der politischen Systemlehre anzubieten. In dieser scheinbaren ›demokratischen‹ Alternativlosigkeit liegt auch die noch anhaltende politische Macht der herrschenden politischen Klasse. Genau diese Grundtatsache stellt der gordische Knoten für die geistige Befreiung des deutschen Volkes dar. Wer die scheinbare Alternativlosigkeit durch die Propagierung alternativer Ordnungsentwürfe zerschlägt, legt den geistigen Grundstein für die Beendigung der Fremdherrschaft in Deutschland und die aus ihr hervorgetretene geistige Knechtschaft der Deutschen.

Während sogenannte ›Querdenker‹ in Talk-Shows die scheinbare Alternativlosigkeit durch die Propagierung von Scheinalternativen – im Rahmen des BRD-Systems – zementieren wollen, wie durch die dumpfsinnige Losung von »mehr innerparteilicher Demokratie« (Heiner GEISSLER, CDU), geht es der nationalen Opposition in Deutschland nicht darum, innerhalb der CDU das ›System KOHL‹ durch das ›System SCHÄUBLE‹ und dann das ›System SCHÄUBLE‹ durch das ›System MERKEL‹ auszutauschen, oder das ›System SCHRÖDER‹ als »Alternative« zum ›System GLOGOWSKI‹ (Niedersachsen) und dem ›System SCHLEUSSER‹ (NRW) zu betrachten, sondern der bundesrepublikanischen Öffentlichkeit ist ein Reformprogramm zu unterbreiten, mit dessen Umsetzung die Inbesitznahme des Staates durch die Sonderinteressen von Parteien und Interessenverbänden beendet werden könnte. Dieses Konzept muß von der Grunderkenntnis ausgehen, daß Staat und Gesellschaft zu trennen und beide Sphären entsprechend ihrer eigentlichen Aufgaben neu zu definieren sind.

## *Parlamentarismus statt Demokratie*

Der moderne Parlamentarismus, wie wir ihn heute in Deutschland und anderen westlichen Staaten kennen, ist im wesentlichen eine Erfindung des englischen Philosophen John LOCKE (1632–1704), der hierzu in seinen *Two Treatises of Government* die geistigen Grundlagen lieferte.[129] Während Jean-Jacques ROUSSEAU festzustellen wußte, daß der demokratische Gemeinwille schlechthin unvertretbar ist,[130] bedienen sich in der sogenannten liberalen ›Demokratie‹ die Parteien und gesellschaftlichen Gruppen des Instruments des Parlamentarismus zur Eroberung des Staates. Dies nennt man heute und hierzulande ›parlamentarische Demokratie‹ oder ›repräsentative Demokratie‹, was freilich mit Volksherrschaft dem Wortsinne nach nichts zu tun hat. Vielmehr kommt dieser Systemtypus dem gleich, was ARISTOTELES in seiner Staatsformenlehre als ›Oligarchie‹ bezeichnet hatte. Diese Oligarchie ist heute in Deutschland in der Herrschaft einer kleinen Clique von Berufspolitikern und einflußreichen Lobbyisten verwirklicht.

Zu Recht merkt Klaus KUNZE an: »Nachdenkliche Bürger hatten schon lange gemerkt, daß die in Bonn so genannte Demokratie zwar wörtlich übersetzt ›Volksherrschaft‹ heißt, aber keine Herrschaft des Volkes über sich selbst ist, sondern die von Parteien und Interessenverbänden über das Volk.«[131] So seien die westlichen Demokratien in Wahrheit Parlamentarismen, in denen nach einem ausgeklügelten Auszählverfahren Repräsentanten gewählt werden, die über die Repräsentierten herrschen, aber keinesfalls ›herrschaftslose‹ Staaten oder gar solche, in denen das Volk persönlich über sich selbst herrscht. »Die Macht geht nur von ihm aus und damit von ihm weg.«[132]

Wenn die Herrschenden auch für sich in Anspruch nehmen, daß sie im Sinne des Volkes Entscheidungen treffen würden, so üben sie in Wirklichkeit Herrschaft über das Volk aus und keinesfalls durch das Volk. Nicht selten entsteht im Parlamentarismus der Eindruck, daß die herrschenden Parteipolitiker geradezu das Gegenteil von dem entscheiden, was tatsächlich die Mehrheit will. So wollte laut Meinungsumfragen die Mehrheit der Bürger die D-Mark behalten, 100 Prozent der Bundestagsabgeordneten entschieden sich aber für den EURO; eine mehr als absolute Mehrheit an Bürgern möchte die Ausländerzahlen in Deutschland begrenzen, im Bundestag haben sich jedoch alle Parteien mit der Einwanderung abgefunden oder betreiben sie sogar.

Man könnte die Beispiele beliebig fortführen. Es würde nur noch deutlicher werden, daß die Summe der Interessen von Parteipolitikern mit dem gemeinschaftlichen Willen des Volkes nichts zu tun hat. Diese irreführende Einschätzung des Ganzen als der bloßen Summe der Teile ist jedoch die Scheinlegitimation der parlamentarischen Demokratie. Entgegen manchem scheindemokratischen Täuschungsmanöver hatte der frühere Präsident des Bundesverfassungsgerichtes Ernst BENDA noch eingestanden, daß im parlamentarischen System der BRD nicht etwa das Ganze repräsentiert wird, sondern eine große Zahl von Interessen und Machtgruppen.[133]

Der einzelne Abgeordnete wird hierbei nicht als ›frei schwebender‹, unabhängiger Volksvertreter verstanden, sondern als Mitglied einer Fraktion und Partei, in deren Namen und durch deren Hilfe er schließlich gewählt wurde und folglich auch Programm und Ideen ›seiner‹ Partei zu verfechten hat. Die moderne Repräsentationstheorie gründet auf den unterschiedlichen Interessen der gesellschaftlichen Gruppen und begreift ›Demokratie‹ als Möglichkeit, diese im politischen Konkurrenzkampf durchzusetzen, indem die repräsentierten Kräfte Herrschaftsmacht erringen und nutzen.[134]

Daß der ›Demokratie‹-Begriff des ›freien Westens‹ nicht wörtlich im Sinne von Volksherrschaft zu verstehen ist, sondern sich dahinter vielmehr die blanke Diktatur oligarchischer Interessen verbirgt, darauf verweist Yehezkel DROR, emeritierter Professor für politische Wissenschaft an der Hebräischen Universität in Jerusalem, der auch Mitglied des Club of Rome, Berater der israelischen Regierung sowie verschiedener internationaler Organisationen, wie zum Beispiel der OECD, ist: »Die Demokratie ist ein gemischtes Regime. Das heißt, Demokratie braucht undemokratische Komponenten. Denken Sie etwa an die Gerichte oder an die Zentralbanken. [...] Die ›konstitutionelle Diktatur‹ kann in einigen Ländern durchaus eine der Lage angemessene Staatsform sein – besonders dort, wo man radikale Reformen durchsetzen will.«[135]

Es dürfte auf der Hand liegen, daß für einen Mainstream-Politologen wie DROR mit solchen von ihm angesprochenen »radikalen

Reformen« die sogenannte ›multikulturelle Gesellschaft‹ und die Globalisierung gemeint sind. In einer Welteinheitsgesellschaft sind natürlich souveräne Völker und Staaten nicht mehr vorgesehen. Der ›Demokratie‹-Begriff wird jedoch somit im Herrschaftsbereich des globalen Liberalismus pervertiert. In Wirklichkeit geht es um die Sicherung und den Ausbau der Macht der international verflochtenen Oligarchie, die sich zur Herrschaftssicherung des Instruments des Parlamentarismus bedient.

Das Kernstück des liberalen Parlamentarismus ist die Regierungsbildung durch die Wahl des Regierungschefs durch die Parlamentsmehrheit. Daß dieser Kanzler dann vom ›Vertrauen‹ dieser Mehrheit abhängig ist, die wiederum vom ›Vertrauen‹ verschiedener Lobbyisten abhängig ist, bedarf wohl an dieser Stelle keiner näheren Erläuterung. Da jedoch das Parlament die Vielschichtigkeit der Sonderinteressen der Gesellschaft vertritt, und nicht etwa das Gemeinwohl des Volkes, stellt sich im Parlamentarismus die Regierungsentscheidung in der Regel als Kompromiß zwischen diesen Gruppeninteressen dar oder gar als Nachgeben gegenüber den stärkeren Ellenbogen bestimmter Lobbyisten.

Im Herrschaftsbereich des Liberalismus werden gern die Begriffe ›Demokratie‹ und ›Parlamentarismus‹ beziehungsweise ›parlamentarische Demokratie‹ miteinander gleichgesetzt. Denn gerade die im Parlament versammelte Vielfalt der Parteien, als Vertreterinnen besonderer Interessen, sei doch ein Ausfluß einer demokratischen Gesellschaftsstruktur. Daß jedoch Demokratie auch und gerade ohne Parlamentarismus denkbar ist, darauf hat bereits Carl SCHMITT im Jahre 1923 hingewiesen: »Der Glaube an den Parlamentarismus, an ein ›gouvernment by discussion‹, gehört in die Gedankenwelt des Liberalismus. Es gehört nicht zur Demokratie. Beides, Liberalismus und Demokratie, muß voneinander getrennt werden, damit das heterogen zusammengesetzte Gebilde erkannt wird, das die moderne Massendemokratie ausmacht.«[136]

Und weiter meint Carl SCHMITT: »Es kann eine Demokratie geben ohne das, was man modernen Parlamentarismus nennt und einen Parlamentarismus ohne Demokratie; und Diktatur ist ebenso wenig der entscheidende Gegensatz zu Demokratie wie Demokratie zu Diktatur.«[137]

Das Parlament zeichne sich im wesentlichen durch Diskussion und Öffentlichkeit aus, also durch öffentliche Debatte und öffentliche Diskussion um Argumente und Gegenargumente. Da jedoch im modernen Parlamentarismus die Entscheidungen nicht mehr – wie noch im 19. Jahrhundert – in den öffentlichen Verhandlungen des

Plenums fallen, sondern in Ausschüssen und nicht einmal notwendig in parlamentarischen Ausschüssen, sondern wesentliche Entscheidungen in geheimen, also nicht-öffentlichen Sitzungen der Fraktionsführer oder gar in außerparlamentarischen Komitees herbeigeführt werden,[138] besteht in unserer Zeit auch keine Notwendigkeit, das demokratische Prinzip auf den Parlamentarismus zu beziehen. Wie Carl SCHMITT zu Recht feststellt, ist »das ganze parlamentarische System schließlich nur eine schlechte Fassade vor der Herrschaft von Parteien und wirtschaftlichen Interessen«.[139]

Wenn nun aber ein eifriger Verfechter des liberalen Parlamentarismus entgegnen wollte, daß das gesamte Staatsvolk zu groß und zu unmündig sei, um sämtliche Entscheidungen treffen zu können, und deshalb das Parlament als eine Art Ausschuß des gesamten Volkes fungieren müsse, so würde ihm Carl SCHMITT wohl auch heute entgegnen: »Wenn aus praktischen und technischen Gründen statt des Volkes Vertrauensleute des Volkes entscheiden, kann ja auch im Namen desselben Volkes ein einziger Vertrauensmann entscheiden, und die Argumentation würde, ohne aufzuhören demokratisch zu sein, einen antiparlamentarischen Cäsarismus rechtfertigen.«[140]

Diese Bewertung des Repräsentationsprinzips des liberalen Parlamentarismus war zur Zeit SCHMITTS nicht neu. Schon vor ihm stellte Gustave LE BON im Jahre 1895 fest: »Die parlamentarische Regierung [...] bringt den psychologisch falschen, aber allgemein anerkannten Gedanken zum Ausdruck, daß eine Vereinigung von vielen Menschen im gegebenen Falle fähiger ist, eine kluge und unabhängige Entscheidung zu treffen, als eine kleine Anzahl.«[141]

Kurzum, der Parlamentarismus ist für wahrhafte nationale Demokraten völlig überflüssig geworden![142]

Der Verfasser kehrt nun die soeben ausgeführte These SCHMITTS um, nach der Demokratie keines Parlamentarismus bedürfe, und propagiert die These: Demokratie und ein vornehmlich parlamentarisches System[143] schließen sich geradezu gegenseitig aus, sie sind miteinander nicht vereinbar! Denn selbst den hierzulande etablierten Politikwissenschaftlern ist es bereits aufgefallen, daß ein – im engeren Sinne des Begriffs – parlamentarisches System erhebliche Demokratiedefizite aufweist. Denn schließlich zählt die herrschende politologische Meinung zum unveräußerbaren Tafelsilber der Demokratie das Prinzip der horizontalen Gewaltenteilung (in Exekutive, Legislative und Judikative). Und gerade innerhalb eines vornehmlich parlamentarischen Systems – als Beispiele hierfür sollen die Bundesrepublik und ihr systempolitisches Vorbild Großbritannien dienen[144] – ist doch stets eine naturgesetzmäßige Verschmelzung zwischen Exekutive und Legislative feststellbar. Wobei infolge dieser Gewaltenverschränkung eine eindeutige Parlamentsdominanz festzustellen ist. Mit Fug und Recht bezeichnete deshalb auch Thomas FINKE in den *Staatsbriefen* die Bundesrepublik als eine »parlamentszentrierte Republik«, in der die Losung laute: »Alle Macht den Parlamenten!«[145]

Und Reinhold OBERLERCHER definiert den Parlamentarismus im allgemeinen als die »Entartung des Parlaments als Repräsentant der bürgerlichen Gesellschaft zum Durchdringer und Beherrscher des Staates«. Denn, so OBERLERCHER, »durch parlamentarische Regierungsbildung wird der Mehrheitsführer im Parlament, also ein Parteichef, zum Regierungschef. Wird das Parlament als Repräsentant des Volkssouveräns - als national - aufgefaßt, so ist diese Souveränitätsrepräsentanz im Parlamentarismus zur Repräsentantensouveränität verkehrt«.[146] Die heutige Politikwissenschaft nennt diese Erscheinung unverblümt »Parlamentssouveränität«[147] - von Volkssouveränität ist immer seltener die Rede, weil wohl der Schwindel allzu offensichtlich wäre.

Das demokratietheoretische Problem im Sinne von MONTESQUIEUS Gewaltenteilungslehre besteht beim Parlamentarismus darin, daß von einer Unabhängigkeit der Regierung gegenüber dem Parlament natürlich dann keine Rede sein kann, wenn sich die Konstituierung der Regierung aus der Parlamentsmehrheit ergibt, wie das in der Bundesrepublik mustergültig zutrifft. So stützt sich die Regierungsgewalt des Bundeskanzlers auf die Parlamentsmehrheit der Fraktionen der Regierungskoalition. Von einer horizontalen Teilung der Gewalten, die ja das Wesensmerkmal der Demokratie sein soll, kann hierbei überhaupt keine Rede sein, weil Legislative und Exekutive miteinander verschränkt sind. Wer soll denn bei dieser Konstellation die Regierung kontrollieren, wenn die Mehrheit im Parlament parteipolitisch dem Regierungslager angehört? Die Parlamentsminderheit, die sogenannte ›Opposition‹, wohl kaum, die keine faktische Kontrolle ausüben, bestenfalls die Regierung in der Öffentlichkeit kritisieren kann.

Weil somit die Regierung das Parlament dominieren kann, und umgekehrt die Parlamentsmehrheit die Regierung, ist der deutsche Bundestag mittlerweile zur ›Schwatzbude des Bundes‹ verkommen, der sich nicht zur Kontrolle der Regierung, aber immerhin noch zu symbolischen Betroffenheitsbekundungen eignet, wie im Juni 1999, als der Bundestag im Stile einer ›Auschwitz-Religionsgemeinschaft‹ den Architektenentwurf für das Holocaust-Mahnmal in Berlins Mitte verabschiedete.

Die eigentlichen Entscheidungen, so viel steht fest, fallen tatsächlich – wie es SCHMITT richtig erkannt hat – in den Ausschüssen und mittels interfraktioneller Absprachen. Also letztendlich – wenn man Demokratie mit Öffentlichkeit und Diskussion assoziiert – undemokratisch. Dies hängt damit zusammen, wie Ernst FORSTHOFF richtig erkannt hat[148], daß sich im zwanzigsten Jahrhundert die bürgerliche Gesellschaft, die noch HEGEL in seiner *Rechtsphilosophie* beschrieben hatte, in eine moderne Industriegesellschaft fortentwickelte. In dieser war nun verstärkt technisches Wissen, Information von Fachleuten gefragt, und nicht mehr allein wie noch im 19. Jahrhundert die parteipolitische und klassenorientierte Meinung.

Dieses technologische Fachwissen kann aber nun nicht mehr ausreichend im gesamten Parlament ausgebreitet werden, wenn es um detailspezifische Fragen geht, sondern es ist jetzt zunehmend der Experte gefragt, der sich mit seinesgleichen in den Ausschüssen des parlamentarischen Betriebs zu Sitzungen trifft. In diesen kleinen Gremien jedoch vermischen sich immer mehr die Grenzlinien zwischen Parteipolitik und der von Lobbies der Interessenverbände, die nun bestrebt sind, ihren Einfluß vor allem auf die Gesetzgebung geltend zu machen.[149]

Somit ist aber die parlamentarische Debatte ihres Sinnes beraubt. Der Bürger hat zwar mehrheitlich immer noch den Eindruck, dort würden die Entscheidungen in der öffentlich vorgetragenen Diskussion fallen. Nein, diese Bühne dient nur noch dazu, Meinungsnuancen zu Rededuellen hochzustilisieren. Die Entscheidungen sind bereits in den Ausschüssen oder in interfraktionellen Absprachen gefallen. Der Bedarf der modernen Industriegesellschaft nach Fachleuten hängt jedoch nicht mehr mit der Institution des Parlaments an sich zusammen. Auch ein Autokrat könnte ein Expertenkolleg um sich scharen.

Geschichtlich überlebt ist auch das ursprünglich liberal-demokratische Konzept, nach dem zwischen dem Staat und den Parteien als Exponenten der Gesellschaft ein natürlicher Antagonismus besteht, daß dieser Antagonismus eine Mäßigung des Staates zur Folge habe und daß diese Mäßigung eine der Bedingungen staatsbürgerlicher Freiheit darstelle, gehört, wie so viele andere liberale Konzepte, endgültig der Vergangenheit an.[150] Vielmehr trifft heute das genaue Gegenteil zu: Die Parteien haben als Vertreterinnen der Gesellschaft mittels des Parlaments den Staat durchdrungen und nutzen nun diesen für ihre Zwecke aus. Die Krönung der Perfidie wird dann noch durch die parlamentarische Regierungsbildung aufgesetzt: »Damit ist auch die alte Vorstellung, daß das Parlament die Regierung kontrolliere, überholt«, bringt Ernst FORSTHOFF die Diskrepanz zwischen Anspruch und Wirklichkeit in der sogenannten parlamentarischen Demokratie auf den Punkt.[151]

Demokratietheoretisch liegt jedoch der Hauptmangel des Parlamentarismus darin, daß – am Beispiel des BRD-Systems wird das besonders deutlich – nur das Parlament über die demokratische Legitimation durch den Wähler verfügt. Weder der Bundespräsident noch der Bundeskanzler sind vom Volk direkt gewählt. Natürlich kann ein Wähler mit seiner Erst- und Zweitstimme die Partei wählen, deren Kanzlerkandidaten sie gern als Bundeskanzler sehen möchte, doch Gewißheit über den Ausgang der Koalitionsverhandlungen haben die Wähler natürlich nicht. So hat in den Anfangsjahrzehnten der Bundesrepublik Deutschland regelmäßig die Kleinpartei FDP darüber bestimmt, wer Bundeskanzler wird. Der Wähler hatte keine Gewißheit darüber, ob sich die Liberalen in eine Koalition mit der Union oder der SPD einlassen.

Auch hat sich in der Deutschland die Situation nach der Wiedervereinigung von 1990 nicht grundsätzlich gewandelt. Zwar hat die FDP ihre Rolle als Zünglein an der Waage verspielt, doch nun muß beispielsweise ein SPD-Wähler darauf gespannt sein, ob ›seine‹ Partei nach der Wahl ein Bündnis mit der FDP, mit den Grünen oder gar mit der PDS eingeht.

Alle Macht folgt also in der Bundesrepublik aus den Parlamenten – ob dies die Regierungsbildung betrifft, die Wahl des Bundespräsidenten oder die Wahl des Bundesverfassungsgerichts, dessen Kandidatennominierung sich der Bundestag mit dem Bundesrat teilt, der wiederum von denselben Parteien beschickt wird, die in den Bundesländern die Exekutivspitzen stellen.

Gerade die Institution des Bundesrates verdeutlicht, wie weit in der Bundesrepublik demokratischer Anspruch und demokratiefeindliche Wirklichkeit auseinanderliegen. Das demokratische Gebot der Gewaltenteilung wird nämlich durch die Länderkammer auf Bundesebene unterlaufen, da es sich bei dieser um ein Parlament handelt, dem die Exekutivspitzen der Bundesländer angehören und das auf Bundesebene in der Legislative (Gesetzgebung) mit dem Bundestag konkurriert. Zudem erweist sich der Bundesrat immer wieder als Instrument zur Verfestigung des Parteienstaates in Deutschland: wenn nämlich die unionsgeführten Bundesländer mit ihrer Mehrheit im Bundesrat die Gesetzgebung des Bundestages mit rotgrüner Mehrheit blockieren können – oder umgekehrt eine rot-grüne Mehrheit im Bundesrat das Gesetzgebungsvorhaben einer Unionsmehrheit im Bundestag.

So geschehen, als im April 2002 das von einer großen Koalition regierte Land Brandenburg im Bundesrat parteipolitisch gespalten abstimmte, was einen verfassungsrechtlichen Streit nach sich zog. Im Bundesrat stimmte nämlich der SPD-Ministerpräsident Manfred STOLPE für das Zuwanderungsgesetz der rotgrünen Bundesregierung und Bundestagsmehrheit, wohingegen der CDU-Landesinnenminister SCHÖNBORN gegen dieses Gesetz stimmte. Dabei offenbarte sich der Bundesrat so, wie Parlamentarismuskritiker die parlamentarische Demokratie immer schon klischeehaft bezeichnet hatten: nämlich als Theaterbühne, als bloße Fassade, hinter der die eigentlichen Entscheidungen in kleinster Runde entschieden werden. So dürfte die dem Fernsehpublikum vorgespielte helle Empörung der Unions-Ministerpräsidenten im Bundesrat während der Abstimmung von Manfred STOLPE (SPD) nur dazu gedient haben, um nationalen und konservativen Wählern zu suggerieren, die CDU lehne die Zuwanderung von Ausländern nach Deutschland ab. In Wirklichkeit betreiben natürlich die Unionsparteien genauso die Überfremdungspolitik wie die der SPD. Dem Wähler sollte aber wohl in Anbetracht der bevorstehenden Bundestagswahl im September 2002 eine scheinbar wirkliche Auswahlmöglichkeit in den politischen Programmen vorgeschwindelt werden, was man bereits im voraus als Wählerbetrug bezeichnen kann.

Die Fehlkonstruktion des ›Exekutivföderalismus‹, die schon in der Verfassung des Zweiten Deutschen Kaiserreiches angelegt war, hat sich somit in der Bonner Republik in verhängnisvoller Weise fortgesetzt. Auch in diesem Punkt wäre eine Reform dringend erforderlich. Obwohl jedoch immer wieder namhafte Kritiker wie Hans Herbert VON ARNIM auf diesen demokratiefeindlichen »Föderalismus« hinweisen[152], geschieht in der politischen Praxis nichts.

Anstatt auf die fundierte Kritik zu hören und daraus Reformen abzuleiten, werden oftmals die Kritiker von der veröffentlichten Meinung mit dem ›Populismus‹-Vorwurf oder gar gleich mit der Faschismuskeule konfrontiert, um diese mundtot zu machen. So will man hierzulande scheinbar die schlechte Botschaft dadurch aus der Welt schaffen, indem man die Überbringer der schlechten Botschaft aus der Öffentlichkeit drängt. So aber erweist sich der bundesrepublikanische Parteienstaat zunehmend als ein politisches System, das sich gegen Reformvorschläge immer widerstandsfähiger erweist. Wo jedoch eine evolutionäre Veränderung zur Gesundung des deutschen Gemeinwesens nicht mehr möglich erscheint, könnte von Kritikern die Lösung der Misere langfristig nur noch in einer ›Revolution‹, die auch friedlich sein kann, erblickt werden. In diesem Zusammenhang erweist sich auch die alte politische Weisheit als völlig zutreffend, daß Revolutionen immer durch die Reformunfähigkeit der Herrschenden ausgelöst werden.

Der Parlamentarismus ist bei der Typenvielfalt von demokratischen Modellen wohl die denkbar schlechteste Wahl. Im Rahmen dieser Typenvielfalt würde da schon eher dem Modell einer Präsidialdemokratie das Etikett ›Demokratie‹ zustehen. Die Beispiele hierfür, Frankreich und die USA, die institutionell allerdings voneinander abweichen, beweisen es: Eine Gewaltenteilung zwischen Exekutive und Legislative ist vom Ansatz nur möglich mittels einer verfassungsrechtlich verankerten Direktwahl des Staatsoberhauptes, das für die Regierungsbildung zuständig wäre, wobei die Frage nach der Bezeichnung des Staatsoberhauptes (›Präsident‹, ›Führer‹, ›Wahl-König‹, ›Kaiser‹ und dergleichen) zweitrangig ist.[153]

Den modernen Begriff von Gewaltenteilung definierte umfassend zuerst MONTESQUIEU: »Alles wäre verloren, wenn [...] die gleiche Körperschaft [...] folgende drei Machtvollkommenheiten ausübte: Gesetze erlassen, öffentliche Beschlüsse in die Tat umsetzen, Verbrechen und private Streitfälle aburteilen. [...] Es gäbe keine Freiheit mehr, wenn [...] die exekutive Befugnis bestimmten, von der legislativen Körperschaft ausgesuchten Personen anvertraut wäre, denn die beiden Befugnisse (Legislative und Exekutive) wären somit vereint.«[154]

Und im Grundgesetz steht geschrieben: »Der Bundeskanzler wird [...] vom Bundestag [...] gewählt. [...] Die Bundesgesetze werden vom Bundestag beschlossen.«[155]

Dieses Horrorszenario, das MONTESQUIEU malt, trifft nun tatsächlich in vollem Umfang auf die Bundesrepublik zu, in der die Bundestagsparteien mehrheitlich über die Regierungsbildung sowie im Proporzsystem über die Besetzung der hohen Gerichte, vor allem des Bundesverfassungsgerichts, bestimmen. Und auch die Rundfunkräte und viele andere Posten mehr werden von ihnen besetzt. Ebenso wird die föderale Kammer, der Bundesrat, im gleichen Maße von den Parteien beherrscht. Genau dieses Horrorszenario ist es, was mit ›Demokratie‹, die ja unter anderem auch aus der Gewaltenteilung heraus hervorgehen soll, eben nicht vereinbar ist. Wer dieses Regime nun befürwortet, der mag ein Anhänger des Liberalismus, Parlamentarismus und Parteienstaates sein; mit Demokratie im eigentlichen Sinne des Begriffs hat dieses Konzept der sogenannten parlamentarischen Demokratie allerdings nichts zu tun.

## 2. Der Pluralismusschwindel

*»Eine natürliche Disziplin eint das individuelle deutsche Wirken dem des ganzen Landes und ordnet die Sonderinteressen derart, daß sie sich zusammenfügen und gegenseitig stärken [...]. Wir kämpfen gegen diese Armee wie wilde Banden gegen eine organisierte Truppe.«*
Paul VALÉRY[156]

Die Legitimation des allgegenwärtigen Parteienstaates funktioniert vor allem auf der Grundlage eines ›gesellschaftlichen Pluralismus‹. Diesen liberalistischen Fetisch trägt die herrschende Klasse ständig wie eine Monstranz vor sich her. Dieser Pluralismus spiegele sich angeblich im Rahmen des parlamentarischen Systems wie auch im Mediensystem der Bundesrepublik wider. Der ›demokratische‹ Pluralismus wird dann als ein unveräußerliches Merkmal von Demokratie ausgewiesen, wohingegen sich totalitäre Regime gerade darin auszeichneten, daß sie eine jegliche pluralistische Gesellschaftsstruktur vermissen ließen.

Viele Pluralismus-Theoretiker setzen die Ergebnisse des Interessentendrucks geradezu mit dem Gemeinwohl gleich. Zum einen würden sich die verschiedenen Belange der Gruppen irgendwo harmonisch im richtigen ausgewogenen Maße in der Mitte treffen, und zum zweiten könnten sich gerade die Interessen der Mehrheit der Bürger im pluralistischen Konkurrenzmodell durchsetzen. So kommt – im Konkurrenzmodell der Parteien und Verbände – beides zusammen: Selbstbestimmung des Volkes und inhaltliche Richtigkeit der Gesetze und Maßnahmen der Volksvertreter. Demnach ist Demokratie »rule of the people, by the people and for the people« (US-Präsident Abraham LINCOLN).

Hans Herbert VON ARNIM meint: »Doch in Wahrheit verfehlt das Modell die Realität. Fast scheint es so, als sei es nur eine Ideologie, die den wirklichen Zustand des Gemeinwesens vernebelt – zugunsten derjenigen, die daraus ihre Vorteile ziehen: der politischen Klasse der Bundesrepublik, und um diejenigen ruhigzustellen, zu deren Lasten alles geht: die Bürger.«[157] Den Parteienpolitikern gehe es vielmehr darum, den Staat immer mehr zum Gegenstand kollektiver Ausbeutung zu machen. Die Vorstellung aber, die Summe der Verbandsinteressen ergebe das Volkswohl, verweist VON ARNIM in das Reich der Märchen und Legenden, zumal sich zentrale Belange des Volkes gar nicht verbandlich organisieren lassen.

Als Beispiel kann die Einwanderungspolitik dienen. Ein Großteil der bundesdeutschen Bürger spricht sich laut Umfrageergebnissen gegen die Einwanderung von Ausländern aus, kaum einer – außerhalb der nationalen Organisationen - wagt es jedoch, gegen die Einwanderung Bürgerinitiativen und gesellschaftliche Verbände zu gründen und zu betreiben, um gesellschaftliche Ausgrenzung im beruflichen und privaten Leben zu vermeiden. Von einem gesellschaftlichen Pluralismus kann deshalb in der Bundesrepublik keine Rede sein.

Oder man nehme als Beispiel den neuerlichen BSE-Skandal um den Jahreswechsel 2000/2001. Erst auf Druck der veröffentlichten Meinung wurde ein Gesetz zum Verbot von Tiermehlverfütterung verabschiedet. Ob dieses jedoch überhaupt kontrollierbar und in der EU durchsetzbar ist, bleibt abzuwarten. Zweifel sind jedenfalls angebracht. Aber das Thema BSE zeigt deutlich, daß die Summe der gesellschaftlichen Sonderinteressen von Landwirtschaftsverbänden, Fleisch-, Tierkörperbeseitigungs- und Futtermittelindustrie genau das Gegenteil ergeben können, was das Gemeinwohl des Volkes, in diesem Falle des Verbrauchers, ausmacht. Dieser möchte nämlich gesunde Nahrungsmittel einkaufen können, die genannten gesellschaftlichen Gruppen hingegen sind am reinen Profit orientiert. In diesem Anliegen wiederum treffen diese sich bei den niederen Preisen mit den Verbrauchern. So entsteht die BSE-Gefahr, die dem Gemeinwohl, in diesem Fall der Volksgesundheit, abträglich ist.

Auch bestünde das Gemeinwohl in währungspolitischer Hinsicht in dem Erhalt der nationalen Währung D-Mark, den Sonderinteressen des Kapitals hingegen geht es um den größeren und durch staatliche Eingriffe weniger kontrollierbaren europäischen Markt. Deshalb setzt die alles dominierende Gesellschaft entgegen jeder währungspolitischen Logik - stabile Währung - die Einführung des Euro durch. Dafür haben im Vorfeld gerade die Industrieverbände und Banken kräftig getrommelt. Nahezu alle etablierten Parteipolitiker haben in den Trommelwirbel fleißig eingestimmt, verdanken sie doch ihre Pfründe und die Unterstützung zu ihrer Wiederwahl der wirtschaftlichen Lobby.

Das Auftreten der Verbände auf der Verfassungsebene der Bundesrepublik ist ein Novum. Zwar gab es Verbände mit wirtschaftspolitischen Zielen bereits unter der Weimarer Reichsverfassung. Sie kamen als Vertretungen partikularer Interessen auf, als der Staat nach dem Ersten Weltkrieg dazu übergehen mußte, Wirtschaftsabläufe zu steuern, Privilegien und Subventionen auszuteilen und sonstige Vorteile zu gewähren, um politisch oder sozial unerwünschte Entwicklungen zu verhindern.

Diesen neuen Aktivitäten des Staates entsprachen die Verbände als neue Interessenvertretungen neben den Parteien. Immer galten sie unter der Weimarer Republik als irreguläre Teilhaber am politischen Geschehen. Man fürchtete die pluralistische Auflösung des Staates, sofern er unter den Einfluß der Verbände geriete.

Diese Befürchtung, meint Ernst FORSTHOFF, war nicht grundlos. Nach seiner Auffassung sei die Lage in Deutschland von Grund auf anders gewesen. Für die konkrete Verfassung der Bundesrepublik sei die Tatsache von entscheidender Bedeutung, daß nicht nur der Staat in die gesellschaftlichen Abläufe eingreift, sondern daß die Gesellschaft sich über die Verbände des Staates bemächtigt hat. Damit wurde der Staat selbst zum Schauplatz des Ringens der gesellschaftlichen Kräfte. Das hat zur Folge, daß die Machtverhältnisse im Ringen der organisierten gesellschaftlichen Gruppen das staatliche Handeln bestimmen.

Damit hat man sich offenbar abgefunden; das anzuerkennen gilt als realistisch, und man hat auch gleich eine Bezeichnung dafür bei der Hand: der pluralistische Staat als die gegebene Staatsform einer pluralistischen Gesellschaft.[158] Aber schon die Begriffschöpfung ›pluralistischer Staat‹ ist ein Widerspruch an sich: Denn der Staat wäre im klassischen Sinne als organisatorische Einheit eines Volkes zu verstehen.

Dabei ist der Pluralismusschwindel, der in der Bundesrepublik, dem Musterfall der ›parlamentarischen Demokratie‹, aufgeführt wird, äußerst durchsichtig: Schaut man sich die pluralistischen Strukturen des politischen und gesellschaftlichen Systems hierzulande etwas genauer an, dann gelangt man zu der Erkenntnis, daß dieser scheinbar demokratische Grundsatz lediglich eine propagandistische Fassade darstellt, die mit dem unsäglichen ›gesellschaftlichen Pluralismus‹ der bereits verblichenen DDR durchaus vergleichbar ist. Denn auch dort wurde dem naiven Staatsbürger jahrzehntelang eine gesellschaftliche Vielfalt vorgegaukelt, wie sie sich im Blockparteien- und Massenorganisationssystem des Arbeiter- und Bauernstaates ausdrücken sollte.

Die Bourgeoisie sollte zwar im marxistischen Sinne für alle Zeiten von der politischen Mitbestimmung ausgeschlossen sein, obwohl selbst von den in der DDR Herrschenden der irreführende Eindruck erweckt wurde, als ob nationalliberale und bürgerliche politische Kräfte – unter anderem organisiert in den ›Blockflöten‹ CDU, NDPD und LDPD – in den gesellschaftlichen Willensbildungsprozeß eingebunden wären. Gleichzeitig wurde aber versucht, bei allen Pluralismusbestrebungen die notwendige Geschlossenheit des DDR-Staates nach innen und nach außen zu demonstrieren: nämlich im Rahmen der Wahlformation der ›Nationalen Front‹, die wiederum Parallelen zum BRD-Lizenzparteiensystem aufweist.

Wobei natürlich gerechterweise dem BRD-Parteien- und Wahlsystem zugestanden werden muß, daß es in der Bonner Rheinbund-Republik immerhin alle vier Jahre möglich ist, daß aufgrund des Wählervotums die Bundesregierung wechselt, während in der DDR die Sitzverteilung der einzelnen Parteien in der Volkskammer bereits vor der Wahl entschieden war. Mit solchen Ablenkungsmanövern einer ›nationalen Front‹ wurde offensichtlich zu DDR-Zeiten versucht, von der eindeutigen Dominanz der SED in Volkskammer und Politbüro abzulenken.

In der Bundesrepublik verhält sich das ähnlich: Ihre politische Klasse bedient sich eines ominösen ›gesellschaftlichen Pluralismus‹, der sich hervorragend zur pseudodemokratischen Maskerade eignet. So meinte der Politologe jüdischer Herkunft Ernst FRAENKEL im Jahre 1964, daß in der »pluralistischen Demokratie« – die er in der Bonner Republik verwirklicht sah – das Gegenteil zur »ROUSSEAUschen Demokratie« liege[159], wobei letztere dann – wegen ihres »volonté générale« (gemeinsamer Wille) – der Ursprung eines jeden totalitären Regimes darstelle (Faschismus, Nationalsozialismus, Kommunismus und dergleichen). Der Neopluralist FRAENKEL versteigt sich dann zu der Aussage, daß »pluralistische Gruppen [...] dem Bürger die ständige Mitwirkung an den öffentlichen Angelegenheiten« ermöglichten.[160]

Diese Einschätzung ist nachweisbar falsch, da dieser die irreführende Vorstellung zugrunde liegt, daß aus der Summe der gesellschaftlichen Sonderinteressen das Gemeinwohl erwachse, weil sich in der pluralistischen Gesellschaft die organisierten Interessen gegenseitig in Schach hielten und auspendelten. Der gegenseitige Interessentendruck führe in diesem Sinne zu einem ausgewogenen Ganzen. Aber diese Ausgleichshoffnung trügt in der Realität. Die Erfahrung zeigt nämlich, daß langfristige und allgemeine Interessen, die quer durch alle Bevölkerungsgruppen gehen, sich kaum wirksam in Verbänden organisieren lassen.

Die scheinbar einleuchtende Erwartung, mit der Vielzahl der Interessenten steige zwangsläufig die Durchsetzungschance ihres Anliegens, hat sich als unzutreffend erwiesen. Verbraucher, Sparer, Steuerzahler und andere Jedermanns-Interessen verfügen in Wahrheit nur über relativ schwache Organisationen.[161] Besonders schwach sind insbesondere die Organisationen, welche Mehrheitsmeinungen des deutschen Volkes wie die Beibehaltung einer eigenen nationalen Währung oder die Begrenzung des Ausländeranteils in Deutschland fordern. Bei diesen handelt es sich vor allem um die nationalen Parteien, die von den wirklich einflußreichen gesellschaftlichen Gruppen, vor allem von den Medien, gnadenlos mit allen legalen und illegalen Mitteln bekämpft werden. Tagtäglich werden nationale Politiker in den Lizenzmedien verleumdet und als gesellschaftlich verächtlich dargestellt.

Während die Jedermann-Forderungen kaum von Verbänden und Lobbies vertreten werden, dominiert im vermeintlichen Pluralismus der parlamentarischen Demokratie das große Interesse im Sinne von großer Machtzusammenballung. Hierunter ist vor allem die Großindustrie vertreten. So weisen Franz LEHNER und Ulrich WIDMAIER darauf hin, daß die das Industriesystem dominierenden großen Unternehmen über beträchtliche ökonomische und politische Macht verfügen, die es ihnen erlaubt, die Staatstätigkeit in ihrem Sinne zu beeinflussen. Sie binden große Kapitalmengen, stellen viele Arbeitsplätze bereit, konzentrieren ein großes technisch-ökonomisches Wissen in sich, kontrollieren einen erheblichen Teil von Produktion und Verteilung und stellen deshalb einen wichtigen Faktor für die staatliche Wirtschaftspolitik dar – der Staat ist wirtschaftspolitisch von den großen Unternehmen abhängig. Insgesamt besteht zwischen Staat und Industriesystem ein hohes Maß an Interdependenz, was eine starke Verflechtung von Staat und Industriesystem zur Folge hat.[162]

Franz LEHNER und Ulrich WIDMAIER widersprechen somit der Theorie von Joseph A. SCHUMPETER, der zufolge das Industriesystem immer mehr unter die Kontrolle des Staates gerät, sondern daß letztendlich beide – so die Theorie – voneinander abhängig und zur gleichrangigen Koexistenz verdammt sind. Diesem Optimismus kann jedoch der Neue Nationalismus nicht folgen, da die Vergesellschaftung des Staates und die Instrumentalisierung des Staates durch einflußreiche gesellschaftliche Gruppen gerade in der realexistierenden BRD an vielen Beispielen belegbar ist. Je größer der Organisationsgrad und die Durchschlagskraft solcher *pressure groups* ist, desto größer ihr Einfluß auf politische Entscheidungen. Die Jedermann-Interessen kommen dabei völlig unter die sprichwörtlichen Räder.

Die Aufgabe des Staates würde nun jedoch gerade darin bestehen, dem berechtigten Jedermann-Interesse, das wir als ›Gemeinwohl‹ bezeichnen, zum Durchbruch zu verhelfen, um die Schieflage, die durch den ›pluralistischen‹ Interessendruck entsteht, wieder korrigieren zu können. Für Ernst FORSTHOFF müßte der Staat die organisierte Instanz darstellen, »deren wichtigste Aufgabe es nur sein kann, das Interesse, das allen Staatsbürgern gemeinsam ist, vordringlich zu vertreten, und sei es auch gegen den Widerstand der organisierten Interessen«. FORSTHOFF wirft dann in seinem 1971 erschienenen

Buch *Der Staat der Industriegesellschaft* die Frage auf: »Ob die Bundesrepublik diese Bewährungsprobe bestehen wird, muß die Zukunft lehren.«[163] Diese Frage kann man zu Beginn des neuen Jahrtausends getrost mit einem deutlichen Nein beantworten. Der BRD-Staat ist in den zurückliegenden Jahrzehnten endgültig zur Beute von Parteien und Interessengruppen geworden. Der neutrale Staat, der das Gemeinwohl zu vertreten hätte, scheint tot zu sein – ob in geschichtlicher Hinsicht klinisch tot? Das bleibt freilich abzuwarten.

Die Herausforderung bleibt jedoch bestehen: Der neutrale Staat als Verwirklicher des Gemeinwohls sowie als Wahrer der Freiheit der Bürger und als Beschützer der Schwachen – ist zwar gegenwärtig ein frommer Wunsch, der jedoch Aufgabe für eine neue Elite an Staatsmännern sein müßte.

Besonders beliebt bei den Pluralismus-Theoretikern ist die scheinbare Dichotomie von Pluralismus und Totalitarismus, die bereits Walter LIPPMANN in den dreißiger Jahren in seinem Werk *Die Gesellschaft freier Menschen* bedient hat. In diesem hat der amerikanische Publizist – gemessen am Kriterium der gesellschaftlichen Vielfalt – einen dichotomischen Gegensatz zwischen der liberalen Demokratie einerseits und kollektivistischen Systemen andererseits zu erblikken geglaubt. Mit dem Kollektivismus meinte LIPPMANN den Faschismus/Nationalsozialismus sowie den Kommunismus, für die er allesamt auch die Sammelbezeichnung ›totalitäre Regime‹ gleichbedeutend verwendete. Für das LIPPMANNsche Pluralismus-Strickmuster ist dann folgender Satz aus seinem Buch bezeichnend: »Während in den freien Staaten die Opposition eine verfassungsmäßige Funktion hat, ist sie in den autoritären Staaten Hochverrat.«[164]

So einfach ist das also! Wenn in der Verfassung schwarz auf weiß geschrieben steht, daß Opposition ihre Berechtigung und Funktion hat, dann wird es ja wohl schon irgendwie eine geben müssen – oder? Und wie weit darf eigentlich Opposition und Meinungspluralismus in ›nicht-autoritären‹ Staaten, wie der BRD, gehen? Darauf gibt uns LIPPMANN leider keine Antwort.

Während die etablierte Zunft der Sozialwissenschaftler seit Ende des Zweiten Weltkrieges verstärkt versucht, ihre ›pluralistischen‹, weil angeblich ›antitotalitären‹ Nebelkanonen im wissenschaftlichen Diskurs einzusetzen, um den von ihr befürworteten realexistierenden Liberalextremismus in einem besseren Licht erscheinen zu lassen, hat Carl SCHMITT bereits in der Zwischenkriegszeit gewußt, was er von solch akademischen Täuschungsmanövern zu halten hat. SCHMITT bezog sich dabei auf den zuerst von Harold J. LASKI geprägten politischen Pluralismusbegriff, der von diesem polemisch als

Gegenposition gegen die Vorstellung einer Allmacht des Staates bestimmt war.

Während LASKI schon während des Ersten Weltkrieges gegenüber solchen Omnikompetenzansprüchen eines »monistischen« Staates die (pluralistische) Bedeutung der Kirchen, Gewerkschaften und sonstigen Verbände betonte, definiert SCHMITT demgegenüber die Ideologie des Pluralismus durchweg negativ als »soziale Machtkomplexe, die sich als solche der staatlichen Willensbildung bemächtigen, ohne aufzuhören, nur soziale (nicht-staatliche) Gebilde zu sein. [...] Der Pluralismus bezeichnet die Macht mehrerer sozialer Größen über die staatliche Willensbildung«.[165] SCHMITT gelangt schließlich zu der Auffassung, daß es danach das Wesen des Pluralismus sei, »die souveräne Einheit des Staates, das heißt die politische Einheit zu leugnen und immer wieder hervorzuheben, daß der einzelne Mensch in vielen sozialen Verbindungen lebt«.[166]

Es würde nun bedeuten, das vielzitierte Kind mit dem Bade auszuschütten, wollte man aus Carl SCHMITTS Ruf nach dem starken Staat die Folgerung ziehen, einer jeglichen völkischen Vielfalt innerhalb eines weitestgehend homogenen deutschen Staatsvolkes den Garaus machen zu müssen. Denn gegen eine regionale und soziale Vielschichtigkeit innerhalb eines Staatsvolkes wird sich vom nationalen Standpunkt wohl kaum etwas einwenden lassen. Problematisch wird die Sache nur dann, wenn wie im Falle Weimars und Bonns die Teile der bürgerlichen Gesellschaft über die staatliche Homogenität triumphieren, was unweigerlich zur Auflösung aller Staatlichkeit führt. Weshalb auch Winfried KNÖRZER zuzustimmen ist, wenn dieser meint, daß »wer den Staat als wesentliche politische Einheit [...] aufgibt, damit zu erkennen (gibt), daß er auf die Macht innerlich schon verzichtet hat«.[167] So mag zwar Henning EICHBERG die »innere Kolonialisierung durch den multinationalen Kapitalismus«[168] bekämpfen wollen – doch womit, wenn er rundheraus die Gegenkonzeption eines deutschen »Großstaates«[169] ablehnt und statt dessen aus Gründen des Pazifismus (die Kehrseite des ebenso verhängnisvollen Bellizismus[170]), zu dem sich EICHBERG bekennt, ein Modell der »kleineren Deutschländer«[171] favorisiert? Womit EICHBERG sich lediglich dem ewigen Wunsche französischer Außenpolitik anschließt.

Die an sich sinnvolle Idee des Regionalismus – die darin besteht, einen Nationalstaat in Heimatregionen föderal zu gliedern – wird somit nur pervertiert, indem die regionale Identität nicht als kulturelles Fundament deutscher Staatlichkeit dient, sondern als Speerspitze gegen den Nationalismus mißbraucht wird. Der Regionalismus hat für den Nationalisten aber nur dort seine Berechtigung, wo dieser der Nationalstaatsidee untergeordnet wird. Die Vorstellung eines ›Europas der Regionen‹, die vor allem von den geistigen Erben der christlich inspirierten Pan-Europa-Idee propagiert wird, ist mit Nationalismus und dessen Reichsidee unvereinbar.

Deshalb sollte auch die Konzeption eines neuen Staates der Deutschen an der Maxime ausgerichtet sein: »So viel (staatliche) Homogenität wie nötig – um staatliche Stabilität zu garantieren und Auflösungstendenzen entgegenwirken zu können – und so viel (völkische) Vielfalt wie möglich – um dem Reichtum deutschen Kulturlebens eine Entwicklungschance zu geben!« Denn der deutsche Kulturbegriff ist ohne das Nürnberger Kunsthandwerk ebenso wenig denkbar wie ohne die Umgangsformen und den Habitus des deutschen Bürgertums. Unverzichtbar sind ebenso das Liedgut und Brauchtum des westfälischen, saarländischen und des sächsischen Bergmannes, die schwäbische Küche, das fränkische Fachwerk, die Architektur mecklenburgischer Bauernhöfe sowie die niederdeutschen Mundarten.

Zusammengehalten wird diese deutsche Kulturvielfalt durch homogene Elemente des deutschen Gesamtvolkes, wie deutsches Recht und Staatlichkeit, sowie durch die deutsche Verkehrs- und Schriftsprache(n). Völkische Vielfalt in staatlicher Einheit lautet also die kulturpolitische Losung des Neuen Nationalismus.

Auch darf es in einem künftigen Deutschen Volksstaat keine Parteigründungsfreiheit im herkömmlichen Sinn mehr geben. Vielmehr sollen die Anzahl und die Aufgaben der Parteien in der Verfassung als Vertreterinnen besonderer Interessen festgeschrieben werden. In Anlehnung an den »Reichsverfassungsentwurf« von Reinhold OBERLERCHER soll es sich dabei um folgende Parteien handeln, die von den volks- und betriebswirtschaftlichen Produktionsfaktoren abgeleitet sind: nämlich Konservative (Grundeigentümer), Liberale (Arbeitgeber) und Sozialisten (Arbeitnehmer). Die absolute Parteigründungsfreiheit wäre somit also aufgehoben. Die sozialen Interessenverbände haben ausschließlich die Vertreter sozialer Interessen des Volkes zu sein. Über diesen Teilinteressen herrscht dann aber letztendlich der Interessenwahrer des Ganzen, nämlich das Staatsoberhaupt des deutschen Staates.[172] Diese Konzeption hat nichts mehr mit dem ›Pluralismus‹-Schwindel des untergehenden Parteienstaates alter Weimarer und Bonner Prägung zu tun, sondern bietet die staatliche Grundlage für die bereits erwähnte »völkische Vielfalt in staatlicher Einheit«.

Besonders penetrant mutet die Propaganda vom bundesrepublikanischen Pluralismus dann an, wenn dieser in Bezug zur Rundfunkordnung der BRD gesetzt wird. Da ist dann in sämtlichen medienpolitischen Verlautbarungen immer die Rede vom hierzulande angeblich vorherrschenden ›Innen- und Außenpluralismus‹ innerhalb des sowohl öffentlich-rechtlich als auch privatwirtschaftlich organisierten Rundfunksystems. Beide Spielarten des vermeintlichen Medienpluralismus, die sowohl in den Urteilen des Bundesverfassungsgerichts aus den Jahren 1961 und 1981 als auch in den Rundfunk- bzw. Mediengesetzen der Bundesländer[173] garantiert sind, sollen dem Fernseh- und Hörfunkrezipienten eine – gemessen an dem gesamten Meinungsspektrum – »ausgewogene« und »vielfältige« Berichterstattung bieten.

Die ›Meinungsvielfalt‹ soll zunächst dadurch gewährleistet werden, daß in den Rundfunkräten der einzelnen öffentlich-rechtlichen Anstalten »alle gesellschaftlich relevanten« Gruppen vertreten sind (»Innenpluralismus«). Im wesentlichen sind dies die Lizenzparteien und die ihnen nahestehenden gesellschaftlichen Interessenverbände (christliche Kirchen, jüdische Gemeinden, Gewerkschaften und Arbeitgeberverbände und dergleichen). Das verfassungs- und rundfunkrechtliche Gebot der politischen ›Ausgewogenheit‹ wird dann von den Herrschenden ohnegleichen pervertiert, was selbst Michael KUNCZIK in einer Publikation der Bundeszentrale für Politische Bildung zur Kritik veranlaßt:

»In der Praxis hat sich im Umgang der Parteien untereinander das Proporzverfahren herausgebildet. Wenn beispielsweise ein SPD-Intendant gewählt werden soll und er auch Stimmen der CDU benötigt, werden Zugeständnisse gemacht. Die Folge des Parteienproporzes besteht darin, daß Personalpakete ausgehandelt werden, um die parteipolitische Ausgewogenheit zu sichern.«[174]

Es geht der in der Bundesrepublik herrschenden politischen Klasse also lediglich um die ›parteipolitische Ausgewogenheit‹. Diese wird dann agitatorisch gleichgesetzt mit ›Ausgewogenheit‹ an sich, was nahelegt, daß hiermit eine irgendwie geartete Ausgewogenheit im Sinne der Interessen des deutschen Volkes in seinen Stämmen und sozialen Schichten gemeint sei. Dieser Gedanke ist jedoch völlig irreführend, da nicht automatisch die Summe der durch das BRD-Lizenzsystem protegierten Teilinteressen (Parteien im Bundestag) das Ganze, beziehungsweise das Gesamtinteresse – das Allgemeinwohl – des deutschen Volkes ergibt.

Eine ähnliche lizenzparteiliche ›Ausgewogenheit‹ – und das sei noch am Rande erwähnt – herrscht ebenso im kommunalpolitischen Bereich vor, wo unter anderem die ›Qualifikation‹ eines Stadtwerke-Direktors oder eines Vorständlers der städtischen Sparkasse vom passenden Parteibuch abhängt. Die sogenannte SCHEUCH-Studie hat hierfür den empirischen Beweis erbracht.[175]

Des weiteren soll die ›Meinungsvielfalt‹ im Rundfunksystem noch durch das immense Angebot sämtlicher öffentlich-rechtlicher und vor allem privatrechtlicher Rundfunkanbieter sichergestellt werden (›Außenpluralismus‹).[176] Bei so viel ›Pluralismus‹ und ›Meinungsvielfalt‹ stellt sich doch für den Verfasser die Frage, wo er denn die seinige (nationalpolitische) Meinung im Rundfunksystem wiederfindet? Oder andersherum gefragt: Kann er sie dort eigentlich wiederfinden, wenn doch in sämtlichen Rundfunkräten (bei den öffentlich-rechtlichen) und Landesmedienanstalten (bei den privatwirtschaftlichen Anstalten) lediglich die ›gesellschaftlich relevanten Gruppen‹ – also nicht die Nationalisten – repräsentiert sind?[177] Die Beantwortung dieser rhetorischen Frage erweist sich als überflüssig.

Der vermeintliche gesellschaftliche Pluralismus im Mediensystem der Bundesrepublik entspricht in der Mikroperspektive dem gesamten politischen und gesellschaftlichen System in der Makroperspektive. Das Mediensystem stellt sich dabei lediglich als verkleinerter Ausschnitt dar: Beidem, dem Gesamtsystem wie dem Mediensystem, liegt zugrunde, daß sich die Parteien der Gesellschaft den Staat zur Beute gemacht haben (Hans Herbert VON ARNIM). Der Staat dient in beiderlei Hinsicht nur noch als »Serviceagentur« (Günter MASCHKE), der als eine gesellschaftliche (vergesellschaftete) Gruppe unter den vielen anderen die Gelüste der besonderen Interessen zu befriedigen hat.

Der Staat dient dabei dem Liberalismus nur noch als rechtliches Korsett (›Rechtsstaat‹), unter dessen Regelwerk der Kampf der gesellschaftlichen Teile um Posten, Pfründe, Profit und Spaß stattfinden kann. Er greift nicht mehr im Sinne der klassischen Definition des Allgemeinen Interesses für das Gemeinwohl des gesamten Staatsvolkes ein. Neben dem rechtlichen Korsett stellt der Staat freilich noch die Finanzierungsquelle dar, im öffentlich-rechtlichen Rundfunksystem die Gebührenordnung, aus der sich dann die gesellschaftlichen Gruppen bedienen können. Das Gemeinwohl wie die Jedermann-Interessen bleiben dabei folgerichtig auf der Strecke. Diese könnten nur durch eine neutrale Positionierung des Staates durchgesetzt werden; ein vergesellschafteter Staat, wie in Deutschland, ist dazu nicht in der Lage.

Der Pluralismusschwindel ist natürlich – wie auch der Schwindel von der Gewaltenteilung und der Meinungsfreiheit – nur *ein* konstitutives Element im Legitimationssystem der BRD, das sich auf so viele Unwahrheiten gründet, daß dieser Stoff allein ein mehrbändiges Buchprojekt rechtfertigen würde. Es sei hierbei nur auf die strafrechtliche Festschreibung der ›Einzigartigkeit deutscher Verbrechen‹ verwiesen, auf die sich die Existenz der Bundesrepublik natürlich ebenso – und in erster Linie – gründet.

Erweist sich das Gerede vom Pluralismus bei näherer Betrachtungsweise als bloße Propaganda, so ist es doch äußerst fragwürdig, wenn sich Vertreter der Neuen Rechten an das liberalistische Gebot des Pluralismus festklammern und auf ihr vermeintliches Recht pochen wollen, ihre konservativen, nationalliberalen und verfassungspatriotischen Standpunkte in das Phantom einer pluralistischen Gesellschaft einbringen zu können.

Mit der gesellschaftlichen Wirklichkeit hat das allerdings kaum etwas zu tun, wenn in Deutschland heute ›Rechtsextremisten‹ in allen Lebensbereichen ausgegrenzt werden: was bei der Kündigung von Bankkonten, der Diskriminierung am Arbeitsplatz und im privaten Umfeld beginnt und bis hin zu Brandanschlägen und körperlicher Gewalt von ›Antifaschisten‹ reicht. Wie sollen nationale Bürger etwas zum ›Pluralismus‹ in der BRD beitragen können, wenn die Gastwirte, bei denen sie Versammlungen abhalten wollen, in den Medien denunziert und vom ›Staatsschutz‹ unter Druck gesetzt werden?

## *Vorgetäuschte Parteienkonkurrenz*

Der Pluralismusideologie im Parteienstaat liegt die Fehleinschätzung zugrunde, daß die bloße Summe von Partei- und Verbandsinteressen mit dem Gemeinwohl des gesamten Volkes übereinstimme. Im Mittelpunkt dieses Irrglaubens steht ein pluralistisches ›Konkurrenzmodell‹ eines Mehrparteiensystems, in dem die vielfältigsten und unterschiedlichsten Parteien um die besten Ideen und Problemlösungen stritten, unter denen dann der wahlberechtigte Bürger auswählen könne.

Bezeichnend ist dann immer wieder, wenn ein lizenziertes Mehrparteiensystem wie in der Bundesrepublik, dessen Parteien in den lebenswichtigen Fragen des Volkes zumeist nicht miteinander konkurrieren, sondern zuungunsten des Gemeinwohls übereinstimmen, einer wirklichen parteipolitischen Konkurrenz feindlich gegenüberstehen, wenn sich diese für das Gemeinwohl einsetzen möchte.[178]

So stimmen in der Berliner Republik beispielsweise alle ›konkurrierenden‹ Bundestagsparteien in der Frage der Zuwanderung von Ausländern überein, nur in der Frage, wie viele Fremde jährlich in unser Land einwandern und hierbleiben sollen, existieren inhaltliche Nuancen, die dann in den etablierten Medien für das Publikum völlig irreführend als große Meinungsverschiedenheiten dargestellt werden, und somit tatsächlich der Eindruck entsteht, als ob beispielsweise in der Ausländerpolitik zwischen CSU und PDS ein großer Unterschied bestünde.

Demgegenüber haben sich sämtliche Bundestagsparteien, auch die der Union, damit abgefunden, daß Deutschland ein ›Einwanderungsland‹ sein soll. Beleg dafür ist die Debatte um die ›deutsche Leitkultur‹, die im Jahre 2000 in den deutschen Medien stattfand und bei der maßgebliche Unionspolitiker – wohl unfreiwillig – zugeben mußten, daß auch sie sich mittlerweile mit einer Einwanderungsgesellschaft abgefunden haben. Denn der Begriff ›deutsche Leitkultur‹ ergibt doch nur dort einen Sinn, wo es neben der deutschen Bevölkerungsgruppe noch Parallelgesellschaften gibt.

Wenn dann alternative Parteien versuchen, den ›Einwanderungs‹-Konsens durch wirkliche Konkurrenz in den inhaltlichen Aussagen zu stören, wie diejenigen, die in den bundesrepublikanischen Verfassungsschutzberichten‹ dem ›Rechtsextremismus‹ zugeordnet werden, dann ist es mit dem ›Pluralismus‹ und der Vorstellung einer ›Parteienkonkurrenz‹ in einem ›Mehrparteiensystem‹ sehr schnell vorbei. So geschehen im Sommer 2000, als infolge eines bislang ungeklärten Bombenanschlages gegen Aussiedler in Düsseldorf eine Verbotskampagne gegen die Nationaldemokratische Partei Deutschlands (NPD) vom Zaun gebrochen wurde, die maßgeblich vom bayerischen Innenminister Günther BECKSTEIN (CSU) ausgelöst und betrieben wurde.

Neben der nicht belegbaren Behauptung, die NPD sei für Anschläge auf Ausländer und Aussiedler verantwortlich zu machen, wurde in den Medien immer wieder für einen Verbotsantrag an das Bundesverfassungsgericht ins Feld geführt, die nationale Partei würde sich für eine ›Neue Ordnung‹ einsetzen, was eben auch ein Verbotsgrund darstellen würde. Auch diese Behauptung wurde auch in den Verbotsanträgen von Bundesregierung, Bundestag und Bundesrat nicht hinreichend begründet. Fest steht hingegen, daß die Propagierung einer ›Neuen Ordnung‹, über die im Detail noch zu sprechen ist, auf Grundlage der Artikel 79 und 146 des Grundgesetzes legal durchsetzbar wäre.

Der Vorwurf der ›Verfassungsfeindlichkeit‹ und ›Verfassungswidrigkeit‹ ist schon deshalb unsinnig, da wesentliche Forderungen der NPD, die auf eine ›Neue Ordnung‹ abzielen, auch bereits von etablierten Politikern vorgeschlagen wurden. So forderte auf ihrem Bundesparteitag im Jahre 2000 die FDP in Nürnberg die Einführung der Direktwahl des Bundespräsidenten und von Volksentscheiden. Den NPD-Parteivorsitzenden Udo VOIGT regte dies zu einer Stellungnahme an. VOIGT erinnerte daran, daß in den achtziger Jahren NPD-Mitglieder ihren Beamtenstatus verloren haben, weil diese »genau die Forderungen zur Reform des Grundgesetzes erhoben haben, die jetzt von der FDP gestellt werden«. Der Diplom-Politologe meinte, daß nun entweder die FDP nachrichtendienstlich überwacht und ihre Beamten disziplinarrechtlich belangt werden müßten oder die betreffenden Urteile gegen ehemalige NPD-Beamte unverzüglich als politische Willkürakte aufzuheben seien.[179]

Nicht nur die FDP, auch andere etablierte Politiker bekennen sich dazu, das Grundgesetz einer Reform unterziehen zu wollen. So legt der ehemalige Verfassungsrichter und Altbundespräsident Roman HERZOG (CDU) in seinem neuen Buch *Strukturmängel der Verfassung*[180] dar, daß er das Grundgesetz für verbesserungsbedürftig hält. Wenn es also für etablierte Politiker statthaft ist, das Grundgesetz neu ordnen zu wollen, warum soll dann ausgerechnet eine ›Neue Ordnung‹, die die NPD unter Verweis auf die Artikel 79 und 146 des Grundgesetzes propagiert, ›verfassungswidrig‹ sein? Die Lizenzparteien sind bisher die Antwort schuldig geblieben.

Ein ordnungspolitisches Denken und eine entsprechende Diskussion über staatspolitische Alternativen zur Bundesrepublik wird unmißverständlich in Artikel 146 des Grundgesetzes legitimiert. Dort heißt es unter »Geltungsdauer des Grundgesetzes«: »Dieses Grundgesetz, das nach Vollendung der Einheit und Freiheit Deutschlands für das gesamte deutsche Volk gilt, verliert seine Gültigkeit an dem Tag, an dem eine Verfassung in Kraft tritt, die von dem deutschen Volke in freier Entscheidung beschlossen worden ist.«

Während also in dieser Passage die Einberufung einer verfassungsgebenden Nationalversammlung als Möglichkeit selbst im Grundgesetz offengelassen wird, ermöglicht Artikel 79 des Grundgesetzes unter »Änderung des Grundgesetzes« die Abänderung des Grundgesetzes durch Gesetz, das von Zwei-Drittel-Mehrheiten in Bundestag und Bundesrat verabschiedet wird, wobei jedoch Ausnahmen formuliert sind: nämlich die Mitwirkung der Länder an der Bundesgesetzgebung sowie Artikel 1 (»Menschenwürde«) und Artikel 20 des Grundgesetzes (»demokratischer und sozialer Bundesstaat«, Volkssouveränität und andere Bestimmungen).

Bundesrepublikanische Rechtsgrundlage für ein Parteiverbot ist Artikel 21 des Grundgesetzes: »(1) Die Parteien wirken bei der politischen Willensbildung des Volkes mit. Ihre Gründung ist frei. Ihre innere Ordnung muß demokratischen Grundsätzen entsprechen. Sie müssen über die Herkunft und Verwendung ihrer Mittel sowie über ihr Vermögen öffentlich Rechenschaft geben.

(2) Parteien, die nach ihren Zielen oder nach dem Verhalten ihrer Anhänger darauf ausgehen, die freiheitlich demokratische Grundordnung zu beeinträchtigen oder zu beseitigen oder den Bestand der Bundesrepublik Deutschland zu gefährden, sind verfassungswidrig. Über die Frage der Verfassungswidrigkeit entscheidet das Bundesverfassungsgericht.«[181]

Nach diesem Wortlaut des Artikels 21 des Grundgesetzes besteht also in der Bundesrepublik zunächst einmal Parteigründungsfreiheit. Die Rechtmäßigkeit einer Parteigründung kann nach dem Wortlaut des Grundgesetzes also nicht nach politisch korrekten Maßstäben ausgelegt werden. Es spielt dabei überhaupt keine Rolle, ob beispielsweise ein Günther BECKSTEIN die Auffassung vertritt, daß die inhaltliche Ausrichtung von bestimmten Parteien nach seiner Auffassung den guten Geschmack verletze. Denn über Geschmack läßt sich bekanntlich streiten.

Ein Parteiverbot ist demzufolge – im Rahmen eines rechtstaatlichen Verfahrens – nur dann statthaft, wenn die betreffende Partei in ›verfassungswidriger‹ Weise darauf abzielt, die freiheitlich demokratische Grundordnung, die durch das Grundgesetz vorgegeben ist, zu beeinträchtigen oder zu beseitigen und den Bestand der BRD zu gefährden. Die ›Verfassungswidrigkeit‹, die nicht mit dem Begriff einer behaupteten ›Verfassungsfeindlichkeit‹ zu verwechseln ist, wird allein durch das Bundesverfassungsgericht festgestellt. Demgegenüber ist das Urteil beispielsweise eines Innenministers oder eines Verfassungsschutzpräsidenten, eine Partei sei ›verfassungsfeindlich‹, eine rein subjektive Meinungsäußerung und somit nicht verfassungsrechtlich ausschlaggebend.

Die Hürden, die das Grundgesetz in Artikel 21 des Grundgesetzes für ein Parteiverbot vorsieht, werden zudem noch durch die Begründungen des Bundesverfassungsgerichtes (BVG) bei den bisher erfolgten Parteiverboten (SRP 1952; KPD 1956) ergänzt und näher ausgeführt: Demzufolge wird in der Verbotsbegründung für das Verbot der Kommunistischen Partei Deutschlands (KPD) aus dem Jahre 1956 vom BVG unmißverständlich festgelegt, daß ein Parteiverbot nur dann verfassungsmäßig zu rechtfertigen sei, wenn die betreffende Partei »aggressiv kämpferisch« bestrebt sei, die FDGO zu beeinträchtigen und zu beseitigen.

Eine bloße Feststellung aus einem Innenministerium oder einem Amt für Verfassungsschutz, die betreffende Partei sei von ihrer inhaltlichen Ausrichtung als ›verfassungsfeindlich‹ einzustufen, reicht jedenfalls für ein Parteiverbot nicht aus.[182] Schließlich können bei der Frage über eine mögliche Verfassungsfeindlichkeit einer Partei die

Meinungen weit auseinandergehen. Wenn beispielsweise der bayerische Innenminister Günther BECKSTEIN die Auffassung vertritt, eine Partei sei in ihrer inhaltlichen Ausrichtung »verfassungsfeindlich«, so ist das – aus der Sicht des Verfassungsrechts – zunächst einmal nur eine Einzelmeinung des Bürgers und Ministers BECKSTEIN.

Weiterhin ist die Behauptung irreführend, daß für ein gewünschtes Parteiverbot allein schon eine vermeintlich »aggressiv kämpferische« Haltung der betreffenden Partei ausreiche. Das Bundesverfassungsgericht hat nämlich im KPD-Verbotsbescheid von 1956 eindeutig bekundet, daß für ein Parteiverbot eine »aktiv kämpferische, aggressive Haltung gegenüber der bestehenden Ordnung« den betreffenden Parteien nachzuweisen ist, und diese darüber hinaus »planvoll das Funktionieren dieser Ordnung beeinträchtigen, im weiteren Verlauf diese Ordnung selbst beseitigen wollen.« Die alleinige »kämpferische«, aber dennoch friedfertige und gesetzestreue Haltung der Anhänger einer Partei beispielsweise bei Demonstrationen, bei denen skandiert wird: »Hier marschiert der nationale Widerstand«, ist hiermit offenbar nicht gemeint, da allein »radikale« (»kämpferische«) Parolen noch nicht den Bestand der FDGO beeinträchtigen. Sonst wäre eine jede Form von wirklicher politischer Opposition gleich mit einem Verbot seitens des Bundesverfassungsgerichts zu belegen.

Weil infolge des NPD-Verbotsverfahrens von etablierter Seite so viel über die »freiheitlich demokratische Grundordnung« geredet wurde, die es angeblich vor dieser Partei zu schützen gelte, sollte noch einmal in Erinnerung gerufen werden, welche tatsächlichen Voraussetzungen für ein Parteiverbot zu erfüllen wären: So bestimmt das Bundesverfassungsgericht die »freiheitlich demokratische Grundordnung« als eine Ordnung, »die unter Ausschluß jeglicher Gewalt- und Willkürherrschaft eine rechtsstaatliche Herrschaftsordnung auf der Grundlage der Selbstbestimmung des Volkes nach dem Willen der jeweiligen Mehrheit und der Freiheit und Gleichheit darstellt. Zu den grundlegenden Prinzipien dieser Ordnung sind mindestens zu rechnen: die Achtung vor den im Grundgesetz konkretisierten Menschenrechten, vor allem vor dem Recht der Persönlichkeit auf Leben und freie Entfaltung, die Volkssouveränität, die Gewaltenteilung, die Verantwortlichkeit der Regierung, die Gesetzmäßigkeit der Verwaltung, die Unabhängigkeit der Gerichte, das Mehrparteienprinzip und die Chancengleichheit für alle politischen Parteien mit dem Recht auf verfassungsmäßige Bildung und Ausübung einer Opposition«.[183]

Darüber hinaus bleibt festzuhalten, daß es in der Berliner Republik nicht sogenannte ›Rechtsextremisten‹ sind, welche die »freiheitlich-demokratische Grundordnung« gefährden, sondern vielmehr sind es die Vertreter der etablierten Parteien und gesellschaftlichen Verbände selbst, die die Grundrechte des Grundgesetzes mit Füßen treten und die verfassungsmäßige Ordnung der Bundesrepublik – wie oben zitiert – beeinträchtigen. Das fängt an mit der Umformulierung des Strafrechtsparagraphen 130 StGB (»Volksverhetzung«) im Jahre 1994 durch Bundestag und Bundesrat von einem bis dahin ›allgemeinen‹ und somit verfassungskonformen Gesetz zu einem verfassungswidrigen Sondergesetz, das jetzt einseitig ein bestimmtes Meinungsspektrum und die Artikulation bestimmter Themen unter Strafverfolgung stellt – vor allem in der Ausländerproblematik und der notwendigen Revision des Geschichtsbildes.

Neben der ständigen Verletzung von Grundrechten, wie das Recht auf Meinungs- und Pressefreiheit (Artikel 5 GG) und auf Versammlungsfreiheit (Artikel 8 GG), durch Vertreter der etablierten Parteien ist es die herrschende politische Klasse selbst, die die vom Grundgesetz gebotene ›Volkssouveränität‹ aushebelt, indem sie staatliche Entscheidungsbefugnisse an die zentralistische Europäische Union abtritt. Die im Grundgesetz festgelegte Prämisse, daß »alle Staatsgewalt vom Volke« auszugehen habe, ist daher schon heute bis zur Unkenntlichkeit verzerrt.

Zum Thema »Parteiverbot« meint der *FAZ*-Autor FELDMEYER, daß das »eine schwerwiegende Sanktion in einem demokratischen Rechtsstaat (ist), und deshalb ist der Nachweis der aktiven Bekämpfung der Verfassung dafür die Voraussetzung. Alle Beteiligten wissen, wie unkalkulierbar die Chancen eines Verbotsantrags sind. Deshalb dient die Forderung nach einer Sonderbehandlung der als rechtsradikal diskreditierten Parteien unausgesprochen auch dazu, Druck auf das Bundesverfassungsgericht aufzubauen. Die Parteien, die im Bundestag sitzen, sind mit der formalen Gleichbehandlung der rechten Parteien, so wie sie das Gesetz vorschreibt, nicht einverstanden«.[184]

Somit ist offenkundig, daß es sich mittlerweile selbst in den Redaktionsstuben der etablierten Presse herumgesprochen hat, daß es die Vertreter des etablierten Parteienkartells im Zweifelsfall mit der von ihnen sonst so oft beschworenen »Parteienkonkurrenz« in einem »Mehrparteiensystem« nicht so ernst nehmen – vor allem dann nicht, wenn ihr abgeschotteter Diskurs von wirklicher Konkurrenz beeinträchtigt wird.

Nach der Auffassung Josef SCHÜSSLBURNERS gehe es der herrschenden politischen Klasse lediglich darum, mittels des Instruments des grundgesetzlichen Parteiverbots »den Deutschen die Wahl unliebsamer Parteien, die tabuisierte Themen aufgreifen könnten, förmlich zu verbieten. Man braucht nicht zu diskutieren, sondern eröffnet allenfalls die ›Verbotsdiskussion‹«.[185]

Bezeichnend ist allemal, daß mit den Verbotsanträgen gegen die NPD – und später vielleicht gegen die DVU und die Republikaner – »wieder einmal ein deutscher Sonderweg eingeschlagen wurde, den kaum ein anderes demokratisch verfaßtes Land dieser Erde für sinnvoll und gangbar hält«, betont Hartmut JÄCKEL (SPD). Der Rechtswissenschaftler und Mitglied der Deutsch-Israelischen Gesellschaft meint außerdem, daß die vom Grundgesetz garantierte Parteigründungsfreiheit ein hohes gesellschaftliches Gut sei, die weder durch inhaltliche Vorgaben noch durch staatlich-administrative Zensur oder Konzessionierung eingeschränkt werden dürfe. Denn: »Zur Verfassungstreue sind politische Parteien als Teil des gesellschaftlichen, des nicht-staatlichen Raumes ebenso wenig verpflichtet wie der einzelne Bürger.«[186]

Somit entpuppt sich der vermeintliche Parteienpluralismus in der Bundesrepublik zunehmend als Kasperltheater, in dem immer das gleiche Stück aufgespielt werden darf. Von einer Vielfalt der Weltanschauungen, Meinungen und sozialen Interessen kann in keiner Weise die Rede sein. Statt dessen wird eine Partei, die konsequent nationale Themen anspricht, mit der Verbotskeule bedroht. Ist die Partei erst einmal verboten, gehen die Herrschenden dazu über, eine mögliche ›Wiederbetätigung‹ des ehemaligen Personals der nun verbotenen Partei nachzuweisen, um Strafen verhängen zu können. Auf diese Weise wird in Deutschland Opposition kriminalisiert und unmöglich gemacht. Der angebliche Parteienpluralismus erweist sich somit aber im realexistierenden Parteienstaat immer mehr als Farce.

## *Systemüberwindung statt Reform*

Beendet werden kann dieser Zustand freilich nicht auf Grundlage des systempolitischen Status quo, sondern nur mittels einer Überwindung des realexistierenden BRD-Parteienstaates. Eine politische Neuordnung muß zur Voraussetzung haben, Staat und Gesellschaft wieder zu trennen, indem die Vergesellschaftung des Staats zurückzuführen ist und den Parteien ausschließlich die Rolle als Vertreterinnen von gesellschaftlichen Sonderinteressen zuzuschreiben ist. Denn wer nicht bereit ist, die gegenwärtige Machtfülle der Parteien – gleich welcher Couleur sie angehören – zu beschneiden, der wird die staatspolitische Misere, in der das deutsche Volk spätestens seit 1918 steckt, nicht lösen können. Dies hängt mit dem Phänomen zusammen, das Robert MICHELS bereits 1910 in seiner *Soziologie des Parteiwesens*[187] als »ehernes Gesetz der Oligarchie« bezeichnet hatte.

Da jede Regierung in der parlamentarischen Demokratie die Unterstützung bei den Wählern zu maximieren versucht, wird sie Ausgaben tätigen, die ihr die meisten Stimmen einbringen und sie mit steuerlichen Maßnahmen finanzieren, die am wenigsten Stimmen kosten. Dieser Umstand führt dazu, daß sich die Regierung kaum für Veränderungsoperationen interessiert. So sorgt die Logik des Parteienwettbewerbs einerseits für politische Kontinuität, den man auch Stillstand (›Reformstau‹) nennen könnte. Andererseits läßt sich damit auch begründen, warum Politiker als eine Art Unternehmer bestrebt sind, ihre Einfluß- und Machtsphäre auszudehnen. Nur dadurch verfügen sie über die notwendigen Ressourcen, die Interessen der großen Gruppen in der Gesellschaft zufriedenzustellen, auf deren Stimmen sie bei der Wahl angewiesen sind.[188]

Schon aus diesem oligarchischen Prinzip heraus erscheinen ein Stillstand zwangsläufig und eine Entflechtung von Staat und Gesellschaft nur auf der Grundlage einer Systemänderung möglich.

Das heute in Deutschland herrschende politische System läßt sich zugespitzt als ›Diktatur einer totalitären Gesellschaft über die Restbestände des deutschen Staates‹ bezeichnen. Die Frage, die aus der vorangegangenen Analyse folgt, ist die nach der Überwindung der herrschenden Zustände. Der liberale Totalitarismus-Theoretiker Juan J. LINZ nennt modellhaft drei Möglichkeiten, wie ein totalitäres System überwunden werden kann: 1) durch eine überlegte Politik der Herrschenden, das totalitäre System abzuschwächen oder zu reformieren (Enttotalitarisierung durch freiwilligen Entschluß der Herrschenden), 2) durch eine interne »Aushöhlung« der Strukturen des totalitären Regimes und eine interne Erosion des ideologischen Glaubens der Kader an das System (Enttotalitarisierung durch Verfall) und 3) durch die Entstehung sozialer, kultureller und sogar wirtschaftlicher Räume, die der totalitären Kontrolle widerstehen oder ihr entgehen (Enttotalitarisierung durch gesellschaftliche Eroberung).[189]

Zieht man diese drei Möglichkeiten heran, so dürfte gemessen an der Bundesrepublik die erste Möglichkeit an der Reformunfähigkeit und dem nicht vorhandenen Willen zur Reform der Herrschenden bereits zum Scheitern verurteilt sein. Die zweite Möglichkeit der Aushöhlung trifft genau die Strategie der Neuen Rechten, die den Kulturkampf im Rahmen des herrschenden Systems gewinnen möchte. Doch ist auch diese Möglichkeit zumindest zweifelhaft, da auch hierzu Reformpotential innerhalb des bestehenden Systems erforderlich wäre. Realistischer für die Zukunft erscheint hierbei schon der dritte Ansatz, den der Neue Nationalismus verfolgt, indem er eine Gegengesellschaft beziehungsweise eine Gegenkultur zum Bestehenden schaffen will, die letzterem allmählich den Boden entzieht.

Diese Gegenkultur entsteht bereits seit den letzten Jahren in sogenannten ›nationalbefreiten Zonen‹, die von nationalen Kulturkämpfern vor allem in mitteldeutschen Kleinstädten und Gemeinden errichtet werden. Darunter ist zu verstehen, daß Nonkonformisten eigene lokale Schwerpunkte bilden, um ihre Vorstellung von Kultur, die nicht nur in der Skinhead-Subkultur liegt, wenigstens in ihrem Wohn- und Arbeitsumfeld durchzusetzen. Dazu gehören Gemeinderatsfraktionen, die die Belange nationaler Bürger in der Kommune vertreten, Bekleidungsläden, nationale Rechtsanwaltskanzleien, Jugendklubs und Gaststätten in der Hand nationaler Wirte und dergleichen mehr.

Die ›Gesellschaft für deutsche Sprache‹ hat die Gefahr erkannt, die von diesen ›nationalbefreiten Zonen‹ dauerhaft für das politische System ausgehen könnte, sollten sich diese flächenbrandartig auf die gesamte Berliner Republik ausbreiten. Deshalb wählte sie im Jahre 2001 die ›nationalbefreiten Zonen‹ zum Unwort des Jahres, weil angeblich Ausländer in diesen getötet würden.

Der Sinn und Zweck dieser nationalbefreiten Zonen liegt vielmehr darin, national gesinnten Deutschen, vor allem der jüngeren Generation, politische und kulturelle Entwicklungsräume zu schaffen, in denen sie nach ihrer Façon glücklich werden können. Niemand aus dem Bereich der herrschenden politischen Klasse regt sich darüber auf, wenn Ausländer sowie ›autonome‹ und ›alternative‹ Gutmenschen ihre ›Stadtteil-Kulturen‹, wie in Berlin-Kreuzberg oder Hamburg-Hafenstraße, gestalten. Aber wehe dem, es entstehen ›nationalbefreite Zonen‹. Dann scheint der Bestand der Republik in Gefahr zu sein.

Mit dem ›Staats‹-Thema des vorliegenden Buches haben die ›nationalbefreiten Zonen‹ insofern unmittelbar etwas zu tun, als diese lediglich die angemessene Reaktion auf die im Herrschaftsbereich des Liberalismus anzutreffende Zerstörung der Staatsdialektik von Schutz und Gehorsam darstellen. In Anlehnung an Thomas Hobbes *Leviathan* könnte man sagen: Weil der schwindende Staat nicht mehr willens und fähig ist, nationale Bürger vor Existenzvernichtung durch das organisierte Gutmenschentum und die ›Multi-Kultur‹ zu schützen, müssen sich diese in ›nationalbefreiten Zonen‹ selbst befreien.

Wo der Staat den Schutz seiner Bürger, auch eines Teiles von ihnen, verweigert, kann dieser auch von den Betroffenen keinen Gehorsam mehr erwarten. Ein wirklicher Rechtsstaat hätte seine Bürger nach Einhaltung von Recht und Gesetz, und nicht nach der Gesinnung zu beurteilen. Wird dagegen mutwillig verstoßen, müssen sich Nonkonforme zwangsläufig Gedanken über eine Neue Ordnung machen. Gerhard SCHRÖDERS vermeintlicher »Aufstand der Anständigen«, zu dem er im Jahre 2000 aufrief, ist die Legitimation für nationalbefreite Zonen. Mit diesem ›Aufstand‹ ist die staatliche Finanzierung von ›antifaschistischen ›Organisationen im gewaltbereiten »Kampf gegen Rechts« verbunden.

## 3. Der Primat der Ökonomie

*»Zu den ernsthaftesten Zeichen des Verfalls der Staatshoheit gehört die Tatsache, daß im Laufe des 19. Jahrhunderts der Eindruck beherrschend geworden ist, die Wirtschaft sei wichtiger als die Politik. Unter den Leuten, die heute irgendwie den Entscheidungen nahe stehen, gibt es kaum einen, der das entschieden ablehnt.«*

Oswald SPENGLER[190]

Der sogenannte Pluralismus im liberalen Parteienstaat gründet auf dem Vorrang der Ökonomie vor der Politik. Nach der sogenannten Green-Card-Initiative, die die Bundesregierung im Jahre 2000 durchführte, um Informatiker aus Indien und anderen Ländern der Welt zu werben, meldeten auch die Bau- und Chemiebranche einen Bedarf an zusätzlichen Arbeitskräften aus dem Ausland an. Mag dieser Nachfrageüberhang auf dem Arbeitsmarkt in manchen Wirtschaftssektoren durch Versäumnisse in der Bildungspolitik bedingt sein, so wirft doch die demographische Katastrophe ihre Schatten voraus.

Mit der Gründung der Europäischen Wirtschaftsgemeinschaft setzten die Initiatoren 1957 einen Prozeß in Gang, der sich durch eine besondere Eigendynamik auszeichnete. Nicht die Schaffung einer supranationalen Exekutive und Legislative sollte Europa vereinigen, sondern eine weitgehende Entpolitisierung des Wirtschaftsgeschehens. An die Stelle staatlicher Marktaufsicht trat das Prinzip der ›Regulierung‹ der Märkte durch den freien Wettbewerb. Die Idee, einen gemeinsamen europäischen Markt, nicht aber einen gemeinsamen europäischen Staat zu schaffen, erforderte eine europäische Wirtschaftsordnung staatsfreier Wettbewerbsmärkte. Es ist somit kein Zufall, daß die Europäische Kommission nur in der Wettbewerbspolitik eine unmittelbare exekutive Befugnis besitzt. Nur hier kann sie direkt gegen Bürger eines Mitgliedstaates Anordnungen treffen und Bußgelder verhängen.

Parallel zur Entstehung von Freihandelszonen wie der EU vollzieht sich ein Prozeß der wirtschaftlichen Integration der Weltgesellschaft. Der Freihandel auf der Grundlage der Meistbegünstigung ist auf globaler Ebene das Analogon zum Prinzip des freien Wettbewerbs im Rahmen der EU. Unter der Führung der USA ist in den vergangenen Jahrzehnten eine immer tiefere, mutuale wirtschaftliche Durchdringung der Staaten der Welt erreicht worden. Die Globalisierung, also die ökonomische Dimension der ›Pax Americana‹, zwingt die Staaten zur Aufgabe ihrer ordnungspolitischen Kompetenz und überantwortet das Marktereignis dem Regulativ eines entpolitisierten Wettbewerbs. Nationale Politik ist jetzt kein Akt staatlicher

Souveränität mehr, sondern reduziert sich auf ein technokratisches Verwaltungsprinzip im Dienste der ›westlichen Wertegemeinschaft‹.

Für die Völker bedeutet der Vorrang der Ökonomie vor der Politik ein Absinken in die Apolitizität eines neutralisierten Daseins. An die Stelle des historischen und kulturell geprägten Menschen tritt das Konstrukt des *homo oeconomicus*. Für die auf einen merkantilen Lebensentwurf reduzierten *homines* ist ihr generatives Verhalten jeder identitären Verpflichtung entbunden. Indem der einzelne Mensch nicht mehr als artgebundener Bestandteil seines Volkes begriffen wird, sondern auf das Abstraktum eines Konsumenten und Produzenten zurückgeworfen ist, wird er beliebig ersetzbar. Die Implosion des deutschen Bevölkerungsbestandes bei gleichzeitig stark ansteigender Einwanderung fremdethnischer Population ist systemimmanent. Der Ökonomismus erzwingt die Überfremdung als scheinbare Notwendigkeit. In Wirklichkeit ist der wirtschaftliche Nutzen des angeblich benötigten Einwanderers allenfalls ein Korrektiv der Symptome eines völkervernichtenden Systems.

Ökonomie ist nur im Zusammenhang mit der menschlichen Lebenswelt zu begreifen. Soll die Dynamik der Wirtschaft nicht zum Selbstzweck werden und letztlich zerstörerisch wirken, braucht sie eine Rückbesinnung auf außerwirtschaftliche Maßstäbe. Nur bei Vorrangstellung der Politik, die die biokulturelle Identität der Völker als gewolltes Schicksal versteht, kann die Ökonomie ihrem eigentlichen Sinn, nämlich eine Grundlage für die volle Entfaltung des Lebens zu schaffen, gerecht werden.[191]

Nach Einschätzung von Juan J. LINZ gab es im 19. Jahrhundert ein ziemlich stabiles Gleichgewicht zwischen dem Vorrang der Ökonomie und politischen Veränderungen. Die Bourgeoisie machte die wirtschaftliche Revolution, die industrielle, die agrarische und die im Servicesektor, und forderte politische Veränderungen. Zugleich war dies, wie SCHUMPETER anmerkt, in gewissem Sinne durch die politische Legitimität vorindustrieller politischer Strukturen geschützt. Die konstitutionellen Monarchien waren ein Ergebnis dieses Kompromisses.

Dagegen war das ›kurze 20. Jahrhundert‹ von 1914 bis 1989 durch den Slogan »Politique d'abord!« (Politik zuerst!) von Charles MAURRAS, dem Ideologen der französischen Action Française, geprägt – sei es nun im Bolschewismus, im Faschismus oder im Nationalsozialismus oder sogar in parlamentarischen Demokratien mit ihrer keynesianischen Politik nach dem Zweiten Weltkrieg.

Heute, zu Beginn des 21. Jahrhunderts, erleben wir den unbestreitbaren Erfolg der kapitalistischen Marktwirtschaft, gleich unter welchem politischen Regime. Dies hat die Tore für eine ökonomische, neoliberale Sicht auf eine Politik geöffnet, die die Bedeutung von Institutionen und politischer Legitimität unterschätzt oder ignoriert. Bei der Vorherrschaft des Politischen wurde Macht, deren Maximierung innerhalb der Nation oder zwischen ihnen, zu einem Ziel an sich. Militärausgaben statt Konsumtion.

Diese negativen Konsequenzen des Liberalismus bewegt Juan J. LINZ zu der Erkenntnis, daß die absolute Vorherrschaft der Wirtschaft, des Eigentums und des Marktes zwar zu individueller Wohlfahrt führen kann – jedoch auch zur Negierung und Vernachlässigung gemeinschaftlicher Güter und Werte. Gefordert sei deshalb eine Balance zwischen Politischem und Wirtschaftlichem, was in Demokratien möglich sein könne, jedoch nicht von selbst komme.[192]

Wer über den Vorrang der Ökonomie und/oder den der Politik spricht, für den stellt sich die Frage nach dem Verhältnis zwischen Staat und Wirtschaft sowie zwischen Staat und Gesellschaft. Die grundsätzliche Frage erkannte bereits Oswald SPENGLER im Jahre 1922: »Wir wissen jetzt, was auf dem Spiele steht: nicht das deutsche Schicksal allein, sondern das Schicksal der gesamten Zivilisation. Es ist die entscheidende Frage nicht nur für Deutschland, sondern für die Welt, und sie muß in Deutschland für die Welt gelöst werden: soll in Zukunft der Handel den Staat oder der Staat den Handel regieren?«[193]

Wenn aber – wie der Verfasser voraussetzt – der Staat die Geschicke des Staatsvolkes bestimmen soll, und nicht gesellschaftliche Interessengruppen, so ist der Staat mit einem großen Maß an Souveränitätsrechten auszustatten. In der Publizistik wird jedoch oftmals der Begriff der staatlichen ›Souveränität‹ einseitig in außenpolitischer Hinsicht behandelt, so, als ob es die Kehrseite der ›Souveränitäts‹-Medaille, die innenpolitische Souveränität des Staates, nicht zu berücksichtigen gelte.

Gerade nationale Publizisten und Theoretiker fordern gern – wogegen der Verfasser keine Einwände erhebt – die volle Handlungsfreiheit und Selbstherrlichkeit, sprich: Souveränität, des deutschen Nationalstaates in der Europa- und Weltpolitik. Es gehe darum, den Verlust der nationalen Souveränität umzukehren: Dies betrifft den Abbau der nationalstaatlichen Souveränitätsrechte in der Außenpolitik an supranationale Organisationen (etwa EU, WTO, NATO, UNO).

Zur wiederherzustellenden Souveränität des Staates gehört aber auch, diese Souveränität wieder nach ›innen‹ herstellen zu wollen. Beides, die Außen- sowie die Innenbetrachtung der mangelnden Souveränität deutscher Staatlichkeit, sind die beiden Seiten der einen (Souveränitäts-) Medaille. Das ›innere‹ Souveränitätsproblem besteht darin, daß der bundesrepublikanische Parteienstaat (ein begrifflicher

Widerspruch in sich) die staatliche Aufgabe, nämlich die Wahrung des Allgemeinen Interesses (Volksmund: Gemeinwohl) deshalb nicht mehr vertreten kann, weil die Gesellschaft, vor allem die politischen Parteien, die Interessenverbände und das organisierte Gutmenschentum, sich den »Staat zur Beute« gemacht hat (H. H. VON ARNIM).

Die Vertreter der bundesrepublikanischen Gesellschaft streben, dies läßt sich anhand vieler Beispiele beweisen, in der öffentlichen Sphäre nach ihren ganz persönlichen (privaten) und besonderen (gesellschaftsgruppenspezifischen) Interessen. Um dieses Ziel erreichen zu können, wird dann der Staat, oder was von ihm übriggeblieben ist, für gesellschaftliche Zwecke instrumentalisiert. Der Staat in seinem eigentlichen Sinne des Allgemeinen Interesses ist demzufolge dann kaum mehr wahrnehmbar.

Somit läßt sich auch erklären, wie es dazu kommen kann, daß beispielsweise die Herren Johannes RAU und Paul SPIEGEL während einer Gutmenschenveranstaltung am 9. November 2000 in Berlin den Eindruck erweckten, als ob ihre besonderen Interessen, nämlich die gesellschaftspolitischen Interessen von SPD und Zentralrat der Juden in Deutschland, mit dem Allgemeinen Interesse des Staates und somit mit dem Gemeinwohl des deutschen Volkes gleichzusetzen wären. Während dieser Veranstaltung, an der laut Medienberichten insgesamt 100 000 Menschen teilgenommen haben sollen, um gegen ›Rechtsextremismus‹, ›Antisemitismus‹ und ähnliches mehr zu demonstrieren, nahmen neben hochrangigen Amtsträgern der Berliner Republik ganze Betriebsbelegschaften und Schulklassen teil.

Dieses Beispiel macht deutlich, wie in der Bundesrepublik das Staatliche parteipolitisiert, privatisiert und letztendlich somit entwertet wird. Nicht mehr die Einhaltung der allgemeinen Gesetze und Rechtsgrundsätze, die für alle Bürger, unabhängig ihrer politischen Standpunkte zu gelten haben, stehen nun im Mittelpunkt des öffentlichen Interesses, sondern die Instrumentalisierung des Staates für gesellschaftliche und parteipolitische Interessen.

Bei dieser öffentlichen und tabuisierten Debatte gerät völlig aus dem Blickwinkel, was überhaupt der Staat, in seinem parteineutralen Sinne, für eine Bedeutung hat. Was sind die Aufgaben des Staates, muß deshalb die Frage lauten? Der Staat hat – zumindest aus nationaler Sicht – die Aufgabe, die Integrität seines Staatsvolkes und dessen Lebensraum zu schützen. Dazu gehören die Aufrechterhaltung und Schaffung einer für alle Staatsbürger gleich geltenden Rechtsordnung, die Schaffung und Aufrechterhaltung eines qualitativ hochwertigen Bildungs- und Ausbildungssystems sowie eines nach dem Prinzip sozialer Gerechtigkeit ausgerichteten Sozialstaates.

Ebenso gehört zu den Aufgaben des Staates die Gestaltung der Wirtschaftsräume und der Märkte. Das bedeutet also, daß der Staat in der Wertehierarchie über der Wirtschaft zu stehen hat und nicht wirtschaftliche Marktinteressen den Staat zu vereinnahmen haben. Dem Staat steht somit in der Wirtschaftspolitik das Strategiemonopol zu, den Unternehmern verbleibt ihre Taktikfreiheit.

Die Marktwirtschaft ist dabei kein Selbstzweck und schon gar nicht die alleinmögliche Form des Wirtschaftens, sondern ihr stehen in einem Volksstaat, der sich einer umfassenden und ausgewogenen Politik der Volkswirtschaft verpflichtet weiß, immer auch staatliches Eigentum, vor allem bei den Banken, der Rüstungsindustrie, der Energiewirtschaft sowie Post und Bahn zur Seite, weil hierbei das Gemeinwohl zu offensichtlich im Vordergrund steht, als diese Wirtschaftssparten dem ›freien Wettbewerb‹ zu überlassen. Ebenso ist den Formen genossenschaftlichen und kommunalen Eigentums, beispielsweise beim öffentlichen Nahverkehr und der städtischen Versorgung, großer Spielraum im Rahmen der gesamten wirtschaftspolitischen Strategie einzuräumen.

Zu dem erforderlichen staatlichen Strategiemonopol gehört auch, daß es der staatlichen Wirtschafts- und Raumordnungspolitik obliegt, die Wirtschaftsräume nach Maßgabe der völkisch-kulturell-ökologischen Lebensräume zu gestalten, während die Finanz-, Steuer-, Kredit- und Währungspolitik für funktionsfähige Märkte verantwortlich ist. Zum Schutz der Wirtschaftsräume und der Märkte sind staatliche Rahmenbedingungen in Form einer raumorientierten Marktordnung im Inneren und eines angemessenen Außenschutzes nach außen erforderlich.

Zur Wahrnehmung dieser Aufgaben bedarf es eines starken und souveränen Staates. Die staatliche Planungs- und Gestaltungshoheit muß deshalb auch außenpolitisch in allen Bereichen wiederhergestellt werden, zum Beispiel in der Währungs- und Finanzpolitik, in der Industriepolitik, in der Agrar-, Lebensmittel- und Gesundheitspolitik, im Bereich des nationalen Grenzregimes und dergleichen mehr. Die auf Internationalisierung und internationale, kapitalistische Kontrolle der Wirtschaft hinauslaufenden internationalen Vereinbarungen, wie die EU- und GATT-/WTO-Verträge, müssen zum frühestmöglichen Zeitpunkt gekündigt und durch sinnvolle bilaterale Handelsvereinbarungen ersetzt werden. In der Zwischenzeit müssen Bestrebungen, durch weitere Fesselungsverträge, wie etwa den berüchtigten MAI-Vertrag, die nationalstaatlichen und regionalen Wirtschaftskompetenzen noch stärker zu beschneiden, mit größter Entschlossenheit bekämpft werden.[194]

# IV.
# Volk und Interessen

*»Das Wohl des Volkes soll oberstes Gesetz sein.«*
CICERO[195]

*»Heerscharen von Politologen und Soziologen haben uns einreden wollen, daß das Nationalgefühl im Absterben sei, daß einschlägige Erscheinungen nur Produkte unbewältigter Sozialkonflikte oder populistischer Agitatoren sind. Nichts falscher als das: Es gibt eine natürliche Sehnsucht der Menschen, sich zu einem Wir zusammenzufinden, sich von den anderen abgrenzen zu wollen. Wer das ignoriert, wer glaubt, daß man beschriebenen Phänomenen mit Worten wie Rassismus oder Chauvinismus einfach totschlagen kann, der macht eine falsche Politik, die sich bitter rächen wird.«*
Andreas UNTERBERGER[196]

*Identität, Solidarität und Souveränität sind die Grundpfeiler des Volksstaats.*

Abbildung:

*Maibaum-Fest im 16. Jahrhundert.*

Aus den vorangegangenen beiden Kapiteln des Buches, in denen eine Auseinandersetzung mit den Auswüchsen des realexistierenden Parteienstaates der BRD erfolgte, folgt unweigerlich die Frage nach den Interessen der politischen Gesamtheit, die hier zu behandeln ist, nämlich Volk und Staat. Um es vorwegzunehmen: Die Summe der Interessen von Parteien und sozialen Gruppen ergibt noch lange nicht das, was wir das ›Allgemeine Interesse‹ nennen, das der Staat zu vertreten hat zugunsten des Gemeinwohls des gesamten Volkes. Bevor es jedoch daran geht, die nationalen Interessen des Volkes zu bestimmen, muß an dieser Stelle kurz auf die Begriffe an sich, nämlich das ›Volk‹ und die ›Nation‹, eingegangen werden.

## *Begriffsbestimmung – ›Volk‹, Nation‹, ›Nationalismus‹*

Die generationenumfassende Gemeinschaft eines jeden deutschen Staates ist das, was das Grundgesetz unter »deutschem Volk« versteht. Nach Artikel 56 in Verbindung mit Artikel 64 Absatz 2 des Grundgesetzes schwören der Bundespräsident und die Mitglieder der Bundesregierung, ihre Kraft »dem Wohl des deutschen Volkes zu widmen« und »Schaden von ihm zu wenden«. Wer hier die Worte »deutsches Volk« durch die Worte ›Gesamtheit der deutschen Staatsangehörigen‹ ersetzt, wird, sofern er ein Mindestmaß an Sprachgefühl besitzt, den Unterschied bemerken und nicht länger behaupten können, das deutsche Volk im Sinne des Grundgesetzes bestehe lediglich aus der Summe der deutschen Staatsangehörigen und sei daher durch einen Verwaltungsakt, durch Verleihung der deutschen Staatsangehörigkeit an Angehörige fremder Völker, beliebig erweiterbar. Leider ist genau dieser Fall durch Änderung des Staatsbürgerschaftsgesetzes zum 1. Januar 2000 eingetreten.

Aus nationaler und bisher gültiger staatsrechtlicher Sicht gilt der Eid nicht einer nur durch das Band der deutschen Staatsangehörigkeit im formaljuristischen Sinn verbundenen, möglichen ›multinationalen Gesellschaft‹, sondern der Gemeinschaft der Angehörigen des deutschen Volkes im natürlichen, ethnischen Sinne, für die der deutsche Staat ›ihr Staat‹ und ihre Schicksalsgemeinschaft ist.[197]

Ausgangspunkt allen nationalen Denkens ist also das ›Volk‹. Das Volk ist eine durch gleiche Abstammung, Sprache, Geschichte und Schicksal bestimmte menschliche Gemeinschaft, die ›Nation‹ ist im wesentlichen ein zum ›Volk‹ synonym zu verwendender Begriff, wobei die ›Nation‹ sozusagen eine qualitative Steigerung des ›Volkes‹ darstellt. Während das ›Volk‹ allein aufgrund seiner biologischen Existenz vorhanden ist, durch die Evolution zu dem geworden ist, was es heute ist, ist mit ›Nation‹ das ›Volk‹ zu bezeichnen, das sich seiner völkischen Existenz bewußt ist, das sozusagen ein kollektives ›Nationalbewußtsein‹ besitzt.

Zur ›Nation‹ gehört demnach nicht nur die bloße biologische Existenz, die allein bereits das ›Volk‹ ausmacht, sondern die geistige Dimension, das Bewußtsein der Zusammengehörigkeit. In umgekehrter Weise kann natürlich auch ein Volk gedacht werden, das sich seiner Gemeinschaft nicht unbedingt im Sinne einer Nation bewußt ist, diese aber instinktiv und unbewußt erlebt und lebt. Gemeinsam ist Volk und Nation, daß sie sich wie alle Lebensvorgänge des Wachstums als unumkehrbare Vorgänge erweisen. Genauso, wie das Volk die vor allem biologische Grundlage des Staates darstellt, ist die Nation die geistige und politische. Volk und Nation sind daher die naturgegebenen Grundelemente der Welt und der Politik. Und der Staat ist nach KJELLÉN die »Lebenssehnsucht der Nation«.[198]

Der Nationalismus wiederum stellt zur Bewußtwerdung eines Volkes zur Nation eine weitere qualitative Steigerung dar. Mit ihm ist die politische Bewegung zu bezeichnen, deren Mitstreiter nicht nur ein passives geistiges Nationalbewußtsein besitzen, sondern auf Grundlage dieses Bewußtseins aktiv werden im Sinne eines politischen nationalen Programmes.[199]

Wer nun der Frage nach den soeben erwähnten nationalen Interessen nachgeht, der stößt bei seiner Recherche auf die verschiedensten nationalen und oftmals parteipolitischen Programme. Viele dieser Schriften stellen sich dem Außenstehenden jedoch als eine willkürliche Ansammlung von politischen Forderungen dar. Sie reichen von einem Zuzugsstopp von Ausländern, der Beibehaltung der D-Mark und des Nationalstaates, einem europäischen Staatenbund der europäischen Vaterländer anstatt eines zentral regierten europäischen Bundesstaates, in dem die Nationen und ihre Landschaften zu sogenannten ›Euro-Regionen‹ herabsinken. Auch ist in nationalen Programmen die Rede von mehr innerer Sicherheit vor Kriminalität und dem Schutz der deutschen Sprache sowie einem unverkrampfteren Umgang mit der deutschen Geschichte. Die Aufzählung ließe sich beliebig fortsetzen.

## *Entwicklungsgrundlagen des Volkes*

Die Frage stellt sich jedoch, ob solche politischen Forderungen nationaler Politiker und Parteien wirklich eine zufällige und somit nicht gliederbare Ansammlung darstellen, oder ob diesen möglicherweise eine ›innere Logik‹, ein oder mehrere gemeinsame Nenner zugrunde liegen? Gibt es sozusagen einen ›inneren Kern‹, einen Wesensgehalt, von dem aus sich sämtliche einzelnen nationalen Inhalte ableiten lassen - wie von einer mathematischen Grundformel?

Diese Formel gibt es. Der Verfasser hat diese in seinem mittlerweile ungefähr ein Jahrzehnt andauernden publizistischen Wirken herausgearbeitet. Das Wesen einer nationalen Politik läßt sich - als kleinster gemeinsamer Nenner - auf drei politische Grundelemente zurückführen: nationale Identität, nationale Solidarität und nationale Souveränität. Anhand dieser drei Grundprinzipien läßt sich ein jedes authentisch nationales Programm erklären und nachvollziehen.

# 1. Nationale Identität

*»Nationen haben ein Ich, ganz wie Individuen.«*
James JOYCE[200]

Das Grundanliegen schlechthin, das nationale Politik ausmacht, ist die Forderung nach Bewahrung und Weiterentwicklung von nationaler Identität. Mit ›nationaler Identität‹ ist zunächst einmal nichts anderes gemeint, als daß sich der Nationalist, der sich vom Chauvinisten unterscheiden muß, für einen Ethnopluralismus auszusprechen hat, der sich wiederum darin ausdrückt, daß der Nationalist oder der Ethnopluralist in der Vielfalt der Völker, Rassen und Kulturen dieser Welt einen Wert, eine Notwendigkeit an sich sieht.

Wo der ausschließliche Ökologe einen Sinn in der Arterhaltung im Tier- und Pflanzenreich sieht, denkt der Nationalist weiter und bezieht diesen gedanklichen Grundansatz auf alle Lebewesen dieser Erde, also somit auch auf die Menschheit, die es als solches für ihn singulär nicht gibt, sondern immer nur pluralistisch in der Vielzahl der Völker, Rassen und Kulturen.

Wenn der ausschließliche Ökologe sagt: »Global denken – lokal handeln!«, dann überträgt der Nationalist diese Weisheit nicht nur auf das Tier- und Pflanzenreich, sondern ebenso auf den Menschen. »Global handeln« heißt hierbei nichts anderes, als zunächst einmal bestrebt zu sein, den eigenen Stamm, das eigene Volk gegen Überfremdung zu schützen. Und dieses Anliegen ist – betrachtet man sich die demographische Entwicklung der Wohnbevölkerung in der Bundesrepublik und in Österreich – aktueller und dringender denn je.

Das Gemeinschaftsverständnis des Nationalisten geht dabei immer vom Volk als biosoziologischer Einheit aus. Ebenso wird als selbstverständlich vorausgesetzt, daß völkisch-kulturelle Strukturen eine wichtige, ja eine unverzichtbare Aufgabe im Leben der Menschheit haben. Sie sind auch nicht ›vom Himmel gefallen‹, sondern entwickelt worden. Ihre Bedeutung in der Theorie des Nationalismus liegt nicht so sehr darin, daß man sie als etwas Monolithisches, Unveränderliches hinnehmen müsse, sondern vielmehr darin, daß man sie bejahen und unterstützen sollte, weil sie für die Menschen gut und notwendig sind.

Die Menschen haben eine angeborene Neigung, solche Strukturen zu entwickeln, und diese Neigung hängt vermutlich eng mit der Menschwerdung zusammen. Die Entwicklung zu einer eigenständigen Kultur und zu einem Volk erfordert Abgrenzung und Schutz des betreffenden Kulturkeimes gegen übermächtige fremde Einflüsse. Für die Bewahrung völkisch-kultureller Strukturen unter modernen Bedingungen ist ein entsprechender politischer Willensakt erforderlich. Ein Volk, wie jedes andere lebende System, ist mehr als die Summe seiner Bestandteile, insbesondere auch mehr als die Summe seiner völkischen Merkmale. Deswegen kann seine Erhaltungswürdigkeit nicht etwa aus der Einmaligkeit und Unverwechselbarkeit seiner einzelnen Merkmale, sondern nur aus der Leistung seines gesamten Wirkungsgefüges abgeleitet werden.[201]

## *Völkisches Prinzip – Wesenskern nationaler Identität*

Der Wesenskern der politischen Definition von nationaler Identität ist das völkische Prinzip, ohne das – und soviel muß feststehen – eine authentisch nationale Politik, die sich von reinem (Verfassungs-) Patriotismus zu unterscheiden hat, überhaupt nicht vorstellbar ist. Man kann sich vielleicht unter Nationalisten in Themen der Wirtschafts- und Sozialpolitik uneinig sein; hier bestehen erhebliche Spielräume für Diskussionen innerhalb des nationalen Lagers in Deutschland. Doch das völkische Denken ist ein unverzichtbarer Bestandteil nationaler Politik; wer dieses negiert, steht konsequenterweise im Widerspruch zum Nationalismus, nicht nur in Deutschland, sondern weltweit. Denn die hier zu besprechenden Grundprinzipien einer nationalen Politik sind nicht nur für das deutsche, sondern für alle Völker gültig.

Die Ursprünge des völkischen Denkens sind nicht im Dritten Reich (1933–1945) und der Entstehungsgeschichte des historischen Nationalsozialismus (nach 1918) zu suchen, auch nicht in der Alldeutschen Bewegung um Persönlichkeiten wie den Ritter VON SCHÖNERER (Ende des 19. Jahrhunderts), sondern die theoretischen Fundamente des völkischen Denkens in Deutschland lassen sich bis Anfang des 19. Jahrhunderts zurückverfolgen – zu einer Zeit also, als man das heute so viel geschmähte Wort ›Nationalsozialismus‹ noch gar nicht buchstabieren konnte. Der Meilenstein in der theoretischen Propagierung des völkischen Gedankens ist das Jahr 1815, mit dem die Gründung der Jenenser Urburschenschaft verbunden ist.

Diese Jenenser Urburschenschaft von 1815 entstand nun eindeutig aus der Idee der ›deutschen Einheit‹. Diese Idee einer ›Einheit der Deutschen‹, die ihre Wurzeln in den Napoleonischen Befreiungskriegen hatte, ist *die* geistige Grundlage nationalen Denkens. Dieses damalige Streben der Jenenser Urburschenschaft nach ›deutscher

Einheit‹ zehrte aus dem Ideenbestand vor allem dreier Männer, die als geistige Urväter der burschenschaftlichen Bewegung gelten können: Ernst Moritz ARNDT, Johann Gottlieb FICHTE und Friedrich Ludwig JAHN. Insbesondere Friedrich Ludwig JAHN nimmt in der burschenschaftlichen Ideengeschichte eine zentrale Stellung ein, sofern er vermutlich als erster in schriftlicher Form im Jahre 1810 das von ihm so genannte »Deutsches Volkstum« formulierte:

»Was Einzelheiten sammelt, sie zu Mengen häuft, diese zu Ganzem verknüpft, solche steigernd zu immer größerem verbindet, zu Sonnenreichen und Welten eint, bis alle sämtlich das große All bilden – diese Einigungskraft kann in der höchsten und größesten und umfassendsten Menschengesellschaft, im Volke, nichts anderes genannt werden als – Volkstum. Es ist das Gemeinsame des Volkes, sein innewohnendes Wesen, sein Regen und Leben, seine Wiedererzeugungskraft, seine Fortpflanzungsfähigkeit. Dadurch waltet in allen Volksgliedern ein volkstümliches Denken und Fühlen, Lieben und Hassen, Frohsein und Trauern, Leiden und Handeln, Entbehren und Genießen, Hoffen und Sehnen, Ahnen und Glauben.«[202]

JAHN spricht nicht von der geographischen Einbindung in umgrenztes Terrain, sondern von einem inneren Wesensgehalt, einer mentalen Übereinstimmung, die ein Volk zusammenhält. Das macht sich, so auch JAHN in dieser Schrift, besonders bei der Bedrohung durch äußere Feinde (hier waren die Franzosen gemeint) bemerkbar. Man kann davon ausgehen, daß in Krisenzeiten das Zusammengehörigkeitsgefühl, wie in Familien, so auch im Volk selbst, natürlich gestärkt wird. Aber JAHN sah darüber hinaus den deutschen Volkscharakter in einer einigenden Kraft als Gegenpol zum bisher vorherrschenden Partikularismus. Damit schärfte JAHN den Blick für die Tatsache, daß entgegen den bisherigen Denkschemata der Aufklärung nicht mehr der Einzelne, das Individuum, den zentralen Raum des damaligen Weltbildes einnahm, sondern das sich auf gemeinsamer Abstammung, Kultur, Geschichte und Mentalität gründende Volk.

Das deutsche Volk begann sich auf eigene Traditionen zu besinnen, sich ›wiederzuentdecken‹. Die zunehmende Bedrohung von außen sprach auch Ernst Moritz ARNDT – bereits 1803 – in seiner Abhandlung *Germanien und Europa* an:

»Ruhe, oft Trägheit des Charakters, stille Arbeitsamkeit, Gutmütigkeit gepaart, sind Hauptzüge der Deutschen. Dies gibt Beharrlichkeit und Ordnungsliebe, daher wäre wohl keine Nation mehr für eine einfache und freie Verfassung geboren, als meine. Jetzt aber bei der Vielherrschaft, bei dem immer mehr sterbenden Rest des deutschen Sinnes durch diese sich immer häufiger raufende Vielherrschaft, bei dem Versinken des letzten festen Bodens, worauf Deutschland bisher stand, bei dem schon tyrannisch wachsenden Einfluß der Fremden: wer ahnet nicht zuletzt ein italienisches und polnisches Geschick des Vaterlandes? Die Nation wird sich verderben von Jahrzehnt zu Jahrzehnt, nichts Eigenes und Gemeines wird bleiben.«[203]

Diesen Volkstumsbegriff, den JAHN, ARNDT und auch FICHTE definierten, ist nun genau das, was heutige Gutmenschen unter der Rubrik ›Biologismus‹ ablegen wollen – nämlich einen biologisch-genetisch bestimmten Volkstumsbegriff. Man gehört eben von seiner Abstammung her zu diesem Volk dazu, oder eben nicht. So einfach ist das. Wie sonst könnte man die JAHNschen Termini ›Wiedererzeugungskraft‹ oder ›Fortpflanzungsfähigkeit‹ verstehen? Ein Verfassungspatriotismus nach dem Motto: Deutscher ist, wer sich zu Verfassung, Armee und staatlicher Symbolik bekennt sowie die deutsche Sprache erlernt, kann damit jedenfalls nicht gemeint sein.

Dieser JAHNsche Begriff vom ›Deutschen Volkstum‹ wurde in späterer Zeit auch völkisches Prinzip genannt, der Verband ›Deutsche Burschenschaft‹ nennt dies heute – um nicht in die Nähe des Dritten Reiches gerückt zu werden – »Volkstumsbezogener Vaterlandsbegriff«. Das ist nur eine andere Umschreibung für denselben Inhalt, und dies heißt nichts anderes, als daß Deutscher ist, wer deutscher Abstammung ist.

Diese Position sollte nun – bezieht man diese auf die Gegenwart – völlige Gültigkeit besitzen sowohl für die Aufnahme von Mitgliedern in nationale Organisationen als auch was die Diskussion um die deutsche beziehungsweise deutsch-österreichische Staatsbürgerschaft betrifft. Es gilt hierbei, zwischen Auslandsdeutschen und im Inland lebenden Fremden klar zu unterscheiden. Ein Mensch zum Beispiel, der deutsche Eltern hat, aber im Ausland (zum Beispiel in Chile oder Rußland) geboren ist, gilt als Deutscher, nicht jedoch zum Beispiel ein Türke, der in Wien oder Frankfurt/Main geboren ist.

Das gleiche Prinzip läßt sich auch auf die Staatsbürgerschaft übertragen: Auch hier muß der Nationalist eindeutig Farbe bekennen, nämlich zugunsten des – wie der Jurist sagt – *jus sanguinis* (Blutsrecht nach der Abstammung) und zuungunsten des *jus soli* (Ortsrecht nach dem Geburtsort).

Für den deutschen Nationalisten, der sich dieses völkischen Prinzips bewußt ist, rangiert immer das deutsche Volk vor irgendeinem deutschen Staat. Die Solidarität gilt zuerst den Lebensinteressen des deutschen Volkes, der Wert eines Staates auf deutschem Boden bemißt sich für den Nationalisten allein danach, was dieser in der Lage ist, für die Interessen des deutschen Volkes zu tun. Hierbei gilt es zu bedenken, daß die Prinzipienfestigkeit zugunsten des völkischen Prinzips durch den Verlauf der deutschen Geschichte auch belohnt wird. Ein gesellschaftlicher Großverband wie die ›Deutsche Burschenschaft‹ (DB) verdankt nämlich seine Existenz über nahezu zwei Jahrhunderte der Tatsache, daß die Mehrheit seiner Mitglieder und Vertreter an diesem identitätsstiftenden völkischen Prinzip festgehalten hat.

Mit diesem Festhalten der Deutschen Burschenschaft am völkischen Prinzip ist auch eine kritische Distanz zu den jeweils herrschenden Verhältnissen verbunden, die den prinzipientreuen Burschenschafter immer ausgezeichnet hat. Dies ist auch der Grund, weshalb die Burschenschaften sämtliche Staaten auf deutschem Boden überlebt haben: die K u. K.-Monarchie wie das kleindeutsche Zweite Kaiserreich, die Weimarer Republik wie den Austrofaschismus, das Dritte Reich wie auch die DDR. Der Verfasser wagt auch die Prognose, daß die Burschenschaften in den beiden deutschen Staaten, sollte sie diese kritische Distanz auch weiterhin bewahren, auch die Bundesrepublik und die Republik Österreich unserer Tage überleben werden. Diese beiden Staaten sind ja gerade dabei, sich selbst aufzulösen, um in einem europäischen Zentralstaat aufzugehen.

Als Fazit aus dieser Betrachtung kann vorläufig gezogen werden, daß völkischer Nationalismus und Verfassungspatriotismus sich gegenseitig ausschließen – was nicht heißen soll, daß ein Nationalist nicht loyal zu den allgemeinen Gesetzen und den Grundrechten des Grundgesetzes stehen sollte.

## *Der Verlust des Völkischen in der deutschen Medienrealität*

Soweit nun zu den geistesgeschichtlichen Grundlagen, die in Deutschland das völkische Denken herangebildet haben. Wie ist es nun aber um die Wirklichkeit bestellt? Welchen Stellenwert besitzen das soeben beschriebene völkische Prinzip und das völkische Denken in der gesellschaftlichen Wirklichkeit der Bundesrepublik Deutschland?

Oberflächlich betrachtet mag man diese Fragestellung vielleicht als naiv bewerten. Man mag aus nationaler Sicht leicht einwenden, daß in der Nachkriegszeit des Bonner Rheinbundstaates und vor allem in der von antideutscher Selbstverleugnung geprägten Zweiten Republik Österreichs das völkische Denken keine Rolle mehr gespielt

*SPD-Wahlplakat aus dem Jahre 1972. Damals hatte das Volk noch einen hohen Stellenwert. Inzwischen reden die Politiker lieber von einer anonymen Bevölkerung, wird das Volk über die Fragen, die seine Zukunft berühren, nicht mehr gefragt. Außerdem übertragen die Gewählten viele Aufgaben ›Experten‹, deren Tätigkeit kaum von der Wahl beeinflußt wird. Wir leben in einem System der organisierten Verantwortungslosigkeit.*

hat und bis heute nicht spielt. Ja, es scheint das absolute Gegenteil zuzutreffen, daß nämlich von den heute politisch Herrschenden das Völkische an sich in der Öffentlichkeit nur noch negiert wird.

Das ist jedoch nicht ganz zutreffend. Zumindest das Staatsbürgerrecht der Bundesrepublik gründete bis Ende der neunziger Jahre im wesentlichen immer noch auf dem völkischen Prinzip, wenn dies auch in der Öffentlichkeit nicht so beim Namen genannt wurde. Deutscher ist demzufolge im großen und ganzen der Personenkreis, der deutscher Abstammung ist, der also deutsche Eltern und Großeltern in seiner Ahnengalerie vorzuweisen hat. Ausnahmen, die erfahrungsgemäß nur die Regel bestätigen, werden natürlich von den bundesrepublikanischen Behörden gern gemacht und auch eindeutig Volksfremde per Paßvergabe (scheinbar) zu ›Deutschen‹ gemacht – als ob das durch die Vergabe eines Dokumentes geschehen könnte.

Dennoch gründete bis Ende der neunziger Jahre dieses Staatsbürgerrecht im wesentlichen auf der Grundlage des Abstammungsprinzips (*jus sanguinis*). Durch die Einführung der doppelten Staatsbürgerschaft – nicht als Ausnahme, sondern als Regel – durch die SCHRÖDER-Regierung im Jahre 2000 erfolgte hierbei ein deutlicher Bruch. Der Restbestand des völkischen Prinzips, der in der Bonner Republik immerhin noch durch das tradierte Staatsbürgerrecht zum Ausdruck kam, wurde aufgehoben. ›Deutsche‹, die völkisch durch ihre Abstammung so definiert sind, soll es seitdem nicht mehr geben – das Ziel der ›Neuen Mitte‹ von Rot-Grün besteht nun darin, eine multikulturelle Wohnbevölkerung aus ›Deutschländern‹ zu konstruieren, die ethnisch und geschichtlich nicht unbedingt Deutsche sein müssen, eben nur in dem historischen Deutschland dauerhaft leben und arbeiten müssen, um sich das Recht auf einen ›deutschen‹ Paß erwerben zu können.

Welchen Wert ein solcher Personalausweis hat, dokumentiert die Situation, die auf dem Balkan Anfang der neunziger Jahre eintrat und bis heute anhält. Auch dort wurden Serben, Kroaten, Bosniaken, Slowenen, Kosovo-Albaner und Makedonier zu ›Jugoslawen‹ erklärt, indem sie mit einem jugoslawischen Paß ausgestattet wurden. Das Ergebnis der gewaltsamen Trennung dieser vermeintlich jugoslawischen Nation dürfte allseits bekannt sein. Jedoch die eigentliche Schuld an den ›ethnischen Säuberungen‹ und ähnlichen unschönen Maßnahmen tragen entgegen der bundesrepublikanischen Medienpropaganda nicht die Nationalisten, sondern allein diejenigen, die aus ihren universalistischen Wahnvorstellungen heraus solche multinationalen Staatengebilde konstruiert haben, die immer nur auf der völkischen Vorherrschaft einer Volksgruppe – im Falle von Jugoslawien auf der der Serben – über die anderen Volksgruppen funktioniert. Völlig zu Recht meint Rolf KOSIEK: »Auf die Dauer sind Blut und Geist stärker als die Tinte unter volks- und nationszerstörenden Verträgen.«[204]

Wenn auch das Abstammungsstaatsbürgerrecht in der Berliner Republik erst 1999 durch die SCHRÖDER-Regierung gekippt wurde, so wurde das völkische Bewußtsein in der bundesrepublikanischen Öffentlichkeit bereits viel früher demontiert. In den sechziger Jahren wurden auf Wunsch des Großkapitals Fremdarbeiter, zunächst aus Südeuropa, dann aus der Türkei, nach Deutschland geholt. Irgendwann im Verlaufe der siebziger Jahre wurden diese Fremdarbeiter dann sprachlich zu ›Gastarbeitern‹, denen auch seit der BRANDT-Regierung gestattet wurde, ihre Familien aus ihren Heimatländern nach Deutschland nachzuholen.

Dieser Schritt hatte unwillkürlich, und von den Herrschenden wohl auch so beabsichtigt, zur Folge, daß den Fremden gestattet wurde, in Westdeutschland Wurzeln zu schlagen. Die Fremden wollten – was ihnen nicht vorzuwerfen ist – bei uns nicht nur arbeiten und spartanisch wohnen, sie wollten es sich – wie ihre deutschen ›Kollegen‹ auch – gut gehen lassen. Sie wollten Wohneigentum erwerben, Unternehmen gründen, eigene religiöse Zentren einrichten, eigene Einkaufs- und Kultureinrichtungen und Sportvereine haben. Sie wollten in Berlin, Frankfurt und Hamburg so leben wie in Istanbul, Belgrad, Athen und Neapel.

In den achtziger und neunziger Jahren wurden dann aus den vormals Fremdarbeitern, die in den siebziger Jahren mittels sprachlicher Manipulation zu ›Gastarbeitern‹ mutierten, dann plötzlich ›ausländische Mitbürger‹. Wenn es den alliierten Siegermächten und unseren mißgünstigen Nachbarn schon durch die Bank nicht gelungen war, die Teilvereinigung West- und Mitteldeutschlands zu verhindern, dann sollte wenigstens den Deutschen das Ergebnis dieser Teilvereinigung, nämlich das staatsterritorial wieder größer gewordene Vaterland, ordentlich vermiest werden. Die Deutschen sollten im 2-plus-4-Vertrag auf die Ostgebiete verzichten, sie sollten die Reste ihres Nationalstaates in ein EU-Europa auflösen – vor allem die Liquidierung der D-Mark stellte ein wahres Herzensanliegen unserer vor allem französischen ›Freunde‹ dar.

Außerdem sollte das gesamtdeutsche Militärpotential, das nach der Vereinigung nahezu eine Million deutscher Soldaten betrug, deutlich verringert und unter fremdes Oberkommando gestellt werden. Wenn man die Deutschen schon nicht – analog zum MORGENTHAU-Plan – biologisch vertilgen konnte, dann sollten diese rund 80 Millionen Deutschen wenigstens militärisch, wirtschaftlich, politisch, finanzpolitisch und kulturell unter fremde Oberherrschaft gestellt werden.

Zu dieser antideutschen Strategie gehört auch, die weitere Masseneinwanderung durch ethnisch Fremde zu fördern. Aus diesen Fremden wurden schließlich – wie bereits erwähnt – ›ausländische Mitbürger‹. Der Historiker und Publizist Karlheinz WEISSMANN kommentiert die gesellschaftliche Bedeutung dieses Begriffs wie folgt:

»Der irritierende Einwand, ein ›Mitbürger‹ müsse doch wohl ›Bürger‹ sein, was ein ›Ausländer‹ *per definitionem* nicht sein könne, wurde unter Hinweis auf den implizit ausländerfeindlichen Charakter dieses Arguments zurückgewiesen und in einer breiten Kampagne klargestellt, daß Artikel 3.3 des Grundgesetzes (›Niemand darf wegen seines Geschlechts, seiner Abstammung, seiner Rasse, seiner Sprache, seiner Heimat und Herkunft, seines Glaubens, seiner religiösen oder politischen Anschauungen benachteiligt oder bevorzugt werden‹) zu verstehen sei als ein striktes Diskriminierungsverbot, das schließlich selbst die Erwähnung von äußeren Unterscheidungsmerkmalen im Rahmen der polizeilichen Fahndung politisch-moralisch verdächtig machte.«[205]

Der innere Zusammenhang der Rede vom »ausländischen Mitbürger«, der Propaganda für eine »multikulturelle Gesellschaft«, den Versuchen, Nicht-Staatsbürger mit weitgehenden Rechten – etwa dem Wahlrecht – auszustatten und der Bekämpfung des bisher gültigen Staatsbürgerrechts als ›völkisches‹ Relikt ist offensichtlich. Die

Verschiebungen der Bedeutungsinhalte in den Begriffen, die seit den siebziger Jahren in der Bundesrepublik stattgefunden haben, gehen auch mit dem Wandel im ideologischen Überbau einher, der in den sechziger Jahren eingeleitet wurde und dazu führte, bis dahin zentrale und konsensfähige Vorstellungen nicht nur in Deutschland, sondern in der ganzen westlichen Welt zu verändern in Richtung auf eine Art Zivilreligion, die bisher naturwissenschaftlich belegbare Selbstverständlichkeiten leugnet. Statt dessen werden von den internationalistischen Gutmenschen nun folgende (Glaubens-) »Wahrheiten« ausgegeben:

1. Es gibt keine Anthropologie.
2. ›Volk‹, ›Nation‹ und ›Staat‹ haben nichts miteinander zu tun.
3. Das Eigene und das Fremde sind nur Fiktionen.

Zum ersten Punkt läßt sich sagen, daß hier vor allem der Umerziehungssoziologe Jürgen HABERMAS dem in der traditionellen Anthropologie stehenden Arnold GEHLEN vorwarf, in dessen *Katalog anthropologischer Konstanten* wissenschaftlich allzu »naiv« verfahren zu sein. Denn, so der Tenor von HABERMAS, anthropologische Konstanten gebe es nicht. Vielmehr sei es an dem Menschen, welchem Volk und welcher Rasse er auch immer angehöre, durch die allgemeine Entwicklung seiner Gesellschaftsform sich die Möglichkeit der menschlichen Selbstbestimmung zu eröffnen. In der Folge des Streits kritisierte HABERMAS auch die These GEHLENS, der Mensch sei durch seine biologischen Wurzeln festgelegt. Von daher gebe es auch keine biologischen »Konstanten«, so HABERMAS, auf die der Mensch festgelegt sei.

Was sich in dem Streit GEHLEN–HABERMAS idealtypisch abzeichnete, war die Hauptkonfliktlinie, die seither zwischen ›rechts‹ und ›links‹ verläuft: hier die Behauptung von unveränderlichen anthropologischen Gegebenheiten, die Annahme einer fundamentalen Ungleichheit der Individuen, die Betonung der Schwäche des Einzelnen und der Notwendigkeit seiner Einbindung, dort die Vorstellung von einer fast unbegrenzten Wandelbarkeit des Menschen, Vertrauen in seine Perfektibilität, Unterstützung aller Egalitäts- und Emanzipationsforderungen.[206]

Die Auseinandersetzung verlagerte sich in die Biologie und Psychologie. Dabei ging es um verschiedene Fragen: von der unterschiedlichen Intelligenzverteilung bei menschlichen Individuen und Gruppen über ererbte oder anerzogene Aggression menschliche Territorialität, bis hin zu dem Streit um die Faktoren ›Milieu‹ oder ›Natur‹. Im Mittelpunkt des ideologischen Streits stand die Verhaltensforschung (Ethologie). Hierbei ist vor allem der Pionier Konrad

LORENZ zu erwähnen, aber natürlich auch Irenäus EIBL-EIBESFELDT, der Vorreiter in der menschlichen Verhaltensforschung.

## *Die naturwissenschaftliche Rechtfertigung völkischen Denkens*

Diese soeben angesprochenen Disziplinen der modernen Naturwissenschaften eignen sich wie kaum ein anderes Wissenschaftsgebiet zur Rechtfertigung eines völkischen Denkens und zum Streben nach nationaler Identität. Insbesondere die Biologie und die Verhaltensforschung (Ethologie) können dem nationalen Politiker als Grundlage dienen, seinen nationalen Fundamentalismus, der die Ungleichheit der Menschen voraussetzt, wissenschaftlich zu untermauern. Schließlich ist der Nationalismus eine Weltanschauung im eigentlichen Sinne des Wortes, nämlich, daß der Nationalist zuerst die gesetzmäßigen Abläufe in der ›Welt‹ ›anschaut‹ und danach sein politisches Handeln ausrichtet. Dagegen handelt es sich bei den anderen geistigen Strömungen um reine Ideologien, die ihr falsches Welt- und Menschenbild durch die blanke, moralisch motivierte Theorie zu rechtfertigen versuchen, die eben nicht auf empirischer Grundlage beruht.

Mancher Vordenker der nationalen Opposition versucht seit Jahren, die Legitimation des Nationalismus aus der Geschichte, vor allem aus der Ideengeschichte, heraus zu begründen. Dieses Unternehmen ist zwar ehrenhaft, jedoch wird dabei oftmals außer acht gelassen, daß auf diese Weise zu Außenstehenden, die nicht in nationalen Parteien und Organisationen engagiert sind, nur schwer eine Brücke geschlagen werden kann. Dies liegt ganz einfach daran, daß die Systempolitiker und die etablierten Medienleute und Historiker über das Definitionsmonopol vor allem der Zeitgeschichte verfügen. Einen leichteren Zugang zum Nationalismus bieten die Naturwissenschaften, allen voran die Biologie und die Verhaltensforschung, die wissenschaftliche Erkenntnisse zutage fördern, über deren Richtigkeit – entgegen vieler Gegenstände der Geisteswissenschaften – von politisch korrekter Seite kaum Einwände ins Feld geführt werden können und die nicht selten den weltanschaulichen Nationalismus bestätigen.

Im Mittelpunkt der menschlichen Verhaltensforschung steht dabei die Furcht vor dem Fremden (Xenophobie), die eben nicht auf ›plumpen rassistischen Vorurteilen‹ basiert, wie es uns die multikulturellen Gutmenschen einreden wollen. Die Fremdenfurcht gründet sich – durch Studien belegt – vielmehr auf der genetischen Veranlagung des Menschen. Bereits das Kleinkind unterscheidet zwischen fremden und ihm bekannten Erwachsenen. Die Distanz zum Fremden ist beim Kleinkind dann besonders ausgeprägt, wenn dieser ungewohnte Erwachsene einem fremden Kulturkreis angehört.

Der Verhaltensforscher Irenäus EIBL-EIBESFELDT würde die Behauptung, er sei Nationalist, weit von sich weisen. Doch seine wissenschaftlichen Erkenntnisse, die er unter anderem in seinem Buch *In der Falle des Kurzzeitdenkens* zutage fördert, stellen eine Fundgrube für die Theoriebildung des Nationalismus dar. Weil EIBL-EIBESFELDT dies offensichtlich weiß, muß er auch gleich davor warnen, daß, wer seine Warnungen nicht befolgt, dem »Rechtsradikalismus« Vorschub leiste.

Der Autor warnt vor allem vor den Folgen einer multiethnischen Immigrationsgesellschaft, die – wie am Beispiel der westeuropäischen Staaten – nicht zur Assimilation von Einwanderern führe, sondern zur Bildung von Parallelgesellschaften, was unweigerlich zu bürgerkriegsähnlichen Konflikten führen müsse. Den ständigen Hinweis der Multikulti-Befürworter, Deutschland habe auch in der Vergangenheit unter anderen Polen und Hugenotten aufgenommen und diese assimiliert, läßt EIBL-EIBESFELDT nicht gelten, da es sich hierbei um europäische Einwanderer handelte und dieses Beispiel nicht auf die gegenwärtigen Einwanderer – Türken, Albaner, Araber und Schwarz-Afrikaner – übertragbar sei.

Das »Kurzzeitdenken«, so der Verhaltensforscher, sei dem Menschen (leider) stammesgeschichtlich angeboren, das sich heute bei den Multikulti-Befürwortern in Humanitätsduselei bei der Aufnahme von Bürgerkriegs- und Armutsflüchtlingen aus aller Welt ausdrücke. Doch durch die Verlagerung des Bürgerkriegs und der Armut durch Menschentransfers aus fremden Kontinenten nach Europa werden die Probleme in der Fremde (kurzfristig) nicht gelöst, sondern (langfristig) multiethnischer Sprengstoff in der eigenen Heimat angesammelt.[207]

Für den Verhaltensforscher besteht der Antrieb des Menschen in erster Linie in dem Aggressionstrieb, dem Sexualtrieb sowie dem Territorialtrieb, ohne die die menschliche Natur unvorstellbar und die zu leugnen zwecklos ist. »Wenngleich wir täglich mit der Irrationalität menschlichen Handelns konfrontiert sind, leugnen auch heute noch viele Ideologen die Existenz derartiger problematischer Vorprogrammierungen«, stellt EIBL-EIBESFELDT fest.[208] Für diese Ideologen ist das alles ein Ergebnis falscher Erziehung und falschen Bewußtseins.

Diese Irrlehre beherrschte dieses Jahrhundert, und obgleich sie im Osten Europas nach siebzigjähriger Herrschaft gescheitert ist, hält sie sich zäh in zahlreichen Hirnen. Es handelt sich um jene Variante der Milieutheorie, die von der Annahme ausgeht, daß wir Menschen als völlig unbeschriebene Blätter zur Welt kämen und alles, was wir zum Leben brauchen, erst erlernen würden. Dieser Standpunkt, so EIBL-EIBESFELDT, sei natürlich längst überholt. Denn wir wissen, daß unser Denken, Wahrnehmen und Handeln in ganz entscheidendem Ausmaße durch das Angeborene - stammesgeschichtlich Angepaßte - vorprogrammiert ist. Aber in der Praxis unseres gesellschaftspolitischen Alltags glauben wir, davon nicht Kenntnis nehmen zu müssen. Die Folgen sind unter anderem soziale Spannungen und Unruhe.

Die gegenwärtige Diskussion um die Immigrationsproblematik ist dafür ein gutes Beispiel. Wohlmeinende Menschenfreunde plädieren dafür, daß die traditionellen europäischen Nationalstaaten sich zu Immigrationsländern erklären und nicht nur politisch Verfolgte, sondern auch Notleidende aus aller Welt, also auch aus kulturfernen Bereichen der Dritten Welt, aufnehmen sollten. Die Einwanderer sollen nach den Vorstellungen mancher Politiker - Heiner GEISSLER gehört unter anderen dazu - ihre Kultur auch in dem Land ihrer Wahl behalten und pflegen - Tamilen, Türken und Nigerianer etwa könnte man ja, so GEISSLER, nicht zu Deutschen machen -, und ein Verfassungspatriotismus soll all diese verschiedenen Menschen in Harmonie verbinden. Das würde der gegenseitigen Anregung dienen, und jeder würde das zuletzt als Bereicherung empfinden, das Zusammenleben würde freundschaftliche Bindungen schaffen. »Soweit die Utopie«, meint EIBL-EIBESFELDT.[209]

Die häßliche Wirklichkeit sieht ganz anders aus: Mit dem zunehmenden Zustrom von kulturfernen Ausländern entwickelten sich in allen davon betroffenen Ländern Spannungen und Konflikte zwischen den autochthon Ansässigen und den Zugewanderten. In Schweden, Dänemark, Holland, England, Frankreich, Spanien und Italien ebenso wie hierzulande. Anstatt nun die Ursachen sorgfältig zu hinterfragen und das, was wir über die menschliche Natur immerhin wissen, zur Kenntnis zu nehmen, bequemen sich die Befürworter der Immigration mit der klischeehaft wiederholten Anschuldigung: Die Fremdenablehnung werde nur herbeigeredet, es fehle an Aufklärung, Agitatoren würden den Fremdenhaß schüren.

»Aber steckt nicht vielleicht doch mehr dahinter?« fragt EIBL-EIBESFELDT. Schließlich geht es ja im Lande der unbegrenzten Möglichkeiten, dem traditionellen Einwanderungsland USA, auch nicht gerade friedlich zu. Im ethnischen Mosaik der amerikanischen Großstädte beobachtet man zunehmend Grabenkämpfe unter den unterschiedlichen Ethnien, und Rußlands kommunistischer Verfassungspatriotismus und die gezielte antinationale Erziehung haben keineswegs verhindert, daß sich die unterdrückten Nationen sogleich erhoben, sobald sie die Möglichkeit zur Selbstbefreiung erkannten.[210]

Auch wenn der Verhaltensforscher EIBL-EIBESFELDT kein bekennender völkischer Nationalist ist, so trägt er dennoch maßgeblich zur Theoriebildung des völkischen Nationalismus bei.

## *Das ›Volk‹ – Ausgangspunkt des völkischen Denkens*

Nationale Identität beruht auf dem völkischen Denken. Das völkische Prinzip ist *die* weltanschauliche Grundlage des Nationalismus, und die Anerkennung des völkischen Prinzips ist die Grundvoraussetzung einer nationalen Politik. Wer jedoch völkische Politik betreiben will, wer die Interessen des Volkes beziehungsweise der Nation vertreten will, der muß die dafür notwendigen Begriffe eindeutig bestimmen und unterscheiden können. Denn nur wer sich seiner Begriffe sicher ist, kann andere von seiner Weltanschauung glaubwürdig überzeugen.

Wer für sich völkische Politik beansprucht, muß vom Volksbegriff ausgehen. Er muß wissen, wie ein Volk zu definieren ist. Ein Volk ist durch gemeinsame Sprache, Geschichte, Schicksal und Abstammung gekennzeichnet. Mit der Staatsangehörigkeit hat dies zunächst einmal nichts zu tun. Wer nun glaubt, daß dieser Grundsatz unter ›nationalen Rechten‹ ohnehin Allgemeingut sei, der täuscht sich. Denn immer wieder wird von sogenannten ›modernen Patrioten‹ der Versuch unternommen, den nationalen Gedanken vom völkischen Ansatz loszulösen. So wird Franz SCHÖNHUBER, der frühere Bundesvorsitzende der Republikaner, nicht müde, zu behaupten, daß ein Deutscher sei, wer die deutsche Staatsbürgerschaft besitze. Demnach müßte für solche ›modernen Rechten‹ das Ausländerproblem in einem Ausweisproblem bestehen. Indem jeder Ausländer einen bundesrepublikanischen Personalausweis erhält, wäre dann also das Ausländerproblem gelöst, wenn ein Großteil der fremdethnischen ›Ausländer‹ zu immer noch fremdethnischen ›Inländern‹ mutieren würde. Rot-Grün läßt grüßen!

- Die (Schrift-) Sprache

Ein wesentliches Kriterium für die Kennzeichnung eines Volkes ist die gemeinsame Sprache. Unter ›Sprache‹ ist hierbei vor allem die gemeinsame Schriftsprache gemeint, die die Angehörigen eines Volkes muttersprachlich verwenden. Demzufolge – man mag es bedauern – ist das niederländische Volk ein eigenständiges Volk, da es eine eigene Schriftsprache entwickelt hat, auch wenn diese der hochdeutschen Schriftsprache sehr ähnlich ist und Niederdeutsche und Niederländer sich im Menschentyp kaum unterscheiden.

Die Österreicher und Deutsch-Schweizer sind demzufolge kein eigenständiges Volk, da sie die gleiche Schriftsprache verwenden wie alle anderen Deutschen auch. Dies hat auch dann Gültigkeit, wenn die Mundarten zwischen Nordsee und Alpen und zwischen Vogesen und Memel zum Teil deutlich voneinander abweichen. Hierbei handelt es sich um die Stammesdialekte (Mundarten) eines gemeinsamen Volkes, die einer gemeinsamen (Volks-) Schriftsprache unterzuordnen sind. Beim Englischen, Niederländischen, Friesischen, Isländischen, Norwegischen, Dänischen und Schwedischen und dergleichen handelt es sich allerdings um Sprachen, die der gleichen Sprachgruppe wie das Deutsche angehören: nämlich den germanischen Sprachen. Diese wiederum gehören der indogermanischen Sprachenfamilie an.

Derzeit erlebt die deutsche Schriftsprache einen Anschlag auf ihre Einheitlichkeit ohnegleichen. Seit 1902 gibt es die einheitliche Schriftsprache des Deutschen. Zur damaligen Zeit wurden die sogenannten ›Haus-Orthographien‹ der einzelnen Verlage im deutschsprachigen Raum zu einer einzigen Duden-Schreibweise vereinheitlicht. Derzeit sind die Herrschenden in der Berliner Republik bemüht, durch eine sogenannte ›Rechtschreibreform‹ diese Einheitlichkeit wieder zu zerstören.

Weil die ›Reform‹ in vielen Bereichen, vor allem der Groß-, Klein- und Getrenntschreibung Germanistik-Fachleuten als unsinnig erscheint, gehen nun Verlage daran, die ›Reform‹ hausintern einer ›Reform‹ zu unterziehen, so daß dann Zeitungen wie *Die Zeit* oder *Der Spiegel* ihre ganz firmeninterne ›Hausorthograhie‹ eingeführt haben. Was als ›Fortschrittlichkeit‹ in der Öffentlichkeit verkauft wird, entpuppt sich bei kritischer Betrachtungsweise tatsächlich als orthographischer Rückschritt ins 19. Jahrhundert, da durch eine dilettantische ›Reform‹ die Einheitlichkeit der deutschen Schriftsprache zerstört wird. Außerdem – und das dürfte der eigentliche Antrieb der ›Reformer‹ sein – stellte diese Umstellung ein großes Geschäft vor allem für die Wörter- und Schulbuchverlage dar.

- Die Geschichte

Die Geschichte ist ebenso ein verbindendes Merkmal eines Volkes. Insbesondere die Deutschen des 20. Jahrhunderts haben alle Schrekken gemeinsam erlitten, die kurzzeitigen Siege, die verheerenden Niederlagen der beiden Weltkriege, Flucht und Vertreibung sowie Gebietsraub. Der Beleg für die These, daß die gemeinsame Geschichte ein wesentliches Bindeelement eines Volkes darstellt, ist die allgegenwärtige ›Vergangenheitsbewältigung‹ der Zeit nach 1945. Von dieser kollektiven Gehirnwäsche, was unsere jüngere deutsche Geschichte betrifft, sind alle Deutschen betroffen: die Westdeutschlands ebenso wie die der ehemaligen DDR, die Österreicher wie diejenigen, die in den Ostgebieten zurückgeblieben sind. Sie alle sollen, wenn es um die Zeit zwischen 1933 und 1945 geht, der Kollektiv-Schuldgemeinschaft angehören. Selbst die neutralen Schweizer werden in die sogenannten Wiedergutmachungsforderungen einbezogen, weil ihre Banken auch dem Dritten Reich Kredite gewährten.

- Schicksal und Abstammung

Schicksal und Abstammung hängen kausal zusammen. Die völkische Abstammung eines Menschen ist sein Schicksal, ebenso wie er zu einer bestimmten Familie gehört und sich seine Familie bei Geburt nicht aussuchen konnte. Genauso kann er sich sein Volk nicht aussuchen. Man mag seine Volkszugehörigkeit bedauern, sie leugnen (Political Correctness-Österreicher: »Wir sind keine Deutschen!«), über sie schimpfen (Antifa: »Deutschland halts Maul!«). Das alles ändert jedoch nichts an der Tatsache, daß natürlich auch PC-Österreicher und ›Antifaschisten‹ Deutsche sind, sofern sie deutscher Abstammung sind. Und deutscher Abstammung ist nun einmal, wer deutsche Eltern beziehungsweise deutsche Großeltern und dergleichen hat.

Gerade diejenigen, die voller Eifer ihr deutsches Wesen leugnen wollen, dokumentieren durch ihre Haltung bloß, daß sie 150prozentige Deutsche sind, da der Nationalmasochismus offensichtlich ein kennzeichnendes Merkmal des deutschen Volkscharakters ist, der immer nach Niederlagen voll durchschlägt. Der missionarische Eifer, mit dem ›Antifas‹ ihre Germanophobie betreiben, unterstreicht bloß ihr verkorkstes deutsches Wesen.

Die Schicksalhaftigkeit hinsichtlich der Abstammung drückt sich vor allem dadurch aus, daß der Angehörige eines bestimmten Volkes sich eben seine Volkszugehörigkeit von Geburt aus nicht aussuchen konnte und sein ganzes Leben lang auch nicht aussuchen kann.

Man ist eben Deutscher aufgrund seiner Abstammung, oder man ist es aufgrund der nicht gegebenen deutschen Abstammung eben nicht. So einfach ist das.

Diese Schicksalhaftigkeit ist die Voraussetzung für die Volksgemeinschaft, der im Normalfall nur diejenigen angehören, deren unabänderbares Schicksal es ist, Deutsche zu sein. Diese Volksgenossen haben keine Wahl in ihrer völkischen Zugehörigkeit. Kein Mensch dieser Welt hat das Recht, sich anzumaßen, darüber zu bestimmen, wer Deutscher ist und wer nicht - was im übrigen auch für die Zugehörigkeit zu anderen Völkern zutrifft. Zum Deutschen wird man nicht deshalb, weil eine bundesrepublikanische Behörde einem einen deutschen Personalausweis oder Reisepaß ausstellt.

Auch nationale Organisationen können nicht durch die Vergabe von Mitgliedsausweisen anhand ›rassischer Kriterien‹ darüber bestimmen, wer Deutscher ist. Sie können natürlich darüber bestimmen, ob sie auch europäische Nicht-Deutsche in ihre Reihen aufnehmen wollen und wie sie dabei die Zugangsbestimmungen festlegen wollen. Doch einen Menschen durch Menschen mittels eines Papiers zum Deutschen erklären zu wollen ist barer Unsinn. Dies kann nur Gott, die Götter oder die Naturgesetze - an welchen metaphysischen Zusammenhang man auch glaubt.

Natürlich ist es im Geschichtsverlauf gang und gäbe, daß sich - vor allem benachbarte - Völker vermischen können. Es ist auch vom nationalen Standpunkt aus gesehen nichts dagegen einzuwenden, wenn in unserem Volk in Maßen Angehörige anderer europäischer Völker assimiliert werden. So finden sich unter den deutschen Namen auch Familiennamen wie DEHOUST, MUNIER, HUPKA, SWIERCZECK und KULIGOWSKI. Angehörige unserer östlichen wie westlichen Nachbarn wurden über Generationen in unser Volk eingeschmolzen, sind in den Randgebieten des deutschen Siedlungsraumes Symbiosen mit den Deutschen eingegangen. Dies ist natürlich nicht gleichzusetzen mit dem Bestreben lebensfremder Politiker, Menschen mittels papierener Dokumente (Personalausweis, Reisepaß) zu Deutschen erklären zu wollen. Mann/Frau ist Deutscher beziehungsweise Deutsche aufgrund der deutschen Abstammung, nicht aufgrund der Auslegung multikulturell gestimmter Politiker.

Wer ›Volk‹ und ›Rasse‹ begrifflich synonym verwendet, erklärt nur, daß er vom Wesen völkischer Politik keine Ahnung hat. Ein Norweger kann nicht deshalb zum ›Deutschen‹ erklärt werden, weil er ein ›nordisches‹ Erscheinungsbild abgibt. Da die Deutschen in der Mitte Europas laut F. K. GÜNTHER eine Mischung der europäiden Rassentypen sind (Nordisch, Westisch, Ostisch, Ostbaltisch, Dinarisch, Fälisch), kann natürlich die Zugehörigkeit zum deutschen Volk nicht allein über ›nordische‹ Merkmale (wie Körpergröße, Haar- und Augenfarbe) bestimmt werden. Anders sieht es aus, wenn ein Mensch aufgrund seiner Körpermerkmale einem völlig anderen Rassen- und Kulturkreis angehört, die ihn als nicht zur deutschen Volksgemeinschaft zugehörig ausweisen. Demzufolge lassen sich beispielsweise negroide und asiatische Menschen nur schwerlich in das deutsche Volk assimilieren. Dies ist vom völkischen Standpunkt aus gesehen auch nicht erwünscht.

## *Die ›Nation‹ – westliche sowie mittel- und osteuropäische Varianten*

Während an dem Volksbegriff nur wenig herumzudeuteln ist, gibt es über den Nationsbegriff mindestens zwei Definitionen[211], die westeuropäische oder amerikanische sowie die mittel- und osteuropäische. Letzterer Nationsbegriff ist mit dem zuvor vorgestellten Volksbegriff ziemlich identisch. Die ›westliche Wertegemeinschaft‹ hingegen sieht in der ›Nation‹ eine reine Willens-›Nation‹, bei der der alleinige Wille der Zugehörigkeit die Verbundenheit dieser ›Nation‹ kennzeichnen soll. Man ist stolz auf die Fahne, die Leistungen der Armee und der Wirtschaft. Dem Mittel- und auch Osteuropäer ist dieses ›Nations‹verständnis eigentlich völlig fremd. Der Deutsche, Ungar, Serbe, Russe oder Pole definiert die Zugehörigkeit zu seiner Nation nicht über das Bekenntnis des Einzelnen zu ihr, sondern allein über die Abstammung, die Volkszugehörigkeit. Hellmut DIWALD meint hierzu:

»Der wichtigste Zug im Nationalismus des vergangenen Jahrhunderts ist die Existenz zweier verschiedener Nationsbegriffe, des französischen einerseits und des deutschen andererseits, der auch für die östlichen und südöstlichen Völker gegolten hat. Im Französischen bezeichnet spätestens seit 1789 Nation auch den Staat, *nationalité* ist die Staatsangehörigkeit. Im Deutschen dagegen meint Nationalität vor 1848 die Zugehörigkeit zu einer Sprach-, Volks-, Wesensgemeinschaft. Östlich des Rheins hat sich politische Nationalität unter dem Status quo nur gegen den Staat verwirklichen können. In Frankreich hat es diese Gegenstellung nicht gegeben. Gemeinsam war lediglich, daß der Sieg des nationalen Prinzips auch an die Etablierung eines besonderen Standes, an das Bürgertum gebunden war und deshalb eine neue Gesellschaftsordnung verlangt hat. Unter europäischen Aspekten hat das einen totalen Umbau der Staatsordnung bedeutet.«[212]

Für den Mittel- und Osteuropäer sind also die Nation und das Volk weitestgehend synonym zu verwendende Begriffe. Für einen Deutschen, der sich seiner nationalen Rolle bewußt ist, ist es denkbar, einen chilenischen oder russischen Staatsbürger als Volksgenossen anzuerkennen, sofern er deutscher Abstammung ist.

Somit wird deutlich, daß die Staatsbürgerschaft nicht das Ausschlaggebende ist, wenn es für einen Mittel- und Osteuropäer darum geht, die Zugehörigkeit zu seiner Nation zu bestimmen. Demzufolge gehört beispielsweise ein in Deutschland geborener Türke nicht zum deutschen Volk, auch dann nicht, wenn er über einen bundesrepublikanischen Paß verfügt. Denn auch das Huhn wird nicht dann zur Gans, wenn man ihm das Schild: »Ich bin eine Gans« umhängt.

Diese soeben vorgenommene Unterscheidung des Nationsbegriffs zwischen Amerikanern und Westeuropäern einerseits und den Mittel- und Osteuropäern andererseits gründet auf einer völlig unterschiedlichen geistesgeschichtlichen Tradition. Auf diese Tatsache hat unter anderem der Historiker Michael W. WEITHMANN in seiner *Balkan Chronik*[213] hingewiesen, in der er die unterschiedliche und dann entgegenlaufende geistesgeschichtliche Entwicklung des Nationsbegriffs in Europa beschreibt.

Demzufolge wird das ganze 19. Jahrhundert, aber auch das 20., vom Nationalstaatsgedanken politisch beherrscht . Die Nation ist darin der bestimmende Geschichtsfaktor und die letzte Instanz geschichtlichen Handelns. Den Begriff der ›Nation‹ (von lateinisch *natio*, ›Abstammung‹) freilich hat es früher schon gegeben; im Mittelalter bezog er sich ausschließlich auf die herrschende, politisch handelnde Schicht eines Staates oder Reichs, keinesfalls auf das ganze Volk! Eine extreme Ausformung dieses mittelalterlichen ›Nations‹begriffs, der diesen auf eine Klasse beschränkt, begegnet man zum Beispiel im Königreich Ungarn bereits im 16. Jahrhundert, wo der Begriff der ›Nation‹, als streng normierter staatsrechtlicher Begriff, dort zu dieser Zeit nur vom Adel als der eigentlichen ungarischen ›Nation‹ in Anspruch genommen werden durfte. Der Adel verkörpert – folgt man der volkswirtschaftlichen Produktionsfaktorenlehre – den Faktor ›Boden‹. Es handelt sich also um die Bodenbesitzer, zu denen man bezüglich von ›Alteuropa‹ die katholische Kirche hinzuzählen muß.

Um 1900 herum wurde dann der Versuch unternommen, unter anderem durch den Deutschen Friedrich NAUMANN oder die deutschen Kolonialvereine, die Interessen der deutschen Nation mit den Interessen des deutschen Adels (Boden) und des deutschen (Bildungs- und Besitz-) Bürgertums gleichzusetzen. Womit also auch hier der ›Nations‹begriff im Sinne einer oder mehrerer Klassen instrumentalisiert wurde. Nach dem Wiederaufbau Deutschlands nach 1945 finden wir dann den – letztendlich gescheiterten – Versuch vor, in Mitteldeutschland eine proletarische deutsche ›DDR-Nation‹ zu schaffen, die auch wieder von einem ideologisch dominierten Klassendenken bestimmt war.

Dagegen verstehen wir im Gegensatz zu diesen Verbiegungen des ›Nations‹-Begriffs eigentlich seit dem 19. Jahrhundert unter ›Nation‹ die Gesamtheit eines Volkes ohne Rücksicht auf Stände-, Konfessions- und Klassenzugehörigkeit – sofern es die gleiche Sprache spricht und sich durch geschichtliche Tradition und gemeinsamen geographischen Lebensraum auch ein politisches Zusammengehörigkeits- und Verantwortungsgefühl herausgebildet hat. Der stärkste Integrationsfaktor ist dabei die gemeinsame Sprache, denn von ihr leitet man eine eng verwandte Kultur- und Wertegemeinschaft ab. Die gemeinsame Sprache entwickelt sich zum Zeichen ethnischer und kultureller Identität. Man rechnet sich selbst Sprachgruppen und Gruppen mit verwandten Sprachen zu und formt daraus eine Abstammungsgemeinschaft, eine Nation.

Diese Begriffsentwicklung – von der ständischen Nation zur homogenen Volksnation – setzte im 18. Jahrhundert in Europa ein. Die Unterscheidung der Menschen nach Nationen – das Nationalitätenprinzip – ist ein Produkt der europäischen Aufklärung des 18. Jahrhunderts. Aufklärung, das bedeutet die ›Rationalisierung‹ der Religion und die Herausdrängung ihrer mythischen Bestandteile aus dem gesellschaftlichen Bewußtsein. Denis DIDEROT (1713–1784) und Gotthold Ephraim LESSING (1729–1781) formulierten die Hauptprinzipien der Aufklärung: Skepsis und Toleranz.

Die im Mittelalter alle Lebensbereiche durchdringende Kirche verliert ihren Einfluß und bald auch ihre politische Macht (Säkularisation). Das Zeitalter der Vernunft gründet auf kritischer Wissenschaft und auf der Erfahrung (Empirie). Anfänglich ist es der deklassierte Adel, dann aber ganz überwiegend das Bürgertum, das den ›Fortschritt der Menschheit‹ durch eigene Gestaltung des Lebens und der Gesellschaft nach rationalen Grundsätzen vertritt. Die breite bürgerliche Mittelschicht – früher der ›Dritte Stand‹ nach Adel und Klerus, jetzt das Besitz- und Bildungsbürgertum – erklärt sich zum eigentlichen Träger des Nationalbewußtseins.

Das nationale Gemeinschaftsbewußtsein bildet die Voraussetzung für den politisch bewußten Staatsbürger des 19. Jahrhunderts. Seine Ziele sind Volkssouveränität, Verfassungsstaat, Gleichheit, wirtschaftliche Freiheit (Liberalismus) und schließlich Demokratie und individuelle Freiheit - verwirklicht im Nationalstaat.

Der Nationalstaat umfaßt als politische Schicksalsgemeinschaft alle Gruppen und sozialen Schichten und erhebt sich zu einer Gemeinschaft höherer Art, für die es sich im Bewußtsein der Staatsbürger zu leben, zu arbeiten und - wenn gefordert - zu sterben lohnt. Der Nationalismus als mächtige Integrationskraft im gesellschaftlichen Bereich entwickelt sich auf diese Weise zum Strukturprinzip des modernen Europa. Die Entstehung des modernen Staates ist mit ihm untrennbar verbunden.

Politisch zum Tragen kommt der neue Nationsbegriff in der Französischen Revolution von 1789, in der der Dritte Stand als Nation die Herrschaft in der Form der Republik übernimmt. ›Republik‹, das heißt genau übersetzt ›Volkssache‹. Die Führung des Staates ist nicht mehr die Angelegenheit von einem oder wenigen, sondern sie ist öffentlich, ›publik‹. Die sich anschließenden Napoleonischen Kriege von 1801 bis 1815 waren Befreiungskriege im doppelten Sinne. NAPOLEON beabsichtigte, die Völker Europas von ihren antiquierten Monarchen und Ständeherrschaften zu befreien und ein von ›rationalen‹ Gesichtspunkten geleitetes Imperium aufzubauen. Aber die damals beglückten Völker verstanden sich bereits selbst als Nationen im modernen Sinne und bekämpften NAPOLEON als den Vertreter einer französischen Vorherrschaft über Europa - hier ging also der Nationalstaatsgedanke schon über in den Nationalismus.

Der Nationalismus fordert nach innen die Volkssouveränität - die Herrschaftsteilnahme des ganzen Volkes -, um einen möglichst breiten Konsens herzustellen, und nach außen die Sicherung und Durchsetzung nationaler Eigeninteressen gegenüber anderen Nationen. Da diese verschiedenen nationalen Interessen sich zumeist (bei benachbarten Nationen) entgegenstehen, kommt im 19. und 20. Jahrhundert eine ganz neue Kategorie von Kriegsgründen auf: der Kampf um nationale Grenzen, um nationalen Lebensraum, um Absatzmärkte und Rohstoffgebiete für die eigene Nation. Und weil ein entscheidender Träger des Nationalstaats zu der Zeit der ›nationalliberale‹, kapitalistische wirtschaftende Bürger ist, tritt der wirtschaftliche Aspekt von da ab verstärkt in den Vordergrund politischen Handelns.

Die Nationalismen der europäischen Nationen stellen dabei durchaus ambivalente Bewegungen dar. Der übergeordnete Nationsgedanke bewirkt ein Solidaritätsgefühl, ein ›Wir-Bewußtsein‹ auch über gesellschaftliche Schranken hinweg und fordert die gleiche allgemeine politische Teilnahme des ganzen Volkes an der politischen Willensbildung: also eine emanzipatorische Kraft.

Der einheitliche europäische Nationalstaat des späten 19. Jahrhunderts, der trotz des Bestehenbleibens von sozialen Klüften und Einkommensunterschieden die Stände-, Konfessions- und Stammesunterschiede nivelliert und der dadurch die Identifikation mit dem eigenen Land für alle ermöglicht, repräsentiert die Grundlage des modernen, ökonomisch starken innerlichen Rechts- und Sozialstaats.

Für die alten feudalen Monarchien in Europa in der ersten Hälfte des 19. Jahrhunderts – vor allem Österreich-Ungarn, Preußen, Rußland – bedeutete der Nationalismus deshalb eine revolutionäre Bedrohung. Daher ist es auch verständlich, wenn die heutigen klerikalkonservativen geistigen Erben dieses feudalen ›Alteuropas‹ auch auf die derzeitige Wiederbelebung des Nationalismus – vor allem, wenn dieser sozialrevolutionär geprägt ist – abwehrend reagieren, weil dieser Nationalismus natürlich von den Klerikalkonservativen völlig zu Recht als ein Kind der Aufklärung erkannt wird, der wesentlich zur Auflösung ihres ›Alteuropas‹ beigetragen hatte.

Gerade in der heutigen nationalen publizistischen Landschaft Österreichs bildet diese Frage den geistigen Sprengsatz zwischen konfessionsneutralen Deutschnationalen einerseits und katholisch geprägten Konservativen andererseits, die in Fragen eines konservativen Wertebewußtseins (Kinder, Familie, Tradition und dergleichen) durchaus an einem Strang ziehen können, vor allem, wenn es gegen das gemeinsame Feindbild der ›Linken‹ geht, doch im Nationsbegriff gibt es zwischen ihnen nicht zu leugnende geistige Unterschiede. Schließlich haben gerade die klerikalkonservativen Österreicher dem im 19. Jahrhundert aufkeimenden völkischen Nationalismus die Zerstörung ›ihrer‹ K. u. K.-Monarchie maßgeblich zu verdanken.

Bei kaum einer Nation ist das Staatsgebiet vollständig mit dem Siedlungsraum der eigenen Sprach- und Kulturnation deckungsgleich, wie es das Idealbild vorsieht; am ehesten noch bei den Westmächten England und Frankreich, wobei diese gewaltsam ethnische Minderheiten ›geschluckt‹ haben (die Engländer die Schotten, Iren, Walliser; die Franzosen unter anderen die Elsässer und Deutsch-Lothringer, Basken und Katalanen, die Spanier die Katalanen und Basken und dergleichen). Aber viel verheerender mußte sich doch das Aufkommen des völkischen Nationalismus auf den Bestand supranationaler Reiche wie Österreich-Ungarns, des russischen Zarenreichs oder des Osmanischen Reichs auswirken, deren Schicksal sich allesamt im multiethnischen Durcheinander des Balkans entzündete und deren Ende dann mit den Schüssen von Sarajewo (1914) eingeläutet wurde.

Diesen drei Imperien ist gemeinsam, daß sie allesamt Völker verschiedenster Sprache und Kultur in einem Herrschaftsgebiet unter der Führung eines Staatsvolkes zusammenschlossen (im Falle von Österreich-Ungarn von zwei Staatsvölkern). Die Legitimation der Herrschenden in Sankt Petersburg, Istanbul und Wien war zu der Zeit eindeutig dynastisch und/oder religiös geprägt, auf jeden Fall mittelalterlich und den damals auftrumpfenden Ideen der nationalen Selbstbestimmung kontrovers. Deshalb war ihr Zerfall auch vorprogrammiert, weil der Anspruch der einzelnen Nationen auf eigene Staatlichkeit diese Vielvölkerreiche und übernationalen Staatswesen zwangsläufig in nationale Einzelbestandteile auseinandersprengen mußte.

In England und Frankreich etablierte sich der Nationalgedanke in der klaren Form des Staatsnationalismus oder konstitutionellen Nationalismus. In Deutschland hat jedoch der Nationalgedanke – für den Geschmack des europäischen Westens – einen ›Sonderweg‹ eingeschlagen. Der ökonomischen und machtpolitischen Fundierung des westeuropäischen Verständnisses von Nationalismus wurde noch ein ideelles Moment beigefügt: die deutsche Innerlichkeit und Gemüthaftigkeit, nämlich die geistesgeschichtlichen Ideen der deutschen Romantik. Das Erlebnis des ›Völkischen‹, der dichtenden ›Volksseele‹, und die Mythen der eigenen Vergangenheit, besonders im Mittelalter, färbten auf das deutsche Nationalgefühl ab.

Die Nation wird in der deutschen Romantik als ›Volk‹ definiert, das durch einen festen Bestandteil von ideellen Werten – Sprache, Religion, Lebensart, historische Erfahrung – im Volkstum zu einem individuellen Ganzen zusammengeschlossen ist. Das Volkstum wird wiederum von einem übergeordneten ›Volksgeist‹ bestimmt. Der idealistische Volksgeist-Gedanke wurde von Johann Gottfried HERDER (1744–1803) formuliert. HERDER bejahte einen vielfältigen, organisch gewachsenen Formenreichtum von verschiedenen »Volksgeistern«. Auf ihn geht das Bewußtsein volksmäßiger Eigenart zurück, hervorgerufen durch die ausdrückliche Pflege der Volkssprache, des Volkstümlichen sowie der Überlieferung von Abstammungsmythen und Sagen.

HERDER war auch mit seinen *Ideen zur Philosophie der Geschichte der Menschheit* (so der Titel seines Hauptwerkes, 1784–1791) nicht nur der Erwecker des völkischen Gedankens bei den Deutschen, sondern gerade auch die Bildungsschichten der slawischen Völker bezogen ihren Nationalismus, ihr Streben nach nationaler Unabhängigkeit auf HERDERS völkische Ideen. Somit stehen sich auch, was den ›Nations‹-Begriff betrifft, die Mittel- und Osteuropäer in geistesgeschichtlicher Tradition näher – in deutlicher Trennung zu den Westeuropäern und Nordamerikanern.

## *Die Nation – was Konservative und was Nationalisten darunter verstehen*

Viele Konservative und Nationalliberale sind in ihrer Haltung zur Nationszugehörigkeit und der Vergabe der Staatsbürgerschaft dem westlichen Verständnis viel näher, im Gegensatz zu den deutschen Nationalisten, da sie – die Konservativen und Nationalliberalen – nicht selten den Wunsch äußern, man möge doch die ethnisch Fremden erst ›integrieren‹ und ihnen erst nach der erfolgten Integration den bundesrepublikanischen Paß geben, wohingegen SPD und Grüne den umgekehrten Weg gehen wollen: erst die Vergabe des Passes an den Fremden, dann die ›Integration‹ vollziehen wollen.

Letztere Variante ist diejenige, die sofort ins multikulturelle Chaos führen muß, die dem deutschen Volk aber noch – wenn auch nicht gewollt – die Chance zur Gegenwehr läßt. Die der Konservativen und Nationalliberalen, die vor allem in den Unionsparteien, der FDP, den Republikanern und den Freiheitlichen in Österreich organisiert sind, bevorzugt dagegen bewußt oder unbewußt den langsamen Volkstod. Diese bürgerliche Variante in der Fremdenpolitik ist die für das deutsche Volk heimtückischere Endlösung seiner völkischen Existenz, da sie die Fremden in ›verträglichem Maße‹ integrieren will.

Im Gegensatz zu den Konservativen und Nationalliberalen, deren Ziel es ist, daß die Integration der Fremden, wenn sie für sie schon nicht zu verhindern ist und von ihnen hingenommen wird, möglichst ›harmonisch‹ vonstatten gehen soll, liegt dem Nationalismus eine gesellschaftlich völlig andere Sichtweise zugrunde. Während die Konservativen und Nationalliberalen das Problem mit den Fremden allein unter dem Blickwinkel ihres Klasseninteresses betrachten (Besitzbürgerklasse/Boden und Kapital), geht es den Nationalisten um das Gesamtinteresse und das Allgemeinwohl des gesamten deutschen Volkes. Und dieses Allgemeinwohl des gesamten deutschen Volkes ist mit irgendeiner gearteten ›Integration‹ von Fremden nicht in Einklang zu bringen.

Nun sind weder die Nationalkonservativen, noch Nationalliberalen, noch die Nationalrevolutionäre die Gestalter der derzeitigen deutschen Politik. Sie alle – und das ist den drei Gruppen durchaus gemein – sind diesbezüglich lediglich Zuschauer und Kritiker der ›multikulturellen‹ Anmaßung der in unserem Land politisch Herrschenden. Deshalb kann die Aufgabe der nationalen Opposition aufgrund ihrer gegenwärtigen Machtlosigkeit nur darin bestehen, eine Zukunftsvision zu entwerfen – als Antwort auf die Verausländerung Deutschlands durch das herrschende politische System.

Die Voraussetzung, um die Verausländerung Deutschlands durch eine Politik der Entausländerung aufzuheben, ist politische Macht, die in institutionalisierte politische Herrschaft münden muß. Ohne diese politische Macht und politische Herrschaft sind aber alle Forderungen und Absichtserklärungen, die in den Programmen nationaler Parteien enthalten sind, blanke Theorie. Darüber muß Klarheit herrschen.

Ohne politische Macht der nationalen Kräfte wird auch der demographische Status quo in unserem Land nicht zu halten sein, wie dies vor allem die Konservativen glauben, die bestenfalls einen Zuwanderungsstopp befürworten und die in unserem Land lebenden Fremden in ›anständige‹ und ›unanständige‹ (kriminelle) Ausländer trennen wollen, wobei die erste Gruppe auch weiterhin in Deutschland bleiben soll.

Diese ›Ausländer-Selektion‹ der Konservativen und Nationalliberalen wird vom Neuen Nationalismus abgelehnt – dies schon deshalb, weil selbst ein ›Ausländerstopp‹, den die nationalliberalen und konservativen ›Realpolitiker‹ fordern, unrealistisch erscheint. So hat die Regierungsbeteiligung der FPÖ seit 2000 nichts an dem Status Österreichs als Einwanderungsland geändert. Weder ein konsequenter Ausländerstopp noch eine Rückführung der Fremden in ihre Heimatländer ist in Reichweite. Diese Erkenntnis ist bitter – jedoch traurige Realität.

Natürlich ist aus nationaler Sicht darauf hinzuarbeiten, daß das deutsche Volk zu einem späteren Zeitpunkt, wenn es wieder Herr der Lage im eigenen Land ist, in einem Volksentscheid über die Anzahl der Fremden zu befinden hat. Die Nationalisten plädieren heute schon für eine Ausländerrückführung.

Bis es so weit ist, daß die nationalen Kräfte auf der Grundlage politischer Macht die anhaltende Verausländerung Deutschlands durch eine Entausländerung ablösen können, muß das Entstehen von Parallelgesellschaften und Parallelkulturen von den nationalen Kräften hingenommen werden. Die Konservativen und Nationalliberalen erwecken nun den Eindruck, als ob sie die Ghettoisierung der Fremden, die vor allem in den Großstädten vonstatten geht, verhindern wollten. Zum einen, das sei aus nationalrevolutionärer Position unmißverständlich festgestellt, kann diese Ghettoisierung derzeit aufgrund der politischen Machtverhältnisse nicht verhindert werden, und es ist zum anderen auch nicht wünschenswert, daß die Ghettoisierung der Fremden verhindert wird.

Dem deutschen Volk kann gegenwärtig nichts Besseres passieren, als daß sich die ethnisch Fremden, die nicht zu uns gehören, in eigenen Stadtteilen von uns absondern. Diese Position ist zwar dem ›patriotischen‹ Spießer nicht vermittelbar, aber das soll den Neuen Nationalismus, der in langfristigen Lösungsansätzen denkt, nicht beeinträchtigen. Die nationalrevolutionäre Strategie ist nämlich nicht auf kurzfristige Stimmenmaximierung bei ›demokratischen‹ Wahlen ausgerichtet, sondern auf die gesellschaftliche und staatliche Krise, die zur Problemlösung kommen muß und die auch ganz gewiß kommen wird.

## *Nationalismus ist Naturschutz*

Wenn es soweit ist, daß die Deutschen die Überfremdung ihres Lebensraumes überwunden haben, so müssen sie daran gehen, diesen in seiner Natürlichkeit wiederherzustellen. In einem Grundsatzartikel meint Martin LAUS: »Zur Wahrung der nationalen Identität gehört unabdingbar die Bewahrung der Natur und somit der natürlichen Lebensgrundlagen des Menschen. In den Verlautbarungen der bundesrepublikanischen Medien ist häufig vom Umweltschutz die Rede, und nicht vom Naturschutz. Bei dieser unterschiedlichen Wortwahl kommt schon das grundsätzlich unterschiedliche Verhältnis, welches Nationalisten und Liberalisten zu diesem Phänomen haben, zum Ausdruck.«[214]

Die Verwendung des Wortbestandteiles ›Umwelt‹ deutet darauf hin, daß die Natur nur als Umgebung des Menschen betrachtet wird, der Mensch somit über der Natur steht. Diese Sichtweise ist nicht auf den Liberalismus beschränkt, sondern kommt auch im Christentum, das dem Liberalismus hinsichtlich der diesseitigen Komponente seines Menschenbildes sehr ähnlich ist, in der Bibelstelle »Gehet hin und machet Euch die Erde untertan« zum Ausdruck.

Das nationale Weltbild kennt eine derart humanozentrische Weltsicht nicht. Der Mensch ist Bestandteil der Natur, kann sich nicht über ihre Gesetze hinwegsetzen und somit auch nicht über sie erheben. Er hat sich in die Natur einzuordnen.

Liberalisten sind nicht nur in bezug auf den Menschen bestrebt, alle Unterschiede einzuebnen und den Welteinheitsmenschen zu schaffen. Die Plattenbauten im Ostblock, aber auch die im Westen, sind Ausdruck der Planung, der der Liberalist die Lebenswelt des Menschen und die Natur unterwerfen will. Dabei kommt ein egalitäres Prinzip zum Vorschein, das in einer Monokultur endet.[215]

Im Gegensatz dazu bejaht der Nationalismus das Prinzip der Vielfalt und der Ausdifferenzierung, da es das Prinzip des Lebens schlechthin ist. Dies geschieht auf der Ebene des Menschen insbesondere vor dem Hintergrund der Identität. Da der national gesinnte Mensch sich im Gegensatz zum Liberalisten als Bestandteil der Natur begreift, gibt es für ihn keine moralische Rechtfertigung, diese seinem Willen zu unterwerfen und nachhaltig in sie einzugreifen.

Unter dem Gesichtspunkt des lebensrichtigen Menschenbildes besteht hierzu auch keine Notwendigkeit.

Der Erhalt der Natur ist jedoch auch für den Menschen selbst von Bedeutung. Ohne saubere Luft, reines Wasser und unbelastete Lebensmittel kann der Mensch rein physisch nicht existieren. Ohne eine halbwegs intakte Natur geht er auch seelisch zugrunde. Die kalten, künstlichen Neonwelten neuzeitlicher Großstädte sind keine Orte, an denen der menschliche Geist gedeihen kann.

Doch die hemmungslose Unterordnung unter die Interessen des Kapitals zerstört auch den Menschen selbst. Durch die Auswirkungen der Kolonialzeit wurden viele Kulturen zerstört und durch Kunstgebilde ersetzt. Die natürlich gewachsenen Lebensweisen Tausender Völker wurden den Erfordernissen der kapitalistischen Wirtschaftsweise und ihrer Träger untergeordnet. Wurden die betroffenen Völker dabei nicht physisch ausgerottet, so wurden sie doch zumindest seelisch vernichtet.

Hier ist es Aufgabe nationaler Politik, durch Wiedererrichtung der Volksgemeinschaft und gemeinschaftlicher Werte die Grundlage zur Durchsetzung derartiger Verhaltensweisen zu schaffen. Flankiert werden kann diese Maßnahme durch Instrumente einer wirklichen Volkswirtschaft. Produktionsweisen, die Natur und Mensch unverhältnismäßig schaden, werden verboten. Die Nachfrage nach naturschädlichen Produkten wird durch entsprechende Besteuerung oder Rationierung in die gewünschten Bahnen gelenkt.

Diese Maßnahmen sind jedoch nur dann sinnvoll, wenn der gesamte Markt kontrolliert werden kann. Gelangen auf den heimischen Markt beispielsweise Produkte, die mit im Inland verbotenen Produktionsverfahren hergestellt wurden, so ändert dies grundsätzlich nichts an der Naturzerstörung. Sie wird lediglich verlagert, wobei die Auswirkungen in diesem Sektor jedoch meist global sind.

Ähnliches gilt für die Besteuerung bestimmter Rohstoffe, Energien oder Abfälle. Werden hier nur heimische Produkte besteuert, so führt es dazu, daß heimische Produkte daher ohne weitere staatliche Maßnahmen teurer werden, dadurch die Nachfrage nach ihnen abnimmt und somit heimische Arbeitsplätze verlorengehen.

Eine raumorientierte Volkswirtschaft erlaubt hier jedoch die Schaffung eines geschlossenen Wirtschaftsgebietes, in dem eine Kontrolle der Güterströme und ihrer Naturbelastungen möglich wird. Im Gegensatz zu liberalistischen Globalisierungstendenzen beinhaltet eine raumorientierte Volkswirtschaft eben nicht die Übertragung aller den Markt betreffenden Souveränitätsrechte auf die Industrie. Vielmehr verbleibt die Marktmacht bei den die Völker vertretenden Staaten.

Daher ist es im Rahmen dieser Wirtschaftsform möglich, Importsteuern auf Produkte zu erheben, die selbst oder deren Produktionsweise nicht den heimischen Naturschutzbestimmungen entspricht. Ebenso sind natürlich auch völlige Importverbote denkbar.

Erst dieser Mechanismus erlaubt die Kontrolle des heimischen Marktes in dem Maße, wie dies für wirksame Naturschutzmaßnahmen erforderlich ist. Auch hier treten die nationalen Lösungsansätze in Gegensatz zum derzeit praktizierten liberal-kapitalistischen System, das aus seiner nivellierenden und egalitären Grundtendenz heraus die bestehenden Grenzen beseitigen will. Freilich ist dieser Wille nicht nur ideologisch bedingt. Er hat vielmehr auch handfeste wirtschaftliche und machtpolitische Hintergründe.

Auch unter einem anderen Aspekt ist der grundlegende Unterschied zwischen nationalistischer und liberalistischer Umweltpolitik sichtbar. Während in liberalistischen Systemen die Gemeinschaft zunehmend in eine Masse von Individuen aufgelöst wird, strebt der Nationalismus den Erhalt der Gemeinschaft in Form der Volksgemeinschaft an. Die Volksgemeinschaft umfaßt aber nicht nur die Gruppen von Menschen, die derzeit gerade politisch handlungsfähig sind, sondern auch die kommenden Generationen des Volkes. Somit ist es die moralische Pflicht eines jeden Volksgenossen, auch seinen Nachkommen das Leben in einer intakten Natur zu ermöglichen. Diese Pflicht wird durch den sinnstiftenden Charakter des Volkes in der Theorie des Nationalismus noch verstärkt. Freilich hat auch hier wieder der Staat die Richtlinien zur Umsetzung dieser Zielvorgabe festzulegen.

Im Gegensatz dazu kennt der Liberalismus eine derartige Verpflichtung nicht. Der entwurzelte liberalistische Jetztmensch kennt nur seinen augenblicklichen Vorteil, den er auszunutzen trachtet, bevor es ein anderer tut. Erzeugt er dabei verbrannte Erde, so zieht er wurzellos, wie er ist, weiter zum nächsten Wasserloch. Die Auswirkungen sämtlicher Projekte werden nur auf die Lebensdauer ihrer Initiatoren hin untersucht, frei nach dem Motto: »Nach mir die Sintflut«.[216]

## 2. Nationale Solidarität

*»Das Geld wird nur vom Blut überwältigt und aufgehoben.«*
Oswald SPENGLER[217]

Nachdem der Volksbegriff hinsichtlich der nationalen Identität gefaßt wurde, soll als nächstes auf die nationale Solidarität eingegangen werden, ohne die ein nach innen homogenes und nach außen freies Volk nicht auskommen kann. Hierbei geht es um eine neue Wirtschafts- und Sozialordnung, die das Bedürfnis von sozialem Frieden und sozialer Gerechtigkeit erfüllt. Gerechtigkeit, wohlverstanden als die Gerechtigkeit in den gleichen Chancen aller Volksgenossen und nicht in einer fiktiven Gleichheit von charakterstarken und charakterschwachen Individuen, Fleißigen und Faulen, Intelligenten und Dummen, Fähigen und Unfähigen. Man könnte die Begriffspaare, die freilich nur Vereinfachungen darstellen, da das Leben sich nicht in Schwarz und Weiß scheidet, weiterhin fortführen.

Der oberste Vorrang dieser Chancengleichheit besteht für den Neuen Nationalismus darin, daß in einem völkischen Gemeinwesen neben der Rechtsgleichheit allen Deutschen das Recht auf Bildung und Ausbildung, auf einen Arbeitsplatz sowie soziale Fürsorge im Notfall zugestanden werden muß. Natürlich ist das Recht auf Arbeit im deutschen Volksstaat auch an die Pflicht zur Arbeit gebunden, was die Installierung eines Arbeitsdienstes für die Staatsbürger beinhaltet, die auf dem Arbeitsmarkt nicht nachgefragt werden.

Das Volk ist hierbei solidarisch als Gesamtheit zu sehen. So gehören zum deutschen Volk Frauen und Männer, Junge und Alte, West-, Mittel- und Ostdeutsche sowie Österreicher und noch ein paar andere mehr, Arbeitnehmer und Arbeitgeber wie auch Freiberufler. Auch die politische Gesinnung oder Gesinnungslosigkeit ist für die Frage, ob jemand Deutscher ist, völlig belanglos. Ein ›Antifaschist‹, der mich aus dem ›schwarzen Block‹ heraus als ›Nazi-Schwein‹ beschimpft und sich die Parole »Nie wieder Deutschland« oder »Deutschland halts Maul« zur Lebensphilosophie macht, ist eben auch ein Deutscher, sofern er deutsche Eltern hat. Das ist vielleicht ein unangenehmer Gedanke, doch das Deutschsein besteht nicht in einem ausschließlichen Recht, dem zufolge zur Nationalität die ›richtige‹ nationale Gesinnung gehöre, sondern schlichtweg in dem Schicksal, dieser Volksgemeinschaft durch bloße Abstammung angehören zu dürfen oder zu müssen – je nachdem, wie man sein Deutschsein bewertet.

Eine nationale Regierung muß deshalb im Falle einer Machtergreifung diese Grundüberlegung von wahrer Volksgemeinschaft, die diesen Namen auch verdient, sich zu eigen machen. Alles andere endet in pseudovölkischen Sackgassen – Gesinnungssystem, Parteidiktatur, Bürgerkrieg. Daran würden dann allerdings die inneren wie die äußeren Feinde des deutschen Volkes ihre Freunde haben. Und die wollen wir ihnen nicht gönnen.

Das Konzept einer Volksgemeinschaft muß davon ausgehen, daß diese nicht allein durch eine politische Machtergreifung zu schaffen, sondern ebenso politisch zu organisieren ist. Es ist deshalb von der naiven Vorstellung Abstand zu nehmen, das deutsche Volk, wie andere Völker auch, bestehe nur aus völkischer Homogenität. Dies ist nur ein Teil der Wahrheit, der andere besteht in der Inhomogenität eines Volkes in Geschlechtern, sozialen Klassen und Stämmen und ein paar Unterscheidungsmerkmalen mehr. Das ist zur Kenntnis zu nehmen, und dem ist bei der Konzeption eines Deutschen Volksstaates auch Rechnung zu tragen.

## *Die kapitalistische Weltrevolution*

Soweit nun zur Vorstellung einer Volksgemeinschaft. Das Ziel ihrer Durchsetzung muß von einer klaren gesellschaftspolitischen Lageanalyse ausgehen. Der Gegenstand einer solchen Lageanalyse ist das in Deutschland gegenwärtig herrschende System des Liberalkapitalismus. Die Träger dieser lebensfeindlichen Ideologie hierzulande sind mehr oder weniger sämtliche Lizenzparteien und die ›gesellschaftlich relevanten‹ Verbände wie Gewerkschaften, Arbeitgeberverbände und auch die Kirchen.

Viele Antikapitalisten, vor allem die sich ›links‹ positionieren wollen, litten lange an der Illusion, daß wenigstens die bundesrepublikanische Linke ein Korrektiv zu Liberalisierung und Globalisierung darstellen würde. Diese Vorstellung ist nun spätestens seit dem Jahr 1999 zunichte gemacht worden – mit der Regierungsübernahme von Rot-Grün unter der Kanzlerschaft von Gerhard SCHRÖDER. Der mitteldeutsche Sozialwissenschaftler Michael NIER kommentiert diese Zäsur wie folgt: »Das Jahr 1999 ist zum Jahr der Entzauberung der SPD und der Grünen geworden. Die dienende Funktion gegenüber der ›Wirtschaft‹ und den Weltherrschaftsplänen der USA ist offensichtlich. [...] In der PDS, die sich mehr und mehr als linksbürgerlicher Reformflügel an die Seite der SPD stellen möchte, spielt sich ein Richtungskampf ab. Jedoch noch ist die Parteigewalt in den Händen derer, die unbeirrt vom Wählerwillen und dem Willen der Altmitglieder, in der politischen Klasse der EU-BRD aufgenommen werden wollen. Auch die PDS ist in der Phase der Entzauberung.«[218]

Von daher stellt sich die Frage, wer denn nun die weitestgehend freigewordene Position des Antikapitalismus, sollte sich bei der PDS der ›Reformflügel‹ durchsetzen, einnehmen kann. Für NIER ist die Sache klar: Die nationale Opposition soll diese Rolle verstärkter als bisher übernehmen. Diese soll nun, so der Sozialwissenschaftler, die politischen Intentionen der traditionellen proletarischen Linken und der sozialen Bewegungen aufnehmen. Logischerweise gehe sie somit auf potentielle Partner im Felde der nationalen oder wieder national werdenden Linken zu. Die »rechte Reaktion« gehört dann aber für NIER nicht zum Erbe des weltanschaulichen Nationalismus.

Die derzeitige gesellschaftliche Entwicklung sei davon geprägt, daß die moderne Industriegesellschaft zur Verbreitung von Konsumgütern und Dienstleistungsangeboten und damit zu einer davon geprägten Lebensweise geführt hat, ohne daß in aller Welt gleichzeitig ähnlich flächendeckend die Entwicklungspotentiale für diesen Zivilisationstyp entstanden wären und seine Teilnahme an einer solchen Lebensweise für alle Interessierten praktisch möglich wäre. Die Konsumwünsche sind nun aber global geworden, aber nicht die Konsummöglichkeiten.

Die Idee des ›westlich-guten Lebens‹ hat die Massen ergriffen. Sie wird nun zur materiellen Gewalt. Die Konsumwünsche der Massen lassen diese auf den Weg in die Mekkas des Konsums aufbrechen. Die Märchenfilme des American way of life und die Werbung haben Scheinwelten errichtet, die die Massen für erreichbare Realitäten halten. Der Westen lockt den Konsumwillen der Bürger in seine Metropolen und wird mit ihnen nicht fertig werden. Armut, die Wohlstand will, kann zur Urgewalt wachsen. NIER kommentiert dies wie folgt: »Treffen gegensätzliche Kulturkreise bei der Gelegenheit aufeinander, so kann es bestialisch werden.«[219]

Die Entwicklungsfundamente für die kapitalistische Konsum- und Wohlstandsgesellschaft sind nach wie vor regional konzentriert und werden monopolistisch immer stärker abgesichert. Je umfangreicher der Aufwand für wissenschaftlich-technische Fortschrittsleistungen ist, um so mehr wird schwächeren Partnern die Chance genommen gleichzuziehen. Damit verengt sich auch der Kreis derer, die über den Typ des Fortschritts und der Güter entscheiden. Die Monopolisierung auf der einen bringt Chancenlosigkeit auf der anderen Seite. Die Welt ist auf Gedeih und Verderb in dieser Abhängigkeit. NIER meint hierzu:

»Der globale Freihandel ist die Sicherung, ja sogar zeitweilige Zementierung, dieser ungleichmäßigen Entwicklung der Welt. Mit seiner Hilfe halten die Starken die Schwachen nieder. Die Verbindung von wissenschaftlich-technischen Innovationspotentialen, medialer Gewalt mit kultureller Prägekraft, finanzpolitischer Dominanz und globaler militärischer Einsatzfähigkeit hat die Welt in eine Sackgasse der Existenz geführt. Gegenwärtig erleben wir immer mehr die Konzentration dieser Potentiale auf US-amerikanische Machtzentren und die Ausdehnung der konkreten Einflüsse in netzartiger Weise auf die ganze Welt. Die Ideologie und Praxis des Neoliberalismus, die sogar den Politiker selbst als einkaufbares Element im globalen Marktgeschehen verstehen, wecken Gegentendenzen: Nationalismus, Fundamentalismus und Terrorismus in verschiedenster Gestalt. Die Büchse der Pandora ist längst geöffnet. Da die gegenwärtige politische Entwicklung in Deutschland und Europa gegen die Interessen des deutschen Volkes und aller europäischen Völker gerichtet ist, ist deren Scheitern nur eine Frage der Zeit.«[210]

Demgegenüber lehnt der Neue Nationalismus eine ›Weltwirtschaftsordnung‹ ab, da diese immer eine Dominanz der Wirtschaftsordnung der Großmächte über die vielen eigenständigen Wirtschaftsformen der Völker darstellt. Die weitgehend zerstörten regionalen Wirtschaftsformen waren immer eine optimale Anpassung an die räumlichen Gegebenheiten und stellten ein in sich stabiles System der Selbstversorgung dar. Die internationale Arbeitsteilung hat einen Grad erreicht, die ein verflochtenes System von Abhängigkeiten geschaffen hat. Diese wirtschaftlichen Abhängigkeiten und Zwänge haben eine Eigendynamik entwickelt, die die ökologischen und sozialen Spannungen und Krisen verschärfen.

Eine neue Wirtschaftsordnung muß die Schaffung kleiner, regional und national gegliederter Wirtschaftsräume anstreben. Kleinere wirtschaftliche Einheiten sind wesentlich überschaubarer als große, kontinentale Wirtschaftsräume mit ihren industriellen Monokulturen, daher auch weniger krisenanfällig und können sich den regionalen und nationalen Voraussetzungen und Besonderheiten am besten anpassen. Das System von wirtschaftlichen Abhängigkeiten, das eine Vielzahl von Systemzwängen erzeugt und entgegen allem Vernunftdenken den Raubbau an der Natur und den wirtschaftlichen Ressourcen weiter verstärkt, kann damit endgültig überwunden werden.[221]

Der Begriff ›Volkswirtschaft« ist demzufolge nicht losgelöst von den anderen Lebensbereichen des Volkes, wie Politik und Kultur, zu sehen, sondern als wesentlicher Bestandteil einer funktionierenden Volksgemeinschaft. Für Reinhold OBERLERCHER sollte das deutsche Volk »für alle Deutschen die höchste, auf Erden nur sich selbst verantwortliche Gemeinschaft (sein), also der Souverän, der sich politisch als reeller Nationalstaat, ökonomisch als wirkliche Volkswirtschaft und psychologisch als gediegenes Nationalbewußtsein selbst organisiert. Führungsorgan von Politik und Wirtschaft des deutschen Volkes ist sein eigener, nach dem Grundsatz Ein-Volk-ein-Staat gebildeter Nationalstaat, wodurch seine Wirtschaft zur raumorientierten Nationalökonomie wird, also wohlbegründet auf eigenem Grund und Boden - in Deutschland und allen seinen Landschaften und für die Deutschen in allen ihren Stämmen - wirtschaftet, anstatt in der Exportabhängigkeit zwischen Euphorie und Depression hin und her zu schwanken und dadurch Volk und Land immer weiter zu schwächen und herunterzubringen. Die Exportabhängigkeit führt selbst im Wohlstand zur Strukturverarmung und Verwahrlosung der Volkswirtschaft, sie ist ihr ökonomisches Rauschgift«.[222]

Die Verallgemeinerung der fremdwirtschaftlichen Abhängigkeit, die diktatorische Durchsetzung der Freihandelsdoktrin durch das antinationale Finanzkapital, die Zerstörung aller gewachsenen und steuerbaren Volkswirtschaften und damit des Weltmarktes und der Weltwirtschaft durch Erzwingung des globalen Einheitsmarktes heißt heute ›Globalisierung‹ und wurde bereits von Karl MARX als »kapitalistische Weltrevolution« bezeichnet. Für OBERLERCHER ist die Globalwirtschaft nur die zerstörte Weltwirtschaft, die auf zersetzten Volkswirtschaften und auf entmachteten Nationalstaaten beruht. Die raumorientierte Volkswirtschaft ist demnach der Ausweg aus der Globalisierungsfalle, den der Neue Nationalismus dem deutschen Volk weist.[223]

Allen nationalen Reformvorschlägen zum Trotz gibt sich das liberalkapitalistische System in völliger Verkennung der Tatsachen siegesbewußt. So meint Robert J. EATON: »Eine Sache, die wir heute ›globalen Kapitalismus‹ nennen, wurde entfesselt, und es gibt keinen Weg, ihn aufzuhalten. Das ist der singuläre Punkt, den ich hier heute klarmachen will - es gibt einfach keinen Weg, den Kapitalismus aufzuhalten! [...] Die Schwachen müssen sich verändern, oder sie werden sterben.«[224]

## *Die Rekonstruktion der Volkswirtschaft*

Soweit zu den Anmaßungen des Raubtierkapitalismus, der in diesem Zitat des Vorstandsvorsitzenden von DaimlerChrysler, Robert J. EATON, seine unverkennbare menschenverachtende Fratze zeigt. Doch was folgt nach dem unabwendbaren Scheitern des liberalkapitalistischen Systems auf deutschem Boden? Nicht nur die Kritik an den herrschenden Zuständen darf demzufolge im Mittelpunkt einer Abhandlung wie der vorliegenden stehen, sondern ein Gegenentwurf gesellschafts- und wirtschaftspolitischer Art ist dringend erforderlich.

Dabei kann es nicht darum gehen, volkswirtschaftlich das ›Rad neu zu erfinden‹, sondern es müssen sämtliche positiven und negativen Erfahrungswerte vor allem aus der deutschen Wirtschaftsgeschichte in die Überlegung einbezogen und die positiven Erfahrungen sozusagen in einer neuen Symbiose vereinigt werden.

Auf diesem Erfahrungshorizont ist dann ein alternatives Wirtschaftskonzept den herrschenden Zuständen entgegenzusetzen. Denn wer heute den Kapitalismus kritisiert, der muß sich auch über die Tatsache im klaren sein, daß durch die Globalisierung ein sozialpolitischer Einschnitt bevorsteht, der bisher in der deutschen Geschichte vergeblich sein Beispiel sucht. Das BISMARCKsche Sozialversicherungssystem, das die Pflichtversicherung des Faktors Arbeit sowohl durch Arbeitnehmer als auch Arbeitgeber vorsieht, über die der Staat wacht, soll nun im Zuge der Globalisierung (EU, One World) auf dem Altar des internationalen Finanzkapitals geopfert werden. Und die angeblich sozial motivierten DGB-Gewerkschaften sowie die mit ihnen verbundene Sozialdemokratie (SPD) schauen diesem gespenstischen Treiben zu. Michael NIER bringt diese Situation wie folgt auf den Punkt:

»Heute sollen 150 Jahre Aufbau einer deutschen Leistungs- und Solidargemeinschaft zu Ende gehen. Ihr Abbau und ihre Zerstörung werden als modern und effizient dargestellt. Nach dem Übergang in eine multiethnische Gesellschaft soll eine neue Weltsklaverei durch das Finanzkapital errichtet werden. Dies ist die Tendenz des Kapitalismus.«[225]

Für die Bundesrepublik war die Konzeption der ›sozialen Marktwirtschaft‹ der Schlüssel zu einer fast vierzigjährigen Erfolgsgeschichte, und noch halten die positiven Nachwirkungen das Ganze zusammen. Dabei war die ›soziale Marktwirtschaft‹, die erstmals begrifflich Alfred MÜLLER-ARMACK 1947 ins Spiel brachte[226], eine mehr oder weniger entwickelte Form der Bändigung blinder Kräfte des Marktes. Entwickelt wurde sie als »ordnungspolitische Idee«. Die Wettbewerbswirtschaft der freien Initiative sollte durch diese marktwirtschaftlichen Leistungen zu einem gesicherten sozialen Fortschritt führen. Der soziale Rechtsstaat bekam deshalb Verfassungsrang, immer vorausgesetzt, daß er mit Wirtschaftsleistungen zu sichern ist.

Die Idee der sozialen Marktwirtschaft mit ihren Schutzgesetzen war in erster Linie ein nationaler, juristischer und moralischer Motivationsrahmen, in dem Wirtschaftsfortschritt organisiert werden konnte. Aus der Möglichkeit heraus, durch eigene Leistung oder engagiertes Mitwirken etwas machen zu können, sicherte sich das zustimmende Selbstverständnis der Bevölkerung. Dazu gehörten unverzichtbar die nationale staatliche Souveränität, die Existenz einer Volkswirtschaft und der dazu gleichsinnige ökonomische Wille des großen Kapitals. Mit dem Verlust dieser Dreieinigkeit und ihrer mutwilligen Zerstörung mußte sich die soziale Marktwirtschaft auflösen und zur Leerformel degenerieren. Die historische und politische Frage drängt sich auf, ob wir nach den Verheerungen, die die Implantation der radikalen Elemente des anglo-amerikanischen Kapitalismustyps in Deutschland und Europa anrichten wird, nicht erneut zur sozialen Marktwirtschaft als Regulationstyp und neuer nationaler Einigung greifen werden. Historische Lehren sind dann wieder gefragt.[227]

Diese Abwicklung der sozialen Marktwirtschaft in Deutschland bedingt eine Rekonstruktion von Volkswirtschaft überhaupt, die sich jedoch nicht ausschließlich an dem Modell der sozialen Marktwirtschaft orientieren muß, da auch in dieser der Markt an sich einen Selbstzweck darstellt, wie dies auch auf die reine Form der freien Marktwirtschaft zutrifft. Vielmehr hat der Neue Nationalismus eine Volkswirtschaft zu denken, in der der Vorrang der Politik vor der Ökonomie zu herrschen hat und in der der Markt keinen Selbstzweck, sondern nur eine von mehreren Möglichkeiten von Wirtschaftsformen überhaupt darstellt. Zu diesen zählen außerdem die Staats-, Kommunal- und Genossenschaftswirtschaft, die nur funktionieren können, wenn diesen Bereichen auch Gemeineigentum zur Verfügung steht. Die Konkurrenz findet also in der deutschen Volkswirtschaft nicht nur auf dem Markt statt, sondern auch im Rahmen einer Konkurrenz der Wirtschaftssysteme.

Es ist auch von der irreführenden Vorstellung Abschied zu nehmen, daß allein aus einer marktwirtschaftlichen Konkurrenzsituation heraus so etwas wie das Gemeinwohl des Volkes erreicht werden könnte. Denn auch hier gilt die Erkenntnis, die uns von ARISTOTELES überliefert ist: »Das Ganze ist mehr als die Summe seiner Teile.« Und das Ganze des Volkes, auch im wirtschaftlichen Bereich, wird eben durch den Staat vertreten, und nicht vom ungeregelten Wirtschaftsleben der Summe der Marktteilnehmer an sich. Denn auf dem Markt steht der Profit des einzelnen Marktteilnehmers im Mittelpunkt des Interesses, und nicht die Bedarfsdeckung des gesamten Volkes.

Im Mittelpunkt all unserer Überlegungen steht also nicht der Gewinn multinationaler Konzerne, sondern das Wohl der Gesamtheit des deutschen Volkes. Dabei ist jeder Einzelne in der Gemeinschaft unseres Volkes ein wichtiger Bestandteil unserer Kultur, Geschichte, Sprache und Entwicklung. Und nur der wieder zu erweckende Gemeinschaftswille aller Deutschen wird die Probleme der Zukunft meistern können, indem er den Einzelnen motiviert, sich für die Gemeinschaft einzusetzen. Gemeinschaft und Individuum bedingen sich also gegenseitig, und ein Sozialstaat ist ohne die Solidargemeinschaft eines Volkes nicht machbar. In einer multikulturellen Massengesellschaft gibt es hingegen nur Gruppen- und Einzelinteressen.

Nur aus sozialer Gerechtigkeit und dem Solidarprinzip wächst die Volksgemeinschaft. Sozialpolitik bedeutet nach unserer Auffassung die Solidarität des Volkes mit seinen Angehörigen. Sie muß die Geborgenheit des Einzelnen in der Gemeinschaft sichern.

Aus dem bisher Zusammengetragenen läßt sich ein ganzes politisches Programm wie auch die Wirtschaftspolitik einer neuen Ordnung ableiten. Grundsätzlich gilt dabei: Die Wirtschaft eines Volkes ist nicht autonom, sondern Teil des Ganzen. Der Staat muß der Wirtschaft Rahmenrichtlinien vorgeben, Richtdaten setzen und durchsetzen, was das Gemeinwohl erfordert. Nicht unser Volk hat der Wirtschaft, sondern die Wirtschaft unserem Volk zu dienen.

Der vor Jahren erfolgte Zusammenbruch der kommunistischen Systeme hat gezeigt, daß Internationalismus, Gleichschaltung und Gleichmacherei die Totengräber einer sozialstaatlichen Ordnung sind. Wir werden schon bald den Zusammenbruch der westlichen liberalkapitalistischen Systeme mit ihren menschenverachtenden Massengesellschaften erleben, die an Internationalisierung, Multikulti und Globalisierung genauso scheitern werden. Daher setzt der Neue Nationalismus heute schon den gegenwärtigen Globalisierungsfanatikern eine am heimischen Lebensraum der Menschen orientierte vielseitige und ausgewogene soziale Volkswirtschaft entgegen. Der einzelne Mensch muß in seiner Heimat seine Arbeit finden und diese Arbeit als etwas Wichtiges, als etwas Höheres begreifen, die den Fortbestand, die Weiterentwicklung seiner Familie, seines Volkes und seiner Nation durch seinen persönlichen Einsatz garantiert.

Der vom Neuen Nationalismus eingeführte Begriff der ›raumorientierten Volkswirtschaft‹ wird die sozialen und ökonomischen Belange mit den Bedingungen von Land, Volk und Ökologie in Übereinstimmung bringen: Die Wirtschaft darf unsere Umwelt nicht zerstören und unser Volk nicht entfremden. Grund und Boden sind und bleiben immer Eigentum des deutschen Volkes und dürfen nicht an Ausländer veräußert werden.[228]

Die Wirtschaft stellt für den Neuen Nationalismus also keinen

Selbstzweck dar, sondern sollte das Mittel sein, das die materiellen Güter und Dienste bereitstellt, die für ein kulturvolles und gebildetes Leben jedes Deutschen, jeder deutschen Familie und des deutschen Volkes als Gesamtheit nötig sind. Wenn der Markt keinen Selbstzweck darstellt, sondern nur Mittel der Volkswirtschaft ist, fällt dem Staat das wirtschaftspolitische Strategiemonopol und den Unternehmen die wirtschaftliche Taktikfreiheit zu.[229] Von daher wird es der Wirtschaftspolitik des deutschen Volksstaates gelingen, die scheinbare Gegensätzlichkeit von individualistisch orientierter Wirtschaftsordnung, die am Privateigentum orientiert ist, und kollektivistisch orientierter Wirtschaftsordnung, die an staatlicher Planung ausgerichtet ist, zu einer gesunden Symbiose zusammenzuführen.[230] Das ist es auch, was mit staatlichem Strategiemonopol und unternehmerischer Taktikfreiheit gemeint ist.

Das hier geforderte Primat der Politik über die Wirtschaft erscheint dem heutigen Zeitgeist unvernünftig, da doch das Wirtschaftsleben angeblich allein dem »freien Spiel von Angebot und Nachfrage« zu überlassen sei. Dies war nicht immer so, wie Klaus D. LUDWIG in seiner Schrift *Für eine neue Wirtschaftsordnung*[231] hinweist. So sei die Erkenntnis, daß der Staat in vielen Fällen wirtschaftlichen und technologischen Fortschritt erst in Gang gesetzt hat, in der Nachkriegszeit freilich angesichts der desolaten Zustände in den Zentralverwaltungswirtschaften des Ostblocks weitgehend verlorengegangen ist. Staatsinterventionismus und staatliche Lenkung wurden anhand der Negativbeispiele kommunistischer Staaten als diskreditiert und indiskutabel angesehen. Gerade jedoch die europäische Geschichte des Absolutismus (Merkantilismus und Kameralismus) zeigt, daß gerade der moderne Staat immer wieder als Motor für Innovation und Modernisierung auftrat.

Wenn dem Staat das wirtschaftspolitische Strategiemonopol zusteht, so muß dieser dafür Sorge tragen, daß sich wirtschaftliches Handeln nicht am größten Nutzen für den Einzelnen, sondern am größten Nutzen für das Volk zu orientieren hat. Zur notwendigen Wiederherstellung und Sicherung der Vorrangs der Politik vor der Wirtschaft muß dem Staat die Rückgewinnung staatlicher Einflußnahmen auf das wirtschaftliche Geschehen durch die Schaffung entsprechender Einrichtungen ermöglicht werden. Hierzu wäre eine Wiederverstaatlichung zumindest von Bahn, Post, teilweise Rüstungsindustrie, Banken und Energiewirtschaft erforderlich.

Die privat wie gemeinschaftlich organisierte Wirtschaft hat nicht nur die materiellen Mittel für die biologische und kulturelle Existenzsicherung des Volkes bereitzustellen, sondern wirtschaftliches Handeln muß grundsätzlich lebens- und kulturfördernd sein. Der Aufbau der Wirtschaftsordnung muß auf dem Prinzip der Leistung gründen. Dabei ist die Leistungsfähigkeit nicht mit dem Ausstoß an Produktionsgütern gleichzusetzen.[232] Der im Kapitalismus übliche verhängnisvolle Wettlauf um ›Wachstum‹ ist somit zu beenden – zumal dieses ›Wachstum‹ nicht automatisch zu mehr Arbeit führen muß.

Die Bewertung der wirtschaftlichen ›Leistung‹ ist beim Arbeitnehmer nicht allein an den Gesetzen des Marktes auszurichten, sondern die staatliche Wirtschafts- und Sozialpolitik muß dabei notfalls korrigierend eingreifen können. So wären unter rein betriebswirtschaftlichen Gesichtspunkten die Leistungen der Mütter und Hausfrauen null und nichts wert, am Maßstab der Volkswirtschaft gemessen verhält sich jedoch der Wert geradezu in umgekehrter Weise. Auch der Wert anderer Arbeit ist nicht allein nach den Gesetzen des Marktes zu beurteilen. Warum soll die Arbeit des Vorstandsvorsitzenden eines Konzerns zwanzigfach mehr wert sein als die Arbeit einer Verkäuferin oder eines Landwirts? Hierbei soll nicht Einheitslöhnen das Wort geredet werden, doch die ungerecht erscheinende Schere von Gewinnern und Verlierern im gegenwärtigen Herrschaftsbereich des Kapitalismus wäre im Rahmen einer raumorientierten Volkswirtschaft wieder zu schließen.

## *Die Neuordnung der Gesellschaft*

Soweit zur volkswirtschaftlichen und weltökonomischen Ausgangslage und zur Zukunftsvision einer raumorientierten Volkswirtschaft – als Ausweg aus der Misere, der nur beschritten werden kann, wenn die derzeit verhängnisvolle Entwicklung, die der Raubtierkapitalismus betreibt, in ein heilsames Chaos mündet.

Revolutionäre Nationalisten würden sich nun in der Tat selbst ein geistiges Armutszeugnis ausstellen, wenn sie den Eindruck erweckten, es gehe ihnen nur um die Erreichung der politischen Macht, und nicht auch um eine neue Wirtschafts- und Gesellschaftsordnung. Dies muß hier klar betont werden. Wer die Meinung vertritt, er lehne zwar den politischen Kapitalismus ab, wolle jedoch am wirtschaftlichen Kapitalismus nichts ändern, wenn er etwas daran ändern könnte, der muß sich die Frage gefallen lassen, womit er seinen ›Nationalismus‹ eigentlich rechtfertigen will? Die Idee der Nation zielt doch darauf ab, alle Glieder des Volkes möglichst gleichwertig zu behandeln – ökonomisch betrachtet sind dies im wesentlichen Arbeiter, Unternehmer und Bodenbesitzer.[233]

Doch wie ist es derzeit um die Loyalität dieser ›Klassen‹ gegenüber der Nation bestellt? Der Kapitalismus ist nun einmal die ›Diktatur des Kapitals‹. Diese gilt es von nationaler Seite zu überwinden und andere Klassendiktaturen – die des Proletariats und die der Bodenbesitzer – mit dem gleichen Eifer zu verhindern. Da nun aber zur Zeit mit dem politischen und wirtschaftlichen Liberalkapitalismus eine lupenreine Klassendiktatur, nämlich die der internationalistischen Finanzbourgeoisie, auf deutschem Boden besteht, muß diese auch konsequent bekämpft werden. Und dieser Kampf kann nur – im großen und ganzen – von den Teilen des deutschen Volkes geführt werden, die ökonomisch (›materialistisch‹) gesehen, zu den ›Modernisierungsverlierern‹ des kapitalistischen Systems und seiner Ausbeutungspolitik zählen.

Der Arbeiter hat ja auch im Gegensatz zum Kapitalherrn keine Wahlmöglichkeit. Denn während der Eigentümer von Produktionsmitteln diese durchaus vom Standort A an den Standort B verlegen kann, der möglicherweise gar im lohnkostengünstigeren Ausland liegt, ist es für den Arbeiter nicht so einfach, seine Heimat zu verlassen und – im Stile eines modernen Nomaden – den ›Jobs‹ mit samt seiner Familie hinterherzuziehen. Aber genau das wird ja von den Aposteln der ›Flexibilisierung‹ propagiert.

Wir können an dieser Stelle als Zwischenfazit festhalten: Der Faktor Arbeit ist weitestgehend an den Faktor Boden gebunden, mit ihm verwurzelt, für den Faktor Kapital trifft das nicht unbedingt zu. Deshalb muß der Staat dafür Sorge tragen, daß der Faktor Kapital an die beiden anderen Faktoren, den Boden und die Arbeit, gebunden, auf diese beiden verpflichtet wird. Man könnte hierbei auch von der Notwendigkeit einer ›Verwurzelung‹ des Faktors Kapital im Rahmen des deutschen Volksstaates sprechen.

Die klassenmäßigen Träger des Nationalbewußtseins können über die Epochen hinweg wechseln. Im Mittelalter – darauf wurde bereits im Abschnitt »Nationale Identität« eingegangen – wurde ›Nation‹ nicht selten mit dem Adel und der hohen Geistlichkeit – also den Bodenbesitzern (Konservative) – gleichgesetzt. Um 1900 setzte sich das deutsche Besitz- und Bildungsbürgertum (Liberale) an die Spitze des deutschen Nationalbewußtseins. ›Proletarische‹ Systeme, wie das der DDR, hingen dem Irrglauben an, es gebe so etwas wie eine ›proletarische Nation‹. Von allen diesen Irrlehren ist Abstand zu nehmen.

Dennoch dürfte heute klar sein, daß diejenige Klasse, die derzeit am meisten unter der Globalisierung zu leiden hat, vor allem vom Arbeitsplatzabbau in und vom Fremdarbeiterzustrom nach Deutschland, der Großteil des deutschen Volkes ist, der außer seiner geistigen und körperlichen Arbeitskraft nichts auf dem ›Markt‹ anzubieten hat, also keinen Boden zum Spekulieren (zum Beispiel Immobilien) und keine Produktionsmittel (Fabriken, Werkstätten und dergleichen). Diese Lohn- und Gehaltsempfänger beziehungsweise Arbeitslosen sind deshalb – schon aus ökonomischem Sachverstand heraus – vom Neuen Nationalismus als *die* Zielgruppe anzusprechen, da ihre ökonomischen Interessen unmittelbar mit der deutschen Nation zusammenhängen.

Der deutschen Arbeiterschaft – bis hinein in die DGB-Gewerkschaften – muß jedoch verdeutlicht werden, daß alle sozialen Errungenschaften, die von ihr im Zusammenwirken mit dem deutschen Staat in den zurückliegenden 120 Jahren erreicht wurden, nur im Rahmen eines deutschen Nationalstaats zu erhalten und eventuell – wo nötig – auszubauen sind. Eine EU-Bürokratie wird das ebenso wenig leisten können und leisten wollen wie eine One World. Es ist ja kein Zufall, daß im Verlauf der derzeit stattfindenden Globalisierung das deutsche Sozialversicherungssystem von den hierzulande Herrschenden scheibchenweise abgeschafft, sprich: privatisiert wird.

In diesem Sinne wäre von nationaler Seite heute wieder inhaltlich an den Staatssozialismus des Zweiten Deutschen Kaiserreiches unter Reichskanzler Otto von Bismarck anzuknüpfen. Als Konservativer wandte sich dieser im Zuge der Schaffung des nach wie vor vorbildlichen Sozialversicherungssystems ausdrücklich gegen seine konservativen Standesgenossen, gerade auch gegen die starken Nationalliberalen im Reichstag, auf die er maßgeblich seine Regierung stützte, wenn er erklärte, daß der Staat, das Reich, für ihn immer das Ganze sei:

»Den Satz, daß man nicht die Gesamtheit der Steuerzahler zugunsten einzelner Klassen der Bevölkerung belasten dürfe, vermag ich als richtig nicht anzuerkennen [...]. Wie jeder lebendige Organismus an der Erhaltung und dem Wohlbefinden eines jeden seiner Glieder ein vitales Interesse hat, so hat auch die zum Staat gefügte Gesamtheit aller Stände und Berufszweige ein Interesse daran, daß jeder einzelne – insbesondere auch Industrie und Landwirtschaft – gedeihe, und darf sich nicht scheuen, dafür Opfer zu bringen. Die Alters- und Invalidenversicherung ist ein allgemeines und nationales Bedürfnis, welches daher aus dem Nationalvermögen befriedigt werden sollte.«[234]

Für hier und heute bedeutet dies, daß sich die Nationalen gegen eine jede Form von Privatisierung und letztendlich Liquidierung des Sozialversicherungssystems auszusprechen haben. Dem Staat als

Repräsentant des Allgemeinen Interesses fällt in diesem Sinne – analog zu den Vorstellungen BISMARCKS – die Rolle zu, alle Klassen beziehungsweise sozialen Gruppen zur Gemeinschaftsleistung um den Erhalt dieses Sozialversicherungssystems anzuhalten.

Ein ›Staat‹ jedoch, der sich wie in der BRD nur noch als »Serviceagentur« in der Gesellschaft versteht, kann diese Aufgabe unter keinen Umständen erfüllen.

## *Das Tabu mit dem Eigentum*

Um die raumorientierte Volkswirtschaft auf der Grundlage des Vorrangs der Politik überhaupt verwirklichen zu können, müssen vom Neuen Nationalismus heute schon ›rechte‹ Tabus beiseite geräumt werden. Eines dieser Tabus ist das des Privateigentums, dessen Verabsolutierung ja gerade den Liberalkapitalismus auszeichnet. Wer den Liberalismus in Frage stellen will, muß notgedrungen auch die Verabsolutierung und alleinige Vergötzung des Privateigentums in Frage stellen, ohne – und so viel muß klar sein! – die Berechtigung des privaten Eigentums insgesamt in Frage zu stellen. Es geht hier lediglich um die Frage, welche Eigentumsform für welchen ökonomischen Gegenstand die geeignetste ist. Um nicht mehr, aber auch um nicht weniger geht es.

Unter ›Eigentum‹ versteht man die rechtliche Herrschaft über eine Sache und damit die Befugnis, mit ihr nach Belieben zu verfahren und andere von der Einwirkung auszuschließen. ›Rechtliche Herrschaft‹ – das heißt die Verfügungsgewalt ist in eine gesetzte Ordnung eingebettet und von ihr anerkannt; ›nach Belieben‹ – das heißt nicht uneingeschränkt. Vielmehr werden der Verfügungsgewalt in allen Gesellschaftsordnungen im Interesse derer, die im konkreten Fall am Eigentum keinen Anteil haben, wie auch im Interesse des Gemeinwesens, Grenzen gesetzt. Die Verfügungsgewalt ist also nicht absolut.

Die verschiedenen Arten des Eigentums kann man nach seinen Funktionen – etwa für den Staat oder eine Gemeinschaft – aufgliedern. Eigentümer kann der einzelne sein (Privateigentum im engeren Sinne), die Gruppe (worunter hier Organisationen und Unternehmen verstanden sein sollen, ohne daß zunächst etwas über ihre Größe, ihre Macht und die Art ihrer Leitung gesagt sei) oder der Staat. Selbstverständlich sind die Übergänge fließend.

Diese Definition des Eigentums ist wichtig, kann jedoch für die Gegenwart das Problem, das damit verbunden ist, nicht allein erfassen, da sie zunächst eine rein juristische Definition ist, die im 19.

Jahrhundert entstand und heute die Wirklichkeit nicht mehr abdekken kann. Das wird deutlich, wenn man sich vor Augen hält, daß zum Beispiel der Aktionär einer großen Aktiengesellschaft rechtlich gesehen Miteigentümer eines solchen Unternehmens ist, von einer Verfügungsgewalt über das Unternehmen tatsächlich aber nicht mehr die Rede sein kann. Solche Verfügungsrechte sind ihm zwar formal noch gegeben, indem er in der Hauptversammlung über die Zusammensetzung des Aufsichtsrates und damit indirekt auch über die Unternehmenspolitik bestimmt, in der Praxis aber ist eine solche Mitbestimmung, wie jeder Kenner der Verhältnisse weiß, allenfalls noch gegeben, wenn der Aktionär größere Aktienpakete hält.[235]

Wir können davon ausgehen, daß all die genannten Eigentumsformen ihre Vor- und Nachteile haben. So motiviert das Privateigentum wohl am ehesten zur persönlichen Leistung. In die eigene Firma und in das eigene Wohneigentum wird man wohl am liebsten Arbeitsstunden und Sorgfalt legen wollen, während dies beim Umgang mit staatlichem Eigentum, man betrachte den Zustand öffentlicher Einrichtungen, oftmals nicht der Fall ist. Dennoch wird heute in den Gesellschaften des Kapitalismus die volkswirtschaftliche Bedeutung des Gemeineigentums weit unterschätzt. Das Gemeineigentum etwa als Mittel der Wirtschaftslenkung oder als Stimulanz für einen technischen Fortschritt zu benutzen ist in den liberalistischen Systemen des Westens ein äußerst unpopulärer Gedanke.

Dabei müßte feststehen, daß der Staat nur mittels des Gemeineigentums in die Lage gesetzt werden kann, die notwendigen Anstöße für den technischen Fortschritt zu geben und gewisse technische Projekte zu übernehmen, die, zum Beispiel aus Gründen der Geheimhaltung, zweckmäßigerweise dem Staat anvertraut sein sollten. Und nur mittels des Gemeineigentums kann der Staat auf die Volkswirtschaft Einfluß nehmen und lenkend und steuernd in sie eingreifen. Auch sozialpolitische Aufgaben sind ohne das Gemeineigentum des Staates nicht vorstellbar.[236]

Deshalb dürfte klar sein, daß es zum Funktionieren einer ausgewogenen Volkswirtschaft keinen einheitlichen Begriff des Eigentums, wie im Kapitalismus und im Kommunismus, geben kann, vielmehr einen aus Privat-, Gruppen- und Gemeineigentum bestehenden Fächer.

Natürlich wird es im kommenden deutschen Volksstaat auch ein Eigentum an Geld geben und die Möglichkeit, dieses zu verleihen. Wer dies tut, hat grundsätzlich das Recht, für das Zurverfügungstellen dieser Leistung einen Preis zu verlangen, den wir ›Zins‹ nennen. Beim Verleih von Gebrauchsgütern ist das ähnlich: Auch dabei wird eine Nutzungsgebühr erhoben. Würde es beim Geldverleih keinen Zins geben, würde der Geldeigentümer keine Veranlassung sehen, Kredit zu geben. Er würde das Geld entweder in den Konsum oder, soweit ihm das überhaupt möglich ist, in Investitionen stecken oder es zu Hause aufbewahren. Das Zur-Verfügung-Stellen von Kapitalien direkt oder auf dem Umweg über die Banken für Investitionen und dergleichen wäre nahezu unmöglich. Der Zins ist also eine Erscheinung, die aus dem Wirtschaftsleben nicht wegzudenken ist.

Obwohl die Berechtigung des Zinses auf der Hand liegt, sterben die Theoretiker nicht aus, die eine Wirtschaftsordnung ohne Zins konstruieren wollen. Sie verweisen in der Regel auf Zeiten und Länder, in denen ein allgemeines Zinsverbot durchgesetzt wurde und in denen die Wirtschaft gleichwohl funktioniert. Eines der bekannten Beispiele sind die islamischen Länder. Betrachtet man jedoch die Realität, so sieht man, daß die Banken und Kreditgeber Gebühren mit durchaus zinsähnlichem Charakter nehmen, das Geschäftsgebaren unterscheidet sich nicht wesentlich von dem zum Beispiel in Europa üblichen. Auch in Europa kannte man im Mittelalter und bis in die beginnende Neuzeit hinein Zinsverbote. Dabei ist aber zu bedenken, daß das Geldwesen jener Zeit noch nicht stark entwickelt war und der Geldkredit deshalb kaum eine Rolle spielte.[237]

Die rechte Dauerdebatte um die vermeintlich erforderliche ›Brechung der Zinsknechtschaft‹ als ›Schlüssel‹ zu einer erfolgversprechenden Volkswirtschaft führt in die sektiererische Sackgasse. Allerdings stellt das Zinssystem dann ein Problem, wie im Kapitalismus, dar, wenn es von seiten des Staates keine ausreichende Reglementierung in diesem Bereich gibt. Der Staat muß dafür Sorge tragen, daß nicht jeder als Kreditgeber und nicht jeder als Kreditnehmer auftreten kann, und er muß die Höhe der Zinsen eindeutig festlegen. Privaten Kredithaien ist grundsätzlich das Handwerk zu legen. Kredite haben nur Banken, die der staatlichen Kontrolle unterliegen, zu vergeben. Sozial Schwache dürfen keine Kredite erhalten, um damit Konsumwünsche zu befriedigen, wobei sie dann unweigerlich in der Schuldenfalle landen würden. Die Freiheit im deutschen Volksstaat wird nicht so weit gehen können, daß sich ein jeder Staatsbürger selbst sozial ruinieren kann.

Doch wieder zurück zu der in einer Volkswirtschaft erforderlichen Vielfalt an Eigentumsformen: Wie die gewünschte Vielfalt des Wirtschaftslebens aussehen könnte, erläutert unter anderem Alexander RUZKOI, der in seinem Buch *Vom Reich* bereits in der Einleitung einen Vorgeschmack vom ökonomischen Wesen eines sozialrevolutionären Nationalismus gibt: »Staatliche Reglementierung und private Initiativen sollten sich ergänzen. Ziel ist die Bildung und der Schutz aller Formen von privatem, genossenschaftlichem und staatlichem Eigentum.«[238]

Der Neue Nationalismus muß gerade auch im Bereich der Wirtschafts- und Sozialpolitik auf durchgreifende Änderungen abzielen. Zum einen ist der weltweiten wirtschaftlichen Globalisierung der Kampf anzusagen. Multinationale Konzerne wie General Motors-Opel und DaimlerChrysler müssen nach einer nationalen Machtergreifung der Vergangenheit angehören, wie auch diverse Formen von Kapitalgesellschaften, die eher Verantwortungsverweigerungsgesellschaften gleichen, keinen Platz in einer wirklichen Volkswirtschaft haben dürfen. Ebenso müssen Privatisierungsvorgänge, die in der jüngsten Vergangenheit stattgefunden haben, wieder in ihr Gegenteil verkehrt werden. Natürlich wird der Neue Nationalismus darauf drängen, daß Post und Bahn, wie auch Rüstungsindustrie, Banken und Versicherungen aufgrund ihrer überaus starken Bedeutung für das Allgemeinwohl des Volkes wieder in staatliches Eigentum zurückkehren oder wie im Falle der Banken zumindest einer strengen staatlichen Kontrolle zu unterwerfen sind.

Wer solche Positionen vertritt, ist bereits in einem bescheidenen Sinne ›Sozialist‹. Denn Sozialismus ist ebenso wenig wie Nationalismus ein absoluter Begriff; da gibt es durchaus Abstufungen. Es muß eben darum gehen, jeweils das richtige Maß zu finden und nicht etwa das Kind mit dem Bade auszuschütten. Das soll heißen: Kommunismus mit einer völligen Verstaatlichung an den Produktionsmitteln und einem durchgreifenden Wirtschaftsplan ist vom Neuen Nationalismus nicht erwünscht; aber ebenso wenig die alternativlose Akzeptanz der reinen Privateigentumsphilosophie. Wie Reinhold OBERLERCHER in seinem Entwurf eines Wirtschaftsprogramms richtig bemerkt, ist:

»Die Eigentumsordnung [...] so zu gestalten, daß die Proletarisierung großer Teile des deutschen Volkes und erst recht die Verelendung seiner Hilfsbedürftigen vom Grundsatz her ausgeschlossen ist und damit der Kapitalismus, die Proletarisierung des Geldes, unmöglich wird. Die wirtschaftspolitische Programmatik der deutschen Nationaldemokratie enthält somit die wahre Sozialdemokratie.«[239]

Das Ziel der raumorientierten Wirtschaftsordnung, so OBERLERCHER weiter, ist nicht die Maximierung der Wirtschaftsleistung und damit des Ausstoßes an Gütern und Diensten, sondern das gute Leben des Volkes in seinem Raum. Daraus folgt, daß kurzfristige Maximierung wie auch längerfristige Optimierung des Profits auf eingesetztes Kapital niemals das Ziel einer Volkswirtschaft sein kann, die diesen Namen verdient, und schon gar nicht der Zweck der raumgemäßen Volkswirtschaft deutscher Nationaldemokraten.[240] Ganz im Gegensatz hierzu stellen für den herrschenden Liberalkapitalismus Profitmaximierung und Wirtschaftswachstum ›Werte‹ an sich dar. So meint Robert J. EATON:

»Ökonomisches Wachstum – das Schaffen eines neuen Reichtums – ist die einzige Lösung. Kollektivismus und Umverteilung werden nicht funktionieren. Sie wurden ausprobiert. Sie haben versagt. Die Mauer fiel. Ende der Geschichte.«[241]

So einfach ist das also: Da wird ›Kollektivismus‹ und ›Umverteilung‹ mit dem Sowjetsystem gleichgesetzt, das – nachdem die Mauer fiel – am Ende der Geschichte angekommen war. Doch die sozialistische Idee wird sich durch solche kapitalistische Polemik nicht unterkriegen lassen.

## 3. Nationale Souveränität

*»Kein Volk kann auf die Dauer unterjocht werden, wenn es nicht irgendwann an seiner Unterjochung mitwirkt.«*
Mahatma GANHDI[242]

*»Weil die Deutschen eine Scheu davor haben, sich selbst zu regieren, versuchen sie ein europaweites System zu schaffen, in dem sich keine Nation mehr selbst regiert.«*
Margaret THATCHER[243]

Ein wesentliches Prinzip nationaler Politik ist die Forderung nach nationaler Souveränität. Während in den beiden vorausgegangenen Abschnitten über ›nationale Identität‹ und ›nationale Solidarität‹ die innenpolitischen Ziele im Mittelpunkt standen, die einen souveränen (herrschaftsfähigen) Staat nach innen voraussetzen, geht es im folgenden Abschnitt um die Souveränität in der Außen- beziehungsweise in der Europa- und Weltpolitik.

Die zunehmende Aufhebung nationalstaatlicher Souveränität droht dem deutschen Volk von mehreren Seiten. Um die Abwicklung der deutschen Nation, aber auch aller anderen Nationen erreichen zu können, wurden vor allem nach 1945 mehrere internationale Organisationen gegründet, die – jede für sich genommen – einen Teilaspekt im Rahmen der internationalistischen Gesamtstrategie verfolgt. Von großer Bedeutung für die Abwicklung der deutschen Nation ist die ›Europäische Union‹ (EU), die in den kommenden Jahren zum europäischen Superstaat ausgebaut werden soll. Den europäischen Nationen soll dabei künftig im Rahmen des Konzepts eines Bundesstaates die Rolle von Bundesländern zukommen. Die staatliche, in diesem Falle bundesstaatliche Souveränität soll dann von Brüssel (Exekutive), Straßburg (Legislative) und Luxemburg (Judikative) ausgeübt werden.

Diese Zielvorstellung entspringt dabei nicht bloß den Programmen der etablierten Parteien in Deutschland, sondern ist Bestandteil des Grundgesetzes, weshalb auch hierbei deutlich wird, daß selbst die Frage nach der außenpolitischen Souveränität Deutschlands nicht ohne eine Verfassungsänderung zu erreichen wäre. So steht in Artikel 23 GG (1) geschrieben: »Zur Verwirklichung eines vereinten Europas wirkt die Bundesrepublik Deutschland bei der Entwicklung der Europäischen Union mit, die demokratischen, rechtsstaatlichen, sozialen und föderativen Grundsätzen und dem Grundsatz der Subsidiarität verpflichtet ist und einen diesem Grundgesetz im wesentlichen vergleichbaren Grundrechtsschutz gewährleistet. Der Bund

*ALTHUSIUS und BODIN, die bedeutendsten Theoretiker der Souveränität. ALTHUSIUS, der Vater des Subsidiaritätsprinzips, befürwortet eine Verteilung der Souveränität.*

kann hierzu durch Gesetz mit Zustimmung des Bundesrates Hoheitsrechte übertragen. [...]«.[244]

Somit dürfte klar sein, daß durch diesen Artikel 23 das Grundgesetz selbst eine Bestimmung enthält, durch die alle Souveränität, die Deutschland nach dem Zweiten Weltkrieg und dem Inkrafttreten des Grundgesetzes formal noch hatte, in Richtung Brüssel und Straßburg abfließen konnte und nach wie vor abfließen kann. Schon deshalb ist die Frage mangelnder außenpolitischer Souveränität Deutschlands heute untrennbar mit einer Verfassungsdiskussion verbunden.

Grundsätzlich ist von Bedeutung, daß bei diesem supranationalen Vorhaben von einer Demokratie im Sinne von Volksherrschaft nicht mehr die Rede sein kann, da diese unweigerlich an die Idee des Volkes und nicht an eine undefinierbare Wohnbevölkerung (›multikulturelle Gesellschaft‹), aber auch nicht auf einen Vielvölkerstaat in Form eines europäischen Bundesstaates anwendbar ist. Demokratie ist dem Begriff nach immer Volksherrschaft im Singular und deshalb nicht als ›Völkerherrschaft‹ denkbar. Die Idee der Volkssouveränität, welche der Demokratie zugrunde liegt, kann immer nur von *einem* Volk ausgeübt werden. Da es aber kein ›europäisches Volk‹ gibt, handelt es sich bei der Europäischen Union also nicht um eine Demokratie. Um was aber dann?

Gemäß der Staatsformenlehre von ARISTOTELES würde der Europäischen Union da schon eher die Bezeichnung einer ›Oligarchie‹ zustehen, die freilich auf die Bundesrepublik als ›Nationalstaat‹ ebenso anwendbar ist, während die EU jedoch den Ordnungsrahmen des Nationalstaates verlassen hat. Die Oligarchie in der EU besteht in erster Linie aus der herrschenden politischen Klasse der Mitgliedsländer, der von ihr berufenen Bürokraten und dem Kapital. Natürlich können wir zu dieser politischen Klasse noch die Verbände ›pluralistischer Gesellschaften‹ wie die Gewerkschaften und Arbeitgeberverbände und natürlich die ›Vierte Gewalt‹, die Medien, hinzuzählen.

Diese Oligarchie läßt sich, wie in der Bundessrepublik im kleinen Maßstab auch, vom Wahlbürger alle vier oder sonst wie viel Jahre durch Stimmabgabe legitimieren. In Wahrheit hat natürlich das ›Volk‹, das es in der EU ja einheitlich gar nicht gibt, in Brüssel und Straßburg genauso wenig, vermutlich noch weniger zu sagen als bisher in Bonn und Berlin.

Die Übertragung von staatlichen Hoheitsrechten auf die EU, die durch das Grundgesetz vorgesehen ist, betrifft die nationalstaatliche Souveränität im umfassenden Sinne: Die Abwicklung der Währung ist bereits vollzogen, hinter der der Wiener Professor für Volkswirtschaft, Erich W. STREISSLER, französisches Interesse ausmacht: »Das Aufgeben der Deutschen Mark und der Übergang zum Euro waren bekanntlich eine französische Bedingung für die Hinnahme der deutschen Wiedervereinigung.«[245]

Aber nicht nur die nationale Währung mußte abgewickelt werden, auch die Bundeswehr, die noch nie über ein nationales Oberkommando verfügte, wird in europäischen Verbänden aufgelöst. Und im politischen Bereich werden Hoheitsrechte von Exekutive, Legislative und Judikative in Richtung Brüssel, Straßburg und Luxemburg abgetreten. Seit Jahren ist es ja schon ›rechtens‹, daß EU-›Recht‹ nationalstaatliches bundesdeutsches Recht brechen kann. Viele Beispiele könnte man hierzu anführen.

Ein wichtiger Bereich zur Abwickelung der nationalstaatlichen Souveränität ist der der Landwirtschaft, denn ohne nationalstaatlich bestimmte Landwirtschaft sind die Völker erpreßbar. Was wäre naheliegender, als einem aufmüpfigen Volk unter EU-Kuratel mit einem Nahrungsmittelboykott zu drohen, wenn erst einmal die nationale Landwirtschaft dieses Volkes so weit zusammengeschrumpft ist, daß ihre Erträge nicht mehr zur Ernähung des eigenen Volkes ausreichen? Gerade die BSE-Krise im Jahre 2001 hat uns deutlich gezeigt, daß es wenig nützt, das Verfüttern von Tierkadavermehl an Rinder im bundesrepublikanischen Rahmen verbieten zu wollen – wenn die Hysterie groß genug ist –, wenn die Frage verseuchter Nahrungsmittel mittlerweile eine internationale ist und die Bedingungen zur Erzeugung und Einfuhr von Nahrungsmitteln internationalem Recht untersteht.

Der amerikanische Politikwissenschaftler Zbigniew BRZEZINSKI sieht als Antrieb für die politische Einigung (West-) Europas nicht die Völker maßgeblich, sondern entscheidend sei hierbei der riesige Behördenapparat in Brüssel. Die Erwartungen der Nationen seien unterschiedlich und widersprüchlich. Frankreich erhoffe sich durch Europa Stärkung und Stabilisierung, die Bundesrepublik Deutschland ihre Erlösung. Die französische politische Elite halte an der Vorstellung fest, daß Frankreich immer noch Weltmacht sei. Die Bundesrepublik suche die Wiederherstellung ihrer moralischen und politischen Reputation. Die Franzosen treibe der Größenwahn, die Deutschen ihr Trauma.[246]

Von Interesse dürfte bei dieser EU-Konstruktion der Souveränitätsbegriff sein – auf welchen will sich die herrschende politische Klasse denn berufen? Nachdem, wie festgestellt, der der Volkssouveränität ausscheidet, da es kein ›europäisches Volk‹ gibt, kommt auch die Fürstensouveränität nicht in Betracht, da die alten europäischen Eliten in der EU nicht zum Zuge kommen – dafür aber eine neue Oligarchie, der es an der Legitimation ihrer Souveränität liegt. Der Neue Nationalismus kann sich auch nicht dem Standpunkt von Hans-Helmuth KNÜTTER anschließen, der es für erforderlich hält, einen neuen ›Souveränitäts‹-Begriff für das entstehende EU-Europa zu entwickeln.[247] Der Neue Nationalismus hält weiterhin am Gebot der Volkssouveränität fest, und er sieht seine Aufgabe darin, für die Zeit nach dem Scheitern von ›Europäisierung‹ und ›Globalisierung‹ auf die Karte ›deutscher Volksstaat‹ mit umfassender Verwirklichung deutscher Volkssouveränität zu setzen. Mit der Entwicklung der Idee muß freilich heute schon begonnen werden.

Bis es soweit ist, steht dem Neuen Nationalismus das Widerstandsrecht zur Verfügung, das Widerstand gegen die Auflösung des deutschen Nationalstaates selbst durch das Grundgesetz legitimiert. So steht in Artikel 20 Absatz 4 des Grundgesetzes: »Gegen jeden, der es unternimmt, diese Ordnung zu beseitigen, haben alle Deutschen das Recht zum Widerstand, wenn andere Abhilfe nicht möglich ist.«[248]

Bemerkenswert in diesem Zusammenhang ist die offenkundige Widersprüchlichkeit des Grundgesetzes: Was im oben zitierten Artikel 23 GG möglich sein soll, nämlich die Übertragung nationaler Hoheitsrechte an die EU, soll dann im soeben zitierten Artikel 20 GG mit Widerstand beantwortet werden können, nachdem zuvor die Volkssouveränität als Verfassungsprinzip hochgehalten wurde.[249] Aber möglicherweise liegt der Widerspruch darin begründet, daß die vielzitierten »Väter und Mütter« des Grundgesetzes (und ihre alliierten Auftraggeber) einen anderen ›Volks‹- beziehungsweise ›Nations‹-Begriff hatten als der Verfasser.

## *Souveräne Staaten als Völkerrechtssubjekte*

Gleichgültig, um welche internationalen Organisationen es sich handelt: Der Neue Nationalismus geht hinsichtlich der Weltpolitik davon aus, daß die souveränen Staaten auch weiterhin die Völkerrechtssubjekte der Weltpolitik sein sollten und es verhindert werden muß, daß die nach Beendigung des Kalten Krieges einzig verbliebene Weltmacht, die Vereinigten Staaten von Amerika, unter dem propagandistischen Deckmantel der ›Humanität‹ sich als Weltpolizist in der Weise betätigt, daß sie nach Gutdünken in die inneren Angelegenheiten eines jeden Staates dieser Erde eingreifen kann. Ihrer anmaßenden Losung von der ›Weltinnenpolitik‹ muß in aller Entschiedenheit von allen freiheitsbewußten Menschen und Völkern weltweit begegnet werden.

Unter dem humanitären Vorwand werden die internen Probleme eines Staates oder auch Streitigkeiten von Staaten untereinander zum Anlaß genommen, um mittels einer Weltpolizeitruppe NATO eine sogenannte Neue Weltordnung zu errichten, der zufolge einflußreiche Kreise in Washington oder Jerusalem bestimmen, welche Wirtschaftsordnung, welches Staats- und Regierungssystem und welche Politikerkaste in den entlegensten Winkeln dieser Erde vorzuherrschen haben.

Für den Nationalisten, welcher Nation er auch immer zugehörig ist, muß diese New World Order von Nordamerikas Gnaden die globale Hauptbedrohung darstellen. Diese muß mit allen zur Verfügung stehenden politischen Mitteln bekämpft werden. Es darf nicht sein, daß unter dem Deckmantel von supranationalen Tarnorganisationen wie der NATO oder auch der UNO ein Menschheitstotalitarismus durchgesetzt wird, der von bestimmten Machtzentren der Welt aus sagt, was weltweit als moralisch ›gut‹ und was als moralisch ›böse‹ zu gelten hat – und das nach den Kriterien der ›Westlichen Wertegemeinschaft‹.

Bereits der Kosovo-Konflikt und der grundgesetz- wie völkerrechtswidrige Angriffskrieg der NATO-Staaten gegen Jugoslawien im Jahre 1999 haben deutlich gezeigt, wohin die Reise geht, wenn das Völkerrecht so umformuliert werden soll, daß nicht mehr die Souveränität der Staaten der Maßstab ist, sondern ein vager Menschenrechtstotalitarismus, der heute den Völkermord in Palästina und Kurdistan ignoriert und morgen unter diesem Vorwand aus geostrategischen Erwägungen den souveränen Staat Jugoslawien zerschlagen will, um den Hegemonialbereich Rußlands einzuschränken und den der NATO-Mitglieder Türkei und USA auszuweiten.

Schließlich ist der Angriffskrieg gegen Jugoslawien im Jahre 1999 bewußt von der NATO provoziert worden, indem deren (un-) verantwortliche Politiker dem souveränen Staat Bundesrepublik Jugoslawien eine Kapitulationsurkunde zur Unterschrift vorgelegt hatten - den sogenannten »Vertrag von Rambouillet«, der vorsah, das gesamte jugoslawische Staatsterritorium als NATO-Besatzungsgebiet auszuweisen.[250] Diese Bestimmungen konnten freilich selbstbewußte Politiker eines souveränen Staates nicht unterschreiben. Und so geschah es dann auch: Wie von den NATO-Strategen der amerikanischen Weltherrschaft erwünscht, fand dann der Krieg auf dem Balkan statt - mit dem Ziel, im Kosovo ein von albanischen Terroristen dominiertes NATO-Protektorat - genau wie in Bosnien - einzurichten, das dann beliebig ausgeweitet werden kann. Im Jahre 2001 wurde dann der nun von Albanern beherrschte und von Serben weitestgehend ethnisch gesäuberte Kosovo um ein neues NATO-Protektorat, im angrenzenden Staat Mazedonien, ergänzt, der offenbar - so die von außen gesteuerten Verfassungsdiskussionen - längerfristig zwischen slawischen Mazedoniern und Albanern aufgeteilt werden soll. Das Ziel der NATO, und nicht nur der albanischen Nationalisten, heißt offenbar: Großalbanien als weitere Speerspitze gegen das slawische Europa.

Es wird deutlich, daß das traditionelle Völkerrecht, das aus der Sicht des Verfassers bisher völlig zu Recht dem Erhalt der Souveränität der Staaten Priorität einräumte, aus politischer Zweckmäßigkeit heraus, die mit den Weltherrschaftsplänen der USA zusammenhängt, ausgehebelt werden soll - zugunsten eines ›Völkerrechts‹, das weniger mit Völkerrecht, also dem Recht von unabhängigen Staaten und freien Völkern, etwas zu tun haben soll, als ein vages ›internationales Recht‹, das sich auf die ›Menschenrechte‹ stützen soll und das je nach politischem Bedarf von internationalistischen Kreisen instrumentalisiert werden kann.

Doch welcher konfliktträchtige und kriegführende Staat dieser Erde wäre von irgendwelchen Verstößen gegen die Menschenrechte völlig freizusprechen? Da müßte selbst der bundesrepublikanische Zensurstaat passen. Und wo fangen die ›schweren‹ Verstöße an? Fangen diese erst an, wenn die Serben 1999 und davor die Albaner aus dem Kosovo vertreiben wollen, oder auch schon dann, wenn die zurückliegenden Jahrhunderte die Albaner schon seit der Türkenherrschaft als zumeist privilegierte Moslems von Albanien aus in den damals vorwiegend serbisch bevölkerten Kosovo ›einsickern‹ und sich dort dann aufgrund ihrer hohen Geburtenrate von ihrer Volksstärke her gegen die Serben durchsetzen, diese letztendlich durch Landnahme und Heimatraub aus deren angestammter Heimat verdrängen? Wo fängt also nun tatsächlich die ›ethnische Säuberung‹ an?

Für den deutschen Nationalisten ist die Sache klar: Erst wird unter dem Vorwand der ›Menschenrechte‹ und ›friedensstiftender Maßnahmen‹ die Souveränität des Iraks gebrochen, dann die von Jugoslawien, dann möglicherweise die von Rußland, in dem die Nationalisten an die Macht kommen könnten, und schließlich werden vielleicht mitteldeutsche Städte wie Magdeburg und Frankfurt/Oder als NATO-Bombenziele auserkoren, um die dortigen ›ausländischen Mitbürger‹ vor ›rechtsradikalen‹ Glatzen zu schützen. Im amerikanischen *Time Magazin* wurden die besagten mitteldeutschen Städte schon einmal als Krisenherde für NATO-Truppen markiert.

Ein Zauberwort, mit dem die herrschende Klasse der Weltpolitik die Souveränität der Staaten aufzuheben bestrebt ist, ist der Begriff der ›Diktatur‹. Das wurde wieder einmal während der Aggression gegen Jugoslawien deutlich, als vor allem führende deutsche Politiker in Bundespressekonferenzen den damaligen jugoslawischen Staatspräsidenten Slobodan MILOSEVIC ständig als ›Diktator‹ beschimpft hatten. Dies entspringt wohl dem Umstand, daß SCHRÖDER, SCHARPING und FISCHER, wie so viele Zeitgeistlinge, die Begriffe ›Demokratie‹ und ›Diktatur‹ dichotomisch verwenden. Doch was meinte SCHARPING eigentlich damit, als er MILOSEVIC als ›Diktator‹ beschimpfte? Schließlich wurde doch MILOSEVIC, mag er noch so viele Menschheitsverbrechen begangen haben, vom Volk demokratisch gewählt. Carl SCHMITT meint hierzu:

»Diktatur ist infolgedessen [...] nicht ein Gegensatz zur Demokratie, sondern wesentlich Aufhebung der Teilung der Gewalten, d.h. Aufhebung der Verfassung, d.h. Aufhebung der Unterscheidung von Legislative und Exekutive«.[251]

Nur wo funktioniert heute schon in Deutschland die Gewaltenteilung, wenn die Mehrheit im Parlament (Legislative) die Regierung (Exekutive) stellt? Oder wenn die Legislative (Bundestag und Bundesrat) verfassungswidrige Sondergesetze verabschieden (unter anderem den Paragraphen 130 StGB)? Oder wenn die vermeintlich parteipolitisch unabhängige Justiz politische Urteile fällt (Fälle Günter DECKERT, Germar RUDOLF, H.-D. SANDER und viele mehr)? Die Gewaltenteilung ist bei näherer Betrachtung eine politologische Chimäre, die Bundesrepublik wäre jedoch demnach – vorausgesetzt, sie wäre der Maßstab für eine Demokratie – eine Diktatur; und SCHARPING wäre der Kriegsminister – pardon: Verteidigungsminister (›Minister für friedensstiftende Maßnahmen‹) – einer solchen Diktatur.

Was unterscheidet nun wirklich die Staaten Bundesrepublik Deutschland und das Jugoslawien zur Zeit MILOSEVICS, wenn es sich in beiden Fällen bloß um Diktaturen handelt? Sie unterscheiden sich tatsächlich in der Frage der staatlichen Souveränität: Jugoslawien war nämlich – zumindest im Jahre 1999 – ein souveräner Staat, die BRD nicht. »Souverän ist, wer über den Ausnahmezustand entscheidet«, meint Carl SCHMITT[252] Mit Ausnahmezustand ist bei SCHMITT sowohl der (externe) Krieg als auch der (interne) Bürgerkrieg gemeint. Zum Aspekt Bürgerkrieg meint SCHMITT: »Die politische Kraft einer Demokratie zeigt sich darin, daß sie das Fremde und Ungleiche, die Homogenität Bedrohende zu beseitigen oder fernzuhalten weiß«.[253]

Wenn man sich dann noch – entsprechend SCHMITTS »Begriff des Politischen« – vergegenwärtigt, daß souverän ist, wer sich die Freiheit nehmen kann, seinen Feind, mit dem er potentiell Krieg führen kann, selbst zu bestimmen, dann muß man zu dem Ergebnis gelangen, daß der damalige Staatschef Slobodan MILOSEVIC als souveränes Staatsoberhaupt gelten konnte, da er sich immerhin die Freiheit nahm, den inneren (Albaner) sowie den äußeren Feind (unter anderem die NATO-Staaten) selbstherrlich zu bestimmen.

Die Herren SCHRÖDER, FISCHER und SCHARPING hingegen können – folgt man Carl SCHMITT – nur schwerlich als souveräne Staatsmänner bezeichnet werden, da sie sich selbst nicht in der Lage sehen, den inneren wie den äußeren völkischen Feind des deutschen Volkes zu bestimmen. Man denke hier nur an die Vertreibungsverbrechen und den Gebietsraub, die die Siegermächte und unsere östlichen Nachbarvölker 1945 gegenüber Ost- und Sudentendeutschen begangen haben, oder an die bis in die Gegenwart andauernde Landnahme durch ›Gastarbeiter‹ und ›Asylanten‹, von den alliierten Besatzungstruppen ganz zu schweigen.

Folgt man dem veröffentlichten Diskurs in den bundesrepublikanischen Medien, dann erhält man den Eindruck, daß das deutsche Volk überhaupt keine Feinde habe, mit Ausnahme natürlich von Slobodan MILOSEVIC. Wie ist das nun aber zu erklären? Ganz einfach durch den Verlust des Politischen im westalliierten Besatzungsgebiet Deutschlands, das keine deutschen nationalen Interessen mehr kennt. Statt dessen vertritt dieses Vasallensystem die nationalen Interessen von USA und Israel. Jedoch »dadurch, daß ein Volk nicht mehr die Kraft oder den Willen hat, sich in der Sphäre des Politischen zu halten, verschwindet das Politische nicht aus der Welt. Es verschwindet nur ein schwaches Volk«.[254]

Die Frage, die seit dem neuen Balkan-Konflikt sich wieder verstärkt stellt, ist die nach Krieg und Frieden. Wie ist es denn nun möglich, daß friedensliebende Pazifisten wie Bundesaußenminister Joschka FISCHER urplötzlich zu kriegsgeilen Bellizisten mutieren? Um dies erklären zu können, ist ein Rückblick in die Geschichte lehrreich. Ein prominenter Pazifist, der den Krieg letztendlich befürwortete, obwohl er ihn aus der Welt schaffen wollte, war der amerikanische Präsident WILSON, der sein Land, die Vereinigten Staaten von Amerika, im Jahr 1917 in den Ersten Weltkrieg gegen die Mittelmächte führte. Auch WILSON war bekennender Pazifist, wie heute Joschka FISCHER und Rudolf SCHARPING, auch er wollte, wie es alle eifrigen Pazifisten tun, den Krieg aus der Welt schaffen.

Doch wer tatsächlich den Krieg aus der Welt schaffen und den Kriegern das Kriegshandwerk legen will, wie 1917 Kaiser WILHELM, 1942 Adolf HITLER, 1990 Saddam HUSSEIN und 1999 Slobodan MILOSEVIC, der muß ganz einfach Krieg führen. Den letzten Krieg, versteht sich. Den allerletzten, natürlich. Und dann wundern sich unsere Pazifisten - ob sie nun WILSON oder FISCHER heißen -, wenn es nach Beendigung dieses ›letzten Krieges‹ wieder Krieg gibt, das Böse nicht aus der Welt zu bringen ist, immer wieder neu auftaucht - in immer neuen Erscheinungen und Gestalten. So entstehen immer wieder neue NATO-Protektorate, auf dem Balkan mittlerweile drei: der Kosovo, Bosnien und Mazedonien.

Daß sich der Geschichtsverlauf jedoch immer als eine Abfolge von Krieg *und* Frieden darstellt, auf diese Erkenntnis sind unsere Pazifisten noch nicht gestoßen. Vielleicht ist ja der Pazifismus nur die Kehrseite des ebenso lebensfremden Bellizismus. Noch eines wird deutlich: Wer den Krieg (vermeintlich) abschaffen will, der muß folgerichtig die gesamte Erdkugel in eine Sphäre der Weltinnenpolitik verwandeln, so daß dann nur noch - unter dem Mantel von UNO- und NATO-Polizeimaßnahmen - Hausdurchsuchungen gegen Verbrecher und Kriminelle möglich sind. Souveräne Staaten, die Krieg führen, gibt es dann nicht mehr.

## 4. Vom europäischen Staatenkrieg zum globalen Partisanenkampf

Wenn es jedoch keine Staaten mehr gibt, die zur Kriegführung fähig sind, so verschwindet dennoch nicht das Politische, das nach Carl SCHMITT in der Freund- und Feindbestimmung liegt, aus der Welt. Die Völker, die nun in diesem Zustand weltweiter Herrschaftsausübung der USA nicht mehr auf staatlicher Ebene kriegerisch der amerikanischen Unterdrückung Einhalt gebieten können, werden entweder dauerhaft im Vasallenstatus verharren und möglicherweise biologisch und kulturell untergehen, oder sie werden, um genau dieses Schicksal zu vermeiden, zum Entschluß gelangen, ihren militanten Widerstand auf nicht-staatlicher Ebene zu organisieren, da ihnen ja ihre souveränen, sprich: kriegsfähigen Staaten abhanden gekommen sind.

Genau in dieser Situation des Übergangs vom durch europäische Tradition bestimmten Staatenkrieg zum globalen Partisanenkampf befinden wir uns spätestens seit der Terrorserie am 11. September 2001 auf das World Trade Center in New York und das Pentagon in Washington durch islamische Fundamentalisten.[255]

Seit dieser epochalen Zäsur, mit welcher der amerikanische Präsident George W. BUSH seinen »Kreuzzug gegen das Böse« und den »Kampf gegen den Terrorismus« eingeleitet hat, bei dem es nur noch ein Dafür oder ein Dagegen und keine Neutralität geben soll, können wir davon ausgehen, daß das Politische wieder auf die Bühne der Weltpolitik zurückgekehrt ist. Und Carl SCHMITT, der deutsche Altmeister des Staats- und Völkerrechts, führt die Regie im Geiste. Fieberhaft werden nun wieder ›Freund‹ und ›Feind‹ voneinander geschieden. Der ›Krieg‹, den nun die USA und ihre Vasallen im Namen der ›westlichen Zivilisation‹ gegen die ›Barbarei‹ (in Wirklichkeit: Kultur) aus dem Osten führen, wird wieder so genannt und nicht mehr mit ›friedensstiftenden Maßnahmen‹ euphemistisch umschrieben, wie wir es noch vor zwei Jahren beim NATO-Angriffskrieg gegen Jugoslawien eingebleut bekamen.

Und der Feind wird nun wieder zum totalen Feind. Das ist aber nicht neu: Denn schließlich wurde das europäische Völkerrecht im Jahre 1945 endgültig von den Alliierten ausgehebelt. Der besiegte Feind wird nun als ›Schuldiger‹, ›Verbrecher‹ und ›Schurke‹ bekämpft, bis hin zur Liquidation durch den Strang – ob in Nürnberg (1946) oder in Den Haag (2001), ob Wilhelm KEITEL oder Slobodan MILOSEVIC. Es geht nicht mehr nur darum, den Feind zu besiegen, um danach mit ihm wieder Frieden zu schließen und in Koexistenz weiterzuleben; er soll vernichtet werden um jeden Preis, so wie erstmals 1943 in Casablanca als Kriegsziel die Vernichtung einer völkerrechtlichen Person, also eines souveränen Staates, nämlich des Deutschen Reiches, von den Alliierten beschlossen wurde.

Totaler Feind – totaler Krieg: Das bringt aber auch mit sich, daß nun jeder Bürger, ob im Osten oder im Westen, unbarmherzig haftbar für die große Politik gemacht werden kann, seit der Krieg wieder in das Bewußtsein der Menschheit weltweit zurückgekehrt ist und der Krieg total geführt wird, das heißt, keine Unterscheidung mehr zwischen Kombattanten und Nicht-Kombattanten getroffen wird. Das Beklagen ›unschuldiger Opfer‹ ist zwar ehrenwert, hilft jedoch politisch nicht weiter, da seit der Erfindung moderner Kriegführung zuallererst Zivilisten getroffen werden. Jeder wird automatisch für die Politik seiner Staatsführung kollektiv mit haftbar gemacht. Die pazifistische Parole: »Stell Dir vor, es ist Krieg und keiner geht hin!« entpuppt sich immer mehr als Unsinn, weil der Krieg zu den Menschen kommt, ob sie nun Politiker, Soldaten, Büroangestellte, Mütter oder Kinder sind.

Reisbauern werden im vietnamesischen Regenwald mit Napalm vergiftet, Kinder verhungern im Irak aufgrund einer UN-Hungerblockade, Industriearbeiter werden an ihrem Belgrader Arbeitsplatz von NATO-Bomben erwischt und Büroangestellte in New York von Hochhaustrümmern erschlagen. Eine Barbarei ohnegleichen steht uns scheinbar bevor. Doch wo liegen die Ursachen?

Von den westalliierten Siegern des Ersten Weltkrieges wurde das alte Völkerrecht systematisch gebrochen, seitdem ist die Büchse der Pandora weit geöffnet und die Suche nach den Schuldigen für die neue Barbarei eröffnet. Ursache und Wirkung für die Misere wird nun gern vertauscht, damit die wahren Verursacher vor der Weltöffentlichkeit nicht bloßgestellt werden. Diese sitzen nämlich nicht in Kabul, Tripolis, Bagdad oder Teheran, sondern sie verrichteten ihr ›Werk‹ im Jahre 1919 in den Pariser Vororten und in Genf, dem Sitz des damaligen Völkerbundes. Endgültig in Bewegung gestoßen wurde die unheilvolle Aushebelung des europäischen Völkerrechts durch die Herren ROOSEVELT, CHURCHILL und STALIN, die – wie bereits erwähnt – erstmals die Liquidierung eines Staates als gemeinsames Kriegsziel ausgaben.

Seitdem existiert das Deutsche Reich zwar völkerrechtlich nach wie vor fort, doch es ist seit der Kapitulation der großdeutschen Wehrmacht am 8. Mai 1945 und der anschließenden Verhaftung der Reichsregierung Dönitz am 23. Mai 1945 handlungsunfähig. Nach wie vor existiert die UNO-Feindstaatenklausel gegen Deutschland und Japan, und ein Friedensvertrag ist nicht in Sicht. Frieden ist eben nicht dann schon gegeben, wenn der Vasallenkäfig nur schön vergoldet, sprich mit Wohlstand gefüllt ist.

Diese historischen Ursachen, die zum totalen Krieg geführt haben, werden heute von den politischen Erben dieser westlichen Politik gern verdrängt, damit diese jetzt ungeniert die Kriegstrommel gegen die neue ›Barbarei‹ rühren können, die von ›Schurkenstaaten‹ aus dem Osten ausgehe.

Dabei gerät die Selbstinszenierung des neuen Kreuzzuges der ›westlichen Zivilisation‹ gegen den ›Heiligen Krieg‹ aus dem Osten zur puren Heuchelei. ›Zivilisation‹ soll ja suggerieren, daß unter der Hegemonie der USA heute ein höheres Niveau im Umgang der Menschen untereinander erreicht worden sei. Das Gegenteil ist aber nachweisbar der Fall, bedingt durch die Aushebelung des alten europäischen Völkerrechts. Während aber nun die eigentlichen Nachfahren dieses europäischen Völkerrechts zu Vasallen der Menschenrechtsidee der USA herabgesunken sind, berufen sich nun die Völker im Osten, in der islamischen Welt vor allem, aber auch im slawischen Europa und in China auf das ursprünglich europäische Völkerrecht.

## *Völkerrecht und internationales Recht*

Das ›klassische‹, auf den europäischen Raum beschränkte Völkerrecht, das mit dem Westfälischen Frieden (1648) einsetzte und seinen bedeutendsten Wegbereiter in dem Niederländer Hugo GROTIUS (1583–1645) hatte, war vom Grundsatz der Souveränität der Fürsten und Staaten beherrscht. Diese Souveränität umfaßte auch das Kriegsführungsrecht. So sah das Völkerrecht seine Aufgabe nicht in der Ächtung des Krieges als solchen – wie heute das ›internationale Recht‹ –, sondern vorrangig in der Mäßigung und Humanisierung der Kriegshandlungen. Der Krieg sollte ›gehegt‹ werden.

Das Völkerrecht erachtete Krieg und Frieden gewissermaßen als wertneutral als zwei unterschiedliche, aber gleichermaßen der Normierung bedürftige Rechtszustände. Maßgeblich hierfür war das Hauptwerk von Hugo GROTIUS *De iure belli ac pacis libri tres: drei Bücher über Kriegs- und Friedensrecht.*[256] Schon dieser Buchtitel macht deutlich, daß das alte europäische Völkerrecht grundsätzlich das Recht souveräner Staaten anerkannte, Krieg zu führen und Frieden zu schließen.

Auf das klassische europäische Völkerrecht beruft sich noch Jean-Jacques ROUSSEAU, wenn er im *Gesellschaftsvertrag* schreibt: »Der Krieg ist also keine Beziehung von Mensch zu Mensch, sondern eine Beziehung von Staat zu Staat, in der die Einzelnen nur durch Zufall Feinde sind, nicht als Menschen und nicht einmal als Bürger, sondern als Soldaten.«[257]

Diesen Standpunkt vertritt auch Hegel, der im Gegensatz zum KANTschen Projekt eines Weltfriedens zu Recht bemerkt: »Darin, daß die Staaten sich als solche gegenseitig anerkennen, bleibt auch im Kriege, dem Zustand der Rechtlosigkeit, der Gewalt und Zufälligkeit, ein Band, in welchem sie an und für sich seiend füreinander gelten, so daß im Kriege selbst der Krieg als ein Vorübergehensollendes bestimmt ist. Er enthält damit die völkerrechtliche Bestimmung, daß in ihm die Möglichkeit des Friedens erhalten« ist.[258]

Die Staaten sind demzufolge dazu angehalten, sich selbst in der Feindschaft als Rechtssubjekte gegenseitig anzuerkennen. Weil der Krieg zwar notwendig, aber immerhin vorübergehend ist, ist auch im Anschluß an ihn der Frieden möglich. Beide Begriffe sind also existent und relativ scharf voneinander abgegrenzt. Das sollte sich aber in späterer Zeit ändern.

Im Gegensatz zum klassischen europäischen Völkerrecht ist das moderne internationale Recht durch die Ideologie der Menschenrechte geprägt und schon daher kaum mehr im klassischen Sinne als ›Völkerrecht‹ zu bezeichnen, weil es ja das grundlegende Recht souveräner Staaten (Völkerrechtssubjekte) zur Führung von Kriegen leugnet. Das moderne internationale Recht ist durch eine Philosophie – ausgehend von der Mitte des 18. Jahrhunderts – geistig vorbereitet worden, die dem Menschen das Streben nach ›Glück‹ auferlegte[259]; was dann rund 200 Jahre später zum kodifizierten Kriegs- und Gewaltverbot führte, wie es in Artikel 1 Nr. 1 und Artikel 2 Nr. 4 der UNO-Charta seinen Niederschlag gefunden hat. Die friedliche Beilegung von zwischenstaatlichen Konflikten soll heute insbesondere durch eine ›internationale Schiedsgerichtsbarkeit‹ mit Richtern, die von den streitenden Parteien gewählt werden, erreicht werden.

Institutionen dieser ›internationalen Schiedsgerichtsbarkeit‹ sind die in Den Haag ansässigen ›Ständiger Schiedsgerichtshof‹ und ›Internationaler Gerichtshof‹. Obwohl sich kein Staat dieser Gerichtsbarkeit unterwerfen muß, erlebten wir, daß der ehemalige Staatspräsident Jugoslawiens, Slobodan MILOSEVIC, vor dem ›Internationalen Gerichtshof‹ als ›Beschuldigter‹ sitzt. Er wurde von der neuen Regierung in Belgrad durch finanzielle Bestechung der NATO-Staaten dorthin ausgeliefert. Was man ihm zur Last legt sind ›Kriegsschuld‹ und ›Verbrechen gegen die Menschlichkeit‹ – Begriffe also, die in der alten europäischen Völkerrechtsordnung nichts zu suchen hatten, da in dieser bewußt vermieden wurde, den besiegten Feind als ›Schuldigen‹ und ›Verbrecher‹ zu diskriminieren. Ihm stand ja das Recht zur Kriegführung, auch eines Angriffskrieges, zu, während heute nur noch ein Beschluß des UNO-Sicherheitsrates kriegerische Maßnahmen erlauben sollen. Doch diesen Beschluß hatte sich die NATO 1999 nicht geholt vor ihrem Angriffskrieg gegen Jugoslawien. Sie hatte also kein Mandat der UNO.

Die Idee, Kriege zwischen den Völkern und Staaten durch zentrale internationale Institutionen möglichst auszuschließen, reicht in der Geschichte fast ebenso weit zurück wie die Entstehung des klassischen europäischen Völkerrechts. Der berühmteste Plan zur Schaffung einer internationalen Institution stammt von dem Franzosen Abbé DE SAINT-PIERRE (1658–1743). Sein Grundgedanke bestand darin, daß die Fürsten, indem sie sich in einem Staatenbund zusammenschlössen, sich eine Besitzstandsgarantie gäben. Diesen Grundgedanken formulierte der Abbé DE SAINT-PIERRE in zwölf Grundsatzartikeln, die nur mit Zustimmung aller Mitglieder verändert werden durften; unter ihnen enthielt der Artikel 2 die Besitzstandsgarantie. Die Versammlung des Bundes, in der die Fürsten repräsentiert waren, sollte ständig tagen, und zwar in der »Stadt des Friedens« Utrecht. Nach dem Plan hätten alle Streitigkeiten dieser Versammlung vorgelegt werden; wer vor deren Entscheidung zu den Waffen griff, unterlag der Bundesexekution. Diese Grundgedanken der Pläne des Abbé DE SAINT-PIERRE finden sich in der Organisation des Völkerbundes und der Vereinten Nationen wieder.[260] Dieses Konzept läßt aber nach wie vor die Fragen offen, ob die Ächtung des Krieges diesen aus der Welt schaffen kann und ob »Besitzstand« – wie ihn Abbé DE SAINT-PIERRE meint – immer rechtens zustande gekommen ist. Da können freilich die Meinungen auseinandergehen.

Die Ursachen für die verhängnisvolle Entwicklung weg vom europäischen Völkerrecht und hin zum ›internationalen Recht‹ liegen nun schon über 80 Jahre zurück: Das alte europäische Völkerrecht wurde zunächst durch die Völkerbundsatzung (1919) und endgültig durch den BRIAND-KELLOGG-Pakt (1928) gebrochen. Ging es zuvor um die Monopolisierung des Kriegsrechts zugunsten souveräner Staaten und um die Hegung des Krieges zugunsten von Soldaten und Zivilbevölkerung, so wurde nun der Krieg geächtet und vor allem der Angriffskrieg moralisch verurteilt. Letztere Bestimmung richtete sich in erster Linie gegen das seiner territorialen und wirtschaftlichen Ressourcen ausgeplünderte Deutsche Reich, das die Westalliierten wegen eines zu befürchtenden Revanchekriegs als künftigen Bösewicht damit gleich präventiv brandmarken wollten.

Da der Angriffskrieg nun verboten war, war er zugleich auch kriminalisiert. Der künftige Angreifer galt fortan als ›Verbrecher‹ und als der ›Schuldige‹ für den Krieg – ob er nun MÜLLER, MEIER, HITLER oder HUSSEIN hieß. Der große deutsche Staats- und Völkerrechtler Carl SCHMITT stellte fest, daß »im Paktsystem der Genfer Nachkriegspolitik [...] der Angreifer als Feind bestimmt«[261] wird. Künftige Konflikte waren also bereits zu dem Zeitpunkt vorprogrammiert. Die Möglichkeit, daß der militärische Angreifer gute Gründe hat, um anzugreifen, weil gegen ihn der Krieg vielleicht schon zuvor auf nichtmilitärische Weise geführt wurde – wirtschaftlich zum Beispiel (man denke an das Erdölembargo der USA gegen Japan *vor* dem militärischen Angriff auf Pearl-Harbor im Jahre 1941) – geriet somit ebenso aus dem Blickfeld, wie die Möglichkeit, daß eine Kriegspartei in einem Revanchekrieg verlorenen Boden wiedergutmachen will, wie dies das Deutsche Reich nach dem Ersten Weltkrieg und dem Versailler Diktat von 1919 für sich in Anspruch nahm. Das alte Völkerrecht war spätestens jetzt zum ›internationalen Recht‹ manipuliert und die Büchse der Pandora weit geöffnet.

Die Diskrepanz, die zwischen Völkerrecht und internationalem Recht besteht, läßt sich an vielen Beispielen, auch an aktuellen, belegen. So hat der Irak gute Argumente, das Territorium von Kuwait aus kulturellen, sprachlichen und historischen Gründen als Teil seines Staatsgebietes zu beanspruchen – die britische Kolonialmacht hatte nach ihrem Niedergang in dieser Weltregion wie auch andernorts willkürliche Grenzen hinterlassen. Der Irak hätte also im Falle eines Angriffskrieges zur Annexion Kuwaits, den er 1990 führte, gute Argumente des klassischen Völkerrechts auf seiner Seite. In den Augen der Verfechter des modernen internationalen Rechts jedoch gilt er als ›verbrecherischer‹ Angreifer. Jeder Staat ist automatisch ›Verbrecher‹, der militärisch angreift. Wer nun diesem Angreifer in den Arm fällt, gilt in umgekehrter Logik als Sicherer des ›Weltfriedens‹ wie die USA und ihre Verbündeten im Golfkrieg gegen den Irak. Daß der ›Angreifer‹ Saddam HUSSEIN in den westlichen Medien – nicht nur aufgrund seines Äußeren – mit dem ›Angreifer‹ Adolf HITLER verglichen wurde, paßte genau in die Propaganda zugunsten des modernen internationalen Rechts.

Das moderne internationale Recht, das sich seit 1919 (Völkerbundsatzung) kontinuierlich entwickelt hat, hat letztendlich den Aufstieg der USA zur einzigen Weltmacht vorbereitet. Die ›Neue Weltordnung‹ ist ja keine Erfindung der letzten zwölf Jahre, sondern wurde seit dem Schandfrieden von Versailles (1919) und dem damit entstandenen europäischen Vakuum kontinuierlich ausgebaut. Zwischendurch erhob sich das Deutsche Reich zwölf Jahre lang, um dann als Völkerrechtssubjekt bis heute zu verstummen, danach trat die Sowjetunion jahrzehntelang als zweite Weltmacht in einem dualistischen planetarischen System auf, heute jedoch scheint es keine gleichwertige Macht auf der Erde zu geben, die den USA - vor allem militärisch und wirtschaftlich - Einhalt gebieten könnte. Lediglich Rußland und China dürften kontinental eine gewisse Rolle spielen und wenigstens ihr eigenes Territorium vor amerikanischem Zugriff schützen können.

Seit das moderne internationale Recht das klassische Völkerrecht ersetzt hat, dient das ›Menschenrecht‹ nun noch verstärkter als zuvor den USA als Türöffner zu bisher verschlossenen Märkten. ›Verbrechen gegen die Menschlichkeit‹ begehen immer die anderen, die eigenen werden als politisch notwendig erachtet, oder erst gar nicht diskutiert. Gegen ›Schuldige‹, ›Verbrecher‹ und ›Schurken‹ kann man scheinbar ohnehin keine Verbrechen begehen, vor allem, wenn der Feldzug »im Namen der Freiheit« geführt wird. Dies bewegte 1999 während des NATO-Krieges gegen Jugoslawien Rainer RUPP zu der zynisch zugespitzten Kommentierung: »Für die Rechtfertigung der NATO ist es ausgesprochen wichtig, daß die Jugoslawen, besonders aber die Serben, ausgesprochene Monster sind.«[262]

Die Serben waren 1999 wohl deshalb für die NATO-Propaganda »Monster«, weil diese traditionell als »slawischer Bruder« dem russischen Hegemonialbereich zugerechnet werden. Die von der NATO vorgenommene Unterscheidung der Menschheit nach gut und böse liegt jedoch schon weiter zurück. Die geostrategischen Ziele der NATO nach gut und böse formulierte deren erster Generalsekretär Lord ISMAY: »Die Amerikaner in Europa zu halten, die Russen aus Europa herauszuhalten und die Deutschen niederzuhalten.«[263] Und weil das nach wie vor die aktuellen Ziele der NATO sind, meinte der ehemalige US-Außenminister Henry KISSINGER im Jahre 1992, daß es aus amerikanischer Sicht die Aufgabe der NATO und der EG sei, Deutschland zu beschränken und völlig unter Kontrolle zu halten. Eine Annäherung zwischen Deutschland und Rußland, so KISSINGER, müßten jedenfalls die USA versuchen unter allen Umständen, und sei es mit Gewalt, zu verhindern.[264] Und dafür wird dann das moderne ›internationale Recht‹ instrumentalisiert.

## *Der geistige Rückfall in die Barbarei*

Wenn der Feind jedoch - wie oben beschrieben - in der Moderne nicht mehr als Rechtsperson anerkannt wird, ist der Rückfall in die Barbarei bereits geistig vollzogen. Zu welchen perversen Vorstellungen die Humanitätsduselei der Verfechter der ›Westlichen Wertegemeinschaft‹ führen kann, wurde deutlich, als der jüdischstämmige Geschichtsprofessor an der Münchner Bundeswehruniversität, Michael WOLFFSOHN, im Magazin *Focus*[265] seinen Lösungsansatz für den NATO-Krieg gegen Jugoslawien vorstellte. WOLFFSOHN vertrat schlichtweg die Auffassung, der »Tyrannenmord« (gegen Slobodan MILOSEVIC) könne das Heilmittel sein, mit dem der Kosovo-Konflikt zu befrieden sei. Denn schließlich sei doch MILOSEVIC das Grundübel der Misere auf dem Balkan. Ist er physisch beseitigt, dann stünde einer Befriedung des ethnischen Problems nichts mehr im Wege. Wo bereits das Alte Testament das Niedermetzeln feindlicher Herrscher (und oftmals im gleichen Aufwasch der ihnen unterstellten Völker) zur gottgefälligen Tat erklärt, kann für einen Michael WOLFFSOHN auch heute nur gelten: Serben = Amalekiter (vergleiche Altes Testament).

Für denjenigen aber, der im vorhinein schon als ›Schuldiger‹ und ›Verbrecher‹ feststeht, ergibt sich – nach dieser perfiden Logik – die Notwendigkeit, den Krieg ebenso total zu führen, wie für denjenigen, der ihn im Namen der ›Freiheit‹ führen will. Der immer wieder in den BRD-Medien eingespielte Redeausschnitt des Reichsministers für Volksaufklärung und Propaganda Joseph GOEBBELS aus dem Berliner Sportpalast (»Wollt ihr den totalen Krieg?«) war eben nur die Reaktion auf die alliierte Erklärung des totalen Vernichtungskrieges gegen das Deutsche Reich. Durch selektive Berichterstattung wird jedoch der gegenteilige Eindruck, nämlich daß der totale Krieg von deutschem Boden ausgegangen sei, erweckt.

Diesen Geschichtsverlauf muß man sich in Erinnerung rufen, um die historischen Voraussetzungen zu erkennen, die genau zu dem führten, was wir heute auf dem Bildschirm in New York, in Washington, aber auch im Irak und in Palästina sehen. Die neue ›Barbarei‹ aus dem Osten, die jetzt beklagt wird, hat nämlich westliche Ursachen.

Auch wenn der bundesrepublikanische Politikwissenschaftler Ernst-Otto CZEMPIEL meint, es gehe heute darum, »eine Welt zu verwirklichen, in der alle Konflikte ohne den Einsatz organisierter militärischer Gewalt gelöst werden«[266], hat natürlich in Wirklichkeit das internationale Kriegsverbot den Krieg und sämtliche weiteren Formen der militärischen wie nichtmilitärischen Gewalt, als Mittel der internationalen Politik, nicht aus der Welt geschafft. Hierzu gehört auch Terror, aber nicht nur privat organisierter, auch der Staateterrorismus gehört dazu. Das alte europäische Völkerrecht hatte ja einen Pluralismus an souveränen und kriegsberechtigten sowie kriegsfähigen Staaten vorausgesetzt, deren Kräfte sich – nach dem alten englischen Sprichwort ›Balance of power« – irgendwie immer ausgeglichen hatten. Selbst ein übermächtiger NAPOLEON BONAPARTE bekam irgendwann – bei Leipzig und Waterloo – seine imperialen Grenzen aufgezeigt. Aber dennoch wurde den Franzosen vom Wiener Kongreß (1814) die staatliche Souveränität belassen. Und nicht einmal Gebietsabtretungen wurden gefordert.

Mit dieser ursprünglichen Vielfalt an potentiellen Kriegsparteien ist es zunehmend ab 1945 vorbei: Krieg führen im herkömmlichen (militärischen) Sinne können und dürfen nur noch wenige, nach dem Zerfall der Sowjetunion und der biopolaren Weltmachtstruktur im Jahre 1989 nur noch sehr wenige, die nun Krieg führen, um den ›Weltfrieden‹ zu erhalten: allen voran die USA, Israel und ihre NATO-Vasallen. Und die von ihnen unterdrückten Völker, wenn sie nur den entsprechenden Fanatismus mitbringen, schlagen brutal zurück – und zwar auf nicht-staatlicher Ebene, weil sie ja über keine souveränen, sprich kriegsfähigen Staaten mehr verfügen. Das klassische europäische Völkerrecht monopolisierte das Kriegsrecht zugunsten der souveränen Staaten. Weil es diese heute – in ihrer Vielfalt – nicht mehr gibt, ist die Menschheit auf ein Entwicklungsniveau zurückgefallen, das wir in unseren Breiten vor dem Westfälischen Frieden (1648) – in den Religionskriegen – hatten.

Jetzt führen wieder Stämme, Religionsgruppen und gut organisierte Privatleute ihren Krieg. In den Hintergrund tritt nun der Krieg der Staaten, in den Vordergrund tritt hingegen eine Tribalisierung des Krieges, der barbarische »Klein- und Volkskrieg«[267] setzt sich wieder durch – mit allen seinen üblen Folgen: Die Unterscheidung zwischen Kombattanten und Nicht-Kombattanten fällt zunehmend weg, jeder ist potentieller Bürger und Soldat. Täter sind Politiker und Soldaten, aber auch Multimillionäre wie Osama BIN LADEN; Opfer sind Soldaten, aber auch Büroangestellte und Kinder in Folge von Terrorangriffen und Hungerblockaden. Letztere erstrecken sich von der Erzwingung der deutschen Unterschrift unter den Versailler Vertrag nach dem Waffenstillstand von 1918 bis hin zum aktuellen und von der UNO gedeckten Embargo gegen den Irak. Der Krieg wird also auch geführt, wenn militärisch nichts geschieht. So erleben wir heute weltweit die Umkehrung von CLAUSEWITZ' berühmtem Ausspruch: Die Politik wird zu einer Fortsetzung des Krieges mit anderen Mitteln.[268] Und der totale Krieg gegen den totalen Feind – auch im Hinblick auf die Zivilbevölkerung – hat seit 1919 (Völkerbundsatzung) stets seine Propagandisten gehabt, die der Weltöffentlichkeit erklären, warum auch zu den ›Schuldigen‹ nicht nur Politiker und Soldaten (Kombattanten), sondern auch Zivilisten (Nichtkombattanten) zu zählen sind. So ging es der Propaganda der NATO-Staaten bei ihrem Krieg gegen Jugoslawien im Jahre 1999 darum, die Serben insgesamt – analog zu den Deutschen vor und nach 1945 – als Tätervolk abzustempeln. In diesem Sinne meinte Jim HOAGLAND in der *Washington Post:*

»Die Serben sind mit Schuld an den Handlungen ihrer Führer. [...] Die Serben, die jetzt aus der Provinz (Kosovo) fliehen, sind nicht Opfer einer umgedrehten ethnischen Säuberung oder der Auferlegung einer Kollektivschuld. Sie sind vielmehr Opfer ihrer eigenen Unterstützung für MILOSEVICS Krieg. Die Serben dürfen nicht weiterhin den von ihnen angerichteten Schrecken im Kosovo ignorieren.«[269]

Deshalb empfahl HOAGLAND, den Serben eine »moralische und psychologische« Lektion zu erteilen: »Die NATO und die UNO, die nun gemeinsam den Kosovo als internationales Protektorat leiten, dürfen den Serben nicht dabei helfen, den Folgen der Taten zu entkommen, die sie ihren Führern erlaubt haben, in ihrem Namen zu begehen.«[270]

Das alles erinnert in fataler Weise an die Nürnberger Prozesse von 1946 und an das amerikanische Programm zur Umerziehung der Deutschen.[271]

Was die europäischen Völker im Verlaufe der europäischen Neuzeit und des Absolutismus erreicht hatten, nämlich, daß der ›gerechte Krieg‹, den noch das christliche Naturrecht des Hochmittelalters kannte, überwunden wurde und statt dessen – unabhängig irgendeiner ›Moral‹ – Staaten ihr Recht wahrnahmen, nationale Interessen auch kriegerisch durchsetzen zu können, ist nun wieder durch das moderne internationale Recht umgekehrt worden: der ›gerechte‹ Krieg steht jetzt wieder auf der Tagesordnung der Weltagenda. Im Kampf der Kulturen, der uns spätestens seit dem 11. September 2001 ins Haus steht, ist jetzt wieder in West und Ost die Rede vom ›Kreuzzug‹ (West) und vom ›Heiligen Krieg‹ (Ost).

Steht uns nun ein neues Mittelalter bevor? Ist das die neue ›Zivilisation‹, die uns die Westalliierten seit 1919, der Unterzeichnung der Völkerbundsatzung, verheißen haben? Ihre politischen Enkel wie George W. BUSH interessiert solche Geschichtslektion überhaupt nicht: Der ›Kreuzzug gegen das Böse‹ kann beginnen. Die USA sind schon seit ihrer Gründung von fanatischen und sendungsbewußten christlichen Sekten geprägt, die glauben, ihre ›Werte‹ allen anderen Menschen auf der Erde aufzwingen zu müssen. Die Feinde der Vereinigten Staaten und ihrer Vasallen werden als ›Schuldige‹, ›Verbrecher‹ und ›Schurken‹ diffamiert und ›gejagt‹ – Begriffe, die das alte europäische Völkerrecht gar nicht kannte. Die ›Jagd‹ nach Menschen erinnert den europäischen Kulturmenschen doch eher an eine Polizeiaktion – heute ausgeübt von der NATO-Polizeitruppe im Rahmen der ›Weltinnenpolitik‹, die keinen Pluralismus souveräner Staaten mehr kennt. Diese Polizeitruppe darf scheinbar, ohne anzuklopfen, jede Türe dieser Welt eintreten. Völlig zu Recht vertrat der Schriftsteller Hans Magnus ENZENSBERGER in der *FAZ* nach dem Terrorangriff gegen die USA die Auffassung, daß der neue »Terror eine Folge der Globalisierung« ist.[272]

Und *Der Spiegel* titelte treffend: »Der Terror-Angriff: Krieg im 21. Jahrhundert.«[273]

Totaler Feind – totaler Krieg: Was Uncle Sam jetzt bevorsteht, hat bereits vor wenigen Jahren die Taliban-Regierung in Kabul den USA angedroht; nämlich, daß jeder Moslem auf der Welt über ein Messer verfüge, mit dem er Amerikaner töten könne. Nicht nur Messer: auch Hochhäuser, Brücken, Tunnel, Verkehrswege, Atomkraftwerke und Chemiefabriken stehen zum Terror bereit. Und Atomwaffen, Milzbrand und Nervengas können heute leicht von Privatpersonen erworben, transportiert und bedient werden. Auch bei uns.

Das Politische, das nach Carl SCHMITT in der Entscheidung und der Freund-Feind-Bestimmung liegt, hat uns wieder in seinen Bann gerissen. Das hat auch Peter STRUCK (SPD) unmittelbar nach dem Terrorangriff auf New York und Washington begriffen, der uns im Berliner Reichstag seine Entscheidung gleich mitteilte: »Wir sind heute alle Amerikaner«[274], was sicherlich nicht nur eine Frage des Trauers um die Opfer in New York und Washington, sondern auch eine Bündnisfrage ist. Das wird aber hoffentlich nicht das letzte Wort und die letzte Entscheidung in der deutschen Politik gewesen sein.

## 5. Großraumordnung statt Universalismus

*»In der Politik darf man keine Vorliebe für ein Volk und keine Abneigung gegen ein anderes haben. Wer heute unser Freund ist, kann morgen ein Feind sein. Schließt Bündnisse nur mit denen, die genau die Interessen haben wie Ihr.«*

FRIEDRICH DER GROSSE[275]

Es stellt sich aus der vorangegangenen Analyse nun die Frage nach einem alternativen Entwurf für die deutsche Außenpolitik, ja gar für die Weltpolitik an sich. Welchen Entwurf könnte der Neue Nationalismus der herrschenden Politik der Globalisierung und des Diktats der Einen Welt entgegensetzen?

Auch hier hat der Nationalist aus der Natürlichkeit seiner Gedankenwelt von der Vielfalt in der Natur auszugehen. Wenn er als das Maß seiner Dinge die Vielfalt der Individuen, Familien, Stämme und Völker setzt, dann muß er diese Identitätskette bei Begriffen wie Rassen und Kulturkreise fortsetzen – im Widerspruch zu einer fiktiven ›Menschheit‹, die es nur in den Gehirnen der Weltvereinheitlicher gibt.

Ein Volk ist demzufolge in dem Zusammenhang der größeren Einheit zu sehen, die es umgibt. Das wäre die Rasse, im Falle des deutschen Volkes die weiße Rasse – mitsamt ihrer ›Unterrassen‹. Diese weiße oder europäide Rasse, die in Europa und Nordamerika (noch) die Bevölkerungsmehrheit stellt, differenziert der Rassenkundler Prof. GÜNTHER in die Untertypen »Nordisch«, »Fälisch«, »Westisch«, »Ostisch«, »Ostbaltisch« und »Dinarisch«. Dieser Theorie zufolge stellen die europäischen Völker Mischungsverhältnisse dieser insgesamt sechs Typen dar. Das konkrete Mischungsverhältnis ist dann für den typischen Volkscharakter eines europäischen Volkes verantwortlich. So sind die Völker Süd- und Westeuropas eher vom ›westischen‹ Typ geprägt (Franzosen, Italiener, Portugiesen, Spanier usw.), die skandinavischen Völker eher vom ›nordischen‹ Typ, die slawischen Völker sind eher vom ›ostischen‹ oder ›ostbaltischen‹ Typ geprägt (Russen, Ukrainer, Polen, Tschechen usw.). Die Völker des Balkans sind eher vom ›dinarischen‹ Typen geprägt. Das deutsche Volk stellt aufgrund seiner Mittellage in Europa auch eine ›Mittellage‹ dieser europäiden Rassentypen dar.

Diese Mittellage ist auch dafür verantwortlich, daß Deutschland in den zurückliegenden Jahrhunderten oftmals Austragungsort kriegerischer Auseinandersetzungen dieser erwähnten europäischen Rassentypen beziehungsweise deren Völker war. Um das Miteinander, und nicht das Gegeneinander dieser europäischen Völker in

Zukunft zu stärken, ist das geopolitische Konzept eines Großraumes Europas zu verwirklichen. Dieser Großraum muß jedoch von zwei historischen und geographischen Voraussetzungen her gedacht werden: Zum einen sind die Völker Europas historisch gewachsen und sollen deshalb nicht in einem Einheitsstaat, auch nicht in einem sogenannten ›Bundesstaat‹, vereinigt werden. Die Eigenstaatlichkeit der europäischen Völker soll also – soweit diese möglich ist – gewahrt oder wiederhergestellt werden.

Zum anderen gibt es einen ›Kontinent Europa‹ an sich nicht, vielmehr ist der Gegenstand dieser geographischen Bezeichnung lediglich ein Anhängsel des eurasischen Kontinents – und muß auch von diesem her macht- und gestaltungspolitisch gedacht werden, auch wenn auf dieser gewaltigen Landmasse eine Vielzahl nichteuropäischer Völker ihre angestammte Heimat haben. Von daher ist aus nationaler Sicht, wenn es um die Gestaltung des eurasischen Großraumes geht, von einer rein ›großgermanischen‹ Lösung Abstand zu nehmen. Für viele Völker dieses Raumes, gerade für die Völker slawischer Zunge, weckt eine solche Bezeichnung bloß schlechte Erinnerungen und würde diese nur allzuleicht in die Arme einer antideutschen Propaganda treiben – zumal die Losung eines ›großgermanischen‹ Reiches leicht aus den Augen verlieren läßt, daß – sieht man von den Deutschen ab – die wichtigsten ›Figuren‹ auf dem eurasischen Schachbrett Völker nicht-germanischer Zunge darstellen: die Russen und Chinesen vor allem. Mit einer auf ›Großgermanien‹ fußenden Propaganda würde man diese Völker kaum gewinnen, allenfalls abstoßen können.[276]

Aus deutscher Perspektive kommt bei einer notwendigen Raumordnung des nordwestlichen Bereichs des eurasischen Kontinents zwei Völkern eine zentrale Bedeutung zu: den Deutschen und den Russen. Die Stärke Europas innerhalb des Machtgefüges der Welt war und ist auch immer davon abhängig, wie diese beiden Schlüsselvölker zueinander stehen – in Freundschaft oder in Feindschaft. In der Jalta-Nachkriegsordnung stellen nun das deutsche (seit 1945) wie auch das russische Volk (seit 1989) die beiden Verlierer dieses nordwestlichen Teils des eurasischen Kontinents dar.[277] Infolge dessen müssen die Nationalisten beider Völker aus dem gegenseitigen Vernichtungs- und Unterwerfungswillen der dreißiger und vierziger Jahre – durch den NS- wie auch den Sowjetimperialismus – ihre Lehren ziehen. Der damals gegeneinander gerichtete Imperialismus (Lebensraum im Osten/proletarische Weltrevolution) ist durch eine neue gemeinsame Gestaltung des eurasischen Kontinents zu ersetzen.

Rußland benötigt dringend wirtschaftliche, finanzielle und technische Hilfe, um wieder auf die Beine zu kommen, Deutschland benötigt einen sicheren Rückhalt im Osten, der militärische Bedrohung ausschließt und dem deutschen Volk ein Höchstmaß an wirtschaftlicher Autarkie (gegenüber dem Westen) bietet. Für Deutschland ist deshalb Rußland unverzichtbar, für Rußland Deutschland in umgekehrter Weise. Dieser Grundsatz für eine künftige Befriedung des eurasischen Raumes ist auch den gemeinsamen Feinden des russischen wie des deutschen Volkes bewußt. Nicht umsonst diente wohl deshalb der Angriffskrieg der NATO-Staaten gegen Jugoslawien im Jahre 1999 auch dem Zweck, eine Versöhnung und fruchtbare Kooperation zwischen Deutschland einerseits und den slawischen Völkern – vor allem Rußland – andererseits zu verhindern.

Auch deshalb wohl wurde die BRD, die nach außen hin vorgibt, Deutschland zu verkörpern, in den Krieg gegen das russische ›Brudervolk‹ Serbien hineingezogen. Diese Strategie der Feinde Europas darf jedoch dauerhaft nicht aufgehen: Es mag amerikanischen Politikern gleich sein, ob russische Raketen auf Deutschland gerichtet sind. Diese Herrschaften mögen es auch befürworten, daß über das Sprungbrett Deutschland eine neue Angriffsbasis gegen Rußland in Mittel-Osteuropa geschaffen wird, was gern unter der Bezeichnung ›NATO-Osterweiterung‹ firmiert. Dem deutschen wie dem russischen Volk darf das nicht egal sein. Deshalb muß ein neu zu schaffendes Großraumkonzept von dem Grundsatz getragen sein, daß dieses sowohl den Russen als auch den Deutschen nutzen wird. Bereits in der Endphase des Zweiten Weltkrieges hatte Ernst JÜNGER Visionäres zu diesem Konzept in *Der Friede* geschrieben:

»Der Sieg ist daran zu erkennen, daß durch ihn das Vaterland größer und mächtiger wird. Wenn alle Vaterländer nun aus der Asche dieses Krieges größer und mächtiger auferstehen sollen, so leuchtet ein, daß das nicht auf der Ebene, auf der der Kampf entbrannte, möglich ist. Der Raum- und Machtgewinn der einen darf nicht durch Verminderung der anderen geschehen. Die Vaterländer dürfen also nicht auf fremde Kosten sich neue Räume schaffen; ihr Zuwachs muß vielmehr im Einverständnis und mit Hilfe aller Beteiligten entstehen. Das heißt, die alten Grenzen müssen fallen durch neue Bünde, und neue, größere Reiche müssen Völker einigen. Das ist der einzige Weg, auf dem der Bruderzwist gerecht und mit Gewinn für jeden beendet werden kann.«[278]

Es soll an dieser Stelle nicht dafür plädiert werden, den Gedankengängen JÜNGERs in jederlei Hinsicht politisch zu folgen. Daß die Grenzen in Europa prinzipiell fallen sollen, kann von einer nationalen Position nicht befürwortet werden. Jedoch kann der JÜNGERsche Gedankenansatz helfen, das deutsch-russische Verhältnis neu zu ordnen. Die Deutschen sollen wirtschaftlich vom russischen weiten Raum profitieren, ohne das russische Volk versklaven zu wollen, das russische Volk benötigt die Leistung deutscher Ingenieure und Unternehmer sowie ein Tor zum ›Westen‹ Europas, ohne das deutsche Volk unterjochen zu wollen.

Aus der deutschen Geschichte zu lernen heißt für den Neuen Nationalismus in Deutschland auch, Irrwege des deutschen Nationalismus in der Geschichte zu erkennen und nicht wiederholen zu wollen. Nur eines von vielen möglichen Beispielen für eine aus nationaler Sicht verhängnisvolle Ostpolitik geht aus einer Aussage hervor, die Adolf HITLER am 11. August 1939 auf dem Obersalzberg gegenüber dem Völkerbundkommissar von sich gab:

»Alles, was ich unternehme, ist gegen Rußland gerichtet; wenn der Westen zu dumm und zu blind ist, um dies zu begreifen, werde ich gezwungen sein, mich mit den Russen zu verständigen, den Westen zu schlagen, und dann nach seiner Niederlage mich mit meinen versammelten Kräften gegen die Sowjetunion zu wenden. Ich brauche die Ukraine, damit man uns nicht wieder wie im letzten Krieg aushungern kann.«[279]

Ähnliche, gegen Rußland gerichtete imperialistische Zielsetzungen finden sich auch in HITLERs Autobiographie *Mein Kampf* wieder, auf die hier nicht im einzelnen eingegangen werden muß. Freilich muß darauf hingewiesen werden, daß die imperialistische Aggression damals auf beide Seiten zutraf – auf die deutsche wie auf die sowjetische Außenpolitik. Schon aus diesem Grund erschien Ende der dreißiger Jahre beziehungsweise Anfang der vierziger Jahre ein Krieg zwischen NS-Deutschland und der Sowjetunion unvermeidbar. Den Angriffskrieg – so dokumentieren es die neuen Ergebnisse der Zeitgeschichtsforschung – haben beide Staaten geplant, der eine ist nur dem anderen in dessen Angriffsplänen zuvorgekommen, weshalb auch die These des deutschen ›Präventivschlags‹ völlig zutreffend ist.

Doch dieses Denken soll aus nationaler Sicht der Vergangenheit angehören. Ein nationales Rußland und ein nationales Deutschland – die es beide derzeit in der Staatenwelt nicht gibt – könnten viele politische, kulturelle, wirtschaftliche und militärstrategische Gemeinsamkeiten entdecken und dann auch gemeinsam entwickeln. Partnerschaft ist deshalb angesagt – nicht Unterwerfung der gegenüberliegenden Position. Hierzu ist der Bereich, den die Geopolitik ›Zwischeneuropa‹ nennt, also der Landstreifen zwischen Deutschland und Rußland in Hegemonialsphären aufzuteilen.

Auf diese Weise, gemeinsam mit den Russen, lassen sich auch die völkerrechtlich legitimierten Ansprüche der Deutschen auf ihre Ostgebiete lösen. Polen und Tschechen werden die Wahl haben, ob sie dem russischen oder dem deutschen Einflußbereich angehören wollen. Die Wirtschaft, Geographie und Geschichte werden den Polen und Tschechen die Zugehörigkeit zu einer ›Mitteleuropäischen Reichsgenossenschaft‹ nahelegen. In den deutschen Ostgebieten müssen dann die Interessen der alten deutschen Eigentümer und deutschen Neusiedler sowie der zwischenzeitlich dort neu hinzugekommenen slawischen Bevölkerung gemeinsam festgelegt werden.

Jedoch wird – und so viel muß feststehen – eine friedliche Lösung der deutschen Frage im Hinblick auf Ostdeutschland nur von Deutschen und Russen gemeinsam zu lösen sein. Dies wird deutlich an der gegenwärtigen politischen Verfaßtheit der polnischen und tschechischen Außenpolitik. Solange man in Warschau und Prag der Illusion unterliegt, man könne die territorialen Ergebnisse des Gebietsraubs von 1945 auf Grundlage einer Schwächung Deutschlands und Rußlands festigen, indem man sich politisch und militärisch dem

*Dem negativen Einfluß der USA in Europa muß entgegengesteuert werden. Europa ist stark genug, um eine autozentrierte Großregion zu bilden. Zeichung aus der Zeitschrift* Eléments, *Paris.*

Westen anschließt, solange wird die tschechische wie die polnische Politik nicht zur Einsicht gelangen. Diesen beiden Staaten muß eines schönen Tages von Berlin und Moskau aus wieder deutlich gemacht werden, daß über deren Eigenstaatlichkeit – die in völkerrechtlichen Grenzen erwünscht ist – nur von Berlin und Moskau und eben nicht von Paris, London und Washington gewährt werden kann.

Die Europakonzeption des Neuen Nationalismus geht davon aus, daß zunächst einmal der politische, wirtschaftliche, ethnische, kulturelle und militärische Einfluß raumfremder Mächte, vor allem der der USA, aus Europa hinausgefegt werden muß. An dieser Erkenntnis mangelt es den deutschen wie den russischen Nationalisten nicht, jedoch durchaus den ›Patrioten‹ der westeuropäischen Staaten, vor allem denen von Frankreich und Großbritannien. Ob sich dort die Neuen Nationalisten, die sich eher als Gegner Amerikas sehen, gegen die Verfassungspatrioten durchsetzen werden, die sich eher als Vertreter der Gegenküste Nordamerikas betrachten, bleibt freilich abzuwarten. Durchaus erscheint es möglich, daß wenn Deutsche und Russen gemeinsame Sache im Osten Europas machen, nationale Franzosen und nationale Briten gemeinsame Sache mit dem Großen Bruder jenseits des Großen Teichs machen würden.

Das muß aber nicht so eintreten. Gerade Frankreich wäre für eine vollständige europäische Großraumordnung unverzichtbar. Dem Verfasser schwebt idealtypisch eine geostrategische Achse Paris–Berlin–Moskau vor.

Carl SCHMITT, der große deutsche Staats- und Völkerrechtler, hat das Problem der Großraumbildung bereits im Jahre 1939 erkannt, als er sich kritisch mit der amerikanischen MONROE-Doktrin befaßte, einer politstrategischen Theorie, mit der zunächst amerikanische Interventionen im direkten Einflußbereich der USA (vor allem Mittel- und Südamerika) gerechtfertigt wurden, was einer Großraumordnung durchaus noch entsprach, dann allerdings von den US-Imperialisten auch auf andere Kontinente, vor allem Asien, ausgeweitet wurde. SCHMITT entgegnete dieser amerikanischen Anmaßung mit seiner legendären Schrift *Großraum gegen Universalismus*[280], in der er der amerikanischen Anmaßung eines Weltherrschaftsanspruches widerspricht und statt dessen eine weltweite Großraumordnung fordert, die sich mehrere kontinentale Großmächte teilen sollten – anstatt des universalen Anspruches einer einzigen Weltmacht. Carl SCHMITT führt aus:

»Ein Blick auf den seit über zwei Jahrzehnten geführten Kampf um den völkerrechtlichen Sinn der MONROE-Doktrin zeigt, daß es hier nicht um leere und beliebig austauschbare Schlagworte geht, sondern um die elementarste Frage eines völkerrechtlichen Zusammenlebens der Völker und Staaten, nämlich um den Gegensatz einer klaren, auf dem Grundsatz der Nichtintervention raumfremder Mächte beruhenden Raumordnung gegen eine universalistische Ideologie, die die ganze Erde in das Schlachtfeld ihrer Interventionen verwandelt und sich jedem natürlichen Wachstum lebendiger Völker in den Weg stellt. Wir ahmen also nicht einfach ein amerikanisches Vorbild nach, wenn wir uns auf die MONROE-Doktrin beziehen; wir legen nur den gesunden Kern eines völkerrechtlichen Großraumprinzips frei und bringen ihn für unseren europäischen Großraum zu sinngemäßer Entfaltung.«[281]

## *Die supranationale Reichsidee*

Wenn hier von Großräumen und Hegemonialbereichen die Rede ist, so liegt auf der Hand, daß diese geopolitische Konzeption in Anknüpfung an die Reichsidee zu sehen ist. Nun gibt es jedoch nicht eine Reichsidee, sondern mehrere und zum Teil voneinander abweichende Vorstellungen davon. So existieren neben christlich inspirierten Reichsideen, die sich in die katholische und die protestantische Richtung unterscheiden, auch völkisch-nationalistisch geprägte Vorstellungen davon, was man unter ›Reich‹ zu verstehen habe. Der Verfasser zählt sich zur letzteren Gruppe. Zwar erscheint es ihm richtig, analog der staufisch-mittelalterlichen Reichsidee die transzendentale Bedeutung dieses Begriffes nicht zu verkennen, doch hierzu ist weder ein Papst noch eine bestimmte Kirche erforderlich. So ist Gerhard KRÜGER uneingeschränkt zuzustimmen, wenn dieser meint:

»Das Verhältnis der deutschen Kaiser-Könige zum Göttlichen duldet keine Mittlerstellung der Kirche oder deren Oberhauptes. Unter dem Jubel des Volkes lehnte dann auch HEINRICH I., der heute als der Begründer des Deutschen Reiches im eigentlichen Sinne gilt, die Salbung durch Erzbischof HERIGER VON MAINZ mit den Worten ab: ›Mir genügt es, über die Würde meiner Vorfahren hinaus, durch Gottes Huld und eure Treue König zu heißen.‹ Erst später hat die kirchliche Weihe die völkische äußerlich überschattet. Es ist hier ähnlich wie bei den Reichsinsignien, die in ihren wichtigsten Stükken uralte germanische Herrscherzeichen sind, deren wirkliche Herkunft durch die christliche Gewandung verdeckt und in den meisten Darstellungen einfach übersehen wurde.«[282]

Dennoch soll nicht der Eindruck entstehen, daß natürlich das ›Reich‹ niemals nur ein nationalstaatliches deutsches Reich sein kann, da es sich sonst um einen bloßen Nationalstaat handeln würde, sondern ›Reich‹ muß über den nationalstaatlichen Anspruch hinaus einen supranationalen Ordnungsanspruch haben.

Nun liegt das deutsche Volk, wie andere Völker auch, in einem bestimmten geographischen und geopolitisch bestimmten Raum. Dieser Raum ist Mitteleuropa. Der bayerische SPD-Politiker Peter GLOTZ sagte einmal – sinngemäß –, wenn die »deutsche Rechte« Mitteleuropa sage, dann meine sie das Reich«. Dieses Urteil eines politischen Gegners trifft nun absolut zu. Wenn GLOTZ die »deutsche Rechte« sagt, dann meint er die Personengruppe, die der Verfasser als die »deutschen Nationalisten« bezeichnet. Diese müssen sich nun tatsächlich zur Reichsidee bekennen.

Wer dies nun aus gutmenschlichen Gründen negiert, der muß zur Kenntnis nehmen, daß er somit, durch das deutsche Machtvakuum in der Mitte Europas, anderen Reichsideen und Imperialismen Vorschub leistet, die in das durch die Reichsvergessenheit der Deutschen hinterlassene geopolitische Vakuum vorstoßen und dieses konsequent besetzen. Hierfür nur ein paar Beispiele: Weil die Deutschen heute den ostmitteleuropäischen Raum selbst nicht kulturell beeinflussen wollen, müssen sie zur Kenntnis nehmen, daß Amerikaner, Briten und Franzosen ihre Sprachen massiv in Prag, Budapest und Warschau fördern. Weil die Deutschen politisch, wirtschaftlich und militärisch diesen Raum heute nicht mehr selbst dominieren wollen, müssen sie zur Kenntnis nehmen, daß der Westen in Form von NATO- und EU-Osterweiterung diese Staaten in seine Strategie einbindet. Doch um welchen ›mitteleuropäischen‹ Raum handelt es sich, auf den die deutsche Reichsidee zu übertragen ist? Darauf antwortet uns Wilhelm SCHÜSSLER:

»Was ist nun Mitteleuropa im besonderen? Immer wieder haben die Vertreter der Länder- und Volkskunde, der Geschichte und der Naturwissenschaft seine Grenzen zu bestimmen gesucht; und alle haben ein verschiedenes Bild entworfen. Zweifellos ist geographisch gesehen Mitteleuropa das System des Rheins, der Elbe, der Weichsel, der Düna und des Dnjestr. Aber wir Deutschen, vom Standpunkt unseres Volkstums aus, können es doch wohl einfach und klar sagen: Mitteleuropa ist für uns geschichtlich und völkisch jener Raum, wo Deutsche geschlossen oder als Volksgruppen inmitten anderer Völker lebten und leben. Es ist also das Gebiet, welches das Großdeutsche Reich mit dem Protektorat Böhmen und Mähren und die Slowakei umfaßt, dazu Estland, Lettland, Litauen, Polen, Ungarn, Rumänien und Südslawien. Zu ihm gehört nicht der Balkan, nicht Albanien, Bulgarien und Griechenland. Mitteleuropa ist also der einzige geschichtliche Raum, wo sich gesamtdeutsches Schicksal abgespielt hat und abspielt. Und so ist Mitteleuropa deutsche, und zwar gesamtdeutsche Wirklichkeit. Denn entscheidend ist: Dieser Raum empfängt seine schicksalsmäßige Einheit nur durch die Deutschen! Die Tschechen, Südslawen, Ungarn, Polen, Rumänen usw. können für sich mit diesem Raum nichts anfangen. Erst die Deutschen machen ihn zu einer Einheit: Durch die Deutschen werden alle Völker dieses Raums zusammengefaßt: denn die Deutschen sind in diesem Raum allgegenwärtig!«[283]

Und weil die Deutschen in diesem Raum auch künftig wieder ›allgegenwärtig‹ sein müssen, um ihrer geopolitisch bedingten Ordnungsaufgabe nachkommen zu können, müssen sie erst wieder reichsfähig werden – das heißt staatlich souverän nach innen und nach außen. In diesem Sinne ist Reinhold OBERLERCHER zuzustimmen: »Zeigt sich die reichsbildende Kraft einer Nation darin, daß sie die benachbarten Völker dazu anhalten kann, untereinander Frieden zu halten, so zeigt sich das geistige Reich dieser Nation in ihrer Fähigkeit, den Fanatismus inhaltlicher und methodischer Einseitigkeiten zu vermeiden und entgegengesetzte Standpunkte als bloße Momente des größeren Ganzen zu erkennen. Ein reichsbildendes Volk ist ein ordnungsbildendes Volk.«[284]

In diesem Sinne ist in den weiteren Ausführungen ein Deutscher Volksstaat zu denken, welcher die Souveränität des deutschen Volkes innen- wie außenpolitisch wieder herstellt.

# V.
# Volk und Staat

*»Ein Volk gestaltet Geschichte, soweit es sich in Verfassung befindet. Es erlebt eine innere Geschichte, die es in diesen Zustand versetzt, in dem allein es schöpferisch wird, und eine äußere Geschichte, die in Schöpfung besteht.«*

Oswald SPENGLER[285]

*Zur Rekonstruktion des Staats ist eine engagierte, protestierende und alle Schichten des Volkes aufklärende Elite vonnöten.*

Abbildung:

*Leopoldo Méndez, »La Protesta«, Holzschnitt.*

Das soeben beschriebene Allgemeine Interesse des deutschen Volkes, das in nationaler Identität, nationaler Solidarität und nationaler Souveränität besteht, ist im Rahmen des politischen Status quo in Deutschland nicht mehr einlösbar. Die herrschende politische Klasse besitzt noch nicht einmal den Willen, geschweige denn die Fähigkeit, in den Kategorien von ›Volk‹ und ›Staat‹ zu denken, weshalb ein Volksstaat von seiten oppositioneller Kräfte über eine reine Teilnahme an den herrschenden Zuständen nicht mehr erreichbar ist. Um es mit Oswald SPENGLER auszudrücken: Das deutsche Volk ist heute in keiner Weise mehr in entsprechender politischer Verfassung, nämlich in staatlicher Form, um seine Existenz für Gegenwart und Zukunft sichern zu können.

Notwendig ist deshalb ein völliger Bruch mit den politischen Machtverhältnissen in Deutschland und Europa, vielmehr noch in der Welt, um mittels einer notwendigen Rekonstruktion des Staates einen Neuanfang wagen zu können. Dieser Neuanfang muß jedoch zuallererst in den Köpfen einer neuen deutschen Elite heranreifen, um zu einem späteren Zeitpunkt staatspolitische Gestalt annehmen zu können.

## 1. Die Rekonstruktion des Staats

*»Der Trieb zu einer [...] Gemeinschaft liegt [...] von Natur in allen Menschen.«*
ARISTOTELES[286]

Beim politischen Ordnungsdenken stehen für uns die beiden politischen Begriffe ›Volk‹ und ›Staat‹ im Mittelpunkt. Die weiteren politischen Begriffe sind lediglich Ableitungen dieser beiden Schlüsselbegriffe: So hängen ›Nation‹ ›Kultur‹ und ›Rasse‹ mit dem ›Volk‹ zusammen, ›Bürger‹, ›Gesellschaft‹ und ›Reich‹ sind in der Wertehierarchie dem »Staat« unter- beziehungsweise übergeordnet. Befassen wir uns nun aber eingehender mit dem ›Staats‹-Begriff.

### *Der ›Staats‹-Begriff*

Ernst FORSTHOFF meint: »Der Staat ist unter spezifischen Bedingungen des ausgehenden Mittelalters und der beginnenden Neuzeit als eine spezifische neue Organisationsform volklich-politischer Einheit entstanden und gehört zu denjenigen Hervorbringungen, auf die man sich zutreffend zu berufen pflegt, wenn man den epochalen Einschnitt bezeichnen will, der die Neuzeit vom Mittelalter trennt. [...] Der moderne Staat ist eine Hervorbringung des Zeitalters der konfessionellen Bürgerkriege. Er wurde das Instrument zu ihrer Überwindung.«[287]

Der neuzeitliche Staat zeichnet sich durch die Gewährung von Rechtsgleichheit gegenüber allen seinen Staatsbürgern aus. Nicht der Mensch ist gleich, wie es die Verfechter des Liberalismus meinen, sondern der Staatsbürger ist gleich vor dem Gesetz. Damit jedoch der Staat den Kampf aller gegen alle (Thomas HOBBES) beenden und den inneren Frieden bewahren kann, muß dieser auf dem Prinzip »Schutz und Gehorsam« beruhen. »Die Verpflichtung der Bürger gegen den Souverän«, so HOBBES, »kann nur solange dauern, als dieser imstande ist, sie zu schützen«. Kann er dies nicht, »gilt das natürliche Recht des Menschen, sich selbst zu schützen«.[288]

Über die Etymologie des ›Staats‹-Begriffes gibt uns das Duden-Herkunftswörterbuch Auskunft: In diesem wird der ›Staat‹ als seit dem frühen 15. Jahrhundert bezeugtes Substantiv beschrieben; nämlich spätmittelhochdeutsch: ›sta(a)t‹, was so viel wie ›Stand, Zustand, Lebensweise, Würde‹ bedeutet. Dieses Wort kommt ursprünglich aus dem Lateinischen *status*, was so viel wie ›das Stehen, Stand, Stellung, Zustand, Verfassung, Rang‹ bedeutet.[289]

Im *Lexikon des Konservatismus* wird der Staat beschrieben als »politische Organisation selbständiger Völker, ebenso die Gesamtheit von Volk, Organisation und beherrschtem Raum. Volk ist jede menschliche Gruppe, die sich als von anderen Gruppen unterschieden versteht, Organisation jede, auch lockere Ordnungsform, die den Zusammenhalt der Gruppe sichert«.[290]

Reinhold OBERLERCHER leitet den ›Staats‹-Begriff in seinem *Kleinen ABC* der politischen Begriffe vom ›Rechts‹-Begriff ab: »Durch allgemeines Rechtsverhältnis begründete allgemeine Person, die ihrer Naturalform nach eine Verfassung, ein gesatzter Verein allgemeiner Besitzer ist. Zur Staatstauglichkeit gehört, daß die Verfassung den Volksgeist klar und deutlich erfaßt und die Naturalform des Staates als einen Verein starker Männer eindeutig satzt. Auch im Sinne 1. des staatsbürgerlichen Verbandes (Staatsverbandes) insgesamt, 2. des Vorstandes des Staatsverbandes gegenüber seinen einfachen Mitgliedern, den Staatsbürgern, und 3. des Schirmherrn und Gegenbegriffs zur bürgerlichen Gesellschaft.«[291]

Oswald SPENGLER definiert den Staat als den »Zustand« (lateinisch: *status*), in dem sich organisatorisch ein Volk befindet, während die Nation in der Geschichte »das Bewegte« darstelle.[292] »Ein Volk ist als Staat, ein Geschlecht als Familie ›in Form‹«. Und das Leben von Mann und Weib ist »in Form« als Ehe.[293] SPENGLER bringt damit auf den Punkt, daß der Staat nur soviel wert ist wie sein Unterbau: Ehe und Familie. An beiden läßt sich heute recht gut der Wert und die Zukunftsfähigkeit des BRD-›Staates‹ bemessen – wenn kinderreiche Familien nicht ausreichend staatlich gefördert und statt dessen Homosexuellen-›Ehen‹ geschlossen werden. Beides entspricht spiegelverkehrt dem Zerrbild einer degenerierten Gesellschaft.

SPENGLER hat zudem deutlich gemacht, daß der Staat nicht natürlich erscheint, sondern im Gegensatz zur in »Bewegung« geratenen Nation »steht«, ein »Zustand« darstellt – eine Leistung aus menschlicher Hand, die immer wieder errungen werden muß, wie die Leistungsfähigkeit eines Hochleistungssportlers, wenn sein Körper in Anspannung steht. Auch Houston Stewart CHAMBERLAIN weist auf dieses Wesen des Staates hin: »Das Recht ist wie der Staat eine menschliche, künstliche Schöpfung, eine neue systematische Anordnung der durch die Natur des Menschen und durch seine gesellschaftlichen Instinkte gegebenen Bedingungen.«[294]

Dies verdeutlicht die Notwendigkeit, den Staat zunächst als geistiges und ›künstliches‹ Konstrukt zu denken, der von Natur aus nicht gegeben ist und deshalb nicht allein mit einem naturwissenschaftlichen Weltbild erklärbar ist; die Staatslehre jedoch die naturwissenschaftlichen Erkenntnisse, beispielsweise über die Verschiedenheit der Menschen, zu berücksichtigen hat. Andernfalls wäre der Staat eine bloße Technik, die nur dazu da wäre, irgendeine Menschenansammlung zu organisieren. Da es dem Neuen Nationalismus jedoch um die Erschaffung des deutschen Volksstaates geht, scheidet das Modell eines Staates, der in seinem Staats-›Volk‹ eine x-beliebige Bevölkerung erblickt, von vorneherein aus.

Der Staat stellt nämlich für den Neuen Nationalismus ein bloßes Mittel zum Zweck dar und nicht ein Selbstzweck an sich. Der Zweck besteht in der Interessenswahrung des Gemeinwohles. Arnold GEHLEN erkannte, daß jedoch das auf ein abstraktes Gemeinwohl gerichtete altruistische Handeln nicht als angeborene Verhaltensweise von allein kommt, sondern der »sozialen Abstützung« durch Institutionen bedarf, die das Wohl des Ganzen wahren und Einzelegoismen, wo nötig, in ihre Schranken weisen. Die Summe dieser Institutionen nennen wir Staat.[295] Und Bernard WILLMS meint prägnant: »Die Institution des allgemeinen Interesses ist der Staat«.[296]

Da der Neue Nationalismus die Lebensinteressen des deutschen Volkes vertritt, kann mit diesem »Allgemeinen Interesse« (»Gemeinwohl«) nur das Gesamtinteresse des deutschen Volkes, und nicht das einer ›Wohnbevölkerung‹ gemeint sein. In diesem Punkt unterscheidet sich auch der Nationalist grundlegend vom reinen Etatisten, der im ›starken Staat‹ eine Notwendigkeit an sich sieht, die ohne völkische Richtung auszukommen scheint.

Bei der Definition von politischen Begriffen ist es wichtig, sich immer zu vergegenwärtigen, daß diese in der Regel geschichtlich ›gefüllt‹ sind, also nicht x-beliebig neu definierbar sind. Neue Definitionen sind zwar möglich, können jedoch am Publikum, das man erreichen will, vorbeigehen, wenn die neudefinierten Begriffe, die möglicherweise über Jahrhunderte anders verstanden wurden, von den Zielpersonen nicht verstanden werden.

Sprachgeschichtlich läßt sich der Begriff des Staates, wie oben gezeigt, bis ins Altgriechische zurückverfolgen. Zu der Zeit wurde er auf die griechischen Stadtstaaten angewandt. Die Staatskunst wurde jedoch erst von einem späteren Stadtstaat, der sich zum Weltreich ausdehnte, auf einen vorläufigen Höhepunkt entwickelt: nämlich von Rom. So meint MOMMSEN: »Der Staatsbegriff beruht auf der idealen Übertragung der Handlungsfähigkeit des Einzelnen auf die Gesamtheit, die Bürgerschaft, den *populus*, und auf der Unterordnung des Einzelwillens aller der Gesamtheit angehörigen physischen Personen unter diesen Gesamtwillen. Die Aufhebung der individuellen Selbständigkeit gegenüber dem Gesamtwillen ist das Kriterium der staatlichen Gemeinschaft.«[297] Mit dieser zunächst auf den römischen Staatsbegriff beschränkten, jedoch auch nach wie vor aktuellen Definition ist der Staat nicht nur etymologisch, sondern auch von seiner inhaltlichen Bedeutung bestimmt.

## *Der Begriff des Politischen*

Da sich der Neue Nationalismus die Aufgabe gesetzt hat, die Fehler der alten wie der neuen Rechten zu überwinden, so muß seine vordringliche Aufgabe in einer Politisierung von Bewegung und Partei liegen. Wer nun aber Politik machen und diese zuvor durchdenken will, für den stellt sich die Frage nach dem Begriff des »Politischen«.[298] Nach Einschätzung des Staatsrechtlers Carl SCHMITT besteht der Begriff des Politischen in der Unterscheidung von Freund und Feind. Diese Einschätzung enthält zwar viel Wahres, trifft jedoch nicht den Wesenskern der Politik insgesamt.

Sicher, um praktische Politik wie der Neue Nationalismus machen zu wollen, gehört unabdingbar die Definition von potentiellen Bündnispartnern (Freund) und des politischen Gegners (Feind). National wie international kann der Freund der nationalen Opposition nur der sein, der sich für die Verschiedenheit, den Erhalt und die Möglichkeit zur Weiterentwicklung der Völker und Kulturkreise positioniert. Wer die Auflösung der gewachsenen Völker und Kulturen vertritt, ist demnach als ›Feind‹ einzustufen. Damit sind alle Spielarten des Internationalismus gemeint. In der deutschen Innenpolitik – hinsichtlich der Parteienkonkurrenz – sind das der Kommunismus, der Liberalkapitalismus sowie der christliche Universalismus – somit also alle im Bundestag vertretenen Parteien.

Diese Unterscheidung in ›Freund‹ und ›Feind‹ reicht jedoch zum Verständnis des Wesens von Politik bei weitem nicht aus. Nationale Politik im allgemeinen und Nationalismus im besonderen würden somit nur negativ definiert. Man wüßte eben nur einzuschätzen, wen man bekämpfen muß. Die positiven politischen Ziele des Neuen Nationalismus wurden im vorausgegangenen Teil auf folgenden Nenner gebracht: nationale Identität, nationale Solidarität und nationale Souveränität, die sich als Gemeinwohl des Volkes zusammenfassen lassen.

Kommen wir aber wieder auf den Begriff der ›Politik‹ zurück: Was bedeutet dieses Fremdwort wirklich? Nach Einschätzung des Verfassers hat Politik zuallererst etwas mit ›Macht‹ und ›Herrschaft‹ zu tun, wobei die ›Macht‹ ursprünglicher ist – in dem Sinne, daß ein Oppositionspolitiker den »Willen zur Macht« (Friedrich NIETZSCHE[299]) mitbringen muß. Der Fundamentaloppositionelle muß darüber hinaus versuchen, die Werte der Herrschenden, die er nicht anerkennt, in der öffentlichen Meinung umzuwerten, um so das Fundament der Machtausübung der Herrschenden zu untergraben.

Der Oppositionelle allgemein hat also zunächst einmal einen Machtanspruch. Ist er an den Schalthebeln der Macht angelangt, wird er zur Machtausübung übergehen. Diese Machtausübung wird er dann aber als Regierender vor den Regierten begründen oder rechtfertigen müssen, damit er auf Dauer seine Machtbasis behält, die in der Zustimmung im Volk und vor allem bei den eigenen Anhängern liegt.

Damit tritt der ehemals Oppositionelle und nun mächtig Regierende in die Sphäre der Herrschaft ein, die die weiterentwickelte Form der Macht ist. Herrschaft nimmt für sich ›Legalität‹ in Anspruch, beruft sich auf Weltanschauungen/Ideologien, Verfassungen und Gesetze oder auf irgendeine ›Moral‹. Herrschaft, das Wesen der Politik, wird also begründet, wobei der Einzelne diese Begründung nicht teilen muß – wie im Falle der BRD der Neue Nationalismus die Herrschaft der politischen Klasse hierzulande nicht als ›legal‹ – demokratisch wie völkerrechtlich – betrachtet. José ORTEGA Y GASSET meinte zur Herrschaft:

»Herrschaft ist die normale Ausübung der Macht. Sie gründet sich immer auf die öffentliche Meinung. [...] Noch kein Herrscher in der

Welt hat seine Herrschaft im wesentlichen auf etwas anderes als die öffentliche Meinung gestützt. [...] Es kann zuweilen geschehen, daß keine öffentliche Meinung da ist. Eine in widerstreitende Gruppen geteilte Gesellschaft, deren Meinungen sich gegenseitig aufheben, gibt keine Gelegenheit zur Bildung einer Herrschaft. Und da die Natur kein Vakuum erträgt, wird die Leerstelle, die durch den Ausfall der öffentlichen Meinung entsteht, von der rohen Gewalt eingenommen. Im äußersten Fall also tritt diese als Ersatz für jene ein.«[300]

Die Herrschaft beziehungsweise Souveränität, und das ist wichtig, muß sich nach außen wie nach innen richten. Ein souveräner Staat ist demnach außenpolitisch souverän und ist auch innenpolitisch souverän. Beides ist zur Zeit in bezug auf Deutschland nicht gegeben. Das BRD-System ist weder außenpolitisch noch innenpolitisch souverän.

Wenn der Begriff der Politik um den Begriff der Herrschaft kreist, dann stellt sich die Frage, was eine jegliche Herrschaftsausübung oder bereits der bloße Herrschaftsanspruch (zum Beispiel des Neuen Nationalismus) für Konsequenzen hat? Um es kurz zu machen: ›Herrschaft‹ läuft immer auf den ›Staat‹ hinaus. Wer Politik machen will, muß sich demzufolge immer mit dem Staat befassen. Ohne ›Staat‹ keine ›Politik‹ und ohne ›Politik‹ keinen ›Staat‹. Es ist deshalb erstaunlich, daß für viele völkische Politiker die Frage nach dem Staat oftmals eine untergeordnete Frage ist.

»Wir wissen, was wir wollen, wenn wir dran sind«, sagte einmal sinngemäß Adolf von Thadden. Damit bleibt alles offen: Wie das BRD-System soll erhalten bleiben, eine Partei-Diktatur soll eingeführt werden, vielleicht auch eine Monarchie und dergleichen mehr. Für die alte wie die neue Rechte stellte sich die Frage nach einer politischen Ordnungsalternative nicht; der Neue Nationalismus hingegen muß sich diese Frage stellen, weil davon abhängt, ob das deutsche Volk in ihm einen Gegenentwurf zu den herrschenden Verhältnissen des realexistierenden Parteienstaats sieht.

In diesen Kontext paßt auch die Erkenntnis, daß die Fähigkeit zum Politischen nicht mit dem Wissen, sondern mit der Entscheidung zusammenhängt, wie dies Max Weber in *Wissenschaft als Beruf* aufzeigte.[301] In diesem Sinne muß der Neue Nationalismus eine klare Entscheidung für die Wiedergewinnung des deutschen Staates treffen. Bei der Frage nach der Beschaffenheit des Staates ist wiederum die Frage nach der Entscheidung von Interesse: Wer trifft die maßgeblichen politischen Entscheidungen, und welche Einflüsse und Interessen animieren den Staatsmann, welche Entscheidungen auch immer zu treffen?

Treffen Parteipolitiker an der Spitze des Staates, wie in der Bundesrepublik, Entscheidungen, die auf dem Konsens der »relevanten gesellschaftlichen Gruppen« beruhen, oder trifft ein Herrscher, ob absolut oder vom Volk gewählt, seine Entscheidungen autonom? Sind autonome politische Entscheidungen, losgelöst von Einzel- und Sonderinteressen, in dem »Staat der Industriegesellschaft« (Ernst FORSTHOFF) überhaupt möglich? Diesen und weiteren Fragen um den Begriff des Politischen soll in den weiteren Ausführungen auf den Grund gegangen werden.

## *Zum ›System‹-Begriff*

Bei der Behandlung des Begriffes des Politischen ist bereits die Frage nach dem politischen System angesprochen worden. Dabei gilt es, sich zu vergegenwärtigen, daß ein System ein aus mehreren Teilen zusammengesetztes und gegliedertes Ganzes ist. Der Begriff wird in zahlreichen Bereichen benutzt:

1. aus grundlegenden Einzelerkenntnissen zusammengestelltes Ganzes, Lehrgebäude.
2. Das Prinzip, die Ordnung, nach der etwas organisiert oder aufgebaut wird, Plan, nach dem vorgegangen wird.
3. Die Form der staatlichen, wirtschaftlichen und gesellschaftlichen Organisation; die Regierungsform, das Regime; die bestehende Gesellschaftsordnung.
4. In der Naturwissenschaft, besonders in der Physik und Biologie, die Gesamtheit von Objekten, die sich in einem ganzheitlichen Zusammenhang befinden und durch die Wechselbeziehungen untereinander gegenüber ihrer Umgebung abzugrenzen sind.
5. Die Einheit von technischen Anlagen und Bauelementen, die eine gemeinsame Funktion haben.
6. In der Sprachwissenschaft, EDV, Kybernetik eine Menge von Elementen, zwischen denen bestimmte Beziehungen bestehen oder die nach bestimmten Regeln zu verwenden sind.
7. In festgelegter Weise zusammengeordnete Linien oder Ähnliches zur Eintragung und Festlegung von etwas.
8. Besonders in der Logik eine Menge von Zeichen, die nach bestimmten Regeln zu verwenden sind.
9. In der Biologie eine Zusammenfassung und Einordnung der Tiere und Pflanzen in verwandte oder ähnlich gebaute Gruppen.
10. In der Chemie ein Zusammenschluß von zwei oder mehreren Perioden.[302]

Im engeren Sinn ist System ein aus unterschiedlichen Teilen zusammengesetztes Ganzes, das entweder als geschlossenes System von seiner Umwelt streng isoliert ist oder mit ihr, als offenes System, in einer Austauschbeziehung steht. Ein System besitzt ein gewisses Maß an Geschlossenheit, Dauerhaftigkeit und Regelmäßigkeit im Verhältnis seiner Elemente zueinander. Deren Zusammenhang ist im allgemeinen größer und bestimmt sie stärker als ihre Beziehung zur Umwelt. Trotzdem wirken Veränderungen einzelner Elemente auf andere Elemente ein und führen so zu Änderungen des gesamten Systems, was durch die einem System innewohnende Tendenz zur Systemerhaltung und zum Gleichgewicht innerhalb des Systems, versucht wird abzuwehren.[303]

In den Sozialwissenschaften wird als System ein verhältnismäßig einheitlich geordnetes Ganzes mit wechselseitig aufeinander bezogenem Handeln von Individuen, Gruppen und Organisationen bezeichnet. Es wird hier zwischen ökonomischen, sozialen, kulturellen und politischen Systemen je nach dem sie stiftenden Sinnzusammenhang unterschieden. Diese Systeme können auch als gesellschaftliche Subsysteme begriffen werden, die sich wiederum in einzelne Untereinheiten, Subsysteme untergliedern.[304]

Die einzelnen Definitionsmöglichkeiten verweisen politische Parteien auf die unter Punkt 3 angesprochene Festlegung des Systembegriffs, des politischen Systems. Der Begriff ›politisches System‹ ist *ein* Grundbegriff der Politikwissenschaft, der die Gesamtheit aller an der politischen Willensbildung und -durchsetzung beteiligten Institutionen, Personen und Vorgänge und ihre Beziehung zueinander bezeichnet. Zum politischen System zählen nicht nur Parlament und Regierung, sondern auch Parteien und Interessenverbände, nicht nur die Gesetzgebungsvorgänge, sondern auch politische Einflußnahmen.[305]

## *Freiheit und Ordnung*

Bei der Frage nach dem geeigneten politischen System kreist das staatspolitische Denken vor allem um zwei Begriffe, die innerhalb dieses Denkens zunächst einmal als Gegenpole angenommen werden dürfen: die ›Freiheit‹ und die ›Ordnung‹. Im Liberalismus herrscht nun die Auffassung vor, daß beide Pole auf Gedeih und Verderb Widersprüche darstellen müßten – ganz nach dem Motto: je mehr bürgerliche Freiheit, desto weniger staatliche Ordnung, und je mehr staatliche Ordnung, desto weniger Spielräume für bürgerliche Freiheit. Nach diesem Verständnis wird ›Ordnung‹ gern mit ›Zwang‹ gleichbedeutend gesetzt.

Natürlich ist auch hierbei, wie in vielen liberalen Gedanken, eine Teilwahrheit enthalten. Das soll nicht in Abrede stehen. Doch dieses allzu dichotomische Denken in Freiheit *oder* Ordnung verstellt den Blick auf die Lebenswirklichkeit im Herrschaftsbereich des Liberalismus. Denn einerseits können auf die ›Freiheit‹ nicht nur Individuen (bürgerliche Freiheiten), sondern auch Kollektive wie Völker (völkische Selbstbestimmung statt Fremdbestimmung) erheben, andererseits erscheint selbst der künstliche Gegensatz von ›bürgerlicher Freiheit‹ hier und ›staatlicher Ordnung‹ dort, der Lebenswirklichkeit liberalistischer Systeme kaum zu entsprechen.

*Friedrich von HAYEK, der 1974 den Nobelpreis für Wirtschaft mit dem Schweden Gunnar MYRDAL teilte, lehnt die Idee von der nationalen Souveränität ab und spricht sich gegen die Eigenständigkeit des Politischen aus. Für HAYEK ist der Mensch nicht seines Schickals Schmied und wird es nie sein.*

Denn die Gefahren für die bürgerlichen Freiheiten entspringen ja gerade heute in den Staaten, die sich der ›westlichen Wertegemeinschaft‹ zugehörig fühlen, einer totalitären Gesellschaft und nicht etwa durch einen allgegenwärtigen mächtigen Staat. Diese totalitäre Gesellschaft macht sich im Liberalismus den Staat zur Beute (Hans Herbert VON ARNIM), wobei einflußreiche soziale Gruppen und wirtschaftliche Verbände mittels des Restbestandes an Staat den – zumeist geistigen – Bürgerkrieg gegen andere Gruppen führen und letztlich somit auch das Allgemeine Interesse von Volk und Staat beeinträchtigen. Die totalitäre Gesellschaft ist es nämlich, die beispielsweise die Propagierung des Gemeinwohls als ›rechtsextremistisch‹ darstellt, um deren nationalpolitische Vertreter stigmatisieren zu können.

Demgegenüber vertritt der klassische Liberalismus die Vorstellung von einer »spontanen Ordnung«. Der bekannteste Vertreter dieser Denkrichtung dürfte Friedrich August VON HAYEK (1899–1992) sein, der eine wirtschafts- und sozialpolitische Verantwortung des Staates ablehnt, somit auch alle Formen des Sozialismus, auch die des Nationalsozialismus, verwirft, und die Auffassung vertritt, daß die individuelle Freiheit der gemeinschaftlichen Ordnung voranzugehen habe und nicht durch Eingriffe des Staates gefährdet werden dürfe. Lasse man den Kräften des Marktes ihren größtmöglichen Handlungsspielraum, so stelle sich aus den Gesetzen des Marktes eine »spontane Ordnung« her.

Es bleibt hier zu fragen, wie es um diese scheinbare »Ordnung« – vermutlich der Stärkeren – bestellt ist. Ist immer das das Beste, was sich unter den Gesetzen des Marktes durchsetzt? Für die Gemeinschaft eines Volkes in vielen Fällen nicht. VON HAYEK fand seine Anhänger bei den amerikanischen Republikanern, die, obwohl konservativ geltend, in der Wirtschaft erzliberal (gegen staatliche Interventionen) argumentieren; aber auch bei den britischen Konservativen und Unions- und FDP-Politikern in der Bundesrepublik.

Eine entgegengesetzte Position vertritt Hans-Dietrich SANDER, der in klassisch-etatistischer Weise den Vorrang der Politik vor der Wirtschaft vertritt. Die Notwendigkeit, staatliche Ordnung und bürgerliche Freiheiten als aufeinander angewiesen zu betrachten, bringt er in seinem *Nationalen Imperativ* auf den Punkt: »Es ist eine der wesentlichen Ursachen für den politischen Niedergang, daß man sich angewöhnt hatte, Individuum und Staat als etwas Entgegengesetztes zu betrachten. Das Individuum, das die Historiker nicht ohne Grund das neuzeitliche Individuum genannt haben [...], hat sich seit der Renaissance mit der politischen Organisationsform der Neuzeit, mit dem Staat, herausgebildet.«[306]

SANDER sieht sogar in der Entwicklung des Staates genau die Voraussetzung des Individuationsprozesses. Indem er den mittelalterlichen Verbandskollektivismus auflöste, habe er den Bürger von den stereotypen Prägungen der Feudalzeit befreit. Und indem er die Bürger in einen größeren Zusammenhang einordnete, habe er ihre persönlichen Anlagen herausgefordert.[307]

Die Rekonstruktion des Allgemeinen Interesses wäre auch deshalb das Gebot der Stunde, um einen starken Staat als Garant für Meinungsfreiheit und andere Staatsbürgerrechte zu positionieren. Davon kann freilich in der gegenwärtigen Berliner Republik keine Rede sein, denn überall wachen selbsternannte Gutmenschen und Blockwarte über die Einhaltung der politischen Korrektheit. Schon deshalb muß festgestellt werden, daß heute im realexistierenden Liberalkapitalismus die Freiheit, vor allem die Kommunikationsfreiheit, nicht mehr gegeben ist – vor allem, wenn es um tabubelastete Themen wie Ausländer, Juden, Kriegsschuldfrage und ›Einzigartigkeit deutscher Verbrechen‹ geht.

Die Aufhebung von Grundrechten in der BRD wie Meinungs-, Presse-, Versammlungs- und Wissenschaftsfreiheit wurde bereits an anderer Stelle dieses Buches belegt. Die Deutschen aber werden ihre

Freiheiten als Individuen und als Volk nur gewinnen, wenn es gelingt, innerhalb dieses Volkes eine nationalpolitische und kulturelle Gegenelite gegen die Vertreter von Liberalismus und Fremdherrschaft in unserem Land zu bilden, um mit dieser Gegenelite dem deutschen Volk seine Lage des kulturellen und politischen Niedergangs bewußt zu machen.

Die Freiheit beginnt dabei in den Köpfen – beim sogenannten ›Kampf um die Köpfe‹. Das soll heißen, es ist zunächst einmal von dieser intellektuellen Gegenelite das Undenkbare denkbar zu machen. Es gibt nichts, was als liberales Tabu von dieser nationalen Intelligenz zu akzeptieren wäre: die amerikanische Besatzung, die geistige Besatzung durch fremdbestimmte Kräfte in den Medien, die Verausländerung in allen Lebensbereichen, die Mitgliedschaften Deutschlands in sämtlichen supranationalen Organisationen wie EU, NATO und UNO. Alles, wirklich alles muß auf den Prüfstand gestellt und im deutschen Sinne hinterfragt werden.

Die »germanische Freiheit« (Horst MAHLER) fängt somit zunächst in Form von ›befreiten Zonen‹ in den Köpfen der deutschen Gegenelite an. Denn was nicht gedacht wird, kann nicht erreicht werden. Möglicherweise erweisen sich bestimmte idealistische Gedankengänge als nicht verwirklichbar, wie das Nachhauseschicken des Großteils der Gastarbeiter und Asylanten, doch wer es nicht denkt, nur weil dies momentan als nicht realistisch erscheint, der entledigt sich der Möglichkeit, irgendwann einmal überhaupt in die Geschichte als Deutscher noch eingreifen zu können und die Geschicke des Volkes in eigene, deutsche Hände zu nehmen.

Das Denken der deutschen Freiheit fängt bereits in der Vergangenheit an. Deshalb braucht Freiheit Revisionismus. Die geschichtliche Wahrheit muß auf den Tisch – sonst wird es keine deutsche Freiheit geben können, weil mit der Kriminalisierung der deutschen Geschichte den Deutschen ihr kollektives Bewußtsein als selbstbewußtes Volk zerstört wurde. Dieses Geschichtsbewußtsein, das historische Ursache und Wirkung – fernab von jeglicher Strafrechtszensur und sonstiger Unterdrückungsmaßnahmen – ans Tageslicht zu bringen hat, ist einer von mehreren Schlüsseln zur Beendigung der geistigen Knechtschaft der Deutschen – und somit der Fremdherrschaft in Deutschland überhaupt.

Die deutsche Freiheit wird mit einem irreführenden Freiheitsbegriff brechen müssen, der sich heute scheinbar in der ›westlichen Wertegemeinschaft‹ in der großen Auswahl von Fernsehkanälen und Zeitschriften und in dem riesigen Freizeitangebot einer ›Spaßgesellschaft‹ erschöpft, die scheinbar eine nachträgliche Kopie der Degenerationserscheinungen des weströmischen Reiches abzugeben bestrebt ist. Auch muß klargestellt werden, daß sich Freiheit in ihrem umfassenden Sinne niemals in Freiheit ›*von*‹ Ordnung, Gesetz, Moral, Gemeinschaftssinn und dergleichen mehr erschöpfen kann, was lediglich zur Atomisierung des Menschen führt, sondern daß es vielmehr darum geht, daß der freiheitsliebende Deutsche in seinem Vaterland wieder Freiheitsrechte gewinnt, um mit dieser neugewonnenen Freiheit etwas ›*zu*‹ erreichen – nämlich als deutscher Kulturmensch inmitten seiner Volksgemeinschaft würdevoll und ehrenhaft leben zu können. Anstelle der gegenwärtigen liberalistischen ›*Freiheit von*‹ wird also im kommenden deutschen Volksstaat die ›*Freiheit zu*‹ treten müssen.

Die Freiheit im Sinne eines neuen deutschen Idealismus setzt einen Ordnungsrahmen voraus, innerhalb dessen der (deutsche) Mensch als sittliches Wesen seine Existenzberechtigung hat. Dieser Freiheitsbegriff wird sich deshalb an der Maxime von Georg Wilhelm Friedrich HEGEL auszurichten haben, der im Staat die Verwirklichung der sittlichen Idee sah.[308] Dieser Freiheitsbegriff setzt unabdingbar eine staatliche Ordnung voraus.

Die hier angesprochene deutsche Freiheit wird dem Deutschen Volk viel mehr an Daseinssinn bieten können als die Verfechter einer sogenannten ›Freiheitlich-Demokratischen Grundordnung‹ (FDGO), die zwar, wie das Bundesverfassungsgericht in einem seiner Entscheide, die Freiheit im Rahmen eines Mehrparteienpluralismus verwirklichen wollen, dann plötzlich aber eine wirkliche parteipolitische Opposition dem Verbotsdruck aussetzt – wenn diese dem *common sense* der ›Gemeinschaft der Demokraten‹ widerspricht. In dem Spruch »Keine Freiheit für die Feinde der Freiheit« wird die Degeneration des liberalistischen Freiheitsbegriffs überdeutlich.

Hier und heute bedeutet der Wille zur Freiheit vor allem die Fähigkeit, die Unfreiheit der Deutschen zu erkennen und der Unterdrükkung derjenigen Deutschen, die es noch sein wollen (Horst MAHLER), zivilen Widerstand im Namen der deutschen Freiheit entgegenzusetzen. Den heutigen Deutschen würde es gut anstehen, sich wieder ihrer eigenen geistesgeschichtlichen Wurzeln zu vergegenwärtigen. So würden sie zur Kenntnis nehmen müssen, daß uns die ›Freiheit‹ nicht von Amerika oder sonst woher gebracht wurde, sondern unserem eigenen Wesen entspringt. So meint Horst MAHLER, daß jedes Volk, das eine geschichtliche Bedeutung erlangt hat, für ein bestimmtes geistiges Prinzip steht, in dem eine bisher nicht dagewesene Stufe in der Entwicklung des Bewußtseins der Freiheit verwirklicht ist; insbesondere in der HEGELschen Philosophie sei dies der Fall.[309]

## *Wer ist souverän?*

Die Grundfrage bei der Rekonstruktion des Staates entspringt nicht einer fiktiven Dichotomie von Demokratie und Diktatur, denn gerade die deutsche Zeitgeschichte verdeutlicht, daß die Grenzen hierbei oftmals fließend sind. So kam 1933 der ›Diktator‹ Adolf Hitler demokratisch vom deutschen Volk gewählt an die Macht, der dem Prototyp des plebiszitär legitimierten Führers entspricht.

Entgegen einer irreführenden Dichotomie politischer Systeme in Demokratie und Diktatur ist die Frage nach dem ›Souveränitäts‹-Begriff von zentraler Bedeutung, der vom mittellateinischen Wort ›*Superanitas*‹ abgeleitet ist. Seit Jean Bodin (1529–1596) bezeichnet sie den keiner weiteren Bindung unterliegenden Ursprung der Herrschaftsgewalt. Nichts steht über diesem Ursprung. Bei Bodin sind die Gesetzgebungsmacht, die Entscheidung über Krieg und Frieden sowie die oberste Verwaltungszuständigkeit im Staate Merkmale der Souveränität.[310]

*Carl Schmitt (1888–1985)*

Demnach bezieht sich also der ›Souveränitäts‹-Begriff nicht nur auf die Außen-, Europa- und Weltpolitik, nämlich auf die Frage, wie ›souverän‹ ein Staat in der weltpolitischen Arena ist, sondern ein Staat muß, um überhaupt handlungsfähig zu sein, ebenso herrschaftsfähig in der Innenpolitik, also gegenüber gesellschaftlichen Sonderinteressen und Einzelinteressen auftreten können. Es muß demzufolge in der Außen- wie in der Innenpolitik den *einen* Willen des Staates geben.

*Der Slogan der Französischen Revolution («Einheit und Unteilbarkeit der Republik, Freiheit, Gleichheit, Brüderlichkeit oder der Tod«). Oben im Dreieck: »Souverän ist das Volk«.*

»Souverän ist, wer über den Ausnahmezustand entscheidet«, meint Carl Schmitt[311]. Damit will der deutsche Staatsrechtler in Anknüpfung an den ›Souveränitäts‹-Begriff von Jean Bodin zum Ausdruck bringen, daß letztendlich der Alleinherrscher in der Notsituation wie Krieg, Bürgerkrieg oder in der Verfassungskrise die Entscheidung treffen muß. Im Ausnahmezustand muß es dem Herrscher gestattet sein, über den Gesetzen stehend zum Wohle des Volkes zu handeln. Dem widerspricht gerade die neoliberale Staatstheorie. So bedeutet Souveränität im Sinne von Hans KELSEN: »Souveränität kann nicht über der Rechtsordnung stehen, denn sie ist nur eine Eigenschaft der Rechtsordnung.«[312] Wenn jedoch die Rechtsordnung, also die Verfassung, per Notstandsartikel das Staatsoberhaupt für den Ausnahmezustand über das Gesetz erhebt, wäre die Diskrepanz zwischen BODIN und KELSEN überwunden.

Die Einschätzung SCHMITTS beziehungsweise BODINS über den Ausnahmezustand als Kriterium der Souveränität hat zweifellos Wahrheitsgehalt, trifft jedoch die Wirklichkeit im Leben eines Staates nicht vollständig. Denn selbst ein ›souveräner Diktator‹ müßte sich der Zustimmung oder wenigstens der Tolerierung seiner autoritären Entscheidungen durch das Volk gewiß sein, da er zwar sonst im augenblicklichen Ausnahmezustand eine souveräne Entscheidung treffen könnte, sich jedoch nicht gewiß sein kann, ob die Durchsetzung seiner Herrschaft von Dauer ist. Bei der Verknüpfung der Souveränität mit dem Ausnahmezustand handelt es sich also lediglich um eine Momentaufnahme, jedoch nicht um die Bedingungen einer dauerhaften Herrschaft.

Nach SCHMITTS und BODINS Ausnahmevorstellung kann es natürlich so etwas wie Volkssouveränität nicht geben, da kaum das Volk im Ausnahmezustand kollektiv entscheiden könnte. Im Idealmodell einer Demokratie müßte jedoch alle Staatsgewalt vom Volke als dem Souverän ausgehen. Da dieses jedoch nicht tagtäglich selbst regieren kann, muß es nach Maßgabe der Volkssouveränität Vertreter wählen, die in seinem Sinne die politischen Entscheidungen treffen. Wer ist nun aber in diesem Falle wirklich der Souverän? Wird dem Gemeinwohl im Sinne des Volkes in den politischen Entscheidungen Rechnung getragen, so können wir von einer Verwirklichung von Volkssouveränität sprechen, tritt dieser Zustand nicht ein, wie wir es heute in der Regel in sogenannten parlamentarischen Demokratien vorfinden, so kehrt sich die Volkssouveränität zur Parlamentssouveränität um.

Wir sehen also, daß es mit der Souveränität nicht so einfach ist. Beide Grundtypen derselben, die Fürstensouveränität wie die Volkssouveränität, haben nämlich ihren ganz speziellen Haken: Die Volkssouveränität benötigt die Repräsentation – gleich, ob es sich um die präsidentielle, parlamentarische oder plebiszitäre Form der Demokratie handelt, da selbst beim Volksentscheid eine Regierung und Verwaltung existent sein muß, um das Abstimmungsergebnis in politische Entscheidung umzusetzen.

Bei der Fürstensouveränität benötigt der Alleinherrscher eine personelle Machtbasis von Anhängern oder am besten von weiten Teilen des Volkes, da er nur so auf längere Zeit die Macht ›souverän‹ ausüben kann. Schaut man sich die beiden ›Souveränitäts‹-Typen näher an, so zerfällt sowohl die Volks- als auch die Fürstensouveränität in zwei Untertypen. Demzufolge haben wir beim ›Souveränitäts‹-Begriff insgesamt vier Untertypen zu unterscheiden:

- Die feudalistische Fürstensouveränität

Zum einen handelt es sich um die traditionelle Fürstensouveränität des Feudalismus, welche sich auf einen göttlichen Auftrag (»Omnis potestas a Deo« – »Alle Herrschaft geht von Gott aus«) berufen hatte. Martin SCHWARZ bezeichnet diese feudalistische Fürstensouveränität als »von Gott verliehene Macht an den Herrscher«.[313]

Dieser ›Souveränitäts‹-Begriff eines ›Gottesgnadentums‹ war in Europa vorherrschend vor der Aufklärung und vor allem vor der Französischen Revolution, weshalb wir ihn als den ›alteuropäischen‹ bezeichnen können, dem eine ständische und organische Auffassung von Staat und Gesellschaft zu eigen ist. In dieser Konzeption übt die katholische Kirche, die einen religiösen Alleinvertretungsanspruch auf die gesamte Christenheit erhebt, einen großen politischen Einfluß auf den Staat aus. Die Grenzen zur reinen Theokratie, in der die Kirche den Staat dominiert, sind bei dieser Konzeption einer konfessionellen Fürstensouveränität fließend. Der Gang nach Canossa des deutschen Kaisers HEINRICH IV. im Jahre 1077, der in der Geschichtsschreibung als Unterwerfungsgeste gegenüber Papst GREGOR VII. gewertet wird, ist dafür sinnbildlich.

Als geistige Vorväter der alteuropäisch-ständestaatlichen Fürstensouveränität im Sinne des Gottesgnadentums gelten AUGUSTINUS (354–430) und THOMAS VON AQUIN (1224–1274). Aufschlußreich für die Staatsskepsis des alteuropäischen Denkens ist das Buch von José ORTEGA Y GASSET (1883–1955): *Der Aufstand der Massen*, in dem der Verfasser dem Aufkommen des modernen Staates ablehnend gegenübersteht, weil er in diesem Artefakt zu Recht eine Antwort auf das Phänomen moderner Massengesellschaften sieht. Der Aristokrat und Jesuitenzögling sieht die Gefahr, daß letztendlich die Masse, vor deren Primitivität er warnt, sich des Staates als Herrschaftsinstrument bediene. Wörtlich meint er: »Ich denke an die größte Gefahr, die heute die europäische Kultur bedroht. [...] Es ist der zeitgenössische Staat. [...] Das ist die größte Gefahr, die heute die Zivilisation bedroht: die Verstaatlichung des Lebens, die Einmischung des Staates in alles, die Absorption jedes spontanen sozialen Antriebs durch den Staat; das heißt die Unterdrückung der historischen Spontaneität, die letzten Endes das Schicksal der Menschheit trägt, nährt und vorwärtstreibt.«[314]

In der Nachkriegszeit war einer der bekanntesten Verfechter des christlich geprägten Alteuropäertums der österreichische Publizist Erik Ritter VON KUEHNELT-LEDDIHN, der als vehementer Gegner des Etatismus meinte, daß der (staatliche) Zentralismus »der ganzen christlichen Tradition mit ihrer libertären und personalistischen Einstellung zutiefst entgegengesetzt ist«.[315]

Heute wird die alteuropäische Ordnungsidee vor allem von einer Minderheit Klerikal-Konservativer vertreten, die vom Neuen Nationalismus auch polemisch als ›Klerikal-Faschisten‹ bezeichnet werden. In Österreich existiert gegenwärtig eine kleine, aber wortstarke Gruppe, die die Klerikalisierung des nationalfreiheitlichen Dritten Lagers betreiben möchte, das ursprünglich antiklerikal geprägt ist.

Jörg HAIDERS Kontakt- und Konsenssuche zu Vertretern der katholischen Kirche kann hierfür beispielhaft gelten, wenn auch bei HAIDER hierbei kaum religiöse Beweggründe maßgeblich sein dürften, sondern die strategische Überlegung, die gesellschaftliche Isolierung der ›blauen‹ FPÖ in Österreich durch Brückenschlag ins konservative ›schwarze‹ Lager aufzubrechen. Diese Strategie wird allerdings von völkisch-nationalen Politikern und Publizisten eher kritisch bewertet.

## • Die absolute Staatssouveränität

Als nächstes tritt die ›Staatssouveränität‹ geschichtlich in Erscheinung. Nach dem endgültigen Zerfall der ständisch gegliederten mittelalterlichen Gesellschaft infolge von Reformation und Konfessionskriegen einerseits und Bevölkerungswachstum, Landflucht, Verstädterung und schließlich Industrialisierung und Proletarisierung andererseits, reift die Idee des Staatsabsolutismus in verschiedenen Ländern Europas heran. An der Spitze des Staates steht ein absoluter Herrscher, der – idealtypisch – an keine Machtteilung mit Ständen und Kirchen gebunden ist. Die Einhaltung der Gesetze obliegt in seiner alleinigen Verantwortung. Er selbst setzt den Staat und somit seine Herrschaft mit dem Gemeinwohl gleich. Diese Vorstellung einer »landesherrlichen Souveränität« löst zu Beginn der Neuzeit allmählich die »feudalrechtlichen Herrschaftsverhältnisse« des Mittelalters ab.[316]

Heute finden wir diese Position in autoritär-etatistischen Kreisen wieder, wie in den *Staatsbriefen*, die Hans-Dietrich SANDER in München herausgab. In Konfrontation steht die absolutistische Position zur alteuropäisch-ständischen einerseits, weil der Absolutist dem politischen Machtanspruch der katholischen Kirche keinen Raum geben will; aber andererseits auch zu allen Varianten von Demokratie und Liberalismus, deren Vertreter sich – freilich unter verschiedenen weltanschaulichen Vorzeichen – auf die ›Volkssouveränität‹ berufen, die der ›Staatssouveränität‹ zuwiderläuft, bei der der absolute Herrscher das Gemeinwohl selbstherrlich bestimmt und nicht, wie bei der Volkssouveränität, das Volk durch das allgemeine und gleiche Wahlrecht. Als geistige Urväter der absolutistischen Staatssouveränität gelten Thomas HOBBES, Jean BODIN und Niccolò MACHIAVELLI.

### • Volkssouveränität oder Parlamentssouveränität

Sowohl die feudalistische Fürstensouveränität als auch die Staatssouveränität gehen in ihrer Epoche noch vom monarchischen Prinzip aus. Demgegenüber entwickelte der Göttinger Historiker ALBRECHT 1837 die Theorie, daß der Staat als juristische Person verstanden werden müsse und daß die Souveränität dem Staat als juristische Person zustehe. Diese Theorie stellte einen folgenreichen Einschnitt in der Staatsphilosophie dar, weil sie durch die Qualifizierung des Staates als juristische Person einen entscheidenden geistigen Angriff auf monarchische Verfassungsform vortrug. Der Monarch, in dessen Person sich bisher der Staat darstellte, wurde nun zum Organ der juristischen Person Staat, mit der er sich nicht mehr identifizieren konnte. Seine Herrschaftsrechte verwandelten sich in organische Befugnisse, die durch die Verfassung definiert und damit auch begrenzt wurden.[317]

Somit wurde auch ein Bruch mit dem Souveränitätsbegriff BODINS vollzogen, der darunter das effektive Vermögen eines konkreten und benennbaren Trägers verstanden hatte. Dieser Souveränitätsbegriff war an die Person des Monarchen gebunden, und nicht an den Staat als juristische Person.[318]

Auf diese Vorstellungen konnten sich nun verstärkt die Anhänger der Volksouveränität berufen, die jedoch kein einheitliches Lager bilden, da diese in die Verfechter einer identitären Demokratie zerfallen, welche Volksherrschaft im Sinne ROUSSEAUS wörtlich nehmen, und solche, die das unmündige und zu zahlreiche Volk ausschließlich repräsentieren möchten, die Anhänger des Parlamentarismus, der sogenannten ›parlamentarischen Demokratie‹. In dieser letzten Gruppe ›liberaler Demokraten‹ sieht der Neue Nationalismus die Vertreter der Entartung der demokratischen Idee. Ihre Vertreter selbst sprechen hinsichtlich der repräsentativen Demokratie auch gern von »Parlamentssouveränität«[319]. Diesen Typ finden wir heute in der Bundesrepublik mustergültig verwirklicht.

Als geistige Urväter der »Parlamentssouveränität« gelten unter anderen John LOCK, John Stewart MILL und Joseph A. SCHUMPETER. Für die Bonner Republik ist Gerhard LEIBHOLZ der maßgebliche Interpret. Ihre historischen Wurzeln hat die parlamentarische Demokratie, für die die Parlamentssouveränität typisch ist, im England des 17. Jahrhunderts, genauer gesagt fing alles mit der ›Glorreichen Revolution‹ von 1688 an. Mit der Vertreibung JACOBS II. und der Übertragung der Krone an WILHELM VON ORANIEN und Maria, der Tochter JACOBS II., wurde die konstitutionelle Monarchie endgültig durchgesetzt.

Wilhelm und Maria unterzeichneten neben der »Bill of Rights« weitere Dekrete, durch die sich der König unter anderem verpflichtete, das Parlament mindestens alle drei Jahre einzuberufen und die ritterliche Unabhängigkeit zu respektieren. Die »Bill of Rights« und der »Act oft Settlement« banden die königliche Herrschaft an die Akte (Gesetze) des Parlaments, ließen ihm aber seine Prägorative. Somit wurde die Herrschaft von ›King in Parliament‹ etabliert.

Nach der ›Glorreichen Revolution‹ begann sich in England das Prinzip des ›Cabinet Government‹ herauszubilden. Das königliche Kabinett, das eine wichtige Beratungsfunktion für den König hatte, wurde nun an das Vertrauen des Parlaments gebunden, aber nach wie vor vom König ernannt. Im 18. und 19. Jahrhundert löste sich das Kabinett allmählich von der königlichen Herrschaft und entwikkelte immer stärkere Bindungen an parlamentarische Gruppen.

Damit erlangte das Parlament auch immer mehr Einfluß auf die Ernennung des Kabinetts. Besonders wichtig waren in diesem Zusammenhang die Reformakte von 1832 und 1867, durch die das Wahlrecht erweitert und die Wahlkreiseinteilung repräsentativer gestaltet wurden. Das führte zu einer stärkeren Position des Parlaments, die sich auch auf die Ernennung des Kabinetts auswirkte.

Juristisch blieb zwar die Ernennung des Kabinetts und des sich in dieser Zeit allmählich herausbildenden Premierministers eine königliche Prägorative, faktisch jedoch mußte das Kabinett schon nach den parlamentarischen Mehrheitsbedingungen ausgewählt werden. Auf diese Weise verringerte sich der Einfluß des Königs auf die Regierungspolitik so stark, daß bereits 1867 Walter BEGEHOT (der kritische Verfassungskommentator dieser Zeit) von einer faktischen Parlamentsregierung sprechen konnte. Der König wurde von ihm wesentlich beschränkt auf »the right to be consulted, the right to encourage, the right to warn«, während die eigentliche Regierungspolitik durch das vom Vertrauen des Parlaments abhängige Kabinett bestimmt wurde.

Damit wurde die Grundlage für das System der parlamentarischen Mehrheitsbildung gelegt, das sich ohne formale Gesetzesänderung evolutionär entwickelte.[320] Somit ist auch die historische Entwicklung der Parlamentssouveränität im Rahmen einer parlamentarischen Demokratie beschrieben. Die Kenntnis davon ist zur Bewertung des politischen Systems der Bundesrepublik deshalb von großer Bedeutung, weil ja von den westalliierten Siegern gerade das britische politische Regierungssystem den Westdeutschen nach 1945 aufgezwungen wurde. Daß es sich bei dem einen Fall um eine monarchische Staatsform und beim anderen um eine republikanische handelt, spielt dabei keine Rolle, da es sich sowohl beim britischen Vorbild als auch bei der nachkriegsdeutschen Nachahmung in beiden Fällen um eine parlamentarische Demokratie handelt.

## *Frontlinien beim Herrschaftsbegriff*

Die vorangegangenen Ausführungen dürften deutlich gemacht haben, daß die Grundsatzentscheidung, die das politische Denken erfordert, die zwischen liberal-parlamentarischem, volksherrschaftlichem, alteuropäisch-feudalem und absolutistischem Staatsverständnis und *nicht* die zwischen Demokratie und Diktatur ist, da diese beiden keine Gegenpole bilden, sondern sich beide auf die Volkssouveränität beziehen lassen.

Aus dieser Erkenntnis heraus ist auch die Behauptung, die BRD-Herrschenden stünden für eine Demokratie, während beispielsweise die Nationalisten für die Diktatur einträten, unsinnig. Der Neue Nationalismus könnte auch eine ›Präsidialdemokratie‹, eine ›autoritäre Demokratie‹ oder eine ›Führerdemokratie‹ fordern – und die Grenzen zwischen den beiden Begriffen wären fließend. Robert MICHELS meinte bereits 1910 in seiner *Soziologie des Parteiwesens* zum Phänomen des ›Cäsarismus‹ (Führerdemokratie): »Das Grundprinzip der modernen militärischen Monarchie (Erbmonarchie) ist aber schlechterdings mit den auch noch so elastisch aufgefaßten Prinzipien der Demokratie unvereinbar. Der Cäsarismus ist noch Demokratie, vermag allenfalls noch auf diese Benennung Anspruch zu erheben, da er seinen unmittelbaren Ursprung im Volkswillen hat; der legitime Monarchismus nie.«[321]

## 2. Die Frage nach den Staatsformen

*»Republik, Monarchie! Zwei Worte, deren eigentlicher Sinn sich in der Geschichte fortwährend abgewandelt hat und die man darum in jedem Augenblick aufs neue prüfen muß, um sich ihres jeweiligen Gehalts zu versichern.«*

José ORTEGA Y GASSET[322]

Beim Diskurs um den Staat kommt der Frage nach den Staats- und Regierungsformen schon deshalb eine große Bedeutung zu, weil diese unmittelbar mit dem ›Souveränitäts‹-Begriff zusammenhängen. Dies erkannte bereits Thomas HOBBES, der in seinem *Leviathan* darauf verwies, daß der Unterschied zwischen den Staaten in der Verschiedenheit des Souveräns oder der Person liege, die alle und jeden einzelnen der Menge vertrete. Die Souveränität, so HOBBES, liege entweder bei einem Menschen oder einer Versammlung von mehr als einem Menschen, weshalb es auch insgesamt drei Arten von Staaten gebe:

»Denn die Vertretung der Staatsbürger muß notwendig aus einem Menschen oder aus mehreren bestehen: besteht sie aus mehreren, so ist sie entweder die Versammlung aller oder eines Teils. Besteht die Vertretung aus einer Person, so ist der Staat eine Monarchie, ist sie die Versammlung aller, die zusammenkommen, so ist er eine Demokratie oder Volksstaat, und besteht die Versammlung nur aus einem Teil, so wird er Aristokratie genannt.«[323]

Ferner verweist HOBBES darauf, daß in den Schriften über Geschichte und Politik noch andere Namen von Regierungen vorkommen, wie Tyrannis und Oligarchie, aber dies seien nicht Namen anderer Regierungsformen, sondern derselben, wenn man sie für schlecht halte. »Denn alle, die mit einer Monarchie unzufrieden sind, nennen sie Tyrannis, und diejenigen, welche eine Aristokratie nicht schätzen, nennen sie Oligarchie, und diejenigen, welche in einer Demokratie Ärger haben, sprechen von Anarchie, was Fehlen einer Regierung bedeutet.«[324]

Diesem Standpunkt schließt sich rund 250 Jahre später Oswald SPENGLER an, wenn dieser in seinen *Jahren der Entscheidung* ausführt: »Was wir heute als ›Ordnung‹ anerkennen und in ›liberalen‹ Verfassungen festlegen, ist nichts als eine zur Gewohnheit gewordene Anarchie. Wir nennen das Demokratie, Parlamentarismus, Selbstregierung des Volkes, aber es ist tatsächlich das bloße Nichtvorhandensein einer ihrer Verantwortung bewußten Autorität, einer Regierung und damit eines wirklichen Staats.«[325]

Die Bestimmung der Staats- und Regierungsformen war in der Ideengeschichte immer Wandlungen unterworfen, weshalb auch der

Anspruch eines einzelnen Denkers, die einzig wahre Begriffsverwendung zu gebrauchen, unsinnig erscheint. Die Lehre von den Staatsformen reicht bis in die Antike zurück. Auch der oben zitierte Thomas HOBBES stellt sich in diese Denktradition. Wissenschaftsgeschichtlich wegweisend ist die auf HERODOT basierende Klassifikation von ARISTOTELES geworden, wohl der ersten durchbildeten Staatsformenlehre, die daher in der Literatur als die klassische gilt. ARISTOTELES unterscheidet in seinen acht Büchern der *Politik* die Staatsformen nach der Zahl derjenigen, die die Staatsgewalt ausüben: Alleinherrschaft, Herrschaft weniger, Herrschaft vieler.[326]

Der numerische Aspekt, der zu der klassischen Trias führt, wird durch einen qualitativen ergänzt. Je nachdem, ob im Hinblick auf das Gemeinwohl oder den Eigennutz regiert wird, handelt es sich um positive Ausprägungen oder Entartungserscheinungen. Der positiven Form der Alleinherrschaft (Monarchie) steht die negative gegenüber (Tyrannis), der positiven Form der Herrschaft der wenigen (Aristokratie) die negative (Oligarchie), der positiven Ausprägung der Volksherrschaft (Politie) ihre Pervertierung (Demokratie). Was ARISTOTELES hier als ›Demokratie‹ meint, wurde später als Ochlokratie, die Herrschaft des Pöbels, bezeichnet. Die ›Demokratie‹ wiederum erhielt später im Sinne von ›Volksherrschaft‹ eine weitläufig positive Bedeutung zugeschrieben. Ob ein ARISTOTELES heute die Berliner Republik als Pöbelherrschaft bezeichnen würde, darüber freilich läßt sich nur spekulieren. Im übrigen schwebte ARISTOTELES eine Mischung der drei genannten positiven Verfassungen vor: »Je besser also eine Verfassung gemischt ist, desto dauerhafter ist sie«.[327] Dieser Gedanke einer gemischten Verfassung ist auch von späteren Denkern immer wieder favorisiert worden; so unter anderem in CICEROS *De re publica*.[328]

Auch Jean-Jacques ROUSSEAU hat sich in seinem *Gesellschaftsvertrag* dieser Dreiteilung ARISTOTELES im wesentlichen angeschlossen, indem er zwischen Demokratie, Aristokratie und Monarchie unterscheidet – nur daß er diese als Regierungsformen und nicht als Staatsformen vorsieht. Wenn viele regieren, mindestens die Hälfte oder die Gesamtheit des Volkes, dann spricht ROUSSEAU von ›Demokratie‹. Die Regierenden bezeichnet er als mit einem »öffentlichen Amt betraute Bürger«, womit deutlich wird, daß es sich bei diesem ›Demokratie‹-Begriff um direkte Demokratie handelt, in der das Volk selbst politische Entscheidungen durch Abstimmung trifft.

Wenn ein System mehr »einfache Bürger« kennt, die nicht regieren dürfen, als es mit »öffentlichen Ämtern betraute Bürger« gibt, die regieren dürfen, dann spricht ROUSSEAU von ›Aristokratie‹. Und wenn die Regierung in der Hand eines einzigen »Beamten« liegt, dann spricht er von »Monarchie oder königliche Regierung«.[329] ROUSSEAU macht aber deutlich, daß für ihn der Souverän das Volk ist, die Regierung müsse in jedem Falle den Willen des Souveräns vollstrecken. Worauf es an dieser Stelle ankommt: Die Typisierung der Staatsformen, die er Regierungsformen nennt, entspricht nun in etwa der von ARISTOTELES.

Von ähnlich fundamentaler Bedeutung ist MACHIAVELLIS Typologie geworden. Wie er im *Il Principe* (*Der Fürst*) dargelegt hat, können alle Staaten in Republiken und Monarchien eingeteilt werden. In Republiken herrschten viele, in Monarchien liege die Staatsgewalt bei einem. MACHIAVELLI hat damit die Dreiteilung von ARISTOTELES auf eine Zweiteilung reduziert. Diese Zweiteilung in Monarchie und Republik hat sich im wesentlichen bis heute gehalten, wenngleich heute die Begriffe anders verwendet werden. Unter ›Monarchie‹ versteht der moderne Mensch eine Staatsform, bei der ein gekröntes Haupt auf Lebenszeit an der Spitze des Staates steht. Eine Republik ist dagegen eine Nicht-Monarchie.[330]

Selbst im Gesamtwerk von MACHIAVELLI wird deutlich, daß die Staats- und Regierungsformen unterschiedlich typisiert werden können. In seinen *Discorsi* (1513 bis 1522), die etwa zeitgleich zum *Il Principe* (1513) entstanden sind, beschreibt er die Entwicklung der Römischen Republik anhand der Studien des römischen Historikers LIVIUS. Dabei bedient sich MACHIAVELLI auch des vom Werk des ARISTOTELES bekannten Arguments, daß eine Mischung der drei positiven Staatsformen (Monarchie, Aristokratie und Demokratie) für das dauerhafte Gedeihen eines Gemeinwesens wohl das beste sei. Während dieses Prinzip in Sparta vom Gesetzgeber LYKURG eingeführt worden sei, was zum langen Bestand Spartas – im Gegensatz etwa zur von nicht langer Lebensdauer beschiedenen demokratischen Verfassungsgebung SOLONS in Athen – geführt habe, sei die gemischte Verfassung der Römischen Republik historisch gewachsen.

MACHIAVELLI führt aus, daß am Anfang der Entwicklung Roms zur Republik das Königtum des ROMULUS und seiner Nachfolger stand, das jedoch aufgrund seiner Freiheitsdefizite für die Bürger Roms durch eine republikanische Verfassung abgelöst wurde. An die Stelle des Königs setzten diejenigen, die den König vertrieben hatten, »gleich zwei Konsuln ein und beseitigten auf diese Weise in Rom nur den Königsnamen, nicht die königliche Gewalt. Infolgedessen gab es in Rom Konsuln und Senat«. Dies kam einer Mischung aus Monarchie (Konsuln) und Aristokratie (Senat) gleich, auch wenn die Fürstenherrschaft nun nicht mehr wörtlich aus einer ›Monarchie‹ (Alleinherrschaft), sondern aus zwei Personen bestand.

Als in der weiteren Folge der römische Adel – nach den Worten MACHIAVELLIS – »unverschämt« wurde, »erhob sich das Volk gegen ihn, und, um nicht alles zu verlieren, mußte er dem Volk seinen Anteil an der Regierung zubilligen. Andererseits behielten Senat und Konsuln so viel Ansehen, daß sie ihren Rang im Staat behaupten konnten. So entstand das Amt des Volkstribunen, durch das der Staat besser ins Gleichgewicht kam, da nun alle drei Regierungsformen an der Regierung beteiligt waren. So glückbegünstigt war Rom, daß es [...] von der Königsherrschaft über die Adelsherrschaft zur Volksherrschaft überging; dabei übertrug es nie die ganze Königsgewalt auf den Adel und nie die ganze Gewalt des Adels auf das Volk. Die Mischung der Regierungsformen führte zu einem vollkommenen Staatswesen«.[331]

Auch in der Neuzeit existieren wiederum abweichende Begriffsdefinitionen der Staats- und Regierungsformen. Houston Stewart CHAMBERLAIN beispielsweise, der um 1900 publizistisch wirkte, schließt sich als neuzeitlicher Autor der klassischen Definition der Staatsformen an, der zufolge eine »Mon-archie« dem – ursprünglich griechischen – Begriff nach eine »Alleinherrschaft« sei. Diese will CHAMBERLAIN, der sich in seinen *Grundlagen des 19. Jahrhunderts* sehr an der Philosophie der griechischen Antike orientiert, nicht nur auf Dynastien bzw. Erb-Monarchien begrenzt wissen.[332]

Aus dieser Zusammenschau von Begriffsdefinitionen wird deutlich, daß die Verwendungen sowohl der Staats- als auch der Regierungsformen voneinander abweichen können. Man kann sie synonym verwenden im klassisch antiken Sinne, wie dies auch Thomas HOBBES tut, oder aber ihre Verwendung unterschiedlich im modernen Sinne handhaben: So wäre beispielsweise in der Gegenwart Großbritannien der Staatsform nach als ›Monarchie‹ zu bezeichnen, die Regierungsform jedoch als ›parlamentarische Demokratie‹ zu benennen. Die Bundesrepublik Deutschland ist eine ›Republik‹ als Staatsform und eine ›parlamentarische Demokratie‹ als Regierungsform, wie dies Großbritannien ist.

Gerade an Großbritannien läßt sich dieser moderne Widerspruch zwischen Staats- und Regierungsform gut verdeutlichen, da in dieser Monarchie (Alleinherrschaft) eben der Monarch nicht wirklich herrscht. Anders als in einer konstitutionellen Monarchie, wie dem Zweiten Deutschen Kaiserreich, in der dem Monarchen immerhin noch – gemäß der Gewaltenteilung – die Exekutivkompetenz zufällt. In einer absoluten Monarchie oder in einer absoluten Republik gibt es hingegen überhaupt keine Teilung der Gewalten.

## Was ist Demokratie?

Von zentraler Bedeutung für die aktuelle politische Debatte ist die Bedeutung des Begriffes der Demokratie. Wohl mit keinem anderen Begriff wird in der Gegenwart so viel Propaganda und geistige Vernebelung betrieben wie mit diesem. »Jeder, der eine Regierungsform verteidigt, erklärt sie, wie sie auch sein mag, für demokratisch«, bemerkte bereits George ORWELL.[333]

Heute ist zwar nicht jeder ein Demokrat, aber nahezu jeder gibt vor, einer zu sein. So gibt es auch keine Diktatur, die nicht vorgäbe eine zu sein. Das war bei den Staaten des Ostblocks so, der Nationalsozialismus und die faschistischen Systeme beriefen sich auf die Zustimmung des Volkes, und die Vertreter des heute dominierenden Typs der sogenannten parlamentarischen Demokratie erheben nicht selten einen Alleinvertretungsanspruch auf diesen zentralen politischen Begriff, wobei Alain DE BENOIST bei der parlamentarischen Demokratie zu Recht darauf hinweist, daß es sich dabei um eine eher »formale« Form von Demokratie handelt und diese vielmehr eine »bestimmte Entartung des demokratischen Ideals« offenbare.[334]

Nach DE BENOISTS Einschätzung sind die Parteien keine Einrichtungen, die demokratisch arbeiten, worauf bereits Robert MICHELS anhand des »ehernen Gesetzes der Oligarchie« in seinem Buch *Soziologie des Parteiwesens*[335] hingewiesen hatte. So führt die Oligarchie im Parteienstaat gesetzmäßig zur Übermacht des Geldes, die den Wettbewerb verzerrt und die Korruption erzeugt. Unter diesen Voraussetzungen hebt der Masseneffekt bei der Stimmabgabe den Entscheidungseffekt der Wahl auf. Die gewählten Kandidaten werden nicht angetrieben, ihren Verbindlichkeiten nachzukommen. Die Mehrheitswahl zieht die Intensität der Neigungen nicht in Betracht.

Die Bedingungen zur Meinungsbildung sind von fremden Gesetzen abhängend; zugleich wird die Information abgebogen (was die freie Wahlentscheidung verhindert) und standardisiert (was die Meinungstyrannei verstärkt). Die erkennbare Homogenisierung der Programme und Reden führt zur Ununterscheidbarkeit der Zielsetzungen.

Das politische Leben wird nun völlig entwertet, und das allgemeine Wahlrecht stellt sich im parlamentarischen System, der sogenannten liberalen Demokratie, als reine Illusion heraus. Das Ergebnis besteht in der politischen Apathie, das der Teilnahme und also der Demokratie widerstreitende Prinzip. Letztendlich bedingt die sogenannte liberale Demokratie eine völlige Umkehrung des Prinzips der Volkssouveränität, da im repräsentativen System des Parla-

*Echte Demokratie setzt die aktive Beteiligung aller voraus. »Das ganze gegenwärtige System ist so angelegt, daß das Volk nicht mehr die Mittel noch den Wunsch hat, sich zu dem zu äußern, was sein Dasein berührt.« (Alain* DE BENOIST*) Der Einzelne darf nur noch seine Stimme abgeben, die Stimme des Volkes wird aber nicht mehr erhört. Zeichnung: Paul* WEBER.

mentarismus die Souveränität übertragen wird, die streng genommen, wie ROUSSEAU es richtig erkannte, einer Entsagung des Volkes gleichkommt. Im Repräsentativsystem wählt das Volk Vertreter, die es auf eigene Rechnung regieren.[336]

So ist es nicht verwunderlich, wenn zwar ein Bundestagabgeordneter von seinen Wählern aufgrund bestimmter Aussagen ins Parlament geschickt wurde, dieser dann allerdings – im Bundestag angekommen – seine Entscheidungsfindung, vom Fraktionszwang einmal abgesehen, nicht an den Interessen seiner Wähler, sondern an gesellschaftlich starken ›*pressure groups*‹ und Lobbyisten ausrichtet.[337]

Deshalb liegt das Prinzip der Demokratie nicht in der Repräsentation, sondern – ganz allgemein – in der Mitbestimmung des Volkes an den Angelegenheiten des Staates. Zutreffend formulierte MOELLER VAN DEN BRUCK: »Demokratie ist Anteilnahme eines Volkes an seinem Schicksal.«[338] Der reinen Bedeutung nach handelt es sich bei der Demokratie – aus dem Griechischen übersetzt – schlichtweg um ›die Herrschaft des Volkes‹. Dies kann aber recht unterschiedlich aufgefaßt werden. Deshalb erscheint es sinnvoll, sich wieder des Demokratie-Begriffes zu vergegenwärtigen, der aus dem Land seiner etymologischen Herkunft herrührt: dem Alten Griechenland. Für die antiken Griechen kennzeichnet sich die Demokratie in erster Linie durch ihre Beziehung zu zwei weiteren Systemen: der Tyrannei und der Aristokratie. Sie setzt drei Bedingungen voraus: die Isonomie (gleiches Recht vor dem Gesetz), die Isotimie (gleiches Recht, zu allen Ämtern Zugang zu haben) und die Isegorie (Meinungsfreiheit).

Dabei handelt es sich um eine direkte Demokratie, bei der alle Bürger an der Ekklesia oder Versammlung teilhaben können. Die Vorberatungen übernimmt zwar die *boulé* (Rat), aber die Volksversammlung bildet das eigentliche Beschlußorgan. Sie ernennt die Gesandten, entscheidet über Krieg oder Frieden, startet die Heerzüge und setzt ihnen ein Ende, überprüft die Arbeit der Verwaltungsbeamten, regt die Dekrete an und ratifiziert die Gesetze, erkennt das Bürgerrecht zu, hält Gericht, wenn es um die öffentliche Sicherheit geht, und dergleichen mehr. Kurzum, das Volk regiert, anstatt die Männer zu wählen, die es regieren sollen.[339]

Die Demokratie in Athen, das ist vor allen Dingen die Gemeinschaft der Bürger, das heißt die innerhalb der Ekklesia versammelte Gemeinschaft des Athener Volkes. Die Bürger werden aufgrund ihrer Zugehörigkeit zu einem Démos eingestuft, der ein zugleich territorialer, administrativer und sozialer Begriff ist. Dieser Begriff dorischen Ursprungs verbindet das Volk zu einer festen Einheit, das in einem bestimmten Gebiet lebt, mit diesem Gebiet selbst, sofern es einen Stammort darstellt, der einen bestimmten sozialen Stand festlegt.

Gewissermaßen stimmen Démos und Ethnos überein: Die Demokratie wird nicht in bezug auf das Individuum aufgefaßt, sondern vielmehr in bezug auf die Polis, das heißt auf die Stadt als organisierte Gemeinschaft. Die Sklaven werden von der Wahl ausgeschlossen, nicht weil sie Sklaven sind, sondern weil sie keine Bürger sind. Dies ist aber typisch für alle Formen von Demokratie, Nicht-Bürgern das Wahlrecht zu verweigern.

Soweit zum antiken griechischen Verständnis von Demokratie. In der neueren Zeit geht der ›Demokratie‹-Begriff weitgehend von der Volkssouveränität aus, der den Gegenbegriff zur Fürstensouveränität darstellt: Im Gegensatz zur Souveränität des Monarchen, der als Staatsoberhaupt ursprünglich Inhaber der gesamten Staatsgewalt war und von dem sich alle staatliche Machtausübung abzuleiten hatte, geht nach dem Prinzip der Volkssouveränität alle Gewalt vom Volke aus. Jede staatliche Machtausübung muß demnach durch das Staatsvolk legitimiert sein.

Die heutige Politikwissenschaft westlicher Staaten will nun dieses Gebot der Volkssouveränität relativieren und dieses in eine sogenannte ›Parlamentssouveränität‹ umdeuten. Auf die notwendige Unterscheidung der beiden Demokratieansätze wurde bereits im Unterkapitel »Volkssouveränität oder Parlamentssouveränität« eingegangen.

## *Demokratie oder Parlamentarismus ?*

Grundsätzlich gilt: Über den Demokratie-Begriff läßt sich streiten. Schon der Staatsrechtler Carl SCHMITT hat darauf hingewiesen, daß in der neueren Debatte (Weimar und Bundesrepublik) Demokratie und Liberalismus - fälschlicherweise! - gleichgesetzt werden. Zur unzulässigen Gleichsetzung von Demokratie und Liberalismus beziehungsweise Parlamentarismus meint SCHMITT: »Es kann eine Demokratie geben ohne das, was man modernen Parlamentarismus nennt und einen Parlamentarismus ohne Demokratie.«[340] Und Arthur MOELLER VAN DEN BRUCK meint zu Recht, daß gerade der liberale Parlamentarismus eine wirkliche demokratische Willensbildung verhindere: »Wie sehr das Leben der Parlamente und das Leben des Volkes auseinandergehen, das erkennt man an der Erfahrung, die man immer wieder macht: daß es menschlich oft keinen größeren Gegensatz als den zwischen einem Parteiführer und seinem Wählertyp gibt. Wenn man einen Wähler nach seiner Meinung fragt, dann stellt sich heraus, daß er ganz anders denkt, als die Partei stimmt. Und die Parteien wiederum stimmen sehr oft anders, als sie denken. Es ist alles ein Schwindel, bei dem es Schwindler und Beschwindelte gibt. Und das Volk ist immer das Opfer.«[341]

Dieses Phänomen, das MOELLER VAN DEN BRUCK hier beschreibt, daß die Wähler und Gewählten in Sachfragen etwas völlig anderes vertreten können, trifft man gerade heute in Deutschen besonders häufig an. Wenn nämlich laut Umfrageergebnissen die Bundesbürger einen Zuwanderungsstopp und die Beibehaltung der D-Mark befürworten, sie jedoch genau die Parteien wählen, die das Gegensätzliche dann durch ihr Abstimmungsverhalten im Parlament umsetzen. Für diese ›Demokraten‹ scheint daher das ›imperative Mandat‹ ein Fremdwort zu sein, wodurch die sogenannte »repräsentative Demokratie« zur Farce gerät.

Nun geht der ›Demokratie‹-Begriff also nicht vom Parlamentarismus, sondern von der Volkssouveränität aus – was immer das zunächst sein soll –, der ›Liberalismus‹-Begriff hingegen vom Interessenspluralismus, der in einem parlamentarischen System zum Tragen kommen soll. Was haben diese Überlegungen nun für Folgen?

Was heute weitläufig unter ›Demokratie‹ verkauft wird, hat mit der ursprünglichen Bedeutung des Begriffs im Sinne von Volksherrschaft nur noch wenig zu tun. Es geht bei dieser Pseudo-›Demokratie‹ nämlich nicht um die Umsetzung von Volkes Stimme in Regierungspolitik, sondern um die Herrschaft von Parteien über das Volk. Die Parteien fühlen sich vielmehr den starken gesellschaftlichen Interessen und Lobbyismen verpflichtet. Um das Ganze ›demokratisch‹ zu bemänteln, hält man am Kernbestand aller Demokratien fest: am allgemeinen und gleichen Wahlrecht, mit dem sich die etablierten Parteien und die mit ihnen verflochtenen Interessenverbände ihre Herrschaft über das Volk alle vier Jahre legitimieren lassen.

Wie die liberal-parlamentarische Form der Demokratie funktioniert, beschreiben auch Bernard WILLMS und Paul KLEINEWEFERS in ihrem Buch *Erneuerung aus der Mitte* recht anschaulich: »Die faktische Dominanz des Parteiensystems und die daraus resultierenden Funktionszwänge und Einheitsansichten, die Prämien auf Konformität, die Übereinstimmung der Regierung oder der Regierungskoalition mit der Mehrheit im Parlament, die damit noch stärker relativierende Rolle der Opposition – die ohnehin aus Funktionären des prinzipiell gleichen Schlages besteht – machen das Parlament zu einem Herrschaftsinstrument in der Hand der Funktionäre starker Interessen – vor allem des Interesses der Funktionäre am Funktionärswesen selbst.«[342]

Und Arthur MOELLER VAN DEN BRUCK meint: »Aber die Demokratie ist verdorben, seitdem sie liberal wurde, der Liberalismus das Individuum aus allen Bindungen löste und aus dem Staate die Interessengemeinschaft eines aus der liberalistischen Gesellschaft hervorgegangenen Regierungsklüngels machte.«[343]

MOELLER VAN DEN BRUCK läßt es in diesen Zeilen anklingen und stimmt dabei mit dem großen deutschen Staatsrechtler Carl SCHMITT überein: Die beiden Begriffe ›Demokratie‹ und ›Liberalismus‹ müssen voneinander getrennt werden: Der Liberalismus führt – wie in der Bundesrepublik – zwangsläufig zum Parlamentarismus und damit zum Parteienstaat, in dem die Summe der gesellschaftlichen Teile das Ganze ersetzen sollen – was ein großer Irrtum ist. Die Volksherrschaft (Demokratie) dagegen bedingt – und da sind sich alle Politologen und Staatsrechtler einig – das allgemeine und gleiche Wahlrecht, da nicht jeder einzelne Bürger eines Mehrfachmillionen-Volkes selber regieren kann. Deshalb muß das Volk also seine Volkssouve-

*Arthur MOELLER VAN DEN BRUCK (1876–1925) – ein Befürworter der direkten und organischen Demokratie und ein Widersacher des Liberalismus: »Der Liberalismus hat Kulturen untergraben. Er hat Religionen vernichtet. Er hat Länder zerstört.« (in* Das dritte Reich)

ränität einer Regierung auf Zeit ausleihen. Dieses ›Ausleihen‹ der Volksherrschaft muß nicht bedeuten – wie der Liberalismus behauptet –, daß ein Parlament gewählt werden muß; es kann auch die Regierung oder das Staatsoberhaupt direkt gewählt werden; auch könnte das Volk durch Volksentscheide direkt Entscheidungen treffen, welche Regierung und Verwaltung umzusetzen haben.

Wichtig dabei ist, daß die Behauptung der Systempolitiker hierzulande, Demokratie benötige die Wahl eines Parlaments sowie ein Parteiensystem falsch ist, weil das Demokratieprinzip lediglich im allgemeinen und gleichen Wahlrecht liegt, und nicht in der Repräsentation. Die Vorstellung, der Wille des Volkes müsse in einem Parlament von Abgeordneten vertreten werden, entspricht der Idee des Liberalismus und des gesellschaftlichen Pluralismus. Denn schon Carl SCHMITT hatte für die Weimarer Verhältnisse richtig erkannt: »Wenn aus praktischen und technischen Gründen statt des Volkes Vertrauensleute des Volkes entscheiden, kann ja auch im Namen desselben Volkes ein einziger Vertrauensmann entscheiden, und die Argumentation würde, ohne aufzuhören demokratisch zu sein, einen antiparlamentarischen Cäsarismus rechtfertigen.«[344]

Hinsichtlich des demokratischen Wahlrechts gilt: ›Gleiches‹ Wahlrecht heißt, daß es keine Rolle spielt, ob der Volksgenosse weiblich oder männlich ist, einen akademischen oder adeligen Titel trägt oder sich zu den Besserverdienenden zählen kann; auch darf die Mitgliedschaft in einer Partei oder die Zugehörigkeit zu einer Klasse keine Rolle für das Wahlrecht spielen. Die Gewichtung des Wahlrechts nach ›wertvollen‹ und ›weniger wertvollen‹ Deutschen ist nach diesem Verständnis nicht möglich und mit dem ›Demokratie‹-Begriff nicht vereinbar. Für manche Nationalisten mag der Gedanke ungewöhnlich sein, daß auch deutschen ›Antifaschisten‹ das Wahlrecht und die Meinungsfreiheit zustehen – natürlich nur solange sie nicht den Bestand des Volksstaates gefährden wollen. Ist dies der Fall, dann gibt es dafür allgemeine Gesetze.

Demokratie – in welcher Ausprägung auch immer – fordert also zwangsläufig das allgemeine und gleiche Wahlrecht.[345] Während die Frage, ob das Volk wählen darf, somit beantwortet ist, ist die Frage, wen es wählen darf, absolut offen (Volksentscheid, Parlament, Staatsoberhaupt). Wer wie die Systemkonformisten behauptet, Demokratie sei nur dann gegeben, wenn die Bürger alle vier Jahre Parteivertreter in ein Parlament wählen dürfen, redet Unsinn oder lügt bewußt. Neben der sogenannten parlamentarischen beziehungsweise repräsentativen Demokratie gibt es die direkte Demokratie sowie die Präsidialdemokratie – und auch Mischformen dieser drei Demokratietypen sind möglich. In einer Publikation der Bundeszentrale für Politische Bildung[346] wird die Präsidialdemokratie auch ›Führerdemokratie‹ genannt, um sie wohl in eine historische Kontinuität zu stellen. Arthur MOELLER VAN DEN BRUCK nennt dies »geführte Demokratie«[347] – und hatte dabei 1922 wohl kaum an Adolf HITLER gedacht, wie auch nicht der Mitbegründer der deutschen Soziologie, Max WEBER (1864–1920), der HITLER nicht gekannt haben dürfte, als er den Begriff des »charismatischen Führers« prägte.[348]

Gerade auch der direkten Demokratie, dem Volksentscheid, gilt es besondere Aufmerksamkeit zu schenken. José ORTEGA Y GASSET meinte gar, daß die direkte Form der Demokratie das Wesensmerkmal des Nationalstaates sei: »Ich sehe also im Nationalstaat ein historisches Gebilde, für welches die Existenz des Volksentscheides wesentlich ist.«[349]

Ebenso muß klar sein, daß es bei einer Demokratie immer um Volks-Herrschaft (im Singular) und nicht um die fiktive ›Herrschaft‹ von Völkern (im Plural) oder einer ethnisch undefinierbaren Wohnbevölkerung geht. Etikettenschwindel betreibt demzufolge derjenige, der beispielsweise die begriffliche Fehlkonstruktion einer ›gemischtrassigen Demokratie‹[350] verwendet, um offenbar damit sein Publikum irrezuführen.

Demokratie und demokratisches Wahlrecht setzt also völkische Homogenität voraus – im Gegensatz zur ›multikulturellen‹ Heterogenität. Für Carl SCHMITT jedenfalls steht fest: »In der Demokratie gibt es nur die Gleichheit der Gleichen und den Willen derer, die zu den Gleichen gehören.«[351] Hingegen ist »die Gleichheit aller Menschen als Menschen [...] nicht Demokratie, sondern eine bestimmte Art Liberalismus«.[352]

Demzufolge ist weder die Berliner Republik – vor allem nach Einführung der neuen Staatsbürgerschaft – eine Demokratie, und schon gar nicht ein EU-Europa. Denn ohne homogenes Wahlvolk ist keine Demokratie möglich. Die Vergabe des allgemeinen Wahlrechts ist nun tatsächlich der Testfall für die Demokratie. Dieses steht nämlich nicht dem ›Menschen‹, sondern allein dem inländischen Volksgenossen zu. Carl SCHMITT meint: »Das allgemeine und gleiche Wahl- und Stimmrecht ist vernünftigerweise nur die Folge der substantiellen Gleichheit innerhalb des Kreises der Gleichen und geht nicht weiter als diese Gleichheit. Ein solches gleiches Recht hat einen guten Sinn, wo Homogenität besteht.«[353]

Der Umkehrschluß zu diesem demokratischen Prinzip der Homogenität besteht nun für SCHMITT, wie bereits gesagt, darin, daß eine Demokratie nur zu erhalten oder wiederherzustellen ist, wenn die Homogenität des Volkes erhalten oder wiederhergestellt wird: »Die politische Kraft einer Demokratie zeigt sich darin, daß sie das Fremde und Ungleiche, die Homogenität Bedrohende zu beseitigen oder fernzuhalten weiß.«[354]

Der ›Demokratie‹-Begriff ist in seiner ursprünglichen Bedeutung immer von der völkischen Homogenität des Staatsvolkes ausgegangen. Da der ›Demokratie‹-Begriff seine Wurzeln etymologisch im Altgriechischen hat, sollte man die Herkunft dieses Begriffes auch bis zu seinem Ursprung zurückverfolgen. PLATON, der griechische Staatsphilosoph schlechthin, definierte die Staatsbürgerschaft eindeutig völkisch, wenn er in seinem zweiten Hauptsatz der *Politeia* meinte: »Denn der hellenische Stamm ist mit sich selber vertraut und blutsverwandt, dem barbarischen aber fremd und abgeneigt.«[355] PLATON offenbart sich als Vordenker der Idee des Volksstaates, wenn er erklärt: »So edel und großherzig, so fest und heil und so von Natur barbarenfeindlich ist das Wesen unserer Stadt, weil wir ganz rein hellenisch sind und unvermischt mit den Barbaren. Denn kein Pelops, Kadmos, Aigyptos, Danaos und solche andere viele, die von Natur Barbaren, nach dem Gesetz Hellenen sind, wohnen mit uns. Als Hellenen selbst, nicht Mischlinge, wohnen wir hier.«[356] PLATON macht somit deutlich, daß es schon zu seiner Zeit im Stadtstaat von Athen die Untugend gab, Fremden nach dem Gesetz die Staatsangehörigkeit zuzugestehen, wie wir es auch heute in der Bundesrepublik kennen. Diese wurden jedoch von den Hellenen nicht als vollwertige Staatsbürger definiert und von der Volksgemeinschaft ferngehalten, weil sie eben von Natur den Hellenen fremd waren.

PLATON wußte auch genau zwischen Zwistigkeiten unter dem Gesamtvolk und kriegerischen Auseinandersetzungen mit Fremdvölkern deutlich zu unterscheiden – vor allem, wenn es um die Notwendigkeit der Solidarität unter den griechischen Stämmen ging, die zu seiner Zeit kaum eingehalten wurde: »Es gibt zwei Worte: Krieg und Zwist. Ebenso gibt es auch zwei entsprechende Dinge, die für zwei verschiedene Verhältnisse Geltung haben. Das eine Verhältnis ist das zwischen Verwandten und Stammesgleichen, das andere das zwischen Fremden und verschiedenen Volksstämmen. Feindschaft unter Verwandten ist Zwist, Feindschaft unter Fremden ist Krieg. [...] Ich behaupte, die hellenischen Stämme sind verwandt und gleichen Geschlechts miteinander. Mit den barbarischen Völkern aber sind sie nicht verwandt und nicht gleichen Stammes. [...] Die Hellenen führen also mit den Barbaren Krieg, ebenso die Barbaren mit den Hellenen, wenn Kämpfe zwischen beiden stattfinden. Sie befinden sich von Natur im Kriegszustande, und ihre Feindschaft verdient den Namen Krieg. Finden aber Kämpfe der Hellenen untereinander statt, so muß man sagen: sie sind von Natur Freunde, aber Hellas ist erkrankt und mit sich zerfallen. Ihre Feindschaft verdient den Namen Zwist.«[357]

PLATONS Unterscheidung von Parteien- und Stammeszwist innerhalb eines Volkes und dem Krieg gegen den fremden Feind kann in unserer Zeit kaum aktueller sein, da die verwirrten Deutschen sich gern untereinander in Parteien und landsmannschaftlichen Gruppen (›Ossis‹ und ›Wessis‹) streiten, als den völkischen Feind zu erkennen, der innerhalb und außerhalb des Territoriums der Berliner Republik die Freiheit des deutschen Volkes niederhält.

Hinsichtlich der platonischen Staatsidee bleibt festzuhalten, daß sich der deutsche Volksstaat der Zukunft dem völkischen Prinzip PLATONS voll verpflichtet fühlen wird. Festzuhalten bleibt aber auch, daß die soeben vorgenommene Offenlegung der Etymologie des ›Demokratie‹-Begriffes für jetzt und heute zu der grundlegenden Feststellung zu führen hat, daß den ›Demokratie‹-Begriff nicht derjenige in Anspruch nehmen kann, der einer ›multikulturellen Gesellschaft‹ das Wort redet, wie dies die neue Linke tut. Aber ebenso wenig steht demjenigen die Verwendung des ›Demokratie‹-Begriffs nicht zu, der sich für einen sogenannten ›Ethnopluralismus‹ innerhalb eines staatlichen Territoriums ausspricht – wer also die Masseneinwanderung von Fremdvölkischen in die westeuropäischen Staaten längst akzeptiert hat. Dies tut nun tatsächlich die Neue Rechte. Man lese Alain DE BENOISTS *Aufstand der Kulturen.*[358] Bei der Lektüre wird nämlich deutlich, daß sich der neurechte ›Ethnopluralismus‹ im wesentlichen nicht von der neulinken ›multikulturellen Gesellschaft‹ unterscheidet.

Grundsätzlich gilt: Wer die Begriffe ›Liberalismus‹ und ›Demokratie‹ gleichsetzt und gemeinsam ablehnt, ist der Systempropaganda bereits auf den Leim gegangen, die ihre ›Demokratie‹ als alleinmögliche Demokratieform darstellt. Der Systemkonforme setzt ›Liberalismus‹ und ›Demokratie‹ gleich, der Reaktionär lehnt beide gemeinsam ab; und der nationale Demokrat trennt beide Begriffe voneinander, lehnt den ›Liberalismus‹ ab, um eine wirkliche Demokratie im Sinne von Volksherrschaft zu vertreten. Der Neue Nationalismus muß ganz im Sinne von Carl SCHMITT argumentieren, der meinte: »Der Glaube an den Parlamentarismus, an ein *gouvernment by discussion,* gehört in die Gedankenwelt des Liberalismus. Er gehört nicht zur Demokratie. Beides, Liberalismus und Demokratie, muß voneinander getrennt werden, damit das heterogen zusammengesetzte Gebilde erkannt wird, das die moderne Massendemokratie ausmacht.«[359]

Nach allen diesen Abwägungen dürfte feststehen, daß der Neue Nationalismus der herrschenden politischen Klasse vorwerfen muß, daß das politische System eben *keine* Demokratie ist, sondern die Herrschaft politisch korrekter Parteien sowie die von wirtschaftlichen und gesellschaftlichen Interessengruppen über das deutsche Volk (Liberalismus). Das BRD-System ist die Diktatur einer totalitären Gesellschaft über den Staat! Und, wie bereits zitiert: »Das Grundübel unserer Demokratie liegt darin, daß sie keine ist.« (Hans Herbert VON ARNIM)[360] Schließlich erkannte Arthur MOELLER VAN DEN BRUCK bereits 1922 in der sogenannten »parlamentarischen Demokratie« den »Liberalismus eines Westlertums, das sich jetzt noch in den Parlamenten verkriecht und sich für Demokratie ausgibt.«[361]

## *Was ist Diktatur?*

Wer über ›Demokratie‹ spricht, muß wissen, daß diese eine ›Diktatur‹ im weitestgehenden Sinne *nicht* ausschließen muß. Schon Carl SCHMITT hatte erkannt: »Diktatur ist ebensowenig der entscheidende Gegensatz zu Demokratie wie Demokratie der zu Diktatur.«[362] Es gehört zur Scheinlegitimation des BRD-Systems zu behaupten, bei den Regierungssystemen würden Demokratie und Diktatur unvereinbare Gegensätze bilden. Als Muster-Demokratie gilt dann die Bundesrepublik Deutschland, als Diktaturen auf deutschem Boden hingegen Drittes Reich und DDR. Diese dichotomische Gegenüberstellung ist schon deshalb falsch, da die Kriterien, die eine Diktatur ausmachen sollen, oftmals auch auf parlamentarische ›Demokratien‹ – wie die Bundesrepublik – zutreffen. Das Merkmal der Diktatur soll vor allem die Abwesenheit von horizontaler Gewaltenteilung sein – also die in Exekutive (ausführende Gewalt), Legislative (gesetzgebende Gewalt) und Judikative (richterliche Gewalt).

Diese Gewaltenteilung wurde von MONTESQUIEU definiert und soll Machtkontrolle herstellen. Nun funktioniert diese Regel in der Bundesrepublik bekanntlicherweise nicht, da die Regierung (Exekutive) ein Ausschuß der Bundestagsmehrheit (Legislative) darstellt, oberste Richter wie die des Bundesverfassungsgerichts (Judikative) von Bundestag und Bundesrat (Legislative) benannt werden. Die klassische Unterscheidung von Demokratie und Diktatur gemäß der MONTESQUIEUschen Lehre von der Gewaltenteilung fällt hier also weg, wenn die bundesrepublikanische ›Demokratie‹ selbst keine Gewaltenteilung kennt, vielmehr eine Gewaltenverschränkung festzustellen ist und es sich demzufolge bei diesem politischen System um eine Diktatur handeln müßte. Und auch in einer Publikation der Bundeszentrale für Politische Bildung wird eingeräumt, daß die parlamentarische ›Demokratie‹ der Bundesrepublik das demokratische Gewaltenteilungsgebot nicht erfüllt.[363] Deshalb erscheint der Buchtitel *Die Meinungsdiktatur – wie ›demokratische‹ Zensoren die Freiheit beschneiden*[364], unter dem der Verfasser dieser Zeilen im Jahre 1997 die politische Zensur in der Berliner Republik behandelt hatte, mehr als berechtigt. Bereits durch diesen Titel wird deutlich, daß Demokratie und Diktatur nicht Gegensätze darstellen müssen.

Auch sticht das etablierte Argument nicht, in Demokratien – wie der Bundesrepublik – würden freie Wahlen abgehalten, denn gewählt wurde auch in der DDR, und selbst HITLER wurde gewählt und ließ im Zusammenhang mit dem Anschluß Österreichs sogar einen Volksentscheid zu. Und wann Wahlen wirklich ›frei‹ sind und ob es eine tatsächliche Auswahl an politischen Alternativen gibt, sei einmal dahingestellt. Auch die BRD-Wahlen sind nicht durchgehend ›frei‹. Eine Chancengleichheit der Parteien – im Sinne einer chancengleichen ›freien‹ Auswahl – existiert jedenfalls nicht. Die wirkliche Opposition in Deutschland, die Parteien der nationalen Opposition, werden jedenfalls in allen Bereichen der Kandidatur und öffentlichen Darstellung ihrer politischen Ziele gegenüber den etablierten Parteien benachteiligt.

Gern wird auch der Unterschied zwischen Demokratie und Diktatur in der Frage gesehen, wie viele denn herrschen – ganz nach dem Motto: Wenn einer an der Spitze des Staates steht, müsse es sich um eine ›Diktatur‹ handeln. So ist man heute von seiten der Etablierten sehr schnell bei der Hand, autokratischen Staatsformen das Recht abstreiten zu wollen, sich Demokratie nennen zu dürfen. Statt dessen soll es sich nur bei denjenigen Staaten um Demokratien handeln, in denen ein ›pluralistisch‹ zusammengesetztes Gremium, also ein Parlament herrscht, in dem dessen Mehrheit die Regierung bildet.

Auch hierbei kommt man um Carl SCHMITT nicht herum, der meinte: »Wenn aus praktischen und technischen Gründen statt des Volkes Vertrauensleute des Volkes entscheiden, kann ja auch im Namen desselben Volkes ein einziger Vertrauensmann entscheiden, und die Argumentation würde, ohne aufzuhören demokratisch zu sein, einen antiparlamentarischen Cäsarismus rechtfertigen.«[365]

Was SCHMITT hier »Cäsarismus« nennt, ist nichts anderes als Diktatur im Sprachgebrauch der heute Herrschenden. Aber natürlich kann sich dieser Diktator als alleiniger Vertreter des Volkes definieren, indem er sich von diesem durch Abstimmung zur Herrschaftsausübung legitimieren läßt. Das allgemeine und gleiche Wahlrecht, das die Demokratie kennzeichnet, kann also auch in der Diktatur vorkommen, weshalb auch dieses Kriterium zur Unterscheidung der Regierungsformen in Demokratie und Diktatur untauglich ist.

Zu einer unsinnigen Betrachtungsweise führt das Negativ-Kriterium der Eine-Person-Herrschaft schon deshalb, weil man demzufolge auch eine absolute Monarchie als ›Diktatur‹ bezeichnen müßte. Was demnach unter dem Begriff der ›Diktatur‹ zusammenzufassen wäre, wäre so ziemlich alles – bis auf die parlamentarische Demokratie. Das ist wohl von deren Apologeten auch so beabsichtigt.

Der irreführende polemische Gebrauch des ›Diktatur‹-Begriffs heute hat mit seiner Verwendung in der römischen Antike, wo er maßgeblich geprägt wurde, nichts mehr gemein. Dort hatte nämlich der Diktator seine positive Bedeutung, wie uns Niccolò MACHIAVELLI in seinen *Discorsi* zu berichten weiß: »Die diktatorische Gewalt brachte der römischen Republik nur Vorteil, keinen Schaden. Lediglich die Gewalt, die ein Bürger an sich reißt, und nicht die, die er in freier Abstimmung erhält, ist der bürgerlichen Freiheit verderblich.«[366]

Daß der römische Diktator nicht die Staatsgewalt an sich riß, sondern zur uneingeschränkten Regierungsausübung gewählt wurde, erläutert uns Carl SCHMITT: »Die Diktatur ist eine weise Erfindung der römischen Republik, der Diktator ein außerordentlicher römischer Magistrat, der nach der Vertreibung der Könige eingeführt wurde, damit in Zeiten der Gefahr ein starkes Imperium vorhanden war. [...] Der Diktator, der auf Ersuchen des Senats vom Konsul ernannt wird, hat die Aufgabe, die gefährliche Lage, die der Grund seiner Ernennung ist, zu beseitigen, nämlich entweder Krieg zu führen (*dictatura rei gerendae*) oder einen Aufruhr im Innern niederzuschlagen (*dictatura seditionis sedandae*) [...]. Der Diktator wird für sechs Monate ernannt, legt aber, wenigstens nach dem löblichen Brauch der alten republikanischen Zeit, seine Würde schon vor Ablauf dieser Frist nieder, wenn er seinen Auftrag vollzogen hat. Er ist an Gesetze nicht gebunden und eine Art König mit unumschränkter Gewalt über Leben und Tod.«[367]

Was Carl SCHMITT hier über die Entstehungsgeschichte der Diktatur berichtet, hat vor ihm Jean BODIN als »kommissarische Diktatur« definiert[368]; also als eine Diktatur, bei der der Diktator einen zeitlich befristeten Auftrag im Sinne des Auftraggebers ausübt. Nach dieser Definition würde es aber keinen wesentlichen Unterschied ergeben, ob der Auftraggeber eines x-beliebigen Diktators ein ›Senat‹ oder ein ›Konsul‹ wie im alten Rom ist oder das gesamte Volk wie im Dritten Reich. Julius CÄSAR oder Adolf HITLER – in beiden Fällen würde es sich nach dieser Logik um Diktatoren handeln.

Erst nach BODIN, nämlich in der Staatslehre des 18. Jahrhunderts, bildete sich der Begriff der ›souveränen Diktatur‹ heraus, bei der der Diktator souverän, also ohne Auftraggeber, die Herrschaft ausübt. Da stellt sich die Frage, ob es das ist, die ›souveräne Diktatur‹, die Hans-Dietrich SANDER in seinem Entwurf der »Absoluten Republik« vertritt? Denn auch in dieser staatsphilosophischen Konzeption tritt ein souveräner, jedoch nicht-monarchischer Alleinherrscher auf, der seine Souveränität nicht auf Zustimmung durch das Volk begründet. Die Vermutung ist naheliegend, da SANDER selbst nach eigenen Worten der ›souveränen Diktatur‹ einiges abgewinnen kann: »Sie ist in der Geschichte von verschiedenen Organisationsformen mit Erfolg angewendet worden; zuletzt sehr kurzfristig, weil sehr wirkungsvoll auf dem Höhepunkt der französischen Krise von 1959, als General DE GAULLE die Vierte durch die Fünfte Republik ersetzte.«[369]

Das Regierungssystem der französischen Fünften Republik entstand als Reaktion auf die Agonie der Vierten Republik mit dem Ziel, anstelle eines schwachen parlamentarischen Systems eine starke Exekutive mit einem starken Präsidenten zu setzen. So hatte es zwischen 1946 und 1958 allein 25 Regierungen gegeben, die oft durch die Nationalversammlung gestürzt wurden.

Um die Regierung aus der Zersplitterung und Instabilität des Parteiensystems und der Dominanz durch die Nationalversammlung herauszulösen, wurde unter maßgeblichem Einfluß von General DE GAULLE ein dualistisches System geschaffen. An der Spitze des Staates steht ein nicht vom Parlament abhängiger und seit 1962 direkt vom Volk gewählter Präsident. Die Regierungsgeschäfte führt ein Premierminister, der sowohl von einer Mehrheit im Parlament abhängig ist als auch mit dem Präsidenten in zentralen politischen Fragen kooperieren muß.[370]

Aber genau an dieser Stelle liegt der Kardinalfehler, den DE GAULLE begangen hat: Denn durch die Möglichkeit eines absoluten Mißtrauensvotums der Nationalversammlung gegen die Regierung befindet sich die Exekutive doch wieder mit der Legislative in einer verhängnisvollen Gewaltenverschränkung.

Zudem ist der Regierungschef zwei Herren untertänig: der Regierung und dem Präsidenten. Gehört nun der Präsident dem parteipolitischen Lager A an und verfügt im Parlament das parteipolitische Lager B über die Mehrheit – oder umgekehrt –, so besteht die Möglichkeit, daß sich Exekutive und Legislative gegenseitig blockieren. DE GAULLE hätte besser daran getan, die Regierung dem Einfluß der Nationalversammlung noch weitgehender zu entziehen.

## 3. Die Staatslehre

*»Jeder Staat geht zugrunde, der ein Tretrad ist.«*
JEAN-PAUL[371]

Wer sich über die Zukunft von Volk und Staat Gedanken macht, der muß zunächst Vergleiche heranziehen, die Geschichte und Gegenwart betreffen. Wie der unbefangene Historiker Phänomene unterschiedlicher Epochen und gar Kriegsverbrechen und Völkermord miteinander vergleichen dürfen sollte, was in der nur scheinbar so »freiheitlichen« Bundesrepublik nicht selbstverständlich ist, so muß der Staatstheoretiker die unterschiedlichen Staatsverfassungen in der Geschichte heranziehen, untersuchen und auf ihre Tauglichkeit bewerten. Aus dem Erfahrungsfundus sind dann konzeptionelle Schlußfolgerungen für Gegenwart und Zukunft abzuleiten.

Nur aus dem Vergleich heraus resultiert der staatstheoretische Horizont, der in die Lage versetzt, die bestmögliche politische Ordnung, zu der eine kodifizierte Verfassung gehören kann, aber nicht muß, zu finden. In den politikwissenschaftlichen Seminaren an den deutschen Universitäten werden im Teilbereich der ›Politischen Systeme‹ gern als Vergleichsmaßstäbe die Typen westlicher Demokratien herangezogen. Im Mittelpunkt stehen dabei das US-amerikanische, das französische, das britische sowie das bundesdeutsche Modell. Typen, die von den westlichen ›Musterdemokratien‹ nach ›links‹ oder nach ›rechts‹ abweichen, werden gern mit dem Totalitarismus-Begriff stigmatisiert, um sie somit aus dem Feld der ernsthaft diskutierbaren Alternativen herauszuschlagen. Parallel hierzu versuchen nationale Intellektuelle seit Anfang der neunziger Jahre eine ordnungspolitische Debatte in Gang zu setzen, bei der es um die konzeptionelle Erschließung weiterer ordnungspolitischer Ansätze als Alternative zum BRD-Parteienstaat geht.

Die vergleichende Staatslehre hat als Verfassungssystematik eine lange Tradition, die man bis zu ARISTOTELES ins alte Griechenland zurückführen kann. Sie ist durch den Versuch gekennzeichnet, unterschiedliche Staats- und Regierungssysteme im Rahmen von Klassifikationen oder Typologien zu ordnen.

Nicht nur im antiken Griechenland, auch im republikanischen Rom und in den mittelalterlichen städtischen Republiken Italiens, Deutschlands, der Niederlande und der Schweiz herrschte ein stark aristokratisches beziehungsweise oligarchisches Regiment vor. Demokratie auf der Grundlage von Volkssouveränität und allgemeinen

Bürgerrechten ist im wesentlichen eine neuzeitliche Entwicklung, die eng mit dem Aufkommen der Aufklärung verbunden ist.[372]

Der Neue Nationalismus steht nun vor folgendem Problem: Beim Denken des ›Volksstaates‹ stehen für ihn naturgemäß die Begriffe von ›Volk‹ und ›Staat‹ im Mittelpunkt – und zwar genau in dieser Reihenfolge. Dabei ist von Bedeutung, daß sich das ›Volk‹ als Abstammungsgemeinschaft aus der Geschichte und den Naturwissenschaften erklären läßt, vor allem aus der Biologie und der Verhaltensforschung (»Lebensrichtiges Menschenbild«), der Staat hingegen, auf den politisches Denken zwangsläufig hinausläuft, ist in jedem Fall ein von Menschenhand geschaffenes »künstliches« Gebilde[373], das aus dem menschlichen Geist resultiert. José ORTEGA Y GASSET meint: »Der Staat [...] ist kein Geschenk, welches der Mensch vorfindet, sondern muß von ihm mühsam geschaffen werden.«[374]

Dieser sozusagen ›künstliche‹ Staat hat zwar für den Nationalisten vom »lebensrichtigen Menschenbild« auszugehen, kann jedoch allein durch die Geschichte, Biologie und Verhaltensforschung und dergleichen mehr nicht erklärt werden (wie der Ameisen-›Staat‹). Hierzu sind als Ergänzung die Geistes-, Sozial- und Rechtswissenschaften notwendig.

Diese Erkenntnis bedingt, daß die ›Staatslehre‹ in die nationale Theoriearbeit aufzunehmen ist, die aus naheliegenden Gründen als selbständige Disziplin an heutigen deutschen Universitäten verschwunden ist. Die deutsche Intelligenz soll sich scheinbar über den Staat keine Gedanken mehr machen. Restbestände der Staatslehre finden sich heute noch vor allem in den Rechtswissenschaften und der Politikwissenschaft. Während die Rechtswissenschaften auf das gegenwärtige Verfassungsrecht (Grundgesetz) fixiert sind, befaßt sich die universitäre Politikwissenschaft im Sinne des Liberalismus als ›Demokratiewissenschaft‹ vor allem mit den Teilen des Staates: mit den Parteien und Interessenverbänden in der Sphäre der Gesellschaft sowie mit den dazugehörigen bürgerlichen Freiheiten. So meint der Politikwissenschaftler Klaus VON BEYME: »Die politische Theorie wurde in Richtung der Soziologie aus den Rechtswissenschaften abgedrängt. Die Politikwissenschaft soziologisierte sich, trotz einiger Rückzugsgefechte zur Wiederherstellung einer ›reinen Politikwissenschaft‹«[375]

Diese für das deutsche geistige Leben verhängnisvolle Entwicklung von der Staatslehre zur Politikwissenschaft als sogenannte ›Demokratiewissenschaft‹, die nach 1945 einsetzte, ist nicht zufälliger Art, sondern hat ihre Ursache in der amerikanischen Umerziehung. So war die Schaffung der Politischen Wissenschaften als ›Demokratiewissenschaft‹ ein wesentlicher Bestandteil des Umerziehungsprogrammes, um diese zunächst einmal im akademischen Bereich des besiegten Westdeutschlands verankern zu können.[376]

Eine wirklich freie politische Wissenschaft und Staatslehre hätte sich vor allem die allgemeine Frage zu stellen, welche Varianten einer politischen Ordnung es geben könnte, deren Vor- und Nachteile gegeneinander abzuwägen wären. Diese Frage wird wohl ebenso bewußt nicht gestellt wie die Grundsatzfrage, was eigentlich die Aufgabe des Staates ist.

Der Neue Nationalismus stellt sich deshalb die Aufgabe, das typisch deutsche Universitätsfach ›Staatslehre‹ wiederzubeleben. Währenddessen versucht die Alte Rechte ausschließlich auf Grundlage von Zeitgeschichte, Biologie und Verhaltensforschung und die Neue Rechte auf Grundlage moderner Kultur Politik zu machen. Die grundsätzliche Bedeutung aller dieser Themenfelder soll vom Neuen Nationalismus keinesfalls in Abrede gestellt werden, doch sei der Hinweis gestattet, daß sowohl politische Theorie als auch praktische Politik, die sich auf politische Theorie beziehen muß, ohne den ›Staats‹-Begriff und somit ohne die Staatslehre nicht auszukommen imstande sind.

Diese Erkenntnis ist jedoch bei der deutschen Rechten in der Nachkriegszeit größtenteils verlorengegangen. Verantwortlich hierfür dürfte vor allem die weitestgehend parteipolitische Erfolglosigkeit sein, die zweifellos zur Depression in diesem politischen Lager geführt hat. Und wenn man nicht einmal imstande ist, ein mittelständisches Unternehmen zu führen (frei nach Rolf SCHLIERER), so scheint sich die Frage nach der Kompetenz ordnungspolitischer Alternativen erst gar nicht zu stellen.

Aber vielleicht liegt ja die Erfolglosigkeit des sogenannten nationalen Lagers nicht ausschließlich in der Zerstrittenheit, sondern möglicherweise noch viel mehr in der Alternativ- und Konzeptionslosigkeit nationaler Politik überhaupt. Solange sich einerseits verschiedene Vertreter des Verfassungspatriotismus nur im BRD-System einzurichten gedenken, damit der Bundesadler wieder einen rechten Flügel bekommt, und andererseits verschiedene Vertreter des Nationalismus nur gegen ›das System‹ Agitation und Propaganda betreiben, ohne erklären zu können, was sie denn unter ›System‹, das sie ablehnen möchten, verstehen und welche Systemalternative sie anzubieten gedenken, solange freilich kann von unzufriedenen deutschen Bürgern keine ausreichend begründbare Alternative in nationaler Politik gesehen werden. Diese Alternative würde jedoch in einer Rekonstruktion des deutschen Staatsbewußtseins liegen. Daß dies in den zurückliegenden Jahrzehnten unterlassen wurde, wobei Ausnahmen nur die Regel bestätigen, muß an dieser Stelle der Kritik unterzogen werden.

Um der Notwendigkeit zur Wiederentdeckung und Fortentwicklung der Staatslehre durch den Neuen Nationalismus überhaupt gerecht werden zu können, muß sich dieser erst das Instrument zur Heranbildung einer neuen deutschen Staatslehre schaffen. Dieses Instrument ist in einer ›Anstalt‹ zu sehen, das den künftigen *deutschen Volksstaat* denkt, bevor er geschaffen werden kann. Das Denken dieses Volksstaates ist die Voraussetzung seiner Verwirklichung. Dem deutschen Nationalismus geht es ähnlich wie dem griechischen Staatsphilosophen PLATON, der sich auch in der Lage befand, daß er seine ideale Staatsvorstellung zu seiner Zeit in Athen nicht verwirklicht sah, in dem ebenso Parteisucht und Verderben herrschte wie in der Bundesrepublik unserer Zeit.

Nachdem der Ausgang des Peloponnesischen Krieges für PLATON den Abgrund des nationalen Geschehens geoffenbart hatte, gab es, der sophistischen Bildung gegenüber, nur eine Rettung: die ethische, allgemein-verpflichtende Norm über der ganzen Nation aufzurichten und durch ihren Anblick die griechische Seele zu erneuern. Nichts lag für PLATON daher näher, als den neuen Staat, der das Durcheinander beenden sollte, der jedoch zu seiner Zeit noch nicht verwirklicht gewesen war und auch in absehbarer Zeit nicht zu verwirklichen gewesen wäre, fürs erste in einem »Geistigen Reich« sichtbar zu machen. Es waren für PLATON also Visionen gefragt, die den Idealstaat der Zukunft im voraus sichtbar machen sollten. Auch wenn das Ideal – das wird PLATON wohl bewußt gewesen sein – nicht einhundertprozentig erreichbar sein wird, so ist die Utopie dennoch anzustreben, um aus ihr heraus überhaupt die Kraft zur Veränderung zu gewinnen, die dann wenigstens ein halbwegs brauchbares Staatswesen zu gegebener Zeit hervorbringt.

PLATONS Idealbild ging von der Herrschaft der Philosophen aus: »Ist also hervorragenden Philosophen jemals die Notwendigkeit erwachsen, sich eines Staates anzunehmen, in der unendlichen Vergangenheit, oder ist diese Notwendigkeit jetzt da, [...] so ist das der Augenblick, wo sich unser Staat verwirklicht hat, oder sich verwirklicht, oder sich verwirklichen wird. Der Augenblick ist es, wo die Muse Philosophie des Staates Herr wird. Dafür sind wir bereit, mit Gründen zu kämpfen. Diese Verwirklichung ist nicht unmöglich; wir erklären sie auch nicht für unmöglich. Daß sie schwierig ist, geben wir selber zu.«[377]

Diese Philosophen-Herrschaft, die die ›Gerechtigkeit‹ zu verwirklichen habe, hätte zu PLATONS Zeit folgendes leisten müssen: die Versöhnung der Parteien in Athen, die Versöhnung Athens mit Sparta und die Einheit der Hellenen. Nun war sich PLATON darüber bewußt, daß die staatspolitische Wirklichkeit, in der er lebte und dachte, von seinem Staatsideal weit entfernt lag. Dennoch setzte er alles daran, das Ideal geistig fortzuentwickeln und als Gegenentwurf zur für ihn unidealistischen Wirklichkeit der Uneinigkeit unter den Parteien Athens und der Stämme der Griechen zu positionieren. Den Vorwurf, diese Strategie komme einer uneinlösbaren Utopie gleich, wußte er geschickt zu widerlegen durch das Gleichnis mit dem Bild: »Wenn nun ein Maler ein Idealbild vom schönsten Menschen malt und seine Figur alles, was dazugehört, enthält, so bleibt er doch ein ebenso guter Maler, auch wenn er nicht nachweisen kann, daß es solche schönsten Menschen wirklich geben kann. [...] Und wir? Haben wir nicht das Idealbild eines guten Staates mit Worten hingezeichnet?«[378]

Da PLATON angesichts dieser Probleme der Wirklichkeit, die zu lösen waren, den Herrschenden seiner Gegenwart wenig Lösungskompetenz zutraute, setzte er voll und ganz auf die Jugend, die er in einer von ihm gegründeten »Akademie«[379] zu Staatsmännern heranbildete. Dieses platonische Vorbild einer Griechischen Akademie würde, in die deutsche Gegenwart übertragen, bedeuten, daß eine »Deutsche Akademie« zu gründen und zu entwickeln wäre, die den deutschen Volksstaat der Zukunft zu denken und die deutschen Staatsmänner der Zukunft heranzubilden hätte.[380]

Diese Vorstellung PLATONS, die Schaffung eines idealen Staates setze zunächst einmal die Heranbildung der Jugend eines Volkes zu tüchtigen Staatsmännern voraus, wurde nach dem Wirken des großen griechischen Philosophen immer wieder von Denkern aufgenommen und weiterentwickelt. So richtete mitten in der napoleonischen Besatzungszeit Johann Gottlieb FICHTE seine *Reden an die Deutsche Nation* vor allem an die akademische Jugend seines Landes, die er mahnte, die Schmach der französischen Unterdrückung zur Reform von Volk und Staat zu nutzen. FICHTE appellierte an die Jugend, sich nicht ausschließlich an den politischen und gesellschaftlichen Strukturen des Auslands zu orientieren und diese Vorgaben dann mit dem eigenen Geist zu beleben versuchen, sondern er forderte von der deutschen Jugend – ganz im Sinne des deutschen Idealismus seiner Zeit – den umgekehrten Weg zu gehen: Zunächst einmal sei nämlich der deutsche Geist zu heben, womit dann der Staat der Deutschen zu denken sei. FICHTE erklärte in seiner siebenten Rede, daß die »echte deutsche Staatskunst« – anders als das Ausland – nicht den Willen nach »Festigkeit, Sicherheit und Unabhängigkeit von der blinden und schwankenden Natur« an den Anfang setze, sondern zuallererst die Belebung des Geistes, der das »feste und gewisse Ding« zu entwikkeln habe.

Dieser Geist, der das Ding schaffe und nicht umgekehrt, sei die »lebende und ewig bewegliche Triebfeder, die das Leben der Gesellschaft ordnen und fortbewegen wird«. Und weiter meint FICHTE: »Sie [die Nationalerziehung; J. S.] begreift, daß sie diesen Geist nicht durch Strafreden an die schon verwahrloste Erwachsenheit, sondern nur durch Erziehung des noch unverdorbenen Jugendalters hervorbringen könne; und zwar will sie mit dieser Erziehung sich nicht, wie das Ausland, an die schroffe Spitze, den Fürsten, sondern sie will sich mit derselben an die breite Fläche, an die Nation wenden, indem ja ohne Zweifel auch der Fürst zu dieser gehören wird.« So, wie der Staat an den Personen seiner erwachsenen Bürger die fortgesetzte Erziehung des Menschengeschlechts sei, so müsse, meint diese Staatskunst FICHTEs, der künftige Bürger selbst erst zur Empfänglichkeit jener höheren Erziehung heraufgezogen werden: »Hierdurch wird nun diese deutsche und allerneueste Staatskunst wiederum die allerälteste; denn auch diese bei den Griechen gründete das Bürgertum auf die Erziehung und bildete Bürger, wie die folgenden Zeitalter sie nicht wieder gesehen haben.«[381]

Vor diesem Hintergrund erscheint der sich über Jahrzehnte lang hinziehende Mißerfolg der Parteien des nationalen Lagers in Deutschland nach 1945 nur zu konsequent zu sein, da bisher kaum wesentliche Anstrengungen unternommen wurden, gerade im Zeichen einer allgemeinen kulturellen und bildungspolitischen Verflachung nicht das Hauptaugenmerk auf eine neue Nationalerziehung national denkender junger Deutscher zu richten, als in schnellen Wahlerfolgen das Hauptanliegen nationaler Politik zu sehen. Der im Rahmen einer Drei-Säulen-Strategie geforderte ›Kampf um die Köpfe‹ müßte als Langzeitstrategie zur Erringung der politischen Macht in Deutschland erkannt werden. Aus dieser Erkenntnis wären Schulungskonzepte und die Errichtung und Finanzierung von Bildungseinrichtungen ins Auge zu fassen.

## 4. Die Staatstheorie

*»Allein dadurch, daß man das Gegenwärtige aus dem Vergangenen entwickelt, kann man ihm Dauer in die Zukunft versichern; sonst erhält die neue Institution ein abenteuerliches Dasein ohne Vergangenheit und ohne Bürgschaft für die Zukunft.«*
Freiherr VOM STEIN[382]

Die Staatstheorie tritt in Geschichte und Gegenwart nicht monolythisch in Erscheinung. Sie ist vielmehr davon abhängig, ob und wie der jeweilige Denker möglicherweise ideologisch vorgeprägt ist. So repräsentiert das moderne politische Denken die Vielschichtigkeit einer langen ideengeschichtlichen Entwicklung. Diese Entwicklung hat nicht nur zu einer Vereinheitlichung normativer politischer Theorie geführt, sondern gegensätzliche Positionen herbeigeführt: So stehen sich in der Staatstheorie beispielsweise gemeinwohl- und individualwohlorientierte Konzepte gegenüber. Zudem existieren auch alternative Interpretationen und Festlegungen der Bedeutung und der Funktionen des Staates: so zum Beispiel die liberale Konzeption des Minimalstaates, die sozialistische Konzeption des Staates als Verteilungssystem oder konservative Vorstellungen vom Staat als System einer autoritativen Zuweisung von Werten. Das moderne politische Denken ist denn auch charakterisierbar durch die Koexistenz einer Reihe unterschiedlicher oder gar gegensätzlicher Staats- und Gesellschaftstheorien.[383]

Der heute vorherrschende Liberalismus stützt seine Staatskonzeption auf die Vorstellung eines schwachen Staates, der keine Omnikompetenz besitze, erst dann in Wirtschaft und Gesellschaft einzugreifen habe, wenn Regelverstöße, zum Beispiel gegen Gesetze, festzustellen seien. Dies entspricht der Idee des »Nachtwächterstaates« von Adam SMITH. Demzufolge stellen staatliche Eingriffe nach der neoliberalen Staatskonzeption lediglich eine Ergänzung des Marktes dar – die Funktion des Staates besteht in erster Linie in der Gewährung der Funktionsfähigkeit der Marktwirtschaft und tritt nur in Aktion, wo der Markt versagt und wo der Marktmechanismus nicht greifen kann. Eine drastische Reduktion der Staatstätigkeit und eine entsprechende Verstärkung der Marktfunktionen fordern heute die Vertreter des Neoliberalismus wie der Amerikaner Milton FRIEDMAN.[384]

Diese Position des Liberalismus führt jedoch bei ihrer Verwirklichung unweigerlich zur Vergesellschaftung und somit zur Auflösung des Staates in seiner ursprünglichen Bedeutung. Damit der Staat überhaupt seiner Aufgabe gerecht werden kann, muß dieser als von der Gesellschaft getrennt gedacht werden. In diesem Sinne ist für die Staatstheorie die Rechtsphilosophie HEGELS[385] maßgeblich, in der zum ersten Mal die Ausdifferenzierung von Staat und bürgerlicher Gesellschaft in zwei soziale Sphären beziehungsweise Systeme dargestellt worden ist. Der Staat in dieser Konzeption ist das Allgemeine Interesse, in der Gesellschaft artikulieren sich die besonderen Interessen, und die Bürger vertreten ihre Einzelinteressen. So steht für HEGEL der Staat als Wirklichkeit der sittlichen Idee (*Rechtsphilosophie* § 257) der Gesellschaft als System der Bedürfnisse (§ 188) gegenüber.

Daraus folgt, daß sich nun die Staatstheorie im wesentlichen um die Frage des Vorrangs der Politik beziehungsweise des Vorrangs der Ökonomie dreht. Wie sollen die Kräfte des Staates und der Gesellschaft aufeinander bezogen werden; sind die beiden Sphären einander gleichgestellt, oder ist die eine der anderen untergeordnet – der Staat der Gesellschaft, wie es die bürgerlich-liberale Staatstheorie vorsieht, oder soll die Gesellschaft dem Staat untergeordnet sein, wie dies – mit unterschiedlichen Vorzeichen – sowohl konservative als auch marxistische Denker bevorzugen.

Unterschiedliche Vorzeichen deshalb, weil bei der marxistischen Dominanz des Staates die Arbeiterklasse diktiert, während die Konservativen wohl eher in ihrem »wahren Staat« (Othmar SPANN) die »alteuropäischen« Eliten (von Thron und Altar) in einem hierarchischen Ständemodell obenauf sehen möchten. Aus dieser geistigen Parallelität von Konservativen und Marxisten – wenn auch unter anderen Vorzeichen – erklärt sich wohl auch ihre gemeinsame Bezugnahme auf Carl SCHMITT[386], den Denker des autoritären Staates des 20. Jahrhunderts.

Schließlich befürworten sowohl Konservative als auch Sozialisten den starken Staat – nur, wie erwähnt, unter anderen Vorzeichen, die im unterschiedlichen Klasseninteresse begründet liegen. Dennoch gibt es auch konservative Denker, welche dem Staat als modernes Artefakt tiefe Skepsis entgegenbringen, wie das nachfolgende Zitat von José ORTEGA Y GASSET veranschaulicht:

»In unserer Zeit ist der Staat eine gewaltige Maschine geworden und arbeitet dank der Fülle und Präzision seiner Mittel mit einem bewundernswerten Wirkungsgrad. Ein Druck auf einen Knopf genügt, damit sich seine ungeheuren Hebel in Bewegung setzen und dröhnend an jeder Stelle des sozialen Körpers eingreifen.«[387]

Auf der einen Seite kann also José ORTEGA Y GASSET der modernen Konstruktion des Staates und seiner Funktionstüchtigkeit nur tiefen Respekt zollen, auf der anderen Seite jedoch sieht der spanische Aristokrat im funktionsfähigen Staat Gefahren für die Gesellschaft, wohl in bezug auf die Einschränkung der Rechte des Adels und des gehobenen Bürgertums, wenn sich diese an einer Staatsräson auszurichten haben.

Dieses Beispiel macht deutlich, daß es in der politischen Theorie verschiedene und zum Teil auch widersprechende Vorstellungen davon gibt, welches Wesen der Staat darstellt, wie es um seinen Stellenwert gegenüber der Gesellschaft und der Bürger bestellt ist und wie seine Aufgaben lauten.

Staat und Gesellschaft miteinander verschmelzen zu lassen oder dem Staat die Rolle des Regierens und der Gesellschaft die der autonomen Rechtsetzung zuzuordnen, Staat und Gesellschaft damit als funktional gewaltenteilend zu trennen, ist die Gretchenfrage heutiger Staatswissenschaft. Zwischen der Skylla des absoluten Staates und der Charybdis der absoluten Gesellschaft bedeutet Gewaltenteilung, den exekutiven Teil der Staatsgewalt dem ›Staat‹ als solchem und den legislativen Teil der ›Gesellschaft‹ zuzuweisen und diese somit vom Staat sowohl zur Wahrung ihrer Freiheit abzugrenzen als auch funktionell zu integrieren.

So gesehen liegt der Gewaltenteilungslehre MONTESQUIEUS faktisch die Trennung von ›Staat‹ und ›Gesellschaft‹ zugrunde.

Wo jedoch beide ununterscheidbar ineinander verwoben sind, gibt es auch keine Gewaltenteilung, und umgekehrt läßt die Vereinigung der Gewalten in der Hand eines einzelnen oder einer Partei oder eines Machtkartells zwangsläufig Staat und Gesellschaft ineinander übergehen. Damit ist aber eine Grundbedingung menschlicher Freiheit beseitigt: nämlich der neutrale Staat als Schutzmacht der innergesellschaftlich Schwachen gegen die Starken, als Hüter der Grundrechte gegen Übergriffe wohlorganisierter Machtgruppen und als Wahrer des Rechtsfriedens gegen das Faustrecht und die latenten bürgerkriegsbereiten innergesellschaftlichen Machtgruppen.[388]

Nach Lorenz VON STEIN besteht das innerste Prinzip des Gesellschaftlichen in der Unterwerfung der Einzelnen unter die vielen anderen Einzelnen.[389] Es führt also notwendig zu Unfreiheit. Es steht damit im direkten Widerspruch zum Prinzip des Staates als der sittlich verantworteten Freiheit und damit dem wahren Willen und Wohl der Allgemeinheit. Während daher das Prinzip des Gesellschaftlichen das Interesse ist, ist das des Staates die Freiheit.

Beide Prinzipien haben ihre Daseinsberechtigung, und daher darf keines das andere vernichten. Denn Menschen sind von Natur aus Einzelpersönlichkeiten *und* Gemeinschaftswesen. Als auf Individualität bedachte Einzelne bilden sie in ihrer Summe eine Gesellschaft; insoweit sie aber sozialverbunden und sozialbedürftig sind, bilden sie Gemeinschaften wie Familie, Volk und Staat, die mehr bedeuten als die Summe ihrer Teile, und sind auf diese bezogen.

Die Gesellschaft ist das Innenleben der Gemeinschaft. Beide Aspekte sind gleichermaßen real. Sozialverbundenheit und Einzelpersönlichkeit sind zwei ergänzungsbedürftige Aspekte des Menschen und in Staat und Gesellschaft verkörpert . Keiner dieser Aspekte darf extremistisch verabsolutiert werden. Trotz seiner Eigenständigkeit braucht der Mensch die Gemeinschaft, ist auf sie bezogen und bleibt daher Mensch *in* der Gemeinschaft. Die Bindung an die im Staat verkörperte Gemeinschaft verhindert, daß Freiheit zu egozentrischer Willkür wird.[390]

So sehr diese staatsphilosophische Betrachtung als einleuchtend erscheinen mag, so ist doch das Verhältnis zwischen Staat und Gesellschaft immer wieder neu auszuloten. So meint Reinhold ZIPPELIUS: »Die Wissenschaft vom Staate kann nicht ein glattes, widerspruchsfreies System bieten, aus dem sich auf alle Fragen, die den Staat betreffen, ein für alle Mal die richtige Antwort ergäbe. Die Komplexität läßt sich nicht auf ein vorweggenommenes Prinzip oder eine vorweggenommene einfache Grundtatsache zurückführen. Immer wieder stößt man auf die Unvermeidlichkeit des Kompromisses, darauf, daß viele Antinomien, die den Staat betreffen, sich nicht auflösen lassen, sondern der Vermittlung bedürfen, daß sie nicht eine Frage des Entweder-Oder, sondern eine solche des richtigen Maßes sind. Eine solche Vermittlung, etwa zwischen den Grundsätzen der Freiheit und der Gleichheit oder zwischen den Prinzipien der Ordnung und der Freiheit, ist immer wieder von neuem zur Entscheidung aufgegeben und nicht durch ein starres, für alle Zeiten gültiges Schema lösbar. Daß nicht alles schon im voraus gewiß ist, daß Raum bleibt, für Wagnis und Entscheidung, ist Bedingung und Zeichen lebendiger Freiheit.«[391]

ZIPPELIUS hat es angedeutet: Bei der Frage nach dem Staat steht vor allem das Spannungsverhältnis zwischen Freiheit und Ordnung im Mittelpunkt des Interesses. Die Ordnungsaufgabe des Staates wird von einer Tradition autoritär-konservativer Staatstheoretiker vertreten, die von den Anfängen bei Thomas HOBBES bis hin zu den Soziologen Arnold GEHLEN (1904–1976) und Helmut SCHELSKY (1912–1984) führt. Diese Denkrichtung geht von der Voraussetzung aus, daß eine Staatsverfassung nur dann der wahren Natur des Menschen entspreche, wenn sie es vermag, die egoistischen Interessen der nicht mehr instinktgesteuerten menschlichen Natur im Zaum zu halten. Denn die einzig denkbare Alternative zum starken Staat mit straffer Führung sei der Rückfall ins Chaos. Nach liberaler Vorstellung werde damit aber bürgerliche Freiheit dem Grundwert der Ordnung und dem Primat eines starken Staates untergeordnet.[392] Antiautoritäre Kritiker lassen jedoch gern außer acht, daß in Anbetracht heutiger Gesellschaftstotalitarismen nur noch ein starker Staat in der Lage wäre, – im Ellenbogenkampf aller gegen alle – die bürgerlichen Freiheiten zu garantieren beziehungsweise diese erst wieder herzustellen.

Prototypisch für diese Tradition staatstheoretischen Denkens ist die HOBBESsche Formel: »auctoritas non veritas facit legem« (*Autorität,* nicht Wahrheit fundiert das Gesetz), was besagt, daß nicht Recht und Gesetz als die entscheidenden Dimensionen des Staates anzusehen sind, sondern die Möglichkeit, über den »Ausnahmezustand« (Carl SCHMITT) zu bestimmen.

Der daraus resultierende strategische Grundgedanke beruht auf der Zuspitzung einer Antithetik: Entweder die Bürger fügen sich dem Staat, der, wie gezähmt auch immer, doch ›Leviathan‹ bleibt, so sehr sie auch im einzelnen dabei von ihren Bedürfnissen abstrahieren müssen – oder aber der ordnungs- und friedensstiftende ›Leviathan‹ stirbt, und an seine Stelle tritt der Bürgerkrieg, das Chaos, die Anarchie.

Ein ganz anderer, auf soziologischer und ökonomischer Argumentation beruhender Ansatz staatstheoretischen Denkens sieht im Staat das Mittel, die Herrschaft einer sozialen Gruppe oder Klasse über andere zu ermöglichen. Der Staat ist demnach das Produkt einer bestimmten Entwicklungsstufe der Produktionskräfte und zugleich Ausdruck der jeweiligen Form der Produktionsverhältnisse. Daher ist er keine abstrakte, unhistorische Größe, sondern nur der historisch bestimmte, konkrete und aufgrund der in der Gesellschaft herrschenden Widersprüche (Klassenantagonismus) notwendig gewordene Staat als Machtapparatur. Gäbe es keine grundlegenden ökonomischen und sozialen Widersprüche und die damit verbundenen gesellschaftlichen Macht- und Herrschaftsmonopole (Verfügung über Produktionsmittel, Privilegien), so bedürfte es auch keiner politisch-öffentlichen, das heißt staatlichen Gewalt. Das Vorhandensein dieser staatlichen Gewalt ist folglich stets Ausdruck gesellschaftlicher Herrschaftsverhältnisse.

Dieser Ansatz bestimmt insbesondere die Tradition marxistischer und sozialistischer Staatsvorstellungen.[393] Doch ist an dieser Stelle zu ergänzen, daß der Staat als Herrschaftsinstrument auch für Systeme anwendbar ist, die nicht als marxistisch und linkssozialistisch einordenbar sind. Diese Einordnung würde nämlich sowohl auf die NS-Parteidiktatur des Dritten Reiches zutreffen, da auch hier eine Partei Besitz vom deutschen Staat nahm. Aber auch das bürgerliche Mehrparteiensystem der Bundesrepublik ist doch bei näherer Betrachtung nur eine parteiliche Vielfalt dem Anschein nach, wobei sich gerade in der sogenannten ›Mitte‹ des Parteienspektrums Parteien sammeln (SPD, Grüne, CDU/CSU, FDP), die in den Grundsatzfragen der Politik kaum noch fundamentale Unterschiede und mehr oder weniger liberale programmatische Profillosigkeiten aufweisen. Man gewinnt den Anschein, im BRD-Parteienstaat existiere eine große liberale Partei, die sich aus purem Pluralismusschwindel auf dem Wählermarkt in mehreren Fraktionen präsentiere.

Weiterhin geht das bürgerliche Staatsverständnis allgemein vom ›Rechtsstaats‹-Prinzip aus, das – zumindest der Theorie nach – vom Grundsatz der Gleichheit aller Bürger vor dem Gesetz ausgeht. Staatliche Gesetzgebung erscheint dabei als Interessenkompromiß aller an ihr beteiligten gesellschaftlichen Kräfte. Wo Recht und Gesetz herrschen, kann der Staat nach der liberalen Staatsauffassung nur als eine Schutzanstalt zur Garantie der verwaltungsmäßig geregelten Durchsetzung des Rechts für alle fungieren. Vorrang des Rechts bedeutet jedoch für den Liberalismus: Die Staatsgewalt solle so wenig wie möglich in Erscheinung treten.

Die Herrschaft von Gesetzen schafft für alle gleichermaßen geltende und verbindliche Spielregeln: Innerhalb dieser Regeln steht es den Einzelnen frei, ihren Geschäften und ihren privaten Interessen nachzugehen. Der Rechts- und Gesetzesstaat als Kern der liberalen Staatsvorstellung geht vom Grundgedanken wechselseitiger Kontrolle durch die Interessenkonkurrenz aus. Vorausgesetzt wird eine relative Gleichheit der Interessenträger, das heißt, keine Gruppe darf so mächtig werden, daß sie andere beherrschen kann. Im Mittelpunkt dieser liberalen Staatsvorstellung stehen die Menschen- und Bürgerrechte.[394] Daß eine sozusagen spontane Ordnung aufgrund der Konkurrenzsituation gleichwertiger gesellschaftlicher Gruppen entstehen soll, wird jedoch insbesondere von nationalen Kritikern bezweifelt. Zudem wird moniert, daß die Liberalen zwar viel von bürgerlichen Freiheiten und Menschenrechten reden, jedoch kaum ein Wort über die Rechte und Interessen von Gemeinschaften, wie dem Volk, verlieren.

Ferner vertreten insbesondere sozialdemokratische (aber auch nationale) Kräfte das Postulat eines Sozialstaates, in dem der Bürger nicht allein Bürger- und Menschenrechte besitzt, sondern darüber hinaus auch eine soziale Sicherung und Teilhaberechte an der politischen Willensbildung innehaben soll. Dem Sozialstaatsprinzip liegt vor allem zugrunde, daß seine Vertreter die materielle Ungleichheit im Wirtschaftsleben ausgleichen wollen, die tatsächlich in westlichen Staaten wie der Bundesrepublik immer größer wird. Von konservativen und vor allem liberalen Kritikern wird allerdings der Einwand erhoben, daß ein zu ausgeweiteter Sozialstaat das Prinzip des Rechtsstaates torpediere, weil ja diese Kritiker des Sozialstaates der Vorstellung anhängen, daß der Staat wenig in die gesellschaftliche und wirtschaftliche Sphäre eingreifen solle,[395] und somit auch soziale Ungleichheiten mehr oder weniger zu tolerieren habe.

Während nun Sozialdemokraten und (nationale wie internationale) Sozialisten mehr oder weniger einer ›Umverteilung‹ das Wort reden, wird dies von Marktliberalen und Konservativen in der Regel abgelehnt. Daß zwischen dem Sozialstaatsprinzip des Grundgesetzes (Artikel 20 GG) und der sozialen Wirklichkeit enorme Lücken auseinanderklaffen, beweist die Tatsache, daß sich die herrschende Klasse der BRD mit einem millionengroßen Heer an Arbeitslosen abfindet, wobei Beispiele der Geschichte zeigen (unter anderem das Dritte Reich), daß dieser Mißstand nicht nötig sein müßte. Voraussetzung für eine Vollbeschäftigung wäre jedoch, den Vorrang der Politik (des Staates) vor der Ökonomie (Wirtschaft und Gesellschaft) herzustellen. Dieser Vorstellung des Nationalismus liegt zugrunde, daß dem Unternehmer zwar die Taktikfreiheit zustünde, dem Staat jedoch - auch in der Wirtschaft - das Strategiemonopol zukomme.

Somit sind wir zur Frage vorgestoßen, wo denn der Neue Nationalismus bei der staatstheoretischen Betrachtung zu verorten ist. Das Angebot des sogenannten nationalen Lagers reicht dabei von der Akzeptanz des *Status quo* (parlamentarische Demokratie), in dem man sich nur einzurichten bräuchte, über das Vorbild des Dritten Reiches (Parteidiktatur), das meist anhand einer unpolitisch motivierten Verklärung dieser zwölf Jahre liegt,[396] bis hin zum Staatsmodell, das den Staat über die Interessen von Parteien und Verbänden stellt und das Allgemeine Interesse von Volk und Staat zu artikulieren und vielmehr noch durchzusetzen hat.

Für die zuletzt genannte Position plädiert der Verfasser, wobei dieser dem Volk »als Gedanke Gottes« (frei nach HERDER) den höheren politischen Wert einräumt als dem Staat, der im völkischen Sinne nur das Mittel zum Zweck - zur Mehrung des Nutzens des Volkes - darstellen kann. Für den vornehmlichen Etatisten dagegen dient ein funktionsfähiger Staat, der nicht selten als verwaltungstechnische Maschine ersonnen wird, als Selbstzweck. Demzufolge würde es sich aber bei der realexistierenden Bundesrepublik auch um einen Selbstzweck handeln, vorausgesetzt der Etatist würde ihr Funktionsfähigkeit unterstellen.

Die Vorstellung, daß das Volk in der Wertehierarchie vor dem Staat zu rangieren hat, wurde bereits vom deutschen Staatsphilosophen Johann Gottlieb FICHTE in seinen *Reden an die Deutsche Nation* entwickelt, als dieser in seiner achten Rede erklärte: »Volk und Vaterland in dieser Bedeutung, als Träger und Unterpfand der irdischen Ewigkeit, und als dasjenige, was hienieden ewig sein kann, liegt weit hinaus über den Staat, im göttlichen Sinne des Worts«.[397] FICHTE geht sogar so weit, daß er die Forderung erhebt, die Vaterlandsliebe müsse den Staat selbst regieren.[398]

Volk und Vaterland liegen für FICHTE auch über den Sonderinteressen der bürgerlichen Gesellschaft und gegebenenfalls auch über der Freiheit des Individuums. »Eben darum muß diese Vaterlandsliebe den Staat selbst regieren, als durchaus oberste, letzte und unabhängige Behörde, zuvörderst, indem sie ihn beschränkt in der Wahl der Mittel für seinen nächsten Zweck, den inneren Frieden. Für diesen Zweck muß freilich die natürliche Freiheit des einzelnen auf mancherlei Weise beschränkt werden.«[399]

FICHTE macht somit das Spannungsverhältnis zwischen staatlicher Ordnung und bürgerlicher Freiheit deutlich, das jede staatsbürgerliche Generation aufs neue zu lösen hat – und zwar in dem Sinne, daß der Gemeinnutz vor dem Eigennutz zu rangieren hat, was nicht deshalb – im Angesicht der politischen Korrektheit – falsch zu sein hat, weil es im Dritten Reich für richtig befunden wurde.

Aber ebenso dürfte feststehen, daß die Parole: »Du bist nichts, Dein Volk ist alles!«, die ebenso im Dritten Reich in der Propaganda Verwendung fand, unter Beachtung der Lehren FICHTEs als unsinnig erscheint, da sich aus einer Summe von Nichtsen nicht ein qualitativ höheres Ganzes entwickeln läßt. Außerdem tut es einem Gemeinwesen immer gut, so autoritär es auch gedacht sein mag, wenn dessen Glieder über eine schöpferisch fruchtbare Freiheit verfügen, was für die Gemeinschaft nur von Nutzen sein kann. Deshalb muß in Zukunft die Staatsidee in die Richtung gedacht werden, wie es möglich ist, den Teilen eines Gemeinwesens, die die einzelnen Bürger und gesellschaftlichen Gruppen darstellen, ihren schöpferischen Bewegungsfreiraum zu lassen – aber so, daß sie sich letztlich dem Allgemeinen Interesse von Volk und Staat unterordnen und auf den Volksstaat der Deutschen beziehen lassen.

## *Die Staatsidee in der Moderne*

Der Staat als Ordnungsmodell menschlicher Gemeinschaften ist, wie wir gesehen haben, eine Erfindung der europäischen Antike. Dies wurde vor allem bei der Behandlung der Staatsformen deutlich. Demgegenüber hatte das Mittelalter eine Trennung von Staat und Gesellschaft nicht gekannt: In der eigentlichen Form des Lehnsverbandes, des sogenannten Feudalismus, war alles ›Gesellschaft‹. Zwischen König und Vasall, Vasall und Untervasall bis hin zum fronenden Bauern waren alle Rechtsverhältnisse rein personaler Natur und endeten mit dem Tod ihrer Träger.

Die Lehnspyramide war ein Rechtsgefüge, das auf Verpflichtungen zwischen Personen beruhte. Ein Staat - im antiken wie im modernen Sinne - war nicht vorgesehen. Nach der Krönung eines Königs in Deutschland hatten die Reichsstädte nichts Eiligeres zu tun, als diesem seine persönliche Bestätigung ihrer Rechte und Freiheiten abzubitten. Was gingen ihn auch die Versprechungen seines Vorgängers an?

Ein Staat als überpersönliche Rechtsfigur im abstrakten Sinne wie heute existierte nicht. Für jeden Einzelnen hatte das die praktische Konsequenz, daß er in einen hierarchischen Gesellschaftsaufbau streng eingebunden blieb. Im Normalfall hatte er keine Chance, seinem Geburtsstand zu entkommen. Niemand schützte den fronenden Bauern vor der Willkür seines Grundherrn; und wer gegen die Übermacht eines anderen Schutz benötigte, konnte den nur in eigener Kraft finden oder sich einer mächtigen Gruppe anschließen, die ihn schützen sollte. So schloß man sich zu sozialen Verbänden zusammen und wurde Bürger einer Stadt, Kaufmann in einer Gilde oder Räuber in einer Bande. In diesen gesellschaftlichen Teilgruppen fand der einzelne Schutz, aber um den Preis der Unterordnung. Freiheit im Sinne der heutigen Grundrechte, Bürgerrechte oder die Sicherheit einer privaten Existenz in unserem Sinne gab es nicht.

Die Neuentdeckung des Staates im Sinne der antiken *res publica* war die Leistung der frühen Neuzeit. Er wurde als vom persönlichen Herrscher unabhängig und immerwährend vorgestellt und bildete eine abstrakte, weil nicht körperlich sichtbare Rechtsperson (»sterblicher Gott«), den Leviathan Thomas HOBBES', oder modern gesprochen: eine juristische Person. Als solche verkörperte er allen Einzelnen gegenüber das Recht der Gesamtheit. Er forderte jedem Bürger die Loyalität und den Gehorsam ab, die ein jeder der Gemeinschaft aller schuldete. Für Carl SCHMITT ist nun klar: Der Zusammenhang zwischen Schutz und Gehorsam ist unauflöslich.[400]

Der neuartige Schutz nach innen war vor allem gegen die feudalen Machtgruppen notwendig: Unter dem Schutz des Staates emanzipierte sich der ›Staatsbürger‹, ein neuzeitliches Phänomen, von den alten Gilden, Zünften, Grundherren, Patriziern, Konfessionsgemeinschaften und was es an Machtträgern noch gab. Er erlangte ein nie gekanntes Maß an persönlicher Bürgerfreiheit. Klaus KUNZE meint, daß gerade in dem Wort von den »Staatsbürgerrechten« dieser Zusammenhang von Staat als Beschützer von bürgerlicher Freiheit deutlich werde.

So dominierten mit Überwindung mittelalterlicher Gesellschaftsstrukturen nicht mehr die Regeln des Fehdedschungels, das Faustrecht des gesellschaftlich Stärkeren, sondern die Gesetze des Staates als über den Parteiungen stehender neutraler Gewalt, die tendenziell jedem gleiches Recht zu schaffen suchte. Daher war die Staatsmacht konzeptionell den Machtinteressen der gesellschaftlich Etablierten entgegengesetzt. Die Geschichte der Neuzeit kann so verstanden werden als fortwährendes Ringen gesellschaftlicher Gruppen um die Vormacht und die Eroberung der Schalthebel des Staates, um ihn für ihre Parteizwecke einspannen und gegen innergesellschaftliche Konkurrenten benutzen zu können.[401]

Gleichzeitig sanken aber nun die ›alteuropäischen‹ Eliten mit ihren ehemals gesellschaftlichen Privilegien zu gewöhnlichen Gruppen im modernen gesellschaftlichen Pluralismus herab. Der Universalismus der katholischen Kirche zum Beispiel war dann nur noch reine Theorie – vor allem, als mit der Reformation die Einheit der westeuropäischen Kirche aufgehoben wurde.

So hatte der Staat zu Beginn der Neuzeit sein Recht erkämpft auf dem Weg vom Lehnsverband zum Ständestaat. In diesem sind die Stände nur noch vermöge des Staates vorhanden, nicht umgekehrt. Je mehr sich aber der Staat seiner reinen Form nähert, je absoluter er wird, desto mehr gewinnt der Begriff der Nation dem des Standes gegenüber an Gewicht, und es kommt der Augenblick, wo die Nation als solche regiert wird und die Stände nur noch gesellschaftliche Unterschiede bezeichnen.

In dieser Wendung vom Ständestaat zum absoluten, der alles nur in bezug auf sich selbst gelten läßt, haben die Dynastien des Abendlandes und ebenso diejenigen Ägyptens und Chinas den Nichtstand, das ›Volk‹, zu Hilfe gerufen und damit als politische Größe anerkannt. Der Herrscher steht im Namen des Staates, der Sorge für alle, und er bekämpft den Adel, weil dieser den Stand als politische Größe aufrecht erhalten will.[402] In Frankreich hatte die Krone seit 1614 keine Generalstände mehr berufen, nachdem diese sich den vereinigten Gewalten von Staat und Bürgertum überlegen gezeigt hatten.[403] Immer größere Bedeutung errang nun das Stadtbürgertum. Oswald SPENGLER meinte sogar, daß sich das Reifen der Staatsidee einer Kultur an die heranwachsende Stadt hefte: »Nationen, historische Völker sind städtebauende Völker.«[404] In der frühen Neuzeit setzte sich das Bürgertum in den Städten gegen den Adel der Landstände durch. »Die Residenz wird statt der Burg und Pfalz der Mittelpunkt großer Geschichte [...]. Hier wird der Lehnsverband innerlich durch die Nation überwunden.«[405]

Aber auch die Glaubensspaltung führt zur Notwendigkeit eines neutralen Staates, der über den Konfessionen steht. So führte die Reformation in der ersten Hälfte des 16. Jahrhunderts nicht nur zur Spaltung der bisher einheitlichen europäischen Christenheit, sondern hatte auch tiefgreifende soziale und politische Veränderungen zur Folge. Die durch die Reformation geförderte Berufung auf das persönliche Gewissen macht es schwer, zwischen materiellen, politischen und religiösen Begründungen für den politischen und sozialen Wandel zu unterscheiden. Die Freisetzung des persönlichen Gewissens erleichterte den Entschluß zu sozialen Unruhen. Die religiöse Spaltung führte zu Bürgerkriegen in vielen europäischen Staaten, deren Motive eine unlösbare Verquickung von materiellen und geistigen Antrieben darstellten. Die Kriege wiederum gefährdeten die angestammten Herrschaftsverhältnisse, da Fürsten gegen den Glauben vieler ihrer Untertanen ins Feld zogen, diese aber dem rechtmäßigen Herrscher aus persönlicher Glaubensentscheidung Widerstand leisteten und damit den geforderten Gehorsam verweigerten.[406]

Dagegen setzten sich die Fürsten zur Wehr, indem sie entweder die Einheit des Glaubens zwangsweise sicherten oder wiederherstellten und so subjektives und politisches Gewissen miteinander in Übereinstimmung brachten oder Politik und Moral (subjektives Gewissen) voneinander trennten. Das persönliche Gewissen erhielt seinen Eigenraum. Der Politik aber wurde die Aufgabe gestellt, unabhängig von jeder religiösen Auffassung den Staat nach außen zu sichern und im Innern den Bürgern Ordnung und Frieden zu gewährleisten. Garant dafür wurde der Fürst, der aufgrund seiner nach außen und innen uneingeschränkten Hoheitsgewalt (Souveränität) nach dem Grundsatz der Staatsräson politisch zu handeln habe.

Die geistige Entwicklung vom bisherigen alteuropäisch-konfessionellen Absolutismus hin zu einem aufgeklärten Staatsabsolutismus ging zunächst von Holland und England aus und erfaßte relativ schnell auch die geistig führenden Schichten in anderen europäischen Ländern. Sie fand auch unter den Fürsten Anhänger, die sich zwar mit ihren moralischen Prinzipien identifizierten, jedoch auf ihren absoluten Herrschaftsanspruch keineswegs verzichten wollten. Weil jedoch die Aufklärung auch die Politik moralischen Maximen unterwarf, mußte sie auf die Dauer ein System zersetzen, das machtpolitisch dachte und Moral und Politik getrennt hatte.

Das politische und soziale Bild Europas wird uneinheitlich. Während Frankreich am Absolutismus und damit an der festen sozialen

Struktur festhielt, entwickelte sich in England eine parlamentarische Monarchie mit politischen Rechten für die adlige und bürgerliche Oberschicht. Preußen, Österreich und Toskana machten kraft Anordnung ihrer Regenten erste Versuche, Prinzipien der Aufklärung politisch zu realisieren. Rußland näherte sich zwar der gesamteuropäischen Entwicklung, die durch die Aufklärung geprägt war, blieb aber seiner Regierungs- und Gesellschaftsstruktur nach den katholischen oder reformierten Staaten Europas fremd.

Im 17. Jahrhundert setzte sich endgültig der Absolutismus als allgemein verbreitetes Herrschaftssystem durch. Unter Absolutismus wird eine historische Regierungsform verstanden, die den König oder Landesherrn zur alleinigen Quelle von Recht und Macht erhob und die Mitregierung der Stände beseitigte oder doch auszuschalten versuchte.[407]

Der absolute Herrscher ist nach Auffassung der Zeit niemandem außer Gott Rechenschaft schuldig, er regiert »von Gottes Gnaden«. Er ist keinem Gesetz unterworfen (*legibus solutus*), hat sich nach der Theorie der Zeit nur an die christlichen Sittengesetze zu halten, was manche Herrscher ernst nahmen, andere nicht. Seine Machtinstrumente waren Beamte, stehendes Heer und regelmäßige Steuereinnahmen, seine gesellschaftlichen Stützen Adel und Geistlichkeit, obwohl diese der Staatsräson und somit ihm untergeordnet wurden. Dieser privilegierten Schicht stand die Menge der entpolitisierten Untertanen gegenüber, die einer festgelegten Ordnung verpflichtet war und die Steuern durch bäuerliche, gewerbliche oder andere wirtschaftliche Tätigkeit aufzubringen hatte. In religiöser und kultureller Hinsicht erfreute sich das einfache Volk nach dem Ende der Religionskriege einer größeren Freiheit als zuvor. Die der Krone nahestehenden Stände des Adels und der Geistlichkeit waren zwar politisch machtlos, behielten aber ihre Rechte als soziale ›Privilegien‹. Die Einebnung des Untertanenverbandes führte also nicht zu einer völligen Rechtsgleichheit im gesellschaftlichen Raum – wenn auch eine Angleichung sichtbar wurde –, sondern in erster Linie zu einer Gleichheit der politischen Machtlosigkeit gegenüber den Fürsten.

Den durch Verwaltung und Heer ständig wachsenden Geldbedarf suchte der absolute Monarch durch eine Wirtschafts- und Kolonialpolitik zu decken, die darauf abzielte, möglichst alle Waren im Lande oder in den Kolonien zu erzeugen und das Geld im Lande zu konzentrieren (Merkantilismus). Der Wohlstand eines Staates beruhte nach der herrschenden Wirtschaftslehre dieser Zeit auf dem Vorrat an Geld (Edelmetallen). Außenpolitisch bemühte sich der absolute Monarch um Vergrößerung seines Herrschaftsbereiches (Arrondierung) aus wirtschaftlichen und strategischen Gründen. Im Innern suchte er die historischen Provinzen oder Regionen seines Landes zentralistisch zu verwalten, um die zahlreichen Privilegien einer Landschaft allmählich ignorieren und damit das Flächenstaatsprinzip durchsetzen zu können. Die grundherrliche Patrimonialgerichtsbarkeit blieb meist unangetastet.[408]

Der moderne Staat, der mit dem Absolutismus seinen geschichtlichen Weg begann, hatte seine Grundlagen bereits im 13. Jahrhundert gelegt. Das Vordringen des römischen Rechts begünstigte die politische Auseinandersetzung mit den Ständen. Juristisch gebildete Beamte aus dem Bürgertum stützten die ersten Ansätze einer fürstlichen Alleinherrschaft. Das Corpus juris kannte den aus mittelalterlichen Vorstellungen erwachsenen Dualismus von Landesherrn und Landständen nicht. Die Macht des Fürsten in der Auseinandersetzung mit den Ständen wurde zunehmend römisch-rechtlich begründet. Eine Überwindung des mittelalterlichen Dualismus zugunsten einer fürstlichen Zentralgewalt gelang jedoch außer in den italienischen Stadtstaaten nur unvollkommen.

Die wirtschaftlich starken, aber politisch zerrissenen Stadtrepubliken Norditaliens mieteten sich häufig einen überparteilichen Herrscher auf Zeit, einen Signore, der Sicherheit und Ordnung gewährleisten sollte. Er brachte seinen eigenen ›Staat‹ (*stato*), einen Herrschaftsapparat aus Verwaltungsleuten, Juristen, Polizei- und Wachleuten mit. Der ›Staat‹ war hier also ein Regierungsapparat und hatte die Funktion einer neutralen Ordnungsmacht. Der Signore konnte der Heerführer der Stadt oder das Haupt einer mächtigen Familie sein. In der Regel errichtete er eine Dauerherrschaft. Der Bürger tolerierte diesen ›Staat‹, weil er ihn vor dem Kampf aller gegen alle schützte, indem er das Faustrecht beseitigte, wobei er ihm zumeist auch einen Teil seiner Freiheit nahm. Auf diesem Hintergrund entwarf der Florentiner Niccolò MACHIAVELLI (1469–1527) im *Principe* (1513) und in den *Discorsi* (1522) eine Politik und Staatslehre, die ihn zum Wegbereiter des modernen Staatsdenkens machte. Für Hans-Dietrich SANDER steht fest: »Der Staat trat durch seine geregelte Verwaltung als Artefakt in die Geschichte ein – im Gegensatz zu den Organismusvorstellungen des Mittelalters. MACHIAVELLI hatte dabei die aufblühende Verwaltung in italienischen Staatsrepubliken, deutschen Reichsstädten und im französischen Königreich im Auge.«[409]

Als Artefakt erhalte sich jedoch der Staat nicht von selbst. Schon aus der völkischen Grundierung habe sich zwangsläufig die Pflicht zur Selbstbehauptung als Staat in einer Welt von konkurrierenden

*Thomas* HOBBES
*(1588–1679)*

*Niccolò* MACHIAVELLI
*(1469–1527)*

Staaten ergeben. MACHIAVELLI sah voraus, daß ein Staat seine Unabhängigkeit nur behaupten könne durch Stärke, Festigkeit und Entschlossenheit, durch eine Politik, die wüßte, wer seine Freunde und wer seine Feinde seien, aber sich auch mit dem klügsten Bündnis keinen sicheren Erfolg verspräche, sondern sich den Übeln und Gefahren stellte, denen man nicht aus dem Weg gehen könnte.

Im Staat sah MACHIAVELLI die Rettung des Menschen vor sich selbst und die Bedingung für eine vernünftige menschliche Existenz. Nur gesetzliche Zwangsmittel des Staates könnten in einer Gesellschaft, in der sich feindliche Gruppen in dauerndem Kampf befinden, Ordnung und Sicherheit geben. Deshalb müsse es das Ziel einer guten Politik des Staates sein, den Verfall der Gesellschaft zu verhindern. Ein wirklicher Staatsmann sei jener Gesetzgeber, der durch seine Gesetze eine tragbare Ordnung und eine Staatsgesinnung schaffe. Der ideale Staat sei ein Kunstwerk, eine durch Gesetze geordnete Notwendigkeit, die politische Machtbehauptung und menschliche Selbstbehauptung in Einklang bringe. Der Staatsmann (Principe) sei mit seinem Staat der Zwingherr zur Freiheit. Die darauf zielende Politik dürfe sich nicht von Religion und Moral bestimmen lassen, sondern sei eine Technik der Machtbehauptung nach innen und der Freiheitsbehauptung für den Staat nach außen. Die gute Politik, so MACHIAVELLI, beruhe nicht auf Gerechtigkeit und Liebe, sondern auf dem Freund-Feind-Verhältnis und dem Mißtrauen. Ihre Mittel seien zwar Gewalt und Zwang, aber ihr Ziel sei die Herrschaft der Gesetze, die sich im Chaos der Dinge ihre Zweckmäßigkeit behaupten könne.[410]

Aus diesem technisch-rationalen Denken über Politik und Staat entwickelte sich gegen Ende des 16. Jahrhunderts die Lehre von der ›Staatsräson‹ (BOTERO: *Della ragione di stato,*

1588), die eine politische Herrschaftsordnung bezeichnete, in der die Souveränität des Staates über religiöse Bindungen oder ständische Loyalitätsbande gesetzt wurde. Der Begriff der ›Staatsräson‹ erweiterte den Staatsbegriff vom Regierungsinstrument zum Herrschaftsgebiet. Er deckte auch den Herrschaftsbereich in den nicht-absolutistisch regierten Staaten. Im 17. Jahrhundert setzte sich die Gleichsetzung des Staates mit dem ganzen Herrschaftsbereich allgemein durch, zuletzt in Deutschland.

Fast ebenso wesentlich wie die Idee der Staatsräson war für die Entstehung des modernen Staates die der Souveränität. Sie wurde von dem französischen Juristen Jean BODIN (1529–1596) in seinem Werk *Sechs Bücher über die Republik* (1576) entwickelt. Nach ihm war die Souveränität das Wesensmerkmal eines effektiven Staates, nämlich eine oberste und über den Gesetzen stehende Gewalt gegenüber allen Bürgern oder Untertanen, die nicht an andere Gewalten oder Autoritäten gebunden war, also niemanden über sich anerkannte (*princeps legibus solutus*). Diese souveräne Gewalt erstreckte sich jedoch nicht auf das Recht (*jus*), das aus göttlicher und natürlicher Ordnung und aus den menschlichen Zusammenhängen von Familie und Eigentum zustande gekommen sei und nur der Schutzgewalt des Souveräns unterliege. Der Souverän hatte danach ein allumfassendes Hoheitsmonopol inne, blieb aber hinsichtlich der vorgegebenen Rechts- und Eigentumsordnung an die Zustimmung der Betroffenen gebunden. Für BODIN war der Souverän der einzig mögliche Repräsentant des Staates, der alle Einzelteile zu einem Körper vereinigt. Ergreift er Partei - wie in den Religionskriegen –, setzt er seine Repräsentationsfähigkeit aufs Spiel, und die Integrationskraft des Volkes nimmt ab. Die Beziehung zwischen Repräsentation und Integration ist bei ihm personalistisch. Somit kann die Einheit des Staates nur *einer* verkörpern, und jeder muß sich an diesen einen wenden, sich auf diesen einen beziehen können. Das Widerspiel funktioniert, indem der Souverän den Bürger schützt und der Bürger dem Souverän gehorcht. Es hört auf, wenn Körperschaften dazwischen treten. Hans-Dietrich SANDER zieht daraus den Schluß: »BODIN lehnte die Übertragung, Teilung und Beschränkung der Souveränität, wie sie gemischte Verfassungen kennen, das Widerstandsrecht und Parteibildungen aus der Logik der Dinge ab.«[411]

Wie das italienische Stadtstaatenregiment der Signore aus der Bürgerkriegssituation der politisch zerklüfteten Stadtrepubliken entstanden war, so hatten die Ideen der Staatsräson und der staatlichen Souveränität ihre geschichtlichen Wurzeln in den konfessionellen Kriegen, die seit der Mitte des 16. Jahrhunderts den größten Teil West-

und Mitteleuropas erschütterten und erst im Westfälischen Frieden beendet wurden. Sowohl BODIN als auch der bedeutende englische Theoretiker des Absolutismus, Thomas HOBBES (1588-1679), waren Zeugen der konfessionellen Kriege in Frankreich. HOBBES hatte die Ermordung HEINRICHS IV. (regierte von 1589 bis 1610), der die Konfessionskriege durch seinen Übertritt vom Calvinismus zum Katholizismus und durch das Edikt von Nantes (1598) beendete, und das Aufkommen des Absolutismus unter dem leitenden Minister LUDWIGS XIII. (regierte zwischen 1610 und 1643), Kardinal RICHELIEU, miterlebt. Beiden, BODIN wie HOBBES, ging es um eine Ordnung, die Ruhe und Sicherheit gewährleistete.

Einen tiefen Einschnitt in die europäische Staatsphilosophie vollzieht Anfang des 17. Jahrhunderts Thomas HOBBES, da bei ihm zwar nach wie vor das Gemeinwohl bedeutsam für seine Staatsidee ist, doch nicht mehr durch eine göttliche Ordnung legitimiert wird. Der Staat HOBBESs steht über einer geistlich vermittelten Moral und über den gesellschaftlichen und konfessionellen Gruppen. Der für ihn entscheidende Zweck des Staates besteht in der Schaffung und Erhaltung von Ordnung. Dahinter steht die Erkenntnis, die er in seinem *Leviathan* darlegt, daß das Streben der Menschen egoistisch an ihrer Selbsterhaltung orientiert ist.

Das natürliche Recht jedes Individuums besteht in der Freiheit, zu seiner Selbsterhaltung und zu seinem individuellen Wohl seine Möglichkeiten und Mittel beliebig einzusetzen. Das führt in einen Naturzustand, zu einem Krieg aller gegen alle. Um das zu vermeiden, muß durch die Etablierung eines Staates eine künstliche Ordnung geschaffen werden. Der Staat übernimmt also die Sicherung des individuellen Lebens und der sozialen Ordnung. Er ist dabei nicht an irgendein vor ihm liegendes Recht oder natürliches Recht gebunden, sondern schafft sich sein eigenes Recht. Alles staatliche Recht ist also künstlich konstruiertes bürgerliches Recht, ohne naturrechtliche Basis. HOBBES verwirft damit die Idee eines auf dem Naturrecht gründenden Staates – der Staat verfolgt in seiner Sicht keine moralischen Ziele (Tugendhaftigkeit, Gottgefälligkeit), sondern dient dem allgemeinen Zweck der Ordnungssicherung. Dieser Zweck kann nur durch eine absolute staatliche Herrschaft, der sich alle Individuen, aber auch Kirche, Philosophie und Wissenschaft bedingungslos zu unterwerfen haben, erreicht werden.[412]

Thomas HOBBES geht in seinem *Leviathan* davon aus, daß der Mensch von einem zweifachen Streben nach Macht und nach Frieden beherrscht wird. Diesem Streben setze nur der Tod ein Ende. Die notwendige Folge seien Streit, Krieg und Bürgerkrieg, weil die

Bestrebungen der einzelnen Menschen und Völker sich niemals auf einen Friedenszustand für alle festlegen ließen, der Zustand des Krieges der menschlichen Natur zugeordnet und der Frieden nur Hoffnung und Wunsch sei. Dennoch gehöre die Sehnsucht nach Frieden notwendig zum menschlichen Leben, weil sie der ständigen Angst vor einem gewaltsamen Ende entspringe. Das eigentliche Problem bestehe also darin, die Friedenssehnsucht des Menschen trotz seines unausrottbaren Machtstrebens zu realisieren.

In den konfessionellen Kriegen hatten sich die gegnerischen Parteien auf ihr subjektives Gewissen berufen und es zum Maßstab aller ihrer Handlungen gemacht. Da aber dieses subjektive Gewissen keine allgemein verbindliche Norm anerkannte und es den zu erstreitenden Frieden auch nur dann für gesichert hielt, wenn der Sieg total war, führte diese Berufung auf das Gewissen immer tiefer in den Bürgerkrieg hinein. HOBBES entlarvt deshalb dieses Gewissen als Gesinnung, als Ideologie, als Tarnung des dahinterstehenden Strebens nach Macht. Soll aber das Naturgesetz erfüllt werden, einen dauerhaften Frieden herbeizuführen, bedürfe es einer Instanz, die dieses Gesetz sichere. Diese sei aber der absolutistische Staat, in dem private Gesinnungen keine politische Relevanz haben. Seine erste Aufgabe sei die Sicherung des Friedens. Zwar sei auch er an das christliche Moralgesetz gebunden, aber über seine Auslegung entscheide der Souverän allein unter dem Gesichtspunkt des öffentlichen Staatsinteresses, und nicht unter dem des Gewissens. Einen solchen Staat als Sicherung des Friedens und die von ihm erlassenen Gesetze als verbindlich anzuerkennen, betrachtete HOBBES als einen Akt der Vernunft, zu dem sich die Individuen bekannt hätten, als sie sich in Freiheit entschlossen, einen Teil ihrer Rechte auf den sie repräsentierenden Souverän zu übertragen und sich zum Gehorsam gegenüber seinen Gesetzen zu verpflichten (»Staatsvertrag«).

Souverän und Untertan stünden in diesem Staat in einem gegenseitigen Abhängigkeitsverhältnis: Soweit der Souverän den Frieden sichere und den Untertanen Schutz gewähre, seien diese zum Gehorsam verpflichtet. Daß jedoch die zur Sicherung des Friedens und zum Schutz der Untertanen vom Souverän erlassenen Gesetze der Moral widerstreiten könnten, liege an dessen menschlicher Unzulänglichkeit oder am politischen Zwang. Erfüllten sie ihre Aufgabe, seien sie im politischen Sinne moralisch, und der Untertan habe sie zu befolgen, ohne sich mit ihrem Inhalt zu identifizieren. So schreibt HOBBES im *Leviathan*: »Das Gesetz ist das öffentliche Gewissen, nur im geheimen ist der Mensch Mensch. Der Mensch im geheimen ist frei; nur im geheimen ist der Mensch Mensch. Der Mensch als Bürger ist dem Souverän unterworfen; nur als Untertan ist der Mensch Bürger.«[413]

Für HOBBES ging es um die Beendigung des Bürgerkrieges. Der Kampf aller gegen alle konnte für ihn nur überwunden werden, wenn der Staat mit absoluter Gewalt ausgestattet wird: »Der alleinige Weg zur Errichtung einer solchen allgemeinen Gewalt, die in der Lage ist, die Menschen vor dem Angriff Fremder und vor gegenseitigen Übergriffen zu schützen und ihnen dadurch eine solche Sicherheit zu verschaffen, daß sie sich durch eigenen Fleiß und von den Früchten der Erde ernähren und zufrieden leben können, liegt in der Übertragung ihrer gesamten Macht und Stärke auf einen Menschen oder eine Versammlung von Menschen, die ihre Einzelwillen durch Stimmenmehrheit auf einen Willen reduzieren können. Das heißt soviel wie einen Menschen oder eine Versammlung von Menschen bestimmen, die deren Person verkörpern sollen, und bedeutet, daß jedermann alles als eigen anerkennt, was derjenige, der auf diese Weise seine Person verkörpert, in Dingen des allgemeinen Friedens und der allgemeinen Sicherheit tun oder veranlassen wird, und sich selbst als Autor alles dessen bekennt und dabei den eigenen Willen und das eigene Urteil seinem Willen und Urteil unterwirft. Dies ist mehr als Zustimmung oder Übereinstimmung: Es ist eine wirkliche Einheit aller in ein und derselben Person, die durch Vertrag eines jeden mit jedem zustande kam. [...]

Ist dies geschehen, so nennt man diese zu einer Person vereinte Menge Staat, auf lateinisch *civitas*. Dies ist die Erzeugung jenes großen Leviathan oder besser, um es ehrerbietiger auszudrücken, jenes sterblichen Gottes, dem wir unter dem unsterblichen Gott unseren Frieden und Schutz verdanken. [...] Vor dieser Einsetzung eines Staates werden alle Rechte und Befugnisse dessen oder derer abgeleitet, denen die höchste Gewalt durch die Übereinstimmung des versammelten Volkes übertragen worden ist [...]. Da die Mehrzahl übereinstimmend einen Souverän ernannte, hat derjenige, welcher dagegen stimmte, nunmehr mit den übrigen übereinzustimmen, das heißt sich mit der Anerkennung aller zukünftigen Handlungen des Souveräns zufrieden zu geben, oder aber er wird rechtmäßig von den übrigen vernichtet.«[414]

Da der Staat von HOBBES zur Herstellung von Ordnung als absolute Autorität gedacht wurde, erscheint nach diesem Verständnis die Notwendigkeit einer bedingungslosen Unterordnung des Bürgers unter die Autorität des Staates als logische Schlußfolgerung. Wie wurde nun aber diese Idee des absoluten Staates in der politischen Wirklichkeit des Absolutismus umgesetzt?

## *Der französische Absolutismus*

Das Frankreich LUDWIGS XIV. galt im 17. Jahrhundert als Vorbild des Absolutismus. In Frankreich begründeten die Kardinäle RICHELIEU (1585–1642) und MAZARIN (1602 bis 1661) den absoluten Machtstaat. In der Auseinandersetzung mit den Ständen, vor allem Hugenotten und Hochadel, setzte sich die königliche Zentralgewalt durch. RICHELIEU war in der Wahl seiner Methoden sehr erfinderisch. Er richtete besondere Gerichtshöfe für Aufsässige ein, sperrte widerspenstige Adlige in die Bastille und bekämpfte das Recht der städtischen Parlamente, Gesetze des Königs vor der Inkraftsetzung zu prüfen (Registrierrecht). Die Generalstände wurden seit 1614 nicht wieder einberufen und konnten den König in seiner Finanzpolitik nicht mehr an ihre Zustimmung binden.

*LUDWIG XIV. identifizierte seine Person mit dem Staat: »L'Etat c'est moi!« Doch am Ende seiner absolutistischen Herrschaft stand Frankreich vor dem Staatsbankrott. (Gemälde von H. RIGAUD, 1701, Paris, Louvre)*

Als LUDWIG XIV. 1661 die Regierung übernahm, schärfte er den Mitgliedern der verschiedenen Ratsgremien ein, nichts dürfe ohne seine Entscheidung beschlossen werden. LUDWIG verbannte alle königlichen Verwandten aus dem Rat und berief vorwiegend Bürgerliche als Minister. Der Hochadel wurde dadurch von der Macht ferngehalten. In COLBERT (1619–1683) fand er einen Beamten, der sich durch unermüdliche Arbeitskraft auszeichnete und die Entscheidungen des Königs durchzusetzen verstand. Das war trotz RICHELIEUS und MAZARINS Wirken keineswegs leicht. Städte, Familien, Provinzen, bestimmte Gesellschaften und Berufsgruppen waren im Besitz von Immunitäten und Privilegien, die sie zäh verteidigten. In den Provinzen bestanden die unterschiedlichsten Verhältnisse. Fast jeder Bezirk lebte nach anderem Recht. Die Kopfsteuer (Taille) wurde nicht in der gesamten Monarchie unter den gleichen Bedingungen erhoben; manche Provinzen waren von der Salzsteuer durch Privileg oder

Loskauf befreit. Die indirekte Warensteuer wurde aus den gleichen Gründen nicht überall bezahlt.

Es galt also zunächst, die zahlreichen Besonderheiten zu beseitigen, um die zentrale monarchische Herrschaft durchzusetzen. Seit dem 12.–13. Jahrhundert hatten Amtmänner das Gerichts- und Finanzwesen verwaltet und im Zusammenhang damit Polizeiaufgaben wahrgenommen. Sie waren durch zahlreiche Beziehungen mit den herrschenden Familien des jeweiligen Gebietes verbunden und vertraten meistens die Interessen der Provinz, nicht die Politik des Königs. Da sie praktisch unabsetzbar waren, konnten sie zu Verteidigern der Bevölkerung ihres Gebietes gegenüber der Krone werden. Seit dem 15. Jahrhundert hatten die Könige durch das Kommissarsystem diesem Mangel abzuhelfen versucht. Sie wurden von Fall zu Fall ernannt, waren Truppenführer bei Aufständen, hielten außerordentliche Gerichtstage, überprüften die Steuerrechnungen und setzten ungetreue Beamte ab. RICHELIEU hatte häufig Kommissare eingesetzt, COLBERT erhob sie in den Steuerbezirken zu königlich besoldeten Beamten (Intendanten). Sie wurden in weniger als zehn Jahren zu Leitern der Provinzverwaltungen (um 1680).

1667 wurde in Paris zum erstenmal ein Polizeidirektor ernannt, 1699 auch in den Provinzstädten. Die oft mangelhaft mit der ständischen Gerichtsbarkeit verbundene ältere Polizei wurde durch eine königliche Ordnungsmacht abgelöst. Das Heer wuchs in Kriegszeiten auf 120 000 Mann an, sank im Frieden allerdings auf 15 000 Soldaten (stehendes Heer) ab. Die Werbung von Mannschaften blieb dem Adel vorbehalten, der bei Kriegsgerüchten an den Hof strömte, vom König Hauptmanns- und Obristenstellen zugewiesen bekam und für die Zusammenstellung der Kompanien und Regimenter auf eigene Rechnung Männer anwarb. Viele Ausländer wurden so zu Soldaten im Dienste Frankreichs auf Zeit.

Die gesellschaftliche Gliederung der französischen Monarchie war keineswegs einheitlich. Die Stände waren untereinander nicht so streng abgegrenzt, wie es dem modernen Betrachter mitunter erscheint. Im Adel waren viele ursprünglich bürgerliche Familien aufgegangen, die sich eine Grundherrschaft kaufen konnten und gegen eine einmalige Zahlung an den König den erblichen Adel erhielten. Von einem bestimmten Beamtenrang an wurde man Mitglied des Zweiten Standes. Die Ämter wurden gekauft und brachten bei der üblichen Bestechung eine gute Verzinsung des aufgebrachten Kapitals. Erfolg und Geld überwanden alle ständischen Schranken.

Die Geistlichkeit war der heterogenste Stand der Monarchie. Die kirchlichen Pfründen (Bistümer, Abteien und Klöster) waren meist im Besitz adliger Herren, während die Menge der Pfarrer dem Dritten Stand (Bürger und Bauer) entstammte. Sie waren ebenso arm wie die Mehrheit des Volkes, ihre Interessen deckten sich häufig mit denen des Dritten Standes. Die hohe Geistlichkeit war eine wichtige Stütze des Absolutismus, weil sie nahezu regelmäßig freiwillige Subventionen an den König aus ihrem insgesamt riesigen Besitz zahlte. Hohe Geistliche spielten als Berater des Königs in der französischen Monarchie eine bedeutende Rolle.

Der Dritte Stand war durch die Steuerpflicht, die Taille, von Adel und Geistlichkeit geschieden. Er umfaßte sowohl die steuerbewußte reiche Stadtaristokratie, die wirtschaftlich gesicherten Handwerksmeister und gelehrten Berufe als auch das Heer der Manufakturarbeiter und Gesellen, der Ackerbürger und des in sich stark differenzierten Bauernstandes. Die dinglichen Lasten des Bauern waren meist verschwunden, die Gemeindeflur aufgeteilt. Eine kapitalistische Wirtschaftsweise drang auf dem Land vor, die auf möglichst großen Gewinn ausgerichtet war, die Besitzer von ausreichenden Ackernahrungen begünstigte und die Menge der Kleinstellenbesitzer, Pächter und Landarbeiter benachteiligte. Die Urteile über die Lage der Bauern schwanken stark, die Unterschiede nach lokalen und wirtschaftlichen Verhältnissen waren zu groß. Fest steht allerdings, daß die merkantilistische Wirtschaftspolitik COLBERTS die Landwirtschaft benachteiligte. Um möglichst viel Bargeld im Lande zu halten, mußte Frankreich mehr ausführen als einführen. Um konkurrenzfähig zu bleiben, durften die Preise für Gewerbeexportwaren nicht zu hoch angesetzt werden. Da es sich meist um lohnintensive Gewerbe handelte, mußten die Lebensmittel billig sein, um die Löhne niedrig halten zu können. Seit September 1664 wurde die merkantilistische Politik zentral vom Wirtschaftsrat geleitet.[415]

Der Merkantilismus war die für diese Zeit prägende Wirtschaftsform und hatte seinen Ursprung in Westeuropa, vor allem in Frankreich, wo er vorrangig auf Handel und Schiffahrt ausgerichtet war. Die preußische Form, der Kameralismus, stützte – im Gegensatz zum französischen Merkantilismus – die Landwirtschaft, war jedoch auch für wirtschaftliche Neuerungen aufgeschlossen. Dabei konzentrierte sich dieses Wirtschaftssystem zunächst auf die Steigerung der fürstlichen Einkünfte aus den Domänen und Kammergütern. Der Kameralismus wurde – erweitert um eine allgemeine Wirtschafts- und Verwaltungslehre – seit 1727 an den Universitäten Halle und Frankfurt an der Oder als eigene staats- und wirtschaftswissenschaftliche Disziplin gelehrt.

Sowohl der französische Merkantilismus als auch der preußische

Kameralismus gingen davon aus, daß ein starker Staat die Wirtschaft dirigieren und ordnen müsse – etwa durch Schutzzölle, Manufakturgründungen, Getreidebevorratung und Preisregulierungen sowie durch gewerbliche und landwirtschaftliche Erziehungs- und Musteranstalten –, um eine optimale Entwicklung der Territorialwirtschaft und zugleich jedem Stand sein Einkommen zu garantieren. Der führende deutsche Theoretiker, der in Speyer geborene Pfarrersohn Johann Joachim BECHER (1635–1682), war als Berater der Münchener und Wiener Regierungen tätig. Er entwickelte Pläne für bayerische Kolonien in Nord- und Südamerika, errichtete Manufakturen, wie die österreichische Seidenmanufaktur in Walpersdorf, und gründete große Kommerziengesellschaften, unter anderem für den Orienthandel.

Brandenburg-Preußen betrieb eine gezielte Peuplierungs- und Kolonialisationspolitik für seine verwüsteten und entvölkerten Länder und verbesserte seine Verkehrswege, um so die wichtigsten Voraussetzungen für eine erfolgreiche Wirtschaftsförderung zu schaffen. Als LUDWIG XIV. von Frankreich 1685 das Toleranzedikt von Nantes widerrief, nahm man rund zwanzigtausend Hugenotten auf: Allein sechstausend gingen nach dem damals knapp zehntausend Seelen zählenden Berlin und gaben dem Geistes- und Wirtschaftsleben der Hauptstadt Glanz und Aufschwung. Wenige Jahrzehnte später, 1732, folgten rund siebzehntausend Salzburger Exilanten, die vorwiegend in Ostpreußen angesiedelt wurden.

*Der Große Kurfürst empfängt huguenottische Flüchtlinge, die nach dem Widerruf des Edikts von Nantes durch LUDWIG XIV. Frankreich verlassen mußten. Die Flüchtlinge gehörten zur geistigen Elite Frankreichs oder entstammten der gut ausgebildeteten Handwerkwerschicht, so daß das Gastland Preußen davon profitierte – vor allem in wirtschaftlicher Hinsicht. (Kupfer von Daniel CHODOWIECKI, 1782)*

Bereits der Große Kurfürst hatte in den Jahren 1662 bis 1668 den Oder-Spree-Kanal graben lassen und damit eine Wasserverbindung von Schlesien über Berlin nach Hamburg hergestellt, die seine Länder an die Atlantikschiffahrt anschloß. Unter seinen Nachfolgern, vor allem unter seinem Enkel FRIEDRICH WILHELM I. (1713–1740), ging die staatliche Wirtschaftsförderung eine immer engere Allianz mit der Militarisierung ein. So gründete der Soldatenkönig noch im Jahr seines Regierungsantritts in Berlin im sogenannten Lagerhaus die größte Textilmanufaktur im damaligen Deutschland, um die Versorgung seiner Armee mit Uniformen sicherzustellen.[416]

## *Der preußische Absolutismus*

Einige europäische Herrscher waren von den Ideen der Aufklärung und des Humanismus so ergriffen, daß sie sich um eine Reform veralteter Rechts- und Verwaltungspraxis bemühten und die Person des Herrschers dem Staatszweck unterordneten. Für den aufgeklärten Monarchen war der Staat nicht länger Eigentum des Königs, sondern diente der Erfüllung überpersönlicher Zwecke, die das Staatswohl zum Segen der Untertanen zum Ziel hatten (Staatsräson). So entstand in Deutschland und Italien der aufgeklärte Absolutismus. Das Preußen FRIEDRICHS DES GROSSEN, das Großherzogtum Toskana zur Zeit PETER LEOPOLDS galten Europa als Vorbild neuer Staatsauffassung. Macht und Gewalt des Herrschers blieben zwar absolut, aber die Ausübung im einzelnen bestimmte das Gesamtinteresse der Untertanen, wie es die aufgeklärten Monarchen verstanden.

Die preußische Staatsbildung begann zu einer Zeit, nach dem Dreißigjährigen Krieg, als niemand damit rechnete, da Deutschland zu der Zeit weniger als jenes Monstrum war, wie PUFENDORF das Heilige Römische Reich Deutscher Nation im Verfallsstadium nannte, hingebreitet inmitten aufstrebender um ihre Staatenbildung ringender Nationen als Beute, aus der man sich risikolos bedienen konnte; was Frankreich tat, als es sich 1681 Straßburg und das Elsaß einverleibte. Der Wiederaufstieg ist allein von MACHIAVELLI vorausgesehen worden, der die Deutschen als das Volk bezeichnete, das über die besten Voraussetzungen für die Gründung eines Staates verfügt: Sie sind diszipliniert, fleißig, ehrlich, können mit Geld umgehen, halten die militärischen Übungen in Ehren, ziehen ein rauhes, freies Leben dem verderblichen Luxus vor, halten die Willkür des Adels kurz, haben Gemeinsinn, Gerechtigkeitsgefühl, Gesetzestreue. »Für das Gelingen der preußischen Staatsbildung«, schreibt Hans-Dietrich SANDER, »spielte eine entscheidende Rolle, daß FRIEDRICH WILHELM, der Große Kurfürst, von 1640–1688 fast ein halbes Jahrhundert regierte und in der Nachfolge zwei weitere überragende Monarchen auftraten: FRIEDRICH WILHELM I., der Soldatenkönig, und FRIEDRICH DER GROSSE, der Alte Fritz. Der preußische Staat konnte sich, wenn auch unter ständiger Anfechtung von außen, in einer 150jährigen Kontinuität als absolute Monarchie konsolidieren. Das ist eine zeitliche Gnade, die von der Geschichte nur selten gewährt wird, und diese absoluten Monarchen zeigten sich ihr auch nicht unwürdig.«[417]

Von entscheidender Bedeutung war der 18. Januar 1701, als sich der brandenburgische Kurfürst FRIEDRICH III. in Königsberg selbst die Königskrone (»König in Preußen«) aufsetzte und somit als König FRIEDRICH I. volle staatliche Souveränität gegenüber den anderen europäischen Großmächten in Europa gewann. Freilich war er in bezug auf das Kurfürstentum Brandenburg nach wie vor Vasall des Kaisers in Wien, doch allmählich strahlte die Königswürde von Königsberg auf den preußischen Gesamtstaat über.

Die Perfektion der preußischen Staatsbildung erreichte zweifellos FRIEDRICH DER GROSSE (Regierungszeit von 1740–1786), der ein Staatswesen übernahm, das sich aus verschiedenen Territorien zusammensetzte. Die Macht der Stände war im wesentlichen vom Großen Kurfürsten (Regierungszeit von 1640–1688) und dem Soldatenkönig FRIEDRICH WILHELM I. (Regierungszeit von 1713–1740) gebrochen worden; die Rechts- und Verwaltungseinheit konnte aber noch nicht erreicht werden. Beide Herrscher hatten den Grundherren die Arrondierung des Gutsbesitzes durch Bauernlegen erleichtert. FRIEDRICH übernahm ein stehendes Heer von 30 000 Mann, eine in Gehorsam und Pflichtgefühl erzogene Beamtenschaft und einen wohlgefüllten Staatsschatz.

Der junge König war den Ideen der Aufklärung tief verbunden und korrespondierte mit Gelehrten und Philosophen. Das geistige Haupt der Aufklärung, VOLTAIRE, weilte von 1750 bis 1753 im neuerbauten Schloß von Sanssouci. FRIEDRICH selbst war literarisch und musikalisch produktiv und hinterließ bei seinem Tod ein umfangreiches schriftstellerisches Werk, wenn auch seine Kenntnisse und Wertschätzung für die deutsche Sprache und Literatur als äußerst gering einzuschätzen sind, da er das Französische als damaligen Zeitgeisttrend bevorzugte. Im *Antimachiavell* von 1737 lehnte er eine skrupellose kriegerische Machtpolitik ab und ließ nur drei Möglichkeiten militärischer Auseinandersetzungen zu: Verteidigungskriege, Präventivkriege als Notwehr und militärische Entscheidung widerstreitender fürstlicher Rechte. Als König hat er sich allerdings nicht an seine eigene Theorie gehalten. So nutzte er die Thronbesteigung

Maria Theresias in Österreich 1740, um das begehrte Schlesien zu erobern, was ein glatter Friedens- und Rechtsbruch darstellte. Dies wußte er mit höchst fragwürdigen Rechtsansprüchen zu begründen, die er im Friedensvertrag von Jagdschloß Hubertusburg bei Dresden (1763) durchsetzte.[418]

Friedrich II. *mit seinem 1737 verfaßten* Antimachiavell, *er sah sich vor allem als Sachverwalter der Allgemeinheit.*

Dem König verblieb für die Restitution Preußens genauso viel Zeit, wie der Kampf um Schlesien insgesamt gedauert hatte: volle dreiundzwanzig Jahre. So selbstherrlich wie er die Kriege geführt hatte, leitete er auch den Staat im Frieden. Obwohl die Unterschiede nach Temperament, Empfindsamkeit, Intellekt, künstlerischer Kraft zwischen Friedrich dem Grossen und seinem Vater gewaltig waren, dachten sie vom Staat dasselbe. Der Anmaßung Friedrich Wilhelms I. – »Die Seligkeit ist für Gott, aber alles andere muß mein sein« – hatte sein Sohn nichts hinzuzufügen. Friedrich II., der zwar nicht zum Soldaten geboren, aber zum Soldaten erzogen und unversehens ein Feldherrngenie geworden war, sah in der Staatskunst nur die Fortsetzung des Krieges mit anderen Mitteln, einen täglichen Kampf auf ständig wechselnden Plätzen. Regieren betrachtete er als ein soldatisches Unterfangen mit Befehlsausgabe, Rapporten, Inspektionen, Belobigungen, Tadel, Auszeichnungen und Strafen. Staatsdienst bedeutete die Verwaltung und Organisation eines riesigen paramilitärischen Truppenkörpers. Beamte, Räte, Minister, Domänenpächter, Architekten, Bürgermeister, Bankiers, Kaufleute – sie hatten Befehle empfangen und Befehle auszuführen.

Friedrich der Grosse hielt den autokratischen Zentralismus für die beste aller möglichen Regierungsformen. Kein Herrscher seiner Zeit entwickelte ein derart besessenes Interesse an den Einzelheiten der Staatsgeschäfte, selbst den anscheinend belanglosesten. Der König war unerschütterlich davon überzeugt, daß niemand so kompetent und beschlagen war wie er, daß ihn keiner seiner Experten nach

Wissen und Urteilskraft übertraf, ob es sich um das Finanzwesen oder die Wirtschaft handelte, um Zölle oder Steuerkraft, um Justiz oder Administration, um Innen- oder Außenpolitik, um Heereswesen oder Truppenführung. Von der nobilitierenden Kraft des Gottesgnadentums hielt er nichts, dafür um so mehr von seiner Intelligenz und Weitsicht. Alles entschied er selbst. Seine Mitarbeiter beherrschten ihr Metier, auch wenn er ihre Qualitäten noch so sehr rühmte, stets um etliche Grade schlechter als er. Eins freilich blieb bis zuletzt unverändert: Wirklichen Wert besaßen für diesen Herrscher nur Offiziere höheren Ranges.

In einer seltsamen Verkehrung tauchten beim Alten Fritz viele Eigenschaften auf, die den jungen Prinzen an seinem despotischen Vater entsetzt hatten, dubiose wie rühmenswerte. So die Richtlinie, mit der FRIEDRICH WILHELM I. den Sohn 1730 zum Dienst in die Küstriner Kriegs- und Domänenkammer befohlen hatte: Er müsse lernen, »daß kein Staat bestehen könne, sondern Wirtschaft und gute Verfassung und daß ohnstreitig das Wohl des Landes davon dependiere, daß der Landesherr selbst alles verstehet: sonsten das Land den Favoriten und Premierministern zur Disposition bleibet, welche den Vorteil davon haben und alle Sachen in Konfusion setzen«.

FRIEDRICH DER GROSSE hinterließ keinen in »Konfusion« gesetzten Staat. Das friderizianische Preußen entwickelte sich zum strikten Gegenteil einer solchen Befürchtung, und zwar in derartiger Perfektion, daß es in kürzester Zeit zum erstarrten Relikt eines bloßen Mechanismus wurde. Wenig mehr als ein Jahrzehnt nach FRIEDRICHS Tod schien dieses Gebilde nur noch eine mißliche Gelegenheit für die preußischen Reformer zu sein, um eine radikale Umgestaltung und Erneuerung durchzuführen, die schon fällig gewesen wäre, als FRIEDRICH 1740 den Befehlsstand dieser Militärapparatur übernahm, einer »Beamtenmaschine«, wie sie der junge Ernst Moritz ARNDT genannt hat, angetrieben und in Bewegung gehalten durch den »wildesten Despotismus«.[419]

Die Errungenschaften der Regierungs- und Verwaltungsreformen des Alten Fritz trugen ihre Früchte auch noch viele Jahre danach. Im Laufe des 19. Jahrhunderts stellte sich heraus, daß der preußische Verwaltungsstaat dem westeuropäischen Verfassungsstaat in der Bewältigung aller Probleme überlegen war, die mit der Industrialisierung zusammenhingen. Das so grimmig als reaktionär bekämpfte Deutschland BISMARCKS war in Wirklichkeit der erste moderne Sozialstaat.[420] Von diesem Erbe profitiert die Bundesrepublik heute noch, die ihre ziemlich stabile Ordnung gerade ihrem preußischen Erbe in Sozialpolitik und Verwaltung verdankt.

FRIEDRICH DER GROSSE vertrat in seinem politischen Testament den Standpunkt, daß eine gut geleitete Staatsregierung ein ebenso fest gefügtes System haben müsse wie ein philosophisches Lehrgebäude. Alle Maßregeln müßten reiflich durchdacht sein, Finanzen, Politik und Heerwesen auf ein gemeinsames Ziel steuern: nämlich die Stärkung des Staates und das Wachstum seiner Macht. Ein System kann demnach nur aus einem Kopf entspringen, also muß es aus dem des Herrschers hervorgehen. Trägheit, Vergnügungssucht und Dummheit: Diese drei Ursachen hinderten die Fürsten in ihrem edlen Beruf, für das Glück ihrer Väter zu wirken. Solche Herrscher machen sich nach Auffassung FRIEDRICHS II. verächtlich, sie werden zum Spott und Gelächter ihrer Zeitgenossen, und ihre Namen geben in der Geschichte höchstens Anhaltspunkte für die Zeitfolge ab. Verächtlich meint er in seinem Testament:

»Sie vegetieren auf dem Throne, dessen sie unwürdig sind, und denken nur an das liebe Ich. Ihre Pflichtvergessenheit gegen ihre Völker wird geradezu strafbar, der Herrscher ist nicht zu seinem hohen Rang erhoben, man hat ihm nicht die höchste Macht anvertraut, damit er in Verweichlichung dahinlebe, sich vom Mark des Volkes mäste und glücklich sei, während alles darbt. Der Herrscher ist der erste Diener des Staates.«[421]

Der absolute Herrscher solle gut besoldet werden, damit er die Würde seiner Stellung aufrechterhalten könne. Man fordere aber von ihm, daß er werktätig für das Wohl des Staates arbeite und wenigstens die Hauptgeschäfte mit Sorgfalt leite. Er brauche unzweifelhaft Gehilfen. Die Bearbeitung der Einzelheiten wäre zu umfangreich für ihn. Aber er müsse ein offenes Ohr für alle Klagen haben.[422]

FRIEDRICH DER GROSSE schuf den preußischen Rechtsstaat. Alle Untertanen waren ohne Unterschied des Standes und der Konfession vor dem Strafgesetz gleich, wenn auch gelegentlich Eingriffe des Königs aus Gründen der ›Staatsräson‹ in die Rechtsprechung erfolgten. Die Richter waren unabsetzbar und ausreichend besoldet. Für die Prozesse wurden der Codex Fridericianus und eine allgemeine Prozeßordnung bedeutsam. Das Allgemeine Preußische Landrecht, das erste moderne Gesetzbuch in deutscher Sprache, wurde auf seine Veranlassung erarbeitet. Sein eigentlicher Schöpfer war SUAREZ. Es wurde jedoch erst nach FRIEDRICHS Tod beendet und blieb bis 1900 (Bürgerliches Gesetzbuch) gültig. Durch das Allgemeine Preußische Landrecht wurde das Recht von der Person des Herrschers unabhängig gemacht und der Herrscher ebenso dem Recht unterstellt wie der Untertan. Das Rechtswesen selbst wurde von veralteten Methoden der Rechtsfindung (Folter usw.) gereinigt. Das in allen Landes-

*Das Allgemeine Landrecht für die Preußischen Staaten legte in 19 000 Paragraphen die Rechte der Untertanen allgemeinverständlich fest. Es wurde 1900 durch das Bürgerliche Gesetzbuch abgelöst.*

teilen einheitliche preußische Landrecht entwickelte sich seit 1793 zu einem starken Bindemittel des preußischen Staatsbewußtseins.

Nun hatte der König zwar die Freiheit der Richter von allen traditionellen Abhängigkeiten verankert, aber sie waren nicht frei von ihm selbst, von seinem letzten Wort. Daß es sich dabei um ein Machtwort handelte, wurde der preußischen Justiz 1779 in einem berühmt gewordenen Fall vorexerziert.

An einem kleinen Fluß in der Neumark betrieb der Müller Johannes ARNOLD seine Mühle. Das Grundstück oberhalb gehörte dem Landrat Georg Samuel VON GERSDORF. Eines Tages beschloß der Landrat, in seinem Park einen Karpfenteich anzulegen. Er leitete das Flüßchen auf seinem Gebiet um, ließ es den neuen Teich durchqueren und führte es danach wieder in das alte Bett zurück. Müller ARNOLD beschwerte sich: Wegen des Karpfenteichs könne er nur noch an wenigen Tagen im Jahr Korn mahlen, und so weigerte er sich, seinem Grundherrn, dem Grafen VON SCHMETTAU, die vorgeschriebene Pacht zu entrichten. Der Graf verklagte ihn, ARNOLD wurde für schuldig befunden, verweigerte aber nach wie vor die Zahlung.

Das Gericht ordnete daraufhin die Versteigerung der Mühle an. Nun wandte sich der Müller an die Neumärkische Regierung. Da sie ihn abschlägig beschied, richtete er eine bittere Beschwerde unmittelbar an den König. FRIEDRICH II. war vom ersten Augenblick an absolut sicher, daß hier einem braven Mann durch feudale Willkür schwerstes Unrecht zugefügt worden war. Der Müller war arm, folglich mußten die Gerichte zugunsten des Adelsherren eine Rechtsbeugung begangen haben. Der König übertrug den Fall dem preußischen Kammergericht in Berlin. Nach gründlicher Überprüfung bestätigten auch die ranghöchsten Rechtsgelehrten des Staates die Korrektheit der früheren Urteile. Als FRIEDRICH DER GROSSE den Bericht erhielt, übermannte ihn grenzenlose Wut. Er zitierte seinen Großkanzler Karl Joseph VON FÜRST, ließ die drei verantwortlichen Kammergerichtsräte vor sich bringen, fuhr sie mit den rüdesten Worten an, enthob den Großkanzler auf der Stelle seines Postens und ließ die fassungslosen Gesetzeshüter ins Stadtgefängnis abführen.

Dann diktierte er einen Brief ans Kammergericht: »Sie müssen wissen, daß der geringste Bauer, ja, was noch mehr ist, der Bettler ebensowohl ein Mensch ist, wie Seine Majestät sind, und dem alle Justiz muß widerfahren werden. Indem vor der Justiz alle Leute gleich sind, es mag sein ein Prinz, der wider einen Bauern klagt, oder auch umgekehrt, so ist der Prinz vor der Justiz dem Bauern gleich; und bei solchen Gelegenheiten muß pur nach der Gerechtigkeit verfahren werden, ohne Ansehen der Person: Danach mögen sich die Justiz-Collegia in allen Provinzen nur zu richten haben, und wo sie nicht mit der Justiz ohne alles Ansehen der Person und des Standes gerade durchgehen, sondern die natürliche Billigkeit beiseite setzen, so sollen sie es mit Seiner Königlichen Majestät zu tun kriegen. Denn ein Justiz-Collegium, das Ungerechtigkeiten ausübt, ist gefährlicher und schlimmer als eine Diebesbande; vor der kann man sich schützen; aber vor Schelmen, die den Mantel der Justiz gebrauchen, um ihre Passiones auszuführen, vor denen kann sich kein Mensch hüten. Die sind ärger als die größten Spitzbuben, die in der Welt sind, und meritieren eine doppelte Bestrafung.«

Das waren keine leeren Drohungen. Der König erließ am selben Tag eine Kabinettsorder, durch die das Urteil des Kammergerichts kassiert und Müller ARNOLD umgehend seine Mühle zurückerstattet wurde. Der Landrat wurde entlassen, sein Karpfenteich zugeschüttet, und die drei Kammerrichter wurden für ein Jahr auf die Festung geschickt. Man findet in der Geschichte selten ein ähnlich funkelndes Zeugnis für den Willen eines Königs, Unrecht zu verhüten und den Ärmeren vor dem Zugriff eines Größeren zu bewahren. Doch ebenso selten findet sich ein bestürzenderes Beispiel für den mangelnden Sinn eines Herrschers für Recht und Justiz unter Berufung auf Recht und Justiz. Denn der Müller befand sich völlig im Unrecht, wie sich Jahre danach herausstellte; er war ein ortsbekannter Querulant und Lügner. In seiner eigenen rechtlichen Voreingenommenheit war der König einem Gauner aufgesessen und hatte wie jeder beliebige Diktator die Gesetze nach seinem eigenen Gutdünken zurechtgebogen.[423] Aber gerade dieses Beispiel macht deutlich, daß nur im Rahmen eines mit Autorität ausgestatteten Staates dem sozial Schwächeren rechtlich zum Sieg verholfen werden kann. In einer totalitären Gesellschaft hingegen, in der es auf die Stärke der Ellenbogen ankommt, ist das kaum möglich.

Im Sinne der Aufklärung proklamierte FRIEDRICH DER GROSSE die Toleranz gegenüber allen religiösen Anschauungen. (»In meinem Staate kann jeder nach seiner Fasson selig werden«.) Dadurch machte er das Verhältnis der Staatsangehörigen zum Staat vom religiösen Bekenntnis unabhängig. Im einzelnen freilich bestanden noch mancherlei Beschränkungen. So war den Katholiken der Zutritt zu höheren Staatsstellungen verwehrt; die Juden bildeten eine eigene ›Nation‹ innerhalb des Staates, die einem Ausnahmerecht unterstellt wurden.

Die strenge Gliederung des Staates in Adel, Bürgertum und Bauerntum wurde von FRIEDRICH DEM GROSSEN durch Maßnahmen, die eine Vermischung der Stände verhinderten, aufrechterhalten, wie zum Beispiel durch das Verbot des Ankaufs adliger Güter durch Bürger und Bauern. Dadurch wurde das System einer starren Bevorrechtung des Adels in Preußen trotz der aufklärerischen Haltung des Königs im Rechts- und Religionswesen verstärkt. So blieb der Adel die staatstragende Schicht (Beamte, Offiziere), ihm stand das Kleinbauerntum als Untertan gegenüber (›Junkerstaat‹). Das Bürgertum der Städte war weiterhin politisch rechtlos und dem Staatsleben gegenüber gleichgültig (die ›Bataillen‹ des Königs gingen es nichts an). Das Bauerntum war zwar gegen Gewalttätigkeiten des Adels durch königliche Erlasse geschützt, jedoch waren die Bauern außer auf den Krondomänen und in den westlichen Gebieten Preußens nur Fahrhabe, Zugehör zum Gut.

FRIEDRICH DER GROSSE hatte zum Staat ein vom Rationalismus geprägtes Verständnis. Er war für ihn eine überpersönliche Größe, dem sich Herrscher wie Untertan dienend unterzuordnen hatten. Die Stellung des Einzelnen im Staatsganzen wurde vom Wert des Dienstes bestimmt, den er dem Staat leistete. Solange der Staat, verkörpert in König, Heer und Beamtenschaft, mit absoluter Macht den Untertanen gegenüberstand und den Individuen übergeordnet war, konnte der aufgeklärte Absolutismus Härten mildern, aber nicht beseitigen. FRIEDRICH DER GROSSE sah sich selbst als ein Glied des Staates, dem er wie jeder andere in nimmermüder Arbeit zu dienen hatte. Bezeichnend hierfür ist seine Aussage: »Ich bin der erste Diener meines Staates«, während LUDWIG XIV. davon sprach: »L'état c'est moi«.[424]

FRIEDRICH ersetzte die Beamtenregierung des Generaldirektoriums durch eine Kabinettsregierung. Die Kabinettsräte arbeiteten die Verordnungen für den König aus, dem die letzte Entscheidung vorbehalten blieb. Die Minister mußten mit dem Kabinett schriftlich verkehren. Jeder Minister verwaltete neben einem Teilressort eine Provinz, so daß niemand einen Überblick über die ganze Staatsverwaltung hatte. Die einzelnen Provinzen mußten ihre Haushaltspläne einreichen, die dann vom König zum Staatshaushaltsplan zusammengezogen wurden. So hatte der König allein einen Überblick über die Finanzlage des Gesamtstaates.[425]

In Preußen entwickelte FRIEDRICH DER GROSSE im Zeichen des aufgeklärten Absolutismus einen neuen Herrschaftsbegriff, der sich deutlich von dem des bisherigen Absolutismus unterschied. Herrschaft wurde nun nicht als ein durch Gottesgnadentum legitimierter Selbstzweck bestimmt, sondern bewußt in den Dienst von Volk und Staat gestellt. So entwickelte sich die moderne Vorstellung vom Staatsoberhaupt, das in einer Person das Allgemeine Interesse von Volk und Staat repräsentierte. FRIEDRICH DER GROSSE meinte hierzu: »Der Herrscher repräsentiert den Staat; er und sein Volk bilden bloß einen einzigen Körper, der nur insoweit glücklich sein kann, als Eintracht die einzelnen Glieder zusammenhält. Der Fürst ist für den Staat, den er regiert, dasselbe, was das Haupt für den Körper ist: er muß für die Allgemeinheit stehen, denken und handeln, um ihr jeglichen wünschenswerten Vorteil zu verschaffen. Soll die monarchische Regierung sich der republikanischen überlegen zeigen, so ist die Richtschnur für den Herrscher gegeben: er muß tätig und rein von Charakter sein und all seine Kräfte zusammennehmen, um die Aufgabe zu erfüllen, die ihm vorgezeichnet ward. [...]

Er soll darauf sinnen, wie er sein Volk glücklich mache, das ist meine Forderung! Ein zufriedenes Volk wird niemals an Aufruhr denken, ein glückliches Volk bangt vor dem Verlust seines Herrschers, der zugleich sein Wohltäter ist, mehr als dieser selbst vor einer Einbuße seiner Macht. Nie hätten sich die Holländer gegen die Spanier erhoben, hätte nicht die Gewaltherrschaft der Spanier so alles Maß überschritten, daß die Holländer gar nicht mehr unglücklicher werden konnten. [...]

Die Fürsten sind zu Richtern der Völker geboren; was sie groß macht, hat seinen Ursprung in der Pflege des Rechts. Niemals dürfen sie also die Grundlage ihrer Macht und die ursprüngliche Bestimmung ihres Amtes verleugnen.«[426]

## *Demokratie oder Liberalismus*

Reformation und Aufklärung regten den ›freien Christenmenschen‹ und ›mündigen Bürger‹ an, sich im Geiste von Martin LUTHER (1483–

1546) und Immanuel KANT (1724–1804) den Wert der eigenen Person wahrzunehmen und sich des eigenen Verstandes zu bedienen, womit auch systematisch der bis dahin noch dominierende bedingungslose Gehorsam gegenüber einer ›göttlichen Ordnung‹ hinterfragt wurde. Somit war auch der geistige Grundstein für die in der Folge in Erscheinung tretenden Ideen von Demokratie und Liberalismus gelegt, die sich nun beide gemeinsam – aber doch mit unterschiedlicher Zielsetzung – gegen die traditionelle Fürstensouveränität wendeten. Sie stellten die Legitimation sowohl des konfessionellen Fürstenabsolutismus als auch des Staatsabsolutismus in Frage.

Ein tiefer Einschnitt in die Geschichte der Staatsphilosophie erfolgte durch das Aufkommen der liberalen Staatsidee. Denn von der Antike bis in das 17. und 18. Jahrhundert wurde die Staatstheorie noch durch Gemeinwohlkonzeptionen dominiert, das heißt durch die Vorstellung, daß der Staat und die ihm unterwiesene gesellschaftliche Ordnung ein allgemeines und über individuellen Interessen stehendes Ziel (Gemeinwohl) zu verfolgen haben. In der Sicht von PLATON und ARISTOTELES zum Beispiel gründen Staat und Staatskunst auf einem Gemeinwohl, das unabhängig vom Individualwohl auf der Grundlage einer allgemeinen Tugendlehre vernünftig, objektiv bestimmbar ist.

Für THOMAS VON AQUIN (1224–1274) dagegen folgt die Gemeinwohlorientierung des Staates aus der Verankerung jeder rationalen Ordnung im göttlichen Gesetz. Wegen dieser Verankerung kann der Zweck der Politik nicht das individuelle Wohl sein, sie muß vielmehr dem durch das göttliche Gesetz bestimmten Gemeinwohl dienen. Ähnliche Auffassungen finden wir bei den meisten antiken und mittelalterlichen Staatstheoretikern.[427]

Diese Einheitlichkeit in dem Sinne, dem Staat eine Gemeinwohlverpflichtung aufzuerlegen, wird dann ab dem 17. Jahrhundert durchbrochen. Neben denjenigen Theoretikern, die weiter an einer göttlichen Ordnung und Tugendlehre festhalten, durch welche das Gemeinwohl bestimmt sein soll, treten nun die Denker des Absolutismus auf den Plan, welche zwar nach wie vor an der Gemeinwohlfunktion des Staates festhalten, letzterem aber eine über Volk und Kirche gleichermaßen fungierende absolute Position der Staatsräson zuschreiben. Beide Positionen, sowohl die klerikal-alteuropäische als auch die absolutistisch-etatistische, halten nach wie vor an einem ›Obrigkeitsstaat‹ fest, nur daß erstere die göttliche (und somit kirchliche) Ordnung über den Staat und letztere den Staat absolut über Kirche und Gesellschaft stellen.

Andererseits treten nun infolge von Aufklärung und Französischer

Revolution die geistigen Kräfte in den Vordergrund, die die Legitimität des traditionellen (alteuropäischen wie absolutistischen) Obrigkeitsstaates in Frage stellen und demgegenüber die Vorstellung einer Volkssouveränität entwickeln. Als ihr geistiger Urvater kann Charles MONTESQUIEU (1689–1755) gelten, der mit seiner Theorie von der politischen Gewaltenteilung die bis dahin allgemein anerkannte Vorstellung einer uneingeschränkten fürstlichen oder monarchischen Herrschaft durchbrach und somit der Idee der Volkssouveränität den geistigen Weg ebnete. Natürlich war bei MONTESQUIEU noch nicht die Spur von wirklicher Volksherrschaft im Sinne eines allgemeinen und gleichen Wahlrechts, wie man sie heute versteht; doch eine demokratische Mitbestimmung des Volkes ist hier schon angelegt, auch wenn sich MONTESQUIEU mit seinem Buch *L'esprit des lois* (*Vom Geist der Gesetze*, 1748) auf die englische Verfassungswirklichkeit seiner Zeit bezog, als man hinsichtlich des ständisch gegliederten englischen Parlamentarismus und Wahlrechts noch nicht von Volkssouveränität sprechen konnte. Doch da sich Parlamentarismus und Wahlrecht in den folgenden Jahrhunderten in Richtung Volkssouveränität fortentwickelte, bis das Prinzip *one man – one vote* durchgesetzt war, kann man ihn getrost als – wenn auch vielleicht ungewollten – Wegbereiter des demokratischen Gedankens bezeichnen.

Was MONTESQUIEU als Gewaltenverschränkung am damaligen englischen Parlamentarismus kritisierte, läßt sich heute nahtlos auf die Zustände im parlamentarischen System der Bundesrepublik beziehen: »Ist die gesetzgebende Gewalt mit der vollziehenden in einer Person oder in einem und demselben obrigkeitlichen Staatskörper vereint, so gibt es keine Freiheit, weil man fürchten kann, derselbe Monarch oder derselbe Senat werde tyrannische Gesetze geben, um sie tyrannisch zu vollziehen. – Es gibt ferner keine Freiheit, wenn die richterliche Gewalt nicht von der gesetzgebenden und der vollziehenden getrennt ist. Wäre sie mit der gesetzgebenden Gewalt verbunden, so würde die Macht über Leben und Freiheit der Bürger willkürlich sein, denn der Richter wäre Gesetzgeber. Wäre sie mit der vollziehenden Gewalt verbunden, so könnte der Richter die Macht eines Unterdrückers besitzen. – Alles wäre verloren, wenn ein und derselbe Mensch oder dieselbe Korporation der Vornehmen oder des Adels oder des Volkes diese drei Gewalten, Gesetze zu geben, die öffentlichen Beschlüsse zu vollziehen und Verbrechen oder Streitigkeiten der Privatleute zu richten, zugleich ausübte.«[428]

MONTESQUIEU kam es darauf an, anhand seiner Gewaltenteilungslehre Exekutive, Legislative und Judikative zwischen Monarch, Adel und Bürgertum aufzuteilen. Da dieses Argument bei den heutigen gesellschaftlichen Gegebenheiten von Demokratie entfällt, muß die Frage gestattet sein, ob denn die Gewaltenteilungslehre im Zeitalter des allgemeinen und freien Wahlrechts, das keine ständischen Unterscheidungen mehr kennt, noch zeitgemäß ist. Ihr aktueller Anspruch könnte nur noch darin gesehen werden, daß sie eine Richtschnur dafür abgibt, daß die drei Gewalten zwar nicht mehr aus drei verschiedenen ständischen Volksgruppen herrühren, jedoch voneinander zu trennen sind, um Machtmißbrauch einzuschränken und Kontrolle zu ermöglichen. In diesem Sinne sind die Gedanken MONTESQUIEUs nach wie vor hochbrisant.

Wer sich der geschichtlichen Bedeutung von Demokratie vergewissern will, muß wissen, daß diese Idee im 17. und 18. Jahrhundert in zwei entgegengesetzte Gruppen zerfiel: Die Vertreter der Volkssouveränität teilen sich in diejenigen, die den Begriff wortwörtlich nahmen, also alle Herrschaft direkt auf das Volk beziehen wollten, was wir als identitäre Demokratie bezeichnen, die sich sehr stark auf das Plebiszit bezieht.

Demgegenüber meint die zweite Geistesströmung, daß sich die Volkssouveränität nicht in direkter Form, sondern in einer repräsentativen Versammlung, also einem Parlament, widerspiegeln solle. Diese Geistesströmung bezeichnen wir heute als ›Liberalismus‹.[429] Während das hauptsächliche Instrument der identitären Demokraten das Plebiszit darstellt, nutzt der Liberalismus im bürgerlichen Interesse das Parlament zur Herrschaftssicherung.

Dabei ist wichtig, die beiden an sich nicht immer parallel laufenden geistigen Strömungen, von Demokratie und Liberalismus, als durchaus unterschiedliche Phänomene zu behandeln, und nicht bereits in der Phase der geistesgeschichtlichen Betrachtung der Leimrute heutiger Liberalisten aufzusitzen, welche gewöhnlich ihre Form von ›parlamentarischer Demokratie‹ als die alleinig denkbare und vor allem seligmachende Form von Demokratie darstellen.

Die HOBBESsche Theorie des absoluten Staates, der ohne den Überbau einer göttlichen Ordnung und Tugendlehre auskommt und einem allgemeinen Interesse zu dienen und bedingungslose Ordnung herzustellen hat, wurde insbesondere von John LOCKE (1632–1704) kritisiert. LOCKE gilt als Erfinder des Liberalismus und geistiger Wegbereiter der englischen parlamentarischen Demokratie. Im Unterschied zu HOBBES sah LOCKE den primären Zweck des Staates nicht nur in der Sicherung einer friedlichen Ordnung und des individuellen Lebens, sondern auch im Schutz von Freiheit und Eigentum.

In dieser Sicht ist das Eigentum naturrechtlich begründet und stellt eine zentrale Grundlage einer freien Gesellschaft dar. Da der Staat insbesondere die Freiheit und das Eigentum der Bürger sichern muß, darf seine Gewalt nicht absolut sein. Im Gegensatz zu HOBBES fordert LOCKE eine begrenzte und auf der Volkssouveränität beruhende staatliche Gewalt. Herrschaft bedarf in dieser Sicht der Zustimmung der Beherrschten. Folgerichtig ist das Handeln aller staatlichen Institutionen an Gesetze gebunden, die nur von dem Parlament als repräsentativem Vertretungsorgan der Bürger und als Träger der Volkssouveränität beschlossen werden. Damit wurde die ideologische Grundlage für den englischen Parlamentarismus geschaffen.

Eine in mancher Hinsicht ähnliche, gleichzeitig radikal unterschiedliche Staatskonzeption entwickelte Jean-Jacques ROUSSEAU (1712–1778), dessen Ideen die Französische Revolution und die Entwicklung der Demokratie in Frankreich stark beeinflußten. ROUSSEAU geht wie HOBBES und LOCKE von einer Vertragskonzeption des Staates aus – der Staat beruht nicht auf Naturrecht, sondern auf sozialer Übereinkunft. Der Gesellschaftsvertrag allein legitimiert politische Herrschaft. Durch einen Gesellschaftsvertrag können Menschen, ROUSSEAU zufolge, zwar politische Herrschaft begründen, keineswegs aber ihre natürliche Freiheit veräußern. Da individuelle Freiheit ein natürliches Merkmal des Menschen ist, muß der allgemeine Wille der Gesellschaft mit dem natürlichen Willen des Menschen übereinstimmen. Das bedeutet, daß der Staat auf einer Identität von Einzel- und Gemeinwillen beruhen muß. Der Gemeinwille – »volonté générale« – ist jedoch nicht bloß die Summe der Einzelwillen – das wäre die »volonté de tous« –, sondern das Allgemeine an der Summe der Einzelwillen. Die »volonté générale« wird durch Abstimmung aus der Summe der Einzelwillen herausgefiltert.

Das setzt voraus, daß erstens keine Interessengruppen oder Koalitionen gebildet werden und daß zweitens die Bürger aufgeklärt sind. Die Aufklärung der Bürger muß, so ROUSSEAU, notfalls durch staatliche Zwangsmaßnahmen erfolgen. Der aufgeklärte Bürger soll sodann in plebiszitären Verfahren alle grundlegenden politischen Entscheidungen fällen. ROUSSEAU lehnt repräsentative Verfahren ebenso wie die Gewaltenteilung und die Bildung von Parteien und Interessengruppen entschieden ab. Die Souveränität des Volkes ist nach seiner Ansicht nicht repräsentierbar und die ›volonté générale‹ dem einzelnen Bürger übergeordnet, muß der Volkswille doch auf der einhelligen und einheitlichen Teilnahme aller Bürger beruhen.

Während ROUSSEAU als der Vater der modernen Konzeption einer radikalen Demokratie gilt, weil er die Volkssouveränität wie kaum ein anderer in den Mittelpunkt seiner Konzeption stellte und gleichzeitig noch einmal eine Gemeinwohl-Konzeption des Staates vorlegte, verschaffte John Stuart MILL (1806–1883), etwa einhundert Jahre nach ROUSSEAU, der reinen Individualkonzeption den ideologischen Durchbruch. Somit avanciert MILL neben LOCKE zum geistigen Begründer des modernen Liberalismus.

Für MILL ist, ganz im Gegensatz zu PLATO und ARISTOTELES, die individuelle Freiheit die zentrale Voraussetzung für die Entfaltung und das Glück des Menschen. In die Freiheit des Einzelnen darf auch nach MILLS Ansicht nur eingegriffen werden, wenn das zum Schutz der gesellschaftlichen Ordnung notwendig ist. Der Schutz der gesellschaftlichen Ordnung ist die einzige Aufgabe des Staates, das heißt, MILL vertritt die Konzeption eines Minimalstaates.[430] Demzufolge erscheint unter nationaler Betrachtungsweise MILL als ein wesentliches geistiges Vorbild des gegenwärtigen BRD-Parteienstaates.

Dieser Staat kann nur dann in die individuelle Handlungsfreiheit eingreifen, wenn das individuelle Handeln die legitimen Interessen anderer bedroht und die gesellschaftliche Ordnung gefährdet. Jede darüber hinausgehende Regulierung individuellen und kollektiven Handelns lehnt MILL entschieden ab.[431] Zu diesem liberalextremistischen Denken paßt auch die Vorstellung von Adam SMITH (1723–1790) von einem »Nachtwächterstaat«, der sich nicht durch konkrete eigene Aufgaben und Staatsziele, sondern nur als Vermittlungsbehörde beim Streit konkurrierender Personen und Gruppen in Erscheinung tritt.

Das von LOCKE und MILL postulierte Prinzip individueller Freiheit ist das zentrale Prinzip liberaler Staatstheorie. Im Gegensatz zu HOBBES geht sie davon aus, daß Ordnung ohne Zentralgewalt dann entsteht und funktioniert, wenn erstens individuelle Rechte und Eigentumstitel klar definiert, sozial anerkannt und kollektiv gewährleistet sind und wenn zweitens die Interaktionen der Gesellschaftsmitglieder als freiwillige Tauschbeziehungen ausgestaltet und Tauschprozesse als Wettbewerbsmarkt organisiert sind. Der Staat ist nur als Garant des Schutzes der individuellen Rechte und Eigentumstitel sowie des freien Wettbewerbs notwendig.[432]

Der Gegensatz von Demokratie und Liberalismus läßt sich gut an der politischen Geschichte Englands dokumentieren. Obwohl die Liberalen im Großbritannien des 19. Jahrhunderts nur für vergleichsweise kurze Zeit regierten, waren sie eine gesellschaftlich und intellektuell einflußreiche Macht, die sogar ihre Gegner dazu bringen konnte, ihren Vorstellungen zu folgen. Die Ideen von Adam SMITH, dann aber vor allem die Lehre COBDENS, der Utilitarismus von Jeremy BENTHAM und in der folgenden Generation die Philosophie John Stuart MILLS durchdrangen die Gesellschaft und übten auf die Menschen eine außerordentliche Anziehungskraft aus. Der Liberalismus hat in der ersten Jahrhunderthälfte vor allem dazu beigetragen, den Freihandel durchzusetzen und einige Mängel des parlamentarischen Systems zu beseitigen. Mit der berühmten Reform-Bill von 1832 wurde der gröbste Mißbrauch des Wahlrechts behoben, auch wenn es noch zahlreicher Gesetze bedurfte, um den Stimmenkauf ganz zu unterbinden. Der Zensus war 1832 allerdings nur unwesentlich erweitert worden, erst 1884 führte man ein annähernd allgemeines Wahlrecht ein; geheime an Stelle von öffentlichen Wahlen gab es seit 1872.

Eine ›Demokratie‹ war Großbritannien im Sinne von Volksherrschaft also selbst im 19. Jahrhundert nicht, sollte es nach dem Wunsch der Liberalen auch nicht sein. Sie hatten die Parole der ›Volksherrschaft‹ wohl benutzt, um die Macht der alten Eliten zu unterminieren, aber bereits um die Jahrhundertwende war es allgemeine Überzeugung in ihren Reihen, daß vollständige politische Gleichheit und unumschränkte Geltung von Mehrheitsbeschlüssen außerordentliche Gefahren bargen, deren Charakter ein Liberaler wie MILL sehr deutlich erkannte, der von der »Demokratie« als »Tyrannei der Mehrheit« warnte.

Den englischen Liberalen, die sich zunächst *whigs*, dann *liberals* nannten, ging es nie um ›Volksregierung‹, sondern um die Verteidigung jenes englischen Freiheitsbegriffs, der sich im 17. und 18. Jahrhundert in den Konflikten zwischen Krone und Parlament ausgebildet hatte. Es ging dem liberalen Bürgertum um die Verwirklichung einer Idee, der zufolge der Einzelne (streng genommen: der finanziell unabhängige einzelne) dem Fürsten als eigene Macht gegenüberstand und mit diesem einen ›Vertrag‹ abschloß, der einerseits die Zugeständnisse an den Staat, andererseits die Rechte des Individuums regelte. Diese Rechte wurden als Summe von konkreten Einzelrechten verstanden, selten nur als allgemeine Freiheitsrechte wie sie von den amerikanischen und den französischen Revolutionären proklamiert worden waren.[433]

Um ihre eigene Machtposition gegenüber der Krone zu stabilisieren und auszubauen und sich gleichzeitig gegen die Emanzipationsgelüste der Unterschichten zu wenden, bediente sich das liberale Bürgertum in England, später auch auf dem europäischen Festland, zweier Instrumente: des Pluralismus und des Parlamentarismus. Mit dem ersten ist die Vorstellung verbunden, daß aus einer Konsensfindung zwischen den Sonderinteressen der Gesellschaft das Beste für das Gemeinwesen entspringe. Der Parlamentarismus ist schließlich das Instrument, um den Einfluß gesellschaftlich starker Gruppen und Lobbyisten unter dem Deckmantel der Propaganda vom »Pluralismus« durchzusetzen – um es mit Carl SCHMITT auszudrükken: das Parlament als Fassade, um die Machtpolitik gesellschaftlich einflußreicher Kräfte zu verschleiern. In den heutigen westlichen ›Demokratien‹ zählen zu diesen ›gesellschaftlich relevanten Kräften‹ auch kriminelle wirtschaftliche Strukturen – vom Steuerhinterzieher bis zur Mafia.

Für das moderne Verständnis der sogenannten liberalen Demokratie (Parlamentarismus) ist das Werk von Joseph A. SCHUMPETER (1883-1950) von großer Bedeutung, dessen Ideen sozusagen den Gegenpol zur identitären Demokratie von Jean-Jacques ROUSSEAU bilden, die sich an dem Postulat des ›Gemeinwohls‹ ausrichtet. SCHUMPETERS Vorstellungen von einer Konkurrenz-Demokratie, in deren Mittelpunkt der Parteienwettbewerb steht, finden sich in seinem erstmals 1942 erschienenen Buch *Kapitalismus, Sozialismus und Demokratie*. Darin wird Demokratie als wertfrei und an der Marktwirtschaft orientiert. Die Rolle, die auf dem Markt die Marktteilnehmer spielen, kommt in der Politik den Parteien zu.

Bei SCHUMPETER geht es um Demokratie als ausschließlich »demokratische Methode« (freie Wahlen usw.). Die Staatsbürger sollen alle paar Jahre ihre kompetenten Vertreter wählen und sich dann für die Zeit der Legislaturperiode aus politischen Dingen, die sie ohnehin nicht verstehen, heraushalten. Somit avanciert er zum radikalen Verfechter der sogenannten repräsentativen Demokratie beziehungsweise der ›parlamentarischen Demokratie‹. ›Demokratie‹ verkommt bei SCHUMPETER somit von ihrem ursprünglichen Anspruch auf Volksbezogenheit (Gemeinwohlorientierung) auf das bloße Miteinanderkonkurrieren von Parteien und gesellschaftlichen Gruppen um die besten Lösungen, die sich jedoch nicht unbedingt an dem Fortbestand eines homogenen Volkes auszurichten brauchen.[459] Wie kaum ein anderer dürfte somit SCHUMPETER als geistiger Vorläufer des politischen Systems der BRD gelten.

Die liberale Gesellschaftstheorie hat die Entwicklung der westlichen Demokratien und ihre staatstheoretische Rechtfertigung stark beeinflußt. Dennoch war und ist sie keineswegs die einzige unangefochtene ideologische Grundlage. Sie wird vom Konservatismus, Sozialismus und Nationalismus in Frage gestellt. Allen diesen Ideologien ist gemein, daß die Ursache ihres Entstehens in dem Auflösungsprozeß der alteuropäischen feudalen Ordnung liegt, wofür die Reformation, die Aufklärung sowie die Französische Revolution als Meilensteine gelten. Der Verfassungsrechtler Gerhard LEIBHOLZ hat dessen geistiges Erbe dann in der Bundesrepublik verwirklicht.

## 5. Die Entstehung des deutschen Nationalstaats

*»Mit dem 19. Jahrhundert gehen die Mächte aus der Form des dynastischen Staates in den des Nationalstaates über.«*
Oswald SPENGLER[434]

Für den Neuen Nationalismus stellt sich heute die Frage, wo er bei der Rekonstruktion des Staates und dem Durchdenken der Volksstaatsidee geschichtlich ansetzen muß. Da er die Nation völkisch – also der Abstammung nach – definiert, scheidet die Bezugnahme auf das alteuropäische Staatsverständnis des Feudalismus von vornherein aus. Demzufolge geht es dem Neuen Nationalismus nicht um eine ›christliche Nation‹, auch nicht um ein ›christliches Abendland‹, sondern um das Wohlergehen der deutschen Nation.

Ebenso kann es für den Neuen Nationalismus in Deutschland kein Zurück zum Staatsabsolutismus preußischer Prägung geben. Dieser hatte sicherlich seine geschichtliche Berechtigung und war zweifellos – zu seiner Zeit – ein Fortschritt gegenüber der konfessionell bestimmten Fürstensouveränität des Feudalismus, wurde jedoch im Jahre 1806 – bei Jena und Auerstedt – vom französischen Volkskaiser NAPOLEON BONAPARTE auf den Müllhaufen der Geschichte geworfen.

So perfekt die Staatsauffassung FRIEDRICHS DES GROSSEN zu ihrer Zeit auch angemutet haben mag, nur wenige Jahre nach seinem Ableben war das Gedankengebäude bereits von der Wirklichkeit der Zeit überholt. Durch die Französische Revolution und den im Anschluß damit verbundenen Aufstieg NAPOLEONS BONAPARTE zum Herrn von nahezu ganz Europa setzte sich auf dem alten Kontinent als Mittel zur Macht das Massenphänomen durch. Es wäre sicherlich vereinfacht, im französischen Jakobinismus die alleinige Quelle des modernen Nationalismus zu sehen, doch der geistige Zusammenhang beider Erscheinungen liegt auf der Hand.[435]

Die Parole »Freiheit, Gleichheit und Brüderlichkeit«, die von den französischen Revolutionären erhoben wurde, bezog sich ursprünglich auf die Gleichheit des Volksgenossen, auch wenn andere Trittbrettfahrer diese Losung für ihre eigene Emanzipation zu nutzen wußten. Der Nationalismus, der sich in Europa als politische Idee und in der Folge als politische Bewegung(en) herausbildete, vollzog somit einen deutlichen Bruch mit der bis 1789 gültigen alteuropäischen Ordnung einer ständischen Gliederung von Staat und Gesellschaft. Dieser Nationalismus steht aber ebenso im geistigen Widerspruch zum ab Mitte des 19. Jahrhunderts aufkommenden internationalen Sozialismus beziehungsweise zum Kommunismus; nämlich in der Weise, daß letzterer den Gleichheitsgrundsatz nicht ausschließlich wie der

Nationalismus auf die eigenen Volksgenossen, sondern auf die gesamte Menschheit angewendet sehen wollte. Die ›Diktatur des Proletariats‹ erschien ihm als Ziel wichtiger als die Existenzberechtigung der Völker und Kulturkreise. Daß jedoch die Arbeiterschaft der Nation näher verbunden ist als dem ›internationalen Proletariat‹ hat sich spätestens in den Schützengräben des Ersten Weltkrieges gezeigt.

Vor der epochalen Zäsur um 1789 drehte sich der gesellschaftliche Konflikt in den europäischen Gemeinwesen noch um den Dualismus zwischen Ständen und Zentralgewalt, in Deutschland zwischen Kaiser und Reich, wobei zu der Zeit unter dem Begriff ›Reich‹ die Reichsstände, vor allem die mächtigen Kurfürsten verstanden wurden, die den Kaiser wählten. Somit wird deutlich, daß selbst das Heilige Römische Reich Deutscher Nation ein ›demokratisches‹ allgemeines gleiches Wahlrecht kannte, wobei sich jedoch als wahlberechtigte ›Nation‹ lediglich die Reichsstände, in diesem Fall die Kurfürsten, selbst sahen. Von diesem ›Nations‹-Begriff war zu der Zeit die Masse der Unterschichten an Stadtbürgern, Bauern und Tagelöhnern und dergleichen mehr ausgeschlossen.

Das änderte sich mit der Zäsur von 1789 und dem Auftreten des gewaltigen französischen Volks-Kaisers NAPOLEON BONAPARTE, der es wie kaum ein zweiter bis zu dieser Zeit verstand, die imperiale Idee des französischen Königtums mit dem Impuls des französischen Nationalismus der Massen zu verbinden. Schließlich hatte sich NAPOLEON der Unterstützung der Massen zweimal per Plebiszit versichert; zum ersten Mal 1802, als er sich per Volksabstimmung das Konsulat auf Lebenszeit und die Befugnis übertragen ließ, seinen Nachfolger zu bestimmen. Zum zweiten Mal 1804: Da erhielt er die Zustimmung des französischen Volkes, ein Erbkaisertum mit ihm selbst als Kaiser einzurichten.[436]

Die militärische Auswirkung dieses Volkskaisertums war ein bis dahin nicht gekanntes stehendes Volksheer, dem sich auch viele Angehörige anderer, vor allem unterworfener europäischer Nationen, zum Waffengang als Söldner andienten. Für die Offizierslaufbahn kamen in NAPOLEONs großer Armee auch Bürgersöhne in Betracht. Die Substanz des gesamten französischen Volkes wurde somit unter seiner Herrschaft – nicht nur militärisch – besser für die Nation zunutze gemacht, als dies zuvor in den feudal gegliederten Gesellschaften ›Alteuropas‹ der Fall sein konnte, wo die Zugehörigkeit eines Bürgers zu einem Stand über seine berufliche Verwendung entschied und nicht etwa seine Intelligenz, seine Fähigkeiten und Neigungen, bestimmte berufliche Laufbahnen einzuschlagen und gegebenenfalls höhere Bildungsabschlüsse anzustreben.

Für Oswald SPENGLER war die Einführung der allgemeinen Wehrpflicht - zunächst in Frankreich, dann in Deutschland - die Initialzündung zur Entwicklung des modernen Nationalstaats: »Der folgenreichste Ausdruck der ›nationalen‹ Revolution seit 1789 sind die stehenden Heere des 19. Jahrhunderts gewesen. Die Berufsheere der dynastischen Staaten wurden durch Massenheere auf Grund der allgemeinen Wehrpflicht ersetzt. Es war im tiefsten Grunde ein Jakobinerideal: die levée en masse von 1792 entsprach der Nation als Masse, die an die Stelle der alten, gewachsenen, ständisch gegliederten Nation in vollkommener Gleichheit organisiert werden sollte.«[437]

## *Preußische Reform und Befreiungsnationalismus*

Dieser zumindest zeitweilige Triumph des französischen Nationalismus konnte für die weitere Entwicklung in Europa nicht folgenlos bleiben. Vor allem die gedemütigten Deutschen mußten den Erfolg des Franzosenkaisers als Vorbild empfinden. So wurde nun zunehmend die erforderliche Kraft des deutschen Volkes nicht mehr ständisch, sondern die Stände übergreifend definiert. Wie kaum ein anderer formulierte Friedrich Ludwig JAHN 1810 das »Deutsche Volkstum«, in dem er eine biologische Einheit sah, die sich über die Generationen erstreckte, wenn er von »innewohnendes Wesen, sein Regen und Leben, seine Wiedererzeugungskraft, seine Fortpflanzungsfähigkeit«[438] sprach. Spätestens ab diesem Zeitpunkt, als JAHN

*Siegesmeldung nach der Schlacht von Leipzig (Gemälde von Johann Peter Krafft, 1839) – einer der Höhepunkte des Befreiungsnationalismus.*

*Friedrich Ludwig Jahn (Gemälde von Friedrich L. Heine, 1820)*

*Karl August von Hardenberg (Gemälde von F. Kinson, 1816)*

*Georg Friedrich Wilhelm Hegel*

vermutlich erstmals schriftlich das *Deutsche Volkstum* niederlegte, war der geistige Grundstein der völkischen Idee in Deutschland gelegt.

Jahn hatte nun aber ›nur‹ das deutsche Volk als soziobiologische Einheit beschrieben, die Frage seiner politischen Verfassung behandelten die preußischen Reformer. Einer von ihnen, Johann Gottlieb Fichte, forderte in seinen *Reden an die deutsche Nation*, daß die »Vaterlandsliebe« den Staat der deutschen selbst regieren müsse[439], womit zweifellos das rein technisch-rationale Staatsverständnis des absolutistischen Zeitalters durchbrochen war, und nicht allein mehr die Staatsräson als Selbstzweck, sondern das ›Volkswohl‹ beziehungsweise ›Gemeinwohl‹ des Volkes als das Staatsziel an sich formuliert wurde. Und dieses Volk umfaßte nur alle Deutschen, unabhängig von den standesmäßigen Unterschieden. Somit war der Idee des Volksstaates der geistige Grundstein gelegt.

Bei aller Bedrückung, die durch die militärische Niederlage gegen Napoleon bewirkt wurde, sah man in den deutschen Ländern, vor allem aber in Preußen, auch die Chance für das Neue. Der Theologe Friedrich Schleiermacher (1768–1834) schrieb bereits wenige Wochen nach Jena an einen Freund: »Alles Politische, was bis jetzt bestand, war, im großen und ganzen gesehen, ein unhaltbares Ding, ein leerer Schein. Die Trennung des einzelnen vom Staat und der Gebildeten von der Masse war viel zu groß, als daß Staat und Masse etwas hätten sein können. Dieser Schein muß verschwinden, nur auf seinen Trümmern kann die Wahrheit sich erheben. Eine allgemeine Regeneration ist notwendig und wird sich aus diesen Begebenheiten entwickeln. Wie? Das kann man jetzt noch nicht sehen, aber wir wollen dabei sein und mit angreifen.«[440]

Auf die hier beschriebenen Erfordernisse der neuen Zeit, welche von Frankreich ausging, reagierten nun die preußischen Reformer. Diese Reformen, die sich auf alle denkbaren Bereiche des öffentlichen Lebens wie Regierung, Verwaltung, Finanzen, Armee und Bildung erstreckten, dauerten über mehrere Jahrzehnte an. Der Kern der Reformen erstreckte sich von 1807 bis 1822. Mit dieser Zeitspanne zusammen fällt die Regierungsverantwortung in der Funktion des Staatskanzlers zweier befähigter Männer: des Freiherrn VOM STEIN und des Freiherrn VON HARDENBERG, die abschnittsweise den preußischen Staat zu reformieren versuchten. Dabei widersprachen sich die einzelnen Reformvorhaben nicht selten, und hin und wieder kamen, vor allem bei der Reform der Finanzen, die Maßnahmen ins Stocken, weshalb von einem einheitlich ausgeklügelten Reformwerk im Sinne einer ›Gesamtplanung‹ nicht die Rede sein kann.[441]

Dennoch wurden in vielen Bereichen erhebliche Verbesserungen für das preußische Gemeinwesen erreicht: Zwar kamen die Neuerungen auf dem Gebiet des Handels und des Gewerbes unter STEIN nicht zum Abschluß, und erst unter HARDENBERG trat die Gewerbefreiheit ins Leben, wurde auch der Zunftzwang beseitigt; dagegen hob bereits STEIN die Hörigkeit und Leibeigenschaft auf und beseitigte alle Beschränkungen der persönlichen Rechte. Die alte ständische Gliederung, soweit sie vor der rechtlichen Neuordnung bestand, nahm jetzt ein Ende, und wie es den Adligen fortan nicht verwehrt war, bürgerliche Beschäftigungen zu ergreifen, so durften auch Bürgerliche Rittergüter erwerben.

Auch die Schranken zwischen Stadt und Land fielen. Die Landbevölkerung konnte nun Arbeit in der Stadt suchen und die Stadtbürger auf dem Land. Eine neue Städteordnung gewährte große Rechte in der Selbstverwaltung. Auch die Verwaltungsbehörden erfuhren eine gründliche Umgestaltung. Das nach STEINS Rücktritt ins Stokken geratene Reformwerk wurde von HARDENBERG, der seit Juni 1810 an der Spitze der Regierung stand, fortgeführt, wenn auch nicht immer in STEINS Sinn; aber der finanziellen Schwierigkeiten wurde auch HARDENBERG nicht Herr, wodurch alle Reformen erschwert wurden.

Einen durchschlagenden Erfolg bewirkten die preußischen Reformen im Bereich von Bildung und Wissenschaft. Es erfolgte nun zunehmend eine Läuterung und Erhebung des geistigen und sittlichen Lebens des Volkes. So wurde in Berlin, besonders durch das Verdienst Wilhelm VON HUMBOLDTS, eine Universität gegründet, in der nun die fähigsten Gelehrten des Landes ihre geistigen Kapazitäten vereinigten, wovon die akademische Jugend profitierte: neben HUMBOLDT lehrten FICHTE, SCHLEIERMACHER, WOLFF und viele andere mehr.[442]

Für das Gelingen eines Großteils der Reformen war vor allem der Aufstieg des preußischen Bildungsbürgertums verantwortlich, der erst die Grundlage an Reformfähigkeit schuf, auf der Persönlichkeiten an der Spitze des Staates, wie STEIN und HARDENBERG, ihre Vorhaben verwirklichen konnten. Dieses Bildungsbürgertum stellte nun die preußische Reformverwaltung – vor allem die Staats- und Finanzräte, Kriegs- und Domänenräte, Polizeidirektoren und Offiziere. Dieses Bildungsbürgertum war seit zwei Generationen zum eigentlichen Träger deutscher Kultur und deutscher Öffentlichkeit geworden, dessen Horizont weit über den Dunstkreis preußischer Amtsstuben hinausreichte und philosophisch und aufklärerisch gebildet war. Beeindruckt war dieses Bürgertum auch von den Erfolgen NAPOLEONS. Vom Gegner lernen, um ihn zu schlagen – der »Griff in das Zeughaus der Revolution« war nach den Worten des Militärreformers GNEISENAU das einzige Mittel, Preußen zu befreien und seine alte Stärke zurückzugewinnen.[443]

Die preußischen Reformen beflügelten vor allem die geistige Strömung, die wir heute ›Deutschen Idealismus‹ nennen. Zum geistigen Höhepunkt gelangte nun die deutsche Staatsphilosophie mit dem Werk des FICHTE-Schülers Georg Wilhelm Friedrich HEGEL (1770-1831), der in seinen *Grundlinien der Philosophie des Rechts* (1821) Staat und Gesellschaft als zwei eigenständige, jedoch aufeinander angewiesene Sphären definierte, wobei die Gesellschaft letztendlich dem Staat untergeordnet und auf diesen zu beziehen sei. Letztlich könne auch nur der Staat die Freiheit des Einzelnen garantieren:

»Der Staat ist die Wirklichkeit der sittlichen Idee. [...] Wenn der Staat mit der bürgerlichen Gesellschaft verwechselt und seine Bestimmung in die Sicherheit und den Schutz des Eigentums und der persönlichen Freiheit gesetzt wird, so ist das Interesse der Einzelnen als solcher der letzte Zweck, zu welchem sie vereinigt sind, und es folgt hieraus ebenso, daß es etwas Beliebiges ist, Mitglied des Staates zu sein. [...] Der Staat an und für sich ist das sittliche Ganze, die Verwirklichung der Freiheit.«[444]

HEGEL begreift die Gesellschaft – im Gegensatz zum später auftretenden liberalen Harmoniemodell – als Kampfplatz individueller Privatinteressen und gesellschaftlicher Sonderinteressen, auf dem alle gegen alle in Auseinandersetzung leben – das heißt, er erkennt die Gesellschaft als zivilisatorisch angereicherten Naturzustand, in dem jeder nur »sich Zweck« ist.

In der Spezialisierung und Differenzierung der bürgerlichen Gesellschaft, die durch die aufkommende Industrialisierung verstärkt werden, werden die Werte der Aufklärung wie Freiheit, Gleichheit und Brüderlichkeit zerstört. An deren Stelle treten dann Unfreiheit, Ungleichheit und erbarmungsloser Kampf aller gegen alle. Somit wird für HEGEL der Bestand des bürgerlichen Gemeinwesens gefährdet. In dieser Hinsicht ist HEGEL der Gegenpol zum liberalen Harmoniedenken in der politischen Theorie.

HEGEL sieht nun weder einen Ausweg im Rückgang zur feudalen Beschränktheit, aber auch nicht in der proletarischen Revolution. Dem ›Pöbel‹ steht er sehr ablehnend gegenüber, erkennt aber die sozialen Probleme, die mit der aufkommenden Industrialisierung verbunden sind. Die Aufdeckung der zerstörerischen Tendenzen in der bürgerlichen Gesellschaft als eine Potenzierung ihrer immanenten Widersprüche, die sich letztlich daraus ergeben, daß in dieser Gesellschaft ein jeder sich selbst alleiniger Zweck ist, führt HEGEL zur Konstruktion eines monarchischen Staates, in dem er die Chance der Bestandserhaltung auch der bürgerlichen Gesellschaft sieht. Die bürgerliche Gesellschaft selbst sieht HEGEL als die Differenz, die zwischen die Familie und den Staat tritt, wenn auch die Ausbildung derselben später als die des Staates erfolgt. Schließlich setzt die bürgerliche Gesellschaft als die Differenz den Staat voraus, den sie als Selbständiges vor sich haben muß, um zu bestehen.[445]

In seinen *Grundlinien der Philosophie des Rechts* schreibt HEGEL: »Der selbstsüchtige Zweck in seiner Verwirklichung, so durch die Allgemeinheit bedingt, begründet ein System allseitiger Abhängigkeit, daß die Subsistenz, das Wohl und Recht aller verflochten, darauf gegründet und nur in diesem Zusammenhang verwirklicht und gesichert ist. – Man kann dieses System zunächst als den äußeren Staat, – Not- und Verstandesstaat ansehen.«[446]

Die Revolutionierung und Demokratisierung, die durch die preußischen Reformen angestoßen wurden, setzten sich vor allem im Heerwesen durch. In der Phase der Befreiungskriege mußte gerade hier alles auf eine Karte gesetzt werden, denn ohne Sieg war Preußens Untergang gewiß. Die preußische Armee wurde vorzüglich reorganisiert und verjüngt – von den 143 Generalen des Jahres 1806 waren 1813 nur noch zwei im Dienst. An der Spitze der Militärreform stand SCHARNHORST, der dabei tatkräftig von Männern wie GNEISENAU, BOYEN, GROLMANN, CLAUSEWITZ, aber auch von STEIN unterstützt wurde.

Dabei ging es darum, daß die preußische Armee zu schwach war, um den Krieg mit herkömmlichen Mitteln allein zu führen. So viel hatte man aus den napoleonischen Erfolgen gelernt: Das Volk mußte den Kampf als seine Sache ansehen, wie einst die französischen Sansculotten gegen den Feind ausgezogen waren, als das Vaterland in Gefahr war. Dazu genügte nicht die Einrichtung der Landwehr, die SCHARNHORST neben die reguläre Linienarmee gestellt hatte, eine

Milizarmee, in der die Bürgersöhne bis in mittlere Offiziersränge avancieren konnten.

In diesem Geist geriet in Preußen das Heer endgültig zur ›Schule der Nation‹. Es erfolgte nun eine grundlegende Neuorganisation des Heeres. Die Werbungen von Söldnern hörten auf, ein Volksheer wurde geschaffen und der Grundsatz der allgemeinen Wehrpflicht anerkannt.

Die letzten standesmäßigen Befreiungen von der Wehrpflicht wurden in Folge der Befreiungskriege von 1813 und 1814 aufgehoben. Schließlich erhob BOYEN im September 1814 in Preußen die allgemeine Wehrpflicht zum Gesetz.[447] Das demokratische Prinzip der ›Gleichheit unter den Gleichen‹ war somit in Preußen im Militärwesen durchgesetzt. An ein allgemeines gleiches Wahlrecht dachte man zu der Zeit wohl noch nicht, aber es war logische Konsequenz aus der allgemeinen Wehrpflicht. Wer für sein Vaterland verbluten darf, wenn dieses in Not gerät, dem wird man auch auf Dauer die demokratische Mitbestimmung nicht verweigern können.

Zur Militärreform gehörte auch die Erkenntnis, die GNEISENAU einst dem König entgegengehalten hatte, als dieser die Vorstellungen der Reformer als bloße Poesie abgetan hatte: »Auf Poesie ist die Sicherheit der Throne gegründet«, und: »Es sind nicht immer die stehenden Heere gewesen, die Throne und Staaten gerettet haben. Häufiger war es die Liebe eines für seinen Herrscher begeisterten Volkes.«[448]

Diese Sehnsucht GNEISENAUS erfüllte sich dann am 17. März 1813, als nach langem und ängstlichem Zögern FRIEDRICH WILHELM III. seinen Aufruf »An mein Volk« erließ, in dem er »Preußen und Deutsche« zum Kampf für ehrenvollen Frieden oder einen ruhmreichen Untergang aufforderte, da kam es im Volk zu einer Massenstimmung, die in manchem Ähnlichkeit mit den spontanen Aufständen der französischen Revolutionsepoche besaß.

Bildungsbürger wie Handwerker strömten in Freiwilligeneinheiten, die Freikorps, während Frauen Gold für Eisen gaben und patriotische Häkelkränzchen organisierten. Die Menschen wurden von einem Taumel erfaßt, der für knapp anderthalb Jahre die deutsche Nation zum sinnbildlichen Erlebnis machte. Die Angehörigen der Freiwilligenverbände fühlten sich als »Nation in Waffen«. In der Gestalt des gefallenen Dichters Theodor KÖRNER und der unerkannt in Männerkleidung vor dem Feind gebliebenen Eleonore PROHASKA besaß die entstehende Nationalbewegung ihre Märtyrer.

Die Einheit der Nation wurde schließlich in den Waffengängen von 1813 erreicht. Dabei stand anfangs das Kriegsglück auf der Kippe. Selbst die dezimierte französische Armee vermochte die preußischen Truppen mehrmals zu schlagen, und erst der Kriegseintritt Österreichs am 12. August 1813 verschob die Gewichte endgültig zuungunsten NAPOLEONS. Die ›Völkerschlacht‹ bei Leipzig brachte im Oktober 1813 die Vorentscheidung, als die rheinbündischen Truppen in geschlossenen Reihen zu den Alliierten übergingen.

## *Die Wiederherstellung der Fürstensouveränität*

Die Fürsten folgten in aller Hast der nationalen Begeisterung ihrer Untertanen. So war zwar Deutschland bis zum Ende des Jahres befreit, doch den Fürsten fiel es im Traum nicht ein, das einige Vaterland, für das so viele in den Befreiungskriegen gekämpft und geblutet hatten, zu schaffen. Sie hielten im Verlaufe des Wiener Kongresses von 1814 lieber an der deutschen Kleinstaaterei fest. Die Schlüsselwörter hießen nun: Wiedergeburt, Restauration, Regeneration und Wiederherstellung. Die Reise ging nun wieder zurück zum vorrevolutionären Staatensystem in Mitteleuropa, zum friedenssichernden Gleichgewicht (*balance of power*) souveräner Staaten nach dem Muster des Westfälischen Friedens von 1648.

Bereits vor dem Kongreß überkamen den Oberst VON CLAUSEWITZ trübe Ahnungen; aus dem Feld schrieb er an seine Frau: »BONAPARTE konnte besiegt werden und ist besiegt worden, aber unser eigener Kleinmut ist unbesiegbar. Ich befürchte statt irgendeines Fortschrittes die Rückkehr in den alten Schlendrian.«[449]

Und so kam es dann auch auf dem Wiener Kongreß: Die Reformer und Revolutionäre von einst wurden nun von der reaktionären Wirklichkeit hinweggefegt. So tauchte der ›Turnvater‹ Friedrich Ludwig JAHN eines Tages in Wien auf und wurde dort von den höfischen Herrschaften wegen seiner altertümelnden ›Teutschen Tracht‹, seiner bärtigen Gestalt und seines polternden Freimuts wie ein Tanzbär bestaunt, aber wie ein Narr behandelt, als er in aller Naivität versuchte, die deutschen Fürsten an ihre Einheits- und Verfassungsversprechen zu erinnern. ›Jakobiner im Bärenfell‹ nannte man die Enthusiasten der deutschen Einheit: Wäre nicht die Verwirklichung ihrer Forderung, die staatliche Einheit Deutschlands, einer erneuten Revolution gleichgekommen?

So war dann der ›Deutsche Bund‹, der nach langem Tauziehen mit der Unterzeichnung der Bundesakte am 8. Juni 1815 das Tageslicht erblickte, ein schwacher Nachfolger des Reiches, das 1806 aufgelöst wurde. Bei ihm handelte es sich um einen Staatenbund, ein lockeres Bündnis der neununddreißig souveränen Staaten und Städte, der mit einem ständigen Gesandtenkongreß, dem ›Bundestag‹, als einzigem gemeinsamen Verfassungsorgan, vom österreichischen Kaiser präsidiert.

Während es den Befreiungskämpfern von 1813 und 1814 um die Einheit der deutschen Nation ging, so strebten nun die alten und wieder neuen Herrschaften nach einer ›christlichen Nation‹. Dazu trug vor allem die ›Heilige Allianz‹ der Monarchen Rußlands, Österreichs und Preußen bei, die am 26. September 1815 beschlossen wurde. In der Erklärung heißt es: »Die drei verbündeten Fürsten sehen sich nur als die Bevollmächtigten der Vorsehung, um drei Zweige einer und derselben Familie zu regieren, damit bekennend, daß die christliche Nation, zu der sie und ihre Völker gehören, in Wahrheit keinen anderen Souverän hat als [...] unsern Erlöser Jesus Christus.«[450]

Während sich also zu dieser Zeit im Westen Europa der moderne Nationalstaat längst zu entwickeln begonnen hatte, fielen Mittel- und Osteuropa wieder ins alteuropäische Zeitalter zurück. So wurden die nationalen Kräfte, die in den Befreiungskriegen freigelegt wurden, für viele Jahre der ›Biedermeierzeit‹ verschüttet. Gleichwohl versuchte nun aber die nationalrevolutionär gestimmte Jugend, vor allem in der 1815 in Jena gegründeten Burschenschaft, den nationalen Geist wachzuhalten – so während des Wartburgfestes (1817) und des Hambacher Festes (1832), bei denen nationale und demokratische Reformen angemahnt wurden und von der fürstlichen Reaktion, vor allem vom österreichischen Fürsten von Metternich, mit politischer Repression, so in Folge der Karlsbader Beschlüsse (1819), beantwortet wurde.

Wenn auch die Befreiungskriege nicht direkt zum deutschen Nationalstaat führten, so wurde dennoch der Keim zu diesem – gegen den Willen der alteuropäischen Reaktion – im Jahre 1834 gelegt, als der ›Deutsche Zollverein‹ unter Führung Preußens gegründet wurde, wohingegen noch der ›Deutsche Bund‹ von 1815 eine österreichische Dominanz bewirkte, die nun durch den ›Deutschen Zollverein‹ zugunsten Preußens relativiert wurde.

Das vereinigte Wirtschaftsgebiet wirkte wie ein Magnet; bis 1842 gehörten achtundzwanzig der neununddreißig deutschen Bundesstaaten dem Bündnis an, und Metternich, nach wie vor Lenker der österreichischen Politik, sah die Gefahr deutlich: Ein »Staat im Staate« habe sich etabliert, bemerkte er grämlich, die »Präponderanz« Preußens sei gestärkt, die »höchst gefährliche Lehre von der deutschen Einheit« befördert. Und Friedrich List, der geniale Vordenker von Zollverein und Eisenbahnbau, bemerkte 1841 zu der neuen wirtschaftlichen und technologischen Entwicklung:

»Das Eisenbahnsystem und der Zollverein sind siamesische Zwillinge; zu gleicher Zeit geboren, körperlich aneinandergewachsen [...] streben sie nach einem und demselben großen Ziel [...] - als Nationalverteidigungsinstrument; denn es erleichtert die Zusammenziehung, Verteilung und Direktion der Nationalstreitkräfte - als Kulturbeförderungsmittel, als Assekuranzanstalt gegen Teuerung und Hungersnot und gegen übermäßige Fluktuationen in den Preisen der ersten Lebensbedürfnisse, als Gesundheitsanstalt, als Stärkungsmittel des Nationalgeistes; denn es vernichtet die Übel der Kleinstädterei.«[451]

## *Das frühe Scheitern des Parlamentarismus in Deutschland*

Durch die Revolutionierung von Technik und Wirtschaft bedingt, verbanden sich in der Mitte des 19. Jahrhunderts die Ideen von Nationalismus und Liberalismus, die nun von einem aufgeklärten Bildungsbürgertum getragen wurden. Die Schaffung eines modernen Nationalstaates nutzte diesem Bürgertum nicht zuletzt in wirtschaftlicher Hinsicht. Von ihm wurde Deutschland - entgegen der bisherigen Kleinstaaterei - als gemeinsamer Markt verstanden.

Freiheit und Einheit lautete nun die oppositionelle Parole gegen die Fürstensouveränität. Aus dem Freiheitsgedanken, der seinen Ursprung in Reformation, Aufklärung und Französischer Revolution hatte, ergaben sich nicht nur die Forderungen nach demokratischer Verfassung und bürgerlichen Freiheiten, sondern es entstand nun der systempolitische Ansatz des Parlamentarismus als Instrument zur Herrschaftssicherung des Bürgertums.

Ein frühes Schauspiel, das die politische Unfähigkeit des liberalen Parlamentarismus vorführte, ereignete sich mit der Eröffnung der Deutschen Nationalversammlung in der Paulskirche zu Frankfurt am Main am 18. Mai 1848. Während des nun folgenden Revolutionsjahres wurde deutlich, daß sich die demokratische Idee in zwei Bewegungen spaltete: Während in der Frankfurter Paulskirche gewählte bürgerliche Honoratioren zum ersten gesamtdeutschen Parlament zusammentraten, um die Verfassung eines deutschen Einheitsstaates zu beraten, gingen revolutionär gestimmte Demokraten den direkten Weg. In Baden gelang es den Radikalen unter Führung des Rechtsanwaltes Friedrich HECKER, die sozialrevolutionäre Unruhe der Bildung einer republikanischen Bewegung dienstbar zu machen. Im April 1848 kam es zum badischen Aufstand, der durch Bundestruppen blutig niedergekämpft wurde. Die versprengten Freischärler flüchteten in die Schweiz und nach Nordamerika.

Unterdessen scheiterte das liberale Bürgertum in der Paulskirche an einem Übermaß an Diskussion, dem ein geringes Maß an Entschlußkraft gegenüberstand. Großdeutsch, kleindeutsch und großösterreichisch einerseits und konstitutionelle Monarchie oder Republik andererseits - lauteten die beiden wesentlichen Streitpunkte, die die Paulskirchenversammlung in eine Vielfalt von Fraktionen spaltete.

Wichtigstes und am leidenschaftlichsten diskutiertes Thema der Parlamentsdebatten waren die »Grundrechte des deutschen Volkes«, die am 27. Dezember 1848 verabschiedet wurden. Im September 1848 begann die Paulskirchenversammlung die Arbeit an einer deutschen Verfassung. Auch in ihr schlug sich das Kompromißdenken vieler Abgeordneten nieder: Unitarische und föderative, demokratische und monarchische Elemente wurden miteinander verbunden. Enthalten waren in der Verfassung ein starkes Zweikammern-Parlament, ein in seinen Befugnissen eingeschränkter, jedoch erblicher Monarch an der Spitze des Staates und das allgemeine und gleiche Wahlrecht. Die zweite Parlamentskammer war als Ländervertretung gedacht, weshalb es sich hierbei um einen Bundesstaat handelte.[452]

Das parlamentarische Zwischenspiel dauerte bis zum 3. April 1849, als eine Delegation des Paulskirchenparlaments vor dem preußischen König FRIEDRICH WILHELM IV. erschien, um ihm die deutsche Kaiserkrone anzutragen, die von ihm jedoch - weil aus bürgerlicher Hand offeriert - mit viel Hohn und Spott abgelehnt wurde. Letztendlich wurden Ende 1849 die Abgeordneten und Revolutionäre, die liberalbürgerlichen wie die radikaldemokratischen, vom militärischen Potential der Reaktion wieder auseinandergetrieben. Spätestens seit diesem Intermezzo dürfte klar geworden sein, daß ein Staatswesen nicht allein auf kühnen Plänen und auf Diskussion gegründet werden kann. Schon damals zeigte sich, daß, wer ernsthaft einen Staat schaffen will, sich zuerst über die Frage der Souveränität Gedanken machen muß.

## *Der Nationalstaat von oben*

Was in der Frankfurter Paulskirche 1848–1849 kläglich mißlang, nämlich die Einheit der deutschen Nation ›von unten‹ her per Diskussion zu vollbringen, erreichte Otto VON BISMARCK ›von oben‹ mit ›Eisen und Blut‹. Zunächst eroberte Preußen gemeinsam mit Österreich 1864 Schleswig-Holstein im Krieg gegen Dänemark für den deutschen Bund zurück, um dann 1866 Österreich bei der Schlacht von Königgrätz aus dem Deutschen Bund hinauszudrängen und diesen von

Habsburg dominierten Staatenbund 1867 durch den von Preußen dominierten Norddeutschen Bund zu ersetzen.

Die Herstellung des (Klein-) Deutschen Reiches konnte allerdings nur unter militärischer Ausschaltung des Hauptrivalen auf dem Kontinent, Frankreich, geschehen, was dann auch 1870 geschah, so daß das Deutsche Reich am 18. Januar 1871 im Spiegelsaal zu Versailles ausgerufen werden konnte. An der Spitze des Staates stand als ›Kaiser der Deutschen‹ in Personalunion der preußische König, zunächst WILHELM I.

Die Verfassung des Deutschen Kaiserreiches unterschied sich kaum von der des Norddeutschen Bundes. Es mußten nur noch einige konstitutionelle Vorrechte zugunsten Württembergs und Bayerns ergänzt werden. Diese neue Verfassung, die von 1871 bis 1918 Gültigkeit besaß, war durch den Dualismus zwischen Kaiser und Reichstag geprägt. Sie stellte einen Kompromiß zwischen altbewährter Fürstensouveränität und der neuen Vorstellung von (parlamentarischer) Volkssouveränität dar. Dies mußte kein Nachteil sein: So waren Parlament und Regierung aufeinander angewiesen und mußten im Haushalt und der Gesetzgebung Kompromisse finden, weil sonst das Staatsleben blockiert wurde. Ohne den Reichstag gab es keine Gesetze und keinen Haushalt. Der Monarch hatte jedoch die alten Machtattribute in der Hand: Heer, Außenpolitik, Ernennung der Beamten. Zudem verfügte er über den Ausnahmezustand[453], das heißt, in jedem Konflikt um die Verfassung mußte er als Sieger hervorgehen.

Zwischen dem Nationalparlament des Reichstages und dem preußisch-deutschen Monarchen aber stand BISMARCK, 1867 Bundeskanzler und 1871 Reichskanzler und dazu preußischer Ministerpräsident und Außenminister. BISMARCK war Achse dieses Verfassungssystems, kein Diktator, sondern konstitutioneller Minister und – nach den Siegen von 1864 über Dänemark und 1866 über Österreich – cäsarische Führergestalt, ein populärer Mythos schon zu seiner Zeit. Der Vorzug seiner Position lag in der ›Regierung über den Parteien‹, was schon damals liberale Kommentatoren zu dem wohl eher abwertend gemeinten Urteil einer »Kanzlerdiktatur«[454] bewegte, während die Konservativen die neue Staatskonstruktion begrüßten. So meinte Oswald SPENGLER rückblickend: »Hätte BISMARCK sich nicht auf seinen König stützen können, so wäre er sofort der Demokratie erlegen.«[455]

In Wirklichkeit war die Verfassung ein ausgewogener Kompromiß zwischen Fürsten- und Volkssouveränität. Die Pervertierung einer ›Parlamentssouveränität‹, der zufolge der Kanzler von einer Parlamentsmehrheit abhängig ist, war damit nicht verbunden. Der

Kanzler war ausschließlich vom Vertrauen des Kaisers abhängig. Er schlug dem Kaiser die Ernennung und Entlassung der mit der Verwaltung der Reichsämter betrauten Staatssekretäre vor, er führte den Vorsitz im Bundesrat, formell dem obersten Regierungsorgan des Reiches, und war gewohnheitsmäßig fast während des gesamten Kaiserreiches Leiter des preußischen Staatsministeriums, über das er den Bundesrat kontrollieren konnte.[456]

Der damalige Zeitgeschmack strebte nach Führung. So war es auch kein Zufall, daß damals der große Soziologe Max WEBER (Wirtschaft und Gesellschaft) unter den drei reinen Typen legitimer Herrschaft neben die traditionale und rationale Begründung der Macht auch die durch den charismatischen Führer stellte.[457]

Anhand der Reichsverfassung von 1871 wird – gerade für heutige Zeitgenossen – überdeutlich, daß ein Ringen um den Staat immer mit einem Ringen um die nötige Neutralität eines solchen verbunden ist. Diese Neutralität besteht darin, daß der Staat die Oberhoheit gegenüber den Machtgelüsten gesellschaftlich Mächtiger und damit die bürgerlichen Freiheiten wahrt. Klaus KUNZE meint, daß in den »Sternstunden staatlicher Tätigkeit des 19. Jahrhunderts [...] dieses Ideal der Legende nach fast verwirklicht worden« sei:

»Es war die hohe Zeit bürgerlichen Selbstbewußtseins unter dem Dach monarchischer Staatsauffassung. Der Staat hatte seine sinnfällige Verkörperung im Königtum gefunden, und die Gesellschaft die ihre im Parlament. Die Regierung des Königs war an die Gesetze gebunden, die sich die Gesellschaft frei gegeben hatte; so die Idee. Die gewaltenteilende Verfassung hatte die regierende Staatsbefugnis dem König zugewiesen und die gesetzgebende der im Parlament repräsentierten Gesellschaft.«[458]

KUNZE weist zu Recht darauf hin, daß es sich bei dem Gebot der Trennung von Staat und Gesellschaft zunächst einmal um ein Ideal handelte, doch sicherlich läßt sich mit Fug und Recht feststellen, daß dieses Ideal wohl im Zweiten Deutschen Kaiserreich recht gut verwirklicht wurde – im Vergleich vor allem zur Vergesellschaftung des Staates in der heutigen Bundesrepublik.

Dieser mustergültige neutrale Staat des Zweiten Deutschen Kaiserreiches führte schließlich auch zur Herausbildung des Rechtspositivismus, durch den die deutsche Rechtskultur, so Ernst FORSTHOFF rückblickend, »auf ein Niveau erhoben hat, auf das man nur neidvoll zurückblicken kann«. In der Grundmaxime des Rechtspositivismus, die den Juristen verpflichtet, nur das positive Recht (Gesetzesrecht und Gewohnheitsrecht) anzuerkennen und allen naturrechtlichen, sittlichen, moralischen und ethischen Erwägungen zu entsagen, drückte sich das Vertrauen in den Staat aus, wie es in der zweiten Hälfte des 19. Jahrhunderts, insbesondere nach der Reichsgründung bestand. Dieses Vertrauen ließ die Vorstellung, daß dieser Staat willentlich Unrecht tue, als irreal erscheinen.[459]

Auch wenn der deutsche Staat zwischen 1871 und 1918 nach außen hin geschlossen und gegenüber seinen Bürgern neutral auftrat, so darf dies nicht darüber hinwegtäuschen, daß die Gesellschaft des Zweiten Deutschen Kaiserreiches nach innen gespalten war – durch die sich verstärkenden gesellschaftlichen Sonderinteressen und Parteiengegensätze.

Das neue Staatsgebilde hatte mit all den Widersprüchen deutscher Art und in Folge der Industrialisierung fertigzuwerden. Während sich die bildungs- und besitzbürgerlichen Schichten und der Adel nun weitestgehend mit dem Hohenzollernstaat identifizierten, galten von nun an Sozialisten und Katholiken als ›vaterlandslose Gesellen‹ und ›Reichsfeinde‹. Der Kulturkampf gegen die Katholiken und die Sozialistengesetze von 1878 gaben davon ein Zeugnis ab. Auch Reichskanzler Otto von Bismarck gab sich standesbewußt:

»Die größere Besonnenheit der intelligenteren Klassen mag immerhin den materiellen Untergrund der Erhaltung des Besitzes haben; der andere des Strebens nach Erwerb ist nicht weniger berechtigt; aber für die Sicherheit und Fortbildung des Staates ist das Übergewicht derer, die den Besitz vertreten, das nützlichere. Ein

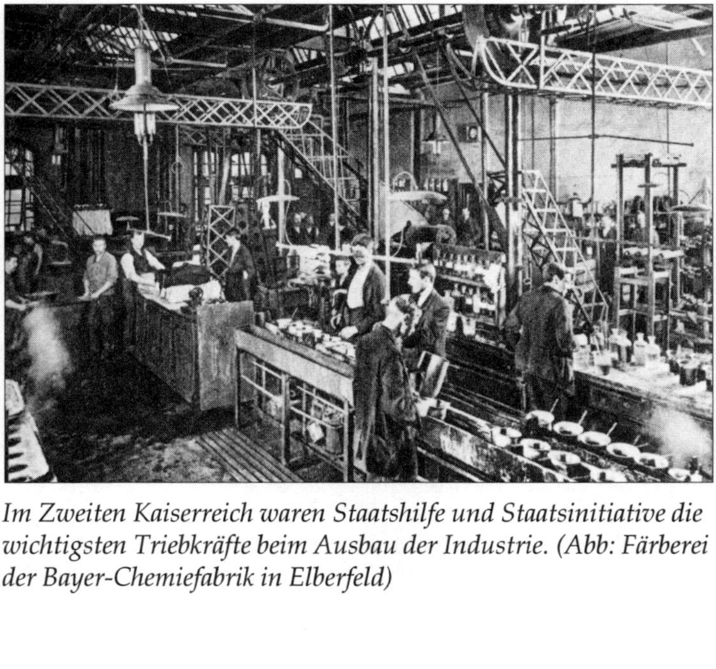

*Im Zweiten Kaiserreich waren Staatshilfe und Staatsinitiative die wichtigsten Triebkräfte beim Ausbau der Industrie. (Abb: Färberei der Bayer-Chemiefabrik in Elberfeld)*

Staatswesen, dessen Regiment in den Händen der Begehrlichen, der *novarum rerum cupidi* und der Redner liegt, welche die Fähigkeit, urteilslose Massen zu belügen, in höherem Maße wie andere besitzen, wird stets zu einer Unruhe der Entwicklung verurteilt sein, der so die gewichtigen Massen, wie staatliche Gemeinwesen sind, nicht folgen können, ohne in ihrem Organismus geschädigt zu werden.«[460]

So war es für BISMARCK auch selbstverständlich, daß das Wahlrecht nach den Bedürfnissen des Staates geordnet werden müsse. Dem gegenüber hat sich im Laufe der Entwicklung der modernen Industriegesellschaft das allgemeine und gleiche Wahlrecht durchgesetzt: »*One man, one vote.*« Man mag nun diesem modernen allgemeinen und gleichen Wahlrecht skeptisch gegenüberstehen, da es die unterschiedliche Urteilskraft des wahlberechtigten Staatsbürgers nicht gewichtet, doch es ist zweifellos ein Ausdruck volksgemeinschaftlichen Denkens, da hierbei die Gleichheit der Gleichen – in ethnischer Hinsicht – voll zur Geltung kommt.

Auch wenn hier die Rede von den gesellschaftlichen Brüchen ist: Zur inneren Befriedung beigetragen hat im Zweiten Deutschen Kaiserreich zweifellos die staatliche zwangsgenossenschaftliche Sozialversicherung, die – von Otto VON BISMARCK initiiert – in drei Stufen 1883, 1884 und 1889 eingeführt wurde. Die Arbeiterschaft wurde nun gegen die schlimmsten Gefahren proletarischer Existenz abgesichert: Krankheit, Unfall, Alter und dauernde Invalidität. Nicht christliche Politik war die Wurzel dieser Maßnahmen: Die deutsche Sozialversicherung entstand als Vorkehrung gegen den Bürgerkrieg.[461] Eine solche Vorkehrung kann aber wiederum nur der treffen, welcher über den Parteien und den Interessengruppen steht und über den Ausnahmezustand gebietet.

## *Der Parlamentarismus in Deutschland – zum Zweiten*

Die Verfassungswirklichkeit im Zweiten Deutschen Kaiserreich von 1871–1918 sah vor, daß beide Sphären – Staat und Gesellschaft, kaiserliche Regierung und Parlament oder Exekutive und Legislative – einander funktional zugeordnet und daher zur Kooperation verurteilt waren. Eine einseitige Dominanz der einen oder der anderen Kraft wurde zwar nicht zielgerichtet durch einen weisen Verfassungsgesetzgeber vermieden, konnte sich aber faktisch nicht einstellen, weil beide Gewalten ein Machtgleichgewicht bildeten.

Erst 1918 kam der entscheidende Wendepunkt, der Sündenfall der deutschen Verfassungsgeschichte: Am 28. Oktober trat ein Reichsgesetz auf Druck der im Parlament versammelten Parteienvertreter in Kraft, durch das Reichskanzler und Reichsregierung ihrer Verantwortung gegenüber dem fürstlichen Souverän enthoben und dem Parlament unterworfen wurden.[462]

In Folge der bedingungslosen Kapitulation von 1918 wurde das deutsche Volk von seinen Feinden zum Verzicht auf die Monarchie gezwungen. Dies war eine maßgebliche Bedingung für den Schandfrieden von Versailles des Jahres 1919. Nach der Niederschlagung der Räterepublik, deren Vertreter 1918 eine bolschewistische Revolution im Stile der russischen von 1917 zum Erfolg führen wollten, was bekanntlich am Widerstand von Freikorpstruppen scheiterte, erhielt Deutschland 1919 von der Weimarer Nationalversammlung die »Verfassung des Deutschen Reiches vom 11. 8. 1919«, welche eine parlamentarische Demokratie vorsah. Von Bedeutung ist, daß dieser Verfassungsgebung ein souveräner Akt in Form einer Ausschreibung von allgemeinen Wahlen für eine verfassunggebende Nationalversammlung auf den 19. Januar 1919 vorausgegangen war, weshalb schon in diesem Punkt die Weimarer Reichsverfassung nicht mit dem Grundgesetz vergleichbar ist. Auf diesen Unterschied wird noch genauer eingegangen.

Gemäß der Verfassung wurde der Reichspräsident zwar vom Volk direkt gewählt - ein einmaliger Vorgang in der deutschen Geschichte bis heute[463] - und in der Öffentlichkeit als eine Art Ersatz-Kaiser gehandelt, doch dieser mußte seine Macht, vor allem, was die Verantwortlichkeit der Regierung anbetrifft, mit dem Reichstag teilen. Die Reichsregierung war sowohl vom Wohlwollen der Parlamentsmehrheit als auch von dem des Reichspräsidenten abhängig, weshalb Hans Herbert VON ARNIM dieses Konstrukt als eine »merkwürdige Zwitterverfassung« bezeichnet.[464] Diese bewirkte eine institutionelle Schwäche des Amtes des Reichskanzlers, da dieser in zwei Richtungen verantwortlich war. Im Krisenfall blieb jedoch dem Staatsoberhaupt immerhin noch der Artikel 48 (Ausnahmezustand), um bei unklaren politischen Machtverhältnissen für Sicherheit und Ordnung zu sorgen.

Von dieser Notlösung wurde Anfang der dreißiger Jahre ständig Gebrauch gemacht. Der in der Weimarer Verfassung angelegte Dualismus zwischen parlamentarischem und präsidentiellem System wurde nun zugunsten des letzteren Prinzips entschieden. Von 1930 bis 1933 folgten die Kabinette unter der Kanzlerschaft von Heinrich BRÜNING, Franz VON PAPEN und Kurt VON SCHLEICHER, die alle nicht das mehrheitliche Vertrauen des Reichstages besaßen, statt dessen aber das von Reichspräsident Paul VON HINDENBURG. Schließlich wurde am 30. Januar 1933 Adolf HITLER (1889–1945) mit der Regierungsbildung beauftragt, der die Gelegenheit beim Schopf packte und das Präsidialsystem in eine Ein-Parteidiktatur umwandelte.

## *Die nationalsozialistische Parteidiktatur – ein Zwischenspiel*

Was bis heute auch von der nationalen Publizistik weitgehend sträflich unterlassen wurde, ist eine kritische staatspolitische Analyse und Bewertung des Dritten Reiches, um auch aus den Fehlerursachen Alternativen für die Zukunft ableiten zu können.

Vor allem Hans-Dietrich SANDER kommt das Verdienst zu, zu den wenigen deutschen Publizisten der Nachkriegszeit zu gehören, die die politische und geistesgeschichtliche Bewertung des Dritten Reiches als Herausforderung angenommen haben und denen dieses Unterfangen gelungen ist – das sich sowohl von plumper Apologetik und pauschaler Rechtfertigung als auch von politisch korrekter Diffamierung des gesamten Regimes und der gesamten Leistung einer Generation bewußt abhebt.

In seiner *Auflösung aller Dinge* vertritt SANDER seine »Thesen zum Dritten Reich« und gelangt dabei zu dem Schluß, daß das Dritte Reich nicht nur aufgrund der militärischen Übermacht seiner Feinde gescheitert sei, sondern in mindest genauso großem Maße an dem »Fundamentalismus als Bürgerkriegspartei«[465], den die NSDAP dem Staat einhauchte. Deshalb schloß die Volksgemeinschaft zu viele aus wie Sozialisten, Aristokraten, konservative Offiziere, Kirchen und ›entartete‹ Künstler. Außerdem habe die NSDAP alle Fehler in sich vereint, die eben Parteien allgemein kennzeichnen: begrenzter Sachverstand und ebenso begrenztes allgemeines Interesse sowie Führungsauslese im Rahmen des Parteibuches, was unweigerlich in einer Parteidiktatur zu Opportunismus und Anpassertum führen muß. Aber in diesem Punkt ähnelt eben auch eine Parteidiktatur im Singular einer Parteiendiktatur im Plural.

Adolf HITLER war zweifellos ein erfolgreicher Parteipolitiker und Bewegungsführer, doch das Verständnis, das einen wirklichen Staatsmann auszeichnet, hatte er nicht. Er war vielmehr ein Kind des »Europäischen Bürgerkrieges« (Ernst NOLTE) – die ›richtige‹ Ergänzung zu Josef STALIN und Winston CHURCHILL. Dies wurde deutlich, als HITLER in einer Rede auf dem Reichsparteitag »Triumph des Willens« erklärte, daß nicht der Staat der Partei zu befehlen habe, nein, die Partei schaffe sich ihren Staat.[466]

Bezeichnend für eine Bürgerkriegspartei war auch ihr Umgang mit – wohlgemerkt – national gesinnten Kritikern, die sich konstruktiv, aber nicht unkritisch und unterwürfig in den neuen Staat einbringen wollten. So forderte Edgar Julius JUNG die NSDAP nach der Machtergreifung auf, abzutreten und den Weg für eine nationale Erneuerung des Staates freizumachen . Er büßte es mit dem Tod; die Partei dachte nicht daran, auf die Früchte des Sieges zu verzichten. Somit wurde jedoch der Staat in Form einer Parteidiktatur zur Gleichsetzung des Ganzen mit einem Teil von ihm.

Für SANDER liegt ein weiterer Hauptgrund in der Person des Führers selbst. So habe Adolf HITLER die deutsche Geschichte nach dem antäischen Gleichnis verstanden: Er sei aber nicht der Übermensch oder das Tier aus der Tiefe gewesen – wie Freund und Feind ihn sahen. Seine Halbgenialität teilte er mit CROMWELL und NAPOLEON. Er löste viele Aufgaben vorbildlich. Ihrer Fülle war er nicht gewachsen. Er hätte den inneren Frieden herstellen müssen, wie das CAVOUR nach der Einigung Italiens tat, und im Krieg nicht als Unterdrücker auftreten dürfen, was den Sieg im Osten kostete. CROMWELL, NAPOLEON und HITLER hätten aus der römischen Geschichte lernen können, wie man sich mit Besiegten verbündet. Aber es lag wohl nicht in ihrer Natur. SANDER kommt aber nicht umhin, dem Dritten Reich auch Stärken zuzubilligen, an die es geistig anzuknüpfen gelte: so in der Wirtschafts- und Sozialpolitik, der Raumordnung, der Naturpflege, der Volksgesundheit, im Jugendschutz und in der Wehrerziehung.[467]

Der immer wieder vorgetragene Hinweis von denjenigen, die ihre Staatsvorstellung am Vorbild des Dritten Reiches ausrichten wollen, das NS-System zwischen 1933 und 1945 hätte aufgrund des Zweiten Weltkrieges und der damit verbundenen kurzen Entwicklungsphase geplante Reformen der Führung und vor allem die von Adolf HITLER vom Plan nicht in die Tat umsetzen können, hilft nicht weiter. Zwar schrieb HITLER bereits in *Mein Kampf*: »Der Völkische Staat gliedert seine Vertretungskörper von vornherein in politische und berufsständische Kammern. Um ein ersprießliches Zusammenwirken beider zu gewährleisten, steht über ihnen als Auslese ein besonderer Senat.«[468]

Sicherlich ist es richtig, die Senatsidee Adolf HITLERs mit in die Diskussion um eine neue Staatskonzeption einzubeziehen. Das darf kein Tabu sein. Aber dennoch scheinen die Quellen dafür zu sprechen, daß es sich dabei lediglich um die Frage gehandelt haben dürfte, ob die Partei NSDAP dem deutschen Staat autokratisch, also mit einem unangefochtenen Mann an der Spitze befiehlt, oder ob – nach diesen Reformplänen der Senatsidee – ein Gremium von ›Senatoren‹ dem Staat befiehlt. Also um eine Parteidiktatur hätte es sich so oder so gehandelt – ob mit Führer und *ohne* Senat, wie zwischen 1933 und 1945, oder mit Führer *und* Senat, wie nach den Plänen.

Hitler ging es dabei nämlich nur um seine Nachfolge im Falle eines raschen Ablebens. In seiner Schlußansprache vor dem Parteikongreß in Nürnberg rief er 1935 aus:

»Wann ich die Augen schließen werde, weiß ich nicht. Aber daß die Partei weiterleben wird, das weiß ich, und daß sie über alle Personen, über Schwache und Starke hinweg die Zukunft der deutschen Nation erfolgreich gestalten wird, das glaube ich, und das weiß ich! [...] Die Partei als weltanschauliche Gestalterin und politische Lenkerin des deutschen Schicksals hat der Nation und damit dem Reich den Führer zu geben [...]. Denn nach der Proklamation des jeweiligen neuen Führers ist dieser der Herr der Partei, das Oberhaupt des Reiches und der Oberste Befehlshaber der Wehrmacht [...] Allein die Grundsätze müssen vom Persönlichen den Weg zum Ewigen führen. Führer werden kommen, und Führer werden sterben, aber Deutschland muß leben.«[469]

Während Hitler im zuvor zitierten Auszug aus *Mein Kampf* noch Möglichkeiten zur Interpretation offen ließ, ob es sich beim Senat um ein Partei- oder um ein Volksgremium handeln sollte, läßt dieses Zitat an Deutlichkeit nichts mehr offen. Deutlich war auch seine Ansprache am 6. August 1933, die also bereits vor der gerade zitierten Parteitagsrede von 1935 erfolgte: »Die Partei wird sich ihre Führungshierarchie aufbauen in einem Senat der ältesten, bewährtesten und treuesten Parteigenossen.«[470]

In einer *Denkschrift über die inneren Gründe für die Verfügungen zur Herstellung einer erhöhten Schlagkraft der Bewegung* vom 20. Dezember 1932 – also noch vor der Machtergreifung – schrieb Hitler über den »NS-Senat«: »Um eine engste Zusammenarbeit der Dienststellen der Parteileitung zu ermöglichen, soll aus ihren Amtsleitern und den für die einheitliche politische Führung der Partei verantwortlichen Männern ein enger Rat entstehen, der unter meinem Vorsitz den kleinen Senat der Bewegung bildet. Die Aufgabe des kleinen Senates ist, in Voll- und Teilsitzungen die gemeinsam berührenden wichtigen Parteifragen durchzusprechen und zu behandeln. Zur Herstellung einer lebendigen Arbeitsgemeinschaft zwischen der Parteileitung und besonders geeigneten führenden Männern der Bewegung wird nunmehr der große Parteisenat gebildet. Durch ihn soll eine Anzahl der ältesten, treuesten und fähigsten Köpfe der Bewegung in unmittelbarer Verbindung mit der obersten Parteileitung gebracht werden. Zu diesem großen Senat der Bewegung zu gehören, soll für die Zukunft als größte Ehre angesehen werden. Ich halte dies schon deshalb für wichtig, damit im Falle meines Todes die Frage des neuen Führers der Partei nicht in einem wilden Kampf unter den Parteigenossen entschieden wird, sondern vom Senat aus seine Erledigung findet. Es ist bei der großen Zahl der in der Bewegung tätigen Männer nur möglich, einen kleinsten Bruchteil in die beiden Senate zu berufen. Denn grundsätzlich soll die Zahl der Mitglieder des großen Senates niemals vierundsechzig, die Zahl der Mitglieder des kleinen Senates niemals vierundzwanzig überschreiten.«[471]

Ob ›großer‹ oder ›kleiner‹ Senat, es handelt sich in jedem Fall um einen NS-Partei-Senat. Man sieht also, daß die Diskussion über die nationalsozialistische Senatsidee unter historischen Gesichtspunkten zwar durchaus interessant ist, sie jedoch bei der Frage: »Parteidiktatur – ja oder nein« nicht weiter hilft. Um eine solche hätte es sich nämlich in jedem Falle gehandelt.

## *Der Parlamentarismus in Deutschland – zum Dritten*

Nach der militärischen Kapitulation der Wehrmacht des Deutschen Reiches am 8. Mai 1945 wurde das Reichsgebiet mehrfach geteilt und von den Siegerstaaten besetzt. Diese brachten dann auch ihre politischen Systeme inklusive Umerziehungsprogramme in ihrem Marschgepäck nach Deutschland mit und stülpten diese politischen Systeme dem deutschen Volk über – ohne dieses freilich nach seiner Zustimmung zu befragen.

So erhielt Mitteldeutschland infolge der Schaffung von Sowjetischbesetzter Zone (SBZ) und DDR (1949) eine kommunistische Parteidiktatur, wobei sich die Staatspartei SED und die von ihr kontrollierten Blockparteien und Massenorganisationen mit einem ›demokratischen Zentralismus‹ bemäntelten. Im Rahmen einer ›Nationalen Front‹ traten diese Parteien zur Volkskammerwahl an, wobei die Sitzverteilung der Parteien und somit auch die Mehrheit der SED bereits vor der Wahl feststanden. Es gab zwar in der DDR auf dem Papier eine funktionale Aufteilung der Staatsgewalt auf besondere Organe der Rechtsprechung, der Gesetzgebung und der Verwaltung. Über allen stand jedoch der Wille der Partei beziehungsweise ihres Parteisekretärs oder Politbüros. Die Gesellschaft hatte sich totalitär formiert, und einen ihr neutral gegenüberstehenden Staat gab es nicht mehr.[472]

In den westlichen Besatzungszonen, einschließlich Westberlin, verhielt es sich ähnlich: Auch dort wurde den Besiegten ein von den Siegern bestimmtes politisches System aufoktroyiert. Aufgrund des sich abzeichnenden Kalten Krieges zwischen dem Westen und der Sowjetunion und der Gefahr – aus Sicht des Westens –, daß die westdeutschen Besatzungszonen unter sowjetischen Einfluß gelangen könnten, traten die westlichen Alliierten seit 1948 für die rasche Schaffung eines Zusammenschlusses der westlichen Bundesländer ein.

In den sogenannten Frankfurter Dokumenten vom 1. Juli 1948 ermächtigten die Militärgouverneure der amerikanischen, britischen und französischen Besatzungszonen die Ministerpräsidenten der westdeutschen Länder, einen Bundesstaat zu schaffen und einen Parlamentarischen Rat einzuberufen, der eine Verfassung ausarbeiten sollte.

Der Parlamentarische Rat, dem 65 Mitglieder angehörten, wurde allerdings nicht in Urwahl vom Volk gewählt und schon gar nicht durch eine die verfassunggebende Gewalt des Volkes aufrufende Urwahl, sondern von den Parlamenten der Länder, deren Fraktionen faktisch ihre Delegierten entsandten. Die Verfassungen der Länder sahen eine derartige Befugnis aber nicht vor, weshalb diese dadurch ihre Befugnisse (*excès de pouvoir*) überschritten – zu Lasten des Volkes.[473]

Hans Herbert von Arnim weist darauf hin, daß bei der Schaffung des Grundgesetzes das Volk kaum beteiligt gewesen sei, weshalb er zu dem Fazit gelangt: »Selten war ein Volk so sehr von der Gestaltung ›seiner‹ Verfassung ausgeschlossen wie das deutsche.«[474] Und für den Staatsrechtler Ernst Forsthoff ist das Grundgesetz »nicht das Ergebnis einer politischen Entscheidung [...], sondern das Produkt einer Lage«[475], genauer eines Zustandes beispielloser Schwäche als Folge der Verwüstungen des verlorenen Krieges. Damit unterscheidet sich das Grundgesetz bereits im Ursprung von der Weimarer Reichsverfassung. Denn die Entscheidung für die Ausschreibung von allgemeinen Wahlen für eine verfassunggebende Nationalversammlung auf den 19. Januar 1919, mit welcher der Weg zu einer rechtsstaatlichen Verfassungsgebung eröffnet wurde, war wirklich eine politische Entscheidung, die in den labilen Verhältnissen des Winters 1918/19 im wahren Sinne des Wortes erkämpft wurde.

»Den Anstoß zur Gründung der Bundesrepublik und damit zur Schaffung des Grundgesetzes gab ein Verlangen der westlichen Besatzungsmächte, dem die Ministerpräsidenten der Länder nach anfänglichem Sträuben entsprachen«, so Forsthoff abschließend zur Entstehungsgeschichte des Grundgesetzes.[476]

Entscheidend ist aber nicht nur die Tatsache, daß das Grundgesetz einer demokratischen Legitimation durch das deutsche Volk vollkommen entbehrt, sondern daß das Ende des Zweiten Weltkrieges eine tiefe Zäsur in die Geschichte der deutschen Staatlichkeit gelegt hat. So meint Forsthoff: »Hatte man bis dahin dem Staat die Suprematie über die Gesellschaft zugestanden, ja ihn [...] von dieser Suprematie her definiert, so sollte nach 1945 mehr und mehr offenbar werden, daß diese Suprematie der Vergangenheit angehörte.«[477]

Mit der Suprematie der Gesellschaft über den Staat, die in der Bundesrepublik bereits seit Inkraftreten des Grundgesetzes installiert wurde, meint FORSTHOFF das, was in der Politikwissenschaft weitläufig als Primat der Ökonomie bezeichnet wird. Das Grundgesetz ist nun deshalb so entscheidend für die Einführung dieses Prinzips, das die klassische Definition des Staates als Allgemeines Interesse auf den Kopf gestellt hat, weil in dieser eigentlichen Übergangsverfassung der Durchdringung des Staates durch die Gesellschaft Tür und Tor geöffnet wurde. Das fängt schon damit an, daß der Bundeskanzler laut Artikel 63 des Grundgesetzes von der Mehrheit des Bundestages gewählt wird, der deshalb als Exekutiv-Ausschußvorsitzender bezeichnet werden kann, der von dem Vertrauen der Legislativ-Versammlung abhängig ist.[478]

Dabei ist allemal bemerkenswert, daß es unter den drei westalliierten Siegerstaaten durchaus systempolitische Wahlmöglichkeiten gegeben hätte. So standen sich der parlamentarischen Demokratie monarchischer Staatsform Großbritanniens, das präsidentielle System der USA und das semipräsidentielle System Frankreichs gegenüber. Der föderalen Staatsgliederung der USA widersprachen die Einheitsstaaten Großbritanniens und Frankreichs.

Bei all diesen Wahlmöglichkeiten ging es den Westalliierten darum, in ihrem Herrschaftsbereich das zum Erreichen der notwendigen Selbstbestimmung des deutschen Volk Schlechteste diesem vorzugeben. Deshalb waren ihre gemeinsamen Maximen: Parlamentarismus statt Präsidialsystem und Volksentscheid; Föderalismus statt Einheitsstaat. So mußte letztendlich ein Staatssystem entstehen, in dem die konstitutionelle Dominanz der sozialen und regionalen Teile eine Artikulation des Ganzen verhindere. Ebenso war klar, daß die Alliierten danach trachteten, die Westdeutschen auf eine liberale Marktwirtschaft festzulegen, in der der Staat auf die Rolle des »Nachtwächters« (Adam SMITH) verwiesen wurde. Starke Gesellschaft und schwacher Staat hieß die Devise für den ›Neuanfang‹ nach 1945 im Westen.

So geschah es dann auch, daß am 23. Mai 1949 ein »Grundgesetz *für* die Bundesrepublik Deutschland« vom Parlamentarischen Rat unter Vorsitz von Konrad ADENAUER verabschiedet und verkündet sowie von den alliierten Hochkommissaren genehmigt wurde. Dieses Grundgesetz wurde zuvor von einem ›Verfassungskonvent‹ ausgearbeitet, der im Sommer 1948 nur 13 Tage lang auf der bayerischen Insel Herrenchiemsee getagt hatte.[479] Auf anachronistische Weise verwirklichte sich nun in der Bundesrepublik Deutschland das politische System, das bereits im 19. Jahrhundert gescheitert war: der Parlamentarismus; diesmal freilich in seiner totalitärsten Form – ohne eine starke monarchische bzw. präsidentielle Exekutivgewalt und Volksentscheid.

Das Grundgesetz sollte allerdings nicht die Bezeichnung ›Verfassung‹ tragen, da sich das gesamte deutsche Volk eine solche im Falle einer Wiedervereinigung in freier Selbstbestimmung geben sollte, was auch in Artikel 146 des Grundgesetzes heute noch so vorgesehen ist, jedoch infolge der deutschen Teilvereinigung im Jahre 1990 einfach unterschlagen wurde, so daß das Grundgesetz nach herrschender Lehre nach wie vor Gültigkeit besitzt.

Von Anfang an stand auch fest, daß dieser westdeutsche Besatzerstaat, dessen Rhetorik in fataler Weise an die des Rheinbundes von 1806 und folgende erinnert, nur ein Übergangsstadium zur Abwicklung des deutschen Nationalstaates bilden sollte. ›Westbindung‹ und ›Europäische Integration‹ hießen nun die Formeln, mit denen den Deutschen die Restbestände ihrer staatlichen Souveränität im Zeichen der Globalisierung entzogen werden sollten. Kein eigenes militärisches Oberkommando bei der Bundeswehr, die Internationalisierung von Handel und Industrie, die Zurückdrängung von handwerklichem und landwirtschaftlichem Mittelstand als Kraft- und Ernährungsquellen eines jeden gesunden Volkes und letztendlich die Abschaffung der nationalen Währung sind die Meilensteine in dieser von den Siegern des Zweiten Weltkrieges vorbestimmten Entwicklung. Es galt, alles an Vorkehrungen zu treffen, um eine Wiedererhebung des deutschen Volkes gegen die Fremdbestimmung des Westens bereits im voraus zu verhindern.

Als historisches Fazit läßt sich ziehen: Die Bundesrepublik stellt am Ende der Abfolge der Staatsformen und Regierungssysteme nur den traurigen Höhepunkt eines kontinuierlichen Bürgerkrieges auf deutschem Boden dar. Die BRD muß letztendlich an dem untauglichen Versuch der Herrschenden scheitern, den Parteienkampf der Weimarer Republik noch einmal nachträglich in ihrem Sinne gewinnen zu wollen. So lautet ihre Antwort auf die nationale Parteidiktatur Adolf HITLERS heute ›Parteienpluralismus‹, der keine wirkliche Opposition kennt und der einer jeglichen nationalen politischen Regung den Garaus machen möchte. Keinem der politischen Systeme, die von 1871 in Deutschland das politische Tageslicht erblickten, konnte größere Lebensdauer beschieden sein, weil sie es nicht ausreichend verstanden, dem Gemeinwohl von Volk und Staat gegen die besonderen Interessen von Parteien und sozialen Gruppen zum Durchbruch zu verhelfen. Dieses Versäumnis aufzuheben bleibt freilich die Aufgabe des kommenden Deutschen Volksstaates.

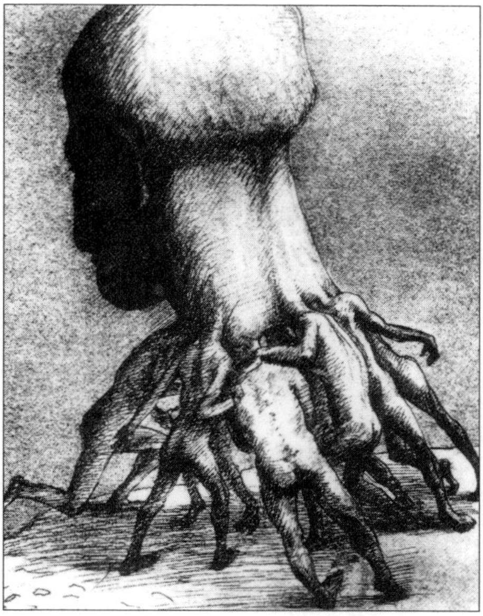

# VI.
# Der Volksstaat

*»Die Völker als Staaten sind [...] die eigentlichen Mächte alles menschlichen Geschehens. Es gibt in der Welt als Geschichte nichts über ihnen. Sie sind das Schicksal.«*
Oswald SPENGLER[480]

*Titelbild,*
*Zeichnung von Alfred Kubin (187–1959)*

Die Konzeption des kommenden deutschen Volksstaates wird sich nicht an gegenwärtigen Tabus der politischen Korrektheit ausrichten lassen. Die nach dem Vorbild PLATONS zu schaffende Deutsche Akademie zur Bildung künftiger deutscher Staatsmänner wird die Frage aufzuwerfen haben, welche Staats- und Regierungsform, welche politische Verfaßtheit überhaupt das deutsche Volk nach der Überwindung des liberalen Totalitarismus nötig haben wird, um seine biologischen, geistigen und seelischen Kräfte wieder bestmöglich regenerieren zu können. Das ist die Ausgangsfrage, die zur geistigen Durchdringung an den Anfang zur geistigen Schaffung des deutschen Volksstaates zu stellen ist.

Eine neue deutsche Elite muß auch bewußt alles in Frage stellen, was dem deutschen Volk im zurückliegenden Jahrhundert aufgrund militärischer Niederlagen alles an politischer Ordnung ›geschenkt‹ wurde. Es wird sich diese ›Geschenke‹ anzuschauen haben und zu der Erkenntnis gelangen müssen, daß die westalliierten Sieger beider Weltkriege nicht umsonst und etwa rein zufällig ihre politischen Systeme dem deutschen Volk übergestülpt haben. Völlig zurecht meint Hans Dietrich SANDER, daß es – gleich zweimal – im 20. Jahrhundert der schlichte Fall gewesen war – nach 1919 wie nach 1945 – , »daß die Demokratie in der politischen Form einer parlamentarischen Republik in Deutschland eingeführt worden ist – als Auflage von den Siegern der beiden Weltkriege.«[481] Der eigene Drall der Demokratie in Deutschland erkläre seinen Ansatz erst, wenn man von dieser Konstellation ausgehe. Deutschland wäre ohne die aufgenötigten Importe nach dem Ersten Weltkrieg eine Monarchie geblieben und nach dem Zweiten eine autoritäre Republik geworden. Die dominierende Stellung des Präsidenten, die Max WEBER noch für die Weimarer Reichsverfassung als Monarchie-Ersatz durchsetzen konnte, sei für die Entstehung des Bonner Grundgesetzes ein verhängtes Tabu gewesen.

## *Der Kampf der Teile*

Während Denker wie SANDER dem starken Staat das Wort reden, gilt es zu bedenken, daß dieses zweifellos berechtigte und heute wieder besonders angebrachte staatsphilosophische Erfordernis nicht unbedingt zwanghaft dem deutschen Wesen entspringt. Viel näher liegt dem Deutschen die Vorstellung, daß das Ganze aus seinen Teilen resultiert, was einer organischen Vorstellung von Gemeinschaft zugrunde liegt. Denn über viele Jahrhunderte war das Heilige Römische Reich Deutscher Nation ständestaatlich gegliedert – mit all den für die Gesamtheit unangenehmen Folgen wie dem Dualismus zwischen Kaiser und Papst, dem Dualismus zwischen Kaiser und Reichsständen, dem Konfessionsgegensatz in Folge der Reformation und dem aus diesem Partikularismus hervorgegangenen Föderalismus, der seine übertriebene Zuspitzung fand im Exekutiv-Föderalismus des BISMARCKreiches, der sich bis in das Bonner Grundgesetz fortsetzte, in dem die Mitwirkung der Bundesländer an der Bundesgesetzgebung in Form von lächerlich anmutenden ›Ewigkeitsklauseln‹ festgeschrieben ist.

Das deutsche Staatsdenken bewegt sich nun schon über Jahrhunderte zwischen den beiden Extrempolen von Zentralismus und Föderalismus, zwischen absolutem Staat und Mitbestimmung von Ständen, gesellschaftlichen Gruppen und Ländern. Dennoch wird den Deutschen – entgegen aller geschichtlichen Erfahrungen – zur Einschüchterung ihres historischen Selbstbewußtseins, oder was davon heute noch übriggeblieben ist, Staatsfixierung und Obrigkeitsstaatsdenken vorgeworfen. So meint Sibylle TÖNNIES:

»Die Deutschen halten es für selbstverständlich, daß eine ihrer hervorstechenden nationalen Eigenheiten die übermäßige Staatsbezogenheit sei. Ihr lasten sie das Abgleiten in den Totalitarismus an und meinen, ihm gegenüber nur dann den nötigen Abstand zu wahren, wenn sie ihren Staat möglichst klein halten. Und so nahe gegenwärtig der Gedanke auch liegt, dem Staat die Aufgabe zuzuweisen, für die er geschaffen ist – die Weichen so zu stellen, daß die wirtschaftlich-sozialen Abläufe nicht entgleisen –, so regt dieser Gedanke doch eine Angst, die noch größer ist, als die Angst vor der Entgleisung: die Angst vor dem Leviathan, dem verschlingenden Ungeheuer der gebündelten Staatsmacht.«[482]

Wer die Forderung nach einem starken Staat der Deutschen stellt, sieht sich heute sofort mit der Faschismuskeule konfrontiert. Diese gedankliche Parallele ist jedoch völlig irreführend, denn sowohl der eigentliche historische Faschismus italienischer Prägung als auch der fälschlicherweise von selbsternannten ›Antifaschisten‹ als ›Faschismus‹ etikettierte historische Nationalsozialismus verkörperten eben nicht den starken Staat in seiner eigentlichen Bedeutung. Im Mittelpunkt der Propaganda beider Systeme standen Partei und Bewegung und natürlich das Volk an sich. ›Typisch deutsch‹ ist nämlich die Vernachlässigung der Staatsidee, und nicht dessen Überbetonung.

Der alte Gedanke, daß die Staatsidee undeutsch sei, verband nach dem Ersten Weltkrieg die Fraktionen im Reichstag. Der Nationalsozialismus wie auch der Faschismus profitierten, so seltsam dies klingen mag, von der Reserviertheit des deutschen wie des italienischen

Volkes gegenüber der Staatsidee, die als westlich galt. In diesem Sinne vereinigten sich im Nationalsozialismus und im Faschismus die linken wie rechten Ströme, die einer Übermacht des Staates, dem Leviathan, trotzten und statt dessen in der Bewegung der Massen ihre Erfüllung fanden. Die Vorstellung, daß es sich bei der Staatsidee um etwas Undeutsches handeln müsse, war zu der Zeit weit verbreitet. Im Jahre 1921 meinte auch Ricarda HUCH:

»Diese der menschlichen, insbesondere der germanischen Natur nicht entsprechende Lebensform hat in Deutschland eine leidenschaftliche Sehnsucht nach organischer Gemeinsamkeit, die unverhofft zu einer überraschenden Gestaltung geführt hat, in den sogenannten Räten.«[483]

Und auch der konservative Revolutionär Edgar Julius JUNG meinte, daß der geistige Ursprung des Etatismus im »Westen« zu suchen sei. Das »westliche Staatsdenken«, so JUNG, entstamme vielmehr dem »romanischen« Denken.[484] Anhand der deutschen Geschichte, vor allem der des Mittelalters, läßt sich gut dokumentieren, daß den Deutschen die Theorie von der dann im Zeitalter des Absolutismus auftauchenden Vorstellung von der unteilbaren Staatsgewalt fremd ist. So war das Heilige Römische Reich Deutscher Nation ein wahlrechtlich verfaßtes Staatsgebilde, in dem die Regierungsgewalt zwischen dem Kaiser und den Fürsten, dem Reich im engeren Sinne oder den Reichsständen geteilt war. Mit der Tradition des Reichsgedankens war auch immer die Idee vom Volkskaisertum verbunden.[485]

Auch der Verfasser spürt in sich diesen ›typisch deutschen‹ Drang, die Dinge zunächst nicht vom Ganzen, also von Volk und Staat, her zu denken, sondern von seinen Teilen. Die Teile sind nun die verschiedenen Stämme des deutschen Volkes, die Berufsgruppen, die sozialen Schichten (Klassen), aber auch Frauen und Männer, Junge und Alte und andere Differenzierungen mehr. Dieser gedankliche Ansatz kann als ›typisch deutsch‹ gelten. Typisch deutsch ist dann aber auch die Einsicht, daß diese Teile in einem großen Ganzen, dem Staat, zusammengeführt werden müssen, ohne das Eigenleben der Teile zu ersticken. Aber andererseits dürfen auch nicht die Teile durch ein zu starkes Eigenleben in die Lage versetzt werden, durch Kämpfe untereinander das Ganze, den deutschen Staat, zu zerstören. Dieser Zwiespalt, der zunächst einmal vorhanden ist, führt zu der völkischen Vorstellung einer ›organischen Gemeinschaft‹, eines ›organisch aufgebauten Staates‹, der zu schaffen sei.

Für die Konzeption des Volksstaates wichtig ist dabei die Erkenntnis, daß Staat, Volk und Gesellschaft miteinander zu versöhnen und aufeinander zu beziehen sind. Das allgemeine, das besondere und das einzelne Interesse sind als zusammengehörig und voneinander abhängig zu erkennen. Denn je verzweigter und differenzierter die Interessen der Einzelnen sind, desto reicher können Kultur und Zivilisation bei gemeinsamer Grundhaltung werden. Volk, Staat und Gesellschaft sind daher keine Gegensätze, können sich auch nicht gegenseitig ersetzen, sondern sind – bildlich gesprochen – Gruppierungen auf verschiedenen Ebenen. Eine dieser Ebenen leugnen oder abschaffen zu wollen bedeutet, an der Wirklichkeit vorbeizugehen, sie zu vergewaltigen, und muß zu Mißständen führen. Deshalb sind gesellschaftlicher und staatlicher Bereich in einem Volk als getrennte und mit verschiedenen Institutionen und Aufgaben befaßte Bereiche notwendig.[486]

Zur Erhellung dieses Problems trägt Ernst FORSTHOFF bei: »Was der Staat sein soll und was seine unverzichtbare Aufgabe ist, hat man weithin vergessen. Im 19. Jahrhundert hat man es sehr genau gewußt: Die Gesellschaft als Raum der Ungleichheit (der Begabung, des Vermögens usw.) und der Unfreiheit (in der Auslieferung an den Stärkeren), der Staat als Garant von Gleichheit und Freiheit. [...] Es gibt keine größere Absurdität, als den gesellschaftlichen Mißständen mit Gesellschaftspolitik anstatt mit staatspolitischen Maßnahmen, die das ganze Spektrum der Staatlichkeit berücksichtigen, beikommen zu wollen. [...] Gewiß war es zu allen Zeiten so, daß es der staatlichen Machtmittel bedarf, um einen Zustand der Ordnung menschlichen Zusammenlebens zu bewahren. Dazu aber genügt die Staatsmacht als solche allein nicht. Vielmehr muß sie in ihrer Ausübung vom allgemeinen Bewußtsein getragen werden. Hier liegt heute das eigentliche Problem. Zu einer Lösung ist eine Politik, die sich in gesellschaftlichen Kategorien bewegt, von vornherein außerstande, und es ist ihr an einer solchen Lösung nichts gelegen. Innerhalb der Gesellschaft zählt nur das Interesse. [...] Aber den Staat auf Interesse gründen, heißt in Wahrheit, ihn vernichten. [...] Niemand, der ernst genommen sein will, darf sich noch die Naivität erlauben zu glauben, daß allein aus dem Konflikt der Interessen und ihrer Beilegung durch Kompromisse eine vernünftige Ordnung hervorgehen kann. Eine solche Auffassung sanktioniert nur das Recht des Stärkeren. Es bedarf deshalb einer objektiven Instanz, die mit keinem partikularen Interesse identisch ist und über das Anrecht der Interessen entscheidet. Das Kriterium dieser Entscheidung kann nur das Gemeinwohl sein.«[487]

Die einzelnen und besonderen Interessen sind also für die gedeihliche Entwicklung eines Volkes ausreichend zu berücksichtigen, letztendlich aber dem Allgemeinen Interesse, was Ernst FORSTHOFF »Gemeinwohl« nennt, unterzuordnen.

Die Vorstellung, daß ein Volk und sein Staat nicht nur homogen erscheinen, sondern auch Differenzierungen aufweisen, die in einem organischen Staat zu berücksichtigen seien, ist keinesfalls neu, sondern taucht in vielen Staatskonzeptionen der Neuzeit auf. Unter anderem im *Wahren Staat* – so ein Buchtitel von Othmar SPANN. Während SPANNs Modell in viele Berufsgruppen zerfällt, hat der Hamburger Philosoph Reinhold OBERLERCHER in seinem Modell die sozialen Interessengruppen in Anlehnung an die aus der Volkswirtschaftslehre bekannten Produktionsfaktoren auf ganze drei verknappt: Sozialisten (Arbeit/Arbeitskraftbesitzer), Konservative (Boden/Grundbesitzer) und Liberale (Unternehmer/ Produktionsmittelbesitzer). Von diesem Entwurf OBERLERCHERS wird noch die Rede sein.

## *Der Stellenwert des Staates*

Bei der Frage nach dem deutschen Volksstaat muß zunächst einmal geklärt werden, welche Funktion überhaupt der Staat für den Neuen Nationalismus einnimmt. Dabei ist zunächst deutlich herauszuarbeiten, welchen Stellenwert der Staat für den Nationalisten und welchen er für den Internationalisten einnimmt. Der philosophische Ansatz ist dabei grundsätzlich verschieden, was vor allem das Verhältnis des Staates zur Gesellschaft betrifft.

Immer wieder finden wir in der deutschen Philosophie Mahner und Warner, die ihrer Angst vor einem zu mächtigen Staat Ausdruck verleihen. So warnt Friedrich NIETZSCHE in *Also sprach Zarathustra* vor einer Gleichsetzung von Staat und Volk: »Vom neuen Götzen – Irgendwo gibt es noch Völker und Herden, doch nicht bei uns, meine Brüder: da gibt es Staaten. Staat? Was ist das? Wohlan! Jetzt tut mir die Ohren auf, denn jetzt sage ich euch mein Wort vom Tode der Völker. Staat heißt das kälteste aller kalten Ungeheuer. Kalt lügt es auch; und diese Lüge kriecht aus seinem Munde: Ich, der Staat, bin das Volk. [...] Wo es noch Volk gibt, da versteht es den Staat nicht und haßt ihn als bösen Blick an Sitten und Rechten.«[488]

Der Neue Nationalismus verwirft im Sinne NIETZSCHES die Vorstellung, den Staat mit dem Volk gleichzusetzen, weshalb er auch im reinen absolutistischen Staatsgedanken nicht die Lösung für die deutsche Zukunft sieht. Der Absolutismus hatte seine Berechtigung in einer Zeit, als der Zwist zwischen Kaiser und Ständen und der unter den Konfessionen drohte, das Gemeinwohl zu vernichten. Er diente im 17. und 18. Jahrhundert dazu, unter Anwendung einer staatspolitischen Roßkur das Allgemeine Interesse wiederherzustellen. Jedoch infolge der Nationwerdung des deutschen Volkes im 19.

und frühen 20. Jahrhundert, an die der Neue Nationalismus des 21. Jahrhunderts bewußt und voller Überzeugung anknüpft, erscheint ihm der absolute Staatsgedanke nicht mehr zeitgemäß. Vielmehr geht es beim Denken eines deutschen Volksstaates darum, den Staat als Mittel zur Durchsetzung des Gemeinwohles, das in den drei deutschen Bausteinen in diesem Buch beschrieben wurde, zu definieren. Der Staat hat also die Pflicht, dem Gemeinwohlinteresse des deutschen Volkes zu dienen. Nach der Bewältigung dieser Aufgaben sind dann auch die führenden Staatsführer zu bewerten. Der Staat als reine Maschine, die nach ihrem Selbstzweck gut zu funktionieren hat, wird vom Neuen Nationalismus abgelehnt.

Für den Nationalisten steht also an erster Stelle in seiner Wertehierarchie das Volk, und der Staat stellt hierbei keinen Selbstzweck, sondern nur Mittel zum Zweck, der Förderung des Gemeinwohls dar, das im Fortbestand des deutschen Volkes liegt. Der Wert, den der Neue Nationalismus einem spezifischen Staat sowie einem ihn tragenden politischen System zumißt, ergibt sich für den Nationalisten allein aus dem Kriterium, was dieser Staat beziehungsweise die Herrschenden in diesem Staat bereit oder auch fähig sind, für das Staatsvolk zu tun, das wiederum für den Nationalisten allein durch die Abstammung zu bestimmen ist. Staats- oder Reichsbürger kann im Regelfall nur das Individuum sein, das deutsche Eltern und Großeltern nachweisen kann – so weit zum Idealfall.

Im Ausnahmefall kann Deutscher im Sinne einer nationalistisch definierten Staatsbürgerschaft auch derjenige (oder diejenige) sein, dessen/deren Eltern oder auch Großeltern bis zu einem 50 Prozent-Anteil eine nichtdeutsche Volkszugehörigkeit aufweisen.

Diese Volkszugehörigkeiten müssen jedoch eindeutig dem europäischen Kulturkreis – unabhängig vom Geburtsort – zugehörig sein. Ein Mensch, dessen völkische Herkunft zu über 50 Prozent seiner Vorfahren nicht deutsch ist, kann kein Deutscher im Sinne einer nationalen Auffassung von Staatsbürgerschaft sein. Dies gilt insbesondere dann, wenn eine nichteuropäische Herkunft auch nur zum Teil nachweisbar ist. Das sagt über den Wert des Menschen rein gar nichts aus, ob er ein ›guter‹ oder ein ›schlechter‹ Mensch ist, sondern nur darüber, ob er ein Deutscher oder ein Nicht-Deutscher ist. Ebenso erkennen die deutschen Nationalisten an, wenn andere Völker – zum Beispiel die Juden, die dieses völkische Prinzip musterhaft umsetzen – nach der gleichen Weise verfahren.

Nachdem festgestellt worden ist, daß das deutsche Volk den politisch obersten Wert des deutschen Nationalisten darstellt, wobei sich in diesen Wert die untergeordnete Identitätskette ›Person–Familie–

Stamm‹ einfügt, dürfte klar sein, daß der Staat, der aus nationaler Sicht im Idealfall als ›Volksstaat‹ zu bezeichnen ist, immer nur den zweiten politischen Stellenwert in der Wertehierarchie des Nationalisten darstellt, der einzig und allein nach seiner Leistungsfähigkeit im Dienst des deutschen Volkes zu bemessen ist. Und der Wert, den ein Staat für das deutsche Volk nach Auffassung des Nationalisten besitzt, bemißt sich darin, ob die Vertreter dieses Staates in der Lage oder willens sind, die drei zuvor genannten Bausteine nationaler Politik zu verwirklichen: nationale Identität, nationale Souveränität und nationale Solidarität.

Nun ist diese relative Wertschätzung für den Staat, die den Nationalisten deutlich von obrigkeitsfixierten autoritären Konservativen unterscheidet, nicht das Typische für den Nationalismus. Denn auch der Vertreter des Liberalismus mißt dem Staat lediglich einen relativen Wert bei. Doch während im Fall des Nationalisten die Gesamtheit des Volkes und das Wohlergehen möglichst aller Volksgenossen im Mittelpunkt des politischen Interesses steht, konzentriert sich der Liberalist oder der Liberalkapitalist auf das Individuum und die Gesellschaft, die nach seiner Vorstellung aus einer Ansammlung atomisierter Individuen besteht. Strenggenommen favorisiert der Liberalist nicht ausschließlich Individuum und Gesellschaft, sondern sein bürgerliches Klasseninteresse, das er in der bürgerlichen Gesellschaft verwirklichen will. Er will als freies, von staatlichen Zwängen freies Individuum seinem Privatinteresse nachgehen, vor allem seinem privaten Wirtschaftsinteresse. Darin will er sich von niemandem gestört sehen – und schon gar nicht von einem autoritären Staat.

Das aus dem französischen und amerikanischen Aufklärungsideal stammende Staatsverständnis propagiert den liberalen »Nachtwächterstaat« (Adam SMITH). Aufgabe des Staates sei es demnach, lediglich die grundlegenden gesellschaftlichen Spielregeln zu garantieren; das heißt, er beschränkt sich darauf, Ausgangspunkt für das materialistische Streben des Einzelnen zu sein. Der Staat sei nach der liberalen Vorstellung lediglich Fundament einer Gesellschaft, die eine bloße Anhäufung von Individuen in atomisierter Vereinzelung darstellt, die sich mittels dieses Staates zum gegenseitigen Nutzen auf einige »Umgangsregeln« geeinigt haben. Darin, also im Bereitstellen ›negativer Freiheit‹ (Freiheit von etwas), ist dann für den Liberalismus die Aufgabe des Staates auch schon erfüllt.

Das Ziel des rein individuellen Glücks kennzeichnet auch die nichtliberalistischen Materialismen, wie zum Beispiel den Marxismus, der auch im Glück des Einzelnen das Ziel sieht. Während jedoch der Liberalismus bei der Umsetzung dieses Ziels glaubt, Partei für das bürgerliche Klasseninteresse ergreifen zu müssen, will der Marxismus/Kommunismus dieses Ziel über die Klassendiktatur des Proletariats erreichen. Beide gemeinschaftsfeindliche Varianten stellen nun für den Nationalisten absolute Irrwege dar, weil für ihn der Einzelne sein ›Glück‹ nur in der Gemeinschaft aller Volksgenossen finden kann. Das Ganze des Volkes ist für ihn die Voraussetzung für ein erfülltes Leben des einzelnen Volksgenossen.

Der nationale deutsche Ansatz, der aus dem Deutschen Idealismus folgt und wie er insbesondere seit FICHTE und HEGEL faßbar wird, sieht den Staat nicht als Ausgangspunkt zur Verwirklichung der individuellen Freiheit, sondern als den hierzu notwendigen Prozeß. Der Einzelne hat dabei im Staatsverband die Pflicht, nach Kultur, Freiheit und Moral sowie nach Sittlichkeit zu streben und sich in deren Sinne zu bilden. Dabei sollen beide, also Ganzes – der Staat als »Wirklichkeit der sittlichen Idee (HEGEL) – und Besonderes – das Individuum – sich wechselseitig im Sinne fortschreitender ›positiver‹ Freiheit vervollkommnen.

Nicht die Gewährleistung des Strebens Einiger nach materiellen Vorteilen, wobei diese durch den Staat nicht gestört sein wollen, sondern eben diese sittliche Erhebung des Menschen und der Gemeinschaft zugleich – zu immer höherer Freiheit des Geistes – schwebt dem Deutschen Idealismus vor. ›Freiheit‹ ist dabei kein Zustand – etwa im Sinne von Freiheit gegenüber äußeren Zwängen –, sondern ein Vorgang, ein Vollzug, der nur im gemeinschaftlichen Handeln der Individuen existiert. Entscheidend ist nun, daß sich ein solcher Vorgang – zu einer höheren sittlichen Gemeinschaft – nur auf der Grundlage der ethnisch-kulturell definierten Nation vollziehen kann. Diesen Gedanken konsequent fortgeführt, sollen sich Gesellschaft und Staat organisch zu einer Einheit verbinden. In dieser Gemeinschaft erfüllt sich dann auch das wahre Wesen des Menschen, nur dort findet er zu seinem wahren Ich. Dieses Ich ist nur im Rahmen der höheren Gemeinschaft, der Nation, denkbar und verwirklichbar.

Das Ich besitzt somit auch einen angemessenen Stellenwert. Falsch verstandener völkischer Sozialismus, der sich zum Beispiel in der Losung »Du bist nichts – Dein Volk ist alles!« ausdrückt, wird somit ebenso überwunden wie liberalistischer Hedonismus. Die Entfremdungszusammenhänge, wie sie derzeit in allen westlichen Gesellschaften anzutreffen sind, werden durch diese Staatskonzeption konsequent aufgelöst. Der Zerrissenheit zwischen atomisierten Individuen, gesellschaftlichen Gruppeninteressen und den Restbeständen des Staates, wie dies für die Endzeit-BRD so typisch ist, wird somit zu Ende gebracht.[489]

Der Staat ist also der Vertreter des allgemeinen Interesses, der dieses ›Gemeinwohl‹ im Volksstaat als übergeordnete Instanz gegenüber den privaten und besonderen Interessen von einzelnen Bürgern und gesellschaftlichen Gruppen durchzusetzen hat. Um jedoch genau dieser Ordnungsaufgabe gerecht werden zu können, muß der Staat konstitutionell und institutionell mit den Funktionen ›Schutz‹ und ›Gehorsam‹ ausgestattet werden. Dem heutigen politischen System der Bundesrepublik und seinen Herrschenden mangelt es an beidem: an Schutz und an Gehorsam – ganz zu schweigen von einem Dritten, auf das es dem Neuen Nationalismus besonders ankommt: dem Willen, die Lebensinteressen, die in diesem Buch (in den drei deutschen Bausteinen) bereits definiert wurden, auch durchzusetzen.

Weil die Reststaatlichkeit, die sich derzeit in Richtung EU-Diktatur und Globalisierung auflöst, die Freiheiten des deutschen Bürgers vor Kriminalität und Parteien- und Gruppenegoismus nicht mehr beschützen kann und nicht mehr in der Lage ist, Gehorsam über den gesellschaftlichen Egoismus und über kriminelle Erscheinungen wie das Sich-Ausbreiten mafioser Strukturen in Wirtschaft und Verwaltung zu unterbinden, ist der Neue Nationalismus aufgefordert, die europäische, und insbesondere die deutsche Staatsidee zu rekonstruieren.

# 1. Eine Theorie des Volksstaates

*»Wenn eine Familie sich zur Nation erweitert hat und der Staat mit der Nation in eins zusammenfällt, so ist dies ein großes Glück.«*
Georg Wilhelm Friedrich HEGEL[490]

Was HEGEL hier als Nationalstaat definiert, ist die Einheit von Volk und Staat: Wir nennen dies ›Volksstaat‹. Das Volk ist die soziobiologische Einheit, die durch die Evolution geprägt ist, die Nation ist das seiner selbst bewußt gewordene Volk.

Bei der Theorie des Volksstaates steht der Volksbegriff vor dem des Staates im Mittelpunkt des Interesses. Das Volk ist dabei vom Neuen Nationalismus als soziobiologisch homogene Einheit zu definieren. Nur unter dieser Voraussetzung ist überhaupt ein innerer Zusammenhalt eines Staates im Sinne von Volksstaat denkbar. Somit steht auch die Idee des Volksstaates im krassen Widerspruch zur Vorstellung einer ›multikulturellen Gesellschaft‹ im Sinne eines *melting pot,* die derzeit in den Staaten vorherrschend ist, die sich zur ›westlichen Wertegemeinschaft‹ zählen.

Das soll aber nicht heißen, daß dieser deutsche Volksstaat nicht auch ethnische Minderheiten als gleichberechtigte Bürger beherbergen kann und soll, sofern diese seit Urzeiten ihre angestammte Heimat hier haben, wie die Dänen in Schleswig-Holstein, die Sorben in der Lausitz sowie die Friesen an der Nordsee. Wichtig dabei ist nur, daß es unter diesen Minderheiten keine Tendenzen gibt, die die Integrität des Staatsgebietes in Frage stellen. Die gleichen Minderheitenrechte sind den ›Neubürgern‹ des deutschen Reiches tschechischer und polnischer Volkszugehörigkeit in den wiederzugewinnenden Sudenten- und Ostgebieten zu garantieren.

Zum anderen jedoch bezieht sich der Volksstaatscharakter auch auf den Volksbegriff an sich. Dieser umfaßt alle deutschen Stämme, sozialen Schichten, Klassen, Männer und Frauen sowie Generationen. Dies klingt zwar selbstverständlich, war jedoch in der deutschen Geschichte nicht immer verständlich. Immer wieder wurde versucht, die Herrschaftsgrundlage durch Ausgrenzung wesentlicher Volksteile zu sichern – ob sich dieser eingeengte ›Volks‹-Begriff auf eine Klassendiktatur wie in der DDR, eine Parteidiktatur wie in der DDR und im Drittem Reich oder auch in der Parteien- und Verbändediktatur der BRD bezog.

Die politische Elite eines zu schaffenden Volksstaates wird den durch die BRD-Bourgeoisie ausgelösten Bürgerkrieg so schnell wie nur möglich beenden und ein Angebot zur Versöhnung an alle Volksteile machen müssen – auch an erklärte ›Antifaschisten‹, sofern sie bereit sind, von Landesverrat und Gesetzesbruch Abstand zu nehmen.

Das Volksstaatskonzept soll auch Abstand nehmen von einer allzu primitiven Eliten-Massen-Theorie, die gern von autoritär-konservativen Kreisen gepflegt wird – als ob die Dummheit und Manipulierbarkeit eine Frage des sozialen Status, des ›Oben‹ und ›Unten‹ sei. Die Eliten müssen vielmehr gegenüber dem Volk durchlässig sein, das bedeutet, daß die soziale Mobilität verstärkt zu fördern ist. Es sollen diejenigen Jugendlichen eine besonders gute Ausbildung erhalten, die dazu aufgrund ihrer Begabung geeignet sind, nicht diejenigen, die aus dem ›besseren‹ Milieu stammen. In dieser Hinsicht – was die soziale Durchlässigkeit und die Offenheit des Ausbildungssystems betrifft – stellt nun das Dritte Reich wahrlich ein unerreichtes Vorbild in der deutschen Geschichte dar.[491]

Aus dem Vorgenannten folgt die Erkenntnis, daß bei der Idee des Volksstaates die nationale Solidarität unter den Volksangehörigen eine große Rolle spielen muß, weshalb in seinem Kontext die Attribute ›national‹ und ›sozial‹ als zusammengehörig zu erkennen sind. Dem Vorwurf, den der Verfasser jetzt schon von seinen politischen Gegnern hören kann, dies sei doch ›Nationalsozialismus‹, tritt er gelassen entgegen. Die Erkenntnis, daß Nationalismus und Sozialismus zusammengehören, ist nicht deshalb falsch, weil sie auch Adolf HITLER propagandistisch und politisch vertreten hat. Da spielt es auch keine Rolle, wie man zu seinem politischen Schaffen im einzelnen stehen mag.

Im übrigen sei darauf hingewiesen, daß diese Erkenntnis, ›national‹ und ›sozial‹ zu einem einheitlichen Ganzen zusammenzuführen, nikeine Erfindung des Nationalismus des 20. Jahrhunderts darstellt und keinesfalls die des Adolf HITLERS, sondern bereits in der FICHTEschen Philosophie angelegt ist; und FICHTE hat seine Gedanken bekanntlicherweise im 19. Jahrhundert formuliert. Die einzige Möglichkeit, den nationalen Sozialismus zu ›diskreditieren‹, besteht nur darin, eine geistige Linie von FICHTE zu HITLER zu konstruieren, oder besser noch: von LUTHER zu HITLER, oder besser noch: von ARMIN DEM CHERUSKER zu HITLER – das wird den Neuen Nationalismus jedoch nicht davon abhalten, seinen deutschen Volksstaatsgedanken auch weiterhin und in noch viel stärkerem Maße zu verbreiten.

Im deutschen Volksstaat müssen nicht nur soziale Gerechtigkeit und Solidarität für in Not gekommene Volksangehörige herrschen, in einem solchen muß auch das radikaldemokratische Prinzip einer ›Identität von Regierten und Regierenden‹ seine bestmögliche Verwirklichung finden. Das soll heißen: Die Regierung muß dem Volk die Notwendigkeit der Durchsetzung des Gemeinwohls erklären (›Volksaufklärung und Propaganda‹), das vom Gemeinwohl überzeugte Volk wird einer solchen Regierungspolitik dann zustimmen.

Mit diesem Gebot nach ›Identität von Regierten und Regierenden‹ ist verbunden, daß die Verfassung eines solchen Volksstaates auf das Gemeinwohl des deutschen Volkes festgelegt sein muß, während im Bonner Grundgesetz ausschließlich von Menschenrechten und bürgerlichen Grundrechten die Rede ist – so, als ob es die berechtigten Rechte von Kollektiven, wie denen von Völkern, nicht gäbe.

Das Gemeinwohl des Volkes wurde vom Verfasser bereits in diesem Buch anhand der drei Bausteine ›nationale Identität‹, ›nationale Solidarität‹ und ›nationale Souveränität‹ bestimmt. Der Staat ist somit also nicht – wie etwa im Absolutismus – ein Selbstzweck zur reinen Erhaltung seiner selbst – nach dem Motto: Ordnung um ihrer Selbstwillen –, sondern die Staatsführung, vor allem das direkt vom Volk gewählte Staatsoberhaupt, ist zur strikten Verfolgung des Gemeinwohls verpflichtet. Somit ist auch ein Widerstandsrecht für das Volk legitimiert, sollte der Staat zum Instrument von Privat- und Sonderinteressen oder gar von Fremdherrschaft verkommen. Wie dies bereits Thomas HOBBES in seinem *Leviathan* richtig bemerkte, hängen ›Schutz‹ und ›Gehorsam‹ zusammen. Gehorsam darf nur vom Staat gefordert werden, wenn dieser bereit ist, das Staatsvolk zu schützen. Löst sich dieser Zusammenhang von Schutz und Gehorsam auf, dann beginnt wieder der Kampf aller gegen alle. In der totalitären bundesrepublikanischen Gesellschaft setzt sich dieser Zustand immer mehr durch.

Die Staatstheorie pendelt allgemein zwischen den Begriffspolen ›Staat‹ und ›Gesellschaft‹. Die Frage nach der Dominanz läßt sich auch auf den Begriff des Vorrangs fokussieren. Soll der Staat über der Gesellschaft stehen, so sprechen wir vom ›Vorrang der Politik‹, soll die Gesellschaft den Staat vereinnahmen, wie dies in der BRD der Fall ist, so sprechen wir vom ›Vorrang der Wirtschaft‹. Mit der Wirtschaft sind in diesem Fall die wirtschaftlichen und sozialen Interessengruppen der Gesellschaft gemeint.

»Die Institution des allgemeinen Interesses ist der Staat«, stellt Bernard WILLMS fest.[492] Demzufolge besteht das eigentliche Wesen des Staates darin, daß er das allgemeine Interesse oder das Allgemeinwohl (im Volksmund auch das ›Gemeinwohl‹ genannt) des gesamten Volkes vertritt, und nicht nur die Interessen besonderer wirtschaftlicher Verbände.

Für den deutschen Staat müßte also das Gemeinwohl des deutschen Volkes (Nationalstaat erhalten, Einwanderung abwehren und dergleichen mehr) im Mittelpunkt des Interesses stehen, und nicht die Interessen - beispielsweise - eines Waffenhändlers SCHREIBER oder eines Vorsitzenden des Zentralrates der Juden in Deutschland, Paul SPIEGEL. Das Gemeinwohl kann auch anhand der bereits beschriebenen drei ›Bausteine‹ erklärt werden.

Der Staat hat nun die Aufgabe, das Lebensrecht des gesamten Volkes und die Freiheit und das Recht der einzelnen Volksangehörigen (und zwar in dieser Reihenfolge) nach innen und nach außen gegebenenfalls herzustellen und zu schützen. Die Freiheit des Einzelnen ist aber nur durch den autoritären Staat garantierbar, der im Sinne von HOBBES' *Leviathan* den »Kampf aller gegen alle« beendet. Denn die Freiheit des einzelnen Bürgers wurde ja zur Zeit eines Thomas HOBBES durch die besonderen Interessen der konfessionellen Bürgerkriegsparteien (des 16. und 17. Jahrhunderts) bedroht.[493] Nur der starke Staat, dem die einzelnen Bürger per Vertrag die Souveränität übertragen, könne sich gegen die Sonderinteressen durchsetzen, und nicht etwa die Summe der einzelnen Bürger. Den konfessionellen Bürgerkriegsparteien des 16. und 17. Jahrhunderts entsprechen heute die politischen Parteien und wirtschaftlichen Interessenverbände. Diesen würde heute ein Thomas HOBBES mit seinem *Leviathan* den Kampf ansagen.

Die Freiheit des Bürgers und die autoritäre Ordnung des Staates bedingen sich also gegenseitig. Ohne staatliche Ordnung keine bürgerliche Freiheit, ohne bürgerliche Freiheit ist auch die staatliche Ordnung sinnlos, da ein Volksstaat, der diesen Namen verdient, nicht gegen sein eigenes Volk regieren kann. Während der Liberalismus behauptet, es gebe beim ›Freiheits‹-Begriff nur die Freiheit des Individuums, was gern von seinen Apologeten mit ›persönlicher Selbstverwirklichung‹ umschrieben wird, sagt der Neue Nationalismus, daß der notwendigen Forderung nach individueller Freiheit eines jeden Staatsbürgers die Forderung nach der allgemeinen Freiheit des Staates stehen muß, die in seiner Souveränität besteht, nach innen und nach außen die staatliche Ordnung aufrechtzuerhalten.

Schließlich kann nur das Vorhandensein der allgemeinen Freiheit des Staates die individuelle Freiheit seiner Bürger sicherstellen. Diese allgemeine Freiheit umfaßt dabei den Bezug sowohl zum Staatsvolk als auch zum Staatsgebiet und zur Staatsgewalt. Wenn der Staat nach innen und nach außen die Ordnung nicht mehr aufrechterhalten kann, also die inneren beziehungsweise die äußeren Feinde dieses Staates die Oberhand über Staatsgewalt, Staatsgebiet und Staatsvolk gewinnen, dann wäre auch die Forderung des Einzelnen nach individueller Freiheit blanke Theorie. Völlig zu Recht meinen Bernard WILLMS und Paul KLEINEWEFERS in *Erneuerung aus der Mitte*:

»Von welcher Seite man aber immer an die Bestimmung des Staates im neuzeitlichen Sinne herangeht, ob von den Notwendigkeiten der Bestimmung von Territorien, der Unterscheidung von Bürgern und Fremden oder der elastischen Festlegung des Verhältnisses von allgemeiner Freiheit, das heißt Ordnung und individueller Freiheit, stets muß deutlich werden, daß ein Staat in diesem Sinne seine Aufgabe, also den Zweck, für den er in der Welt ist, nicht lösen kann, wenn er als konkreter nicht selbst frei ist.«[494]

Der Ausgleich zwischen staatlicher Ordnung, die in autoritären Zwang münden kann, und bürgerlicher Freiheit führt im Volksstaat zu Recht und Gesetz. Demzufolge sind Gemeinwohl sowie Recht und Gesetz das Wesen und die Verpflichtung des Volksstaates. »Und daher ist die Unabhängigkeit des Rechts gegenüber dem Zugriff jedweden Einzelinteresses unabdingbar, und zwar vom Begriff des Rechts selber her«, meint Bernard WILLMS.[495] Demzufolge hat für den Nationalismus ein Staat dann seine Daseinsberechtigung verloren, wenn dieser keine Ordnung herstellen will oder nicht herstellen kann, um das Gemeinwohl gegen die Gruppeninteressen oder ausländischen Druck durchzusetzen. Dieses System muß dann einem anderen System Platz machen, das dem Gemeinwohl wieder zu seinem Recht verhilft.

Damit der Volksstaat seine Aufgaben dauerhaft erfüllen kann, nämlich Gemeinwohl sowie Ordnung, Recht und Gesetz zu erhalten – sind sie von ihm erst einmal hergestellt worden –, so muß er seine Jugend zu Tugendhaftigkeit und Gemeinsinn im Sinne des Deutschen Idealismus erziehen. Johann Gottlieb FICHTE meinte:

»So wie der Staat an den Personen seiner erwachsenen Bürger die fortgesetzte Erziehung des Menschengeschlechts ist, so müsse, meint diese Staatskunst, der künftige Bürger selbst erst zur Empfänglichkeit jener höheren Erziehung heraufgezogen werden. Hierdurch wird nun diese deutsche, und allerneueste Staatskunst wiederum die allerälteste; denn auch diese bei den Griechen gründete das Bürgertum auf die Erziehung, und bildete Bürger, wie die folgenden Zeitalter sie nicht wieder gesehen haben.«[496]

## *Das Demokratieprinzip im Volksstaat*

Weil die Bestandswahrung und die Weiterentwicklung des deutschen Volkes – das wir kurz ›Gemeinwohl‹ nennen – im Deutschen ›Volksstaat‹ das Maß aller Dinge sind, muß auch das deutsche Volk im Sinne der Volkssouveränität umfangreiche Mitbestimmungsmöglichkeiten eingeräumt bekommen. Es soll hinsichtlich seiner Lebensfragen selbst Antworten geben dürfen und letztendlich über seine Geschicke selbst bestimmen können. Die Gewährung des Volksentscheides bei für die Nation lebenswichtigen Fragen, wie einer neuen Staatsbürgerschaft oder eine neue Rechtschreibung, sollte in einem Volksstaat selbstverständlich sein.

Da heute von der ›Demokratie‹, die es angeblich vor dem ›Rechtsextremismus‹ zu schützen gelte, so viel die Rede ist, erscheint es sinnvoll, sich mit diesem umstrittenen Wort näher auseinanderzusetzen. Denn wohl mit kaum einem anderen politischen Begriff wird seit Jahrzehnten so viel Unsinn, Manipulation und Volksverdummung betrieben wie mit diesem Kampfbegriff. Immer mehr stellt sich deshalb die Frage, worin das eigentliche Wesen der ›Demokratie‹ besteht.

Zweifellos hat Reinhold OBERLERCHER nicht unrecht, wenn er feststellt, daß Demokratie heute nichts anderes ist als »politischer Kapitalismus«.[497] Dies ist natürlich nur ein Teil der Wahrheit, eine Momentaufnahme sozusagen. Etymologisch bedeutet natürlich ›Demokratie‹, aus dem Griechischen kommend, nichts anderes als »Volksherrschaft«. Ein Demokrat wäre also dem Wortsinn jemand, der dafür eintritt, daß das Volk herrscht. Doch wodurch soll das Volk herrschen, wie soll es seine Souveränität ausüben? Fragen, die es zu klären gilt, damit sich der Schleier der liberalistisch motivierten pseudodemokratischen Phrasen lüftet.

Wenn nämlich heute von den herrschenden Liberalkapitalisten der Eindruck erweckt wird, daß Demokratie und Liberalismus gleichzusetzen seien, dann sind gerade Nationalisten dazu angehalten, die beiden Begriffe im Sinne von Carl SCHMITT auseinanderzuhalten, der meinte: »Es kann eine Demokratie geben ohne das, was man modernen Parlamentarismus nennt und einen Parlamentarismus ohne Demokratie.«[498] Mit »Parlamentarismus« meint SCHMITT die politische Ausformung des Liberalismus, die zur Herrschaft von Parteien und wirtschaftlichen Verbänden über das Volk führt.

Hinter dem bundesrepublikanischen Parteien- und Verbändestaat steckt die Theorie des gesellschaftlichen Pluralismus der Herrschenden.

In der Politik, also im staatlichen Bereich, herrscht in der ›westlichen Wertegemeinschaft‹ die Auffassung vor, daß durch die Diskussion und den Konsens im Rahmen der Vielfalt von Parteien und gesellschaftlichen Interessenverbänden Volkes Meinung letztendlich in Regierungsentscheidung münde. In der Wirtschaft dominiert der

Irrglaube, daß allein durch ›Angebot und Nachfrage‹, also durch das ›freie Spiel der Kräfte‹ in der sich selbst überlassenen freien Marktwirtschaft, das wirtschaftliche Wohl des gesamten Volkes erreichbar sei. Beide pluralistische Theorien, in der Politik wie in der Wirtschaft oder Gesellschaft, gehen im Liberalismus vom Vorrang der Wirtschaft vor der Politik aus. Der Staat soll möglichst nicht oder nur wenig in den Wettbewerb von Parteien und Interessenverbänden eingreifen.

Daß sich unter solchen Voraussetzungen im Zweifelsfall das große Geld und die stärkeren Ellenbogen durchsetzen und das Gemeinwohl des Volkes auf der Strecke bleibt, dürfte auf der Hand liegen. Während also im BRD-Parteienstaat freie Marktwirtschaft und Parlamentarismus die Demokratie im eigentlichen Sinne, also Volksherrschaft, geradezu verhindern, stellt sich die Frage, wie denn wahre (National-) Demokratie am ehesten erreichbar ist?

Wenn Demokratie bedeutet, daß einerseits das Volk souverän ist und somit die Herrschaft vom Volk auszugehen hat, andererseits jedem einleuchten müßte, daß – mit Ausnahme von kleinen Gemeinwesen – ein gesamtes Volk nicht Tag für Tag selbst regieren kann, so erfolgt die Notwendigkeit, das eigentliche Wesen der Demokratie lediglich im freien, allgemeinen und gleichen Wahlrecht zu sehen. Wichtig ist jedoch, daß das Prinzip der Gleichheit in der Demokratie nur auf die eigenen Volksgenossen und nicht auf die gesamte ›Menschheit‹ angewandt wird. Den Volksangehörigen steht unabhängig von ihrer regionalen, sozialen und weiteren soziologischen Zugehörigkeit ein Stimmrecht zu. Die Frage allerdings, worüber das Volk abstimmen darf, bleibt zunächst einmal offen. Die Vorstellung, das Volk müsse in der ›Demokratie‹ ein Parlament wählen und die Regierungsbildung müsse über das Parlament vorgenommen werden, entspringt nicht in erster Linie dem demokratischen Gedanken, sondern dem des Liberalismus.

Insgesamt lassen sich drei Kategorien feststellen, wie sich aus dem freien, allgemeinen und gleichen Wahlrecht heraus die Meinung des Volkes in Regierungsentscheidung umsetzen läßt: Das Volk kann ein Parlament wählen oder ein Gremium irgendeiner Art, es kann das Staatsoberhaupt direkt wählen und es kann durch direkte Abstimmungen selbst Entscheidungen treffen. Diese Entscheidungen sind dann von der Regierung und der Verwaltung umzusetzen. Natürlich ist auch eine Demokratie denkbar, deren Verfassung die drei wesentlichen Abstimmungsmethoden (präsidentiell, plebiszitär, parlamentarisch) in gemischter Form enthält.

Aber auf jeden Fall ist die Behauptung unwahr, Demokratie sei nur mittels der Wahl eines Parlaments möglich. Vielmehr ist die sogenannte ›parlamentarische Demokratie‹ nur *eine* Variante von mehreren demokratischen Denkansätzen. Es erscheint deshalb als unkritisch und wenig durchdacht, wenn Reinhold OBERLERCHER begrifflich die heute vorherrschende sogenannte ›parlamentarische Demokratie‹ mit ›Demokratie‹ an sich gleichsetzt, wenn er ›Demokratie‹ und ›politischen Kapitalismus gleichsetzt. Unter umgekehrten Vorzeichen stimmt er dann nämlich mit den heute herrschenden Liberalisten überein, die den ›Demokratie‹-Begriff für sich monopolisieren wollen.

Auch wenn Reinhold OBERLERCHER mit der ›Demokratie‹, wie er sie versteht, nichts zu tun haben will, so enthält sein »Reichsverfassungsentwurf«[499] insgesamt drei demokratische Elemente: die Direktwahl des ›Reichsoberhauptes‹, die Direktwahl des ›Reichstages‹ und der Volksentscheid auf allen Ebenen, der auch Regierungsentscheidungen brechen können soll. Gerade der direkten Demokratie, dem Volksentscheid, gilt es besondere Aufmerksamkeit zu schenken. José ORTEGA Y GASSET meinte gar, daß die direkte Form der Demokratie das Wesensmerkmal des Nationalstaates sei: »Ich sehe also im Nationalstaat ein historisches Gebilde, für welches die Existenz des Volksentscheides wesentlich ist.«[500]

José ORTEGA Y GASSET hat es auf den Punkt gebracht: Der Volksentscheid ist die ursprüngliche Willensbildung des Nationalstaates. Nun lassen sich aber gegen den Volksentscheid Vorteile, aber auch Nachteile ins Feld führen. Von den Gegnern des Volksentscheides, die vor allem im konservativen und reaktionären politischen Spektrum beheimatet sind, wird gegen diesen eingewandt, daß sich das Volk irren könne. Dieser Einwand trifft zwar zweifellos zu, hat jedoch mit der Legitimation des Volksentscheides nichts zu tun, da Fehlentscheidungen *immer* und in *jedem* politischen System nicht ausgeschlossen werden können. Ein vom Volk direkt gewähltes Staatsoberhaupt kann sich genauso irren wie ein vom Volk gewähltes Parlament oder das Volk selbst, wenn es direkt Entscheidungen trifft.

Denn Demokratie ist in jedem Falle Herrschaft auf Zeit und die Herrschaft der Mehrheit über die Minderheit. Natürlich wäre es Unfug zu behaupten, die Mehrheit müsse immer recht haben. Beim demokratischen Prinzip geht es vielmehr darum, eine Identität von Regierenden und Regierten (Jean-Jacques ROUSSEAU) herzustellen. Die Mehrheit des Volkes soll ein Parlament, ein Staatsoberhaupt wählen oder über politische Fragen direkt entscheiden, und diese Mehrheit kann dann die Verantwortlichen für Fehlentscheidungen verantwortlich machen, letztendlich also abwählen. Zudem kann sich das Volk dann nicht mehr herausreden im Stile: »Die da oben machen ja doch, was sie wollen«, wie man es immer wieder in der Bundesrepublik hört.

Doch dieses Argument würde bei der Verwirklichung des Volksentscheides nicht mehr ziehen. So hat sich in der Schweiz im Jahre 2000 eine deutliche Mehrheit von 63 Prozent der Wahlberechtigten gegen die Reduzierung des Ausländeranteils auf eine Quote von 18 Prozent der Schweizer Gesamtbevölkerung ausgesprochen. Dieser durch eine multikulturelle Dauerpropaganda manipulierten Mehrheit steht es demzufolge nicht mehr zu, sich über die Überfremdung ihrer eidgenössischen Heimat zu beklagen.

In entgegengesetzter Weise hat sich eine knappe Mehrheit des dänischen Volkes im Jahre 2000 gegen die Einführung des Euro ausgesprochen und somit die nationale Souveränität ihres Landes zumindest in Sachen Währung gewahrt. Dieses knappe Votum von rund 54 Prozent Euro-Gegnern ist jedoch deshalb bemerkenswert, weil sich das Großkapital gemeinsam mit den Gewerkschaften und rund 80 Prozent der dänischen Parlamentarier für die Einführung des Euro ausgesprochen hatte.

Ebenso wurde bekannt, daß die dänischen Euro-Befürworter ein mindestens doppelt so hohes Budget für ihre Kampagnen zur Verfügung gehabt haben wie die Gegner. Die Übermacht von Medienberichterstattung und die Androhung von angeblichen finanziellen Nachteilen müssen also nicht in jedem Fall den gesunden Menschenverstand aushebeln.

Zudem könnte der Einwand, daß Abstimmungsergebnisse durch Manipulation, Drohungen und Geld bewirkt werden können, auch auf die demokratische Wahl eines Parlaments oder eines Staatsoberhauptes zutreffen. Die Vorstellung, das Volk sei in jedem Fall manipulationsanfällig, während ein direkt gewählter Alleinherrscher in jedem Fall über den Dingen stehen müsse, ist schlichtweg naiv. Selbst ein absoluter Souverän, der seine Herrschaft nicht auf die Zustimmung des Volkes, sondern vielleicht auf ›Gottes Gnaden‹ oder die ›Vorsehung‹ gründet, kann irrational handeln und ist möglicherweise manipulierbar. Das demokratische Prinzip der Mehrheitsentscheidung im Rahmen des freien, allgemeinen und gleichen Wahlrechts hat also nichts mit einem Wahrheits- oder einem Unfehlbarkeitsanspruch zu tun, sondern allein mit der Identität von Regierten und Regierenden.

Der Volksentscheid, ob man ihm zustimmend oder ablehnend gegenübersteht, ist der geistige Sprengsatz für den liberalen Parteienstaat. Die Losung ›Alle Macht dem Volk‹ (Volkssouveränität) muß der Strategie der Befürworter von ›Alle Macht den Parlamenten‹ (Parlamentssouveränität) zuwiderlaufen. Deshalb erscheint es als konsequent, wenn der im Jahre 2000 erfolgte Einwurf von EU-Kommissar Günther VERHEUGEN (SPD), das deutsche Volk solle über die EU-Osterweiterung abstimmen dürfen, mit wütenden Protestreaktionen aus den Reihen der etablierten Parteien beantwortet wurde. Müßten diese Herrschaften doch befürchten, bei der Durchführung von Volksentscheiden mit einer Reduzierung der Ausländerzahl, der Ablehnung des Euro und der Ablehnung von NATO- und UNO-Blauhelmeinsätzen der Bundeswehr konfrontiert zu werden. Selbst die Todesstrafe für Drogenkriminelle und Vergewaltiger würde im Volk wohl eine Mehrheit finden.

Weil die Etablierten Angst vor dem eigenen Volk haben, lehnen sie konsequenterweise den Volksentscheid ab, der laut Grundgesetz ja nur für die Neugliederung des Bundesgebietes geeignet sein soll (Artikel 29 des Grundgesetzes), wobei doch in gleichen Grundgesetz geschrieben steht: »Alle Staatsgewalt geht vom Volke aus« (Artikel 20 des Grundgesetzes), Mit der Ablehnung des Volksentscheides bei Grundsatzfragen, die für Volk und Staat fundamentale Bedeutung haben, wie der Einführung einer neuen Staatsbürgerschaft oder einer sogenannten Rechtschreibreform, erweckt die herrschende politische Klasse nur den Eindruck, sie wolle das Volk vor seinen ›Stammtischen‹ beschützen, die bekanntlicherweise gegenüber nationalen Politikinhalten anfällig sind. Als Begründung müssen dann immer die ›Weimarer Verhältnisse‹ herhalten, da von den sogenannten ›Extremisten‹ zu der Zeit die Artikel 73–76 der Weimarer Reichsverfassung genutzt worden seien, um per Volksentscheid Druck auf die sogenannte ›parlamentarische Demokratie‹ auszuüben.

## *Neues Ordnungsdenken*

Bis es soweit ist, daß der Deutsche Volksstaat errichtet werden kann, muß zunächst der Neue Nationalismus sein eigenes Staatsethos entwickeln, das sich bislang allenfalls in den sprichwörtlichen Kinderschuhen befindet. Der Ausgangspunkt dieses nationalen Staatsethos ist das Verhältnis der deutschen Nationalisten zum vermeintlichen BRD-›Staat‹. Dieser Bundesrepublik ist dabei der ›Staats‹-Begriff nicht zuzugestehen, sondern sie ist durchgehend als ›System‹ zu bezeichnen. Denn der deutsche Staat, und vor allem der Volksstaat der Deutschen, ist ja erst herzustellen. Daß sich dieser als Interessenvertreter des Gemeinwohls des deutschen Volkes auszuzeichnen hat, ist schwerlich die BRD als ›Staat‹ und schon gar nicht als ›deutscher

Staat‹ zu bezeichnen. Diese Bezeichnung wird sich erst wieder der Deutsche Volksstaat verdient haben.

Über die notwendige Systemkritik hinausgehend, darf sich die nationale Opposition nicht nur als nationaler Widerstand *gegen* die herrschenden Zustände verstehen, sondern muß auch Partei *für* eine neue politische Ordnung ergreifen, damit der nationale Widerstand ein Ziel hat und somit auch Sinn ergibt. Der Volksstaat der Deutschen muß also schon in naher Zukunft geistig Gestalt annehmen und dem deutschen Volk nicht erst dann bekannt gemacht werden, wenn dieser verwirklicht ist.

Diese Notwendigkeit, als Zukunftsvision und Gegenentwurf zum BRD-System den Volksstaat heute schon zu skizzieren und in naher Zukunft zu einem greifbaren Entwurf fortzuentwickeln, bedingt zunächst einmal die Bereitschaft zur Fundamentalopposition. Ausgangspunkt einer jeden Fundamentalopposition ist die Systemkritik, die – gemessen an der bundesrepublikanischen Wirklichkeit – das politische System an sich als Fehler zu bezeichnen hat und eben nicht ein fehlerhaftes System durch ›Alternativen‹ im Rahmen des Systems korrigieren möchte. Daraus folgt jedoch der Wille, dem deutschen Volk – langfristig – und einer nationalen Intelligenz (›nationale Köpfe‹) – mittelfristig – eine Systemalternative anbieten zu wollen. Und genau darum geht es für den Neuen Nationalismus in Deutschland.

Grundsätzlich gilt, daß für eine revolutionäre Bewegung politische Argumente im Vordergrund stehen müssen – im Pressewesen, in der Publizistik, auf Veranstaltungen und in der Schulung, um nur ein paar Beispiele zu nennen. Zeitgeschichte, Revisionismus und Wissen um Biologie, Verhaltensforschung und Rassenkunde und dergleichen sind zwar als Grundlagenwissen unverzichtbar, können jedoch das politische Ordnungsdenken nicht ersetzen. Das neue deutsche Ordnungsdenken entspringt vielmehr aus dem Geist einer neuen deutschen Elite. Daß dieser ›Geist‹ seine Ursache in den naturwissenschaftlichen Grundlagen hat, steht außer Frage, muß sich jedoch auch ›künstlerische‹ Fähigkeiten, wie die Staatskunst, zunutze machen.

Bemerkenswert ist in diesem Zusammenhang, daß die Parteien, die weitläufig der nationalen Opposition (›rechte Parteien‹) zugeordnet werden, bis Ende der neunziger Jahre um das Thema ordnungspolitische Alternativen zur bundesrepublikanischen Wirklichkeit einen großen Bogen machten.[501] Das könnte damit zusammenhängen, daß. . .

a) die nationalen Parteipolitiker so unter Zeitdruck stehen, bedingt durch die Vorbereitung und Durchführung von Wahlkämpfen und dergleichen, daß man sich in diesen Kreisen außerstande sieht, sich über eine neue politische Ordnung im einzelnen Gedanken zu machen;

b) zwar einzelne Parteifunktionäre darüber Bescheid wissen, welche Ordnungsalternative sie persönlich bevorzugen würden, in der Gesamtpartei oder gar innerhalb des ›nationalen Lagers‹ darüber kein Konsens zu erzielen ist;

c) die jeweilige Parteiführung Angst vor der Verbotsdiskussion und dem ›Verfassungsschutz‹ hat;

d) die Bedeutung des Themas ›politisches Ordnungsdenken‹ (beim ›Kampf um die Köpfe‹) in der jeweiligen Partei noch unterschätzt wird.

Möglicherweise lassen sich auch andere Gründe hierfür anführen, wie: Wozu sollen wir uns über eine neue politische Ordnung Gedanken machen, wenn wir noch nicht einmal ein mittelständisches Unternehmen führen können (frei nach Rolf SCHLIERER).

Es gilt nun, diesem Phänomen, daß mancher nationale Politiker und Publizist zwar von ›neuer politischer Ordnung‹ spricht, diese jedoch nicht näher beschrieben wird, auf den Grund zu gehen.

In nationalen Parteiprogrammen steht die Forderung, der Bundespräsident solle direkt vom Volk gewählt und Volksentscheiden sollen breitere Anwendungsmöglichkeiten eingeräumt werden. Diese Forderungen weisen nun genau in die richtige Richtung, stellen allerdings nur den ersten Schritt auf dem Weg zu einem neuen politischen Ordnungsdenken dar. Weitere Schritte müssen folgen.

Der parteipolitischen nationalen Opposition würde es gut anstehen, sich der Argumente zu bedienen, die im parteiunabhängigen nationalen Lager seit Jahren vertreten werden. Die Auseinandersetzung mit solchen ordnungspolitischen Argumenten könnte der nationalen Parteipolitik behilflich sein, ihre eigene inhaltliche Position zu dem Themenkomplex von ›Volk‹ und ›Staat‹ zu finden.

Einer der Wortergreifer in der Debatte um eine neue Ordnung, die seit 1989 in der Zeitschrift *Staatsbriefe*, aber auch vom Bildungsträger Deutsches Kolleg und der Weltnetz-Zeitschrift *Werkstatt Neues Deutschland* angestoßen wurde, ist Reinhold OBERLERCHER. Der Hamburger Sozialwissenschaftler meint zur Reichsidee und zur Voraussetzung für eine neue politische Ordnung:

»Das Reich der Deutschen kann erst wieder Gestalt annehmen, wenn nach dem kommunistischen Osten auch der kapitalistische Westen zusammengebrochen ist. Aus dieser Möglichkeit wird aber nur dann Wirklichkeit werden, wenn die staatliche Gestalt des Reiches zugleich einem neuen geschichtlichen Gehalt entspricht, wenn die Gestalt und ihr Gehalt sich sowohl wiederherstellen als auch erneuern. Im germanischen Raum ist die Idee des Reiches uralt und wahrscheinlich schon in der Bronzezeit verwirklicht gewesen, was in den Mythen vom Goldenen Zeitalter überliefert ist. Seit jenen fernen Zeiten, die ein lebendiger Mythos vergegenwärtigen kann, ist die Reichsidee der Gestaltgeber eines konkreten Ordnungsdenkens in Europa. Uralte Gestalten können sich immer wieder verjüngen, wenn ihr Gehalt weiterhin sich erfüllt.«[502]

Das Reich ist die Vergangenheit und die Zukunft der Deutschen – oder die Deutschen werden auf Dauer keine Zukunft mehr haben. Hält die bevölkerungspolitische Entwicklung auch weiterhin an, dann werden die Deutschen auf dem Territorium der Bundesrepublik ungefähr im Jahr 2125 mit den Türken einen ›Gleichstand‹ erreicht haben. Beide Volksgruppen werden dann in Deutschland rund 40 Millionen an Volkszahl stellen. Die Orientierungslosigkeit der Gegenwartsdeutschen, die sich vor allem in Konsumfetischismus und Geburtenverweigerung ausdrückt, ist ein Ausfluß des Verlustes ihres kollektiven Bewußtseins als Reichsvolk in der Mitte Europas. Wohl die Mehrheit der Gegenwartsdeutschen definiert sich heute als atomisierte Individuen, deren Wert sich in der Anhäufung von Belanglosigkeiten mißt. Welchen Wert es hat, Deutscher zu sein, und welche Sendung möglicherweise damit verbunden ist stellt für die dumpfe Masse kein Thema mehr dar. Deutsch zu sein wird schlimmstenfalls als identitäre Belastung empfunden.

So meint Günter MASCHKE, »daß es heute völlig zutreffend ist, was uns die Agenturen der Vergangenheitsbewältigung ständig einreden: Deutsch ist, schuldig zu sein. Wir müssen uns auch von der Vorstellung verabschieden, daß es sich bei diesem Phänomen nur um irgendwelche Intellektuelle handeln würde, welche die Vergangenheitsbewältigung betreiben, sondern es ist vielmehr das Volk selbst, das sich dagegen nicht wehrt beziehungsweise nicht wehren will. Das Volk will sich nicht wehren gegen das Trommelfeuer an Umerziehung und Desinformation. Sich dagegen zu impfen, bedeutet heute einen charakterlichen Luxus, den sich nur wenige gönnen wollen. Man hat ja ganz andere Sorgen, wie die Frage, wo ich das billigste Heizöl herkriege«.[503]

Und dabei müßten die Deutschen bei der Rückgewinnung ihres Selbstbewußtseins nur bei der ›Stunde Null‹ ansetzen, als die völkerrechtliche nationale Souveränität verlorenging. Schließlich kann es über die völkerrechtliche Bedeutung, die dem Deutschen Reich zukommt, keinen Zweifel geben. Denn in insgesamt sechs Urteilen (vom 23. 10. 1952, 7. 5. 1953, 26. 2. 1954, 17. 8. 1956, 26. 3. 1957, und

31. 7. 1973) hat das Bundesverfassungsgericht (BVG) den Fortbestand des Deutschen Reiches über den Zeitpunkt der bedingungslosen Kapitulation der Deutschen Wehrmacht hinaus festgestellt. Dabei ging das BVG in Anlehnung an Artikel 116 des Grundgesetzes von »dem Gebiete des Deutschen Reiches nach dem Stand vom 31. Dezember 1937« aus. Zu diesem »Gebiete« gehörten und gehören nach wie vor im Osten Schlesien und Pommern ebenso wie Ost- und Westpreußen. Diese Gebiete sind daher nach Aussage des BVG Bestandteile des Deutschen Reiches.

Wie bereits angesprochen, speist sich im Normalfall das Selbstbewußtsein des Volkes aus zwei Quellen: der Vergangenheit und der Zukunft – erste bedeutet einer selbstbewußten Nation Auftrag und zweite Sendung. Auf den Mißbrauch der Geschichte, der dazu dient, ein Volk in geistige Knechtschaft zu zwingen, wurde bereits ausführlich eingegangen. Dieser ist maßgeblich für die geistige Orientierungslosigkeit der Deutschen verantwortlich und muß deshalb durch Revision der für das deutsche Volk verleumderischen fremdbestimmten Geschichtsschreibung überwunden werden. In den folgenden Ausführungen soll es nun darum gehen, eine staatliche Zukunft der Deutschen zu entwerfen – als Gegenentwurf zum Status quo des BRD-Vasallensystems auf deutschem Boden.

Denn eine nationale Fundamentalopposition muß sich darüber im klaren sein, welche staatliche Ordnung ihr als Alternative zur deutschen Gegenwart vorschwebt. Das soll nicht heißen, daß der Entwurf eines einzelnen Denkers in orthodoxer Verkennung der Möglichkeiten zum alleinseligmachenden Heilmittel auserkoren werden soll, sondern es soll vielmehr innerhalb der nationalen Opposition ein geistiger Wettbewerb über das Konzept der besten staatlichen Ordnung stattfinden. Und hierzu sind möglichst viele Ordnungsmodelle von freien Denkern einzubringen und dem nationalen Publikum zur Diskussion zu stellen.

Nun soll keiner behaupten, die nationale Opposition in Deutschland habe keine alternative Vorstellung von der staatlichen Zukunft der Deutschen. Wer dies behauptet, lügt, oder er hat keine Ahnung davon, worüber er redet. Ursprünglich gab es vier alternative Ordnungsentwürfe in der nationalen Nachkriegspublizistik, die ernsthafte Versuche darstellen, auf historischer und juristischer Argumentationsgrundlage einen staatswissenschaftlichen Ausweg aus der gegenwärtigen Misere aufzuzeigen. Alle diese vier Entwürfe, von denen gleich die Rede sein wird, sind Anfang der neunziger Jahre in einer einzigen Zeitschrift veröffentlicht worden, nämlich in den *Staatsbriefen*.

Deren Herausgeber SANDER ist maßgeblich dafür verantwortlich, daß ›Staat‹ und ›Reich‹ als Zukunftsperspektiven unter nationalen Intellektuellen und selbst unter reinen politischen Aktivisten dieses politischen Spektrums wieder diskussionswürdig geworden sind. Im Mittelpunkt der ordnungspolitischen Diskussion, die seit 1990 in den *Staatsbriefen* stattfand, standen die besagten vier Entwürfe.

Das Hauptproblem in diesem Zusammenhang ist, daß die Herrschenden den Eindruck erwecken, als ob es zu ihrem System der parlamentarischen Demokratie keine Alternative gäbe. Dieser falsche Eindruck wird freilich durch die geistige Lethargie gestärkt, die im nationalen Lager mehr oder weniger seit Kriegsende herrscht. Es sind sich zwar so ziemlich alle Nationalisten, selbst die Nationalkonservativen und Nationalliberalen mitgezählt, darin einig, wo die Probleme für unser Volk liegen: kurz und prägnant in der Überfremdung. Ob sich dies nun auf die ethnisch Fremden, auf die sprachliche Überfremdung, die Vereinnahmung unserer Wirtschaftskraft durch supranationale Konzerne oder das Aufgehen der nationalstaatlichen Restbestände des bundesrepublikanischen Staates in die Brüsseler EU-Diktatur ausdrückt – das Problem liegt in der Überfremdung Deutschlands, des deutschen Volkes, des deutschen Staates, der deutschen Wirtschaft, des deutschen Kulturlebens, also in allen Lebensbereichen.

Und die Verausländerung Deutschlands in allen Lebensbereichen kann auch nur durch eine konsequente Entausländerung Deutschlands in allen Lebensbereichen aufgehoben werden. Dies sind jedoch nur die Symptome eines schwerkranken Volkskörpers, nicht die Krankheitsursachen. Eine wegweisende Einschätzung der Lage liefert uns Thomas FINKE:

»Mit einer Verfassung, die eine Krise des Parteiwesens zu einer Staatskrise geraten läßt, stimmt generell etwas nicht. Nicht die Parteien bedürfen hier einer Reform, sondern die Verfassung selbst! Je früher und grundlegender die theoretischen Vorarbeiten für eine Verfassungsreform geleistet werden, desto besser für die praktische politische Arbeit.«[504]

FINKE führt ferner aus: Wenn ein Vertreter des parteipolitisch organisierten ›Nationalismus‹ meine, mit einer Ergänzung des Parteiensystems am rechten Flügel sei es im wesentlichen getan, der beweise nur, daß er den Ernst der Krise verkenne. Bezeichnend für das Niveau dieser Vertreter und vieler systemfixierter Zeitgenossen sei, daß sie eine grundsätzliche Beschäftigung mit staatlichen Herrschaftsstrukturen ablehnen und vor der Inangriffnahme von Änderungen im Staatsaufbau resignierend zurückschrecken. Solche Leute entschuldigten ihre Inkompetenz dann oft mit Aussagen wie: »Es gibt keine Möglichkeit der praktischen Umsetzung von Verfassungsreformen!«

FINKE gibt diesem Personenkreis zur Antwort, daß damit nur gesagt sei: »Wir sind zu faul oder zu feige, darüber nachzudenken!«

Und wenn sich diese Leute fürs Denken zu schade seien, so FINKE, dann müsse man ihnen das Denken eben abnehmen. Diese Klientel laufe aber Gefahr, als die »letzten Bolzen zu gelten, die die parlamentarische Republik verschoß, bevor sie die weiße Flagge hißte«.[505]

FINKE widerspricht dem alten Vorwurf so mancher systemfixierter Konservativer und Nationalliberaler, es würde zwar eine Fülle von Ideen und Lösungen alternativ zum System angeboten, aber es fehlten die Aussagen zu ihrer Durchsetzung: »Man sollte sich nämlich auch in der politischen Arbeit eine gewisse Systematik angewöhnen und nicht den dritten und vierten Schritt vor dem ersten tun! An der ersten Stelle steht zunächst einmal die Erkenntnis, daß etwas im Staate nicht stimmt, daß eine Krise überhaupt vorhanden ist.«[506]

Diese Erkenntnis sei offensichtlich und werde nicht einmal von Vertretern der politischen Klasse bestritten. Denn: »Nicht die ungehemmte Ausländerzuwanderung und die an die staatliche Substanz gehenden Hoheitsrechtsübertragungen auf die Europäische Union sind das zentrale Problem, sondern es ist die Tatsache, daß diese Entwicklungen überhaupt möglich waren.«[507]

FINKE führt diese Überlegungen zu dem Fazit: »Hat man die Krise jedoch erkannt, dann muß man ihre Ursachen auch aufdecken. Diesen Schritt haben jedoch die Parteienkritiker größtenteils noch nicht vollzogen; vom Parteienestablishment ist der Schritt auch nicht zu erwarten, da diese bekanntlich von den Mißständen profitieren.«[508]

Wenn man nun erkannt hat, daß die Ursachen der Krise systemimmanent sind, sollte im nächsten Schritt die Beschäftigung mit denkbaren und praktikablen Alternativen folgen. Bereits das Vorhandensein solcher alternativen Ordnungsentwürfe und die Diskussion darüber im nationalen Lager hat auch einen ganz einfachen Zweck: Die Fülle der Gedanken und Ideen, die in den letzten Jahren veröffentlicht wurden, zerstören das von den in der Bundesrepublik Herrschenden gepflegte Tabu, es gebe zu ihrem System keine Alternative. Dem ist jedoch offensichtlich nicht so. Die Behauptung, es gebe zum Status quo keine denkbare Alternative, läßt sich nämlich durch den Verweis auf die vier in den *Staatsbriefen* veröffentlichten Ordnungsentwürfe leicht widerlegen. Deshalb soll an dieser Stelle auf die Diskussion Anfang der neunziger Jahre in den *Staatsbriefen* Bezug genommen werden.

Die vier alternativen Ordnungsentwürfe sollen dabei nicht in allen Einzelheiten vorgestellt werden, da jeder Entwurf eine Bandbreite politischer und staatswissenschaftlicher Fragen aufwirft und thematisiert. Dabei gilt es, Wesentliches von Unwesentlichem zu unterscheiden. Die Entwürfe sollen vielmehr parallel anhand zentraler Ordnungskriterien vorgestellt werden, um den Vergleich zu ermöglichen. Am Ende der Untersuchung soll geklärt sein, wo das Gemeinsame liegt, das alle vier Entwürfe verbindet, und wo das Trennende. Ebenso sind die konzeptionellen Vor- und Nachteile herauszustellen. Der Leser soll sich letztendlich selbst ein Bild machen können, welchen der vier Entwürfe er für den geeignetsten hält.

## *Der pragmatische Ansatz Fortschreibung des Grundgesetzes*

Der Verfassungsentwurf von Thomas FINKE stellt den Versuch dar, auf der Grundlage des Bonner Grundgesetzes (GG), das den Westdeutschen 1949 von den westalliierten Siegermächten ›geschenkt‹ wurde, eine erneuerte Verfassung der Deutschen fortzuschreiben. FINKE hat erkannt, daß es sich beim Bonner Grundgesetz um eine parlamentszentrierte Verfassung handelt, in der der ausufernde Parteienstaat angelegt ist. Weil der Autor glaubt, man könne eine Verfassungsdebatte nur an den »realen Verhältnissen« orientieren, und nicht an »verfassungsutopischen Theorien«[509], will er das Grundgesetz auf Grundlage des Artikels 79 per Zwei-Drittel-Mehrheit des Bundestages und des Bundesrates zu einer präsidialdemokratischen Verfassung dergestalt ändern, daß am Ende der Entwicklung der Reichspräsident, und nicht mehr das Parlament und die Parteien, den deutschen Staat dominieren, was unter anderem bei der Regierungsbildung deutlich wird. FINKES Entwurf kann auch als der pragmatische Ansatz betrachtet werden, der die Situation vom Status quo, also vom Grundgesetz her, denkt.[510]

## *Der legalistische Ansatz – Wiedereinsetzung der Weimarer Reichsverfassung*

Währenddessen handelt es sich bei Josef SCHÜSSLBURNERS Ordnungsmodell um die Absicht, die Weimarer Reichsverfassung (WRV)[511], die seiner Darstellung nach die völkerrechtlich nach wie vor gültige Verfassung der Deutschen ist[512], wieder in Kraft zu setzen. Im Dritten Reich existierte die WRV im wesentlichen fort, wurde jedenfalls nie in ihrer Gesamtheit aufgehoben. Danach erhielten die Westdeutschen von den Westalliierten das völkerrechtswidrige und demokratisch nie legitimierte Grundgesetz. Deshalb versucht nun der Autor, ›legalistisch‹ das Staatsproblem der Deutschen mittels der WRV zu lösen.[513]

Allerdings würde durch die Wiedereinsetzung der WRV – lediglich unter anderen Vorzeichen – analog zum Grundgesetz ein parlamentarisches System den Vorzug vor einem Präsidialsystem erhalten. Wieder würden maßgeblich die Parteien mehrheitlich über die Regierungsbildung bestimmen. Dennoch verweist SCHÜSSLBURNER auf die Möglichkeit, die Weimarer Reichsverfassung durch Streichung des Artikels 54 WRV zu einer Präsidialdemokratie umzuwandeln, bei der dann der Präsident allein über die Regierungsbildung entscheiden würde. Denn schließlich, so SCHÜSSLBURNER, stelle die ursprüngliche WRV »keine Idealverfassung« dar.[514] Ideal ist diese nach Auffassung SCHÜSSLBURNERS auch deshalb nicht, weil diese auf ausländischen Druck zustande kam, nämlich durch die Begleitumstände des Versailler Diktats, die den Sturz der Monarchie im Deutschen Reich bewirkten.[515]

## *Der geschichtliche Ansatz – die absolute Republik*

Hans-Dietrich SANDERS Konzept zeichnet sich dadurch aus, daß ihm eine Verfassung fehlt. Verfassungen würden seiner Auffassung nach ohnehin nur Gewaltenteilungen vorgaukeln, wo diese nicht bestünden. Zudem könnten sich Herrscher über Verfassungen hinwegsetzen. Wichtiger als die Verfassungsfrage sei die nach der politischen Ordnung. Und diese wünscht sich der Autor dergestalt, daß sein Konzept – im Gegensatz zu den drei anderen Entwürfen – weder Parlament noch Parteien kennt. SANDERS Vorstellungen kreisen um das historische Vorbild des – für ihn vorbildlichen – staufischen Verwaltungsstaates, den er von der Bürokratie der parlamentarischen Demokratie unterscheidet. Dieser geschichtliche Ansatz sieht vor:

»In einer absoluten Republik würde der Präsident ohne einen Kanzler wie ein absoluter Monarch mit einem Kabinett aus Fachministern regieren. Seine Regierungszeit sollte mehrere Kabinettsperioden umfassen. Die Minister wären vom Präsidenten zu ernennen und zu entlassen. Hinter den Ministern stünden beratende, das jeweilige Sachgebiet umspannende Kammern, die von den zu Berufsständen neu zu organisierenden Verbänden in einem Mischverfahren von Nomination und Wahl zu beschicken wären. Hier würden die anstehenden Fragen unter sachlichen Gesichtspunkten behandelt, ohne daß ein Parteiinteresse sie bräche. Das allgemeine Wahlrecht ist auf die untere, die kommunale Ebene beschränkt, wo es allein sinnvoll und sinnstiftend ist, wo es als Selbstverwaltungsprinzip im Deutschen Reich alte, tief reichende Wurzeln hat. [...] Da der Wähler heute in der Regel für überfragt gilt, kann ihm die Entscheidung über die Person des Staatspräsidenten schwerlich zustehen. Statt einer Volkswahl empfiehlt sich, das antike Institut des Adoptivkaisertums zu modifizieren.«[516]

Das Chaos wird dieses Staatsoberhaupt an die Macht spülen, von wo aus das Volk es nicht mehr wegbekommt. SANDER scheint an einen guten ›König‹ zu glauben, dessen Regierungsgeschäfte in vollem Einklang mit dem Wohl des deutschen Volkes steht, das wiederum seiner Macht auf Gedeih und Verderb ausgeliefert ist. Eine demokratische Kontrolle durch eine regelmäßige Wiederwahl dieses Staatsoberhauptes sieht der Entwurf SANDERS nicht vor. Nach dem Mod ell des Adoptivkaisertums beruft es selbst seinen Nachfolger.[517]

## *Der idealistische Ansatz – der Reichsverfassungsentwurf*

Reinhold OBERLERCHERS Ausarbeitung stellt ebenso einen geschichtlichen, im größeren Maße aber einen idealistischen Ansatz dar. Die Besonderheit liegt darin, daß der Autor einen völlig neuen Entwurf geschrieben hat, der eine Fülle von deutschen Reichs- und Staatstraditionen aufgreift und der in seiner Detailgenauigkeit dermaßen ausufernd ist, daß dieser Entwurf weit über einen eigentlichen »Reichsverfassungsentwurf« hinausgeht und vielmehr in idealistischer Weise ein grundsätzliches staatspolitisches Programm mitliefert. Dieses Programm vollständig darzustellen würde den Rahmen des Buches sprengen. Es sollen deshalb an dieser Stelle nur die grundsätzlichen Wesenszüge des OBERLERCHERschen Entwurfs vorgestellt werden, die mit den drei übrigen Konzepten vergleichbar sind.

Das Modell zeichnet sich vor allem dadurch aus, daß es eine Direktwahl des Reichsoberhauptes durch das Volk ebenso vorsieht wie Volksentscheide – und zwar auf allen Ebenen. Beide Varianten stellen für OBERLERCHER die beiden Möglichkeiten dar, Volkssouveränität direkt auszuüben oder diese an das Staatsoberhaupt zu übertragen. Genauso bemerkenswert ist die Vorstellung, analog zur volkswirtschaftlichen Produktionsfaktorenlehre (Arbeit, Boden, Kapital) drei Interessenvertreterparteien für das Parlament vorzuschreiben (Sozialisten, Konservative, Liberale). Dies ist OBERLERCHERS Antwort auf das gegenwärtige Parteienunwesen in der Bundesrepublik, bei dem lediglich bei oberflächlicher Betrachtung der Eindruck abweichender inhaltlicher Positionen zwischen den Parteien entsteht.

Jedoch entpuppen sich die BRD-Parteien CDU/CSU-SPD-Bündnis 90/Die Grünen-FDP und neuerdings die PDS bei genauerem Hinsehen als eine große liberale Einheitspartei mit unterschiedlichen Schwerpunkten (bürgerlich-liberal, sozial-liberal, öko-liberal, postkommunistisch-liberal). Thomas FINKE kommentiert dies wie folgt:

»Diesen Zustand könnte man durchaus als Herrschaft einer einzigen Partei beschreiben, die aus Gründen der politischen Taktik den Wählern gegenüber unter mehreren Namen auftritt: Teile und herrsche!«[518]

Durch OBERLERCHERS Entwurf wären drei Parteien in der politischen Praxis vorgeschrieben: Eine Arbeiter-, eine Grundeigentümer- und eine Unternehmerpartei. Durch diese Handhabung wäre zumindest erreicht, daß die Parteien mit ihrem Namen für klare Interessenprofile stehen und das Parlament nicht durch eine liberale Einheitspartei dominiert wird, die sich in mehrere Fraktionen gliedert.[519]

## *Die Wiedereinführung der Monarchie*

Eine Herausforderung für den politischen Denker stellt zweifelsohne die »Skizze für eine Reichsordnung«[520] von Horst MAHLER dar, der für die Wiedereinführung der Monarchie in Deutschland plädiert. Dieser Anspruch des Berliner Rechtsanwaltes wird bereits durch die Bezeichnung der Organe des Reiches unterstrichen. So steht an der Spitze der MAHLERschen Reichsordnung »der Kaiser der Deutschen«, bei dem es sich allerdings nicht um einen erblich eingesetzten Monarchen handelt. Dieser wird vielmehr von den Reichsbürgern direkt gewählt – allerdings auf Lebenszeit, weshalb dieser in dieser Hinsicht doch mit einem ›richtigen‹ Monarchen vergleichbar ist.

Weil jedoch MAHLER in seiner Skizze die Umwandlung seiner Reichsordnung in eine Erbmonarchie ausgeschlossen wissen möchte, ist sein Ordnungsmodell wohl eher mit einer Präsidialdemokratie vergleichbar als mit einer Monarchie nach heute modernem Verständnis.

Weiterhin fällt auf, daß MAHLER zur Volkssouveränität ein gespaltenes Verhältnis besitzt, da er zwar den Reichsbürgern die Kompetenz zugesteht, über die Wahl des ›Kaisers‹ zu befinden, doch direkte Demokratie in Form von Volksentscheiden lehnt er ab, möchte allerdings, daß der Monarch das Volk befragt, wobei allerdings das jeweilige Befragungsergebnis nicht zwingend etwa für Regierungsentscheidungen sein soll.

Ferner ist bemerkenswert, daß MAHLER Parteien und Parlamentarismus gänzlich verbieten will, jedoch sein Entwurf mehrere – zumeist beratende – Gremien aufweist, die sich möglicherweise auch nicht völlig dem Zugriff von Interessengruppen entziehen könnten.

## *Überwindung von Parlamentarismus und Parteienstaat*

Allen fünf vorgestellten Entwürfen ist die Grunderkenntnis gemeinsam, daß das Grundübel der derzeitigen politischen Misere das politische System der BRD an sich ist. Der Systemmechanismus, der eine Lösung aller gemeinwohlorientierten Fragen bereits präventiv verhindern würde und tatsächlich verhindert, ist die Dominanz des Parlaments sowie der Parteien im BRD-System. Dieses Grundproblem haben nicht nur SANDER, OBERLERCHER, FINKE, SCHÜSSLBURNER und MAHLER gemeinsam erkannt, auch aus dem politischen Establishment hört man gleichlautende Töne – vor allem dann, wenn sich die ehemaligen Parteipolitiker zur Ruhe gesetzt haben. So schreibt der frühere Bundesfinanz- und Bundesverteidigungsminister Hans APEL (SPD): »Der Bundestag besteht nicht aus Individuen, die ihr Mandat aufgrund der Entscheidung ihrer Wähler aus eigenem Recht ausüben. Sie sind die gewählten Vertreter ihrer Parteien. [...] Die Parteien entscheiden, wer für sie in den Deutschen Bundestag einzieht.«[521]

Also nicht das deutsche Wahlvolk entscheidet in erster Instanz über die Aufstellung der Kandidaten zur Bundestagswahl, sondern zunächst einmal allein die Parteien. Die Mitglieder der Parteien, ungefähr drei Prozent der Bundesbürger, stellen zur Bundestagswahl Landeslisten auf, wodurch sozusagen eine Vorauswahl getroffen wird, wer überhaupt über die Zweitstimme, die entscheidende Stimme bei der Stimmabgabe, zur Bundestagswahl chancenreich aufgestellt wird. Dies kommt dem Modell einer klassischen Oligarchie gleich, in der drei Prozent des Volkes über die Vorauswahl der Zusammensetzung der politischen Elite bestimmen. Die 1999 für das Amt des Bundespräsidenten angetretene parteilose Kandidatin Dagmar SCHIPANSKI verdankte ihre Möglichkeit zur Kandidatur eben auch dem Wohlwollen zweier Parteien – nämlich der CDU/CSU.

Bezeichnend für die Herrschaft von Parlament und Parteien ist in der Bundesrepublik die Tatsache, daß in der Regel[522] zu Wahlen nur Parteilisten antreten dürfen, die beim Bundeswahlleiter und den Wahlleitern der Bundesländer auch als Parteien anerkannt werden. So wurden zum Beispiel zwei Wahlvorschläge zur Berliner Abgeordnetenhauswahl am 10. Oktober 1999 mit der Begründung abgelehnt, diese hätten nur »Ein-Punkt-Programme« vorzuweisen und würden deshalb nicht unter die Kategorie ›Partei‹ fallen, weshalb ihnen – der ›Europa Partei Deutschlands‹ und der ›Berliner Partei für deutsche

Rechtschreibung und Sprachpflege‹ – die Wahlteilnahme vom Landeswahlausschuß Berlin verweigert wurde.

Während im Grundgesetz-Artikel 21 steht: »Die Parteien wirken bei der politischen Willensbildung des Volkes mit [...]«[523], so sieht die Verfassungswirklichkeit anders aus. Die etablierten Parteien wirken in der Bundesrepublik nicht mehr nur mit, sie haben sich vielmehr alles Denkbare, was den Staat betrifft, als Beute angeeignet: Sie stellen mehrheitlich die Regierung, den Bundespräsidenten über die sogenannte ›Bundesversammlung‹, die Landesregierungen, den Bundesrat, den ›Verfassungsschutz‹, einen Großteil der Richter und Staatsanwälte, Aufsichtsräte und Vorständler in der Wirtschaft, Polizeipräsidenten, Funktionäre in Sportverbänden, gesellschaftlichen Organisationen, Gewerkschaften und Arbeitgeberverbänden, Sparkassendirektoren und dergleichen mehr.

Diese Parteienherrschaft und die sie überwölbende parlamentarische Demokratie gilt es abzulösen – und da gehen alle fünf vorgestellten nationalen Denker konform. Bei der Frage, welche Rolle dann das Parlament und die Parteien überhaupt noch spielen sollen, gehen dann allerdings die Standpunkte der Autoren zum Teil weit auseinander. Die markantesten Vorstellungen haben dabei SANDER und MAHLER entwickelt, deren Konzepte weder Parlament noch Parteien kennen. OBERLERCHERS Reichsverfassungsentwurf kennt beides: Parlament und Parteien. Den Zweck der Parteien legt er ebenso fest wie deren Anzahl: Es soll sich dabei – wie bereits vorgestellt – um die drei Interessenvertreter dreier Klassen handeln. Die Entwürfe von FINKE und SCHÜSSLBURNER sehen sowohl Parlament als auch Parteien vor. Letztere sind analog zum Grundgesetz und zur Weimarer Reichsverfassung in ihrer Anzahl und Interessenausrichtung nicht fest vorgeschrieben.

Den zuletzt genannten drei Konzepten (OBERLERCHER, FINKE, SCHÜSSLBURNER) ist gemeinsam, daß sie zwar Parlament und Parteien kennen, deren verfassungsrechtliche Befugnisse jedoch – im Vergleich zum derzeit gültigen Grundgesetz – stark beschneiden. Die Regierungsbildung geht bei FINKES Fortschreibung des Grundgesetzes vom Staatsoberhaupt aus, das direkt vom Volk gewählt wird. SCHÜSSLBURNER läßt die Regierung durch das Parlament – analog zur Weimarer Reichsverfassung – wählen.

OBERLERCHER läßt den Regierungschef durch das Reichsoberhaupt bestimmen, der wiederum die Minister einsetzt. Das Parlament ist bei OBERLERCHER, FINKE und SCHÜSSLBURNER im wesentlichen für die Legislative (Gesetzgebung) zuständig. Eine Gewaltenteilung ist diesen drei Entwürfen im Gegensatz zu SANDERS absoluter Republik gemeinsam. SANDERS Konzept sieht eine Verschmelzung von Staatsoberhaupt und Regierungschef vor. Volksentscheide sind in den Konzepten von OBERLERCHER, FINKE und SCHÜSSLBURNER grundsätzlich vorgesehen oder zumindest auf Grundlage eines zu schaffenden Gesetzes möglich. SANDERS Konzept sieht keine Volksentscheide vor. MAHLERS Entwurf sieht ebenso keine Volksentscheide vor, dafür aber immerhin für Regierungsentscheidungen unverbindliche Volksbefragungen. Demokratische Wahlen sehen wiederum gemeinsam OBERLERCHER, FINKE, SCHÜSSLBURNER und MAHLER (für die Wahl des »Kaisers«) vor, SANDERS Entwurf nur auf kommunaler Ebene.

Aus der vorangegangenen Analyse der fünf Entwürfe stellt sich die Frage, welcher Entwurf aus nationaldemokratischer Sicht[524] der geeignetste ist, um ihn als Gegenentwurf - solange es keinen besseren gibt - in den nationalen Diskurs und dann in die öffentliche Diskussion einzubringen. Natürlich ist eine diesbezügliche Bewertung immer subjektiv aus der Sicht des jeweiligen Betrachters. Es ist auch davon Abstand zu nehmen, daß einer der fünf vorgestellten Entwürfe der geniale sei, die anderen vier demzufolge zu verwerfen seien.

Es ist vielmehr vorauszusetzen, daß es sich bei allen fünf Entwürfen um richtungweisende Ansätze handelt, die ja - was die vorangegangene Untersuchung gezeigt hat - in ihrer Grundintention gar nicht so verschieden sind.

Aus der Sicht des Neuen Nationalismus sollten dabei folgende Kriterien im Mittelpunkt stehen: Die Nation soll in ihrer Gesamtheit zur Geltung gebracht werden, und ebenso ist eine weitgehende demokratische Mitbestimmung des Volkes zu ermöglichen. Um dieses nationale und demokratische Spannungsverhältnis geht es - und in diesem Rahmen ist ein vernünftiger Ausgleich zu schaffen. Die Nation als Ganzes läßt sich nur in einem starken, autoritär geführten Staat verwirklichen. Wahre Volksherrschaft läßt sich nur durch die Verwirklichung der Volkssouveränität erreichen. Dies sind die beiden Grundsätze eines gemeinwohlorientierten *und* zugleich volksherrschaftlichen Staatsaufbaus.

Der starke, autoritär geführte deutsche Staat ist also nur auf der Grundlage eines vorherrschenden Staatsoberhauptes zu verwirklichen, dem die außenpolitische Richtlinienkompetenz zusteht und das den Regierungschef einsetzt (und gegebenenfalls absetzt), der wiederum seine Minister nach fachlichen Kriterien, und nicht nach deren Parteizugehörigkeit in die Regierung beruft. Dieser Grundsatz ist in den meisten der vorgestellten ordnungspolitischen Entwürfe angelegt - bei SANDER tritt das Staatsoberhaupt und der Regierungschef in Personalunion auf.

Lediglich SCHÜSSLBURNERS Bezug auf die Weimarer Reichsverfassung, sofern diese bei ihm unverändert bleibt, bildet dabei eine Ausnahme, bei der die Regierung sich aus der Parlamentsmehrheit ergibt. Deshalb mag das Ansinnen SCHÜSSLBURNERS zwar ehrenhaft sein, der völkerrechtlichen Legalität durch die Wiedereinsetzung der Weimarer Reichsverfassung wieder zum Durchbruch zu verhelfen, doch unter pragmatischen Gesichtspunkten wird freilich das Problem der Parlaments- und Parteienfixierung gerade durch diesen Ansatz nicht gelöst, weshalb SCHÜSSLBURNERS Ansatz bestenfalls legalistisch als Übergangslösung geeignet erscheint, jedoch als dauerhafte Lösung aus nationaler Sicht abzulehnen ist. Deshalb soll die weitere Betrachtung auf die übrigen Modelle beschränkt werden (auf die Modelle von FINKE, SANDER, OBERLERCHER und MAHLER).

SANDERS Ansatz ist, was die Verwirklichung der Nation als Ganzes betrifft, der radikalste Entwurf, der diesem Anspruch völlig gerecht wird. Die Wahl von Parteien und Parlament sowie Volksentscheide sind darin grundsätzlich verworfen. Es ist deshalb klar, daß mit SANDERS absolutistischem Ansatz das Gebot der Volkssouveränität negiert würde, was auch so von ihm beabsichtigt ist. Volkssouveränität wäre jedenfalls ohne freie Wahlen und ohne soziale Interessenvertretung (in Parteien und ähnlichen Organisationen) kaum möglich. Eine Gewaltenteilung ließe sich durch SANDERS Konzept wohl schwerlich erreichen, was wiederum von ihm nicht beabsichtigt ist.

Außerdem spricht gegen SANDERS Entwurf die Befürchtung, daß bei einem Nichtvorhandensein einer Verfassung, die auch als Regelwerk für einen personellen Wechsel an der Staatsspitze dienen sollte, im Falle eines plötzlichen Ablebens des Staatsoberhauptes Diadochenkämpfe um die Nachfolge den Bestand des Staates gefährden könnten.

Doch SANDERS absolutistische Vorstellungen sollen hier nicht in Bausch und Bogen verworfen werden. Situationsbedingt könnten sich diese wenn nicht als idealtypisch, so doch als der realistischste Entwurf herausstellen. Denn sollte das große Chaos ausbrechen, die große »Höllenfahrt« (SANDER) über die Bühne gehen und dabei die Bundesrepublik auf dem totalen Scherbenhaufen landen, und wäre dabei die staatliche Unordnung allzu offensichtlich, so wäre es nur schwer vorstellbar, daß dann aus einer breiten demokratischen Diskussion heraus verschiedene Verfassungsentwürfe und Ordnungsmodelle dem Volk vorgestellt und von seinen Denkern erörtert werden und sich davon dann einer durchsetzt.

Ein totales Chaos, das mit einer völligen Gesetzlosigkeit verbunden sein könnte, könnte sicherlich nur durch eine »souveräne Diktatur«[525] beantwortet werden: »Diktatur« in dem Sinne, daß eine Gewaltenteilung nach MONTESQUIEU von vornherein nicht stattfinden würde. Da wäre dann SANDERS Konzept gefragt.

Wer diese Variante für ›unmoralisch‹ hält, dem sei gesagt, daß Demokratie und Diktatur keinen Widerspruch darstellen müssen, daß vielmehr beide eine Symbiose eingehen können. Denn weder in der demokratisch legitimierten Parteiendiktatur BRD ist die Gewaltenteilung gewährleistet noch im Rahmen der gegenwärtigen Konstellation im weißrussischen Staat unter LUKASCHENKO. Der weißrussische Präsident hatte vor Jahren schlichtweg – zum Entsetzen der westlichen Journaille – das Staatsvolk darüber direkt-demokratisch entscheiden lassen, daß – zumindest auf absehbare Zeit – keine Präsidentenwahlen mehr stattfinden.

Dabei steht es insbesondere den in der Bundesrepublik Herrschenden nicht gut an, nun den Herrn LUKASCHENKO einen ›Diktator‹ zu schimpfen, da in der Berliner Republik – verfassungsbedingt – eine direkte Volkswahl des Bundespräsidenten ausgeschlossen ist. Statt dessen wird dieser von einer ominösen parteipolitisch bestimmten ›Bundesversammlung‹ gewählt, der auch politisch korrekte Showmaster, Schauspieler und Profifußballspieler angehören.

FINKES Vorstellung, auf Grundlage des Bonner Grundgesetzes eine Präsidialverfassung zu schaffen, kommt dem nationaldemokratischen Ansinnen da schon wesentlich näher, doch die Vorstellung, eine nationale Regierung würde nach der Machtergreifung nachträglich das völkerrechtswidrig zustande gekommene Grundgesetz absegnen, erscheint doch etwas unwahrscheinlich.

OBERLERCHERS Reichsverfassungsentwurf ist der visionärste und idealistischste Entwurf von allen fünfen. Die Extravaganz der Detailausführungen spricht jedoch eindeutig dagegen, daß sich dieser konsensual – sozusagen auf der Grundlage eines breiten gesellschaftlichen Diskurses – durchsetzen könnte. Da wäre vieles umstritten. Dennoch gibt es Elemente, die diesen Entwurf aus nationaldemokratischer Position – zumindest vom Grundansatz her – als Diskussionsgrundlage geeignet erscheinen lassen: Die Volkssouveränität findet in diesem seine Verwirklichung wie in keinem der anderen vier Konzepte – nämlich durch die periodische Übertragung der Volkssouveränität auf das von allen Reichsbürgern zu wählende Staatsoberhaupt sowie durch die Verankerung des Volksentscheids, der bei OBERLERCHER selbst imstande wäre, Regierungserlasse zu brechen. Und auch die Definition der sozialen Interessen in Sozialisten, Konservative und Liberale – analog zu den drei Produktionsfaktoren Arbeit, Boden, Kapital – erscheint sinnvoll.

Worum es bei der gesamten ordnungspolitischen Diskussion geht, ist die Notwendigkeit zur Einsicht, daß das BRD-System seine Chance zur Erneuerung, die ihm die Wende von 1989/90 und der staatliche und bevölkerungsmäßige Zugewinn durch Mitteldeutschland boten, nicht genutzt hat. Deshalb ist die BRD mit ihrem Latein am Ende, ihre Entwicklungsmöglichkeiten sind abgeschlossen. Das System ist verkrustet, zur umfassenden Reform unfähig. Kritiker werden von den vereinigten Lizenz-›Demokraten‹ als ›Populisten‹ und schlimmstenfalls als ›Rechtsextremisten‹ stigmatisiert.

Das einzige, was den Herrschenden noch übriggeblieben ist, ist die Flucht vor der Verantwortung nach ›Europa‹. Weil man – aufgrund des eigenen Internationalismus – mit dem Nationalstaatsprojekt gescheitert ist, sucht man den sinnlosen Ausweg in der größeren Einheit – wie ein marodes Wirtschaftsunternehmen, das die ›feindliche Übernahme‹ anstrebt.

## *Die Strategie des neuen Ordnungsdenkens*

Die Behandlung der neuen ordnungspolitischen Debatte, die seit Anfang der neunziger Jahre in intellektuellen Teilbereichen des nationalen Lagers läuft, hat gezeigt, daß es mit der ausschließlichen Analyse der Legitimationsunwahrheiten des politischen Systems der BRD natürlich bei weitem nicht getan ist. Denn wer das politische System Großwestdeutschlands delegitimieren will, der muß schon mehr leisten, als die machtpolitischen und gesellschaftlichen Zustände zwischen Rhein und Oder einer gründlichen – aber letztendlich nur deskriptiven – Analyse zu unterziehen. Diese kann nur die Ausgangsposition, ein erster wichtiger Schritt auf dem Weg sein, dem System die Legitimationsgrundlage zu entziehen.

Denn wer sich in einer künftigen Systemkrise dem deutschen Volk als ›Heilsbringer‹ empfehlen will, der muß sich – über die Gesellschaftsanalyse hinaus – schon heute in eine grundlegende Oppositionsrolle zum liberalistischen Feind positionieren und zudem den dialektischen Gegensatz zwischen dem Modell eines deutschen Volksstaates und dem des realexistierenden Liberalkapitalismus auf deutschem Boden herausarbeiten. Dieser letztendlich unversöhnliche Gegensatz kann nur dadurch dem Volk vor Augen geführt werden, indem die Darstellung sämtlicher Unterscheidungsmerkmale der beiden Entwürfe bis aufs äußerste getrieben wird, damit die Machtsituation aus dialektischer Notwendigkeit umschlagen muß.

Schließlich muß schon deshalb alles aufs äußerste getrieben werden, damit der dialektische Gegensatz für jeden gutwilligen und lernbereiten Deutschen unübersehbar wird. Denn nur dadurch entsteht die größte Spannung zwischen nationaler Volksherrschaft[526] und internationalistischer ›Demokratie‹[527]. In der logischen Vereinfachung liegt dann auch die letzte Steigerung nicht nur des wirklichen nationalen Befreiungskampfes gegen den internationalistischen Völkermord, sondern auch des gedanklichen Gegensatzes zwischen den beiden Demokratiedefinitionen.

Daß die Weltgeschichte (unter anderem, aber nicht in erster Linie) eine Geschichte von Klassenkämpfen ist, wußte man schon vor Marx. Darin liegt wirklich nicht das Neue des *Kommunistischen Manifestes,* da der Bourgeois im Jahre 1848 längst als hassenswerte Figur bekannt war. Und es gab damals kaum einen bedeutenden Literaten, der das Wort ›Bourgeois‹ nicht als Schimpfwort gemeint hätte. Neu am *Kommunistischen Manifest* war etwas anderes: die systematische Konzentrierung des Klassenkampfes zu einem einzigen, letzten Kampf der Menschheitsgeschichte, zu dem dialektischen Höhepunkt der Spannung: Bourgeois und Proletariat.[528] In diesem Sinne kann die geistesgeschichtliche wie machtpolitische Frage heute nur lauten: nationale Volksherrschaft oder internationalistische ›Demokratie‹? Diese zugespitzte Fragestellung läßt dann aber keinen Spielraum mehr für Kompromisse.

Diese ordnungspolitische Strategie muß dann im dialektischen Sinne derartig weiterentwickelt werden, daß das liberalkapitalistische System Großwestdeutschlands als das absolut volksfeindlichste Regime dargestellt wird, das man sich nur vorstellen kann. Diese Zuspitzung führt dann wiederum zur unmittelbaren Notwendigkeit, das Gute und absolut Volksfreundliche, nämlich die Segnungen einer nationalen Volksherrschaft auf deutschem Boden, herbeizusehnen, vor allem auch die Sehnsucht im Volk danach zu wecken und somit letztendlich auch diesen Zustand der nationalen Volksherrschaft auf deutschem Boden herbeizuführen, die sich – um es auf einen Nenner zu bringen – in nationaler Identität, nationaler Souveränität und nationaler Solidarität ausdrückt: den drei Bausteinen nationaler Politik, die das Gemeinwohl des deutschen Volkes ausmachen.

Wo liegt nun aber der Hebel für die dialektische Zuspitzung in der Endzeit-BRD? Der Verfasser schlägt vor, für eine künftige Wortergreifung folgende Strategieskizze zu verwenden: Die Korruptheit, die Verlogenheit sowie der Volksverrat der herrschenden Klasse einseits und die hierzulande vorherrschende Niederhaltung, Unterdrükkung und Machtlosigkeit der nationalen Opposition andererseits müssen dem Völk öffentlichkeitswirksam gegenübergestellt werden. Und nur in der Umkehrung der skizzierten dialektischen Verhältnisse wird logischerweise das Volk – wenn sich die Lage für das System krisenhaft zuspitzt und die Möglichkeit der Wortergreifung in Folge einer revolutionären Situation auf breiter Ebene besteht – die Erlösung von der wirtschaftlichen und sozialen Misere erblicken, die da heißt: die Internationalisierung in allen Lebensbereichen – die Abgabe der nationalen Souveränität an supranationale Organisationen (wie EU, NATO und UNO), was mit der wirtschaftlichen Ausbeutung des deutschen Gemeinwesens einhergeht.

Hinzu kommt die Auflösung der nationalen Solidarität infolge von US-Kulturimperialismus und Masseneinwanderung, wobei durch letztere zusätzlich – neben den anderen demographischen Faktoren – die ethnische Auslöschung des deutschen Volkes beschleunigt wird. Dieses Horrorszenario muß – sobald in einer Krisensituation das entsprechende mediale Forum zur Wortergreifung bereitsteht – immer wieder an die Wand gemalt werden, wobei die verhängnisvollen Auswüchse der internationalistisch gelenkten Bonner (neuerdings Berliner) ›Demokratie‹ jetzt schon für immer mehr Bürger in ihrem Lebensumfeld (Arbeitsplatz und Arbeitsamt, Schulen, Wohngebiet) sichtbar werden. Es bedarf dann – von seiten nationaler Oppositionspolitiker – nur noch der dialektischen Zuspitzung.

Auch empfiehlt es sich, den MARXschen Begriff des ›Klassenkampfes‹ für befreiungsnationalistische Zwecke wiederzubeleben. Diesmal freilich nicht als Unterscheidung von (Welt-) Proletariat und Bourgeoisie, sondern im unversöhnlichen Klassengegensatz zwischen Nutznießern und Leidtragenden der Internationalisierung aller Lebensbereiche in Deutschland.

Während sich die Leidtragenden vor allem aus der deutschen Arbeitnehmerschaft, aber auch aus dem Mittelstand, rekrutieren und dem Internationalismus – entgegen aller ›Mein-Freund-ist-Ausländer‹-Kampagnen – ablehnend gegenüberstehen und materiell unter dieser Situation zu leiden haben (Verdrängungswettbewerb am Arbeitsplatz, Wettbewerbsbenachteiligungen usw.), profitiert eine Minderheit des deutschen Volkes von eben dieser Internationalisierung und kulturellen Überfremdung unserer Heimat: Pädagogen, die ihre Arbeitsplätze den durch die vielen Ausländerkinder bedingten Klassenstärken verdanken, ›Sozialarbeiter‹ von Caritas und ähnlichen ›wohltätigen‹ Organisationen, die sich ihren Lebensunterhalt durch die Betreuung von Asylanten ›verdienen‹ und sich – nicht zuletzt durch Eigeninteresse – ganz besonders dafür einsetzen, die Abschiebung von abgelehnten Armutsflüchtlingen rechtswidrig – wie durch das sogenannte ›Kirchenasyl‹ – zu verhindern.

Hinzu kommen Kapitalherren, deren Lohndrückerei und derzeitige Initiative zum Sozialabbau auf dem riesigen Verdrängungswettbewerb am Arbeitsmarkt gründet, der wiederum eine Folge der von ihnen selbst mitzuverantwortenden Einwanderungspolitik ist. Daß sich maßgebliche Funktionäre des Hotel- und Gaststättengewerbes in der Bundesrepublik ›gegen Ausländerfeindlichkeit‹ aussprechen, dürfte auch mit materiellen Argumenten zusammenhängen. Denn schließlich stellen sozial schlecht gestellte Ausländer – vor allem aus der Dritten Welt, den Schwellenländern und dem ehemaligen Ostblock – billiges Personal in den Hotels der Ersten Welt.[529]

Und auch die finanziellen Bezüge der DGB-Gewerkschaftsfunktionäre beruhen letztendlich zu einem großen Teil auf der von ihnen ebenso mitzuverantwortenden Ausländerpolitik. Schließlich sind ›Gastarbeiter‹ nicht selten zahlende Mitglieder der DGB-Einzelgewerkschaften. Kurzum, in der Bundesrepublik lassen sich mittlerweile eine Reihe von Berufsgruppen dieser Nutznießer-Klasse internationalistischer Politik zuordnen – wobei natürlich persönliche Ausnahmen nur die Regel bestätigen. Diese Klasse ist es auch, die mit allen ihr zur Verfügung stehenden Mitteln die Entfremdung des deutschen Volkes von seinen eigenen kulturellen Wurzeln betreibt – vor allem durch die zunehmende Amerikanisierung der Alltagssprache und sämtlicher Lebensbereiche.

In seinem Buch *Die Geschichte macht Sprünge* bezeichnet Henning EICHBERG folgerichtig diese kulturelle Überfremdung durch den Kollaborateur der Fremdherrschaft im eigenen Land als »inneren Kolonialismus«. Ganz im Sinne des deutschen Kultursoziologen müssen Befreiungsnationalisten die Bedrohung durch den äußeren Feind (Einwanderer, Feindstaaten usw.) »als eine Form des Inneren Kolonialismus« erkennen »und sie als solche bekämpfen«.[530] Die Feindansprache hat also zuallererst gegen die inländischen (›inneren‹) Nutznießer internationalistischer Politik zu erfolgen und erst in zweiter Instanz gegen die Fremden selbst.

Dieser Typ des ›Inneren Kolonialisten‹, des Nutznießers der Fremdherrschaft im eigenen Land, ist es wohl, den Ernst NIEKISCH bereits im Jahre 1933 im Auge hatte, als er abschätzig vom »Bürger« und »Bourgeois« sprach. Diesem Typ galt seine ganze Verachtung:

»Die deutsche bürgerliche Schicht hat, wenn sie sich erhalten will, nur den Ausweg, dieser Ausplünderung des deutschen Volkes ihren vermittelnden Beistand zu verleihen. Sie schafft die Beute für das Ausland herbei, sie ›mobilisiert die Tribute‹, liefert sie ab und wird mit Prozenten beteiligt.«[531]

Bezog sich NIEKISCH zu seiner Zeit noch auf die Reparationszahlungen der Weimarer Bourgeoisie und ihrer Erfüllungspolitiker an die Entente-Mächte, so lassen sich seine Thesen heute nahtlos auf bundesrepublikanische Verhältnisse übertragen – Masseneinwanderung, globalistisch bedingte Deindustrialisierung sowie die riesigen Beitragszahlungen an supranationale Organisationen wie NATO, EU und UNO sind heute die Methoden, Deutschland am Boden zu halten.

Und die in unserem Land durch das alliierte Lizenzsystem an die politische Macht gekommene Herrschaftsklasse wird für ihre politischen Prostituiertendienstleistungen mit ›Prozenten‹ beteiligt. Für sie fällt genug ab, ob in der Werbung für die multikulturelle Gesellschaft oder in der Brüsseler EU-Bürokratie, die auch mit Subventionen ganze soziale Schichten politisch korrumpiert. Die politische Klasse mit ihren Diäten und Wirtschaftsbezügen nicht zu vergessen.

Ernst NIEKISCH ist heute aktueller denn je, wenn er meint: »[...] der Typus Bürger wird hier selbst schlechthin ›Feind‹, Volksverräter, Staatsverderber«.[532] Diese Bewertung veranlaßte ihn zu der Schlußfolgerung: »Der Sturz der Fremdherrschaft über Deutschland setzt voraus, daß der Gesamtkörper der bürgerlichen Gesellschaft überhaupt vernichtet wird.«[533]

Während also bei der nationalen Fundamentalopposition eine geistige Mobilmachung im Sinne eines sozialrevolutionären Nationalismus als Vorsorge für die Phase der Endzeit-BRD angesagt ist, versucht das politische System seinen unabwendbaren Tod durch eine rigorose Repressionspolitik gegen die nationale Opposition und die tausendfache Wiederholung seiner abgedroschenen Legitimationsunwahrheiten – wie der vom BRD-Pluralismus – in sämtlichen Lizenzblättern und auf allen Sendern hinauszuzögern, was sich mit Don Quichottes Kampf gegen die Windmühlen vergleichen läßt.

Es handelt sich hierbei also um ein sinnloses und letztendlich erfolgloses Unterfangen. Ihr Hochmut, der sich gegenwärtig in der medialen Verächtlichmachung der nationalen Opposition beim ›Kampf gegen rechts‹ ausdrückt, wird sich schon bald in Katzenjammer wenden.

Während rechte ›Realpolitiker‹ davon ausgehen, daß man auf den Zusammenbruch des BRD-Systems noch sehr lange warten müsse, der nach deren Auffassung eher ganz ausbleiben wird, scheint Helmut SCHMIDT (SPD) dem großwestdeutschen Kollaborationssystem nur noch wenig Zeit zum Überleben zu geben. So meint doch der Altbundeskanzler, daß »das drängendste Problem [...] die Reduzierung der Arbeitslosigkeit« sei. »Steigt sie weiterhin von derzeit vier auf sechs oder noch mehr Millionen an, dann wird diese Demokratie akut gefährdet.« SCHMIDT gelangt schließlich zu dem Fazit: »Ich bin kein Prophet, doch wenn der Arbeitslosigkeit nicht Einhalt geboten wird, könnten Links- oder Rechtsextremisten bedrohlich werden, selbst anarchistische Erscheinungen könnte man dann nicht mehr ausschließen.«[534]

Die Fähigkeit zur Krisenbewältigung scheint für ihn nicht gerade das Attribut der BRD-Politikerklasse auszumachen. Denn: »Die Generation der heute 50jährigen aller Parteien hat stets nur Aufstieg und Mehrung des Wohlstands, auch des persönlichen, erlebt. Auf Krisen, Rückschläge ist sie nicht eingestellt.«[535]

Daraus folgt wiederum der strategische Vorteil der nationalen Opposition, der in der gegen sie gerichteten zunehmenden Unterdrückung durch das BRD-System liegt.[536] Dieser Vorteil wird noch um einen weiteren Pluspunkt zugunsten der nationalen Opposition ergänzt: nämlich das Ausgegrenztsein nationaler Politiker aus sämtlichen Entscheidungsmechanismen des BRD-Systems – sei es auf parlamentarischer Ebene, in den Kommunen, Medien, Interessenverbänden oder den sonstigen relevanten Institutionen des BRD-Systems. Denn in einer für das herrschende politische System letztendlich aussichtlosen Situation kann es nur von derjenigen politischen Kraft beseitigt und ersetzt werden, die zuvor in einem dialektischen Gegensatz zu ihm gestanden hat. Dieses Ziel, sich zu stellen und beharrlich zu verfolgen, ist die Aufgabe des Neuen Nationalismus in Deutschland.

## *Die Rolle des parteipolitischen Nationalismus*

Dem Neuen Nationalismus kommt bei der Schaffung und Propagierung eines ordnungspolitischen Gegenentwurfs zum Status quo die entscheidende Rolle zu. In einer schwierigen Lage befinden sich dabei die nationalen Parteien, deren Potential sich der Neue Nationalismus bedienen muß. Diese Parteien sind einerseits auf ihren Parteienstatus angewiesen. So sind sie beim Bundeswahlleiter als Parteien gemeldet, andererseits muß ihre Aufgabe darin bestehen, den bundesrepublikanischen Parteienstaat zu überwinden.

Von daher müßte sich eine Partei im Sinne des Neuen Nationalismus als ›Anti-Partei‹ definieren, die den bundesrepublikanischen Parteienstaat überwinden und durch eine wirkliche Demokratie (Volksherrschaft) ersetzen will. Der BRD-Parteienstatus dieser nationalen Partei wäre also reines Mittel zum Zweck, da im realexistierenden BRD-Parteienstaat nur derjenige ernsthaft Politik machen kann, der sich zunächst einmal den Spielregeln des Systems unterordnet und als eingetragene Partei Politik machen will.

Reinen Bürgerinitiativen oder eingetragenen Vereinen ist es aufgrund der Wahlgesetze des Bundes und der Länder kaum möglich, erfolgversprechend bei Wahlen anzutreten. Nur deshalb müssen sich Nationalisten in einer Partei organisieren, um sich die Werkzeuge des parlamentarischen Systems zunutze zu machen. Diese strategische Überlegung gehört zur Gesamtstrategie des Neuen Nationalismus: ›Kampf um die Straße‹, ›Kampf um die Köpfe‹ und ›Kampf um die Parlamente‹. Hierbei geht es um den zuletzt genannten Punkt im Drei-Säulen-Konzept des Neuen Nationalismus.

Darüber hinaus muß sich der Neue Nationalismus bewußt sein, daß ›Partei sein‹ immer ›Teil sein‹ bedeutet – das Teil kann in einem wirklichen Volksstaat niemals über dem Ganzen (Volk und Staat) stehen. Historische Gegenbeispiele sind immer nur aus der Geschichte heraus verständlich (zum Beispiel NSDAP: 1933–1945; SED: 1949–1989), jedoch nicht idealtypisch auf die Zukunft übertragbar. Eine Ein-Partei-Diktatur wäre mit Sicherheit die logische Pervertierung des BRD-Parteienstaates. Von daher kann idealtypisch weder die DDR noch das Dritte Reich das ›bessere Deutschland‹ gewesen sein.

Die Aufgabe des Neuen Nationalismus besteht lediglich darin, als parteipolitische Vertreterin der nationalen Opposition Partei für das Gemeinwohl des deutschen Volkes zu ergreifen und den deutschen Volksstaat herstellen zu wollen, in dem der Staat über den Partei- und Gruppeninteressen zu stehen hat.

Nun steht eine revolutionäre nationale Partei strategisch vor folgendem Problem:

1. Sie muß aus Selbsterhaltungsgründen auf dem Boden der bestehenden Ordnung stehen (Grundgesetz, Parteiengesetz und dergleichen),

2. sie muß diese Ordnung grundlegend ändern wollen und dies auch öffentlich machen.

Diese beiden Positionen stehen nun zunächst einmal im Widerspruch. Wahrscheinlich ist dieser Widerspruch auch dafür verantwortlich, daß manch nationaler Parteipolitiker bisher zwar von einer »neuen Ordnung« gesprochen hat, diese jedoch aus Legalitätsgründen (gegenüber der ›Freiheitlich-Demokratischen Grundordnung‹) nicht näher bezeichnen kann. Dieser Widerspruch kann nur durch einen ›pragmatischen‹ Ansatz aufgelöst werden; es ist also der Standpunkt zu vertreten, die gegebene Ordnung in einer Art Evolution verändern zu wollen, so daß am Ende etwas herauskommt, was mit der Ausgangslage (FDGO) wenig zu tun hat. Grundsätzlich aber gibt es bei der gesamten Ordnungsdebatte – bezogen auf die Bundesrepublik– insgesamt vier Ansätze:

1. Das Denken im Status quo (Grundgesetz bleibt unverändert, man will nur teilnehmen).
2. Der pragmatische Ansatz (Grundgesetz wird anerkannt, soll aber verändert werden).
3. Der legalistische Ansatz (Weimarer Reichsverfassung ist völkerrechtlich nach wie vor gültig).
4. Der idealistische Ansatz (Denker entwerfen eine neue politische Ordnung, die sich auch an historischen Vorbildern orientieren kann).

Reinhold OBERLERCHER, Hans-Dietrich SANDER und Horst MAHLER haben den 4. Ansatz gewählt. Bei diesem kommen naturgemäß die jeweiligen Denker zu unterschiedlichen - auch entgegengesetzten - Entwürfen. Möglich ist hierbei wirklich alles: eine Demokratie in irgendeiner Form, eine Parteidiktatur, eine absolute Monarchie, eine konstitutionelle Monarchie und dergleichen mehr. Dieser Ansatz ist zwar für die intellektuelle Debatte sehr wertvoll, jedoch als Grundsatzposition einer nationalen Partei ungeeignet, da er

a) die Verbotsdiskussion belebt und
b) keinen Konsens innerhalb des nationalen Lagers stiften kann; nicht einmal innerhalb einer nationalen Partei.

Befindet sich nun die nationale Opposition in einer geistigen Sackgasse - sie will eine neue politische Ordnung vertreten, darf es jedoch nicht?

Da aus nationalrevolutionärer Sicht der 1. Ansatz (Denken im Status quo) logischerweise ausscheidet und der 4. Ansatz (idealistischer Ansatz) in die geistige Zellteilung und die Verbotsdiskussion führt, kann für die nationale Opposition, die vom Parteienstatus, aber auch vom revolutionären Veränderungswillen abhängig ist, nur eine Kombination aus den Ansätzen Nummer 2 und 3 in Frage kommen. Das heißt: An der völkerrechtlichen Position wird festgehalten (Ansatz 3), die bestehende Ordnung jedoch als Realität zur Kenntnis genommen und der Rahmen der Kritik und verfassungsmäßige Anspruch auf Veränderung voll in Anspruch genommen (Ansatz 2).

In der weiteren Folge soll der pragmatische Ansatz (Ansatz 2) näher bestimmt werden, auch wenn sich der Neue Nationalismus völlig darüber im klaren ist, daß das BRD-System - aufgrund der Unbelehrbarkeit seiner Vertreter - nicht mehr reformierbar ist und schon deshalb revolutionäre Veränderungen unabdingbar sind. Auch wäre der Einwand völlig berechtigt, daß die Entstehung des Grundgesetzes, das von den westalliierten Besatzungsmächten und ihren willigen deutschen Helfern dem deutschen Volk 1949 aufoktroyiert wurde, ohnehin einer jeglichen völkerrechtlichen Legalität entbehrt und alle neue deutsche Ordnung von der nach wie vor völkerrechtlichen Gültigkeit der Weimarer Reichsverfassung – zumindest als Übergangsverfassung – auszugehen hätte.[537]

Auch der Staatsrechtler Hans Herbert VON ARNIM sieht das so, wenn er feststellt: »Wenn die Präambel des Grundgesetzes formuliert, das Deutsche Volk habe sich ›kraft seiner verfassunggebenden Gewalt dieses Grundgesetz‹ gegeben, so trifft dies in Wahrheit nicht zu. Auch die später nachgeschobene Behelfsthese, das demokratische Legitimationsdefizit des Grundgesetzes sei durch die hohe Wahlbeteiligung bei den Bundestagswahlen geheilt worden, war nur Ausdruck des Satzes, daß nicht sein kann, was nicht sein darf, und entspringt in der Sache einer mehr als fraglichen Logik: Bei den Bundestagswahlen steht die Entscheidung zwischen bestimmten Parteien, nicht aber für oder gegen das Grundgesetz zur Debatte.«[538]

Dennoch möchte es die nationale Opposition – in Form einer Wortergreifung – nicht versäumen, auch den verfassungsmäßig ›pragmatischen‹ Ansatz[539] nicht außer acht zu lassen und somit ihren guten Willen zu einer – immerhin theoretisch möglichen – evolutionären politischen Veränderung durch die Vorlage eines Reformprogrammes auszudrücken. Schon allein dadurch wird die durch die Medien immer wieder verbreitete Falschbehauptung widerlegt, die nationale Opposition in Deutschland wolle eine neue politische Ordnung sozusagen illegal und gewaltsam herbeiführen.

Im Grundgesetz-Artikel 21 steht geschrieben: »Die Parteien wirken bei der politischen Willensbildung des Volkes mit.« Die Wirklichkeit sieht jedoch anders aus. Die etablierten Parteien wirken nicht einfach an der Willensbildung des Volkes »mit«, sondern sie haben sich den Staat unterworfen.

In einer wirklichen Demokratie, für die der Neue Nationalismus steht, geht es jedoch nicht darum, die Sonderinteressen von Parteien und Interessenverbänden dem Staat überzuordnen, wie es in der Berliner Republik geschieht, sondern dem Staat als Vertreter des Gemeinwohls des gesamten Volkes den Vorrang zu geben. Um dies – auf der Grundlage des Grundgesetzes – erreichen zu können, wären Verfassungsänderungen dringend notwendig. Diese stünden im Einklang mit den Artikeln 79 und 146 des Grundgesetzes, die ausdrücklich eine Änderung des Grundgesetzes (Artikel 79 GG) per Zwei-Drittel-Mehrheiten in Bundestag und Bundesrat oder die Abstimmung des deutschen Volkes über eine neue Verfassung (Artikel 146 GG) ermöglichen, was durch die Volkswahl einer verfassunggebenden Nationalversammlung vorzubereiten wäre.

›Verfassungsfeindlich‹ könnte eine solche beabsichtigte Reform des Grundgesetzes schon deshalb nicht sein, da nach den Worten von Jochen LOBER im Zeitraum von 1949 bis 1999 insgesamt 46mal das Grundgesetz geändert wurde.[540] In der *Berliner Zeitung* vom 23. 5. 2000 ist sogar die Rede von 180 Änderungen des Grundgesetzes seit seinem Bestehen. Diese Änderungen haben ausnahmsweise die etablierten Parteien vorgenommen, weshalb es auch nationalen Parteien gut anstünde, ihre Reformvorstellungen zu präsentieren. Und warum sollten nationale Parteien davor zurückschrecken, die Direktwahl des Bundespräsidenten zu fordern, wenn dies sogar der amtierende Amtsträger Johannes RAU (SPD) tut?[541] Dessen ungeachtet wird die politische Klasse der BRD nicht müde, die notwendigen staatspolitischen Reformen gleich präventiv mit der Faschismuskeule niederzuknüppeln. Nach Einschätzung von Peter GLOTZ (SPD), die er in einem Gespräch mit dem *Focus* zum Ausdruck gebracht hat, verweigert die politische Klasse den Deutschen das Plebiszit auf Bundesebene aufgrund eines »verlängerten HINDENBURG-Syndroms«: »Wir müssen das alles so organisieren, daß das Volk nicht viel zu sagen hat, im Zweifelsfalle wählen die doch alle Nazis.«[542] Um die Reformfähigkeit der herrschenden politischen Klasse der Bundesrepublik scheint es also nicht zum besten bestellt zu sein.

Dessen ungeachtet erscheint in diesem Zusammenhang aber dennoch nach wie vor die Aussage von Thomas JEFFERSON, dem Verfasser der amerikanischen Unabhängigkeitserklärung, sinnvoll, der vor über 200 Jahren betonte, jede Generation sei aufgerufen, sich ihre Verfassung neu zu geben.[5743] Von daher erscheint auch die Abwehrhaltung gegen eine ordnungspolitische Debatte, die von manchen Vertretern der politischen Rechten ausgeht, als irrational und ängstlich.

Angst haben viele nationale Parteifunktionäre davor, bei ihrer Kritik an den herrschenden Zuständen die Institutionen in ihre Kritik mit einzubeziehen. Dabei erwecken sie den Eindruck, als ob der ›Systemfehler‹ lediglich in der schlechten personellen Besetzung der staatlichen Ämter und der tagespolitischen Ausführung und nicht etwa auch im Staatsaufbau an sich zu suchen sei.

Völlig zu Recht weist Hans Herbert VON ARNIM darauf hin, daß es in der praktischen Politik regelmäßig auf beides ankomme: auf Institutionen *und* Personen: »Daß es in der Politik auch auf Personen ankommt, ist so offensichtlich, daß die Alltagsauffassung dazu neigt, den personellen Faktor ganz in den Vordergrund zu rücken oder gar zu verabsolutieren. Die Rolle von Institutionen zu erkennen ist dagegen sehr viel schwerer. Institutionen wirken nun einmal nur indirekt, so daß ihre Bedeutung zu erfassen ein gewisses Niveau theoretischer Reflexion verlangt.«[544] Schließlich gelangt VON ARNIM zu dem Schluß, »daß viele Mängel bundesdeutscher Politik sich bei genauerem Hinsehen als wesentlich institutionell bedingt erweisen«.[545]

Doch ein Großteil nationaler Politiker und Publizisten in Deutschland schreckt davor zurück, in ihre Kritik auch die Institutionen mit einzubeziehen. Somit bleibt jedoch alles an Kritik an der Oberfläche. Dem Denken einer ordnungspolitischen Alternative ist somit auch grundsätzlich der Weg versperrt. Um diese Angst vor ordnungspolitischen Alternativen behutsam überwinden zu helfen, sollen zunächst, in einem ersten Schritt, thesenartig die staatspolitischen Grundsätze zur Konzeption des deutschen Volksstaates dargelegt werden. So soll(en) in ihm:

- die Gemeinwohlorientierung der deutschen Bürger sowie
- der Staat und seine Institutionen als Vertreter des Allgemeinen Interesses (»Gemeinwohl«) gestärkt werden,
- da nur ein starker Staat die Grundrechte seiner Bürger vor den Auswüchsen einer totalitären Gesellschaft schützen kann,
- einer jeden Form von Partei(en)diktatur der Kampf angesagt werden,
- die demokratisch gebotene Gewaltenteilung in Legislative, Exekutive und Judikative wiederhergestellt werden, indem die Gewaltenverschränkung so weit wie möglich aufzuheben ist,
- die Aufgaben von Parteien und Parlament wieder verstärkt - als die Vertreter der bürgerlichen Gesellschaft - in der Kontrolle von Regierung und der Gesetzgebung gesehen werden,
- die demokratisch gebotenen Mitbestimmungsmöglichkeiten der Bürger in Gesellschaft und Staat verbessert werden, was vor allem durch Direktwahl hoher Amtsträger und eine großzügigere Verwirklichung des Volksentscheides geschehen soll,
- wodurch dem demokratischen Gebot der Volkssouveränität mehr Rechnung getragen wird,
- der beginnende Bürgerkrieg in Deutschland im voraus beendet werden, wofür ein offener Dialog um die Zukunft von deutschem Volk und deutschem Staat die Grundvoraussetzung darstellt.

Die Frage, welche geschichtliche Verfassung sich als ordnungspolitischer Ausgangspunkt zur Schaffung des Volksstaates anbietet, wäre zunächst einmal sekundärer Natur. Eine geeignete neue politische Ordnung ließe sich auf der Grundlage von notwendigen Verfassungsänderungen mittels sowohl des Grundgesetzes als auch der Weimarer Reichsverfassung beschreiben. Würde man versuchen, das Problem vom Grundgesetz her zu lösen, so müßte dieses zumindest den nachfolgenden Reformen unterzogen werden, um die Dominanz der Parteienherrschaft und die Parlamentszentrierung (»Parlamentssouveränität«) des BRD-Systems zu brechen und dieses zu einer Präsidialdemokratie mit plebiszitären Elementen fortzuentwickeln:

- Reformvorschläge für das Grundgesetz

1. Die im Grundgesetz festgeschriebenen Grundrechte sind um die einklagbaren sozialen Grundrechte und die Rechte des deutschen Volkes zu erweitern.

2. Der Bundespräsident (Staatsoberhaupt) ist direkt vom Volk zu wählen. Hierzu ist der Artikel 54 GG entsprechend zu ändern.

3. Ebenso sind alle Bürgermeister, Oberbürgermeister, Landräte und Ministerpräsidenten direkt vom Volk zu wählen - soweit dies noch nicht geschieht.

4. Der Bundespräsident setzt alleinverantwortlich den Bundeskanzler ein, dieser dann die Bundesminister. Dies wäre im Artikel 54 GG festzuschreiben. Die Bundesregierung wäre nicht mehr dem Bundestag, sondern ausschließlich dem Bundespräsidenten verantwortlich. Der Bundeskanzler würde nicht mehr von der Mehrheit des Bundestages gewählt. Der bisherige Art. 63 GG müßte dementsprechend geändert werden.

5. Somit wäre also der Bundestag nicht mehr für die Regierungsbildung zuständig, sondern könnte sich auf seine eigentliche Aufgabe, die Gesetzgebung (Legislative), konzentrieren. Um den Bundestag in seiner Gesetzgebungskompetenz zu stärken, ist durch ersatzlose Streichung der Artikel 50 ff. GG der Bundesrat aufzulösen, dem bisher - als Gremium der Bundesländer - ein Mitbestimmungsrecht in der Bundesgesetzgebung zusteht. Die Vertreter der Länderregierung sollten jedoch nur für die Verabschiedung von Landesgesetzen zuständig sein und nicht den Prozeß der Bundesgesetzgebung blockieren können, wie sich dies in der Geschichte der Bundesrepublik immer wieder gezeigt hat, wenn die Mehrheit des Bundestages die Regierung stützt, jedoch die Mehrheit des Bundesrates möglicherweise von der Opposition des Bundestages gestellt wird. Allerdings würde dieser Regelung der Artikel 79 (3) GG entgegenstehen (»Ewigkeitsklauseln«), der die Aufhebung der Beteiligung der Bundesländer an der Bundesgesetzgebung untersagt. Eine derartige Verfassungsänderung wäre also nur im Rahmen des Artikel 146 GG denkbar.

6. Das Bundeswahlgesetz ist in der Weise zu ändern, daß Bundestagsabgeordnete nicht mehr über anonyme Parteilisten (bisherige Zweitstimme/Verhältniswahlrecht) ins Parlament gelangen, über deren personelle Zusammensetzung nicht einmal drei Prozent der Bundesbevölkerung bestimmen können; sondern Bundestagsabgeordnete sollen ausschließlich als Abgeordnete ihres Wahlkreises ins Parlament gewählt werden (bisherige Erststimme/Mehrheitswahlrecht). Ihre Nominierung zur Wahl müßten sich – bei diesem Modell – die Wahlkreiskandidaten nicht mehr über die jeweiligen Parteimitglieder, sondern vielmehr über eine Mindestanzahl von Unterstützungsunterschriften der Wahlberechtigten des Wahlkreises sichern.

Nationale Parteien würde eine solche Forderung zweifellos adeln, da sie selber – sollte jemals das reine Mehrheitswahlrecht durchgesetzt werden – mittelfristig von ihm benachteiligt sein würde, da sie nicht mehr fünf Prozent der Stimmen, sondern in einem einzelnen Wahlkreis über 30 Prozent der Stimmen benötigen würde. Wer Reformen zugunsten des Gemeinwohls fordert, die ihm selber nicht nützen, unterstreicht seine Ehrlichkeit, in den Kategorien des Gemeinwohls zu denken.

7. Zusätzlich ist in das Grundgesetz ein Artikel aufzunehmen, der dem Volksentscheid mehr Rechnung trägt als bisher – vor allem bei Grundsatzfragen, die den Bestand von Volk und Staat betreffen. Diese Grundsatzfragen sind in einem Bundesgesetz zu definieren. Ein Beispiel hierfür wäre die Verabschiedung eines neuen Staatsbürgerrechtes oder die einer ›Rechtschreibreform‹. Bisher ist der Volksentscheid im Grundgesetz nur in Artikel 29 GG vorgesehen (»Neugliederung des Bundesgebietes«). Mit der Verankerung des Volksentscheides im Grundgesetz soll dem demokratischen Grundsatz der ›Identität von Regierenden und Regierten‹ mehr Rechnung getragen werden.

8. Auch das Bundesverfassungsgericht hat sich seit Bestehen als Bestandteil der Dominanz von Parteien und Parlament erwiesen, da dessen Mitglieder je zur Hälfte vom Bundestag und vom Bundesrat bestimmt werden. Nur, wie soll die Gewaltenteilung funktionieren können, wenn ein Verfassungsgericht, das sozusagen ein Ausschuß des Parlaments (Legislative) ist, die von diesem Parlament verabschiedeten Gesetze auf ihre Verfassungsmäßigkeit kontrollieren soll? Das Beispiel des Paragraphen 130 StGB (»Volksverhetzung«) hat deutlich gezeigt, daß das parteilich besetzte Bundesverfassungsgericht im Zweifelsfall die Verabschiedung eines verfassungswidrigen Sondergesetzes durchgehen läßt, wenn dies zum Machterhalt und zur Abwehr unerwünschter Konkurrenz den etablierten Parteien zum Nutzen gereicht. Deshalb ist das Bundesverfassungsgericht

(BVG), was seine Nominierung anbetrifft, zu reformieren. Bislang werden dessen Mitglieder je zur Hälfte vom Bundestag und vom Bundesrat bestimmt, wodurch ebenfalls die Parteipolitisierung des BVG, sowie die demokratiefeindliche Gewaltenverschränkung verstärkt werden. Die Wahl der BVG-Richter soll durch die vereidigten Präsidenten der obersten Bundesgerichte erfolgen. Damit wäre der Kuhhandel der Parteien um die Besetzung des obersten Gerichts beendet. Dem Bundespräsidenten kommt dabei die Aufgabe zu, die Wahl der einzelnen Verfassungsrichter zu bestätigen und diese in ihr Amt zu berufen. Er kann in begründeten Fällen die Berufung auch verweigern. Die vereidigten Präsidenten der obersten Bundesgerichte müssen für diesen Fall neue Kandidaten zur Berufung durch den Bundespräsidenten nominieren. Durch dieses Verfahren avanciert das direktgewählte Staatsoberhaupt, als Repräsentant des gesamten Volkes, zum »Hüter der Verfassung« (Carl SCHMITT). Zur Reformierung des Bundesverfassungsgerichtes sind die entsprechenden Bestimmungen der Artikel 92 ff. GG zu ändern beziehungsweise zu streichen.

Den meisten dieser Reformvorschläge ist gemein, daß sie von dem Grundübel ausgehen, daß das Grundgesetz keine Vorkehrung dagegen kennt, daß ein und dieselbe Partei die Gesetze macht, anwendet und noch aus ihren Reihen Richter bestimmt, die über die Auslegung des Gesetzes zu wachen haben. Es ist gegenüber der Existenz politischer Parteien fast blind, und in Ausnutzung dieses blinden Flecks konnten diese die Macht über Exekutive und Legislative vollständig und über die Rechtsprechung im ausschlaggebenden Teilbereich der Verfassungsgerichtsbarkeit und der obersten Gerichte usurpieren.[546]

Zusammenfassend läßt sich feststellen, daß das entscheidende Versagen des Grundgesetzes darin liegt, daß es eine reine Parlamentsherrschaft zuläßt und seinen Parlamentsparteien den unumschränkten Zugriff auf alle Gewalten ermöglicht, weil es ihn nicht verbietet. So entstand das Gegenteil von einer Gewaltenteilung: eine Gewaltenverschränkung nämlich. Die Gewaltenteilung ist in der Bundesrepublik kein echtes politisches Machtverteilungsprinzip mehr, sondern sie ist zu einer reinen Zuständigkeitsaufteilung von Gremien verkommen, die allesamt in den Händen derselben »Beamtenschaft« (MONTESQUIEU) beziehungsweise Parteien liegen.[547]

Daß es sich bei der politischen Krise des deutschen Volkes heute nicht nur um die Frage des politischen Personals handelt, das nur durch ›charakterfeste nationale Persönlichkeiten‹ auszutauschen wäre, haben die oben beschriebenen Reformvorschläge deutlich gemacht.

Es handelt sich also um eine Systemkrise. Weil es jedoch dem Neuen Nationalismus nicht um die Bewahrung des Systems, sondern um den Erhalt des deutschen Volkes geht, muß er das System zur Disposition stellen, um den Weg für konzeptionelle Lösungsvorschläge zur nationalen Rettung des deutschen Volkes freizumachen. Daß diese Konzepte nicht schon heute verwirklichbar sind, spricht nicht gegen sie. Sie müssen allerdings heute schon geistig durchdrungen werden, um sie - wenn die Zeit zu ihrer Verwirklichung reif ist - auch anwenden zu können.

## 2. Zur Verfassung des deutschen Volksstaates[548]

*»Wenn es heute um die Frage gehen würde, die Nation oder die Verfassung, so würden wir Sozialdemokraten keine Minute zögern, die Nation der Verfassung vorzuziehen.«*
Friedrich EBERT[549]

Das Denken einer politischen Verfassung des deutschen Volksstaates braucht sich jedoch nicht ausschließlich am bundesrepublikanischenGrundgesetz auszurichten, da diesem ohnehin die völkerrechtliche wie demokratische Legitimität durch das deutsche Volk fehlt. Darüber hinaus erscheint zwar die aktuelle Diskussion ordnungspolitischer Entwürfe wichtig, wie sie seit den neunziger Jahren geschieht, doch von viel größerer Bedeutung ist - fernab von bis ins Detail festgelegter Verfassungsentwürfe - das Herausarbeiten eines Konzentrats an absolut notwendigen Strukturelementen für die politische Ordnung eines künftigen deutschen Volksstaats. Zu diesen zählt der Verfasser:

### *Volkssouveränität und Gemeinwohl als oberste Verfassungsprinzipien*

Alle politische Macht hat vom deutschen Volk auszugehen. Hierzu sind alle höheren Staatsämter, vor allem das des Staatsoberhauptes, direkt vom Volk zu wählen, das die Regierung alleinverantwortlich ein- und absetzt. Ferner ist dem Volksentscheid breiten Raum zu lassen, vor allem, wenn es um Existenzfragen von Volk und Staat geht. Diese lassen sich auch mit dem ›Gemeinwohl‹-Begriff umschreiben. So muß zum Beispiel ein neues Staatsbürgerrecht oder eine Rechtschreibreform, von denen alle Bürger betroffen sind, dem wahlberechtigten Volk zur Abstimmung vorgelegt werden. Nähere Bestimmungen über die Bedingungen des Volksentscheids regelt ein Gesetz.

Das Gemeinwohl von Volk und Staat ist - im Sinne der ›drei Bausteine‹ nationaler Politik, die in diesem Buch vorgestellt wurden - an den Anfang der Verfassung zu stellen. Auf dieses Gemeinwohl haben alle Regierungsmitglieder und das Staatsoberhaupt ihren Amtseid zu leisten. Auch die Beamtenschaft hat sich diesem Gemeinwohlprinzip verpflichtet zu fühlen.

#### • Bürgerliche Freiheiten

Die Verfassung des Deutschen Volksstaates ist nicht nur auf die Volkssouveränität und das Gemeinwohl von Volk und Staat festgelegt, in ihr sind auch die bürgerlichen Freiheiten des deutschen Staatsbürgers definiert. Die Rechte auf Freiheit der Wissenschaft, der Forschung, der Presse und der Meinungsäußerung sowie dem Abhalten von Versammlungen sind größtmöglich auszulegen. Gesetze, die diese Freiheiten einschränken, dürfen sich ausschließlich auf das Gemeinwohl von Volk und Staat berufen und nicht parteipolitisch und gegen bestimmte Meinungsäußerungen motiviert sein. Das Formulieren verfassungswidriger Sondergesetze durch das Parlament ist vom Verfassungsgericht zu unterbinden und unter Strafe zu stellen.

Auf die Menschenrechte kann in der Verfassung des deutschen Volksstaates gern verzichtet werden. Das Staatsoberhaupt garantiert Ausländern, die sich legal auf dem Territorium des Deutschen Volksstaates vorübergehend aufhalten, Gastfreundschaft und vollen Rechtsschutz. Straftaten gegenüber Ausländern werden genauso geahndet wie die gegen deutsche Staatsbürger. Hingegen ist die völlige rechtliche Gleichsetzung von Ausländern mit Inländern im deutschen Volksstaat unerwünscht, vor allem, was die Aufenthaltsdauer, den Erwerb von Eigentum sowie die politische und religiöse Betätigung betrifft.

### • Parlament als Bühne der bürgerlichen Gesellschaft

Das Parlament ist das Vertretungsorgan der bürgerlichen Gesellschaft im deutschen Volksstaat. Es ist zur Hälfte direkt vom Volk über die Wahlkreise zu wählen, was der Erststimme bei der Bundestagswahl entspricht. Diese Wahlkreisvertreter gelangen somit als Persönlichkeiten, und nicht als ausschließliche Kandidaten von Parteilisten ins Parlament. Dennoch sind sie dazu angehalten, etwaige Klasseninteressen im Vorfeld ihrer Kandidatennominierung bekanntzugeben.

Ferner gibt die Verfassung vor, daß die Wahlkreisabgeordneten nicht an einem Tag gewählt werden, damit sich die Mehrheiten evolutionär verändern können und somit die kontinuierliche Arbeitsfähigkeit des Parlaments nicht von großen Wahlkämpfen überlagert wird.

Die andere Hälfte des Parlaments wird – je nach der Einwohnerstärke der Länder – von den berufsständisch bestimmten Landtagen beschickt. Diese Landtage wiederum werden nach einem festzulegenden Schlüssel von berufsständischen Kammern beschickt, die sich in den Teilregionen (Bezirke bzw. Gaue) eines Landes organisieren. Als Ausgangspunkt für dieses regionale Kammernsystem bieten sich die heute existierende Handwerkskammer (HWK), die Industrie- und Handelskammer (IHK), der Bauernverband, die Gewerkschaften, aber auch zu schaffende Kammern für die freien Berufe und dergleichen mehr an.

Eine besondere Rolle wird in diesen Wirtschaftskammern der Länder auch die ›Mütter-Kammer‹ spielen. Der Beruf der Mutter erhält somit erstmalig in der deutschen Geschichte seine soziale wie politische Anerkennung. Sozial wird die Anerkennung dieses Berufs durch die Einführung eines ›Müttergehalts‹ sowie durch ›Begrüßungsgelder‹ für Neugeborene umgesetzt, politisch werden die Mütter im Rahmen ihrer Kammer Vertreterinnen in die Landtage und das Gesamtparlament entsenden, um dort die Belange ihrer Familien einzubringen.

Das hier vorgestellte regionale Kammernsystem soll das deutsche Volk in seiner sozialen Schichtung besser vertreten, als dies der gegenwärtige Bundestag vermag, in dem bestimmte Berufsgruppen überwiegen (Juristen, Lehrer, Beamte usw.). Die berufsständischen Kammern der Länder (›Landtage‹) werden »vom Arbeitsplatz aus« von den Angehörigen der Berufsgruppen gewählt, die diesbezüglich ein Wahlrecht im Rahmen der Zugehörigkeit zu ihrer Berufskammer haben. Dies ist in etwa vergleichbar mit den in der Bundesrepublik üblichen ›Sozialwahlen‹, die allerdings kaum eine Auswirkung für das soziale Leben haben.

Somit wird in Deutschland erstmalig ein gemischtes Wahlsystem auf gesamtstaatlicher Ebene geschaffen, das sowohl das Prinzip der allgemeinen und gleichen Wahl auf Wahlkreisebene als auch die Mitwirkung aller sozialen Schichten und beruflichen Standesorganisationen garantiert. Das Parlament des Gesamtstaates wird somit zu einem wirklichen Spiegelbild der sozialen und regionalen Vielfalt des deutschen Volkes.

### • Parteien als Vertreter der gesellschaftlichen Sonderinteressen

Die in sogenannten ›parlamentarischen Demokratien‹ anzutreffende absolute Parteigründungsfreiheit, die nur Pluralismus vorzugaukeln versteht, jedoch die eigentlichen – bescheidenen – Aufgaben von Parteien verkennt, ist aufgehoben. Direktkandidaten zur Parlamentswahl müssen dem Wahlvolk gegenüber erklären, ob und welche Klasseninteressen sie gegebenenfalls vertreten, die sich an den in den Wirtschaftswissenschaften gelehrten Produktionsfaktoren orientieren: Arbeit (Arbeiter), Boden (Grundbesitzer) und Kapital (Produktionsmittelbesitzer). Somit sind auch die drei Parteien im Parlament vorgegeben, denen sich die Abgeordneten anzuschließen haben: Sozialisten (Arbeit), Konservative (Boden) und Liberale (Kapital). Ferner steht eine Partei der »Unabhängigen« für Unentschlossene und Mittelständler sowie Freiberufler aller Art bereit.

Durch diese Festlegung der Parteien auf ihre besonderen sozialen Interessen erhält das Wahlvolk klare sozial- und wirtschaftspolitische Positionen und eine wirkliche Auswahl angeboten, wogegen die Bundestagsparteien dem kritischen Beobachter den Eindruck vermitteln, daß sie mehr oder weniger den Liberalismus im Zeichen einer ›Neuen Mitte‹ und einer ›New Economy‹ vertreten.

Durch die Gewaltenteilung wird aber dennoch sichergestellt, daß den Parteien der alleinige Status als Vertreterinnen gesellschaftlicher Sonderinteressen zusteht und diese sich nicht, wie in der BRD-Wirklichkeit, den Staat zur Beute machen können (Hans Herbert VON ARNIM).

Die Aufhebung der Parteigründungfreiheit bedeutet jedoch nicht eine Einschränkung des politischen Lebens und schon gar nicht der Meinungsvielfalt. Vielmehr sind die Bürger dazu aufgefordert, wenn nötig, politische Vereinigungen und Bürgerinitiativen zu gründen, um gegebenenfalls auf gesellschaftliche und staatliche Mißstände von unten her öffentlichen Druck auszuüben. Hierzu eignet sich auch das verfassungsmäßige Instrument des Volksentscheides, das sowohl lokal/regional als auch gesamtstaatlich Anwendung findet.

### • Gewaltenteilung und Kontrolle

Dem Parlament des Volksstaates als Repräsentant der bürgerlichen Gesellschaft steht die Gesetzgebungsinitiative und die öffentliche Kritik der Regierung zu. Es kann jedoch auf die Entscheidungen der Regierungspolitik keinen Einfluß nehmen, weshalb schon in diesem Bereich – im Vergleich zur bundesrepublikanischen Wirklichkeit – dem Gebot der Gewaltenteilung entsprochen wird.

Dennoch soll jedoch nicht die Notwendigkeit verkannt werden, daß auch die Regierung (Exekutive) einer gewissen Kontrolle durch das Parlament (Legislative) bedarf. Jedoch muß sich diese Kontrolle eindeutig auf die Wahrung des Gemeinwohls beziehen. So steht dem Parlament des Deutschen Volksstaates das Recht zu, per Zwei-Drittel-Mehrheit ein konstruktives Mißtrauensvotum gegen das Staatsoberhaupt – als Exekutivspitze – auszusprechen, indem es parallel zum Ausdruck des Mißtrauens einen Gegenkandidaten zum amtierenden Staatsoberhaupt benennt. Dieser kandidiert dann in einer Volkswahl gegen das Staatsoberhaupt. Bei diesem Wahlverfahren sind nur zwei Kandidaten zugelassen: das amtierende Staatsoberhaupt und der Gegenkandidat des Parlaments, das von diesem in Folge des konstruktiven Mißtrauensvotums nominiert wurde.

### • Konstruktives Mißtrauensvotum statt Wiederwahlprinzip

Ferner ist es auch möglich, dem amtierenden Staatsoberhaupt ein konstruktives Mißtrauensvotum durch das Volk direkt auszusprechen. Hierzu müssen Bürgerinitiativen mindestens fünf Millionen Unterstützungsunterschriften wahlberechtigter Bürger sammeln, die von den Einwohnermeldeämtern auf ihre Richtigkeit zu prüfen sind. Die Unterschriften müssen im Zeitraum von zwei Monaten eingeholt werden.

Da es sich auch hierbei um ein ›konstruktives‹ Mißtrauensvotum handelt, muß diese Bürgerinitiative einen Gegenkandidaten zum amtierenden Staatsoberhaupt benennen. Sind die erforderlichen Unterschriften erbracht, so wird das neue Staatsoberhaupt zwischen den beiden Kandidaten per Volkswahl ermittelt.

Sowohl für das konstruktive Mißtrauensvotum durch das Parlament als auch durch das gesamte wahlberechtigte Volk gilt, daß ein solches höchstens einmal im Zeitraum von zwei Jahren stattfinden darf. Ein konstruktives Mißtrauensvotum muß auch immer mit einem massiven Verstoß gegen das Gemeinwohl von Volk und Staat begründet werden. Das Verfassungsgericht entscheidet darüber, ob ein solcher Verstoß des Staatsoberhauptes vorliegt oder nicht. Somit soll verhindert werden, daß Mißtrauensvoten allein aus persönlichen oder parteipolitischen Gründen gestellt werden.

### • Quasi monarchischer Herrscher

Dieses Verfahren besticht vor allem dadurch, daß zwar einerseits das demokratische Prinzip, das im allgemeinen und gleichen Wahlrecht der Bürger liegt, voll gewahrt wird, jedoch der geschichtlich überholte Modus einer turnusmäßigen Wiederwahl durchbrochen wird. Für den Verfasser gibt es nämlich kein stichhaltiges Argument dafür, warum sich das direkt gewählte Staatsoberhaupt alle vier, sechs oder wieviel Jahre auch immer der Wiederwahl stellen muß, wenn möglicherweise das Volk zu diesem Zeitpunkt mit seiner Politik zufrieden ist. Somit dürfte es auch gelingen, den Gedanken des absoluten Herrschers mit der demokratischen Legitimität der Volkssouveränität zu verbinden.

Unter diesen Voraussetzungen kann das Staatsoberhaupt – obwohl es sich um eine republikanische und demokratische Staatsform handelt – im Stil eines Monarchen (Alleinherrschers) das Gemeinwohl von Volk und Staat in idealer Weise in einer Person repräsentieren. Die Voraussetzungen für seine politische Gestaltungskraft würde zweifellos durch das Wegfallen einer turnusmäßigen Wiederwahl und den damit wegfallenden überflüssigen Wahlkampfphasen verstärkt.

Allerdings wäre das Staatsoberhaupt verfassungsmäßig verpflichtet, mindestens alle fünf Jahre seine geistigen Kräfte durch drei voneinander unabhängig erstellte ärztliche Gutachten öffentlich zu machen.

• Neuwahl des Staatsoberhauptes

Beim plötzlichen Ableben oder dem Rücktritt des Staatsoberhauptes tritt an seine Stelle kommissarisch der von ihm ernannte Regierungschef. Dieser hat binnen eines Vierteljahres Neuwahlen anzusetzen. Bei diesen steht ihm selbst das Recht auf Kandidatur zu. Ferner kann per absoluter Mehrheit (50 Prozent) das Parlament einen Kandidaten benennen. Auch Bürgerinitiativen oder politische Vereinigungen sind berechtigt, Kandidaten zu benennen, die allerdings jeweils von mindestens einer Million Wahlbürgern per Unterschrift zu unterstützen sind.

• Staatsoberhaupt entscheidet über den Ausnahmezustand

Die Verfassung sieht für das Staatsoberhaupt einen Notstandsparagraphen vor, das damit bei innen- wie außenpolitischer Gefahr für Volk und Staat den Ausnahmezustand verhängen und somit die staatliche Ordnung wiederherstellen kann. Als alleiniger Repräsentant des Gemeinwohls von Volk und Staat kann es hierzu selbst Gesetze und Verfassungsparagraphen vorübergehend außer Kraft setzen. Im Ausnahmezustand, vor allem bei der Entscheidung über Krieg und Frieden, gebietet der oberste Repräsentant der Volkssouveränität über Leben und Tod. Dieses Prinzip gilt auch für den Ausnahmezustand in der Innenpolitik: Um einen Bürgerkrieg beenden zu können oder zu verhindern, obliegt dem Staatsoberhaupt die Entscheidung über die Anwendung der Todesstrafe bei Hoch- und Landesverrat, bei Mord, beim Kampf gegen die Drogenmafia und bei schweren Sexualstraftaten wie Kindesmißbrauch und Vergewaltigung. Bei der Einführung der Todesstrafe für solche Delikte orientiert sich der Deutsche Volksstaat ausnahmsweise am amerikanischen Vorbild.

Die Regierung ist allein vom Staatsoberhaupt abhängig. Es benennt und entläßt den Kanzler und die Minister. Auch die Regierung hat Gesetzgebungsinitiative. Widersprechen sich Regierung und Parlament in der Gesetzgebungsinitiative, so tritt einmalig ein Vermittlungsausschuß aus Regierung und Parlament zusammen. Dessen

Mitglieder sind dazu angehalten, eine gemeinsame Lösung im Sinne des Gemeinwohls von Volk und Staat zu beschließen. Kann der Vermittlungsausschuß keine Einigung über die Gesetzesvorlage erzielen, so entscheidet das Staatsoberhaupt letztendlich allein darüber und setzt das Gesetz in Kraft.

### • Staatsoberhaupt als »Hüter der Verfassung«

Das Staatsoberhaupt benennt und entläßt die Mitglieder des Verfassungsgerichts des Volksstaates, dem somit die Rolle des »Hüters der Verfassung« (Carl SCHMITT) zukommt, das es – als alleiniger Repräsentant des Gemeinwohls von Volk und Staat – über den Parteien und gesellschaftlichen Sonderinteressen steht. Nominiert werden die Mitglieder des Verfassungsgerichts von den vereidigten Präsidenten der obersten Gerichte, die hierzu zusammentreffen.

Auch wenn dem Staatsoberhaupt die Benennung und Entlassung der Mitglieder des Verfassungsgerichts obliegt, ist es jedoch – laut Verfassung – nicht berechtigt-, Verfassungsrichter zu dem Zeitpunkt abzusetzen, wenn diese über die Rechtmäßigkeit eines vom Volk oder vom Parlament beantragten konstruktiven Mißtrauensvotums gegen das Staatsoberhaupt entscheiden sollen.

### • Staatsoberhaupt und Staatskirchenoberhaupt

Die Religionsfreiheit im Deutschen Volksstaat ist dem Gemeinwohl von Volk und Staat untergeordnet. Die Freiheit, Religionsgemeinschaften zu gründen und zu betreiben, ist an die verfassungsmäßigen Bestimmungen dieses Gemeinwohls gebunden. Dabei bekleidet das Staatsoberhaupt zugleich das Amt des Staatskirchenoberhauptes. Diesem sind alle Religionstexte vorzulegen, auf die sich die entsprechenden Religionsgemeinschaften, die sich auf dem Territorium des deutschen Volksstaates betätigen wollen, berufen. Das Staatsoberhaupt entscheidet in seiner Funktion als Staatskirchenoberhaupt über die Zulassung von Religionsgemeinschaften im Sinne des Gemeinwohls von Volk und Staat.

### • Einheitsstaat mit regionalem Aufbau

Der deutsche Volksstaat ist ein Einheitsstaat mit regionalem Aufbau. Die Länder werden – wie oben beschrieben – in Form berufsständischer Delegierter im Parlament des Volksstaates selbst repräsentiert, und nicht etwa in einer eigenen Länderkammer des Gesamtstaates. Der Dualismus eines Exekutiv-Föderalismus, wie man ihn in Deutschland seit dem Zweiten Kaiserreich, aber vor allem auch in der Bundesrepublik kennt, wird somit überwunden. Dieser Dualismus besteht in der BRD in der Mitwirkungskompetenz der Bundesländer durch den Bundesrat in der Bundesgesetzgebung, was in den sogenannten »Ewigkeitsklauseln« festgeschrieben ist. Ebenso sieht die Verfassung des Deutschen Volksstaates das Amt des ›Ministerpräsidenten‹ eines Landes nicht vor. Für den jeweiligen Landtag spricht der von seinen Mitgliedern gewählte Landtagspräsident.

Von einem absoluten Zentralismus französischer Prägung ist dieser Ansatz deshalb weit entfernt, da gemäß der Verfassung des Deutschen Volksstaates die Willensbildung - auch die der Regionen - von unten nach oben verläuft und die Länder des Gesamtstaates nicht zu reinen Befehlsempfängern - von oben nach unten - degradiert werden, wie dies für die französischen Departements Gültigkeit besitzt.

## • Wirtschaftskammern gestalten das soziale Leben

Das wirtschaftliche und soziale Leben im deutschen Volksstaat wird geprägt durch die berufsständisch bestimmten Wirtschaftskammern der Länder (Landtage), in denen sich die sozialen Schichten des deutschen Volkes auf Länderebene widerspiegeln. Da in den regionalen Wirtschaftskammern nicht nur die Vertreter der verschiedenen Berufe vertreten sind, sondern auch die naturgemäßen Kontrahenten Arbeitnehmer und Arbeitgeber, sind diese gezwungen, in einer gemeinsamen Kammer den sozialen Ausgleich bei der Lohnverhandlung und den weiteren Arbeitsbestimmungen zu suchen.

Die Ländererergebnisse bei den Sozialverhandlungen sind auf Gesamtstaatsebene zu koordinieren. Diese Aufgabe fällt dem Parlament des Volksstaates zu. Im Falle von Uneinigkeit - auf Landes- wie auf Volksstaatsebene - entscheidet das Staatsoberhaupt über die Sozialpolitik des Volksstaates. Durch diese Regelung gehört die unsägliche ›Tarifautonomie der Tarifparteien‹ der Vergangenheit an, derzufolge sich der Staat aus den Lohnverhandlungen herauszuhalten hat. Dadurch, daß die Arbeiter- und die Unternehmerklasse in ein gemeinsames Wirtschaftskammernsystem zur Zusammenarbeit gezwungen sind, dürften Arbeitskampfmaßnahmen, wie wir sie aus kapitalistischen Systemen kennen, ihrer Grundlage entzogen sein. Die Klassen sind dazu angehalten, ihre sozialen und wirtschaftlichen Interessen im Volksstaat zu artikulieren, sind allerdings bei der Entscheidungsfindung dem Gemeinwohlinteresse unterworfen.

Der Aufgabenbereich der Wirtschaftskammern in den Ländern besteht zudem in der Landesgesetzgebung sowie in der regionalen

Raumplanung. Da das Wirtschafts- und soziale Leben des deutschen Volkes wieder von unten nach oben aufgebaut sein und vor allem eine Umkehr von der ›Globalisierung‹ zur ›Miniaturisierung‹ (Reinhold OBERLERCHER) des Wirtschaftens vonstatten gehen soll, kommt den Ländern des Deutschen Volksstaates hierbei eine besondere Rolle zu. Ihnen obliegt auch die Aufsicht über die Gemeinden, die mit größtmöglicher Selbstverwaltung auszustatten sind. Das ›Subsidiaritätsprinzip‹, von dem heute in der Europäischen Union so viel die Rede ist, wird im Deutschen Volksstaat verwirklicht.

## • Gleichheit *und* Freiheit

Weil es sich beim Deutschen Volksstaat sowohl um einen Rechts- als auch um einen Sozialstaat handelt, sind zwei seiner zentralen Verfassungsprinzipien die der Freiheit und der Gleichheit.[550] Der von den ›Alteuropäern‹ behauptete Widerspruch zwischen den beiden Geboten, akzeptiert der Verfasser des Deutschen Volksstaates nicht, da sich diese beiden Begriffe nach seinem Befürworten nur auf deutsche Staatsbürger beziehen können. Der Deutsche Volksstaat fühlt sich nämlich nur verpflichtet, bürgerliche Freiheiten einerseits und die kollektive Freiheit (im Sinne von Selbstbestimmung) nur dem eigenen Volk zu schaffen und zu bewahren. Die Freiheiten Nicht-Deutscher zu garantieren ist die Aufgabe anderer Staaten.

Bei der Gleichheit verhält es sich ähnlich: Auch hier garantiert die Verfassung des Deutschen Volksstaates eine soziale Chancen- und Rechtsgleichheit allen deutschen Staatsbürgern nach dem Grundsatz: ›Gleichheit unter den Gleichen‹ – was nur Sinn ergibt, wo ethnische Homogenität des Staatsvolkes wie im deutschen Volksstaat vorherrscht. Damit ist jedoch nicht in jedem Fall materielle Gleichheit gemeint, da somit nur Tüchtigkeit und Faulheit, Begabung und Minderbegabung und dergleichen angeglichen würden, was sich gemeinschaftsfeindlich auswirken würde.

Das Gleichheitsgebot richtet sich jedoch gegen offensichtliche materielle Ungerechtigkeiten, wenn zum Beispiel die Einkommensschere wie in kapitalistischen Systemen allzuweit auseinandergeht. Mit der Gleichheit sind vor allem auch gleiche Bildungschancen für die Kinder aller sozialen Schichten und nicht zuletzt das Recht, aber auch die Pflicht eines jeden Deutschen auf Arbeit gemeint. In jedem Fall aber müssen Freiheit und Gleichheit im Deutschen Volksstaat auf das Gemeinwohl bezogen werden.

Das Sozialstaatsprinzip im Deutschen Volksstaat wird verstärkt die sozialen Leistungen für die Gemeinschaft belohnen. Die Hauptaufgabe wird dabei die Unterstützung kinderreicher Familien darstellen. Der Geburtenschwund ist durch eine offensive Familienpolitik zu stoppen. Hierzu hat der deutsche Volksstaat die Instrumente der Lohn- und Steuerpolitik sowie großzügige ›Begrüßungsgelder‹ für deutsche Neugeborene zu nutzen.

## • Volkssouveränität bedingt Nationalerziehung

Das Gebot der Volkssouveränität bedingt die Schaffung einer neuen staatspolitischen Elite in Deutschland, die - vergleichbar mit Roms Prätorianern und der Reichsritterschaft im Mittelalter - dem Deutschen Volksstaat bedingungslose staatsbürgerliche Treue und geistige Gefolgschaft zu leisten hat. Die Ehre dieser neuen Elite besteht in der Wahrung des Gemeinwohls von Volk und Staat. Talentierte Jugendliche sind im Sinne von PLATONS Akademie-Idee und HERDERS Nationalerziehung in einer Deutschen Akademie zu tüchtigen Staatsbürgern heranzubilden.

Die Akademie ist parteineutral und für alle sozialen Schichten des deutschen Volkes offen. Eine parteipolitische Indoktrinierung soll in der Deutschen Akademie verpönt sein. Vielmehr ist eine Elite zu bilden, die das eigene Tun und Denken zur Diskussion stellt und gegebenenfalls auch Kritik an den Amtsträgern des Deutschen Volksstaates übt. Gleichzeitig entwickelt sich das Dozentenkollegium der Deutschen Akademie zum beratenden Gremium des Staatsoberhauptes. Der Staatsmann muß nicht - wie im Sinne PLATONS - selbst Philosoph sein, es sollte jedoch seine Entscheidungsfähigkeit auf den Wissenshorizont der geistigen Aristokratie im Deutschen Volksstaat, der Dozentenschaft der Deutschen Akademie, stützen.

Aufgabe der neuen Nationalerziehung wird es zudem sein, den obersten allgemeinen Verfassungsgrundsatz des Deutschen Volksstaates, die Wahrung und Fortentwicklung des Gemeinwohls, immer wieder neu zu durchdenken, und die konkreten Gemeinwohlprinzipien - nationale Identität, nationale Solidarität und nationale Souveränität - auf die konkreten innen- und außenpolitischen Themen der Zeit zu beziehen. Das Gemeinwohlprinzip wird somit zum höchsten Ideal der neuen Elite.

Dem Dozentenkollegium der Deutschen Akademie obliegt es zudem, im Falle einer erforderlichen Neuwahl des Staatsoberhauptes - als erste Institution beziehungsweise Person im Deutschen Volksstaat - einen Kandidaten zu benennen und diese Persönlichkeit dem deutschen Volk zur Wahl zu empfehlen.

## • Die supranationale Mission des Deutschen Volksstaates

Die supranationale Mission des Deutschen Volksstaates liegt in der Ordnungsaufgabe Europas. Dies leitet sich aus dem Talent des deutschen Volkes, seiner Volkszahl und Mittellage ab.

Diese Mittellage erfordert zunächst die Wiederherstellung einer ›deutschen Leitkultur‹ in Mitteleuropa. Der Deutsche Volksstaat muß in Absprache mit Rußland die Ordnung in ›Zwischeneuropa‹, dem geographischen Raum zwischen Deutschland und Rußland, wiederherstellen. Berlin und Moskau müssen für diesen Raum, der auch den Balkan umfaßt, das Gebot Carl SCHMITTS vom »Interventionsverbot für raumfremde Mächte« in die Wirklichkeit umsetzen.

Ferner ist es die Aufgabe der Außenpolitik des Deutschen Volksstaates, das Bündnis zwischen Deutschland und Rußland in Form einer Kontinentalachse ›Paris–Berlin–Moskau‹ zu vervollständigen. Diese Strategie soll eine erneute Einkreisung Deutschlands verhindern und einen angelsächsischen und gegen Deutschland und Rußland gerichteten Brückenkopf im Westen Europas präventiv verhindern.

## • Warum ein Systemwechsel notwendig ist

Ein alleiniger Systemwechsel wäre natürlich noch lange nicht der Garant für eine durchgreifende Lösung der politischen Misere. Hierzu bedarf es ebenso eines kompletten Austauschs der politischen Elite. Beides ist im Zusammenhang zu sehen und bedingt sich gegenseitig. ›Alter Wein in neue Schläuche‹ wird ebenso wenig die Misere lösen wie ›neuer Wein in alte Schläuche‹ – wobei das politische Personal dem ›Wein‹ entspricht, das politische System den ›Schläuchen‹.

Die nationale Opposition in Deutschland muß dabei zwei Sachverhalte deutlich machen:

1. Um den Austausch des politischen Personals überhaupt bewerkstelligen zu können, ist die »Schulung der nationalen Intelligenz« (Reinhold OBERLERCHER) dringend erforderlich. Derzeit mangelt es an Führungspersönlichkeiten im nationalen Lager, die in den Kategorien von ›Volk‹ und ›Staat‹ denken und die statt dessen ihr Selbstverständnis in einer Bürgerkriegsposition sehen.

2. Ohne einen Systemwechsel würde auch ein Personalwechsel ins Leere laufen. Jede national dominierte Bundesregierung müßte am vorherrschenden parlamentarischen System scheitern, in dem durchgreifende politische Veränderungen aufgrund der gebotenen Rücksichtnahme auf gesellschaftliche Gruppeninteressen verhindert würden.

Aus der vorangegangenen Analyse der politischen Wirklichkeit der Bundesrepublik und der erforderlichen Herleitung staatspolitischer Grundsätze, der Vorstellung bereits vorliegender alternativer Ordnungsentwürfe sowie der Skizzierung einer neuen Verfassung des deutschen Volksstaates kann als Handlungsmaxime gelten: »Volksherrschaft statt Parlamentarismus.«[551] Der Parlamentarismus, der besagt, daß die Regierungsbildung aus der Mehrheit des Parlaments resultiert, ist Bestandteil des politischen Liberalismus. Schon deswegen sind die Begriffe ›Parlamentarismus‹ und ›Liberalismus‹ im Sinne von Carl SCHMITT als zusammengehörig zu erkennen[552] und aus nationaler Position gemeinsam zu verwerfen. Der Ausweg hingegen kann nur gefunden werden, indem der Parlamentarismus und die sich aus ihm ergebende Parteienherrschaft von der nationalen Intelligenz als das Grundübel erkannt und von der nationalen Publizistik und Öffentlichkeitsarbeit dementsprechend angesprochen wird.

In diesem Sinne ist dann auch bei zunehmender Systemkrise darauf hinzuarbeiten, die Festung Parlamentarismus auf legalem Wege zu belagern und zu schleifen. Der nationale Revolutionär muß demzufolge seine politische Arbeit auf die Errichtung einer nichtparlamentarischen Republik konzentrieren.

Den von den Herrschenden dümmlich erhobenen Vorwurf der ›Verfassungsfeindlichkeit‹ kann der Neue Nationalismus leicht dadurch widerlegen, indem er auf den Artikel 146 des Grundgesetzes verweist, der seit Inkrafttreten im Jahre 1949 auf die Vorläufigkeit eben dieser Übergangsverfassung verweist, der auch klar besagt, daß das Grundgesetz, das unseren Vätern und Müttern von den westalliierten Siegern ›geschenkt‹ wurde, an dem Tag seine Gültigkeit verliert, an dem sich das deutsche Volk eine neue und diesmal demokratisch legitimierte Verfassung gibt:

»Dieses Grundgesetz verliert seine Gültigkeit an dem Tage, an dem eine Verfassung in Kraft tritt, die von dem deutschen Volke in freier Entscheidung beschlossen worden ist.«[553]

Ein solcher Akt setzt voraus, daß das deutsche Volk zunächst einmal idealtypisch eine verfassunggebende Nationalversammlung wählt – möglicherweise über die derzeit bestehenden Bundestagswahlkreise (je einen Abgeordneten). Diese Nationalversammlung hat dann einen oder mehrere Entwürfe dem deutschen Volk zur Diskussion und zur Abstimmung vorzulegen, das dann mit absoluter Mehrheit darüber entscheidet – soweit zu den idealtypischen staatspolitischen Vorstellungen des Verfassers. Inwieweit sich diese Vorstellung in einer revolutionären Situation, die wiederum aus dem

Chaos entstehen könnte, verwirklichen läßt, ist dann möglicherweise eine völlig andere Sache.

Bei der gesamten Argumentation ist von großer Bedeutung, daß die nationale Opposition in Deutschland nicht vom ›Kampf gegen den Staat‹ oder vom ›Kampf gegen die Verfassung‹ spricht, da der deutsche Nationalstaat zu erhalten oder nach dem Scheitern der EU-Diktatur und dem Ausfieberungsprozeß der Globalisierungs- und One-World-Bestrebungen wiederherzustellen ist und die derzeitige Übergangsverfassung, das Bonner Grundgesetz, auf legalem Wege durch eine staatspolitische Alternative zu ersetzen ist. Der politische Kampf des Neuen Nationalismus gilt also allein dem politischen und wirtschaftlichen System, das mit Kapitalismus, Liberalismus, Parlamentarismus und Parteienherrschaft zu bezeichnen ist – und nicht dem ›Staats‹-Begriff an sich, da dieser ja in der Bundesrepublik in keiner Weise verwirklicht ist.

Die herrschende politische Klasse des BRD-Systems ist als staats- und verfassungsfeindlich zu bezeichnen, da die es tragenden Parteien selbst den BRD-Staat und die BRD-Verfassung beseitigen – spätestens mit der Einschränkung wichtiger Grundrechte wie der Versammlungs-, Meinungs- und Wissenschaftsfreiheit, der damit verbundenen Verabschiedung von verfassungswidrigen Sondergesetzen, wie dem unsäglichen »Volksverhetzungs«-Paragraphen (130 StGB), sowie der Vollendung der ›Europäischen Union‹ und der damit verbundenen Abtretung der wohl letzten staatlichen Hoheitsrechte der Bundesrepublik an die EU-Diktatur durch die hierzulande herrschende politische Klasse.

Den ›wahren deutschen Staat‹ muß hingegen der Neue Nationalismus vertreten. Zur Frage nach dem Staat meint Hans-Dietrich SANDER: »Sprechen wir lieber von Systemkrise als von Staatskrise, weil eine politische Einheit mit beschränkter Souveränität keinen Staat herausbilden konnte.«[554]

Insgesamt sollte die Lektüre dieses Buches über den deutschen Volksstaat dazu anregen, die Diskussion im nationalen Lager über die Möglichkeit einer neuen Ordnung im Widerspruch zum bundesrepublikanischen Status quo in Gang zu bringen und die zum Teil anzutreffende Systemfixiertheit innerhalb des nationalen Lagers überwinden zu helfen.

Der Verfasser regt die nationale Opposition an, sich in der Öffentlichkeit für die Schaffung eines dem Gemeinwohl verpflichteten Deutschen Volksstaates und der hierzu erforderlichen ›autoritären Demokratie‹ (›Präsidialdemokratie‹) auszusprechen, um die Herrschaft von Parlament und Parteien und somit die Zerrissenheit und

Ohnmacht des gesamten deutschen Volkes als zu überwindendes Grundübel der deutschen Gegenwart offenzulegen.

Bei der Konzeption einer neuen politischen Ordnung muß feststehen, daß weder der Parteienstaat der Gegenwart aus der Sicht des Neuen Nationalismus eine Daseinsberechtigung hat, da dieser irreführend die Summe der (Parteien-) Teile zum (Staats-) Ganzen erklärt und alle politisch nicht korrekten Parteien aus diesem ›Ganzen‹ ausgeschlossen bleiben; noch ist es zulässig, eine einzige Partei an die Stelle des Ganzen zu setzen. Eine solche politische Ordnung ließe sich nur mit Terror gegen andere parteiliche Bestrebungen aufrechterhalten. Die Diktatur einer ›Partei‹ im übertragen Sinne, also im Sinne der Diktatur eines Teils des Volkes über das Ganze, wäre auch dann gegeben, sollte das gesamte deutsche Volk von einer Klasse, von einer Ideologie, von einer Religion oder von einer Konfession[555] und dergleichen beherrscht und die Nichtangehörigen dieser Teile somit diskriminiert werden.

Im übrigen muß sich auch die Bundesrepublik die Frage gefallen lassen, ob sie nicht die ›Diktatur des Kapitals‹ (der Besitzbürger und Hochfinanz) darstellt, in der dann – sozusagen zur ›pluralistischen‹ Tarnung – mehrere liberale Parteien im Bundestag vertreten sind, von denen dann einige wenige das ›soziale Gewissen‹ für sich beanspruchen. Gemeint sind hiermit Bündnis 90/Die Grünen, die PDS, aber in erster Linie die SPD und die mit ihr personell eng verbundenen sozialdemokratischen Einheitsgewerkschaften des ›Deutschen Gewerkschaftsbundes‹ (DGB). Während man also in der DDR propagandistisch bemüht war, unter dem Deckmantel der proletarischen Klassendiktatur ein bürgerliches Wahlangebot in einer sogenannten »Nationalen Front« vorzutäuschen (CDU, LDPD, NDPD usw.), bemüht man sich offenbar in der Bundesrepublik, die Diktatur des Kapitals ›sozial‹ zu kaschieren.

Und noch ein Grundsatz erscheint wichtig: Nationalismus und Demokratie gehören zusammen! Der Neue Nationalismus wirft deshalb der herrschenden politischen Klasse nicht vor, daß die BRD eine Demokratie sei, die es abzulehnen gelte, sondern daß dem westalliierten Besatzungsstaat ein jegliches Recht fehlt, sich ›demokratisch‹ im Sinne von Volksherrschaft nennen zu dürfen. Auf den Punkt bringt dies Hans Herbert von Arnim: »Das Grundübel unserer Demokratie liegt darin, daß sie keine ist.«[556] Deshalb müssen die nationalen Demokraten den sogenannten internationalen ›Demokraten‹ diesen Begriff streitig machen, ihnen die demokratische Maske vom Gesicht reißen, damit die Fratze der Diktatur des Liberalkapitalismus zum Vorschein kommt.

Die Behauptung ›autoritärer‹ Konservativer, die Mehrheitswahl des Staatsoberhauptes sowie der Volksentscheid seien deshalb rundheraus abzulehnen, weil sich ja – wie derzeit sichtbar – die Mehrheit des Wahlvolkes irren könne (wobei sich ja ein Großteil des Wahlvolkes der Stimme enthält), ist in das Reich der reaktionären Legenden zu verweisen. Denn das Wahlrecht und der Volksentscheid sind nicht dadurch legitimiert, weil die Mehrheit recht haben muß, sondern weil der Gesamtheit des Volkes, und nicht einer – in diesem Falle – undefinierbaren ›Elite‹, die Volkssouveränität zusteht. Das Volk soll durch die Direktwahl des Staatsoberhauptes und durch Volksentscheide bei Grundsatzfragen auf allen Ebenen zu seinem Souveränitätsrecht kommen.

Alles andere wird die Zukunft weisen. Der Zusammenbruch des BRD-Systems ist naturgesetzlich vorbestimmt, denn die Globalisierung, die nichts anderes als die kapitalistische Weltrevolution darstellt, wird Bedürfnisse in weiten Teilen der immer größer werdenden Weltbevölkerung wecken, die sie – wie die Geister von GOETHES Zauberlehrling –- nicht mehr stoppen kann, nachdem sie einmal von ihr geweckt wurden. Wenn die Globalisierung dann in ein großes Chaos münden wird, muß die notwendige Katharsis weltweit in einer Renationalisierung der dann wieder entstehenden Volksherrschaften und Volkswirtschaften bestehen.

Die Schaffung des Deutschen Volksstaates, der die Prinzipien Volksherrschaft und Volkswirtschaft verwirklichen wird, soll hierzu einen Beitrag für eine neue völkische und staatliche Vielfalt auf der Welt leisten. Und Vielfalt ist nach wie vor nur durch Abgrenzung möglich.

Parallel zu dieser Entwicklung werden dann im Vollzug des »Kampfes der Kulturen« (HUNTINGTON) diese erneuerten Volksherrschaften und Volkswirtschaften in den Kontext von Großräumen eingebunden sein, womit dann doch noch – mit zeitlicher Verzögerung – der Reichsbegriff von Carl SCHMITT in das Völkerrecht Einzug halten wird. Eine zu bildende hegemoniale Achse Paris–Berlin–Moskau wird dafür Sorge tragen müssen, daß das Gebot des großen deutschen Staats- und Völkerrechtlers vom »Interventionsverbot für raumfremde Mächte« kompromißlos verwirklicht wird.

Diese Entwicklung kann schon morgen angestoßen werden oder noch länger dauern. Warum sich darüber Gedanken machen? Die Frage nach der Überwindung des liberalistischen Systems hat bereits Botho STRAUSS beantwortet: »Es ist leichter, ein autoritäres Regime zu Fall zu bringen, als ein liberales System vor seiner eigenen Zerrüttung zu bewahren. Das eine ist künstlich, starr wir ein Kristall und kann gebrochen werden. Das andere ist organisch und kann nur absterben.«[557]

Es ist davon auszugehen, daß sich die ›Westliche Wertegemeinschaft‹ durch die von ihr in Gang gesetzte Globalisierung selbst zugrunde richten wird. Im Rahmen dieses weltweiten Prozesses wird dann auch die BRD ebenso der Geschichte angehören, wenn der ›West-Block‹ an seinem Ende angelangt sein wird, wie auch die DDR den Niedergang des ›Ost-Blocks‹ nicht überlebte. Für Horst MAHLER sind es drei »Mega-Blasen«, die den ständig wuchernden Globalismus noch eine Weile am Leben halten: die Staatsschuld, der Konsumentenkredit sowie die Spekulationsfonds, »die ein System kommunizierender Röhren darstellen«. Dies hat nach MAHLERS Einschätzung zur Folge: »Eine systemkonforme Einschrumpfung dieser Blasen ist nicht denkbar. Ihr Platzen ist unvermeidbar.« Metaphorisch gesprochen, bestehe mit diesem Platzen die Chance für die Völker der Welt, die globalistische »Krake« zu töten.[558]

Bis dahin gilt es für die nationale Opposition in Deutschland an der Vision von Volk, Staat und Reich zu arbeiten. Und ein solches Vorhaben fängt bekanntlich mit der Idee, in diesem Fall mit der Idee des Deutschen Volksstaates an. Denn, so viel wußte bereits Georg Wilhelm Friedrich HEGEL am 28. 10. 1808 an NIETHAMMER zu berichten: »Die theoretische Arbeit – überzeuge ich mich täglich mehr – bewegt mehr Zustände in der Welt als die praktische; ist erst das Reich der Vorstellungen revolutioniert, so hält die Wirklichkeit nicht aus.«[559]

# Anmerkungen

[1] Niccolò MACHIAVELLI, *Der Fürst,* Kröner, Stuttgart 1978, S. XI.

[2] Carl SCHMITT, *Der Begriff des Politischen,* Duncker & Humblot, Berlin 1991, S. 10.

[3] Ebenda, S. 20.

[4] *Der Spiegel,* Nr. 30/2001 vom 23. 7. 2001.

[5] Ebenda.

[6] Niccolò MACHIAVELLI, *Discorsi. Gedanken über Politik und Staatsführung,* Kröner, Stuttgart 1977.

[7] Rolf KOSIEK, *Völker statt One World. Das Volk im Spiegel der Wissenschaft,* Grabert, Tübingen 1999.

[8] Vgl. hierzu Zbigniew BRZEZINSKI, *Die einzige Weltmacht. Amerikas Strategie der Vorherrschaft,* Fischer, Frankfurt/Main 1999.

[9] Gerhard LEIBHOLZ, u.a. *Das Wesen der Repräsentation und der Gestaltwandel der Demokratie im 20. Jahrhundert,* [3]1966.

[10] Vgl. hierzu Rolf KOSIEK, *Die Frankfurter Schule und ihre zersetzenden Auswirkungen,* Tübingen 2001.

[11] Theodor W. ADORNO, *Minima Moralia,* Suhrkamp, Frankfurt/M. 1951, S. 80.

[12] ARISTOTELES, *Metaphysik.* Zitiert aus: ARISTOTELES, *Hauptwerke,* Kröner, Stuttgart [8]1977, S. 126 f.

[13] Jürgen SCHWAB, *Deutsche Bausteine. Grundlagen nationaler Politik,* Deutsche Stimme, Stuttgart 1999.

[14] Dieter GUTZEN, Norbert OELLERS u. Jürgen W. PETERSEN, *Einführung in die neuere deutsche Literaturwissenschaft. Ein Arbeitsbuch,* Schmidt, Berlin [6]1989, S. 129 f.

[15] Bernard WILLMS, *Einführung in die Staatslehre,* UTB, Paderborn–München–Wien–Zürich 1979, S. 9.

[16] Vgl. Caspar VON SCHRENCK-NOTZING, *Charakterwäsche. Die Politik der amerikanischen Umerziehung in Deutschland,* Ullstein, Frankfurt/M.– Berlin 1993.

[17] Bernard WILLMS, aaO. (Anm. 15), S. 13.

[18] Vgl. Rolf KOSIEK, aaO. (Anm. 7), S. 144.

[19] Thomas HOBBES, *Leviathan. Oder Stoff, Form und Gewalt eines kirchlichen und bürgerlichen Staates* (Hg. Iring FETSCHER), Suhrkamp, Frankfurt/M. 1999, S. 96.

[20] Den ›Neuen Nationalismus‹ hat der Verfasser in seinem Buch *Deutsche Bausteine – Grundlagen nationaler Politik* (Stuttgart 1999) ausführlich dargelegt. Mit diesem Begriff knüpft er bewußt an den ›Neuen Nationalismus‹ der Zwischenkriegszeit an, der heute weitläufig unter ›Konservativer Revolution‹ firmiert. Vgl. hierzu: Wolfgang HERRMANN, *Der neue Nationalismus und seine Literatur. Ein besprechendes Auswahlverzeichnis* (Hg. Markus Josef KLEIN), San Casciano, Limburg [2]1994.

[21] Nicolas DE VERNULS, *De una et diversa religione,* 1646.

[22] Klaus KUNZE, *Der totale Parteienstaat. Abschied vom idealen Staat. Der Weg aus der Krise des deutschen Parteiensystems,* Deugro, Esslingen 1994, S. 47.

[23] Armin MOHLER, *Liberalenbeschimpfung,* 1990, S. 133.

[24] Ernst-Wolfgang BÖCKENFÖRDE, *Staat, Verfassung, Demokratie*, Suhrkamp, Frankfurt/M. 1991, S. 284.

[25] Klaus KUNZE, aaO. (Anm. 22), S. 48 f.

[26] *Die Zeit*, Online-Ausgabe vom 15. 5. 2002

[27] *Frankfurter Allgemeine Zeitung* vom 10. 5. 2002.

[28] *Der Spiegel* vom 13. 5. 2002.

[29] *Die Zeit* vom 18. 10. 2001

[30] So in den SAT 1-Nachrichten am 18. 12. 2000 um 18.30 Uhr.

[31] *Der Spiegel* vom 13. 5. 2002.

[32] »Botho Strauß: Anschwellender Bocksgesang«, in *Der Spiegel*, Nr. 6/1993, S. 202 ff.

[33] Hermann SACHER (Hg.), *Staatslexikon*, 1. Bd., Herder, Freiburg [5]1926. Artikel: »Donoso Cortès«, S. 1505.

[34] Thor VON WALDSTEIN, »Brot und Spiele im virtuellen Staat – ein Beitrag zur Herrschaftslehre des Liberalismus«. Vortrag, gehalten auf dem Staatspolitischen Seminar der Deutschen Akademie in Leipzig am 1. 7. 2000. Veröffentlicht in den *Staatsbriefen* 7–8/2000.

[35] Carl SCHMITT, *Die geistesgeschichtliche Lage des heutigen Parlamentarismus*, Berlin 1991, S. 28.

[36] Joseph Marie DE MAISTRE; zitiert nach: Richard W. EICHLER (Hg.), *Unser Geisteserbe. Kraftquellen für das neue Jahrtausend*, Grabert, Tübingen 1995, S. 192.

[37] Vgl. Germar RUDOLF in *Deutsche Stimme*, 9/1999.

[38] Arnulf BARING in *Frankfurter Allgemeine Zeitung* vom 6. 7. 1999.

[39] *Main Echo* vom 8. 6. 1999.

[40] Günter GRASS im Bayerischen Fernsehen am 2. 11. 1997.

[41] Christine SCHEEL im Bayerischen Fernsehen am 2. 11. 1997.

[42] Joschka FISCHER in *Frankfurter Allgemeine Zeitung* vom 10. 8. 1998.

[43] Zitiert nach dem Leserbrief von Georg WIESHOLLER, in *Deutsche Stimme*, 7/1999.

[44] Josef SCHÜSSLBURNER, »Verfassungspolitische Gedanken zur Überwindung der Niederlage Deutschlands«, in *Staatsbriefe*, 7/1995.

[45] Henryk M. BRODER in seinem Buch, *Erbarmen mit den Deutschen*, Zitiert nach: *Junge Freiheit* vom 2. 7. 1999.

[46] ›PANKRAZ‹ in *Junge Freiheit*, Ausgabe vom 10. 4. 1998.

[47] Zitiert nach: *Vierteljahreshefte für freie Geschichtsforschung* 2/1999, S. 236. Darin wird der Informationsdienst PHI als Quelle genannt.

[48] Bundeszentrale für Politische Bildung (Hg.), *Grundgesetz für die Bundesrepublik Deutschland*, Ausgabe vom Juni 1993, Bonn. Artikel 5: »Meinungsfreiheit«, S. 13.

[49] Jürgen SCHWAB, *Die Meinungsdiktatur. Wie ›demokratische‹ Zensoren die Freiheit beschneiden*, Nation und Europa, Coburg 1997.

[50] Der Verfasser hielt über dieses Thema einen nahezu gleichlautenden Vortrag auf dem Jahreskongreß 2000 der Gesellschaft für freie Publizistik (GFP), der in Regensburg vom 14.–16. 4. 2000 stattfand.

[51] Vgl. hierzu das Standardwerk von Elisabeth NOELLE-NEUMANN, *Öffentliche Meinung. Die Entdeckung der Schweigespirale*, Ullstein, Frankfurt/M.–Berlin 1991.

[52] Wolfgang SCHÄUBLE, in *Frankfurter Allgemeine Zeitung*, Nr. 96/96.

[53] Jürgen SCHWAB, aaO. (Anm. 49), Coburg 1997.

[54] Oswald SPENGLER, *Der Untergang des Abendlandes. Umrisse einer Morphologie der Weltgeschichte,* Bd. 2, dtv, München 1991, S. 1061 u. 1119.

[55] *Straubinger Tagblatt* vom 9. 7. 1996 über die Bevorzugung ausländischen Marmors bei deutschen Bauvorhaben.

[56] Nachzulesen in: Martin WALSER, *Friedenspreis des Deutschen Buchhandels 1998,* Börsenverein des Deutschen Buchhandels, Frankfurt/M. 1998.

[57] *Deutsches Rechtsbüro,* Heft Nr. 17, Bezugsanschrift: Deutsches Rechtsbüro, c/o Miosga, Postfach 330 441, 14174 Berlin.

[58] Johann Wolfgang VON GOETHE, *Wilhelm Meisters Wanderjahre,* Hauptausgabe Bd. 8, S. 469-470. Zitiert nach Dieter BREUER, *Geschichte der literarischen Zensur in Deutschland,* Uni-Taschenbücher Nr. 1208, Heidelberg 1982, S. 145.

[59] Jakob GRIMM, *Über seine Entlassung,* Basel 1838. Zitiert nach: Karl Klaus WALTHER, »Buchhandel, Leihbibliothek und Zensur in Coburg zwischen 1790–1840«, in *Bibliothek und Wissenschaft,* Bd. 25, Wiesbaden 1991, S. 282 f.

[60] *Frankfurter Allgemeine Zeitung* vom 8. 12. 2000.

[61] dpa-Meldung vom 28. 7. 2000.

[62] dpa-Meldung vom 1. 8. 2000.

[63] Jürgen TRITTIN in der ARD-Tagesschau vom 2. 8. 2000, 20.00 Uhr.

[64] dpa-Meldung vom 1. 8. 2000.

[65] Die Polizeidirektion Riesa/Mittelsachsen berichtet – laut *Sächsischer Zeitung* vom 17. 7. 2000 –, daß im ersten Halbjahr 2000 in ihrem Zuständigkeitsbereich die Anzahl aller Straftaten um 3,7 Prozent im Vergleich zum Vorjahr zurückgegangen sei. Nun muß man wissen, daß in Riesa und Umgebung eine ›Befreite Zone‹ der NPD besteht. Ein Nationaldemokrat sitzt im Stadtrat, und der nationaldemokratische Verlag Deutsche Stimme betreibt seine Verlagsgeschäfte in der sächsischen Stadt. Somit wird auf empirischer Grundlage offenkundig, daß eine lokale Dominanz der NPD nicht – wie in den Medien behauptet – zu mehr Straftaten, sondern zu mehr Gesetzestreue der Bürger führt.

[66] *Die Welt* vom 23. 8. 2000.

[67] *Frankfurter Allgemeine Zeitung* vom 4. 8. 2000.

[68] Er fand unter personeller Beteiligung des Verfassungsschutzes statt.

[69] *Deutsche Stimme,* 9/2000.

[70] *Der Spiegel* vom 14. 8. 2000.

[71] *Deutsche Stimme,* 8/2000.

[72] *Welt am Sonntag* vom 13. 8. 2000.

[73] *Frankfurter Allgemeine Zeitung* vom 22. 8. 2000.

[74] Vgl. die Broschüre von Rolf KOSIEK, *Das lebensrichtige Menschenbild,* Heft 6 der Schriftenreihe der Deutschen Akademie für Bildung und Kultur, München o. J.

[75] *Neuer Informationsdienst,* Nr. 11/2000.

[76] Irenäus EIBL-EIBESFELDT, *In der Falle des Kurzzeitdenkens,* Piper, München 1998, S. 154.

[77] http://www.werkstatt-neues-deutschland.de

[78] Nationales Info-Telefon Hamburg, Internet-Seite vom 8. 7. 2000.

[79] *Der Spiegel* vom 3. 7. 2000.

[80] Claus NORDBRUCH, *Der Verfassungsschutz. Organisation, Spitzel, Skandale,* Hohenrain, Tübingen 1999.

[81] Nicólas Gómez DAVILA, *Einsamkeiten*, Wien 1987; ders., *Auf verlorenem Posten*, Wien 1992; ders., *Aufzeichnungen des Besiegten*, Wien 1994.

[82] Carl SCHMITT, aaO. (Anm. 2), S. 26.

[83] Vgl. den Vortrag von Thor VON WALDSTEIN, aaO. (Anm. 34).

[84] Hans-Dietrich SANDER, *Der nationale Imperativ. Ideengänge und Werkstücke zur Wiederherstellung Deutschlands*, Heitz u. Höfkes, Essen 1990, S. 54.

[85] So Günter MASCHKE im Gespräch mit der *Deutschen Stimme*, 2/2001.

[86] Vgl. Fritz R. GLUNK (Hg.), *Das MAI und die Herrschaft der Konzerne – Die Veränderung der Welt durch das Multilaterale Abkommen über Investitionen*, dtv, München 1998.

[87] Arthur MOELLER VAN DEN BRUCK, *Das Dritte Reich*, Berlin 1926, S. 100.

[88] *Frankfurter Allgemeine Zeitung* vom 10. 7. 2001.

[89] Vgl. den Vortrag von Thor VON WALDSTEIN, aaO. (Anm. 34).

[90] Max WEBER; zitiert nach: Richard W. EICHLER (Hg.), aaO. (Anm. 36), S. 183.

[91] Bernard WILLMS, aaO. (Anm. 15), S. 126.

[92] Helmut STELLRECHT, *Deutsche Demokratie. Anstöße zum Umdenken*, Vowinckel, Berg 1977, S. 28.

[93] Horst MAHLER in *Schluß mit deutschem Selbsthaß. Plädoyers für ein anderes Deutschland* (Franz SCHÖNHUBER/Horst MAHLER Hg.), VGB, Berg 2000, S. 146.

[94] Evangelische Kirche in Deutschland (EKD).

[95] Vgl. den Vortrag von Thor VON WALDSTEIN, aaO. (Anm. 34).

[96] Dagobert LINDLAU in *Die Welt* vom 1. 2. 2001.

[97] Friedhelm SCHWARZ, *Das gekaufte Parlament. Die Lobby und ihr Bundestag*, Pieper, München–Zürich 1999.

[98] Ebenda, S. 205.

[99] Hans Herbert VON ARNIM, *Staat ohne Diener. Was schert die Politiker das Wohl des Volkes?*, Droemer, München 1993, S. 272.

[100] Friedhelm SCHWARZ, aaO. (Anm. 97), S. 207.

[101] Hans Herbert VON ARNIM, aaO. (Anm. 99), S. 271 f.

[102] Ebenda, S. 263.

[103] Ebenda, S. 265.

[104] Franz LEHNER u. Ulrich WIDMAIER, *Vergleichende Regierungslehre*, Leske und Budrich, Opladen [3]1995, S. 53.

[105] BverfGE 4, 27; 6, 372 ff.

[106] Friedhelm SCHWARZ, aaO. (Anm. 97), S. 90 ff. Friedhelm SCHWARZ bezieht sich auf Urs JAEGGI, *Kapital und Arbeit in der Bundesrepublik*, Frankfurt/M. 1974.

[107] Ebenda, S. 93.

[108] Hans Herbert VON ARNIM, aaO. (Anm. 99), S. 11.

[109] Beides zitiert nach: VON ARNIM, ebenda, S. 21.

[110] *Bild am Sonntag* vom 11. 3. 2001.

[111] Ernst FORSTHOFF, *Der Staat der Industriegesellschaft. Dargestellt am Beispiel der Bundesrepublik Deutschland*, Beck, München 1971, S. 87 f.

[112] Erwin K. u. Ute SCHEUCH, *Cliquen, Klüngel und Karrieren. Über den Verfall der politischen Parteien – eine Studie*, Rowohlt, Reinbek 1993, S. 116 f.

[113] Helmut STELLRECHT, aaO. (Anm. 92), S. 18.

[114] Klaus KUNZE, aaO. (Anm. 22), S. 19.

[115] Ebenda, S. 19 f.

[116] Erwin K. u. Ute SCHEUCH, aaO. (Anm. 112).
[117] *Der Spiegel,* Nr. 45/1993.
[118] Klaus KUNZE, aaO. (Anm. 22). Vgl. insbesondere S. 21.
[119] Helmut STELLRECHT, aaO. (Anm. 92), S. 20.
[120] Erwin K. u. Ute SCHEUCH, aaO. (Anm. 112), S. 8.
[121] Gunter HOFMANN in *Die Zeit* vom 7. 2. 1992.
[122] *Frankfurter Allgemeine Zeitung* vom 28. 1. 2000.
[123] Hans Herbert VON ARNIM, *Das System. Die Machenschaften der Macht,* Droemer, München 2001, S. 172 ff.
[124] *Der Spiegel* vom 11. 3. 02
[125] *Süddeutsche Zeitung* vom 12. 3. 02
[126] Ebenda.
[127] Carl-Friedrich BERG, *In Sachen Deutschland. Insider-Protokoll über die Liquidation einer Nation,* Hohenrain, Tübingen 1994, S. 162.
[128] Niccolò MACHIAVELLI, aaO. (Anm. 1), S. 18 f.
[129] John LOCKE, *Über die Regierung* (*The Second Treatise of Government*), Reclam, Stuttgart 1974.
[130] Jean-Jacques ROUSSEAU, *Vom Gesellschaftsvertrag. Oder Grundsätze des Staatsrechts,* Reclam, Stuttgart 1994, Buch III, Kap. 15, S. 102 ff.
[131] Klaus KUNZE, aaO. (Anm. 22), S. 7.
[132] Ebenda, S. 8.
[133] Zitiert nach: Peter SCHADE u. Hans-Joachim STARK, *Geschichte in der Gegenwart,* Gehlen, Bad Homburg 1988, S. 457.
[134] Ebenda.
[135] *Die Presse,* Wien, 27. 10. 1995.
[136] Carl SCHMITT, aaO. (Anm. 35), S. 13.
[137] Ebenda, S. 41.
[138] Ebenda, S. 28 f.
[139] Ebenda, S. 29.
[140] Ebenda, S. 42.
[141] Gustave LE BON, *Psychologie der Massen,* Kröner, Stuttgart [15]1982, S. 137.
[142] Zur Entartung der Demokratie durch die Parteiendemokratie vgl. auch Robert MICHELS, *Zur Soziologie des Parteiwesens in der modernen Demokratie,* Kröner, Stuttgart 1989. Der Autor geht dort (S. 11 ff.) auf die Schwierigkeit ein, das Wesen der Demokratie erkennen zu können.
[143] Unter einem rein parlamentarischen System ist ein politisches System zu verstehen, in dem lediglich das Parlament seine Legitimation aus regelrechten Wahlen bezieht. Ein Musterbeispiel hierfür stellt die Bundesrepublik dar, in der sich (auf Bundesebene) lediglich der Bundestag (Legislative) auf direkte Wahlergebnisse berufen kann. Dagegen stützt sich die Exekutive (Bundesregierung) allein auf die direkt gewählten Mehrheitsfraktionen des Bundestages. Und das Amt des Bundespräsidenten hat nur eine repräsentative Funktion und entbehrt einer jeglichen Legitimation durch das Volk.
[144] Vgl. hierzu Ernst FRAENKEL, *Deutschland und die westlichen Demokratien,* neu herausgegeben von Alexander VON BRÜNNECK, Suhrkamp, Frankfurt/M. 1991, S. 23–31.
[145] Thomas FINKE, »Demokratie statt Parlamentarismus«, in *Staatsbriefe,* 3/1992.

[146] Reinhold OBERLERCHER, »Das ABC der politischen Begriffe«, in *Staatsbriefe,* 6/1994, S. 28–35.

[147] Vgl. u. a. Franz LEHNER u. Ulrich WIDMAIER, aaO. (Anm. 104), S. 79.

[148] Ernst FORSTHOFF, aaO. (Anm. 111), S. 21 ff.

[149] Ebenda, S. 99.

[150] Ebenda, S. 89.

[151] Ebenda, S. 89.

[152] Zur Problematik um den Bundesrat vgl. Hans Herbert VON ARNIM, *Vom schönen Schein der Demokratie,* Droemer, München 2000, S. 13 u. 104–113.

[153] Eine Einführung in die Typologie westlicher Demokratiemodelle bieten Franz LEHNER und Ulrich WIDMAIER, aaO. (Anm. 104).

[154] Charles DE MONTESQUIEU, *Vom Geist der Gesetze,* XI. Buch. 6. Kapitel.

[155] *Grundgesetz für die Bundesrepublik Deutschland,* aaO. (Anm. 48), Artikel 63 Absatz 1 und Artikel 77 Absatz 1 Satz 1.

[156] Paul VALÉRY im Jahre 1896; zitiert nach: Richard W. EICHLER (Hg.), aaO. (Anm. 36), S. 187.

[157] Hans Herbert VON ARNIM, aaO. (Anm. 99), S. 13.

[158] Ernst FORSTHOFF, aaO. (Anm. 111), S. 119.

[159] Ernst FRAENKEL, aaO. (Anm. 144), S. 273 f. Auf FRAENKELS unzulässige Gegenüberstellung von Pluralismus und Totalitarismus hat Thor VON WALDSTEIN auf S. 16 seiner 1989 vorgelegten Inaugural-Dissertation zum Thema: *Die Pluralismuskritik in der Staatslehre von Carl Schmitt* hingewiesen.

[160] Ebenda, S. 274.

[161] Hans Herbert VON ARNIM, aaO. (Anm. 99), S. 275.

[162] Franz LEHNER u. Ulrich WIDMAIER, aaO. (Anm. 104), S. 52.

[163] Ernst FORSTHOFF, aaO. (Anm. 111), S. 121.

[164] Walter LIPPMANN, *Die Gesellschaft freier Menschen,* Bern 1945, S. 103 f.

[165] Thor VON WALDSTEIN, *Die Pluralismuskritik in der Staatslehre von Carl Schmitt,* S. 14 f. VON WALDSTEIN zitiert hier Carl SCHMITT, *Der Hüter der Verfassung,* Berlin 1985, S. 71.

[166] Ebenda, S. 15 f. VON WALDSTEIN zitiert hier Carl SCHMITT, aaO. (Anm. 2). Zuerst in: *Archiv für Sozialwissenschaft und Sozialpolitik,* Bd. 58 (1972), S. 12.

[167] Wilfried KNÖRZER, »Drachen fauchen, Kröten quaken«, in *Staatsbriefe,* 7/1996, S. 38.

[168] Henning EICHBERG, *Die Geschichte macht Sprünge. Fragen und Fragmente,* Bublies, Koblenz 1996, S. 151.

[169] Ebenda, S. 164.

[170] Vgl. hierzu Reinhold OBERLERCHER, aaO. (Anm. 146), zitiert nach: Schulungsmappe des Deutschen Kollegs (Zusatzkurs »Kleines ABC«), S. 4.

[171] Henning EICHBERG, aaO. (Anm. 168), S. 164.

[172] Reinhold OBERLERCHER, »Reichsverfassungsentwurf«, in *Staatsbriefe,* 1/1992. Zitiert nach: Schulungsmappe des Deutschen Kollegs (Einführungskurs: Reichsbürgerkunde).

[173] Zum Beispiel in § 14 Abs. 2, 4 des Bremischen Landesmediengesetzes.

[174] Michael KUNCZIK, »Massenmedien und Gesellschaft«, in *Privatkommerzieller Rundfunk in Deutschland,* Bundeszentrale für Politische Bildung (Hg.), Bonn 1992, S. 24 f.

[175] Erwin K. u. Ute SCHEUCH, aaO. (Anm. 112). Es sei hierbei insbesondere

auf die S. 72–108 verwiesen, in denen die Autoren ihre These des »Parteienstaates« am Beispiel von Köln belegen.

[176] Vgl. hierzu: Detlev SCHUSTER, *Meinungsvielfalt in der dualen Rundfunkordnung,* Duncker & Humblot, Berlin 1990, S. 142 u. 184.

[177] Zur Organisation des Rundfunks in der BRD sei auf das *Fischer-Lexikon Publizistik und Massenkommunikation* hingewiesen, S. 349–352; hg. von Elisabeth NOELLE-NEUMANN, Winfried SCHULZ u. Jürgen WILKE in Frankfurt/M. 1993.

[178] So ist zum Beispiel in mehreren sogenannten Verfassungsschutzberichten der Bundesrepublik die Rede davon, daß bereits die Forderung nach dem »Gemeinwohl« ein Kennzeichen des »Rechtsextremismus« sei.

[179] *Deutsche Stimme,* 8/2000.

[180] Roman HERZOG, *Strukturmängel der Verfassung? Erfahrungen mit dem Grundgesetz,* DVA, Stuttgart 2000.

[181] *Grundgesetz für die Bundesrepublik Deutschland,* aaO. (Anm. 48), Art. 21.

[182] Vgl. Verbotsbegründung für das Verbot der KPD im Jahre 1956.

[183] BverfGE 2,1,12 f.

[184] *Frankfurter Allgemeine Zeitung* vom 2. 9. 2000.

[185] *Junge Freiheit,* Nr. 28/01 vom 6. 7. 2001.

[186] *Frankfurter Allgemeine Zeitung* vom 1. 11. 2000.

[187] Robert MICHELS, aaO. (Anm. 142).

[188] Franz LEHNER u. Ulrich WIDMAIER, aaO. (Anm. 104), S. 45.

[189] Juan J. LINZ, *Totalitäre und autoritäre Regime* (Hg. Raimund KRÄMER), Berlin 2000. S. 256.

[190] Oswald SPENGLER, *Jahre der Entscheidung. Erster Teil: Deutschland und die weltgeschichtliche Entwicklung,* Beck, München 1933, S. 28.

[191] Vgl. hierzu den Artikel von Götz BAIER in *Deutsche Stimme* ,11/2000.

[192] Juan J. LINZ, aaO. (Anm. 189), S. XXXVII.

[193] Oswald SPENGLER, *Preußentum und Sozialismus,* Beck, München 1922, S. 97.

[194] Vgl. Per Lennart AAEs Beitrag »Politisch-weltanschauliche Grundlagen und Grundsätze der deutschen Nationaldemokratie, in: *Alles Große steht im Sturm – Tradition und Zukunft einer nationalen Partei,* Deutsche Stimme, Stuttgart 1999, S. 435.

[195] CICERO; zitiert nach: Richard W. EICHLER (Hg.), aaO. (Anm. 36), S. 188.

[196] Andreas UNTERBERGER in *Die Presse*. Zitiert nach: *Kommentare zum Zeitgeschehen,* Folge 352, Wien Juni 1999.

[197] Vgl. hierzu Udo VOIGT in seiner Rede vor den Teilnehmern der Deutschen Akademie in Leipzig am 1. 7. 2000.

[198] Rolf KOSIEK, aaO. (Anm. 7), S. 119 ff.

[199] Vgl. hierzu Hans-Georg MEIER-STEIN, *Die Reichsidee 1918–1945. Das mittelalterliche Reich als Idee nationaler Erneuerung,* Aschau 1998, S. 86.

[200] James JOYCE, in Richard W. EICHLER, aaO. (Anm. 36), S. 265.

[201] Per Lennart AAE, aaO. (Anm. 194), S. 430 f.

[202] Zitiert nach: Helma BRUNCK, *Die deutsche Burschenschaft in der Weimarer Republik und im Nationalsozialismus,* Universitas, München 1999, S. 175.

[203] Zitiert nach: ebenda, S. 176.

[294] Rolf KOSIEK, aaO. (Anm. 7), S. 121.

[205] Karlheinz WEISSMANN, »Volk, Nation und Staat«, in *Criticón,* Nr. 161, München März 1999, S. 36.

[206] Vgl. zu dem zuletzt Ausgeführten: ebenda, S. 36 f.

[207] Irenäus EIBL-EIBESFELDT, aaO. (Anm. 76).

[208] Irenäus EIBL-EIBESFELDT, »Ist der Mensch paradiesfähig?« in *Die Aula,* S. 33.

[209] Ebenda, S. 34.

[210] Ebenda.

[211] In *Meyers Großes Taschenlexikon in 24 Bänden,* Lexikonredaktion des Bibliographischen Instituts (Hg.), Mannheim–Wien–Zürich. 1983. Darin ist zu lesen: »Nation [zu lat. *natio* »das Geborenwerden, das Geschlecht, der Stamm« (von nasci »geboren werden, entstehen«)], eine soziale Großgruppe, die durch die Gemeinsamkeit von Abstammung, Wohngebiet, Sprache, Religion, Welt- und Gesellschaftsvorstellungen, Rechts- und Staatsordnung, Kultur und Geschichte sowie durch die Intensität der Kommunikation bestimmt wird. Nicht immer sind alle Merkmale vorhanden; entscheidend ist, daß die Angehörigen einer Nation von deren Anders- und Besonderssein im Vergleich zu allen anderen Nationen überzeugt sind. Nationen sind Ergebnis geschichtlicher Prozesse, eine für alle Nationen geltende Definition ist daher nicht möglich, sondern nur die Zusammenstellung von deskriptiv erfaßten Eigentümlichkeiten.«

[212] Hellmut DIWALD, *Die Anerkennung. Bericht zur Klage der Nation,* 1970, S. 35.

[213] Michael W. WEITHMANN, *Balkan Chronik. 2000 Jahre Geschichte zwischen Orient und Okziden*t, Pustet/Styria, Graz–Wien–Köln 1997, S. 204–208.

[214] Martin LAUS, »Nationalismus ist Naturschutz«; in *Deutsche Stimme,* 3/2000.

[215] Hinsichtlich des Menschen ist dies der Welteinheitsmensch, der im Welteinheitsstaat wohnt und Welteinheitsgüter konsumiert.

[216] Martin LAUS, aaO. (Anm. 214).

[217] Oswald SPENGLER, aaO. (Anm. 54), zitiert nach: Richard W. EICHLER (Hg.), aaO. (Anm. 36), S. 199.

[218] Michael NIER, »Was kommt nach Rot-Grün?« in *Opposition,* 3/1999.

[219] Ebenda.

[220] Ebenda.

[221] *Thesenpapiere der Jungen Nationaldemokraten,* hg. vom Bundesvorstand der Jungen Nationaldemokraten, S. 27.

[222] Reinhold OBERLERCHER, »Wege zur raumorientierten Volkswirtschaft«, in *Deutsche Stimme,* 9–10/1998.

[223] Ebenda.

[224] Robert J. EATON, Rede vor der Alfred Herrhausen-Gesellschaft für internationalen Dialog (AHG). Das 7. Jahreskolloquium fand am 2./3. 7. 1999 in Berlin statt. Zitiert nach: *Junge Welt,* Ausgabe vom 8. 7. 1999.

[225] *Deutsche Stimme,* 8/1999.

[226] Vgl. hierzu Fritz JOSS, »Neuordnung der Wirtschaft«, in *Europäischer Nationalismus ist Fortschritt. Junge Kritik Nr. 3,* Verlag Deutsch-Europäischer Studien, Hamburg 1973, S. 56.

[227] Vgl. hierzu den Vortrag von Michael NIER vor den Teilnehmern der Deutschen Akademie in Wurzen am 30. 6. 2000.

[228] Vgl. die Rede von Udo VOIGT vor den Teilnehmern der Deutschen Akademie in Wurzen am 1. 7. 2000.

[229] Reinhold OBERLERCHER, aaO. (Anm. 222).

[230] Vgl. Fritz Joss, aaO. (Anm. 226), S. 49 f.

[231] Klaus D. Ludwig, *Für eine neue Wirtschaftsordnung. Grundlagen der zukünftigen Volkswirtschaft,* Hamburg 1979, S. 9.

[232] Ebenda S. 30 u. 32.

[233] Diese entsprechen den volks- und betriebswirtschaftlichen Produktionsfaktoren »Boden«, »Arbeit«, »Kapital«. Diese wiederum entsprechen in gleicher Reihenfolge den politischen Richtungen: Konservative, Sozialisten und Liberale. Wer sich an dem »Klassen«-Begriff stört, der mag dafür »soziale Schicht« setzen; dies ändert jedoch nichts an dem Prinzip, daß es diese gibt. Die Produktionsfaktoren wurden übrigens nicht von Karl Marx entdeckt, sondern nur von diesem behandelt.

[234] Otto von Bismarck. Zitiert nach: Ernst Anrich, *Bismarck – Verzerrer oder Gestalter der Deutschen Geschichte?* Sonderausgabe des Verlags Buchkreis für Besinnung und Aufbau, Seeheim 1971, S. 74.

[235] Klaus D. Ludwig, aaO. (Anm. 231), S. 36 f.

[236] Ebenda, S. 42.

[237] Ebenda, S. 79.

[238] Alexander Ruzkoi, *Vom Reich,* Verlag der Freunde, Berlin 1996, S. 3.

[239] Reinhold Oberlercher, aaO. (Anm. 222).

[240] Ebenda.

[241] Robert J. Eaton, aaO. (Anm. 224).

[242] Mahatma Gandhi; zitiert nach: Richard W. Eichler (Hg.), aaO. (Anm. 36), S. 184.

[243] Margaret Thatcher, zitiert nach: Eichler, ebenda, S. 184.

[244] *Grundgesetz für die Bundesrepublik Deutschland,* aaO. (Anm. 48), Artikel 23. S. 22.

[245] *Die Presse* vom 11./12. 8. 2001.

[246] Zbigniew Brzezinski, aaO. (Anm. 8).

[247] Hans-Helmuth Knütter (Hg.), *Europa ja – aber was wird aus Deutschland? Auf dem Weg ins 21. Jahrhundert,* Hohenrain, Tübingen 1998, S. 126.

[248] *Grundgesetz für die Bundesrepublik Deutschland,* aaO. (Anm. 48), S. 22.

[249] In Artikel 20, Absatz 2, des Grundgesetzes: »Alle Staatsgewalt geht vom Volke aus. Sie wird vom Volke in Wahlen und Abstimmungen und durch besondere Organe der Gesetzgebung, der vollziehenden Gewalt und der Rechtsprechung ausgeübt.« Zitiert nach: ebenda, S. 21.

[250] Vgl. insbesondere den »Anhang B: Status des multinationalen Militärs«, der die vor Anmaßung strotzenden Detailbestimmungen des gewünschten NATO-Besatzungsstatuts enthält.

[251] Carl Schmitt, aaO. (Anm. 35), S. 52.

[252] Carl Schmitt, *Politische Theologie,* Duncker & Humblot, Berlin 1993, S. 13.

[253] Carl Schmitt, aaO. (Anm. 35), S. 14.

[253] Carl Schmitt, aaO. (Anm. 2), S. 54.

[254] Einen präzisen Einblick zum Begriff und zur Entstehung des Völkerrechts und zum Übergang vom Völkerrecht zum Internationalen Recht bietet das Lexikon *Geschichtliche Grundbegriffe. Historisches Lexikon zur politisch-sozialen Sprache in Deutschland,* hg. von Otto Brunner, Werner Conze u. Reinhart Koselleck, Bd. 7: Stichwort »Völkerrecht«, Klett-Cotta, Stuttgart 1992, S. 97–140.

[255] Daß es sich bei den Terroristen um Personen handeln dürfte, die der arabischen bzw. islamischen Welt entstammen, kann als Gewißheit gelten. Unklar ist jedoch bis zur Niederlegung dieses Textes die Frage nach den Hintermännern, Auftraggebern, Finanziers und unter welchen Bedingungen die professionell durchgeführte Anschlagserie erfolgen konnte.

[256] Hermann AVENARIUS, *Kleines Rechtswörterbuch* (Hg. Bundeszentrale für Politische Bildung), Bonn [7]1992, S. 581 ff.

[257] Jean-Jacques ROUSSEAU, *Gesellschaftsvertrag*, Stuttgart 1977, S. 12 f.

[258] Georg Wilhelm Friedrich HEGEL, *Grundlinien der Philosophie des Rechts*, in *Werke*, Bd. 7, Suhrkamp, Frankfurt/M. [6]2000, § 338, S. 502.

[259] Alain DE BENOIST, *Schöne Vernetzte Welt. Eine Antwort auf die Globalisierung*, Hohenrain, Tübingen 2001, S. 114.

[260] Klaus VON BEYME, Ernst-Otto CZEMPIEL, Peter Graf KIELMANSEGG, Peter SCHMOOCK, *Politikwissenschaft. Eine Grundlegung*, Band II: *Außenpolitik und Internationale Politik*, Kohlhammer, Stuttgart 1987, S. 18 f.

[261] Carl SCHMITT, *Positionen und Begriffe im Kampf mit Weimar–Genf–Versailles 1923–1939*, Duncker & Humblot, Berlin [3]1994, S. 279. Der betreffende Aufsatz »Über das Verhältnis der Begriffe Krieg und Feind« erschien erstmals 1938.

[262] *Junge Welt* vom 6. 7. 1999.

[263] Zitiert nach: Horst MAHLER in *Staatsbriefe*, 6–7/1999.

[264] Henry KISSINGER in einer Kolumne in *Welt am Sonntag* vom 1. 3. 1992.

[265] *Focus* vom 17. 5. 1999.

[266] Klaus VON BEYME u.a., aaO. (Anm. 260), S. 20.

[267] Begriff in einer Erklärung des Deutschen Kollegs, Internet-Seite vom 12. 9. 2001.

[268] Alain DE BENOIST, aaO. (Anm. 259), S. 119.

[269] *Washington Post* vom 30. 6. 1999.

[270] Zitiert nach: ebenda.

[271] Vgl. Caspar VON SCHRENCK-NOTZING, aaO. (Anm. 16).

[272] *Frankfurter Allgemeine Zeitung* vom 18. 9. 2001.

[273] *Der Spiegel*, Nr. 38/2001.

[274] *Die Welt* vom 13. 9. 2001.

[275] Politisches Testament FRIEDRICHS DES GROSSEN von 1752; zitiert nach: Richard W. EICHLER (Hg.), aaO. (Anm. 36), S. 196.

[276] Die »großgermanische« Propaganda läßt auch gerne außer acht, daß es Völker gibt, wie die Deutschen und skandinavischen Nationen, die sowohl ethnisch als auch sprachlich von den historischen Germanen geprägt sind, andere Völker wie die Engländer zum Teil nur von germanischen Völkern abstammen und nur eine zum Teil germanische Sprache sprechen. Andere Völker wiederum sprechen nicht-germanische Sprachen wie die Völker romanischer und slawischer Zungen, die jedoch zum Teil von historischen germanischen Völkern abstammen (von den Franken die Franzosen, von den Schwaben die Portugiesen, von den Langobarden die Norditaliener, von den Westgoten die Spanier, von den skandinavischen Warägern die Russen usw.). Welches Volk Europas wäre demnach als »germanisch« oder eindeutig nicht-germanisch zu definieren?

[277] Im Osten des eurasischen Kontinents heißt der Hauptverlierer des Zweiten Weltkriegs und Vasall Amerikas Japan.

[278] Ernst JÜNGER, *Der Friede,* Hamburg 1985, S. 23.

[279] Zitiert nach: *Frankfurter Allgemeine Zeitung* vom 2. 6. 1999. Die *FAZ* bezieht sich auf Carl J. BURCKHARDT, *Meine Danziger Mission.* Der Schweizer Diplomat BURCKHARDT war seinerzeit Völkerbundkommissar.

[280] Carl SCHMITT, »Großraum gegen Universalismus« (1939), in: SCHMITT, aaO (Anm. 261).

[281] Ebenda, S. 343. Die MONROE-Doktrin der USA ist 1823 vom gleichnamigen amerikanischen Präsidenten formuliert worden. Damals war darunter noch zu verstehen, daß sich vor allem europäische Staaten nicht in gesamtamerikanische Angelegenheiten einzumischen hätten und umgekehrt: Amerika nicht in europäische. Daraus entwickelte sich in einem zweiten Schritt der Hegemonialanspruch der USA über das gesamte Nord-, Mittel- und Südamerika. Heute ist damit die alleinige Weltherrschaft gemeint.

[282] Gerhard KRÜGER, »Um den Reichsgedanken«, in *Historische Zeitschrift,* Bd. 165 (1942), S. 459.

[283] Wilhelm SCHÜSSLER, *Mitteleuropa als Wirklichkeit und Schicksal*, Köln 1939, S. 8–11.

[284] Reinhold OBERLERCHER, *Lehre vom Gemeinwesen,* Berlin 1994, S. 14.

[285] Oswald SPENGLER, aaO. (Anm. 54), S. 1007.

[286] ARISTOTELES, *Politik*, zitiert nach: ARISTOTELES, *Hauptwerke*, Stuttgart 1977, S. 289.

[287] Ernst FORSTHOFF, aaO. (Anm. 111), S. 11.

[288] Thomas HOBBES, *Leviathan,* zitiert nach: Carl-Friedrich BERG, aaO. (Anm. 127), S. 28.

[289] *Duden. Das Herkunftswörterbuch. Etymologie der deutschen Sprache,* Bd. 7, Günther Drosdowski (Hg.), Mannheim–Wien–Zürich 1989, S. 698.

[290] Caspar VON SCHRENCK-NOTZING (Hg.), *Lexikon des Konservatismus,* Stokker, Graz–Stuttgart 1996, S. 525.

[291] Reinhold OBERLERCHER, *Schulungsreihe Grundlagen der nationalen Intelligenz,* Zusatzkurs: »Kleines ABC«. Deutsches Kolleg, Würzburg, S. 27. Erstveröffentlichung in *Staatsbriefe* 6/1994.

[292] Oswald SPENGLER, aaO. (Anm. 54), S. 1005.

[293] Ebenda, S. 1006.

[294] Houston Stewart CHAMBERLAIN, *Die Grundlagen des 19. Jahrhunderts,* Bruckmann, München 1915, Bd. 2, S. 183-184.

[295] Vgl. hierzu Arnold GEHLEN, »Institutionentheorie«, in *Urmensch und Spätkultur,* Bonn 1956.

[296] Bernard WILLMS, aaO. (Anm. 15), S. 126.

[297] Theodor MOMMSEN, zitiert nach: Houston Stewart CHAMBERLAIN, aaO. (Anm. 294), Bd. 2, S. 176 f.

[298] Vgl. *Duden,* aaO. (Anm. 289), S. 539: »Auf die Durchsetzung bestimmter Ziele (besonders eines Staates) und die Gestaltung des öffentlichen Lebens gerichtetes Handeln von Regierungen, Parteien, Gruppierungen«, auch übertragen gebraucht im Sinne von »berechnendes, zielgerichtetes Vorgehen«: Das Fremdwort wurde im 17. Jahrhundert aus gleichbedeutend frz. *politique* entlehnt, das auf spätlat. *politice*/›Staatskunst, Politik‹ zurückgeht. Dies ist aus griech. *politike* (*techne*)/›Kunst der Staatsverwaltung‹ übernommen.

[299] Friedrich NIETZSCHE, *Werke in zwei Bänden,* Bd. II, Leipzig 1930, S. 315 ff.

[300] José ORTEGA Y GASSET, *Der Aufstand der Massen,* DVA, Stuttgart 1950, S. 138 f.

[301] Zitiert nach: Alain DE BENOIST, *Demokratie: Das Problem,* Hohenrain, Tübingen 1986, S. 120.

[302] Vgl. *Duden. Deutsches Universalwörterbuch,* Mannheim-Wien-Zürich 1989, S. 1506.

[303] Vgl. *Politik-Lexikon,* Hg. von Everhard HOLTMANN, Oldenburg, München-Wien 1994, S. 640.

[304] Vgl. *Lexikon zur Soziologie,* Hg. von Werner FUCHS u.a.. Bd. 2: *Latenzperiode – Zyklus,* Rowohlt, Reinbek bei Hamburg 1977, S. 671 ff.

[305] Vgl. *Politik-Lexikon,* aaO. (Anm. 303), S. 517 ff.

[306] Hans-Dietrich SANDER, aaO. (Anm. 84), S. 41.

[307] Ebenda.

[308] Georg Wilhelm Friedrich HEGEL, *Grundlinien der Philosophie des Rechts,* § 257, in: HEGEL, *Recht, Staat, Geschichte* (Hg. Friedrich BÜLOW), Kröner. Stuttgart 1981, S. 338.

[309] Horst MAHLER in *Schluß mit deutschem Selbsthaß,* aaO. (Anm. 93), S. 32.

[310] Markus LEMMENS, *Die Souveränität der Bundesrepublik Deutschland und die Integration der Europäischen Gemeinschaft,* Frankfurt/M. 1994, S. 28.

[311] Carl SCHMITT, aaO. (Anm. 252), S. 13.

[312] Hans KELSEN, *Das Problem der Souveränität und die Theorie des Völkerrechts,* Mohr, Tübingen 1928, S. 36.

[313] Martin SCHWARZ, »Tradition und Herrschaft«, in *Synergon-Forum. Mitteilungen der deutschen Sektion der Europäischen Synergien,* 1/2001.

[314] José ORTEGA Y GASSET, aaO. (Anm. 300), S. 127 u. 131.

[315] Erik R. VON KUEHNELT-LEDDIHN, *Gleichheit oder Freiheit? Demokratie – ein babylonischer Turmbau?* Hohenrain, Tübingen 1985, S. 80.

[316] Ernst FORSTHOFF, aaO. (Anm. 111), S. 12.

[317] Ebenda, S. 13.

[318] Ebenda, S. 14.

[319] Franz LEHNER u. Ulrich WIDMAIER, aaO. (Anm. 104), S. 79.

[320] Ebenda, S. 28 f.

[321] Robert MICHELS, aaO. (Anm. 142), S. 12.

[322] José ORTEGA Y GASSET, aaO. (Anm. 300), S. 177.

[323] Thomas HOBBES, aaO. (Anm. 19), S. 145.

[324] Ebenda, S. 145.

[325] Oswald SPENGLER, aaO. (Anm. 190), S. 24.

[326] Dieter NOHLEN (Hg.), *Wörterbuch Staat und Politik,* Bonn 1991, S. 660 f. Vgl. »Politik«, in: ARISTOTELES, *Hauptwerke,* Stuttgart 1977.

[327] ARISTOTELES, *Aus der ältesten Politik.* Zitiert nach: ARISTOTELES: *Hauptwerke,* Stuttgart 1977, S. 87.

[328] Marcus Tullius CICERO, *Über den Staat,* Stuttgart 1956.

[329] Jean-Jacques ROUSSEAU, aaO. (Anm. 130), S. 71.

[330] Niccolò MACHIAVELLI, *Der Fürst,* aaO. (Anm. 1), zitiert nach: Dieter NOHLEN (Hg.), aaO. (Anm. 326), S. 661.

[331] Niccolò MACHIAVELLI, aaO. (Anm. 6), S. 16 f.

[332] Houston Stewart CHAMBERLAIN, aaO. (Anm. 294), S. 783.

[333] Zitiert nach: Alain de BENOIST, aaO. (Anm. 301), S. 7.

[334] Ebenda, S. 7 u. 122.
[335] Robert MICHELS, aaO. (Anm. 142).
[336] Alain de BENOIST, aaO. (Anm. 301), S. 119.
[337] Die Verfechter der direkten Demokratie fordern demgegenüber das ›imperative Mandat‹: Der Parlamentarier, sofern er nicht vermeidbar ist, ist zur Vollstreckung des Volks- bzw. Wählerwillens verpflichtet.
[338] Alain de BENOIST, aaO. (Anm. 301), S. 16 f.
[339] Ebenda, S. 17 f.
[340] Carl SCHMITT, aaO. (Anm. 35), S. 41.
[341] Arthur MOELLER VAN DEN BRUCK, aaO. (Anm. 87), S. 136.
[342] Bernard WILLMS u. Paul KLEINEWEFERS, *Erneuerung aus der Mitte, Prag – Wien – Berlin. Diesseits von Ost und West,* Busse und Seewald, Herford 1988, S. 206.
[343] Arthur MOELLER VAN DEN BRUCK, aaO. (Anm. 87), S. 236.
[344] Carl SCHMITT, aaO. (Anm. 35), S. 42.
[345] Manche meinen, daß auch ein »allgemeines Zustimmungsrecht« in Form von Plebisziten ausreichen würde, um dem demokratischen Anspruch zu genügen. Dies trifft zwar zweifellos zu, doch in dem Kriterium der Auswahl erscheint für den Verfasser der fließende Übergang zwischen Demokratie und Diktatur zu liegen. Die Demokratie bietet eine Auswahl an Kandidaten, die Diktatur nur ein JA oder NEIN zu *einem* Kandidaten und bei der Befragung des Volkes.
[346] Vgl. Hans-Joachim LIEBER (Hg.), *Politische Theorien von der Antike bis zur Gegenwart,* Bundeszentrale für Politische Bildung, Bonn 1991, S. 970 ff.
[347] Arthur MOELLER VAN DEN BRUCK, aaO. (Anm. 87), S. 150.
[348] Max WEBER, *Wirtschaft und Gesellschaft. Grundriß der verstehenden Soziologie,* J. C. Mohr, Tübingen [5]1972, S. 124 ff. u. 140 ff.
[349] José ORTEGA Y GASSET, aaO. (Anm. 300), S. 193.
[350] Juan J. LINZ, aaO. (Anm. 189), S. 216.
[351] Carl SCHMITT, aaO. (Anm. 35), S. 22.
[352] Ebenda, S. 18.
[353] Ebenda, S. 16.
[354] Ebenda, S. 14.
[355] Vgl. hierzu das Vorwort von Kurt HILDEBRANDT, in: PLATON, *Der Staat,* Stuttgart 1973, S. XXXII.
[356] Vgl. ebenda, S. XXV.
[357] Ebenda, S. 175.
[358] Alain DE BENOIST, *Aufstand der Kulturen. Europäisches Manifest für das 21. Jahrhundert,* Junge Freiheit, Berlin 1999, S. 91 u. S. 112 f.
[359] Carl SCHMITT, aaO. (Anm. 35), S. 13.
[360] Hans Herbert VON ARNIM, aaO. (Anm. 99), S. 357.
[361] Arthur MOELLER VAN DEN BRUCK, aaO. (Anm. 87), S. 78.
[362] Carl SCHMITT, aaO. (Anm. 29), S. 41.
[363] Waldemar BESSON u. Gotthard JASPER, *Das Leitbild der modernen Demokratie. Bauelemente einer freiheitlichen Staatsordnung* (Hg. Bundeszentrale für politische Bildung), Schriftenreihe Bd. 300: *Studien zur Geschichte und Politik,* Bonn 1990, S. 12.
[364] Jürgen SCHWAB, aaO. (Anm. 43).

[365] Carl SCHMITT, aaO. (Anm. 35), S. 42.
[366] Niccolò MACHIAVELLI, aaO. (Anm. 6), S. 94.
[367] Carl SCHMITT, *Die Diktatur*, Duncker & Humblot, Berlin [6]1994, S. 1.
[368] Jean BODIN in seinem ersten Buch der *Six livres de la République*.
[369] Hans-Dietrich SANDER, aaO. (Anm. 84), S. 45.
[370] Franz LEHNER u. Ulrich WIDMAIER, aaO. (Anm. 104), S. 106.
[371] JEAN-PAUL, in Richard W. EICHLER, aaO. (Anm. 36), S. 215.
[372] Franz LEHNER u. Ulrich WIDMAIER, aaO. (Anm. 104), S. 22.
[373] Diese Auffassung wird jedoch durch den Begriff ›Zoon politikon‹ des ARISTOTELES relativiert, dem zufolge der Mensch ein Wesen ist, das sich nur in der Gemeinschaft, letztendlich also im Staat entwickeln kann.
[374] José ORTEGA Y GASSET, aaO. (Anm. 300), S. 168.
[375] Klaus VON BEYME, *Theorie der Politik im 20. Jahrhundert. Von der Moderne zur Postmoderne*, Frankfurt/M. 1991, S. 90.
[376] Vgl. Caspar VON SCHRENCK-NOTZING, aaO. (Anm. 16).
[377] PLATON, aaO. (Anm. 355), S. 210.
[378] Ebenda, S. 178.
[379] Zum Begriff der ›Akademie‹ vgl. *Duden*, aaO. (Anm. 289), S. 25: »Forschungsstätte, Bildungsinstitution, Fachhochschule«: Das Wort wurde im 16. Jahrhundert aus lat. *academia*, griech. *akademeia*, dem Namen der Lehrstätte PLATONS, entlehnt. Diese wiederum heißt nach einem dem Heros Akademos geweihten Hain, in dem sie sich befand. Im 18. Jahrhundert entwickelte das Wort die Bedeutung ›gelehrte Gesellschaft‹ (nach frz. *Académie*).
[380] Vgl. zu PLATON das Vorwort von Kurt HILDEBRANDT, aaO. (Anm. 355).
[381] Johann Gottlieb FICHTE, *Reden an die deutsche Nation*, Hamburg 1978, S. 112 f.
[382] Freiherr VOM STEIN, *Ausgewählte politische Briefe und Denkschriften*, Stuttgart 1955.
[383] Franz LEHNER u. Ulrich WIDMAIER, aaO. (Anm. 104), S. 25.
[384] Vgl. ebenda, S. 51.
[385] Georg Wilhelm Friedrich HEGEL, aaO. (Anm. 308).
[386] Vgl. Jürgen NÄTHER u. Manfred ELSNER, »Parlamentarische Demokratie – ein Plädoyer«, in: Norbert GANSEL (Hg.), *Überwindet den Kapitalismus. Oder was wollen die Jungsozialisten?*, Rowohlt, Reinbek bei Hamburg 1971, S. 119.
[387] José ORTEGA Y GASSET, aaO. (Anm. 300), S. 130.
[388] Klaus KUNZE, aaO. (Anm. 22), S. 38 f.
[389] Ebenda, S. 39.
[390] Ebenda, S. 40.
[391] Reinhold ZIPPELIUS, *Allgemeine Staatslehre*, Beck, München 1982, S. VI.
[392] Kurt LENK u. Berthold FRANKE, *Theorie der Politik. Eine Einführung*, Campus, Frankfurt/M.–New York 1991, S. 115.
[393] Ebenda, S. 117.
[394] Ebenda, S. 118.
[395] Ebenda, S. 119 f.
[396] Auf die problematische Bewertung des Dritten Reiches wird noch ausführlich eingegangen.
[397] Johann Gottlieb FICHTE, aaO. (Anm. 381), S. 131.
[398] Ebenda, S. 133.

[399] Ebenda, S. 131.
[400] Vgl. Carl SCHMITT, *Der Leviathan in der Staatslehre des Thomas Hobbes,* 1982, S. 127. Zitiert nach: Klaus KUNZE, aaO. (Anm. 22), S. 41.
[401] Ebenda, S. 42 f.
[402] Oswald SPENGLER, aaO. (Anm. 54), S. 1038 f.
[403] Ebenda, S. 1042.
[404] Ebenda, S. 1027 f.
[405] Ebenda.
[406] *Zeiten und Menschen. Der geschichtliche Weg unserer Welt bis 1776,* bearbeitet von W. GRÜTTER u. R. H. TENBROCK, Schöningh, Paderborn 1976, S. 143.
[407] Ebenda, S. 144.
[408] Ebenda, S. 144.
[409] Hans-Dietrich SANDER, *Preußen. Die Polis der Neuzeit. Eine staatsphilosophische These* (Hg. Studentenbund Schlesien), Göttingen 1986, S. 7.
[410] *Zeiten und Menschen,* aaO. (Anm. 406), S. 145.
[411] Hans-Dietrich SANDER, aaO. (Anm. 409), S. 8.
[412] Franz LEHNER u. Ulrich WIDMAIER, aaO. (Anm. 104), S. 22.
[413] *Zeiten und Menschen,* aaO. (Anm. 406), S. 147.
[414] Thomas HOBBES, aaO. (Anm. 19), S. 134.
[415] *Zeiten und Menschen,* aaO. (Anm. 406), S. 147–149.
[416] Hartmut BOOCKMANN, Heinz SCHILLING, Hagen SCHULZE u. Michael STÜRMER, *Mitten in Europa – Deutsche Geschichte,* Berlin 1984, S. 187 f.
[417] Hans-Dietrich SANDER, aaO. (Anm. 409), S. 11.
[418] *Zeiten und Menschen,* aaO. (Anm. 406), S. 154,.
[419] Hellmut DIWALD, *Geschichte der Deutschen,* Proyläen, Frankfurt/M. 1978. S. 437 f.
[420] Hans-Dietrich SANDER, aaO. (Anm. 84), S. 64.
[421] Aus dem Politischen Testament Friedrichs des Grossen (1752). Zitiert nach: *Zeiten und Menschen,* aaO. (Anm. 406), S. 334.
[422] Ebenda, S. 335.
[423] Hellmut DIWALD, aaO. (Anm. 419), S. 434 f.
[424] Zitiert nach: *Zeiten und Menschen,* aaO. (Anm. 406), S. 157.
[425] Ebenda, S. 157.
[426] *Die Werke Friedrichs des Großen,* 7. Bd., hg. von G. B. VOLZ, Berlin 1913, S. 229, 8, 15. Zitiert nach: Manfred SCHLENKE (Hg.), *Preußen. Politik, Kultur, Gesellschaft,* Bd. 2, Rowohlt, Reinbek bei Hamburg 1986, S. 15.
[427] Franz LEHNER u. Ulrich WIDMAIER, aaO. (Anm. 104), S. 22.
[428] Charles DE MONTESQUIEU, *Vom Geist der Gesetze,* zitiert nach: *Zeiten und Menschen,* aaO. (Anm. 406), S. 332.
[429] Ursprünglich waren aber ›Liberalismus‹ und ›Parlamentarismus‹ verschiedene Phänomene. Das Parlament diente in der konstitutionellen Monarchie als Ständevertretung (Adel, Bürgertum) zur Gesetzgebung (Legislative) und Kontrolle der vom Monarchen abhängigen Regierung (Exekutive). Erst nach und nach bediente sich das liberale Bürgertum des Parlaments zur Durchdringung des gesamten Staates.
[430] Franz LEHNER u. Ulrich WIDMAIER, aaO. (Anm. 104), S. 24.
[431] Ebenda, S. 24.
[432] Ebenda.

[433] Karlheinz WEISSMANN, *Der Nationale Sozialismus. Ideologie und Bewegung 1890–1933,* München 1998, S. 29.

[434] Oswald SPENGLER, aaO. (Anm. 190).

[435] Vgl. Karlheinz WEISSMANN, aaO. (Anm. 433).

[436] Georg WEBER, *Weltgeschichte in übersichtlicher Darstellung,* Leipzig 1905, S. 442 f.

[437] Oswald SPENGLER, aaO. (Anm. 190), S. 32.

[438] Zitiert nach: Helma BRUNCK, aaO. (Anm. 202), S. 175.

[439] Johann Gottlieb FICHTE, aaO. (Anm. 381), S. 133.

[440] Hartmut BOOCKMANN u.a., aaO. (Anm. 416), S. 232.

[441] Manfred SCHLENKE, aaO. (Anm. 426), Bd. 1, S. 197.

[442] Georg WEBER, aaO. (Anm. 436), S. 455.

[443] Hartmut BOOCKMANN u.a., aaO. (Anm. 416), S. 233.

[444] Georg Wilhelm Friedrich HEGEL, aaO. (Anm. 308), S. 338–341.

[445] Kurt LENK u. Berthold FRANKE, aaO. (Anm. 392), S. 203 f.

[446] Georg Wilhelm Friedrich HEGEL, aaO. (Anm. 308), S. 311.

[447] Georg WEBER, aaO. (Anm. 436), S. 454 f.

[448] Zitiert nach: Hartmut BOOCKMANN u.a., aaO. (Anm. 416), S. 238.

[449] Zitiert nach BOOCKMANN, ebenda, S. 240.

[450] Zitiert nach BOOCKMANN, ebenda, S. 245.

[451] Zitiert nach BOOCKMANN, ebenda, S. 257.

[452] Deutscher Bundestag (Hg.), *Fragen an die deutsche Geschichte. Ideen, Kräfte, Entscheidungen. Von 1800 bis zur Gegenwart,* Bonn 1989, S. 106 u. 147.

[453] Vgl. hierzu: Hermann AVENARIUS, aaO. (Anm. 256), S. 467: Als Staatsnotstand oder Ausnahmezustand bezeichnet man eine unmittelbare Gefährdung der Grundlagen der staatlichen Ordnung durch einen Angriff von außen oder durch eine Erhebung im Inneren.

[454] Deutscher Bundestag (Hg.), aaO. (Anm. 452), S. 193.

[455] Oswald SPENGLER, aaO. (Anm. 190), S. 27.

[456] Deutscher Bundestag (Hg.), (Anm. 452), S. 202.

[457] Hartmut BOOCKMANN u.a., aaO. (Anm. 416), S. 315.

[458] Klaus KUNZE, aaO. (Anm. 22), S. 43.

[459] Ernst FORSTHOFF, aaO. (Anm. 111), S. 15 f.

[460] Otto VON BISMARCK, *Gedanken und Erinnerungen,* Droemer, München 1952, S. 341.

[461] Hartmut BOOCKMANN u.a., aaO. (Anm. 416), S. 304.

[462] Klaus KUNZE, aaO. (Anm. 22), S. 43 f.

[463] In der Tat ist Paul VON HINDENBURG das bislang einzige direkt vom deutschen Volk gewählte Staatsoberhaupt der Geschichte. Vgl. hierzu Josef SCHÜSSLBURNER in *Junge Freiheit,* Nr. 28/6. 7. 2001.

[464] Hans Herbert VON ARNIM, aaO. (Anm. 152), S. 180.

[465] Hans-Dietrich SANDER, *Die Auflösung aller Dinge. Zur geschichtlichen Lage des Judentums in den Metamorphosen der Moderne,* Castel del Monte, München o. J., S. 164.

[466] Zitiert nach: Klaus KUNZE, aaO. (Anm. 22), S. 29.

[467] Hans-Dietrich SANDER, aaO. (Anm. 465), S. 165 ff.

[468] Adolf HITLER, *Mein Kampf,* Zweiter Band: Die nationalsozialistische Bewegung, München 1937, S. 502.

[469] Zitiert nach: Werner BRÄUNINGER, *Strahlungsfelder des Nationalsozialismus. Die Flosse des Leviathan,* Schnellbach 1999, S. 45. BRÄUNINGER zitiert Max DOMARUS, *Hitler. Reden und Proklamationen 1932–45*, Leonberg 1988, S. 541.

[470] Zitiert nach: Werner BRÄUNINGER, ebenda, S. 45.

[471] Zitiert nach: Werner BRÄUNINGER, ebenda, S. 44.

[472] Klaus KUNZE, aaO. (Anm. 22), S. 44.

[473] Hans Herbert VON ARNIM, aaO. (Anm. 99), S. 39.

[474] Hans Herbert VON ARNIM, aaO. (Anm. 152), S. 178. In seinem letzten Buch *Das System – Die Machenschaften der Macht,* aaO. (Anm. 123) wirft VON ARNIM die Frage auf: »In was für einem Staat leben wir eigentlich?« Und er gelangt zu dem von ihm zynisch formulierten Ergebnis: »Jeder Deutsche hat die Freiheit, Gesetzen zu gehorchen, denen er niemals zugestimmt hat; er darf die Erhabenheit des Grundgesetzes bewundern, dessen Geltung er nie legitimiert hat; er ist frei, Politikern zu huldigen, die kein Bürger je gewählt hat, und sie üppig zu versorgen – mit seinen Steuergeldern, über deren Verwendung er niemals befragt wurde. Insgesamt sind Staat und Politik in einem Zustand, von dem nur noch Berufsoptimisten oder Heuchler behaupten können, er sei aus dem Willen der Bürger hervorgegangen.«

[475] Ernst FORSTHOFF, aaO. (Anm. 111), S. 61.

[476] Ebenda, S. 61.

[477] Ebenda, S. 74.

[478] *Grundgesetz für die Bundesrepublik Deutschland,* aaO. (Anm. 48).

[479] Jochen LOBER, »Verfassungsschöpfung ohne Souveränität (I), in *Staatsbriefe* 8–9/99, S. 42–57.

[480] Oswald SPENGLER, aaO. (Anm. 54), S. 1007.

[481] Hans-Dietrich SANDER, aaO. (Anm. 84), S. 60.

[482] Zitiert nach: *Frankfurter Allgemeine Zeitung* vom 6. 8. 1998.

[483] Zitiert nach: ebenda.

[484] Edgar Julius JUNG, *Die Herrschaft der Minderwertigen. Ihr Zerfall und ihre Auflösung durch ein Neues Reich,* Berlin 1930, S. 114 f.

[485] Hans-Georg MEIER-STEIN, aaO. (Anm. 199), S. 292.

[486] Rolf KOSIEK, aaO. (Anm. 7), S. 140.

[487] Ernst FORSTHOFF, in *Report,* August 1972, zitiert nach: Rolf KOSIEK, ebenda, S. 140 f.

[488] Vgl. Friedrich NIETZSCHE, aaO. (Anm. 299), Bd. 1, S. 58.

[489] Vgl. u. a.: Friedrich MEINECKE, *Weltbürgertum und Nationalstaat,* 1907, zuletzt 1969; sowie *Die Idee der Staatsräson in der neueren Geschichte,* 1924; Ferdinand TÖNNIES, *Gesellschaft und Gemeinschaft,* 1987; Werner CONZE, »Nation und Gesellschaft. Zwei Grundbegriffe der revolutionären Epoche«, in: *Historische Zeitschrift,* Bd. 202, 1966; Hans MOMMSEN, »Nation und Nationalismus in sozialgeschichtlicher Perspektive«, in: Wolfgang SCHIEDER (Hg.), *Sozialgeschichte in Deutschland,* Bd. 2: *Handlungsräume des Menschen in der Geschichte;* Benedict R. ANDERSON, *Die Erfindung der Nation. Zur Karriere eines erfolgreichen Konzepts,* 1988; Norbert ELIAS, *Studien über die Deutschen,* 1989; Krzysztof POMIAN, *Europa und seine Nationen,* 1990; Reinhold ZIPPELIUS, *Geschichte der Staatsideen,* 1985.

[490] Georg Wilhelm Friedrich HEGEL, *Rechtslehre für die Unterklasse,* § 24. Zitiert nach: Reinhold OBERLERCHER, *Lehre vom Gemeinwesen,* Berlin 1994, S. 155.

[491] Vgl. hierzu u. a. Artur AXMANN, *Das kann doch nicht das Ende sein. Hitlers letzter Reichsjugendführer erinnert sich,* Bublies, Koblenz 1995.
[492] Bernard WILLMS, aaO. (Anm. 15), S. 126.
[493] Vgl. Bernard WILLMS, *Thomas Hobbes. Das Reich des Leviathan,* Piper, München 1987, S. 171 ff.
[494] Bernard WILLMS u. Paul KLEINEWEFERS, aaO. (Anm. 365), S. 92.
[495] Bernard WILLMS, aaO. (Anm. 15), S. 132.
[496] Johann Gottlieb FICHTE, aaO. (Anm. 381), S. 113.
[497] *Deutsche Stimme* 7/2000.
[498] Carl SCHMITT, aaO. (Anm. 35), S. 41.
[499] Reinhold OBERLERCHER, »Reichsverfassungsentwurf«, in *Schulungszyklus »Die Neuordnung Deutschlands«,* Einführungskurs: Reichsbürgerkunde, Deutsches Kolleg Berlin.
[500] José ORTEGA Y GASSET, aaO. (Anm. 300), S. 193.
[501] So schrieb der Parteivorsitzende der NPD, Udo VOIGT, in der in Graz erscheinenden Zeitschrift *Die Aula,* Nr. 9/1998, über die Vorstellung einer »Neuen Ordnung« seiner Partei, die jedoch, was den staatspolitischen Aspekt betrifft, ziemlich unkonkret blieb.
[502] Reinhold OBERLERCHER, »Kommentar zum Reichsverfassungsentwurf«, in *Staatsbriefe* 6–7/1992.
[503] Günter MASCHKE in *Deutsche Stimme,* 2/2001.
[504] Thomas FINKE, »Verfassungsreform und parlamentarische Arbeit«, in *Staatsbriefe* 6–7/1992.
[505] Ebenda.
[506] Ebenda.
[507] Ebenda.
[508] Ebenda.
[509] Thomas FINKE, aaO. (Anm. 145).
[510] Ebenda, sowie Thomas FINKE, aaO. (Anm. 504).
[511] Originale Bezeichnung: »Die Verfassung des Deutschen Reichs vom 11. 8. 1919«.
[512] Nach anderer Auffassung ist auch die WRV nicht völkerrechtlich legal zustande gekommen, da die westalliierten Sieger des Ersten Weltkrieges die Abdankung des letzten deutschen Kaisers und somit die Beendigung der Monarchie erzwangen.
[513] Josef SCHÜSSLBURNER, aaO. (Anm. 44).
[514] Ebenda.
[515] Ebenda.
[516] Hans-Dietrich SANDER, »Was kommt nach dem Parteienstaat. Etatistische Überlegungen für die Stunde X«, in *Die Aula,* 6/1987.
[517] Ebenda. Vgl. auch Hans-Dietrich SANDER, »Einwurf der Absoluten Republik in die Barschel-Krise«, in *Staatsbriefe,* 3/1992.
[518] Thomas FINKE, aaO. (Anm. 145).
[519] Reinhold OBERLERCHER, aaO. (Anm. 172).
[520] Einsehbar auf der Weltnetzseite: http://www.werkstatt-neuesdeutschland.de. Dort ist auch ein weiterer ordnungspolitischer Entwurf vorgestellt, nämlich »Die Deutsche Reichsordnung« von Johannes Peter NEY. Diese stellt eine weitere Variante von Präsidialdemokratie dar, weshalb sie

im vorliegenden Buch nicht näher vorgestellt wird.

[521] Hans APEL, *Die deformierte Demokratie – Parteienherrschaft in Deutschland,* Stuttgart 1991, S. 185.

[522] Lediglich auf kommunaler Ebene, etwa in Bayern, ist die Kandidatur im Rahmen »freier Wählerlisten« zugelassen.

[523] *Grundgesetz für die Bundesrepublik Deutschland,* aaO. (Anm. 48).

[524] Im wahrsten Sinne des Wortes ›nationaldemokratisch‹, und nicht ausschließlich im Sinne der gleichnamigen Partei.

[525] Hans-Dietrich SANDER befaßt sich zustimmend mit dem Begriff der »souveränen Diktatur« in: aaO. (Anm. 84), S. 45.

[526] Als nationale Volksherrschaft definiert der Verfasser – ganz im Sinne von Carl SCHMITT (aaO. Anm. 35, S. 20) – den Versuch, mittels einer Gesetzgebungs- und Regierungspolitik das Ideal der »Identität von Regierenden und Regierten« anzustreben, wobei natürlich der Idealzustand unerreichbar sein wird. Aber schon der Versuch und der Wille, die wesentlichen Existenzfragen eines Volkes zu dessem Wohle zu lösen – wie den Erhalt und die Schaffung von Arbeitsplätzen und Wohnraum für deutsche Staatsbürger sowie die Abwendung ethnischer und kultureller Überfremdung sowie die Abwendung der Auflösung staatlicher Ordnung –, wäre als ein immenser Fortschritt angesichts der deutschen Gegenwart anzusehen. Denn den Herrschenden in der Bundesrepublik mangelt es ja schon an dem Willen (und den Fähigkeiten obendrein), die Identität von Regierenden und Regierten herzustellen. Die Umfrageergebnisse zu den aus nationaler Sicht wichtigsten Themen wie »Einwanderungsgesellschaft« und »EU-Währungsunion« belegen vielmehr eine bundesrepublikanische Diskrepanz zwischen dem Willen der in Berlin Regierenden und den von ihnen Regierten.

[527] Die Begriffsverbindung ›internationalistisch‹ und ›Demokratie‹ stellt freilich einen Widerspruch in sich dar, da sich eine Volksherrschaft beziehungsweise eine Demokratie (*demos* = ›das Volk‹) nur auf *ein* Volk beziehen kann und niemals auf eine multiethnische (Welt-)Bevölkerung.

[528] Carl SCHMITT, aaO. (Anm. 35), S. 71.

[529] Gemeldet in den Nachrichten des Hörfunkprogramms Bayern 5 vom 28. 2. 2001.

[530] Henning EICHBERG, aaO. (Anm. 168), S. 40.

[531] Ernst NIEKISCH, »Das Zeitalter der Klassenkriege«, in *Widerstand,* Ausgewählte Aufsätze aus seinen *Blättern für sozialistische und nationalrevolutionäre Politik* (Hg. Uwe SAUERMANN), Krefeld 1982, S. 174.

[532] Ebenda, S. 179.

[533] Ebenda, S. 174.

[534] *Bild am Sonntag* vom 14. 4. 1996, S. 2.

[535] Ebenda, S. 3.

[536] Hans-Dietrich SANDER in *Staatsbriefe,* 12/1995, S. 1 (»Thesen über die Vorteile der Unterdrückung«).

[537] Kritiker wenden hierbei ein, daß auch die Verfassung des Deutschen Reiches vom 11. 8. 1919 nicht unter völkerrechtlich einwandfreien Bedingungen zustande kam. Vielmehr haben die westalliierten Siegermächte des Ersten Weltkrieges darauf gedrungen, daß der deutsche Kaiser abdankt und die Monarchie durch eine parlamentarische Demokratie ersetzt wird.

[538] Hans Herbert VON ARNIM, aaO. (Anm. 99), S. 22 f.
[539] Vgl. hierzu den Aufsatz von Thomas FINKE in den *Staatsbriefen,* 3/1992.
[540] Jochen LOBER, aaO. (Anm. 479).
[541] *Augsburger Allgemeine* vom 16. 5. 2001. Nationale Parteien wie NPD und Republikaner fordern schon seit Jahren, daß das Staatsoberhaupt direkt vom Volk zu wählen ist. Die etablierten Parteien kopieren bloß die nationalen Forderungen.
[542] *Focus,* Nr. 11/1997.
[543] Zitiert nach: Hans Herbert VON ARNIM, aaO. (Anm. 152), S. 15.
[544] Ebenda, S. 21.
[545] Ebenda.
[546] Klaus KUNZE, aaO. (Anm. 22), S. 33.
[547] Ebenda, S. 36 f.
[548] Daß sich dieser Deutsche Volksstaat in der Tradition des Deutschen Reiches sieht, bedarf keiner großen Erläuterungen. Der Verfasser verzichtet jedoch in seinem Ordnungsentwurf auf den ›Reichs‹-Begriff, um nicht den Blick auf die Strukturmerkmale des Deutschen Volksstaates zu verstellen. Denen zufolge ist es relativ unerheblich, ob das oberste Amt ›Staatsoberhaupt‹, ›Reichsoberhaupt‹, ›Kaiser‹, ›König‹ und ähnliches mehr heißt. Es soll hierbei die erforderliche Gestaltungskraft des Staatsoberhauptes, und nicht die Bezeichnung seines Amtes im Vordergrund stehen.
[549] Friedrich EBERT, zitiert nach: Richard W. EICHLER (Hg.), aaO. (Anm. 36), S. 182.
[550] Im Widerspruch etwa zu Erik R. VON KUEHNELT-LEDDIHN, der bereits in seinem Buchtitel *Gleichheit oder Freiheit? Demokratie – ein babylonischer Turmbau?* (Hohenrain, Tübingen 1985) den Eindruck erweckt, als ob Freiheit nur ohne Gleichheit machbar sei.
[551] Vgl. die Überschrift des Aufsatzes von Thomas FINKE, aaO. (Anm. 145).
[552] Vgl. Carl SCHMITT, aaO. (Anm. 35).
[553] *Grundgesetz für die Bundesrepublik Deutschland,* aaO. (Anm. 48).
[554] Hans-Dietrich SANDER, aaO. (Anm. 516)..
[555] Der Verfasser schließt sich hierbei Reinhold OBERLERCHERS Vorstellung an, die eine staatliche Aufsicht der im Reich zugelassenen Religionsgruppen durch das vom Volk direkt gewählte Staatsoberhaupt vorsieht. So wäre es möglich, sowohl Katholiken, Protestanten als auch Neuheiden unter einem gemeinsamen staatlichen Dach (»Reichskirchenbund«) zusammenzufassen, ohne in die jeweiligen Glaubensgrundsätze einzugreifen – soweit diese sich nicht gegen die Einheit von Volk und Staat richten, oder ihre Gläubigen zu Völkermord und Völkerzwietracht auffordern, was ein Verbot durch das Staatsoberhaupt nach sich ziehen würde. Natürlich würde der politische Katholizismus schwer daran zu schlucken haben, sich zuallererst dem deutschen Staatsoberhaupt und danach erst dem Papst unterzuordnen. Vgl. OBERLERCHERS Reichsverfassungsentwurf, aaO. (Anm. 172).
[556] Hans Herbert VON ARNIM, aaO. (Anm. 99), S. 335. Zitiert nach: *Staatsbriefe* 6–7/1999.
[557] Botho STRAUSS, *Die Fehler des Kopisten,* München 1997, S. 108.
[558] Horst MAHLER, »Der Globalismus als höchstes Stadium des Imperialismus erzwingt die Auferstehung der deutschen Nation«, in *Staatsbriefe,* 6–7/1999.
[559] Zitiert nach: Hartmut BOOCKMANN u.a., aaO. (Anm. 416), S. 236.

# Personenverzeichnis

Jürgen Schwab

Jürgen Schwab, geboren 1967 in Miltenberg/Main, Diplom-Germanist und Publizist, studierte deutsche Sprach- und Literaturwissenschaft, Kommunikations- und Politikwissenschaft an der Universität Bamberg. Aus seiner Feder stammen die Bücher: *Die Meinungsdiktatur – wie ›demokratische‹ Zensoren die Freiheit beschneiden* (Coburg 1997), *Deutsche Bausteine – Grundlagen nationaler Politik* (Stuttgart 1999). Er ist Mitherausgeber von *1848 – Erbe und Auftrag* (Graz 1998). Jürgen Schwab fühlt sich der nationalrevolutionären Tradition der Deutschen Burschenschaft (DB) verpflichtet.